2026
社会福祉士国家試験
合格テキスト

わかる！
受かる！

中央法規

本書の使い方

本書は、社会福祉士国家試験の内容を徹底分析し、過去の頻出事項およびこれから出題が予想される事項をコンパクトにまとめた構成となっています。1レッスンずつ読み進めて、合格に必要な知識を効率的に学習していきましょう。

赤シートを活用

試験問題を解く際のキーワードや覚えておきたい重要語句を赤字にしています。赤シートで隠してチェックしましょう。

頻出度がわかる

過去の出題実績に基づき、出題頻度の高い順にABCの3段階で表示しています。

ワンポイント!!

本文からもう一歩踏み込んだワンポイント解説をしています。

図表で確認

見やすく整理された図表やグラフで効率的に学習しましょう。

Lesson 1 社会福祉士および精神保健福祉士の法的な位置づけ

頻出度 A 社会福祉士の定義と義務等

■社会福祉士は、社会福祉士及び介護福祉士法に規定される国家資格である。
■社会福祉士は名称独占資格であるが業務独占資格ではない。

■法律に規定される社会福祉士の定義（第2条）

社会福祉士とは、社会福祉士の名称を用いて、専門的知識および技術をもって、身体上・精神上の障害があることまたは環境上の理由により日常生活を営むのに支障がある者の福祉に関する相談に応じ、助言、指導、福祉サービスを提供する者または医師その他の保健医療サービスを提供する者その他の関係者（福祉サービス関係者等）との連絡および調整その他の援助を行うことを業とする者をいう

ワンポイント　相談援助という業務は、社会福祉士に限らず行うことができる。しかしその名称を用いて業務を行うことができるのは、社会福祉士のみである。

■社会福祉士及び介護福祉士法に規定される重要事項※

項目	内容
社会福祉士の資格（4条）	社会福祉士試験に合格した者は、社会福祉士の資格を有する
登録（28条）	社会福祉士となる資格を有する者が社会福祉士となるには、厚生労働省令で定める事項の登録を受けなければならない
誠実義務（44条の2）	個人の尊厳を保持し、自立した日常生活を送れるよう、常にその者の立場に立って、誠実にその業務を行わなければならない
信用失墜行為の禁止（45条）	社会福祉士または介護福祉士の信用を傷つけるような行為をしてはならない
秘密保持義務（46条）	正当な理由がなく、その業務に関して知り得た人の秘密を漏らしてはならない。社会福祉士または介護福祉士でなくなったあとも同様である
連携（47条）	社会福祉士は、その業務を行うにあたり、地域に即した創意と工夫を行いつつ、福祉サービス関係者等との連携を保たなければならない
資質向上の責務（47条の2）	社会福祉および介護を取り巻く環境の変化による業務の内容の変化に適応するため、相談援助または介護に関する知識および技能の向上に努めなければならない
名称の使用制限（48条）	社会福祉士でない者は、社会福祉士という名称を使用してはならない。介護福祉士でない者は、介護福祉士という名称を使用してはならない
喀痰吸引等（48条の2）	介護福祉士は、診療の補助として喀痰吸引等の業務を行うことができる

※名称の記載があるものを除き、社会福祉士・介護福祉士共通の規定

国試にチャレンジ！

実際の試験問題に挑戦して、学習した内容を確認しましょう。
※【37回64】は、第37国家試験の問題64で出題されたことを示しています。
※データ更新や法改正等の反映で一部改変した問題は、「改」としています。

2011（平成23）年の法改正により、介護福祉士および一定の研修を受けた介護職員は、保健師助産師看護師法の規定にかかわらず、診療の補助として、喀痰吸引等（痰の吸引・経管栄養）を実施できることになった。社会福祉士は行うことはできない点に留意する。

《国試にチャレンジ！》
1 社会福祉士及び介護福祉士法では、社会福祉士の義務等として社会福祉士の信用を傷つけるような行為を禁じている。【36回91】 (正否…○)
2 社会福祉士及び介護福祉士法において社会福祉士が努めなければならないと規定されていることとして、「常にその者の立場に立って誠実にその業務を行うこと」がある。【37回64】 (正否…×)

アドバイス

間違えやすいポイントの紹介や試験対策のアドバイスなどをしています。

科目名

該当する試験科目の略称です。
※略称の正式科目名についてはP12を参照してください。

基盤　1 社会福祉士および精神保健福祉士の法的な位置づけ

B 社会福祉士及び介護福祉士法成立と見直しの背景

- 社会福祉士及び介護福祉士法は、1987（昭和62）年に制定され、2007（平成19）年に大幅に改正された。
- 2007（平成19）年の社会福祉士及び介護福祉士法改正の背景には、サービスの利用支援、成年後見、権利擁護等の新しい相談援助業務の拡大に対応できるよう、社会福祉士の知識および技術の向上が求められたことがあげられる。

2007（平成19）年の改正により、社会福祉士がほかのサービス関係者との連絡・調整を行う者であることが明確化されたほか、義務等において「誠実義務」「資質向上の責務」が追加され、「連携」の規定が見直された。

- 認定社会福祉士、認定上級社会福祉士は法律に規定された国家資格ではなく、認定社会福祉士認証・認定機構による民間資格である。
- 認定要件として、5年以上の実務経験（認定上級社会福祉士は、認定社会福祉士を取得してから5年以上の実務経験）と、関係団体が参画する組織での研修を受講することなどがある。
- 認定社会福祉士は、資格を5年ごとに更新するか、認定上級社会福祉士を取得・更新する必要がある。

word

頻脈
少ない酸素量を補うため脈が速くなる状態をいう。

本文に関連して、試験対策上押さえておきたい重要用語を解説しています。

試験の概要

1 社会福祉士になるには

　社会福祉士は、「社会福祉士及び介護福祉士法」に基づく国家資格です。この資格を取得するには、一定の受験資格を有する者が国家試験に合格し、所定の登録を行う必要があります。

　社会福祉士国家試験は、厚生労働大臣の指定を受けた指定試験・登録機関である「公益財団法人社会福祉振興・試験センター」によって実施されています。社会福祉士国家試験を受験するためには、以下の図に示した12ルートのうち、いずれかの課程を経て受験資格を取得し、もしくは取得見込みとなる必要があります。

〈社会福祉士国家試験・受験資格取得ルート〉

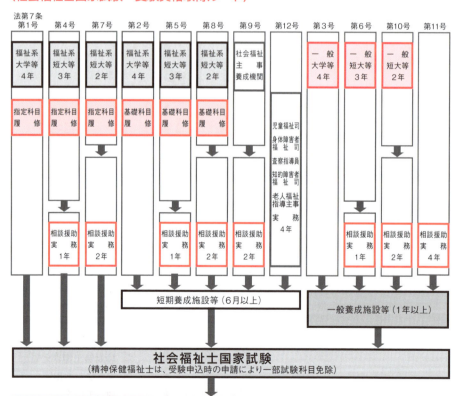

2 受験申し込み手続き

（1）申し込み方法

「公益財団法人社会福祉振興・試験センター」のホームページまたは郵便で「受験の手引」を請求のうえ、受験申込書と必要な書類を受付期間内に同センターに郵送します。

※過去の試験で受験資格が確定している方は、インターネットによる申し込みができます。

受験申し込み・問い合わせ先

公益財団法人　社会福祉振興・試験センター

〒150-0002　東京都渋谷区渋谷1-5-6　SEMPOS（センポス）ビル

電話番号　03-3486-7559（国家試験情報専用電話）

ホームページ　https://www.sssc.or.jp/

（2）試験日

2月上旬

（3）受験申込書の受付期間

9月上旬から10月上旬まで（消印有効）

（4）合格発表

3月中旬

3 試験地

北海道、青森県、岩手県、宮城県、埼玉県、千葉県、東京都、神奈川県、新潟県、石川県、岐阜県、愛知県、京都府、大阪府、兵庫県、島根県、岡山県、広島県、香川県、愛媛県、福岡県、熊本県、鹿児島県、沖縄県の24都道府県。

4　出題形式

　19科目6科目群に分かれており、出題数は全129問です。出題形式は、マークシート方式で、5つの選択肢の中から正答を1つ選ぶ五肢択一を基本とする多肢選択形式がとられます。

▶科目別出題数

	試験科目	出題数	科目群
共通科目（午前）	医学概論	6	①
	心理学と心理的支援	6	
	社会学と社会システム	6	
	社会福祉の原理と政策	9	②
	社会保障	9	
	権利擁護を支える法制度	6	
	地域福祉と包括的支援体制	9	③
	障害者福祉	6	
	刑事司法と福祉	6	
	ソーシャルワークの基盤と専門職	6	④
	ソーシャルワークの理論と方法	9	
	社会福祉調査の基礎	6	
専門科目（午後）	高齢者福祉	6	⑤
	児童・家庭福祉	6	
	貧困に対する支援	6	
	保健医療と福祉	6	
	ソーシャルワークの基盤と専門職（専門）	6	⑥
	ソーシャルワークの理論と方法（専門）	9	
	福祉サービスの組織と経営	6	
合計		129	

〈科目免除〉

　すでに精神保健福祉士として登録されている方は、受験申込者からの申請により、社会福祉士国家試験受験において、前記の共通科目が免除されます。

　試験科目の免除を希望する場合は、規定の手続きが必要です。手続きの方法については、「公益財団法人社会福祉振興・試験センター」までお問い合わせください。

5 合格基準

次の2つの条件を満たした者を合格者とします。
(1) 問題の総得点の60%程度を基準として、問題の難易度で補正した点数以上の得点の者。
(2) (1)を満たした者のうち、以下の6科目群（ただし、（注）2に該当する者にあっては2科目群）すべてにおいて得点があった者。
① 医学概論、心理学と心理的支援、社会学と社会システム
② 社会福祉の原理と政策、社会保障、権利擁護を支える法制度
③ 地域福祉と包括的支援体制、障害者福祉、刑事司法と福祉
④ ソーシャルワークの基盤と専門職、ソーシャルワークの理論と方法、社会福祉調査の基礎
⑤ 高齢者福祉、児童・家庭福祉、貧困に対する支援、保健医療と福祉
⑥ ソーシャルワークの基盤と専門職（専門）、ソーシャルワークの理論と方法（専門）、福祉サービスの組織と経営

注1　配点は、1問1点の129点満点です。
　2　社会福祉士及び介護福祉士法施行規則第5条の2の規定による試験科目の一部免除を受けた者は、配点は1問1点の45点満点です。

6 受験状況

〈過去5回の受験者数と合格率〉

	第33回 令和3年	第34回 令和4年	第35回 令和5年	第36回 令和6年	第37回 令和7年
受験者数（人）	35,287	34,563	36,974	34,539	27,616
合格者数（人）	10,333	10,742	16,338	20,050	15,561
合格率（％）	29.3	31.1	44.2	58.1	56.3

目 次

本書の使い方
試験の概要

1 医学概論 《共通科目》
- Lesson 1 ライフステージにおける心身の変化と健康課題 …… 14
- Lesson 2 公衆衛生と健康 …… 20
- Lesson 3 身体構造と心身機能 …… 26
- Lesson 4 疾病の概要 …… 37
- Lesson 5 障害の概要 …… 49
- Lesson 6 リハビリテーションの概要 …… 58

2 心理学と心理的支援 《共通科目》
- Lesson 1 人の心の基本的な仕組みと機能 …… 62
- Lesson 2 人の心の発達過程 …… 77
- Lesson 3 日常生活と心の健康 …… 81
- Lesson 4 心理学の理論を基礎としたアセスメントの基本 …… 88

3 社会学と社会システム 《共通科目》
- Lesson 1 社会学の歴史 …… 98
- Lesson 2 社会構造と変動 …… 100
- Lesson 3 市民社会と公共性 …… 116
- Lesson 4 生活と人生 …… 122
- Lesson 5 自己と他者 …… 130

4 社会福祉の原理と政策 《共通科目》
- Lesson 1 日本の社会福祉の歴史 …… 136
- Lesson 2 諸外国の社会福祉の歴史 …… 144
- Lesson 3 社会福祉の思想・哲学・理論 …… 149
- Lesson 4 社会問題と福祉政策の基本的な視点 …… 156
- Lesson 5 福祉政策におけるニーズと資源 …… 161
- Lesson 6 福祉政策の供給・利用と政策過程 …… 164
- Lesson 7 福祉政策の動向と関連政策 …… 172

5　社会保障　《共通科目》

Lesson 1	社会保障制度	182
Lesson 2	社会保障の概念や対象およびその理念	186
Lesson 3	社会保険と社会扶助・民間保険の関係	192
Lesson 4	社会保障と財政	195
Lesson 5	年金保険制度	198
Lesson 6	労働保険制度の具体的内容	207
Lesson 7	諸外国における社会保障制度の概要	211

6　権利擁護を支える法制度　《共通科目》

Lesson 1	法の基礎	216
Lesson 2	憲法の理解	218
Lesson 3	民法の理解	222
Lesson 4	行政法の理解	232
Lesson 5	権利擁護の意義と支える仕組み	238
Lesson 6	権利擁護にかかわる組織・団体・専門職	243
Lesson 7	成年後見制度	245
Lesson 8	日常生活自立支援事業	255

7　地域福祉と包括的支援体制　《共通科目》

Lesson 1	地域福祉の概念と理論	260
Lesson 2	地域福祉の歴史	267
Lesson 3	地域福祉の推進主体	271
Lesson 4	福祉行財政システム	279
Lesson 5	福祉における財源	287
Lesson 6	福祉計画の意義・目的と展開	291
Lesson 7	福祉計画の運用	294
Lesson 8	地域社会の変化と多様化・複雑化した地域生活課題	303
Lesson 9	地域共生社会の実現に向けた包括的支援体制	305
Lesson 10	地域共生社会の実現に向けた多機関協働	311

8　障害者福祉　《共通科目》

Lesson 1	障害の概念と障害者福祉の理念	316
Lesson 2	障害者の生活実態とこれを取り巻く社会環境	319
Lesson 3	障害者福祉の歴史	323
Lesson 4	障害者総合支援法	330
Lesson 5	児童福祉法（障害児支援関係）	340
Lesson 6	身体障害者福祉法・知的障害者福祉法・精神保健福祉法	342

| Lesson 7 | その他の障害者に対する法制度 | 347 |
| Lesson 8 | 障害者と家族等の支援における関係機関・専門職の役割 | 356 |

9 刑事司法と福祉 《共通科目》

Lesson 1	刑事司法における近年の動向とこれを取り巻く社会環境	364
Lesson 2	刑事司法	368
Lesson 3	少年司法	372
Lesson 4	更生保護制度	375
Lesson 5	医療観察制度	388
Lesson 6	犯罪被害者等支援	392

10 ソーシャルワークの基盤と専門職 《共通科目》《専門科目》

Lesson 1	社会福祉士および精神保健福祉士の法的な位置づけ	396
Lesson 2	ソーシャルワークの概念と定義	399
Lesson 3	ソーシャルワークの理念	402
Lesson 4	ソーシャルワークの形成過程	406
Lesson 5	ソーシャルワークの倫理	414
Lesson 6	ソーシャルワークにおける専門職の概念と範囲	418
Lesson 7	ミクロ・メゾ・マクロレベルにおけるソーシャルワーク	423
Lesson 8	総合的かつ包括的な支援と多職種連携	425

11 ソーシャルワークの理論と方法 《共通科目》《専門科目》

Lesson 1	人と環境との交互作用に関する理論	428
Lesson 2	ソーシャルワークの実践モデルとアプローチ	431
Lesson 3	ソーシャルワークの過程	440
Lesson 4	ソーシャルワークの記録	447
Lesson 5	ケアマネジメント	450
Lesson 6	集団を活用した支援	452
Lesson 7	コミュニティワーク	455
Lesson 8	スーパービジョンとコンサルテーション	457
Lesson 9	ソーシャルワークにおける援助関係の形成	459
Lesson 10	ソーシャルワークにおける社会資源	466
Lesson 11	ネットワークの形成	468
Lesson 12	ソーシャルワークに関連する方法	470
Lesson 13	カンファレンス	472
Lesson 14	事例分析	473

12 社会福祉調査の基礎 《共通科目》

| Lesson 1 | 社会福祉調査の意義と目的 | 476 |

Lesson 2	統計法	478
Lesson 3	社会福祉調査における倫理と個人情報保護	480
Lesson 4	社会福祉調査のデザイン	482
Lesson 5	量的調査の方法	485
Lesson 6	質的調査の方法	503
Lesson 7	ソーシャルワークにおける評価	510

13 高齢者福祉 《専門科目》

Lesson 1	高齢者の定義と特性	514
Lesson 2	高齢者の生活実態とこれを取り巻く社会環境	515
Lesson 3	高齢者福祉の歴史	520
Lesson 4	介護保険制度の概要	527
Lesson 5	介護保険で利用できるサービス・事業	538
Lesson 6	老人福祉法	550
Lesson 7	高齢者の医療の確保に関する法律	554
Lesson 8	高齢者虐待防止法	555
Lesson 9	バリアフリー法	558
Lesson 10	高齢者住まい法・高年齢者雇用安定法・育児・介護休業法	559
Lesson 11	高齢者と家族等の支援における関係機関の役割	563
Lesson 12	関連する専門職の役割	566

14 児童・家庭福祉 《専門科目》

Lesson 1	児童・家庭の定義と児童の権利	570
Lesson 2	児童・家庭の生活実態とこれを取り巻く社会環境	574
Lesson 3	児童・家庭福祉の歴史	578
Lesson 4	児童福祉法	582
Lesson 5	子ども・子育て支援に関する法律・制度	591
Lesson 6	児童虐待に関する法律・制度	598
Lesson 7	児童・女性・家庭支援に関する法律・制度	601
Lesson 8	社会手当に関する法律・制度	612
Lesson 9	児童・家庭への支援における関係機関・専門職の役割	614

15 貧困に対する支援 《専門科目》

Lesson 1	貧困の概念と貧困状態にある人の生活実態	624
Lesson 2	貧困の歴史	629
Lesson 3	生活保護法	631
Lesson 4	生活保護制度における自立・就労支援	646
Lesson 5	生活困窮者自立支援法	651
Lesson 6	低所得者対策とホームレス対策	653

Lesson 7　貧困に対する支援における関係機関と専門職の役割 ………… 658

16　保健医療と福祉　《専門科目》

Lesson 1　保健医療の動向 ………………………………………… 664
Lesson 2　医療費の動向 …………………………………………… 666
Lesson 3　医療保険制度と診療報酬制度 ………………………… 671
Lesson 4　医療施設および保健医療対策 ………………………… 682
Lesson 5　保健医療にかかる倫理 ………………………………… 690
Lesson 6　保健医療領域における専門職の役割と連携 ………… 695
Lesson 7　保健医療領域における支援の実際 …………………… 700

17　福祉サービスの組織と経営　《専門科目》

Lesson 1　福祉サービスにかかる組織や団体の概要と役割 …… 704
Lesson 2　福祉サービスの組織と経営にかかる基礎理論 ……… 714
Lesson 3　福祉サービス提供組織の経営と実際 ………………… 727
Lesson 4　福祉人材マネジメント ………………………………… 738

索引 ……………………………………………………………………… 746

◇略称一覧

	科目名	略称		科目名	略称
共通	1 医学概論	医学	共通・専門	10 ソーシャルワークの基盤と専門職	基盤
共通	2 心理学と心理的支援	心理	共通・専門	11 ソーシャルワークの理論と方法	理論
共通	3 社会学と社会システム	社会	共通	12 社会福祉調査の基礎	調査
共通	4 社会福祉の原理と政策	原理	専門	13 高齢者福祉	高齢
共通	5 社会保障	社保	専門	14 児童・家庭福祉	児童
共通	6 権利擁護を支える法制度	権利	専門	15 貧困に対する支援	貧困
共通	7 地域福祉と包括的支援体制	地域	専門	16 保健医療と福祉	保健
共通	8 障害者福祉	障害	専門	17 福祉サービスの組織と経営	経営
共通	9 刑事司法と福祉	司法			

1

医学概論

Lesson 1 ライフステージにおける心身の変化と健康課題

B ライフステージにおける心身の変化

① 身体の成長と発育曲線

■ スキャモン（Scammon, R. E.）の発育曲線は、出生から 20 歳までの成長・発達を一般型、神経型、生殖型、リンパ型 の 4 つのパターンに分類してグラフで示したものである。

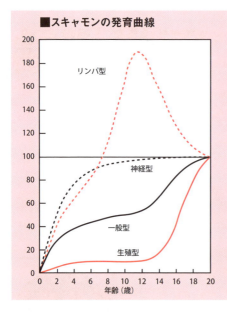

■スキャモンの発育曲線

- 20 歳を 100%として示している
- 一般型は、いわゆる成長曲線で、身長、体重、呼吸器、循環器などの成長を表す
- 神経型は、脳、脊髄、感覚器の成長を表す
- 生殖型は、睾丸、卵巣、生殖器など生殖器の発達を表す
- リンパ型は胸腺、各種のリンパ節などで免疫機能の発達を表す

■ 神経型は、乳幼児期に急速に発達する。
■ 一般型（全身系）は、乳幼児期に急速に発達し、その後、緩やかな S 字型カーブを描く。思春期に再度成長して成人になる。
■ 生殖器系の器官は、男女とも、思春期に著しく成長する。
■ リンパ系の器官は、思春期の初め（12 歳前後）までに成長のピークとなる。その後は退縮して成人期を迎える。

② 受精から出生・乳幼児の成長と発達

■ 受精後 8 週目（妊娠 10 週目）までには、人としての基本的生理機能を担う器官が形成されはじめる。
■ 出生時点では、平均で体長約 50 cm、体重約 3000 g である。

- 新生児には、脊髄・脳幹の反射神経による<u>原始反射</u>がみられるが、脳の成熟とともに消失する（種類によるが生後2〜4か月ごろには消失が始まる）。
- 原始反射には、<u>手掌把握反射</u>（手のひらに触れたものを握ろうとする）、<u>吸啜反射</u>（口に触れたものに吸いつこうとする）、<u>モロー反射</u>（大きな音を聞かせたりしたときに、両上肢を開き、抱きつくような動きをする）などがある。
- 出生時の<u>脳重量</u>は約300〜400gで、4〜6歳で成人のおよそ<u>90％</u>を超える。10歳前後で成人と同じ1400g前後に成長する。

■乳幼児期の心身の成長・発達

1か月頃	人の顔を見つめる、音に反応する
2か月頃	「アーアー」などの発声がみられる
3〜4か月	首がすわる、声を立てて笑う、手で足を握る
5〜6か月	寝返りをする、支えがあればお座りをする
6か月頃	・発声がしっかりして、喃語もまとまった音声になってくる ・聴力が発達し、大きな音に反応したり、話しかけにニッコリしたりする ・鏡に映った自分の顔に反応する
7〜9か月	・支えがなくてもお座りをする、ハイハイで移動する ・子どもが親などと同じものを見る共同注意がみられる（9か月頃〜）
10〜11か月	つかまり立ちをする、伝い歩きをする
12か月頃	・一人で歩く、指で物をつまむ動作ができる ・1語文、意味のある言葉を話す ・社会的参照（新奇な対象に会った際に、親など周囲の人の表情や反応を手がかりにして自分の行動を決めること）がみられるようになる
2歳頃	・2語文を使い始める（1歳半〜2歳） ・物の名前を尋ねる、理解できる言葉の数が爆発的に増える
3歳頃	どうして？　なぜ？　と理由を尋ねる
4歳頃	集団遊びの決まりごとを守れるようになる

「パパ、いないね」など2つの単語をつなぎ合わせるものが2語文ですね

- 頭蓋骨の<u>小泉門</u>は生後6か月までに、<u>大泉門</u>は1歳半前後には自然に閉鎖する。
- <u>身長</u>は、3歳後半〜4歳頃までにかけて出生時の約2倍になる。
- <u>体重</u>は、生後3〜4か月には平均値で出生時の約2倍になる。
- 乳歯の出方は個人差が大きいが、生後6〜7か月頃に最初の<u>乳歯</u>が生え、3歳までに

は 20 本生えそろうことが多い。6 歳頃から順次、永久歯に代わる。

③ 学童期・思春期・青年期の成長・発達

■ 学童期から青年期には、脳下垂体前葉からの成長ホルモンの分泌が盛んで、身長・体重等の成長が著しい。
■ 思春期は、第二次性徴の発現とともに始まり、長骨骨端線の閉鎖で終結する時期と定義される。
■ 思春期の始まりは、男子よりも女子のほうが早い（女子は 10 歳頃、男子は 10.8 歳頃）。
■ 女子では、乳房や骨盤の発育で始まり、身長増加の促進などの後、初経が発現する。
■ エリクソン（Erikson, E.）の発達段階説では、青年期（12 〜 20 歳頃）のなかでも 12 〜 15 歳頃に、アイデンティティ（自己同一性）の確立が発達課題となる。
■ 思春期の心理的特徴として、自我のめざめがあり、不安や刺激に対する過敏性、自意識過剰などがある。
■ 青年期では第二次性徴はすでに完成しているが、心理的・社会的にはまだ未熟であり、親への反抗や葛藤と同時に甘えや依存も強い。
■ 厚生労働省「令和 5 年（2023）人口動態統計」によると、10 〜 30 代の死因の 1 位は自殺である。

《国試にチャレンジ！》

1　20 歳頃には、生殖器系の成長が最も著しくなる。【33 回 1】　（正答…×）

2　思春期における心理的特徴としては、自意識過剰がある。【37 回 1】　（正答…○）

頻出度 B　心身の加齢・老化

■ 老化は、加齢による生理的老化と病気の影響による病的老化に分類される。
■ 生理的老化は、不可逆的だが、環境因子などにより進行度が変化する。

■ 加齢による身体機能の変化

心肺機能の低下	・肺の弾力性の低下により肺活量が減少し、残気量（肺に残る空気の量）が増加する ・換気量（呼吸するときに肺を出入りする空気の量）は、後期高齢者では若年者の半分にまで低下する
筋肉量・水分量の減少	・運動不足のほか、低栄養が引き金となって筋肉量の減少が促進される →フレイル（虚弱）となりやすい ・筋肉量の減少により水分や細胞成分が減少する
動脈硬化	・動脈硬化により、収縮期血圧（最高血圧）が上昇する

体重の変化	・脂肪は増加するが、体重のうち体脂肪量を除いた、筋肉や骨、内臓などの総量である除脂肪体重は減少する
骨量の低下	・骨量の低下により骨粗鬆症や骨折を起こしやすい
腎臓・泌尿器の機能低下	・腎血流量、糸球体濾過量の低下 ・膀胱容量の減少による頻尿、前立腺肥大による排尿困難
感覚機能の低下	・高い音（高周波音域）から聞こえにくくなる ・加齢を原因とする聴力障害を老人性難聴（感音性難聴）という ・視覚障害の原因疾患として、白内障、緑内障、黄斑部変性症、糖尿病性網膜症などがある
嚥下機能の低下	個人差はあるが嚥下機能が低下し、嚥下障害や誤嚥性肺炎を起こしやすい
平衡機能の低下	めまいなどが起こりやすい

■ 情報は大脳の側頭葉内側にある海馬において一時的に保持（短期記憶）され、その情報が取捨選択されて大脳皮質に送られ、長期的に保持（長期記憶）されるといわれる。
■ 高齢者の記憶障害では特に短期記憶の低下がみられる。
■ 流動性知能は30代から徐々に低下し、結晶性知能は70歳前後まで高まるといわれる。
■ 成人期を過ぎると記憶力は次第に低下する。なかでも単語やカテゴリー、名前の想起などで低下がみられる。
■ 加齢による影響が顕著なのは作動記憶とエピソード記憶で、意味記憶、手続き記憶では加齢による変化は少ない。（記憶の種類については「2 心理」参照）

流動性知能・結晶性知能
流動性知能は、新しい知識の学習に対する反応の速さや正確さにかかわる知能で、結晶性知能は、学習や経験の積み重ねを通して得られる知能である。

《国試にチャレンジ！》

1 聴力は低音域から低下する。【34回1】　　　　　　　　　　（正答…✕）
2 高齢者にみられる病態のうち、記憶障害では、短期記憶よりも長期記憶が低下する。【28回5】　　　　　　　　　　（正答…✕）

B 老化に伴い起こりやすくなる症状

① 老年症候群と廃用症候群
■ 加齢とともに現れる身体および精神的な症状や疾患を老年症候群という。認知症、尿失禁、転倒・骨折が3大老年症候群とされている。
■ 高齢者の病気の特徴は、①病気と老化の区別がつきにくい、②1つの疾患だけでなく、複数の疾患を併せもつことが多い、③慢性化する病気が多く、個人差が大きい、④病

気の過程が非定型で、薬の副作用を起こしやすい、などである。

■ 廃用症候群（生活不活発病）は、日常生活での活動性の低下、長期間の安静により生じる身体的・精神的機能の全般的な低下をいう。

■ 廃用症候群の主なものに、関節拘縮、筋力低下、筋萎縮、心肺機能の低下、起立性低血圧、肺塞栓症、褥瘡、心理的荒廃、抑うつ傾向などがある。

② フレイルとサルコペニア

■ フレイル（虚弱）は、高齢になって筋力や活力が衰えた段階で、健常な状態と要介護状態の中間の状態を示す。

■ サルコペニアは、フレイルの前段階ともいえるもので、筋肉量の低下に加え、低筋力または低身体機能がある状態である。

③ 脱水

■ 高齢者は若年者よりも体内の水分量が減少し、口渇感が低下して水分の摂取量も減ることなどから、脱水になりやすい。

■ 脱水により頻脈、血圧低下が起こる。唾液の量が少なくなり、口渇感、嚥下機能の低下、舌の乾燥による味覚障害、食欲低下などの症状が現れる。尿の量が減って濃い色になる。

■ 脱水が進むと、皮膚の乾燥、便秘の悪化、意識障害、不穏・幻覚などの精神症状も生じる。

■高齢者の脱水の原因

体内の水分量の減少	・筋肉の減少により水分保持機能が低下 ・基礎代謝量の減少により生成される水分が減少 ・腎機能の低下により水の再吸収能力（尿濃縮能）が低下し、尿として水分がより多く失われる
水分摂取量の減少	・喉の渇きを感じにくくなる口渇感の低下 ・夜間頻尿や下痢、失禁を恐れて自ら水分摂取量を制限 ・意欲や知能の低下により思うように水分摂取ができない
薬剤の副作用	・高血圧の高齢者では、降圧利尿剤のため脱水傾向が強まる

④ 低栄養・褥瘡

■低栄養・褥瘡

低栄養	・食事摂取カロリーの低下、消化吸収力の低下などが原因 ・浮腫（むくみ）、貧血、骨塩量の低下、感染症への抵抗力減弱、免疫力の低下などがみられる
褥瘡	・寝たきりなどで体位変換が不十分であることで、体重がかかって皮膚を圧迫し、血流障害が生じて、皮膚のびらんや潰瘍が起きた状態をいう ・低栄養状態や皮膚の湿潤などは、褥瘡発症のリスク要因となる ・体位変換、栄養改善、皮膚の乾燥状態の維持が予防のために重要

《国試にチャレンジ！》

1. フレイル（虚弱）は、慢性疾患の終末期の状態である。【28回5】 ✓✓　（正答…✗）
2. 高齢者の体全体の水分量は、若年者と変わらない。【32回2】 ✓✓　（正答…✗）
3. 栄養過多は、褥瘡の発生要因になる。【30回4】 ✓✓　（正答…✗）

頻出度C ライフステージ別の健康課題

■ 健康課題はライフステージにより異なるため、それぞれに応じた対応が必要となる。

■ライフステージ別の主な健康課題

ライフステージ	主な健康課題
胎生期	病的遺伝子による先天性代謝異常、ダウン症候群などの染色体異常
乳児期	出生前後に起こる早産、未熟児、先天異常と器質的な障害による脳性麻痺や精神遅滞、乳児虐待
幼児前期・幼児後期	生活習慣の乱れ、虐待、子どもの間での暴力
学童期	発達障害による学習困難、集団生活での問題
思春期・青年期	いじめ、不登校、ひきこもり、ニート
成人期	ひきこもりの長期化、成人中期では高血圧症、糖尿病、メタボリックシンドロームなどの生活習慣病、各種の悪性腫瘍
前期高齢者・後期高齢者	各種臓器の機能低下が進行し、複数の疾患を保有。後期高齢者では老年症候群が増加、ポリファーマシー（多剤服用）

エリクソンは、社会的・対人関係の視点から心理・社会的側面の発達を、8段階にまとめています。これについては、「2 心理」でくわしく学習しましょう

Lesson 2 公衆衛生と健康

A 公衆衛生と健康の概念

① 公衆衛生の考え方
- 公衆衛生の目的は、健康の保持・増進、寿命の延長、疾病の予防である。
- 公衆衛生とは、地域社会の人々の健康の保持・増進をはかり、疾病を予防し、寿命を延長するため、公私の保健機関や諸組織によって行われる衛生活動である。
- 公衆衛生には、母子保健・学校保健・老人保健・環境衛生・生活習慣病対策・感染症予防などがある。

② 健康増進の概念の変遷
- 世界保健機関（WHO）は、1946（昭和21）年のWHO憲章で、「健康とは身体的、精神的、社会的にも完全に良好な状態であり、単に疾患あるいは病弱が存在しないことではない」と定義した。
- クラーク（Clark,G.）とリーベル（Leavell,H.R.）は、1955（昭和30）年に疾病予防についての3つの考え方を提案した。

■予防の3段階

一次予防	健康増進・発病予防
二次予防	疾病の早期発見と早期治療
三次予防	再発予防、疾病の悪化予防、リハビリテーション

- 1978（昭和53）年、WHOと国連児童基金（UNICEF）によるアルマ・アタ宣言においてプライマリ・ヘルスケアの理念が示された。
- 1986（昭和61）年、WHOの国際会議でオタワ憲章が採択され、ヘルスプロモーションの定義が示された。

■プライマリ・ヘルスケアとヘルスプロモーション

プライマリ・ヘルスケア	ヘルスプロモーション
アルマ・アタ宣言（1978年）	オタワ憲章（1986年）
すべての人に健康を基本的な人権として認め、その達成のプロセスにおける住民の主体的な参加や自己決定権の保障、政府の責任、社会資源の有効活用などが示されている	「人々が自らの健康をコントロールし、改善できるようにするプロセス」と定義

■ **健康寿命**とは、人の寿命において「健康上の問題で日常生活が制限されることなく生活できる期間」と定義されている。2000（平成12）年にWHOが公表した。
■ 健康寿命は、平均寿命から自立した生活ができない期間を引いた数で表す。

 日本では女性のほうが平均寿命と健康寿命の差が大きく、日常生活に制限のある期間が長い傾向にある。

③ 健康の社会的決定要因（SDH）

■ WHOによる**健康の社会的決定要因**（SDH：Social Determinants of Health）とは、人々の健康・疾病は、社会的、経済的、文化的、心理社会的、日常生活上などの諸条件により影響され、規定されるとして、これらの諸条件を示すものである。

■ **WHOによるSDHの10分類**

①社会格差　②ストレス　③幼少期　④社会的排除　⑤労働　⑥失業　⑦社会的支援　⑧薬物依存　⑨食品　⑩交通

健康や疾病は、身体的な要因だけではないということですね

《国試にチャレンジ！》

1　WHOは、健康を身体的、精神的、社会的、スピリチュアルに良好な状態と定義した。【33回3】　　　　　　　　　　　　　　　　（正答…×）
2　世界保健機関（WHO）による「健康の社会的決定要因」では、個人の学歴や所得は、社会的決定要因から除外される。【30回26】　（正答…×）

頻出度 B 健康増進と保健医療対策

① 日本の国民健康づくり対策

■ わが国では、国民健康づくり対策を数次にわたり展開している。

■ **これまでの健康づくり対策の変遷（10年計画）**

1978（昭和53）年度〜	第1次国民健康づくり対策
	健康診査の充実、市町村保健センター等の整備など
1988（昭和63）年度〜	第2次国民健康づくり対策（アクティブ80ヘルスプラン）
	運動習慣の普及に重点をおいた対策

2000 (平成 12) 年度〜	第3次国民健康づくり対策（健康日本 21）
	一次予防の重視、具体的な目標設定とその評価
2013 (平成 25) 年度〜	第4次国民健康づくり対策（健康日本 21（第二次））
	健康寿命の延伸・健康格差の縮小、生活習慣病予防、社会環境の改善など

■健康日本 21（第二次）の推進のための「健康づくりのための身体活動基準 2013」では、身体活動の増加でリスクを低減できるものとして、従来の糖尿病・循環器疾患等に加え、がんやロコモティブシンドローム、認知症が含まれることを明確化した。

> **word** ロコモティブシンドローム
> 骨や関節、筋力などの運動器に障害が起きることで、立つ・歩くなどの移動機能が低下している状態のこと。転倒や骨折をしやすく、進行すると介護が必要となることがある。

■2024（令和6）年度からは、2035（令和17）年度までの計画として、健康日本 21（第三次）が実施されている。すべての国民が健やかで心豊かに生活できる持続可能な社会の実現というビジョン実現のため、4つの基本的な方向を示している。

■**健康日本 21（第三次）の4つの基本的な方向**

①健康寿命の延伸・健康格差の縮小
②個人の行動と健康状態の改善
③社会環境の質の向上
④ライフコースアプローチを踏まえた健康づくり

② 健康増進法

■健康増進法は、健康日本 21 を推進し、健康づくりや疾病予防における法的整備のため、2003（平成 15）年に施行された。
■健康増進法に基づく健康増進事業として、歯周疾患検診が実施されている。
■2018（平成 30）年、健康増進法の一部改正が行われ、受動喫煙の防止のため、多数の者が使用する施設等の区分に応じて、管理者が講じる措置などについて定めている。

③ その他の健康に関する施策

■8020（ハチマル・ニイマル）運動は、乳幼児期から高齢期まで、国民の歯の健康づくりを推進する運動で、80 歳で 20 本以上の歯を保つことを目標としている。
■特定健康診査（特定健診）は、40 歳以上 75 歳未満の医療保険加入者を対象に実施するメタボリックシンドローム（内臓脂肪症候群）に着目した健康診査である。身体計測（BMI、腹囲など）、血圧測定、尿検査、血液検査などが実施される。
■特定健康診査の結果により、生活習慣の改善が必要な対象者に特定保健指導が実施される。

《国試にチャレンジ！》

1 「健康日本21（第三次）」の基本的方向は、平均寿命の延伸である。
【31回4改】 ☑☑
(正答…✕)

C 疾病の概念と発生原因・成立機序
<small>頻出度</small>

① 疾病の概念
- ■ **疾病**は、医学的診断により、何らかの医学的異常状態と判断された結果をいう。一方、**病気**や病は、本人が感じる心身の不調全般が含まれ、疾病とは区別される。
- ■ **疾病および関連保健問題の国際統計分類**（International Statistical Classification of Diseases and Related Health Problems：**ICD**）とは、死亡や疾病のデータの体系的な記録、分析、解釈・比較を行うため、世界保健機関（WHO）が作成した分類である。
- ■ 日本で現在採用されているのは、第10版の **ICD-10** だが、2018（平成30）年に第11版の **ICD-11** が公表され、日本でも採用の準備が進められている。

ICD-11では、精神疾患に「ゲーム症/ゲーム障害」が追加され、「精神・行動・神経発達障害」に分類されていた性同一性障害が、新たに精神疾患でも身体疾患でもない分類としてまとめられているなどの変更がある。

② 疾病の発生原因
- ■ 疾病の原因（**病因**）は複数あり、大きく**外的要因**と**内的要因**に分類される。これらがさまざまな割合で関与する。

■疾病の発生原因

外的要因	物理的因子	機械的圧力、気温、気圧など
	化学的因子	腐食毒、金属製毒物、有毒ガスなどの化学物質
	生物学的因子	感染症を引き起こす病原微生物や寄生虫
	栄養的因子	栄養素
	社会的・文化的因子	住宅や上下水道、ストレス、人間関係など
内的要因	生理的因子	年齢、性別、人種、組織、臓器などにみられる共通の素因
	病理的因子	代謝酵素異常、染色体異常など先天的素因、免疫異常、ホルモン異常など後天的素因

③ 病変の成立機序
- ■ さまざまな病因による身体の**生体反応**により、病変が発生する。

■病変の成立機序

炎症	物理的刺激や化学的刺激など何らかの外的要因を排除するための生体防御反応。炎症自体は組織を傷害する働きがある。その経過から、急性炎症と慢性炎症に区別される
変性	代謝障害により細胞・組織内に異常な代謝物質が沈着し、または正常な物質でも異常な部位または異常な量が認められる状態
虚血	主に動脈が狭窄・閉塞することにより、組織や細胞に血液が十分に供給されない状態
発がん	DNAの異常や変異により、細胞が異常に増殖して腫瘍が発生する。生命予後に影響しないものを良性腫瘍といい、増殖速度が速く正常の細胞や組織を傷害し、生命予後を脅かすものを悪性腫瘍という
免疫反応	体内に侵入した病原体に対し、自己を傷つけずに排除・攻撃し発病しないようにする生体防御反応

■厚生労働省「令和5年（2023）人口動態統計」によると、死因の順位は1位悪性新生物（悪性腫瘍、がん）、2位心疾患、3位老衰、4位脳血管疾患、5位肺炎である。

《国試にチャレンジ！》

1 近年において、がんは死因の第2位となっている。【33回4】

（正答…✕）

頻出度A 国際生活機能分類（ICF）

■ 2001（平成13）年に世界保健機関（WHO）が発表した国際生活機能分類（ICF）は、国際障害分類（ICIDH）を改訂したものである。
■ 国際障害分類（ICIDH）は、障害というマイナス面に着目した分類だが、ICFは生活機能というプラス面に着目し、全体的な健康状態を把握しようとしている。

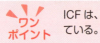 ICFは、障害のある人だけに限らず、すべての人の健康に関する分類となっている。

■生活機能は心身機能・身体構造、活動、参加のすべてを含むプラス面の包括用語で、生活機能に影響を与えるものに健康状態、背景因子（環境因子と個人因子）があり、これらすべてが相互に作用している。

① 生活機能
■心身機能とは、身体系の生理的機能（心理的機能を含む）である。身体構造とは、器官・肢体とその構成部分などの身体の解剖学的部分である。

- 著しい変異や喪失などの心身機能または身体構造上の問題を**機能障害**（構造障害を含む）というが、必ずしも病気の存在を示すものではない。
- **活動**とは、個人による課題や行為の遂行のことである。
- ICFでは、活動を実際の生活で実行している**実行状況**と、普段行っていないがやればできる**能力**という2つの面からとらえる。

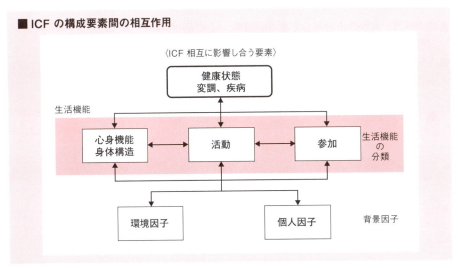

■ ICFの構成要素間の相互作用

- **参加**とは、生活・人生場面へのかかわりのことである。
- 個人が活動を行うときに生じる難しさを**活動制限**といい、個人が何らかの生活・人生場面にかかわるときに経験する難しさを**参加制約**という。

② 背景因子

- **環境因子**とは、人々が生活し、人生を送っている物的な環境や社会的環境、人々の社会的な態度による環境を構成する因子である。促進因子（プラスの影響）と阻害因子（マイナスの影響）がある。
- **個人因子**とは、年齢、性別、ライフスタイルなど個人の人生や生活の特別な背景であり、健康状態や健康状況以外のその人の特徴からなる因子である。

《国試にチャレンジ！》

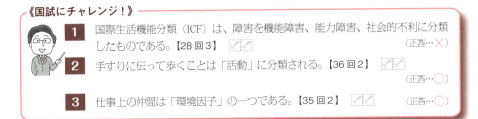

1	国際生活機能分類（ICF）は、障害を機能障害、能力障害、社会的不利に分類したものである。【28回3】	（正答…×）
2	手すりに伝って歩くことは「活動」に分類される。【36回2】	（正答…○）
3	仕事上の仲間は「環境因子」の一つである。【35回2】	（正答…○）

Lesson 3 身体構造と心身機能

頻出度 C 人体部位

- 体全体は、首から上の部分である頭頸部、胴体部分の体幹、4本の手足の部分である四肢に、大きく3区分される。
- 人体の腕から手までの部分を上肢、太ももから足までの部分を下肢と呼ぶ。左右の上下肢4本をまとめて四肢と呼ぶ。

■人体の各部位の名称

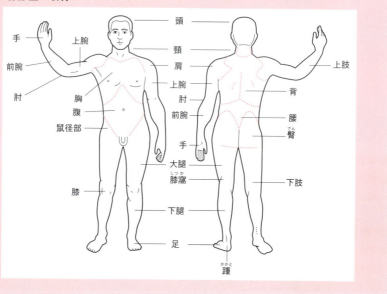

頻出度 B 支持運動器官

- 支持運動器官は人間の体を支え、姿勢をつくり、運動を生じさせる器官である。
- 骨の表面は骨膜で覆われ、中心部にある空洞（髄腔）は骨髄で満たされている。
- 骨髄は造血器官であり、赤血球、白血球、血小板をつくっている。
- 人体は約 200 個の骨からなり、頸椎は 7 個の骨で構成されている。
- 脊柱は横から見るとＳの字に曲がっている。脊柱の中にある脊髄から出ている 31 対の脊髄神経が中枢神経系（脳・脊髄）と全身の筋肉や臓器をつなぐ役割をしている。
- 筋肉のうち骨格筋は、運動神経の支配を受け、意思によって動かすことができる随意

筋である。
■ 筋肉のうち心筋（心臓の横紋筋）と平滑筋（血管、消化管、気管支などに分布）は、自律神経に支配され、意思によって動かすことのできない不随意筋である。

《国試にチャレンジ！》

| 1 | 骨には血球をつくる働きがある。【37回3】 | ✓✓ | （正答…〇） |
| 2 | 頸椎は12個の骨で構成される。【30回2】 | ✓✓ | （正答…✕） |

身体機能の調節と内分泌器官 〈頻出度A〉

■ 身体の健康は、自律神経系（身体のはたらきを調整する）、内分泌系（ホルモン分泌を司る）、免疫系（防御反応を司る）の3つのバランスを保つことで維持される。
■ 自律神経の中枢は間脳の視床下部にある。自律神経は交感神経と副交感神経に分かれており、正反対のはたらきをする。

■交感神経と副交感神経

	交感神経	副交感神経
作用	身体を活動的にする	身体を休息させる
変化	心拍数上昇、血圧上昇、筋肉収縮、消化管の運動抑制、唾液減少	心拍数低下、血圧低下、筋肉弛緩、消化管の運動亢進、唾液増加

心身がリラックスすると消化が促されて食欲もわきますね

■ ホルモンは人体の各部に存在する内分泌系の器官でつくられ、血液中に分泌される。
■ ホルモンの作用には、代謝の調節、血液成分の恒常性維持、消化液の分泌、性・生殖などがある。
■ 神経系は緊急時にはたらくが、ホルモンは緩やかに持続的にはたらく。
■ 免疫とは、自己の構成成分以外の非自己を生体から排除し、生体の恒常性を維持する基本的機能の1つである。

■主なホルモンの種類と作用

分泌部位		主なホルモン	作用
脳	下垂体前葉	成長ホルモン	骨や子どもの身体の成長促進
		プロラクチン	乳腺の発達
	下垂体後葉	バソプレシン	腎臓での水分の再吸収促進
	松果体	メラトニン	睡眠や覚醒のリズムを調整
甲状腺		甲状腺ホルモン	全身の代謝を活性化

副甲状腺		副甲状腺ホルモン	血中カルシウム濃度の調節
副腎	皮質	アルドステロン	腎臓でのナトリウムの再吸収、カリウムの排出
	脂質	アドレナリン	交感神経刺激、心機能促進
膵臓	ランゲルハンス島	グルカゴン	血糖値の上昇
		インスリン	血糖値の低下
卵巣		エストロゲン	第二次性徴、月経に関与
精巣		テストステロン	第二次性徴、精子形成

《国試にチャレンジ！》

1. 副交感神経は、消化管の運動を亢進する。【31回2】 ☑☑　（正答…○）
2. 副甲状腺ホルモンは、カリウム代謝をつかさどる。【32回1】 ☑☑
（正答…×）

B 体液と血液

① 体液

- ■体液は、人体にある組織液、リンパ液、血液など液体成分の総称で、細胞内液と細胞外液からなる。
- ■人体の約60％は、体液でできている。
- ■体液は、細胞が生きていくために必要な電解質（ナトリウム・カリウムなど）や、非電解質（たんぱく質・糖質・脂質・尿素など）を含んでいる。
- ■体液量や体液内の電解質は、いつもほぼ一定に保たれている。これを人体の恒常性（ホメオスタシス）という。

② 血液

- ■血液は、細胞に酸素や必要な栄養素を運び、老廃物を回収する。
- ■血液は、血球（細胞成分）約45％と血漿（液体成分）約55％からなる。
- ■血球には白血球、赤血球、血小板がある。
- ■白血球のなかのリンパ球は、免疫に深い関係があり抗体を産生する。
- ■赤血球の成分である血色素（ヘモグロビン）は、酸素を運搬する。
- ■血小板は、出血を止めるはたらきがある。
- ■血漿たんぱくの多くを占めるアルブミンは、肝臓でつくられ、微量元素・脂肪酸・ホルモンなどを運搬する。

《国試にチャレンジ！》

| 1 | ヘモグロビンは感染の防御にかかわる。【27回1】 | ✓✓ | （正答…✕） |
| 2 | アルブミンは酸素の運搬にかかわる。【27回1】 | ✓✓ | （正答…✕） |

頻出度A 循環器の構造と機能

① 心臓の構造と循環

■ 心臓から送り出される血液が通る血管を動脈、心臓に戻る血液が通る血管を静脈という。
■ 毛細血管は動脈と静脈をつなぐ細い血管で、身体の細胞や組織に物質を運搬する。
■ 心臓表面には冠動脈と呼ばれる血管が張り巡らされており、心筋に栄養や酸素を送り込んでいる。冠動脈は大動脈起始部より分岐している。
■ 心臓の重さは約200～300gで、握りこぶし大の臓器である。
■ 心臓には、左右にそれぞれ心房（右心房・左心房）と心室（右心室・左心室）がある。
■ 左心房と左心室の間には僧帽弁、右心房と右心室の間には三尖弁という、血液の逆流を防ぐための弁がある。

■ 心臓の構造

- **体循環**は、心臓（左心室）→大動脈→全身の臓器→大静脈→心臓（右心房）と血液が流れる血管系をいう。
- **肺循環**は、心臓（右心室）→肺動脈→肺（酸素と二酸化炭素を交換）→肺静脈→心臓（左心房）と血液が流れる血管系をいう。

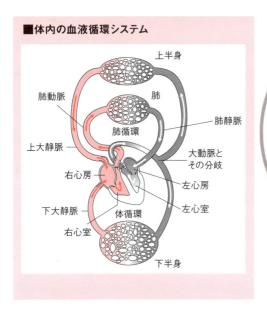

■体内の血液循環システム

肺循環での「肺動脈」は、動脈とありますが、二酸化炭素を多く含む静脈血です。肺を通った後の「肺静脈」は、酸素を多く含む動脈血で、体循環で全身に運ばれます

② 心臓の機能
- 左心室が収縮すると、圧力の波が動脈壁を伝わって、脈拍となる。
- 血液が血管内を通る際に血管壁にかかる圧力を血圧という。
- 加齢とともに血管の弾性が低下し、収縮期血圧が上昇する傾向にある。

■成人の脈拍と血圧

脈拍	通常は 60 〜 90 回／分（安静時） 50 回／分未満を徐脈、100 回／分以上を頻脈という
血圧	正常値は、 収縮期血圧（最高血圧）< 140mmHg、拡張期血圧（最低血圧）< 90mmHg

《国試にチャレンジ！》

1　肺でガス交換された血液は、肺動脈で心臓へと運ばれる。【32回1】　（正答…×）

2　肺静脈の中の血液は静脈血である。【29回3】　（正答…×）

A 脳・神経の構造と機能

■脳の構造

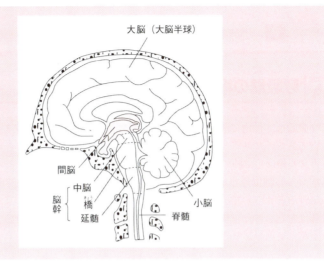

- 神経系は、大きく中枢神経系と末梢神経系に分けられる。
- 中枢神経系は脳と脊髄、末梢神経系は脳・脊髄から出ている脳神経・脊髄神経からなる。
- 末梢神経系は、機能的には体性神経（知覚神経・運動神経）と自律神経（交感神経・副交感神経）に分類される。
- 脳は、機能に応じて、大脳（大脳半球）、間脳、脳幹、小脳に分けられる。脳幹は、上から中脳・橋・延髄の3つの部位に分けられる。

■脳の各部のはたらき

大脳		情報を識別し、それに応じた運動を指令する。皮質の部分で、さまざまなはたらきが分業・統率されている（大脳各部の機能は「2 心理」参照）
間脳		主に視床と視床下部に分かれる。視床は嗅覚以外の感覚を大脳に伝えるはたらきがあり、視床下部は食欲・性欲などの本能行動や自律神経系のコントロールに関係している
脳幹	中脳	視覚反射や眼球運動に関する反射の中枢
	橋	中脳と延髄の間にあり、運動に関する情報を大脳から小脳に伝えるなどの役割がある
	延髄	脳幹の一番下に位置し、生命の維持に不可欠な呼吸・心拍・血圧・嚥下・嘔吐などの中枢がある
小脳		筋力の微妙な調整や筋緊張の制御、筋力のバランスをとる

《国試にチャレンジ！》

| 1 | 脳幹は、上部から延髄・中脳・橋の順で並んでいる。【31回2】 ☑☑ | （正答…✕） |
| 2 | 脊髄神経は、中枢神経である。【31回2】 ☑☑ | （正答…✕） |

呼吸器の構造と換気

■ 呼吸器は、体内に酸素を取り入れ、二酸化炭素を排出するガス交換（呼吸）を行う器官である。
■ ガス交換は主に肺の中の肺胞で行われる。
■ 空気が肺胞に達するまでの空気の通り道を気道という。鼻腔から喉頭までが上気道、気管から肺胞までが下気道である。
■ 肺は左右２つから構成されており、右肺は上葉、中葉、下葉の３つの肺葉に、左肺は上葉、下葉の２つの肺葉に分かれている。

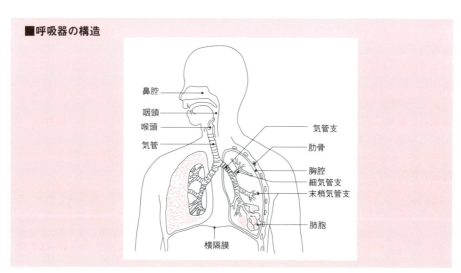

■呼吸器の構造

■ 肺におけるガス交換を外呼吸、全身の組織におけるガス交換を内呼吸という。
■ 外呼吸は、外肋間筋や横隔膜などの運動により行われる。
■ 喉頭は、空気の通り道である気管と、飲食物の通り道である食道に分かれる。気管は食道の前方に位置する。
■ 気管は二股に分かれて気管支に続く。左気管支に比べ右気管支のほうがやや太く短く、曲がりの角度が小さいため、空気の入る量が多く空気や異物は右気管支に入りやすい。高齢者は喉頭蓋を閉じる反射が鈍くなるため、誤嚥性肺炎を起こしやすくなる。

《国試にチャレンジ！》

1 右肺は2つの肺葉からなる。【30回2】　☑☑　（正答…✕）
2 気管は食道の後方に位置する。【27回1】　☑☑　（正答…✕）

A 消化器の構造と機能

■消化器の構造

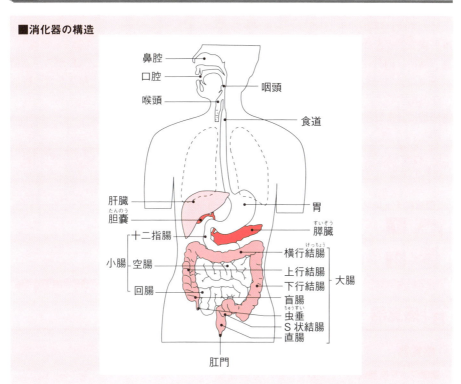

- 消化器は、消化管（口腔・食道・胃・腸・肛門）と消化液を分泌する臓器（肝臓・胆のう・膵臓など）からなる。
- 唾液には、口腔内を潤して滑らかにする、食べ物などの表面を覆って細菌の繁殖を防ぐ、食べ物を湿らせて咀嚼や嚥下をしやすくする、味覚の発現を助ける、などのはたらきがある。
- 胃は、食べたものを一時的に蓄える臓器である。
- 胃液には粘液・ペプシン・塩酸が含まれ、粘液は胃の保護、ペプシンはたんぱく質の分解、塩酸は殺菌作用をもつ。
- 小腸は、約6mの長さで、十二指腸、空腸、回腸の3つの部分がある。

- 小腸の腸絨毛で消化・吸収（栄養素・水分）の8〜9割が行われており、その消化・吸収を助けるものとして胆汁と膵液がある。
- 十二指腸には、肝臓から胆汁を運ぶ総胆管と、膵臓から膵液を運ぶ膵管が合流して開口する。
- 大腸は、直径が小腸の約2倍、全長が約1.6mで、盲腸、結腸（上行・横行・下行・S状結腸）、直腸に分けられる。大腸に消化作用はほとんどなく、残りの水分を吸収し、糞便を形成して体外に排泄する役割をもつ。
- 肝臓は、内臓のなかで最も重い臓器である。
- 肝臓には、物質の代謝、血糖濃度の調節、たんぱく質の合成、脂肪の消化を助ける胆汁の生成、解毒作用などのはたらきがある。
- 肝臓で生成される胆汁は脂肪を吸収しやすい形にして分解する。
- 膵臓には内分泌腺と外分泌腺がある。前者は内部にあるランゲルハンス島から、血糖をコントロールするインスリンとグルカゴンを分泌する。後者は消化酵素を含む膵液を分泌する。
- 膵液に含まれる消化酵素は、炭水化物、たんぱく質、脂肪を分解する。

喀血は呼吸器からの鮮紅色の出血、吐血は上部消化管（食道・胃・十二指腸）からの出血をいう。

《国試にチャレンジ！》

1　腸管は、口側より、空腸、回腸、十二指腸、大腸の順序である。【32回1】　（正答…×）

2　膵臓には、内分泌腺と外分泌腺がある。【32回3】　（正答…○）

頻出度B｜感覚器・皮膚の機能と構造

① 感覚器

■眼球水平断面図

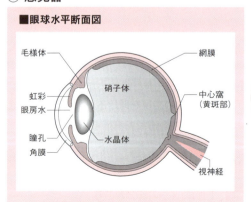

眼球の機能を助ける眼筋、まぶた、結膜などは、眼球付属器といいます

- 視覚、聴覚、平衡感覚、嗅覚、触覚などの情報を知覚神経が中枢神経に送る。
- 目は、眼球、視神経、眼球付属器からなる感覚器である。
- 眼球に入る光は、角膜、眼房水、水晶体、硝子体を経て網膜に結ばれ、視神経を経由して大脳の後頭葉にある視覚中枢で形が認知される。
- 耳は平衡聴覚器ともいわれ、聴覚と平衡感覚に関与する。

■耳の構成と役割

	構成要素	役割
外耳	耳介、外耳道	音を集めて鼓膜に伝える
中耳	鼓膜、耳小骨、耳管、鼓室	鼓膜を振動させた音を内耳へ伝える
内耳	蝸牛、前庭、三半規管 ※リンパ液で満たされている	バランスに関与する。音を電気信号に変えて聴神経に伝える

■耳の構造

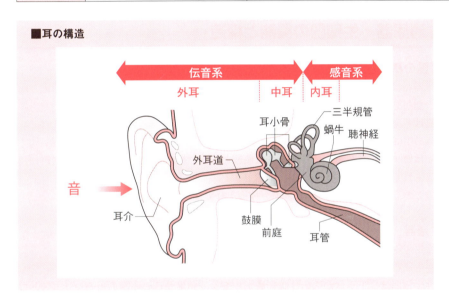

- 外耳、中耳、内耳で受けた空気の振動は電気信号に変換され、大脳の側頭葉にある聴覚中枢に達して音声として認識される。

《国試にチャレンジ！》

1. 視覚は、後頭葉を中枢とする。【32回1】 ✓ （正答…○）
2. 三半規管は、外耳と中耳の境目に位置する。【31回2】 ✓ （正答…×）

② 皮膚

■ 皮膚は、表面から順に、表皮、真皮、皮下組織の３層からなる。

■皮膚の構造

表皮	汗腺と皮脂腺の開口部があり、皮膚のバリア機能をもつ
真皮	弾力性に富み、汗腺・皮脂腺・感覚受容器・血管が分布する
皮下組織	主に脂肪で構成されており、汗腺の１つであるアポクリン腺の分泌部がある

■ 汗は、99％が水分である。汗を出す汗腺には、全身のほとんどに分布するエクリン腺と脇の下などに分布するアポクリン腺がある。

■ エクリン腺から出る汗は無臭だが、アポクリン腺から出る汗は有機成分を含むため体臭の原因となる。

C 泌尿器・生殖器の機能と構造

① 腎臓の構造と泌尿器

■ 泌尿器系は腎臓から尿管、膀胱、尿道、尿道口までをいい、血液から老廃物を取り除く役割がある。

■ 腎臓は老廃物を尿として排泄するほか、身体の水分含量や体液の調節にもかかわる。

■ 腎臓の中には、腎小体と尿細管からなるネフロン（１個の腎臓に100万個）がある。

■ 血液は腎小体にある糸球体で濾過され原尿となり、尿細管へ送られ、必要な物質が再吸収されて残りが尿となる。

■ 腎臓でつくられた尿は、尿管、膀胱、尿道を経て体外に排出される。

② 生殖器

■ 男性生殖器には、精巣、精管、精嚢、射精管、前立腺などがある。

■ 女性生殖器には、卵巣、卵管、子宮、膣がある。

■ 女性生殖器は、下垂体からの性腺刺激ホルモン、卵巣からの卵胞ホルモン（エストロゲン）、黄体ホルモン（プロゲステロン）の周期的な分泌によってはたらきが調節される。

■ 卵巣内の卵胞から卵子が放出されることを排卵という。

Lesson 4 疾病の概要

頻出度 A 生活習慣病と悪性腫瘍

① 生活習慣病

- **生活習慣病**とは、食生活や運動不足、喫煙、飲酒など、生活習慣が発症の原因として深く関与していると考えられている疾患の総称である。
- 生活習慣病の発症には、**遺伝**要因も関与している。
- 主な生活習慣病に、糖尿病（２型）、肥満、脂質異常症（高脂血症）、高血圧などがある。
- **喫煙**では、肺、膀胱などのがん、心臓病、慢性閉塞性肺疾患、脳卒中、歯周病などの発症リスクが上がる。
- 多量の**飲酒**が原因と考えられる主な疾患に、アルコール性肝障害などがあげられる。
- **メタボリックシンドローム（内臓脂肪症候群）**は、**内臓脂肪型肥満**（内臓肥満・腹部肥満）に、**血清脂質異常・血圧高値・高血糖**のうち**２つ以上**を合併した状態をいう。

■メタボリックシンドロームの診断基準

必須項目	内臓脂肪蓄積	ウエスト周囲径	男性≧ 85cm 女性≧ 90cm
選択項目 （３つの うち２つ 以上）	血清脂質異常	高トリグリセリド血症 低HDLコレステロール血症	≧ 150mg/dL ＜ 40mg/dL　（※）
	血圧高値	収縮期（最大）血圧 拡張期（最小）血圧	≧ 130mmHg ≧ 85mmHg　（※）
	高血糖	空腹時高血糖	≧ 110mg/dL

（※）血清脂質異常と血圧高値は、それぞれ２つのうちの、「いずれか、もしくは両方」です

② 悪性腫瘍

- 悪性腫瘍（悪性新生物、がん）は、1981（昭和56）年以来、日本人の死因の**第１位**を占めている。
- がんの部位別の死亡数をみると、男性では**肺がん**、女性では**大腸がん**が最も多い。男女合計では肺がんが最も多く、次いで大腸がん、膵臓がんとなっている（「令和５年（2023）人口動態統計」）。
- 悪性腫瘍の治療では、一般的に、手術療法、化学療法（抗がん剤）、放射線療法が行われる。部位、進行度、全身状態によって治療方法が検討される。
- 悪性腫瘍では、診断がついた当初から全人的苦痛を視野に入れた**緩和ケア**的なアプローチが重要とされている。

 がん患者の全人的苦痛は、身体的、社会的、精神的、霊的な苦痛がからみ合って形成される。

《国試にチャレンジ！》

1	生活習慣病の発症に、遺伝要因は関与しない。【29回5】 ☑	（正答…✗）
2	喫煙は、膀胱がんの危険因子の一つである。【29回5】 ☑	（正答…◯）
3	2023（令和5）年におけるがん（悪性新生物）の主な部位別にみた死亡数で女性の第1位は、肺がんである。【35回4改】 ☑	（正答…✗）

A 循環器の疾患

① 心疾患

■ 心臓に供給される酸素量が少ないために生じる障害を<u>虚血性心疾患</u>という。可逆性で胸痛をきたす<u>狭心症</u>と、虚血により心筋が壊死に陥る<u>心筋梗塞</u>がある。

■ 狭心症と心筋梗塞

狭心症	・冠動脈の内腔が狭くなることによって、心筋が一過性に虚血に陥り、胸に不快感を伴う症状が出現する病態 ・症状は胸痛であり、通常5分間、長くて15分間続く ・発作時には薬物療法として<u>ニトログリセリン</u>が用いられる
心筋梗塞	・冠動脈の一部が完全閉塞し、心筋虚血により心筋が壊死に陥った状態 ・胸痛が30分以上続く ・ニトログリセリンでは改善せず、閉塞冠動脈を再開通させる必要がある

■ <u>心不全</u>とは、心臓のポンプ機能が障害されたことにより、必要量の血液を全身に供給できなくなった状態をいう。左心不全と右心不全の2種類に分けられる。

 高齢者では、無症状のまま狭心症や心筋梗塞となっている場合がある。

② 高血圧

■ 日本高血圧学会によると、<u>収縮期血圧</u>（最高血圧）が140mmHg以上あるいは<u>拡張期血圧</u>（最低血圧）が90mmHg以上の場合に<u>高血圧症</u>と診断される。

■ 高血圧は、その原因がわからない<u>本態性高血圧</u>（一次性高血圧）と、何らかの原因疾患によって起こる続発性高血圧（<u>二次性高血圧</u>）に分類される。

■ わが国の高血圧の約9割は本態性高血圧である。

■ 高血圧の合併症として、脳血管疾患、虚血性心疾患、高血圧性腎硬化症などがある。

《国試にチャレンジ！》

1. 高血圧の診断基準は、収縮期（最高）血圧160mmHg以上あるいは拡張期（最低）血圧90mmHg以上である。【31回5】　　　（正答…✕）
2. 本態性高血圧（一次性高血圧）は、高血圧全体の約50％を占める。【31回5】　　　（正答…✕）

頻出度A　糖尿病と内分泌疾患

① 糖尿病

- 糖尿病とは、膵臓のランゲルハンス島β細胞から分泌されるインスリンの不足、筋肉・脂肪・肝臓でのインスリン作用不足などにより、高血糖状態になる疾患である。
- 糖尿病は、インスリンをつくる細胞が破壊され、インスリンがほとんど分泌されない1型糖尿病と、インスリンの分泌低下と作用不足が混在した2型糖尿病があり、日本人の糖尿病は95％が2型糖尿病である。

■糖尿病の種類

1型糖尿病	自己免疫や遺伝的要因が発症要因。比較的若年者に多い
2型糖尿病	生活習慣の関与が強く、壮年期や高齢者に多い

- 糖尿病の症状として、口渇・多飲・多尿・体重減少などがあるが、初期には自覚症状がない。
- 食事療法と運動療法が治療の基本。1型糖尿病やインスリン分泌不全が著しい2型糖尿病の場合はインスリン注射が必要となる。2型糖尿病ではインスリン分泌促進薬などを組み合わせる。
- 長期にわたり高血糖が続くと糖尿病の三大合併症を発症しやすくなる。

■糖尿病の三大合併症によるリスク

糖尿病性網膜症	失明の危険
糖尿病性腎症	腎不全から血液透析の導入に至る原因の第1位
糖尿病性神経障害	足のしびれや疼痛、自律神経障害から壊疽や突然死をまねく危険

② 内分泌疾患

- 甲状腺機能亢進症は、甲状腺の腫大と眼球突出が特徴で、バセドウ病と呼ばれる。
- 甲状腺機能低下症では、甲状腺ホルモンの低下により全身の新陳代謝が低下し、行動の緩慢、便秘、脱毛、嗄声、浮腫、皮膚の乾燥などの症状がみられる。
- 甲状腺機能低下症は、高齢者では、うつや認知症と誤診される場合もある。

《国試にチャレンジ！》

1	糖尿病の合併症は、視覚障害の原因疾患に含まれない。【31回6】 ☑☑	（正答…×）
2	現在、糖尿病性腎症(とうにょうびょうせいじんしょう)は透析導入に至る原疾患の第1位である。【27回3】 ☑☑	（正答…○）
3	甲状腺機能低下症は、浮腫の原因となる。【30回4】 ☑☑	（正答…○）

頻出度 B 脳・神経の疾患

① 脳血管疾患

■脳血管疾患には、脳の血管が詰まる<u>脳梗塞</u>（<u>脳血栓</u>・<u>脳塞栓</u>）と脳の血管が破れる<u>脳出血</u>（<u>脳内出血</u>・<u>くも膜下出血</u>）がある。

■脳梗塞は脳血管疾患の多くを占め、数時間から数日かけて発症する。

■<u>多発性脳梗塞</u>は、多発的に小さな脳梗塞が発生するものである。運動障害や自発性の低下などから寝たきりや血管性認知症となりやすく、<u>パーキンソン症候群</u>の原因にもなる。

■<u>一過性脳虚血発作</u>（TIA）の多くは、内頸動脈の<u>血栓</u>がはがれて脳の小動脈を閉塞して起こる。血栓はすぐ溶解し、意識障害の症状は数分間から24時間以内で消える。

■脳血管疾患

脳梗塞	脳血栓	脳動脈硬化から<u>血栓</u>が形成され、脳血管内腔が閉じてしまうもの。高齢者では、<u>脱水</u>による<u>血液濃縮</u>、多血症、血圧低下などによって生じることもある
	脳塞栓	<u>心房細動</u>などのために心臓内にできた血栓が脳血管へ運ばれて、閉じてしまうもの。心房細動があると血流が不規則になり血栓ができやすい
脳出血	脳内出血	<u>高血圧</u>によって起こりやすく、前ぶれなく突然に<u>意識障害</u>を伴って発症する。意識障害が著明である点が脳梗塞と異なる
	くも膜下出血	くも膜内で脳動静脈が破裂し出血することで生じる。<u>激しい頭痛</u>があり突然に意識障害が出現する。嘔吐、痙攣で始まることもあり、昏睡をきたす場合は予後がよくないとされる

■脳梗塞の後遺症として、<u>片麻痺</u>、感情失禁、<u>失語</u>などがみられる。
■脳血管疾患の後遺症として起こる片麻痺は、脳の障害部位の<u>反対側</u>に症状が現れる。

片麻痺
片麻痺は身体の片側の上下肢の麻痺をいう。脊髄損傷などで生じる対麻痺は主に両側下肢の麻痺、四肢麻痺は両側上下肢の麻痺である。

■失語には、主に感覚性失語と運動性失語がある。

■失語の種類

感覚性失語	大脳皮質にある言語野のウェルニッケ野の損傷が原因。流暢な発話はあるが、聞く・読むなどの理解面に障害が現れる
運動性失語	言語野のブローカ野の損傷が原因。聴覚的理解はあるが、努力的でぎこちない発語をする

② 難病

■難病とは、発病の機構が明らかでなく、かつ、治療方法が確立していない希少な疾病で、その疾病にかかることで長期にわたり療養を必要とすることとなるものをいう。
■指定難病は、難病のうち、患者数が一定の人数に達せず、かつ、客観的な診断基準が確立しているなどで、厚生労働大臣が指定するものをいう。
■指定難病は、2024（令和6）年4月現在で、341疾病あり、そのうち約4分の1をパーキンソン病、筋萎縮性側索硬化症、脊髄小脳変性症などの神経難病が占める。

③ パーキンソン病

■パーキンソン病は、振戦、固縮、無動・寡動、姿勢反射障害を四大主徴とし、中年以降に発症しやすい。原因は中脳の黒質にあるドーパミンという神経伝達物質の減少である。

■パーキンソン病の症状

振戦	安静時に起こる両手のふるえ。患者の4分の3にみられる
固縮	手足などの筋肉がこわばる
無動・寡動	・動作が緩慢になる。動きが少ない（寡動） ・表情が乏しく顔面が仮面のような印象を受ける（仮面様顔貌）
姿勢反射障害	・前かがみで転びやすくなる ・元の姿勢から次の動作へ移るのに時間がかかり（すくみ足）、体が固くこわばった歯車様抵抗がある ・歩行時には両手を振らず、前屈で小刻み歩行となる（つぎ足歩行）

パーキンソン症候群（パーキンソニズム）は、パーキンソン病ではないが、パーキンソン病と同様の症状を起こす疾患の総称として用いられる。

④ 筋萎縮性側索硬化症（ALS）

■筋萎縮性側索硬化症（ALS）は、随意筋を支配する運動ニューロンが障害されて徐々に四肢骨格筋が筋力低下していく進行性疾患である。
■手先の筋萎縮、嚥下・言語障害などから始まり、進行すると四肢麻痺、球麻痺、呼吸

筋の麻痺を生じ、呼吸不全により死に至る。
- 知能、感覚、眼球運動、膀胱・直腸機能は障害されず、褥瘡も起こりにくい。

⑤ 脊髄小脳変性症
- 脊髄小脳変性症は、小脳の変性疾患で、運動失調が主症状である。
- 歩行時のふらつき、つまずきやすいなどの歩行障害のほか、手足の細かい動きができない、言語不明瞭などの症状が現れる。

⑥ その他の難病
- 多系統萎縮症（MSA）は、小脳、大脳基底核、自律神経、錐体外路などが障害されるもので、脊髄小脳変性症の疾患群の１つである。根本的な治療法はなく、症状に応じた対症療法が行われている。
- クロイツフェルト・ヤコブ病は、中年期以後に発症する認知症性疾患で、小脳症状、不随意運動などさまざまな症状がみられる。
- 2015（平成27）年に「難病の患者に対する医療等に関する法律」（難病法）が施行され、指定難病について法律に基づく医療費助成が行われている。

《国試にチャレンジ！》

1 多発性脳梗塞は、アルツハイマー型認知症に特異的な病態である。
【27回4改】 ✓✓ （正答…×）

2 パーキンソン病は、脳内のドーパミンが増加して発症する。【35回5】 ✓✓
（正答…×）

B 呼吸器疾患

① 肺炎
- 肺炎は、細菌やウイルスの感染などにより肺に炎症が起こる疾患である。
- 肺炎の原因菌では、肺炎球菌が最も多い。
- 高齢者の肺炎では、唾液や食べ物などと一緒に細菌を誤嚥することで発症する誤嚥性肺炎に注意が必要である。

■ 誤嚥の主な原因

・脳梗塞に伴う仮性球麻痺　・筋力低下
・不顕性誤嚥（睡眠中に少量の唾液や胃液が気管に入り込み起こる誤嚥）

- 肺炎の客観的症候としては発熱（微熱）が最も多いが、高齢者では発熱がない場合もあり、軽度の意識障害（意職レベルの低下）、不穏状態が主症状となることも多い。

② 慢性閉塞性肺疾患

■ 慢性閉塞性肺疾患（COPD）とは、肺気腫と慢性気管支炎の総称である。労作時の呼吸困難で発症することが多く、軽い咳や喘鳴を伴うようになる。
■ 慢性閉塞性肺疾患の危険因子は喫煙である。

《国試にチャレンジ！》

1　肺炎はレジオネラ菌によるものが最も多い。【34回3】　（正答…×）
2　肺炎の診断には発熱が必須である。【37回5】　（正答…×）

頻出度 B 消化器・消化管の疾患

■ 胃潰瘍や胃がんの危険因子にピロリ菌（ヘリコバクター・ピロリ）の感染がある。
■ 逆流性食道炎は、胃の内容物が食道に逆流することで発症する。
■ 潰瘍性大腸炎は、直腸から連続的に大腸粘膜に潰瘍やびらんが生じる原因不明の疾患で、持続性・反復性のある血性下痢と粘血便が特徴である。
■ ウイルス性肝炎とは、肝炎ウイルスに感染し、急激に肝細胞が障害を受け、食欲不振、吐き気、全身倦怠感、黄疸などの症状を引き起こした状態をいう。
■ ウイルス性肝炎にはA型・B型・C型・E型があり、B型とC型は慢性化が問題となる。
■ A型・B型肝炎のワクチンはあるが、C型肝炎のワクチンはまだない。
■ アルコール性肝炎とは、アルコールの摂取によって起こる肝炎である。急性肝炎と慢性肝炎がある。肝硬変に至ると進行は不可逆的となり肝機能の改善は困難となる。
■ 胆石症は、胆嚢や胆管に石（結石）ができるもので、腹痛などの症状が出る。

《国試にチャレンジ！》

1　C型肝炎ウイルスの感染予防には、ワクチンが実用化されている。
【29回4】　（正答…×）

頻出度 A 骨・関節の疾患

■ 骨粗鬆症は、骨量が減少し、骨が脆弱化した状態である。男性よりも女性（特に閉経後の女性）に多く、女性ホルモンの減少が原因と考えられている。
■ 適度な運動、日光浴、栄養状態の改善などが骨粗鬆症の予防となる。
■ 骨の強度低下が原因で起こる脆弱性骨折は高齢者に多い。部位別では、腰椎圧迫骨折、大腿骨頸部骨折、橈骨遠位端骨折、上腕骨近位部骨折が多い。

■高齢者に多い骨折の部位および症状等

骨折の部位	症状等
腰椎圧迫骨折	腰椎の骨折。転倒によることが多く、高齢者に起こりやすい
大腿骨頸部骨折	足のつけ根の股関節部の骨折。寝たきりになりやすい
橈骨遠位端骨折	前腕骨の手首に近いところの骨折。転倒時に手をつくことで受傷しやすい
上腕骨近位部骨折	肩に近い部分の上腕骨の骨折。転倒による受傷が多い

- ■変形性脊椎症は、加齢に伴う脊椎の変形により神経が圧迫され、症状が生じた状態をいう。頸椎や腰椎で生じやすい。
- ■変形性脊椎症のうち、腰椎で生じたものを腰部脊柱管狭窄症という。主な症状は腰痛、臀部痛で、悪化すると下肢のしびれ、痛み、筋力低下がみられる。歩行や立位で痛みやしびれが生じ、休むとまた歩けるようになる間欠性跛行を特徴とする。
- ■変形性関節症では、加齢により関節の動きを滑らかにする軟骨が減少し、関節の痛み、腫脹、動かせる範囲の制限などの症状が現れる。変形性膝関節症が最も多い。
- ■関節リウマチは、全身の関節が慢性的に炎症を繰り返し、破壊される自己免疫疾患で、女性に多い。障害が手に強く現れることが多く、進行すると変形が起きる。朝、手指の関節のこわばりがよくみられる。

《国試にチャレンジ！》

1. 手をついて転倒して起きる骨折は上腕骨に多い。【26回2】 （正答…×）
2. 変形性関節症の中で最も多いのは、変形性膝関節症である。【34回4】 （正答…○）
3. 関節リウマチでみられる手指のこわばりは夕方に多い。【34回4】 （正答…×）

C 腎臓・泌尿器系の疾患

① 腎臓疾患

- ■急性腎不全では、腎糸球体のろ過機能が急激に低下する。①腎臓への血流が低下する病態（腎前性急性腎不全）、②腎臓そのものの障害（腎性急性腎不全）、③腎臓で生成された尿の排泄障害（腎後性急性腎不全）が原因となる。
- ■慢性腎不全とは、進行性の腎障害により起こる不可逆的な腎機能低下状態であり、老廃物の蓄積や水・電解質の恒常性維持の破綻が起きる。

② 泌尿器系疾患

- ■尿失禁とは、自分の意思とは関係なく尿が漏れる状態をいう。

■尿失禁の分類

腹圧性尿失禁	骨盤底筋の機能低下などにより、咳やくしゃみなどで腹圧のかかったときに生じる。女性に多い
切迫性尿失禁	膀胱括約筋の弛緩や排尿神経の障害などにより、急な強い尿意と頻尿が生じ、トイレに間に合わずに起こる
溢流性尿失禁	前立腺肥大などにより、膀胱に尿が充満して尿道から尿が漏れ出てくる
機能性尿失禁	排尿器官に異常はないが、認知症やADL障害などにより、トイレに間に合わないなどのために起こる
反射性尿失禁	脊髄損傷など脊髄の障害により、膀胱に尿がたまっても大脳が感知できず自分の意思とは無関係に起こる

word　ADL
日常生活動作あるいは日常生活活動。食事、入浴、着替えなど人間が独立して生活するために行う基本的で毎日繰り返される身体的動作群のこと。

■**尿路感染症**は、前立腺肥大や神経因性膀胱（知覚神経や運動神経の障害による排尿障害）といった排尿異常をきたす疾患などが原因となり、重症化すると**敗血症**を起こす。
■**前立腺肥大症**は、膀胱出口の尿道を取り囲む**前立腺**が肥大し、尿道を圧迫するため排尿障害が起こる。
■前立腺肥大症の初期には**夜間頻尿**がみられる。

word　夜間頻尿
昼間の排尿回数が8回以上の場合を昼間頻尿、夜間就寝後に1回以上、排尿のために起きる場合を夜間頻尿という。

《国試にチャレンジ！》

 1　高齢女性の尿失禁の多くは、溢流性尿失禁である。【23回2】
（正答…×）

C 血液疾患と膠原病

① 貧血
■貧血とは、ヘモグロビンが男性では13g/dL以下、女性では12g/dL以下、高齢者では男女ともに11g/dL以下の状態とされている。
■赤血球の数が減少するために酸素を運搬する能力が低下し、そのため顔面が蒼白になり、**起立性低血圧**や運動での息切れ、易疲労感などの症状がみられる。

② 膠原病
- 膠原病は、免疫の異常により、自身の細胞に対し免疫応答を行ってしまい、さまざまな症状を呈する疾患である。免疫抑制剤やステロイド剤の長期使用が問題となる。
- 全身性エリテマトーデス（SLE）は、蝶形紅斑、口腔内潰瘍、発熱、全身倦怠感、皮膚・粘膜の症状、関節のこわばりなど多様な症状や臓器障害が現れる。20〜40代の女性に多い。

頻出度 B 先天性疾患

- 先天性疾患は、出生時までに何らかの異常や障害をもつ疾患である。

■先天性疾患の分類

遺伝障害	遺伝子または染色体の異常に分けられる。遺伝病はDNAの塩基配列の異常から、染色体異常は染色体の数と構造の異常から起こる
胎児障害	胎児の器官形成期に起こる胎児の形態や組織の異常、身体の破壊や変形が生じるもの
周産期障害	分娩・出産時に脳の酸素欠乏などにより、脳障害が起こることをいう。主な周産期障害に、低酸素脳症などによる脳性麻痺、低体重児がある

- 進行性筋ジストロフィーは、遺伝性・進行性の筋疾患であり、筋組織の進行性変性による筋脱力と筋萎縮が主症状である。
- 伴性劣性遺伝病（X染色体の異常によるもの）として、血友病やデュシェンヌ型進行性筋ジストロフィーがある。
- デュシェンヌ型筋ジストロフィーは、通常は男性に、多くは3歳以内に発症し、小学校入学前に筋力の低下で診断される。筋萎縮、骨変形が起こり、さらに進行すると呼吸筋や心筋が障害される。

ワンポイント　伴性劣性遺伝病はすべてのX染色体に異常がある場合に発症する。このためX染色体が1本（XY）である男性では原因遺伝子があると発症し、X染色体が2本（XX）の女性は、通常は保因者となる。

《国試にチャレンジ！》

1　デュシェンヌ型筋ジストロフィーでは、呼吸困難が初発症状である。
【30回5】　☑☑　　　　　　　　　　　　　（正答…✕）

A 感染症

① 疥癬
- ヒゼンダニが皮膚に寄生して皮膚炎を起こし、強いかゆみを生じる疾患である。
- 通常疥癬と感染力の強い角化型疥癬がある。
- 皮膚に触れることで感染する接触感染で、寝具や肌着からも感染するため、共同生活者に感染を起こしやすい。

② 結核
- 結核菌の浮遊する空気を吸い込むことで感染する空気感染で、微熱、全身倦怠感、体重減少、咳、痰が2週間以上続く場合は、結核が疑われる。
- 結核は二類感染症に指定されている。
- 高齢者、全身疾患の合併患者、免疫力の低下した者では発病しやすい。

③ エイズ（AIDS、後天性免疫不全症候群）
- ヒト免疫不全ウイルス（HIV）がTリンパ球に感染して免疫不全となり、日和見感染（通常なら感染を起こさない弱毒菌などに感染）や悪性新生物を発症した状態をいう。
- 感染経路には、①性行為、②血液や血液製剤、③母子感染の3つがある。

④ MRSA（メチシリン耐性黄色ブドウ球菌）
- MRSAは、抗生剤に耐性をもつ黄色ブドウ球菌で、感染経路は主に接触感染である。
- 院内感染の原因となる。

⑤ 腸管出血性大腸炎
- 6〜10月の高温期に多発する。症状には下痢、嘔吐、腹痛、血便などがある。
- 病原性大腸菌O157の毒素（ベロ毒素）が腎臓に障害を起こしやすく、溶血性尿毒症症候群（HUS）を合併して痙攣や昏睡から死亡に至ることがある。

⑥ 食中毒
- 食中毒は、細菌、ウイルス、寄生虫（アニサキスなど）に汚染された食物のほか、化学物質（防腐剤、着色料など）や自然毒に汚染された食物の摂取で生じる。
- アニサキスは魚介類に含まれるため、内臓の生食を避け、鮮度の確認、加熱・冷凍などで予防する。

⑦ ノロウイルス
- ノロウイルスは、カキ、アサリなどの二枚貝に生息し、経口摂取により感染性胃腸炎を引き起こす。感染後1〜2日で下痢、嘔吐、発熱などの症状が現れる。秋から冬に多く発症する。

■ノロウイルスは吐物や糞便からも二次感染する。汚染された床や衣類の消毒はアルコールでは効果がなく、次亜塩素酸ナトリウムを含む漂白剤で行う必要がある。

⑧ デング熱
■ デング熱は、蚊の媒介によりデング熱ウイルスに感染して発症する感染症である。
■ 症状は、急激な発熱、発疹、頭痛、骨関節痛、嘔気、嘔吐である。

⑨ インフルエンザ
■ インフルエンザはインフルエンザウイルスの飛沫感染または接触感染で感染する。
■ 症状は38℃を超える発熱、咽頭痛、頭痛、関節痛など全身症状が強い。高齢者や基礎疾患をもつ人では肺炎につながることがある。

⑩ 新型コロナウイルス感染症（COVID-19）
■ 新型コロナウイルス感染症は新型コロナウイルスの飛沫感染や接触感染で感染することが多い。咽頭痛などの上気道症状、倦怠感、発熱、筋肉痛といった全身症状が生じる。
■ 2021（令和3）年末に流行株が感染・伝播性が非常に強いオミクロンに置き換わって以降、肺炎など重症化する患者の割合は低下し、8割は無症状か軽症で治癒している。

> **ワンポイント**　新型コロナウイルス感染症は、2023（令和5）年5月8日に、新型インフルエンザ等感染症から、インフルエンザ（鳥インフルエンザ以外）と同様の5類感染症へ移行した。

《国試にチャレンジ！》

1　肺結核の主な感染経路は飛沫感染である。【34回3】　　（正答…✕）
2　ヒト免疫不全ウイルス（HIV）は、水や食べ物を通して感染する。【29回4】　　（正答…✕）

Lesson 5 障害の概要

頻出度A 身体の障害・内部障害

① 視覚・聴覚障害

■ 視覚障害は盲と弱視に分けられる。盲は、視力が全くなく、光を感じることもない状態である。弱視は、器質的な病変がないか、説明がつかない視力低下を伴うものをいう。
■ 高齢期の視覚障害の原因疾患として、白内障、緑内障、加齢黄斑変性症などがある。

■ 主な眼の疾患

白内障	・水晶体が混濁し、羞明（まぶしさ）、視力低下、目のかすみなどの症状が出る ・治療は水晶体を取り出し、人工レンズを挿入する手術が主流である
緑内障	・毛様体で産生された房水の吸収が滞るため眼圧が高まり、視野狭窄などを生じる ・眼圧のコントロールが重要で、重症化すると失明の危険がある
加齢黄斑 変性症	・網膜の中心にある黄斑が加齢により萎縮・変性して、視力障害を起こす ・視野の中心部のゆがみや中心暗点（中心部が見えない）、視力低下が起こる ・高齢者の失明を引き起こす

■ ベーチェット病は、ぶどう膜炎、口内炎、陰部潰瘍を3主症状とする全身性の疾患である。ぶどう膜炎の再発を繰り返すと視力低下がみられるようになる。
■ 聴覚障害には、先天性のものと後天性のものがある。
■ 聴覚が低下し、音声が聞こえにくくなった状態を難聴といい、障害が起こる部位により伝音難聴と感音難聴、両者が混合する混合性難聴に分けられる。

■ 伝音難聴と感音難聴

伝音難聴	外耳・中耳に問題が生じて起こる。外耳に炎症が起こる外耳道炎、外耳に耳垢が詰まることで難聴になる耳垢塞栓、中耳に炎症が起こる中耳炎などがある
感音難聴	内耳より中枢側で問題が生じて起こる。突然発症する一側性の難聴、耳鳴り、めまいを呈する突発性難聴などがある。老人性難聴では高い音から聞こえにくくなる

■ 難聴の最重度の状態をろうという。このほかにも、補充現象や耳鳴などがある。

> **word** 補充現象
> 小さな音は聞こえないのに、大きな音は異常に大きく感じる症状。内耳の障害による感音性難聴で起こる。

② 平衡機能障害

■ 平衡機能障害とは、四肢や体幹の異常がないのに起立や歩行に異常をきたすことをいう。
■ 平衡機能障害の原因は、身体のバランスを調整する脳幹の前庭神経核の障害などである。
■ 高齢者における平衡機能障害は、薬剤の副作用や相互作用により増加傾向にある。
■ 平衡機能障害の代表的なものとして、めまいがある。

③ 肢体不自由

■ 脳性麻痺は四肢の運動や筋肉の協調性が障害された病態であり、「受胎から新生児（生後4週以内）までの間に生じた、脳の非進行性病変に基づく、永続的な、しかし変化しうる運動および姿勢の異常」と定義されている。
■ 脊髄損傷では、外傷によって損傷した神経の領域や程度に応じて、四肢の運動麻痺、知覚麻痺、呼吸不全、膀胱・直腸障害による排尿障害などが起こる。

障害としての肢体不自由を引き起こす病態は多岐にわたる。脳血管障害による片麻痺は脳の障害部位の身体の反対側に症状が出る。一方、脊髄損傷により生じる麻痺には対麻痺や四肢麻痺があり、左右両側に麻痺がみられる。

④ 内部障害

■ 内部障害とは、身体障害者福祉法における心臓機能障害、腎臓機能障害、呼吸器機能障害、膀胱・直腸機能障害、小腸機能障害、ヒト免疫不全ウイルスによる免疫機能障害、肝臓機能障害の7種の総称である。

内部障害は、1つの臓器の機能障害にとどまらず、全身の多臓器障害を合併しやすい。

《国試にチャレンジ！》

1　白内障は水晶体が混濁してものが見えにくくなる。【36回4】　（正答…◯）
2　脊髄損傷では、排尿障害が起こりやすい。【30回5】　（正答…◯）

精神障害の診断基準

■ 精神疾患の国際的な診断基準には、アメリカ精神医学会が作成したDSM-5（精神疾患の診断・統計マニュアル）と、世界保健機関（WHO）が作成したICD-10（疾病および関連保健問題の国際統計分類）がある。
■ DSM-5では、操作的診断基準によって、現れている症状から診断を行う。
■ DSM-5では、多軸診断を廃止し、多元的診断により、精神疾患・パーソナリティ障害、

発達障害の重症度を％で判定する。
- 2022（令和4）年に「DSM-5」の改訂版である「DSM-5-TR」が刊行され、2023（令和5）年に日本精神神経学会の監修により日本語訳が刊行された。

■ ICD-10の診断カテゴリー（大項目）

F0	症状性を含む器質性精神障害－認知症および脳の器質性障害など
F1	精神作用物質による精神および行動の障害－薬物依存症など
F2	統合失調症、統合失調症型障害および妄想性障害
F3	気分（感情）障害
F4	神経症性障害、ストレス関連障害および身体表現性障害
F5	生理的障害および身体的要因に関連した行動症候群－摂食障害、睡眠障害、性機能不全など
F6	成人の人格および行動の障害－人格障害、衝動の障害、性同一性障害、性嗜好障害など
F7	精神遅滞（軽度、中度、重度、最重度）
F8	心理的発達の障害－広汎性発達障害（小児自閉症、アスペルガー症候群）、学習能力障害など
F9	小児期および青年期に通常発症する行動および情緒の障害－多動性障害（ADHD）、行為障害、チック障害など

注：この下に多数の疾患分類が含まれる。例えば、F3の気分（感情）障害では、躁病エピソード、うつ病エピソード、双極性障害などがある。

■ 精神疾患の診断・統計マニュアル（DSM-5）の診断分類

1	神経発達症群／神経発達障害群	11	排泄症群
2	統合失調症スペクトラム障害および他の精神病性障害群	12	睡眠－覚醒障害群
		13	性機能不全群
3	双極性障害および関連障害群	14	性別違和
4	抑うつ障害群	15	秩序破壊的・衝動制御・素行症群
5	不安症群／不安障害群	16	物質関連障害および嗜癖性障害群
6	強迫性および関連症群／強迫性障害および関連障害群	17	神経認知障害群
		18	パーソナリティ障害群
7	心的外傷およびストレス因関連障害群	19	パラフィリア障害群
		20	他の精神疾患群
8	解離症群／解離性障害群	21	医薬品誘発性運動症群および他の医薬品有害作用
9	身体症状症および関連症群		
10	食行動障害および摂食障害群	22	臨床的関与の対象となることのある他の状態

《国試にチャレンジ！》

1 精神疾患の診断・統計マニュアル（DSM-5）を作成したのは世界保健機関（WHO）である。【29回7】　（正答…✕）

2 精神疾患の診断・統計マニュアル（DSM-5）では、多軸診断システムを用いている。【29回7】　（正答…✕）

A 精神障害

① 統合失調症

■ 統合失調症は、思春期から青年期に発病することが多い。

■ DSM-5 において、統合失調症と診断するための5つの症状には、①妄想、②幻覚、③まとまりのない思考（発語）、④ひどくまとまりのない、または緊張病性の行動、⑤陰性症状（情動表出の減少や意欲低下など）がある。

■ 統合失調症

症状	陽性症状	幻覚（特に幻聴）、妄想、顕著な思考障害（思考滅裂）、緊張病症状　など
	陰性症状	意欲や自発性の低下、ひきこもり、表情や感情の動きが乏しくなる　など
治療		・抗精神病薬が用いられる ・薬物療法とともに、本人や家族への心理教育、訪問型の地域ケア（ACT、訪問看護など）、社会生活技能訓練（SST）などの心理社会的治療を組み合わせて実施する

② 気分障害

■ 気分障害の代表は、うつ病と双極性障害（躁うつ病）である。

■ うつ病にみられる症状・特徴

- 抑うつ気分、興味または喜びの喪失、自信の欠乏、自分に価値がないと考える、必要以上に自分を責める、などの症状
- 睡眠障害が起きやすく、寝つきは比較的保たれているものの、睡眠中断が多く、夜中や明け方に目が覚め、その後に眠れないことが多い
- 日内変動（午前中に調子が悪いことが多い）があり、食欲不振や過食の身体症状を伴うことも多い
- 特に自殺の防止が重要

■ 双極性障害の躁状態（躁病エピソード）では、気分の高揚が特徴である。気力や活動性の亢進があり、極端に睡眠時間が短くなることがある。観念奔逸（考えが次々と方向も決まらずにほとばしり出る状態）、誇大妄想、易怒的症状がみられ、行動の抑制がきかなくなることがある。

③ その他の精神障害

■ DSM-5 における物質関連障害および嗜癖性障害群には、ギャンブル障害が分類される。アルコールや薬物などによる障害群も含まれる。

■ 摂食障害は DSM-5 の食行動障害および摂食障害群に分類され、神経性やせ症（神経性無食欲症、拒食症）や神経性過食症（神経性大食症）などが含まれる。

■ 神経性やせ症は思春期の女性に多く、体重増加・肥満への強い恐怖など心理的要因により、食事制限や不適切な食行動（過食と嘔吐を繰り返す）をして著しいやせをきたす。

神経性やせ症と神経性過食症は関連が深く、両者を行ったり来たりすることがあります

■ 神経症は、不安が特徴で、不安の現れ方によって、いくつかに分けられる。
■ パニック障害は、「死んでしまうのでは」という恐怖に突然襲われ、動悸、胸痛、窒息感、めまいや非現実感などが発作的に起きる。通常は数分から10分以内に治まる。
■ 強迫性障害には、ある考えにとらわれてしまう強迫観念と、ある行動や儀式を反復してしまう強迫行為がある。その考えや行動がおかしいと思っても、自分では止められないという葛藤が特徴である。
■ 心的外傷後ストレス障害（PTSD）は、DSM-5では心的外傷およびストレス因関連障害群に分類され、災害や激しい事故といった特にストレスの高い出来事や状況にさらされたあとに、その出来事に関連してさまざまな症状が現れてくる。
■ 心的外傷後ストレス障害の典型的な症状に、フラッシュバック（侵入的想起）がある。不眠や抑うつ、希死念慮を生じることもある（詳細は「2 心理」参照）。

word フラッシュバック
考えたくなくても、ストレスを受けた出来事に関連して、何かが心のなかに強く迫ってきて逃れられないという経験が繰り返し起こる。

《国試にチャレンジ！》

1. 精神疾患の診断・統計マニュアル（DSM-5）において、「統合失調症」と診断するための5つの症状に観念奔逸が含まれている。【30回6改】　（正答…×）
2. 易怒的は、精神疾患の診断・統計マニュアル（DSM-5）の「躁病エピソード」に記載されている症状である。【28回7】　（正答…○）
3. 精神疾患の診断・統計マニュアル（DSM-5）において、神経性やせ症（神経性無食欲症）は、物質関連障害及び嗜癖性障害群に分類される。【34回6改】　（正答…×）

B 発達障害

① 発達障害

■ 発達障害は、アメリカ精神医学会による診断基準（DSM-5）において、神経発達症群／神経発達障害群というカテゴリーに分類されている。

■ DSM-5における神経発達症群／神経発達障害群

定義	日常生活、社会生活、学習、仕事上で支障をきたすほどの発達上の問題が、発達期に顕在化するもの
含まれるもの	知的能力障害群、自閉スペクトラム症（ASD）、コミュニケーション症群、注意欠如・多動症（ADHD）、限局性学習症、運動症群など
神経発達症群／神経発達障害群においては、障害の重症度も考慮されている。また、Disorderの訳語として、「症」と「障害」の両方が用いられることになった	

■ 主な発達障害

自閉スペクトラム症（ASD）	①社会的コミュニケーションおよび相互関係における持続的障害、②限定された反復する行動、興味、活動、の2つに特徴づけられる。3歳頃までに症状が現れるが、症状は多様であり、知能の遅れを伴わなかったり、言葉と知能の遅れを伴わないこともある。 主な症状 ・視線が合わないか、合っても共感的でない ・人の言ったことをオウム返しする ・同じことを繰り返す ・感覚の過敏性や鈍感性 ・日常生活で融通がきかない ・他者との年齢相応の関係がもてない
注意欠如・多動症（注意欠如・多動性障害、ADHD）	年齢・発達に釣り合わない不注意または多動性・衝動性の症状が6つ以上あり、6か月以上持続するものをいう。12歳までに症状が現われ、性別では男児に多い。多動性・衝動性・不注意の症状には、脳内の神経伝達物質を改善する薬物が使用されることがある
限局性学習症（限局性学習障害、LD）	読み、書き、算数の特異的な障害で、中枢神経系の機能障害が原因とされる。全般的な知的障害は伴わない

② 知的障害

■ アメリカ知的・発達障害協会（AAIDD）の定義では、知的障害は「知的機能と適応行動（概念的、社会的および実用的な適応スキルによって表される）の双方の明らかな制約によって特徴づけられる能力障害である。この能力障害は18歳までに生じる」とされている。

■ 知的障害の原因には、生理的遺伝的要因、化学的要因（有機水銀中毒など）、物理的要因（放射線、異常分娩、出生後の高熱）、予防接種後遺症、性染色体の異常などがあるが、原因を特定できない場合も多い。

《国試にチャレンジ！》

1 注意欠如・多動症（ADHD）は、DSM-5において発達障害に当たる「神経発達症群／神経発達障害群」に分類される。【36回6】　　　（正答…○）

A 認知症

① 認知症の症状

- いったん獲得した知的機能が、後天的な器質的要因により低下した状態をいう。認知症の診断には、意識障害がないことが前提である。
- 認知症の原因としてはアルツハイマー型認知症が最も多く、次に脳血管障害によるものが多い。近年ではレビー小体型認知症の頻度も高いことがわかってきた。

■認知症の代表的な原因疾患

疾患名	症状・特徴等
アルツハイマー型認知症	・脳内にアミロイドβというたんぱく質が異常蓄積し、神経細胞を破壊して脳が萎縮する ・記憶障害（特に近時記憶）、見当識障害、注意障害、理解や判断力の低下 ・70歳以上、女性に起きやすい
脳血管性認知症 （血管性認知症）	・脳血管障害（脳卒中）を起こした部分の細胞が死滅する ・感情失禁、うつ状態がみられる ・症状にむらがあり、まだら認知症とも呼ばれる ・50歳以降、男性に起きやすい
レビー小体型認知症	・レビー小体という異常たんぱく質が脳幹に蓄積し、大脳皮質にまで現れた状態をいう ・中核的特徴として、①認知機能の変動、②リアルな幻視、③パーキンソン症状、④レム睡眠行動障害が示されている ・その他妄想などの精神症状、自律神経症状、注意力・判断力低下
前頭側頭型認知症 （ピック病）	・前頭葉と側頭葉に限定した脳の萎縮 ・人格変化、反社会的行動、常同行動（同じような動作・行動を繰り返す）などがみられる ・40〜60歳代で発症することが多い

- 年相応のもの忘れと認知症のもの忘れについては、鑑別が困難な場合があるが、年相応のもの忘れは基本的に悪化せず、行為のすべてを忘れることはない。
- 認知症のもの忘れでは、体験そのもの（エピソード記憶）を忘れてしまう。
- 加齢に伴うもの忘れの範囲を超えた記憶障害はあるものの、全般的な認知機能と日常生活動作（ADL）は正常に保たれていることから認知症とは呼べない状態を軽度認知機能障害（MCI）という。MCIの約半数が5年以内に認知症に転換するといわれている。

- 認知症の症状は、脳の認知機能の障害による<u>中核症状</u>と、中核症状に伴う<u>行動・心理症状＝BPSD</u>に分けられる。
- BPSDは個人差が大きく、住環境やケアの状況などの影響を強く受ける症状で、発症要因や誘因を取り除き、適切な対応をすることで改善が可能である。

■認知症の中核症状と行動・心理症状

中核症状
認知機能障害
・記憶障害
・見当識障害
・理解・判断力の低下
・遂行機能障害

行動・心理症状（BPSD）
・不安・焦燥
・抑うつ
・興奮
・徘徊
・睡眠障害
・せん妄
・妄想
ほか

資料：厚生労働省の図を改変

② 認知症と間違われやすい疾患

- <u>正常圧水頭症</u>は、髄液が脳の周囲や脳室内にたまり、脳が圧迫されて<u>認知症状、歩行障害、尿失禁</u>などの症状が出るが、外科手術により症状の治癒が見込まれる。
- せん妄は意識障害の１つで、意識混濁に加えて、錯覚や妄想、不安、興奮、一過性の認知機能低下などを伴う。夕方から<u>夜間</u>に現れることが多い。
- せん妄は原因や誘因を取り除くことで改善するため、認知症とは異なる。

> **ワンポイント** 高齢者のうつ病は、意欲の低下や認知機能の低下があることから、認知症と間違われることがある。もの忘れの自覚はあるなど、知的機能の低下がないことで区別する。

《国試にチャレンジ！》

1. 脳血管性認知症の特徴的な症状として、感情失禁がある。【32回6】
（正答…◯）

2. レビー小体型認知症の臨床診断に用いる中核的特徴にパーキンソン症状がある。【29回6】
（正答…◯）

B 高次脳機能障害

■ **高次脳機能障害**とは、**脳損傷**に起因し、言語、記憶、認知、思考、判断など高次の**認知機能**が**障害**されたものである。

■ 高次脳機能障害の主な原因疾患と症状

原因疾患	脳血管疾患、外傷性脳損傷、炎症性疾患、脳症、脳腫瘍（原発性・転移性）、発作性疾患（てんかんなど）など
症状	記憶障害、注意・情報処理障害、遂行機能障害、失語、失行、半側空間無視、病識欠落、社会的行動障害 など

交通事故によるけがのほか、脳損傷の原因となるほとんどの疾患が原因となります

■ **注意・情報処理障害**には、注意の**持続**障害（1つのことが続けられない）、注意の**集中**障害（気が散りやすい）、注意の**配分**障害（同時に複数のことに注意ができない）などがある。
■ **失行**とは、麻痺などの運動障害がなく、実行しようとする意思があるにもかかわらず、正しい動作を行えないものである。リハビリテーションなどで改善する。
■ **失認**は、意識障害や感覚麻痺はないのに対象となるものの把握や認識ができなくなるもので、失認の一種に**半側空間無視**がある。
■ **半側空間無視**は、大脳の障害により、障害された大脳半球の**反対側**の空間への認知ができなくなるものである。

ワンポイント 脳の損傷部位の反対側に麻痺などの症状が出るが、失認では脳の右半球の障害により、左側の認識ができなくなる左半側空間無視が多い。

《国試にチャレンジ！》

1 遂行機能障害は、高次脳機能障害に含まれる。【31回6】 ☑☑ （正答…○）
2 外傷性脳損傷による注意力の低下は、高次脳機能障害の症状の一つである。【33回5】 （正答…○）

Lesson 6 リハビリテーションの概要

リハビリテーションの概念 〔頻出度 B〕

- 病気になって、たとえ後遺症が残ったとしても、安心して生活できるよう、その人自身およびその周囲を整えていくことがリハビリテーションの目的である。
- リハビリテーションの理念は、「病気や外傷による身体の機能障害(生理的あるいは解剖学的な欠損や障害)および環境面での制約を有する人に対して、身体、精神、社会、職業、趣味、教育の諸側面の潜在能力や可能性を十分に発展させるような指導、訓練、環境設定を行い、機能回復・社会復帰を図ること」である。
- リハビリテーションの対象者は、小児から高齢者まであらゆる年齢層にわたる。

■リハビリテーションの対象となる疾病と障害

疾患の面からみたリハビリテーションの対象	整形外科疾患、脳血管疾患、神経疾患、心臓疾患、呼吸器疾患、視覚障害、聴覚障害、精神障害、認知症、腫瘍など多岐にわたる。近年は糖尿病、肥満、脂質異常症、高血圧、腎不全なども対象
障害の面からみたリハビリテーションの対象	視覚障害、聴覚・言語障害(聴覚、平衡機能、音声・言語・咀嚼機能の障害)、肢体不自由(上肢・下肢の切断や機能障害、体幹や全身性運動機能障害)、内部障害(心臓、腎臓、呼吸器、肝臓、膀胱・直腸、小腸、ヒト免疫不全ウイルスによる免疫の機能障害)

- 世界保健機関(WHO)の国際生活機能分類(ICF)の視点からリハビリテーションをとらえると、まず「心身機能と身体構造」の障害を軽くするように努め、さまざまな治療を行っても十分に改善しない場合、障害に影響を及ぼす各因子にはたらきかけることで「人間らしく生きる権利」を回復していくように努めることといえる。

リハビリテーションの分類 〔頻出度 B〕

- 脳血管疾患などの発症後に行われるリハビリテーションは、**急性期**、**回復期**、**生活期(維持期)** の3つの段階に分けられる。

■リハビリテーションの3段階

- 発症直後から離床までに行われるリハビリテーションを**急性期リハビリテーション**という。
- 急性期リハビリテーションとして、脳血管疾患では、発症後、状態が安定したらすぐにベッド上でリハビリテーションを開始する。意識障害がある場合でもリハビリテーションを行い、関節拘縮や床ずれなどを防ぐ。
- 心筋梗塞などの治療後に行われる心臓リハビリテーションは、医学的評価、運動処方と運動療法、薬物療法、食事療法、患者教育、カウンセリングなどをセットにした包括的なプログラムに基づいて行われる。これを**包括的リハビリテーション**という。
- リハビリテーションには4つの側面がある。**医学的リハビリテーション**、**教育的リハビリテーション**、**職業的リハビリテーション**、**社会的リハビリテーション**である。
- **医学的リハビリテーション**は、一般に急性期、回復期、生活期（維持期）に分けられている。多職種のかかわるチームアプローチによってはたらきかけ、障害の悪化予防や疾患の再発予防に取り組む。

■リハビリテーションにかかわる主な専門職

医療ソーシャルワーカー（MSW）	・医療機関ではたらく社会福祉士は、医療ソーシャルワーカーと呼ばれる ・患者に対し、社会保障や社会福祉サービスなどの社会資源の紹介や、退院後の生活場所の支援、社会復帰するための支援などを行う
理学療法士（PT）	・理学療法士は、理学療法を行う専門職である ・理学療法では、日常生活に必要な基本的な動作の練習や、車いす・装具・杖の使い方の指導、障害の悪化を防ぐための筋力強化などを行う ・電気や温熱を利用する物理療法は、理学療法に含まれる
作業療法士（OT）	・作業療法士は、作業療法を行う専門職である ・作業療法では、身体または精神に障害のある者を対象に、社会復帰に向けて、食事・排泄・更衣・入浴・整容動作などの**応用動作能力**の回復を目指す ・自助具の紹介・作製、家事や職場復帰へ向けての支援なども行う
言語聴覚士（ST）	・言語聴覚士は、音声機能や言語機能、聴覚に障害がある者に対して、言語訓練や検査、指導などを行う専門職である ・**診療の補助**として医師または歯科医師の指示の下に、**嚥下訓練**、**人工内耳の調整**なども行うことができる

- リハビリテーションは、医師、看護師、**理学療法士**、**作業療法士**、**言語聴覚士**、**社会福祉士**、精神保健福祉士、臨床心理士（公認心理師）、**管理栄養士**・**栄養士**、義肢装具士などさまざまな専門職がチームを組んで行う。

《国試にチャレンジ！》

1 脳卒中のリハビリテーションは、急性期、回復期、生活期（維持期）に分けられる。【32回7】　　　　　　　　　　　　　　　　（正答…◯）

医学

6 リハビリテーションの概要

2

心理学と心理的支援

Lesson 1 人の心の基本的な仕組みと機能

頻出度 B 心の生物学的基礎

■ 大脳（大脳皮質、大脳辺縁系、大脳基底核）は、主として言語や思考、情動、行動における重要な役割を果たしている（「1 医学」参照）。

■ 大脳皮質各部の機能

名称	機能
前頭葉	実行機能を司り、脳全体の司令塔にたとえられる。意思決定や計画・実行、判断、評価、創造、情動のコントロールなどの高次精神活動に関係している
側頭葉	聴覚機能。音声や言語の弁別・理解に関する機能
頭頂葉	身体位置の空間的認識。空間認知や、道具を用いて手で作業したりする機能。痛み、温度、圧力等の感覚にも関係する
後頭葉	視覚機能・眼球運動。明暗や色などの視覚情報を処理する

■ 大脳皮質周辺には、大脳辺縁系（本能・情動・記憶と関係が深い）や大脳基底核（運動機能と関係が深い）が存在している。

《国試にチャレンジ！》

1 　大脳の前頭葉は、視覚と眼球運動に関係する。【29回8】　　　　（正答…×）
2 　大脳の前頭葉は、計画、判断、評価、創造などの高次精神活動に関係する。【29回8】　　　　（正答…○）

頻出度 B 感情

■ 自分の内に生じた身体的な変化や、外部からの刺激によって起こる気持ちのことを感情という。感情には、基本感情（一次感情）と自己意識感情（二次感情）がある。
■ 基本感情とは、喜怒哀楽、驚き、恐れ、嫌悪、興味など、生得的に備わっている感情をいう。0歳のうちに出そろう。
■ 自己意識感情とは、照れや羨望、共感、プライド、恥、罪悪感など、自己意識と自己評価にかかわる社会的な感情をいう。1歳後半頃から出現する。
■ 感情は、情動（情緒）と、気分とに分けられる。

■ 情動（情緒）と気分

感情	情動（情緒）	・急激かつ強く発せられ、短時間で消える ・動悸や血圧の上昇といった生理的な反応や、表情や筋肉の緊張・弛緩といった身体的な表出が見られる 例）喜び、怒り、悲しみなど
	気分	・生起した原因は曖昧である ・一定の状態で、長時間持続する ・穏やかに生起し、持続的あるいは再起的（たびたび起こる） ・何らかの外的刺激により生じる場合もある ・気質や性格傾向として、持続的に生じる場合もある 例）爽快、抑うつなど

《国試にチャレンジ！》

1 気分が生起した原因は曖昧である。【29回9】　　　　（正答…○）
2 気分は、はっきりとした生理的な反応を伴う。【29回9】　　　　（正答…×）

類出度 A　欲求・動機づけと行動

① 欲求

■ **欲求**とは、生理的・心理的な欠乏あるいは不足を感じた際に、それを満たすための行動を引き起こそうとする状態である。
■ 欲求には、生まれつき備わっている**一次的欲求（生理的欲求）**と後天的に学習される**二次的欲求（社会的欲求）**がある。

■ 一次的欲求と二次的欲求

一次的欲求	食事（栄養）、水分摂取、睡眠、排泄など、生存に不可欠なものを求める生理的欲求である
二次的欲求	達成、地位、独立、愛情、親和などを求める社会的欲求である

■ **マズロー**（Maslow, A.）は、人間の欲求を5つの階層に整理して示す**欲求階層説**を提唱した。
■ マズローの階層モデルは、生存に不可欠な要素から始まり、次第により人間らしい社会的な欲求が高まっていく。最も高次とされるのは**自己実現の欲求**である。
■ マズローの欲求階層説において、**自己実現の欲求**は**成長欲求**（成長動機）、下位の4段階はそれが欠けることで欲求不満状態となることから**欠乏欲求**（欠乏動機）と呼ばれる。

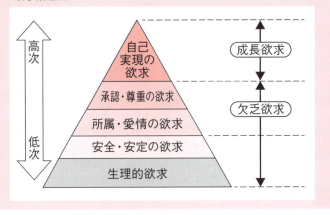

② 動機づけと行動

- 動機づけとは、目標に向けて行動を起こし、方向づけ、それを維持する一連の心理的過程をいう。
- 動機づけには内発的動機づけと外発的動機づけがある。

■内発的動機づけと外発的動機づけ

内発的動機づけ	外発的動機づけ
自分自身の興味や関心、好奇心など内部の要因によるもの	報酬や叱責、賞罰など外部からのはたらきかけによるもの

- 内発的動機づけは、有能感（コンピテンス）や自律性（自己決定性）といった内的要因の影響を受ける。

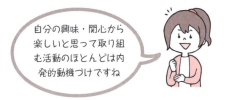

③ 達成動機・原因帰属・自己効力感

- 目標をやりとげようとする動機を達成動機といい、行動の成功や失敗について、その原因がどこにあるのかを考えることを原因帰属という。
- 達成動機の高い人は内的要因（性格や能力、努力など）に、達成動機の低い人は外的要因（運、課題の困難度、他者の行為など）に原因を帰属させる傾向がある。
- ワイナー（Weiner, B.）は、原因帰属を内在性次元（内的・外的）、安定性次元（安定したものか）、統制可能性次元（行為者に統制可能か）に分類した。

■ **原因帰属の分類**

内在性次元	内的（内的要因）		外的（外的要因）	
安定性次元	安定的	不安定的	安定的	不安定的
統制可能	普段の努力	一時的な努力	教師の偏見	他者の援助
統制不可能	能力	気分	課題の困難さ	運

■ **自己効力感**とは、ある目標を達成するために、自分自身で必要な行動を計画し、実行できるという能力に対する信念であり、**効力期待**ともいう。

■ **学習性無力感**とは、努力をしても望む結果が得られないような状態が続いたために、無力感が生じ、努力しなくなることをいう。

《国試にチャレンジ！》

1 マズロー（Maslow, A.）による人間の欲求階層のうち、階層の下から3番目の欲求は、多くのものを得たいという所有の欲求である。【33回8改】　☑☑　（正答…✕）

2 「絵を描くことが楽しくて、時間を忘れて取り組んだ」というのは、内発的動機づけによる行動である。【31回8改】　☑☑　（正答…○）

3 職場でうまく適応できない原因として、「たまたま運が悪かったのが原因です」という説明は、ワイナー（Weiner, B.）による原因帰属の理論に基づき、安定し、かつ外的な原因による例として適切である。【36回11改】　☑☑　（正答…✕）

頻出度 B 感覚と刺激・知覚

■ **感覚**とは、**感覚受容器**が**刺激**を感受し、意識する過程である。

■ **感覚モダリティ**（感覚様相）とは、それぞれの感覚器から感知する感覚の種類をいう。**視覚**、**聴覚**、**嗅覚**、**味覚**、**触覚**（皮膚感覚）の五感に加え、平衡感覚、内臓感覚などがある。

■ **刺激**とは、感覚を生じさせるエネルギーをいう。それぞれの感覚受容器が感じることのできる固有の刺激を**適刺激**といい、適刺激ではないが感覚が生じる刺激を**不適刺激**という。

ワンポイント　例えば、感覚モダリティのうち視覚では、感覚受容器は眼球で、適刺激は可視光線となる。しかし、目を閉じて眼球を軽く押す圧刺激をかけると光の変化を感じることがあり、これを不適刺激という。

■ 刺激を感じる最小の量を**絶対閾**（刺激閾）といい、明るさや大きさなど2つの異なる刺激を区別できる最小の刺激変化量を**弁別閾**という。

■ **クロスモーダル知覚**は、本来独立している感覚モダリティが、ほかの感覚モダリティに影響を与える現象のことをいう。

例）風鈴の音色（聴覚）で涼しさを感じる（触角）、赤い色の飲み物を見ると（視覚）甘く感じる（味覚）

- クロスモーダル知覚のうち、マガーク効果は、「ガ」の発声をしている顔の映像とともに「バ」の音声を聴かせると「ダ」に近い音声に聞こえるなど、視覚情報（口の動き）と聴覚情報（音声）が組み合わさり、別の音声として知覚される現象をいう。
- 共感覚は、文字や数字に色がついて見えたり、音を聞くと色が見えたりするなど、通常の感覚に加えて別の感覚が無意識に引き起こされる現象をいう。
- 知覚とは、感覚受容器を通じて刺激を取り込み、その情報を脳で処理することで意味のあるものとして認識することをいう。

> **ワンポイント**　例えば、視覚により光を感じることは感覚であり、物体や文字など意味のあるものとして認識することは知覚である。

《国試にチャレンジ！》

1 圧刺激によって光を感じ取る場合、この刺激を適刺激という。
【31回9】　　　　　　　　　　　　　　　　　　　　　　　　（正答…✕）

A 知覚現象

- 知覚情報処理過程では、受け取った情報がすべてそのまま知覚されるわけではなく、脳内の中枢で構成された世界を知覚として経験すると考えられている。
- 知覚情報処理によりさまざまな現象が生じる。

① 順応

- 感覚器官が、ある一定の刺激に持続的にさらされたまま時間が経つと、感覚の強度、質、明瞭さなどが変化する。これを順応という。

■順応

明順応	次第に眩しさに目が慣れてくる現象 （暗い場所から明るい場所に移動すると、目が慣れるのに時間がかかる）
暗順応	次第に暗さに目が慣れてくる現象 （明るい場所から暗い場所に移動すると、目が慣れるのに時間がかかる）

② 知覚の体制化

■ **知覚の体制化**とは、無秩序に存在する刺激をまとまりある全体として秩序づけ、意味づけるはたらきをいう。

■ **図と地の分化**（分離）は体制化における基本現象である。まとまった形として知覚される部分を図、背景となる部分を地と呼ぶ。

■ ルビン（Rubin, E.）は、図と地の反転がみられるルビンの杯の図形を考案した。

白部分に着目すれば杯に見えますが、黒部分に着目すれば人の顔に見えますね

③ 群化

■ 図が**近接**、**類同**、**閉合**などにより、まとまりとしてとらえられることを**群化**という。

■群化の要因

近接	類同	閉合
同質なものの場合、**距離**の近いものがまとまって見える 例）☆☆☆　☆☆☆　☆☆☆	距離が等間隔の場合、**類似**したものがまとまって見える 例）☆☆★★☆☆★★	**閉じた領域**をつくるものがまとまって見える 例）（☆☆☆）（☆☆☆）（☆☆☆）

④ 知覚的補完

■ **知覚的補完**とは、**物理的視覚情報**が一部欠如しているにもかかわらず、その欠如した視覚情報が補われて知覚される機能あるいは現象のことである。

■ 知覚的補完には、**主観的輪郭**、**アモーダル補完**（隠された部分が存在するように知覚される）、**仮現運動**（静止画を連続させると動いているように知覚される）などがある。

主観的輪郭では、物理的には描かれていない白い逆三角形が見えます（補完される）。仮現運動の代表例はパラパラ漫画やアニメーションです

⑤ 知覚の恒常性

■ 物理的刺激が変化しても、大きさや形、色、明るさなど、そのものの性質を同一に保とうとする。これを知覚の恒常性という。

[知覚の恒常性の例]
・遠くにいる人は小さく見えるが、大きさが変化したとは考えず、同一性を知覚する（大きさの恒常性）
・コップの飲み口を斜め上から見ても丸く見える（形の恒常性）

---

⑥ 錯視

■ 刺激の知覚が物理的な視覚的特徴と著しく異なり、実際にはない大きさ、長さ、色、形、動きが見えることを錯視という。実際の物理的な状態と知覚が一致しないことから、同じものが違って見える。

■ 錯視には、ポンゾ錯視、エビングハウス錯視（円環対比）、運動錯視などがある。

■ 錯視の例

ポンゾ錯視	線に近い円のほうが大きく見える「ポンゾ錯視」と呼ばれる現象。中空にある月や太陽より地平線や水平線の近くにある月や太陽のほうが大きく見える（月・太陽の錯視）
エビングハウス錯視（円環対比）	同じ大きさの円でも、周りに大きな円を配置したほうが、小さな円を配置するよりも小さく見える
運動錯視	[運動残効] 滝の水が落ちる様子を見続けた後、その周囲の岩に目を向けると、動いていないはずの岩が滝の流れと逆方向に動いているように見える [仮現運動] パラパラ漫画やアニメーション、電光掲示板などで連続提示された静止画と静止画の間の情報を知覚的に補完することで画像が動いているように見える

■ 風景を眺めていると、奥行きを感じる現象を奥行き知覚という。網膜像からの情報をもとに、重なり合い、陰影、遠近法などの経験的な手がかりを用いる。

⑦ アフォーダンス

■ アフォーダンスとは、ギブソン（Gibson, J.）が英語の afford（与える、提供する）から作った造語で、環境内に存在しているものは、人に対して意味のある情報を与えているという概念である。

> **ワンポイント** 例えば、机は「座るもの」と認識していなくても、平面で適切に腰をかけられる高さなどの情報が与えられていると、座るという行為を引き起こすこともアフォーダンスといえる。

《国試にチャレンジ！》

1. 明るい場所から暗い場所に移動した際、徐々に見えるようになる現象を、視覚の明順応という。【33回9】　　　　　　　　　　　　　　（正答…×）
2. 外界の刺激を時間的・空間的に意味のあるまとまりとして知覚する働きを、知覚の体制化という。【33回9】　　　　　　　　　　　　　（正答…○）
3. 同じ人物が遠くにいる場合と近くにいる場合とでは、距離の違いほどに人の大きさが違って見えないのは、大きさの恒常性の事例である。【36回8】（正答…○）

頻出度 A 学習・行動

■ 学習とは、経験の結果生じた比較的永続的な行動の変化をいう。

① レスポンデント条件づけ
■ 自律神経にかかわる刺激に対する受動的な反応を伴う条件づけをレスポンデント条件づけ（古典的条件づけ）と呼ぶ。
■ パブロフ（Pavlov, I. P.）は、犬を使った条件反射の実験（パブロフの犬）を行ったことで知られる。
■ パブロフは、犬は餌（無条件刺激）で唾液が分泌する（無条件反応）が、餌と同時に聞かせたメトロノームやベルの音（条件刺激）だけでも唾液の分泌（条件反応）が生じることを実験によって発見した。

② オペラント条件づけ
■ 報酬や罰を与え、特定の刺激のもとで自発される行動の結果を操作し、行動の頻度を変化（促進・抑制）させることをオペラント条件づけ（道具的条件づけ）という。
■ スキナー（Skinner, B. F.）は、スキナー箱と呼ばれる箱を考案し、オペラント条件づけによるネズミの能動的で自発的な行動を観察した。
■ スキナー箱の、バー（棒）を押すことで餌（強化刺激）が出る仕掛けをネズミは理解し、その後バー押し行動を増加させた。
■ オペラント条件づけでは、行動が促進されることを強化といい、行動が抑制されることを弱化という。
■ オペラント条件づけでは、褒美、ほめ言葉、良い評価などの報酬（正）や、ペナルティ、しかられること、悪い評価などの罰（負）によって、促進・抑制が生じる。

■オペラント条件づけの原理

	正	負
強化（行動の促進）↑	報酬を提示	罰を除去
弱化（行動の抑制）↓	罰を提示	報酬を除去

報酬（正）は、褒美、ほめ言葉、良い評価など、罰（負）はペナルティ、しかられること、悪い評価などでしたね

③ 馴化・脱馴化・鋭敏化

■ ある刺激を繰り返し提示すると、刺激に鈍感になり徐々に反応の頻度が減っていく現象を**馴化**という。

■ 馴化した刺激とは別の刺激を経験することにより、馴化した反応が回復することがあり、これを**脱馴化**という。

■ **鋭敏化**とは、強い刺激が繰り返し提示されることで反応が増強することをいい、馴化とは逆の反応である。

④ その他の学習

■代表的な学習の法則

学習	提唱者	事例
試行錯誤学習	ソーンダイク (Thorndike, E. L.)	狭い箱に入れられた猫は、脱出しようと試みるうちに、紐を引くことで出口が開くと気づき、その後は箱に入れられるとすぐに紐を引っ張り、短時間で脱出した（猫の問題箱実験）
洞察学習	ケーラー (Köhler, W.)	天井に吊るされたバナナを取りたいチンパンジーは、箱をバナナの下に引き寄せ、その上に登って、手にした棒でバナナをたたき落とした
観察学習（モデリング）	バンデューラ (Bandura, A.)	大人が人形を攻撃したあとに、褒美をもらう映像を幼児に見せたところ、人形に対する幼児の行動が、より攻撃的になった

《国試にチャレンジ！》

1 「工事が始まって大きな音に驚いたが、しばらく経つうちに慣れて気にならなくなった」のは、レスポンデント（古典的）条件づけの事例である。
【34回8改】　　　　　　　　　　　　　　　　　　　　　　　（正答…×）

2 犬にベルの音を聞かせながら食事を与えていると、ベルの音だけで唾液が分泌するようになったのは、オペラント条件づけの事例である。
【36回9】　　　　　　　　　　　　　　　　　　　　　　　　（正答…×）

頻出度A 認知・記憶・思考

① 認知・注意

■ 感覚や知覚、記憶、思考、推論などについての情報処理のことを**認知**という。

- さまざまな刺激のなかから、個人の経験や思考、欲求などに関係する特定の刺激にだけ注意を向けることを**選択的注意**という。
- 選択的注意の例として、騒がしいところでも自分が話している相手の声を聞き取ることができる**カクテルパーティー現象**（効果）がある。
- **認知バイアス**とは、思い込み、先入観、直感などにより非合理的な判断をしてしまう傾向をいう。

> **word　バイアス**
> 心理学では、偏りを意味し、広義には偏見という意味で用いられる。

② 記憶

- 記憶は、**記銘**、**保持**、**想起**の3つの過程でとらえられる。
- **記銘**とは情報を入力すること（符号化）、**保持**とは記銘された情報を蓄えること（貯蔵）、**想起**とは保持された情報を検索して引き出すこと（検索）である。
- **短期記憶**は、**リハーサル**（情報を保持するため繰り返し復唱すること）により、**長期記憶**に移される。

■記憶の仕組み

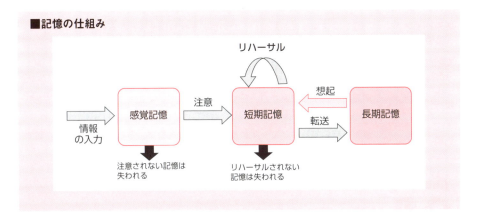

■記憶の種類

感覚記憶	目や耳からなど、感覚を通して入ってきた情報の記憶で、数秒保持される。記憶は、感覚記憶から短期記憶、リハーサルを経て、長期記憶へと移行する
作動記憶	ワーキングメモリー、作業記憶ともいい、情報の記憶と処理を同時に行う。数十秒しか保持されない
短期記憶	短い時間（数秒から数分間）持続する記憶のこと

長期記憶	短期記憶よりも長い時間の記憶のこと。長期間にわたり保持される	
エピソード記憶	いつ、どこで、何をしたなど個人の経験、自分の身に起きた出来事に関する記憶	例)「昨晩、友人の自宅でたこ焼きパーティーをした」
自伝的記憶	エピソード記憶の一種。個人の生活歴のなかで深い意味をもち、アイデンティティと密接にかかわる記憶	例)「小学校時代に経験したこと」「◯年の夏にどこへ旅行したか」
意味記憶	意味や概念といった知識としての記憶	例)「日本の都道府県の数は47である」
手続き記憶	自転車に乗ったり楽器を演奏したりする、技能や動作に関する記憶。いわゆる体で覚える記憶のことで、何年も保持される	例)「幼少期に習得したピアノの曲を大人になっても弾くことができる」
展望的記憶	将来の予定や約束など、未来に行うことに関する記憶	例)「明日の3時に友人と会う」

③ 思考

■思考には、収束的思考（集中的思考）、拡散的思考（発散的思考）、試行錯誤、洞察がある。

■思考の種類

収束的思考（集中的思考）	問題を解決するにあたり、1つの解答を探し出そうとする思考方法
拡散的思考（発散的思考）	問題を解決するにあたり、さまざまな解決方法を探る思考方法
試行錯誤	問題を解決するにあたり、一つひとつ試していくことで、成功する手法を探し出そうとする思考方法
洞察	情報を統合することで一気に解決の見通しを立てようとする思考方法。試すことなく瞬時に気づく（分かる）という意味で、試行錯誤と対をなす

《国試にチャレンジ！》

1 「以前行ったことのあるケーキ屋の場所を、思い出すことができた」というのは、展望的記憶の事例である。【34回9改】　(正答…×)

2 ワーキングメモリー（作動記憶）とは、暗算をするときなど、入力された情報とその処理に関する一時的な記憶である。【36回10】　(正答…◯)

3 「昔、練習して乗れるようになった自転車に、今でもうまく乗ることができた」というのは、エピソード記憶の事例である。【37回7】　(正答…×)

C 知能

- **ウェクスラー**（Wechsler, D.）は、知能を「目的的に行動し、合理的に思考し、環境を効果的に処理する総合的あるいは全体的能力」と定義した。
- ウェクスラーは、ウェクスラー式知能検査を開発した（→レッスン4参照）。
- **ギルフォード**（Guilford, J. P.）は、知能は、相互関係にある①操作、②内容、③所産という3次元の因子を組み合わせた120個の因子行動の総称であるとする知能構造モデルを示した。
- **キャッテル**（Cattell, R. B.）は、知能は、過去の学習や経験を適用して得られた判断力や習慣である結晶性知能と、情報処理と問題解決の基本能力である流動性知能に分けられるとした。

> **ワンポイント** 結晶性知能は意味記憶や手続き記憶と関連し、流動性知能はワーキングメモリーやエピソード記憶に関連する。また、結晶性知能は加齢の影響を受けにくく、流動性知能は30歳台から徐々に低下する（「1 医学」参照）。

《国試にチャレンジ！》

1. 結晶性知能とは、過去の学習や経験を適用して得られた判断力や習慣のことである。【30回10】　　（正答…〇）
2. 流動性知能は、加齢による影響がほとんどみられない。【32回11】　　（正答…✕）

B パーソナリティ

- **パーソナリティ**（人格）は、一貫性と持続性をもって個人の行動を特徴づける、その人の振る舞いや行動、価値観、感情などの統一的な傾向である。
- パーソナリティの理論には、類型論と特性論がある。

① 類型論

- **類型論**は、性格傾向をいくつかのタイプにまとめあげて、その人の性格を理解しようとするもので、一人ひとりの個人の違いをタイプの違いと考える視点をもつ。
- **クレッチマー**（Kretschmer, E.）は、当時の3大精神病患者の体格（体質）を調べ、性格を3つのタイプに分類して、体格と気質には関連があるとした。

■ **クレッチマーによる体格と気質**

細長型	統合失調症	非社交的、きまじめ、臆病、神経質、従順、鈍感、無関心など
肥満型	躁うつ病	社交的、善良、陽気、活発、激しやすい、物静か、鈍重など
闘士型	てんかん	几帳面、執着性、粘り強い、怒りやすいなど

■ **ユング**（Jung, C.）は、**リビドー**（無意識のなかにある本能的なエネルギー）の向かう方向により性格傾向が異なり、2類型（**外向型**と**内向型**）があるとした。
■ **シュプランガー**（Spranger, E.）は、その人が人生において何に**価値**をおくかによって、理論型、経済型、審美型、社会型、政治型、宗教型の6つに分類した。

② 特性論

■ **特性論**は、性格とは、すべての人が多かれ少なかれもっているようなさまざまな態度や行動、つまり特性の量的な違いと考えるものである。
■ **オルポート**（Allport, G. W.）は、特性をすべての人がもっている**共通特性**と、その個人だけがもっている**個人特性**に分け、共通特性をテストにより測定してグラフ化する**心誌（サイコグラフ）**を考案した。
■ **キャッテル**（Cattell, R. B.）は、共通特性、個人特性に**表面特性**、**根源特性**を加えた4つの次元の特性論を提唱し、**因子分析**を用いて、16の根源特性を抽出した。
■ **ギルフォード**（Guilford, J. P.）は、**因子分析**によるデータ解析から性格特性の程度を示した。これを基にした性格検査として、**矢田部ギルフォード（YG）性格検査**がある（レッスン4参照）。
■ 現在の心理学で注目されている**ビッグファイブ（5因子モデル）**とは、**神経症的傾向**、**外向性**、**開放性**、**協調性**、**誠実性**の5つの特性によって全体的な性格を説明できるという考え方である。

■ **ビッグファイブ（5因子モデル）**

神経症的傾向	落ち込みやすいなど感情面・情緒面で不安定な傾向
外向性	興味関心が外界に向けられる傾向（社交性、活動性など）
開放性	知的・美的・文化的に新しい経験に開放的な傾向（好奇心、独創性、想像力など）
協調性	バランスをとり、協調的な行動をとる傾向
誠実性	責任感があり、勤勉で真面目な傾向

《国試にチャレンジ！》

1 クレッチマー（Kretschmer, E.）は、特性論に基づき、体格と気質の関係を示した。【32回9】　（正答…×）

2 性格特性の5因子モデル（ビッグファイブ）のうち外向性の特徴の1つは、「新しいことに好奇心を持ちやすい」である。【35回9改】　（正答…×）

頻出度 Ⓐ 集団

- ■ **集団凝集性**とは、各個人が自分の属している集団に感じている魅力、その集団に**自発的**にとどまりたいと思えるような魅力のことである。
- ■ **集団規範**とは、集団の成員が共有する**行動の準拠枠**をいう。集団凝集性が高い集団は、集団規範が個人に及ぼす影響が高くなる。
- ■ 社会との関係で自己を確認することを**社会的アイデンティティ**という。
- ■ **社会的アイデンティティ**理論とは、各個人が、自分の属している集団（内集団）がほかの集団（外集団）よりも優れていると認識し、自己の評価を高める考え方をいう。
- ■ **内集団バイアス**（内集団ひいき）とは、各個人が、自分の属している集団（内集団）の成員を、それ以外の集団（外集団）の成員よりも高く評価することをいう。

■他者の影響

社会的促進	周囲の他者の存在により作業効率が**向上**すること。単純課題や機械的作業、習熟している作業では、1人よりも集団で行うほうが、作業速度や作業量などが向上する
社会的抑制	周囲の他者の存在により、作業効率が**低下**すること。複雑課題や未学習課題、経験が少なく不得意な作業では、ほかの人に見られていると作業の質や量などが低下する
社会的手抜き	集団作業により、自分1人が手抜きするくらいいいだろうと考えることで全体の作業効率が低下すること。人数が**多く**なるほど起きやすくなる
社会的補償	集団の成果がある個人にとって重要な意味をもつ場合、努力が期待できないメンバーの不足分を補うよう、遂行量・努力が**向上**する

- ■ **同調**、同調行動とは、各個人が自分の属する集団の大多数の意見や期待（集団規範）と自分の意見が違う場合に、自分の意見や行動を変えて多数の意見に従うことをいう。
- ■ **集団極性化**とは、意思決定が集団討議でなされる場合、個人で意思決定するよりも**極端な反応**になって現れることをいう。2つの方向があり、1つは、安全で無難な方向（**コーシャスシフト**）で、もう1つは危険性が高い方向（**リスキーシフト**）である。
- ■ **集団思考**（または集団浅慮）とは、集団で合議を行う場合に、不合理または危険な意思決定が行われることをいう。
- ■ **傍観者効果**とは、緊急的な援助を必要とする場面であっても、周囲に多くの人がいることによって援助行動が抑制されることをいう。
- ■ **社会的ジレンマ**とは、集団のメンバーの多くが個人の利益を追求した行動をとることで、集団や社会にとって**不利益**な結果になることをいう。
- ■ **三隅二不二**が提唱した**PM理論**では、**目標達成**（P：performance）機能と**集団維持**（M：maintenance）機能を組み合わせることによって、4つのリーダーシップの行動型に区別している。両機能が高いPM型が最も**生産性が高く効果的**である。（「17 経営」参照）

《国試にチャレンジ！》

1. コーシャス・シフトとは、集団のメンバーの多くが個人的利益を追求した行動をとることで、集団全体にとって不利益な結果となることをいう。【30回11】 ✓✓ （正答…×）

2. 路上でケガをしたために援助を必要とする人の周囲に大勢の人が集まったが、誰も手助けしようとしなかった。これは、傍観者効果である。【35回10改】 ✓✓ （正答…○）

頻出度 B 人と環境

■集団や社会における人間の心理や行動には、次のようなものがある。

■集団や社会における人間の心理や行動

ハロー効果	ある側面で望ましい（あるいは望ましくない）特性をもっていると、他の諸側面まで望ましい（あるいは望ましくない）とみなしてしまう現象をいう
ピグマリオン効果	相手に期待することで相手もその期待にこたえ、結果的に期待が達成されるという概念である。ローゼンタール効果、教師期待効果とも呼ばれる
スリーパー効果	あまり信頼できない送り手からの情報であっても、時間の経過とともに不信感が減少し、次第に信頼性が高まることをいう
ブーメラン効果	送り手が説得すればするほど、意図に反して受け手がその説得から離れていくことをいう
バーナム効果	誰にでもあてはまる曖昧で一般的な説明を「自分にあてはまる」ととらえることをいう
ラベリング効果	人や行為に対して、その内容や価値の印象を決めつけるラベル（レッテル）を貼ることで、ラベルを貼られた人物はそれらしくふるまうようになることをいう
ホーソン効果	注目されることで、作業効率が上がるなど行動が変化し、良い結果をもたらす効果をいう
ステレオタイプ	過度に一般化した認知をもち、柔軟な考えをもたないことをいう
単純接触効果	頻繁に接触する人に対して、好意をもちやすくなること

《国試にチャレンジ！》

1. 相手に能力があると期待すると、実際に期待どおりになっていくことを、ハロー効果という。【33回10】 ✓✓ （正答…×）

2. 頻繁に接触する人に対して、好意を持ちやすくなることを、単純接触効果という。【33回10】 ✓✓ （正答…○）

人の心の発達過程

発達の概念

■発達とは、心理学において心身の形態や機能の質的な変化のことをいう。発達には、遺伝や環境などが影響するといわれる。

■発達の学説

学説	提唱者	内容
成熟優位説 （遺伝説・生得説）	ゲゼル (Gesell, A.)	人間の発達は、環境とは関係なく、遺伝的・生得的なレディネスが整えば、「そのとき」が来ると自然に発現する。成熟を待ってからの訓練のほうが効果的と考える
環境優位説 （学習優位説）	ワトソン (Watson, J. B.)	周囲からのはたらきかけや出生後の環境や学習・経験が人間の発達に大きな影響を与える。遺伝の影響は最小限で、生まれた後の環境、しつけや訓練が重要と考える
輻輳説 （遺伝説・環境説）	シュテルン (Stern, W.)	発達は、遺伝的要因と環境的要因の両方を含むさまざまな要因の加算的な影響による
環境閾値説 （遺伝説・環境説）	ジェンセン (Jensen, A. R.)	ある心理的特性が顕在化するには、その心理的特性ごとに決まっている環境条件が基準値（閾値）を超える必要がある

word　レディネス
ヒトが生まれつき備えている「学習」の準備状態のこと。

■インプリンティング（刷り込み、刻印づけ）現象とは、鳥類が孵化した後、特定の時期に見た動くものを親だと思い込み、後追い行動をすることをいう。
■臨界期とは、発達の過程で、特性を獲得するための、生物に生得的に備わっている限られた期間をいう。

《国試にチャレンジ！》

1　成熟優位説では、学習を成立させるために必要なレディネスを重視する。
【28回 12】　　　　　　　　　　　　　　　　　　　　　　　（正答…○）
2　環境閾値説では、心理的諸特性が顕在化するには固有の人格特性があるとした。【28回 12】　　　　　　　　　　　　　　　　　　　（正答…×）

77

ライフステージと発達課題

① エリクソンの発達段階説

■ エリクソン（Erikson, E.）の発達段階説では、発達の概念を生涯発達（ライフサイクル）へと拡張し、社会的・対人関係の視点から心理・社会的側面の発達を、8段階にまとめている。

■ エリクソンの発達段階説

段階（年齢の目安）	発達課題	概要
①乳児期（0～1歳頃）	信頼感の獲得「基本的信頼」対「基本的不信」	母親（養育者）との関係を通じて、自分をとりまく社会が信頼できることを感じる段階
②幼児期前期（1～3歳頃）	自律感の獲得「自律性」対「恥・疑惑」	基本的なしつけを通して、自分自身の身体をコントロールすることを学習する段階
③幼児期後期（3～6歳頃）	自発性の獲得（積極性の獲得）「積極性」対「罪悪感」	自発的に行動することを通して、社会に関与していく主体性の感覚を学習する段階
④学童期（児童期）（7～11歳頃）	勤勉性の獲得「勤勉性」対「劣等感」	学校や家庭でのさまざまな活動の課題を達成する努力を通して、勤勉性あるいは有能感を獲得する段階
⑤青年期（12～20歳頃）	同一性の獲得「同一性」対「同一性拡散」	身体的・精神的に自己を統合し、「自分とはこういう人間だ」というアイデンティティを確立する段階
⑥前成人期（20～30歳頃）	親密性の獲得「親密性」対「孤立」	結婚や家族の形成に代表される親密な人間関係を築き、人とかかわり、愛する能力を育み、連帯感を獲得する段階
⑦成人期（30～65歳頃）	生殖性の獲得「生殖性」対「停滞」	家庭での子育てや社会での仕事を通して、社会に意味や価値のあるものを生み出し、次の世代を育てていく段階
⑧老年期（65歳頃～）	統合感の獲得（自我の統合）「自我統合」対「絶望」	これまでの自分の人生の意味や価値、そして、新たな方向性を見出す段階

※それぞれの発達課題の（「○○」対「□□」）は、前「○○」がその段階の発達課題がうまく達成された場合で、後「□□」がうまく達成されなかった場合を表している。

■ アイデンティティ（自己同一性、自我同一性）とは、「自分とは何者であるか」というエリクソンが提唱した自己定義である。
■ エリクソンは、アイデンティティが発達課題となる時期として、青年期を心理・社会的モラトリアム（迷っている最中の状態にある）と位置づけた。

 モラトリアム
大人になるための準備や修行を行うための猶予期間をいう。

② ピアジェの発達段階説

- ピアジェ（Piaget, J.）の発達段階説（認知発達理論）は、知能の発達に関して包括的な理論体系をうち立てている。
- ピアジェの発達段階説では、思考・認知の発達には、感覚運動期、前操作期、具体的操作期、形式的操作期という4つの質的に異なる段階がある。

■ピアジェの発達段階説

発達段階			特徴
感覚運動期 （0～2歳頃）		感覚運動的知能	感覚と運動の協応によって外界を知り、適応していく（見たり触れたりして知識を獲得する）
		対象の永続性の獲得	目の前になくても、この世に存在することがわかるという概念を身につける
表象的思考段階	前操作期 （2～7歳頃）	象徴的（前概念的）思考段階（2～4歳頃）	
		記号的機能	物事を、言葉やイメージ（心象）などの記号化されたもので認識するようになる
		象徴機能	象徴遊び（ごっこ遊び）にみられる「まね」「ふり」などのイメージが使えるようになる
		直感的思考段階（4～7歳頃）	
		自己中心的な思考	自分の視点だけから物事をとらえる。大人の利己主義的な「自己中心」とは異なり、まだ他者が自分とは違う考え方や見方をすることが理解できない
		アニミズム	無生物も自分と同じように命があると考えること（自己中心性の1つ）
	具体的操作期 （7～11歳頃）	保存の概念の獲得	数や重さ、体積や量は、形や位置などの見た目が変わっても一定であるという概念を身につける
		可逆的な操作	対象を操作した後、元に戻せば同じになると考えられること。保存の概念の獲得と関連している
		客観的な思考	他者の視点や立場から考えることができるようになり、具体的なものに対しては論理的な思考も可能になる
	形式的操作期 （11～15歳頃）	抽象的な概念の理解	抽象的・形式的な思考が可能になり、大人の思考に近づく。物や場面が目の前になくても言語などで考えられる
		論理的思考	仮説を頭のなかで考え、証明するなどの論理的な思考

《国試にチャレンジ！》

1. エリクソン（Erikson, E.）の発達段階説によると、乳児期では自発性の獲得が課題となる。【34回11】　　（正答…✕）
2. ピアジェ（Piaget, J.）の認知発達理論において、可逆的な操作は、具体的操作期に可能となる。【30回12】　　（正答…○）

心の発達の基盤 【頻出度B】

① 愛着（アタッチメント）

- ボウルビィ（Bowlby, J.）は、愛着（アタッチメント）を発達課題が達成されていくうえでの基礎となるものと考えた。
- 愛着（アタッチメント）とは、乳幼児が養育者など身近な特定の大人と特別な心の結びつきをもつことである。
- 乳幼児期に、養育者との間で形成された愛着は、内的ワーキングモデルとして内在化され、その後の人格形成に大きな影響を及ぼすとされる。
- 愛着の発達過程においてみられる愛着行動には、後追いなどの接近行動、泣く、発声するなどの信号行動、愛着対象に常に視線を向ける定位行動がある。

虐待やネグレクトなどで、愛着を得られずに育ったことにより引き起こされる障害を愛着障害という。他人を過度に警戒したり、または誰にでも愛着行動を示すといった特徴がみられる。

② 安全基地・ストレンジ・シチュエーション法

- 安全基地とは、母親などの特定の人物が子どもに対して安全感・安心感などを心理的に与える環境で、子どもは安全基地があると安心して外の世界を探索できる。
- ストレンジ・シチュエーション法は、実験的に母子分離が生じる場面、子どもと見知らぬ人が出会う場面をつくり出し、どのような反応を示すか愛着行動の有無や質を測定する方法である。
- ストレンジ・シチュエーション法では、虐待などの不適切な養育を見出すことができる。

虐待を受けている子どもでは、母親を強く求めたり、突然拒絶するなど一貫性のない矛盾した行動をとることがあります

《国試にチャレンジ！》

1 乳幼児期の愛着の形成により獲得される内的ワーキングモデルが、後の対人関係パターンに影響することは稀である。【32回10】　　（正答…✕）

Lesson 3 日常生活と心の健康

頻出度 A 適応・不適応・葛藤・欲求不満・防衛機制

① 適応・不適応・葛藤（コンフリクト）
- 個人と環境の調和が維持され、心理的安定が保たれている状態を**適応**、欲求や願望が阻止され、精神的あるいは身体的に好ましくない状態を**不適応**という。
- 欲求の誘因が同時に複数あるときや、誘因に対して欲求不満を複数抱えているときなどに行動を決めかね、悩み迷う内的な状態を**葛藤（コンフリクト）**という。

② 欲求不満（フラストレーション）
- 何らかの妨害要因によって、欲求を満たすことが阻止されている状態のことを**欲求不満（フラストレーション）**という。
- **欲求不満耐性**とは、欲求不満や欲求阻止に対する忍耐力のこと。欲求不満状況下でも耐えて合理的に事態を把握し、最善策を見つけようとする能力や、バランスを失うことなく行動できる能力である。

③ 防衛機制（適応機制）
- 欲求不満を解消し、心理的な適応状態を保つためにとる行動を**防衛機制**または**適応機制**という。自我を防衛するための無意識的な心的メカニズム（機制）である。

■ 主な防衛機制（適応機制）

防衛機制	内容	事例
抑圧	受け入れがたい感情・思考・欲求などを意識から排除し、無意識のなかに閉じ込めてしまう	「失敗した体験は苦痛なので意識から締め出した」
抑制	意識的に行う我慢や辛抱。苦痛な感情に耐えることに自覚的である点で、抑圧よりも健全である	「疎遠になるよりは友達でいられればと思う」
退行	現在の発達段階より下の発達段階に逆戻りして、未熟な言動をする	「思いをもてあまし、親しい友人の前で泣く」
反動形成	本来の感情・思考・欲求などとは全く逆の感情・思考・欲求を表す	「好きな人に対してそっけなくしてしまう」
置き換え	ある対象（当事者）に向ける愛情、憎しみなどの欲求や感情を、ほかの対象に向けること	「子どもが巣立ち、さびしいので犬を飼い始めた」
昇華	社会から容認されそうもない欲求を、社会から承認されるものに置き換えて充足させる	「ある人への怒りを解消するためにボクシングを始めた」

81

補償	劣等感や阻止された欲求を原動力に、直接的に克服したり、別の方面で才能を発揮して高い評価を得るなどして、劣等感と折り合いをつける	「学力に自信がもてなかったが、スポーツで成果を上げた」
合理化	自分がとった葛藤を伴う言動について、自分を正当化したり他者に責任転嫁したり、一見もっともらしい理由づけをする	「失恋したのは、相手が自分にふさわしくなかったからだ」
知性化	受け入れがたい感情・思考・欲求などを知的な思考をすることでくつがえし、心理的な平穏さを取り戻す	「飛行機事故の確率を調べたら、低かったので安心した」
投影（投射）	自分自身のなかにある認めたくない感情・思考・欲求などを他者のものと考え、それを指摘・非難する	「自分が嫌いな相手に対し、相手が自分のことを嫌っていると思う」
逃避	不安・緊張・葛藤などから逃げ出してしまうことによって、自己の安定を求める	「試験の前日に、部屋の掃除をする」
同一化（同一視）	自分が満たせていない願望を実現している他者と自分とを同一化することにより、あたかも自分自身のことのように代理的に満足する	「あこがれている歌手と同じ髪型にする」

《国試にチャレンジ！》

1. 父から叱られ腹が立ったので弟に八つ当たりした。これを置き換えという。【31回11】　　　　　　　　　　　　　　　　　（正答…◯）
2. 昇華とは、ある対象に対して持っていた本来の欲求や本心とは反対の言動をとることをいう。【29回12】　　　　　　　　　　（正答…✕）
3. あるつらい体験をした。その後、その体験に関する記憶があいまいになった。これを退行という。【27回10】　　　　　　　　（正答…✕）

<u>頻出度 A</u> ストレス

① ストレスとストレス反応

- 身体的健康や心理的幸福感を脅かすと知覚される出来事を、一般的にストレスという。
- ストレスを引き起こす出来事をストレッサー、それに対する反応をストレス反応と呼ぶ。
- セリエ（Selye, H.）は、ストレスを引き起こす悪性刺激（ストレッサー）への生態の変化や反応を適応のメカニズムでとらえ、一般適応症候群（汎適応性症候群）と名づけた。
- 一般適応症候群は、警告反応期、抵抗期、疲弊期の3段階で進行する。

■ **一般適応症候群**

警告反応期	悪性刺激（ストレッサー）への適応が獲得されていない段階	
	ショック相 ↓	・防衛機制の準備が整う前で、数分から1日程度継続 ・体温低下、低血圧、低血糖、胃腸のびらんなどが現れる
	反ショック相	・ショック相が過ぎ、体温上昇、血圧・血糖値の上昇、副腎皮質の拡大などが現れる
抵抗期	・悪性刺激に対して、生体の適応ができている段階 ・継続される悪性刺激以外の刺激では、抵抗力は顕著に低下	
疲弊期	・悪性刺激を長期間受け、生体の適応エネルギーが限界に達した段階 ・体重の減少、胃潰瘍、副腎の萎縮などが現れる	

■ ラザルス（Lazarus, R. S.）とフォルクマン（Folkman, S.）による心理社会的ストレスモデル（多変量的なシステム理論）では、ある出来事がストレスになり得るかどうかは認知的評価（主観的な解釈による評価）によって判断されるとした。

② ストレスと性格・行動特性

■ ハーディネスは、高ストレス下でも精神的・身体的な健康を保っている人がもっている性格特性である。

■ 楽観主義は、出来事を前向きに考える傾向の性格特性である。反対に、物事を悪く評価しやすい性格特性は悲観主義という。

■ タイプA行動パターンは、フリードマン（Friedman, M.）とローゼンマン（Rosenman, R. H.）が提唱した行動パターンで、ストレスを高め、虚血性心疾患のリスクを高めると考えられている。

■ **タイプA行動パターンの特徴**

① 自分が定めた目標を達成しようとする持続的で強い欲求
② 競争を好み、それに熱中する傾向
③ 永続的な功名心
④ 時間に追われながらも常に多方面に自己を関与させようとする傾向
⑤ 身体的・精神的な著しい過敏性
⑥ 強い敵意性・攻撃性
⑦ 大声で早口で話すこと

タイプAと反対の特徴をもつものにタイプB行動パターンがあります。穏やかで他者との競争を好まず、無理をしないといった特性です。ストレスが少なそうですね

《国試にチャレンジ！》

1. ハーディネスとは、ストレスに直面しても健康を損なうことが少ない性格特性である。【32回12】 ✓ ✓ （正答…〇）
2. タイプA行動パターンには、他者との競争を好まないという特性がある。【34回12】 ✓ ✓ （正答…×）

頻出度A ストレス要因による心理的反応

① アパシー

■ アパシーとは、ストレス状態が続き、それに対してうまく対処することができない場合に陥る心理状態で、無気力・無関心を特徴とする。ストレッサーに対するストレス反応の１つである。

② 燃え尽き症候群（バーンアウト）

■ 燃え尽き症候群（バーンアウト・シンドローム、バーンアウト）とは、極度の身体疲労と感情の枯渇を示す症候群で、フロイデンバーガー（Freudenberger, H.）が提唱した。

■ バーンアウトの要因・症状など

主な要因	・緊張の持続を強いられながら、目に見える成果が即座に得られにくい職業の人に多くみられる（例：看護師、ソーシャルワーカー、カウンセラー、教員など対人援助業務に従事している人） ・能力やスキル不足といった個人的要因や環境的要因などがある
主な症状	バーンアウト尺度（MBI）では、次の３つの程度を測定する ・情緒的消耗感…無力感、自己を卑下する、仕事が嫌になる、など ・脱人格化…無関心にみえたり、拒否しているような行動を示し、感情的なやりとりがなされないような非人間的な対応をとる ・個人的達成感の低下…成功体験が少なくなると自分の能力に対して不信感を抱き、達成感が得られない状態に陥る ※バーンアウトは医学的な診断名ではなく、うつ病と診断される場合が多い
予防策	本人がストレスを自覚して対処すると同時に、職場環境、経営体制、人材管理の視点からもストレス管理に取り組む必要がある

 バーンアウト尺度（MBI）
アメリカの心理学者マスラック（Maslach, C.）が開発した、世界的に使用されている尺度。バーンアウトを情緒的消耗感・脱人格化・個人的達成感の低下の３つの因子によって測定する。

③ 適応障害・うつ病

■ はっきりと同定されるストレス因子に対する行動や心理的症状を適応障害という。ストレス因子の開始から3か月以内に生じたものを指す。

■ 適応障害は、抑うつ気分を伴うもの、不安を伴うもの、不安と抑うつ気分の混合、素行の障害（無断欠席、無謀運転など）、情緒と素行の障害が入り混じって生じる。

■ 一日中気分が落ち込んでいる、何に関してもやる気が出ない、疲労感が大きい、食欲がない、よく眠れない、自責の念にかられるといった沈み込んだ状態が、うつ状態である。この状態が数週間続くと、うつ病と呼ばれる。

■ うつ病では、興味や喜びが失われ、食欲の増減の著しさや睡眠障害が生じる。また、焦燥感や疲労感、思考力・集中力の低下のほか、罪悪感にとらわれたり、自己否定感が出てきたり、自殺念慮や自殺企図のおそれもある。

> **word** 自殺念慮・自殺企図
> 「死んでしまいたい」「生きていても意味がない」という自殺願望のような認知をもつことを自殺念慮、実際に自殺を試みる行動を起こすことを自殺企図という。

④ 心的外傷後ストレス障害（PTSD）

■ 心的外傷後ストレス障害（PTSD）とは、DSM-5（精神疾患の診断・統計マニュアル第5版）によると、外傷体験の直接体験、目撃、近親者や友人の体験の伝聞、さらに職業上で他者の外傷体験に暴露されつづけることによって、①再体験、②回避、③否定的感情と認知、④覚醒亢進（過覚醒）の症状（下表）が生じることである。

■ 外傷体験とは、災害、事故、戦争への参戦、性暴力被害、身体的虐待、誘拐などの生死にかかわる、または極度の心理的なストレスにさらされるような出来事を指す。心的外傷やトラウマとも呼ばれる。

■ PTSD の症状

①再体験	外傷体験が反復的に思い起こされるフラッシュバック、悪夢など
②回避	外傷体験を引き起こすような刺激や行動への持続的な回避
③否定的感情と認知	興味や関心の喪失、怒りや罪悪感、過剰に否定的な予想
④覚醒亢進（過覚醒）	睡眠障害、過剰な驚愕反応、物音への過敏な反応、過剰な警戒心や集中困難

■ 上記の4つの症状が、1か月以上持続し、苦痛と生活上の支障がある場合に診断される。

心的外傷を受けた直後に心的外傷後ストレス障害と同様の症状が出現し、3日以上持続し、1か月以内で収まる場合は、急性ストレス障害（ASD）と診断される。

《国試にチャレンジ！》

1 「仕事に対する個人的達成感の低下が生じる」のは、バーンアウト（燃え尽き症候群）である。【30回13改】　　　　　　　　　　　　　　　　（正答…○）

2 「交通事故にあった場所を通らないようにして通勤している」のは、心的外傷後ストレス障害（PTSD）の回避症状である。【36回12】　　　　　　（正答…○）

A ストレスへの対処

① コーピング

■ ストレスが脅威である場合に、ストレス反応を少しでも減らそうと適切に処理する心のはたらきのうち、意識的な水準の対処過程を**コーピング**という。

無意識的な対処は防衛機制ですね

■ コーピング

問題焦点型コーピング	ストレスフルな環境そのものを直接的に変革し、問題解決を図る対処法。うまくいく方法を人に教わる、業務内容の見直しを図るなど
情動焦点型コーピング	ストレッサーによりもたらされる情動を統制し、軽減しようとする対処法。問題を解決しようとするのではなく、気晴らしや深呼吸するなどの行動により、ストレッサーによる苦痛を和らげようとする

 問題解決をあきらめて、困難から逃げようとする問題回避型コーピングもある。

② 首尾一貫感覚（SOC）

■ **首尾一貫感覚**（sense of coherence：SOC）とは、自分の生きている世界が首尾一貫しているという感覚で、ストレスに対処する力となる。**把握可能感**、**処理可能感**、**有意味感**の3つから成る。

■ SOCの要素

把握可能感	自分が置かれている状況や今後の展開をある程度予測できる感覚
処理可能感	自分のもつ資源（人間関係やお金、知力など）を活用することで「何とかなる」と思うことのできる感覚
有意味感	さまざまな困難や問題があっても「どんなことにも意味がある」と意味や価値を感じられる感覚

③ レジリエンス

■ レジリエンス（精神的回復力）とは、ストレスフルな状況や逆境に陥ったときに回復していく力、あるいはその過程自体を指している。

《国試にチャレンジ！》

1. 試験の結果が悪かったので、気晴らしのため休日に友人と遊びに出掛けた。これは、問題焦点型コーピングである。【31回12】　　　（正答…×）

2. 利用者との面接がうまくいかなかったので、新しいスキルを身につけるため研修会に参加した。これは、問題焦点型コーピングである。
【31回12】　　　（正答…○）

3. レジリエンスとは、ストレスをもたらす原因となる出来事のことである。
【37回10】　　　（正答…×）

コーピングの方法を知ってストレスにうまく対処しましょう

コーピングについて、試験では、具体的なケースがあげられて「問題焦点型コーピング」か「情動焦点型コーピング」かを判断するような問題がみられます

Lesson 4 心理学の理論を基礎としたアセスメントの基本

頻出度 B 心理アセスメント

① 人格検査

- **人格検査（テスト）**は、個人の性格や欲求、適性などを把握する心理検査で、大きく質問紙法、投影法、作業検査法の3つに分けられる。
- **質問紙法**による人格テストは、人格、心理的状態について、いくつかの特性を仮定してつくられた質問項目からなる。個別でも集団でもテストすることができる。
- **投影法**は、被検査者に曖昧な視覚的・言語的刺激、表現的運動などを与えてその反応を分析し、個人の内面や性格の特徴を把握する検査方法である。
- **作業検査法**では、簡単な作業を被検査者に連続的に行わせ、作業能力などの心理的特性についてテストを行う。

■ 人格テスト

質問紙法	YG（矢田部ギルフォード）性格検査	・人格特性論の立場から因子分析によって人格の特性を抽出して作成されたギルフォード（Guilford, J. P.）の性格テストをもとに、日本で標準化された ・12の人格特性を、全120の質問項目で調べる。5つの類型で代表的なタイプの特徴が示される
	日本版 MMPI-3（Minnesota Multiphasic Personality Inventory：ミネソタ多面人格目録）	・質問項目が極めて多い ・人格の特徴を多角的に把握 ・妥当性尺度によって、臨床尺度の結果についての信頼性や妥当性を検討できる
	日本版 CMI（Cornell Medical Index：コーネル・メディカル・インデックス）	・CMI健康調査票と呼ばれ、身体的自覚症から精神的自覚症の順で質問が並んでいる ・心身両面の自覚症状がチェックできる ・神経症判別図によって神経症のスクリーニングも行うことができる
	東大式エゴグラム（新版TEG3）	交流分析理論に基づき、53の質問項目の結果から5つの自我状態（批判的な親、養育的な親、大人、自由な子ども、順応した子ども）に分け、そのバランスから性格特性と行動パターンを把握
投影法	ロールシャッハテスト	・ロールシャッハ（Rorschach, H.）によって考案された、最も代表的な投影法によるテスト ・左右対称のインクのしみ様の図版を被検査者に見せ、何に見えるかを尋ね、その反応内容などにより人格を評価する

投影法	TAT (Thematic Apperception Test：主題統覚検査、絵画統覚検査)	・モルガン（Morgan, C. D.）とマレー（Murray, H. A.）によって開発された ・絵画を被検査者に提示し、自由に空想の物語をつくってもらい、絵の解釈から抑圧された欲求や性格傾向をとらえようとする
	P-Fスタディ (Picture-Frustration Study：絵画欲求不満検査)	・ローゼンツァイク（Rosenzweig, S.）によって考案された ・被検査者に日常生活における欲求不満場面が描かれた絵を提示し、「吹き出し」に答えを書き込んでもらう ・その反応をアグレッション（攻撃性）の3つの方向と3つの型により分析し、人格を評価する
	バウムテスト	1本の実のなる木を描いてもらい、描かれた木から人格を分析する
	文章完成法テスト（SCT）	短い未完成な文章に続く短文を書いてもらい、その短文から価値観などを分析し人格を診断する
作業検査法	内田クレペリン精神作業検査	・連続した単純な精神作業の作業量の変化をもとに、モチベーション度、緊張持続度、注意集中度、疲労度、休憩の効果などから人格を診断する ・1行1分間の1桁の足し算を15分間行い、5分間休憩し、後半も15分間行う

② 知能検査

■知能検査は、知能の水準を把握するための心理検査である。

■ウェクスラー知能検査には、WAIS（成人用）、WISC（児童用）、WPPSI（幼児用）の3種類がある。

■ウェクスラー知能検査

検査の種類と対象年齢	・WAIS-IV（16歳～90歳11か月の成人用） ・WISC-V（5歳～16歳11か月の児童用） ・WPPSI-III（2歳6か月～7歳3か月の幼児用）
測定内容	・WAIS-IVでは、全般的な知能を表すFSIQと、4つの指標（言語理解、知覚推理、ワーキングメモリー、処理速度）の得点を算出 ・WISC-Vでは、FSIQと、5つの主要指標（言語理解、視空間、流動性推理、ワーキングメモリー、処理速度）の得点を算出

■ビネー式知能検査では、知能指数（IQ）は、精神年齢と生活年齢（暦年齢）の比によって計算される。わが国でも改訂版鈴木ビネー式知能検査（対象は2歳～18歳11か月）や、田中ビネー式知能検査V（対象は2歳～成人）などがある。

■**知能指数（IQ）の計算式**

$$知能指数（IQ）= \frac{精神年齢（MA）}{生活年齢（CA）} \times 100$$

■改訂**長谷川式簡易知能評価スケール**(HDS-R) は、認知症を評価する質問式のテストで、30点が満点。**20点以下**の場合に認知症を疑う。

③ 適性検査・発達検査

■**適性検査**とは、進学や就職に際し、個人の適性を予測するために開発、標準化された検査法である。
■適性検査は個別または集団で実施する。質問紙法による検査のほか、内田クレペリン精神作業検査が用いられることもある。
■**発達検査**とは、主に子どもの心身発達の状態や程度を測定・診断するための標準化された検査法である。
■発達検査には、一定の課題を与え、その行動を直接観察する新版K式発達検査2020（対象は0歳～成人）、養育者に問診する津守・稲毛式乳幼児精神発達診断（対象は0歳～7歳）、質問や行動観察による遠城寺式乳幼児分析的発達診断検査（対象は0歳～4歳8か月）などがある。

《国試にチャレンジ！》

1　ロールシャッハテストは、図版に対する反応からパーソナリティを理解する投影法検査である。【34回13】　　　　　　　　　　　　　　　　（正答…○）

2　田中ビネー知能検査Ⅴは、小学校就学前の5歳児を対象とできる心理検査である。【36回13】　　　　　　　　　　　　　　　　　　　　（正答…○）

頻出度 B　心理的支援の基本的技法

■問題を抱えるクライエントに対し、自己理解と自己表現の促進を中心に展開される心理的な援助を**カウンセリング**という。
■**ロジャーズ**（Rogers, C. R.）は、人には自分の力で成長し、問題を解決する力がもともと備わっていると考え、**来談者（クライエント）中心療法**を提唱した。

■**ロジャーズの来談者中心療法**

ロジャーズが重要視したもの	**受容**：批判や評価などの価値判断をせず、クライエントの言葉をそのまま、もしくは要約して返す
	①**無条件の肯定的関心**（尊重）、②**自己一致**、③**共感的理解** →カウンセラー（セラピスト）の3条件

用いられる技法	・感情の反射…クライエントの表明した感情を、共感をもって返す ・表明内容の繰り返し…クライエントの述べたことを丁寧に繰り返す ・感情の明確化…クライエントの表現できない感情を共感的に理解し、明確にできるよう、カウンセラーが言語化して返す

ワンポイント　来談者中心療法において用いられるアクティブ・リスニング（積極的傾聴）という技術は、カウンセリングや相談援助の基礎技術となっている。

■ 来談者中心療法では、カウンセラーがクライエント自身やその発言を否定することなく、また評価や判断を加えることなく、ありのままを受け入れ、認め、尊重することが最も重要とした。
■ **パーソンセンタード・カウンセリング**は、ロジャーズの非指示的カウンセリング、クライエント中心的カウンセリングの考え方を経て展開してきた。
■ パーソンセンタード・カウンセリングでは、クライエントは人格をもった一人の個人（パーソン）と考える。
■ **マイクロカウンセリング**とは、**アイビイ**（Ivey, A.）によって開発されたカウンセリングの基本モデルで、その基本的かかわり技法に**開かれた質問**と**閉ざされた質問**がある。

> **word　開かれた質問・閉ざされた質問**
> 「なぜ」「どのように」など答えが１つに定まらないような自由な応答のできる質問を**開かれた質問**、「はい・いいえ」または明確な１つの答えがある質問を**閉ざされた質問**という。

■ **動機づけ面接**とは、クライエントの変わりたい方向性を引き出し、考え方や行動を変化させるために必要なことを一緒に考えながら、変わるための行動を起こすことができるよう援助をする面接法である。
■ 動機づけ面接では、抵抗に対し、行動を変えたくなる**動機を強める**ことが行動変容につながると考える。
■ **ピアカウンセリング**とは、仲間や同じ背景・特質などをもつ者同士（ピア）が、悩みを打ち明け、励まし合い、問題を乗り越えた体験を話し合うカウンセリングである。
■ ピアカウンセリングでは、支援のためのスキルを学んだ仲間による、当事者が自分自身で問題解決できるようなサポートも行われる。

《国試にチャレンジ！》

1　クライエント中心療法では、クライエントの話を非指示的に傾聴していく。【36回14】　（正答…○）

2　「あなたは、結婚についてどのように感じておられますか？」というのは、アイビイ（Ivey, A.）のマイクロカウンセリングの基本的かかわり技法における「開かれた質問の例」である。【28回13】　（正答…○）

頻出度 A 心理療法におけるアセスメントの介入技法の概要

■**心理療法**とは、個人の心理的あるいは行動的な不適応の治療的援助のための心理学的なアプローチを指す。心理学的理論に基づいて、個人の適応的な方向に向けての人格変容または行動変容を目指して実施される。

① 精神療法

■**フロイト**（Freud, S.）によって創始された**精神分析理論**では、心的世界には①**意識**、②**無意識**、③**前意識**（通常は無意識だが、努力すれば意識化できる）があり、それぞれに心の活動を行う心的装置があるとした。

■**精神分析療法**とは、精神分析理論に基づく心理療法のことである。**自由連想法**（クライエントに思い浮かんだことを自由に語ってもらう）を使用し、**無意識下**に抑圧された葛藤を明らかにすることが治療の焦点となる。

■精神分析療法では、無意識の**エス**（イド）と前意識の**超自我**（スーパーエゴ）の2つのはたらきを、意識の**自我**（エゴ）が適切に調整できるように援助する。

■**エス・超自我・自我**

エス	リビドー（本能的な欲求や衝動）を心的エネルギーとし、快楽原理に従う
超自我	道徳原理に従いエスの直接的な行動を阻止する、理想機能の役割
自我	エスと超自我の間で現実的に調整

■精神分析療法では、**転移**（**感情転移**）についての解釈と洞察（気づき）が重要である。

転移
クライエントが重要な他者に対して過去に抱いた強い感情を治療者に対して向けること。

■**ユング派**の分析心理学による心理療法では、**夢分析**を行うことで**無意識の意識化**を促進させる。フロイトとは異なり、**ユング**（Jung, C.）は個人的な無意識だけでなく、人類に普遍のテーマをもつ無意識があると考え、夢分析を行った。

② 行動療法

■**行動療法**は、現代学習理論の法則に基づいた有効な方法によって、人間の行動や情動を変える試みと定義される。精神分析と対置する形で発展してきた。

■**主な行動療法**

暴露療法（エクスポージャー法）	・不安や恐怖を感じる場面に繰り返し曝させることで、徐々にクライエントの不安感を和らげていく

系統的脱感作法	・不安障害の治療や恐怖症などの神経症的な症状の軽減に用いられる ・リラックスした状態を保たせることで、不安や恐怖を抑える ・クライエントは、リラックスした状態下で、個別に作成された不安階層表をもとに刺激が与えられる。不安の誘発度の最も低い刺激から徐々に刺激が増やされ、段階的に不安を克服していく

③ 応用行動分析

■応用行動分析は、スキナー（Skinner, B. F.）のオペラント条件づけの理論をベースとした介入技法で、行動のきっかけと結果の関連性を分析して、望ましい行動が起こりやすくなるようなアプローチを検討する。発達障害の問題行動の改善などに用いられている。

④ 認知療法

■ベック（Beck, A. T.）が提唱した認知療法は、不適応行動のもととなっている不適切な認知（自己への評価の低さや自己非難に伴う否定的な感情、習慣的思考、思い込みなど）を変える認知的再体制化によって、行動を改善する。

⑤ 認知行動療法

■認知行動療法は、不適切な認知が問題行動を起こしていると考え、認知療法と行動療法の技法を組み合わせて問題の改善を図ろうとする治療アプローチの総称である。

⑥ 社会生活技能訓練（SST）

■社会生活技能訓練（SST）は、社会のなかで生きていくためのルールを身につけるための訓練（ソーシャルスキルトレーニング）で、学習理論を基盤とし、ロールプレイなどの技法を用いて、日常生活や対人関係で必要なスキル習得を図る。
■発達障害児の社会生活におけるスキル獲得や、精神障害者の社会復帰のためのトレーニングなどに用いられている。

⑦ 論理療法

■論理療法は、エリス（Ellis, A.）が提唱した心理療法。考え方の基本となる信念や思い込みが出来事に影響を与え、それによって結果がもたらされるとし、非合理的な信念（イラショナル・ビリーフ）を合理的な信念（ラショナル・ビリーフ）に修正していく。

⑧ その他の心理療法

■遊戯療法（プレイセラピー）は、言語での表現が十分にできないクライエント（主に子ども）を対象に、遊びを主な表現、コミュニケーションの手段とする心理療法。玩具や遊具を用いてプレイルームで遊びながら治療関係をつくりあげる。
■箱庭療法では、クライエントが自由に心のなかのイメージを箱庭のなかに形づくる象徴的表現が可能であり、強い情動体験を伴う。

- 臨床動作法とは、言葉ではなく動作を手段として心理的問題を改善する心理療法のことをいう。課題動作を通じ、クライエントの体験様式の変容を図る。
- 脳性麻痺の子どもの動作訓練として日本で開発された動作療法は、現在は神経症やうつ病、認知症高齢者への生活改善など広く適用されている。
- ブリーフセラピー（短期療法）では、原因（過去）は深く追及せず、現在と未来に焦点を当てて介入し、短期間（ブリーフ）で問題解決を目指す。問題志向アプローチと解決志向アプローチがある。
- 解決志向アプローチはブリーフセラピーの1つで、原因の追及よりもクライエントの強さや可能性などを活用し、問題が起きなかった例外的な状況に関心を向けて、クライエントの問題解決能力を向上させる。

> **ワンポイント** 問題志向アプローチは、問題をもつ本人や周りの人の行動を変化させることにより、問題解決を図る。

- 家族療法のシステムズ・アプローチは、家族を相互に関連し合う1つのシステムとみなし、家族間の関係性を変化させることで問題の変化を図る。
- 心理劇（サイコドラマ）は、クライエントが即興的にドラマを演じ、言葉ではうまく伝えられない思いや考えを表現することで、自分自身について理解し、洞察を深めて問題や課題を解決する。集団療法の1つとされる。モレノ（Moreno, J. L.）によって始められた。
- 自律訓練法では、注意集中と自己暗示を通して心身の安定を図る。神経症の緩和やストレス解消の方法として効果があるとされる。セルフ・コントロール法のため自分でも行うことができるように練習の手順が決められている。
- 漸進的筋弛緩法は、身体の各部位の筋肉を意図的に緊張させた後、一気に脱力することを繰り返し、筋肉が弛緩する感覚を得てリラクゼーションを図る方法である。ジェイコブソン（Jacobson, E.）により開発された。
- 森田療法は、森田正馬によって始められた。不安や葛藤を取り除くような配慮を行わず、あるがままの状態で徐々に行動をさせ、精神的現実と外界をあるがままに受け入れられる意欲を起こさせる。

> **ワンポイント** 森田療法は、食事やトイレ以外は何もせずに寝ている絶対臥褥期、軽作業期、生活訓練期という過程を経て行われる。

- 回想法では、人生経験や過去の出来事を回想し、話し合うことで、記憶や思い出を呼び起こして関心を高め、現在の自分を意味づけたり、コミュニケーションを深める。
- 内観療法では、身近な人を対象として「してもらったこと」「迷惑をかけたこと」などを繰り返し思い出し、これまでの対人関係における自身の態度や行動を分析する。価値観を転換させ、自己の存在価値や責任などを自覚することを目的とする。

《国試にチャレンジ！》

1. 森田療法は、クライエントが抑圧している過去の変容を目指していく。
【35回14】 ☑☑ （正答…✕）

2. ブリーフセラピーは、未来よりも過去に焦点を当てて介入を行っていく。
【32回14】 ☑☑ （正答…✕）

C 心理の専門職

① 公認心理師

■ 公認心理師は、2015（平成27）年に成立した公認心理師法に基づく、日本初の心理職の国家資格である。

■ 公認心理師とは、公認心理師登録簿への登録を受け、公認心理師の名称を用いて、保健医療、福祉、教育その他の分野において、心理学に関する専門的知識および技術をもって、次に掲げる行為を行うことを業とする者をいう。

■ 公認心理師の業務
- 心理に関する支援を要する者の心理状態の観察、その結果の分析
- 心理に関する支援を要する者に対する、その心理に関する相談および助言、指導その他の援助
- 心理に関する支援を要する者の関係者に対する相談および助言、指導その他の援助
- 心の健康に関する知識の普及を図るための教育および情報の提供

② 臨床心理士

■ 臨床心理士は、臨床心理士資格を有する「心の専門家」といわれる臨床心理の実践家・専門家である。対象者に対して心理学的な理論と方法に基づいた見立て（心理的アセスメント）を行い、発達や適応に向けた心理学的援助を行う。

■ 臨床心理士は、教育、医療、福祉、司法・矯正、産業などの領域で活躍している。

③ ソーシャルワーカー

■ ソーシャルワーカーは、個人の社会福祉的援助を行う専門家である。一般的な資格として社会福祉士がある。社会福祉士国家試験に合格して資格を取得すれば、社会福祉士の名称を名乗って相談援助の業務を行うことができる。

■ 精神科医療の領域でのソーシャルワーカーとして、精神保健福祉士（PSW）がある。国家資格を取得すれば、精神保健福祉士を名乗り相談援助の業務を行うことができる。

《国試にチャレンジ！》

1. 心理に関する支援を要する者の心理状態を観察し、その結果を分析することを業とするのは、社会福祉士である。【31回91改】 ☑☑ （正答…✕）

3

社会学と社会システム

Lesson 1 社会学の歴史

類出度 C 社会学の成立期（～ 1930 年頃）

■ 社会学が誕生したのは、コント（Comte, A.）が社会学（sociologie）という言葉を用いたときであるといわれることが多い。

■ ドイツのテンニース（Tönnies, F.）は、集団について、家族などの共同社会（ゲマインシャフト）と企業などの利益社会（ゲゼルシャフト）に分けて考察した。

■ 社会学を学問または社会科学として確立させるのに大きな役割を果たしたのは、デュルケム（Durkheim, É.）、ヴェーバー（Weber, M.）、ジンメル（Simmel, G.）である。

■ デュルケム、ヴェーバー、ジンメルの社会学観

デュルケム	方法論的集団主義…社会には創発特性があるので、社会を把握するためには、社会を丸ごと観察する必要がある
ヴェーバー	方法論的個人主義…社会を把握するためには、個人の動機を理解することが重要である
ジンメル	方法論的関係主義…社会を形成するのに重要な役割を果たすのは、個人と個人などの間で交わされる心的相互作用である（形式社会学→レッスン5参照）

> word **創発特性**
> 1つの要素（人や物など）にはない特性が、複数の要素が影響し合うことによって現れる特性。

■ アメリカの社会学は、現実の社会問題を解決するための実用的な研究を行うための学問として発展した。

■ 初期の社会学を大きく発展させたのは、トマス（Thomas, W. I.）やズナニエツキ（Znaniecki, F. W.）などのシカゴ学派の社会学者たちである。

■ シカゴ学派の黄金期を築いたパーク（Park, R. E.）は、社会学は科学であると強調し、シカゴを「実験室としての都市」ととらえ、質的調査（参与観察など）を推進した。

類出度 C 社会学の展開期（1930 年頃～）と多様化期（1965 年頃～）

① 展開期

■ アメリカでは、パーソンズ（Parsons, T.）が、シカゴ学派の特徴であるフィールド調査ではなく、理論の積み重ねを重視し、構造 - 機能主義の立場から、のちの AGIL 図式へ

とつながる社会システムを構想した。

> **構造 - 機能主義**
> 社会システムを構造と機能から分析。比較的安定した要素間の関連を「構造」とし、構造のシステムへの貢献を「機能」とした。

- パーソンズの弟子マートン（Merton, R. K.）は、パーソンズの機能主義を継承しながら、抽象的な理論と経験的記述を統合しようとする「中範囲の理論」をつくり出した。
- ヨーロッパでは、大衆を社会分析での重要要素ととらえた大衆社会論が展開された。
- 20世紀前半には、フランクフルト学派の社会学者たちが、ナチズムに傾倒する大衆の暴力的な社会心理について分析し、批判理論を展開した。
- ドイツでフランクフルト学派が活躍したころ、アメリカでも、ミルズ（Mills, C. W.）、リースマン（Riesman, D.）によって、大衆を対象とした社会学が展開された。
- リースマンは、『孤独な群衆』のなかで、人々の社会的性格が他人指向型へ展開していくと論じた。
- シュッツ（Schütz, A.）は、社会学に哲学の考え方を導入した現象学的社会学を構想した。

② 多様化期

- アメリカやヨーロッパでは、多様な社会学が展開された。
- 行為と社会が不可分の関係にあることを強調するのは、多様化期の傾向である。

■ 主な社会学者

ゴッフマン（Goffman, E.）	シカゴ学派の伝統にシステム論的視点を加えた相互作用秩序論や演劇論的行為論（レッスン2参照）を提唱
ベッカー（Becker, H. S.）	シカゴ学派の相互作用論の伝統を忠実に継承、ラベリング論をまとめた
ガーフィンケル（Garfinkel, H.）	シュッツの社会学を継承、エスノメソドロジー（人々の方法の学の意）の創始者
ハーバーマス（Habermas, J.）	フランクフルト学派の批判理論を受け継ぐ。コミュニケーション的合理性を主張

Lesson 2 社会構造と変動

頻出度 A 社会システム

① 社会システム論

- **社会システム論**とは、社会を構成する多数の要素を、相互に作用しあう1つの全体的な社会システムとしてとらえる考え方である。
- 社会システム論を最初に展開したのは**パーソンズ**（Parsons, T.）である。
- パーソンズは、社会システムが均衡し存続するためには、4つの機能要件が満たされなければならないとし、4つの機能に対応する下位システムが分出するとした。4つの機能要件の頭文字をとって**AGIL図式**という。

■ AGIL 図式

機能	機能の内容	機能を担う下位システム
適応 **A**daptation	環境から資源を得てシステム全体に分配	貨幣をメディアとする**経済**領域
目標達成 **G**oal attainment	目標の優先順位を調整し、目標達成のための資源動員を行う	権力をメディアとする**政治**領域
統合 **I**ntegration	システムの構成要素を統合調整し、社会のまとまりを維持	影響力をメディアとする**共同体**領域
潜在的パターンの維持 **L**atent-pattern Maintenance and Tension-management	システムパターン内部の緊張を緩和しつつ価値パターンと行為者の動機づけを温存	コミットメントをメディアとする**教育・家族・宗教**領域

- **マートン**（Merton, R. K.）は、社会や集団における活動の果たす機能について、成員に認知、意識されている**顕在的機能**と、認知、意識されていない**潜在的機能**に分けた。
- マートンは、機能について、社会における活動が社会に対しプラスの効果を及ぼす場合を**順機能**、システムの存続発展にとってマイナスにはたらく場合を**逆機能**と呼んだ。

② 社会階層と社会移動

- **社会階層**（階層構造）とは、社会資源が不均等に配分され、格差が生じている状態をいう。

■ 社会階層を決定する社会資源

① **富**…社会システムを構成する人々のさまざまな欲求を充足する手段としての財・物的資源
② **権力**…個人や集団が、その目的を達成するために資源を動員する能力。また、他者の意思に逆らって自分の意思を押し通す能力
③ **名声**…人々が占めている地位や役割、職業に対する他者の評価
④ **知識**…知識、情報、技能などの総称。文化的資源

- 社会資源の配分原理として、本人の努力では変更が困難な属性により地位が付与される**属性主義**と、個人の能力や実績により地位が付与される**業績主義**がある。公教育の普及や職業選択の自由の増大および機会の平等化により、属性主義社会から業績主義社会へ変化するとされている。

 属性主義の例として、血縁や門閥、性別、人種、宗教による地位の付与などがある。

- 社会階層間の人の移動を**社会移動**という。社会移動を測定する概念には、さまざまなものがある。

■社会移動の概念

上昇移動と下降移動	個人が一生の職業経歴を通して、より高い地位を獲得することを**上昇移動**、より低い地位になることを**下降移動**という
世代間移動と世代内移動	親子間にみられる階層的地位の移動を**世代間移動**、同一の人間の生涯でみられるものを**世代内移動**という
純粋移動と構造移動	本人の意志や努力による移動を**純粋移動**、産業構造や人口動態の変化、経済的変動などによるものを**構造移動**（強制移動）という
庇護移動と競争移動	既成エリートが設定した基準に合う者を選抜し、上昇移動を保障することを**庇護移動**、個人間の競争による上昇移動を**競争移動**という

③ 社会指標・幸福度指標

- **社会指標**とは、経済（貨幣量）以外のさまざまな指標により、社会の福祉水準を数量化し測定しようとするもので、**統計**などを用いて客観的に測定する**客観指標**と、生活の満足度など主観的な意識を測定する**主観指標**に分けられる。
- **幸福度指標**は、幸福度という**主観的指標**を上位におき、社会の福祉水準を測定する指標である。
- 国連による「世界幸福度報告書」では、幸福度の指標として、生活満足感のような**主観的意識**や社会関係の豊かさが考慮されている。
- 同報告書の2024年度版によると、幸福度ランキングの首位は7年連続フィンランドで、日本は**51**位である。
- **OECD（経済協力開発機構）**による「より良い暮らしイニシアチブ」では、人々の**幸福**を形成する多様な側面に着目し、「より良い暮らし指標」において、**物質的**な生活条件（住宅、収入、雇用）と**生活の質**（生活満足度、教育、安全、ワーク・ライフ・バランスなど）にかかる11項目から「より良い暮らし」を測定する。

《国試にチャレンジ！》

1 純粋移動とは、あらかじめ定められたエリートの基準に見合う者だけが育成され、エリートとしての地位を得ることをいう。【34回15】　☑☑　（正答…×）
2 社会指標のねらいは、経済的な豊かさを測定することであり、国内総生産（GDP）などがよく用いられる。【27回15】　☑☑　（正答…×）

頻出度A 社会的行為

- **行為**とは、行為者自身にとって意味のあるふるまいのことをいう。また、**社会的行為**とは、他者の存在とのかかわりでなされる行為のことである。
- **ヴェーバー**（Weber, M.）は、社会的行為の主観的意味の理解を通して、その過程および結果を説明しようとする考え方を表すものとして、**理解社会学**を提唱した。
- ヴェーバーは、行為者の**主観的意味**に従って、社会的行為を4つに分類した。

■ヴェーバーによる社会的行為の分類

目的合理的行為	外界の事物の行動およびほかの人間の行動についてある予想をもち、これを、結果として合理的に追求・考慮される自分の目的のために条件や手段として利用するような行為
価値合理的行為	ある行動の独自の絶対的価値そのものへの、結果を度外視した、意識的な信仰による行為
伝統的行為	身についた習慣による行為。昔から家族や地域共同体などで行われてきた、季節の行事や慣習的な行為（祈願や祈祷など）などを意味する
感情的行為	直接の感情や気分による行為

ワンポイント　最小のコストで最大の利益を得ようとする人間像をホモ・エコノミクス（経済人）と呼ぶが、その行為は目的合理的行為の典型例である。

- **ハーバーマス**（Habermas, J.）は、過去に提唱されてきたさまざまな行為理論を踏まえ、行為を5つに分類した。

■ハーバーマスによる行為の分類

目的論的行為	行為者が一定の状況のもとで効果を期待できる手段を選択し、適切な方法でこれを用いることにより、1つの目的を実現する、あるいは望ましい状態への到来を促すもの
戦略的行為	他者の選択を計算に入れつつ、あるいは他者の選択に影響を与えることにより、自己の目的の実現を目指すもの

規範に規制される行為	共通の価値に照らして行為する社会的集団のメンバーにかかわるもの
演劇論的行為	互いに観衆となり、観衆の目前で自己を表現する相互行為の参加者に関係をもつもの
コミュニケーション的行為	言語を媒介として、自己と他者の間で相互了解を目指して行われる相互行為

- ブルデュー（Bourdieu, P.）は、ヴェーバーの伝統的行為の概念を発展させ、ハビトゥスという概念を提唱した。
- ハビトゥスは、過去の経験により形成され、自覚せずに身についた知覚、思考、行為（ふるまいや身ぶり、言葉づかい、趣味、教養など）の図式・性向である。

ハビトゥスは文化資本として受け継がれ、文化再生産を促します。ブルデューの提唱した文化資本論などは、「4原理」のレッスン3を確認しましょう。

- ゴッフマン（Goffman, E.）は社会的行為がもつ演技としての側面に注目し、人間は、社会生活という「劇場」において、周囲の人から期待される役割を演じているとする演劇論的行為論を提唱した。

ゴッフマンは、期待されている役割から距離をとり、期待どおりに役割を演じない役割距離という概念も提唱している（レッスン5参照）

《国試にチャレンジ！》

1. 行為とは、行為者自身にとってどのような意味を持つかとは無関係に、他者から観察可能な振る舞いを意味する。【29回19】 （正答…✕）
2. ヴェーバー（Weber, M.）は、社会的行為を四つに分類し、特定の目的を実現するための手段になっている行為を「目的合理的行為」と呼んだ。【34回19】 （正答…○）

法と社会システム

- 法は、公的権力によって規定され、全成員に対して普遍的に適用される社会秩序に関する規範である。
- 社会秩序とは、社会を構成する諸要素が調和し、個人の欲求充足と社会の存続とが実現されている状態をいう。

- 私的利益の追求は、「万人の万人に対する闘争」という状態をもたらすと予想されるなか、なぜ社会秩序が可能になるかを問うことをホッブズ問題という。
- ホッブズ（Hobbes, T.）は、社会秩序は、諸個人が社会契約を行うことで形成されると考えた。
- パーソンズ（Parsons, T.）は、行為者の行為は、客観的要因とともに、個人の主観的要因に方向づけられているという主意主義的行為理論を提唱し、共通価値の行為者への内面化と社会への制度化というプロセスが進展していれば、社会秩序は安定すると考えた。

 ホッブズ問題の名称は、パーソンズによるものである。

- ノネ（Nonet, P.）とセルズニック（Selznick, P.）は、法のあり方を3つに類型化した。

■ 法の3類型

	法の目的	法の執行様式	政治との関係
抑圧的法	現行秩序の維持	支配者の便宜に従う（その場限り）	法は政治権力に従属する
自律的法	公正な手続きの実行	手続き規則に従う（形式主義的傾向）	法は政治から独立する（権力分立）
応答的法	実質的正義の実現	正義と福祉という目的を追求する	法の目的と政治の目的が統合される

- 前近代的社会における抑圧的法は、支配者が被支配者を抑圧し黙らせるための手段で、近代社会における自律的法は、社会の成員すべてが等しく従うべき普遍的なルールの体系である。
- 現代社会では、普遍性を維持しつつも社会の要請に応える、より柔軟で可塑的な応答的法が求められている。
- ヴェーバー（Weber, M.）は、被支配者からも正当なものとみなされてきた政治的支配の形態を3つに類型化した。

■ ヴェーバーによる支配の3類型

伝統的支配	伝統や慣習により正当化される支配
カリスマ的支配	支配者のリーダーシップや資質、魅力によって正当化される支配
合法的支配	正当な手続きにより制定された法に従うことで成立する支配

《国試にチャレンジ！》

1. ホッブズ問題とは、人々の私的利益の追求こそが、万人の万人に対する闘争状態を克服することを明らかにした議論のことをいう。【27回16】 ✓✓ （正答…✕）

2. ヴェーバー（Weber, M.）は、合法的支配における法は、万民が服さなければならないものであり、支配者も例外ではないとした。【35回15改】 ✓✓ （正答…◯）

A 組織と集団

① 社会集団の類型

- 社会集団（集団）とは、特定の共通目標を掲げ、共属感をもち、一定の仕方で相互作用を行っている複数の人々の結合を意味する。
- フォーマル・グループ（公式集団）は、合理性と形式性が明確な組織機能をもつ社会集団であり、会社や官庁のような一定の目的のために成文化された規則と命令系統をもつ組織をいう。インフォーマル・グループ（非公式集団）は、フォーマル・グループ内で自然発生的に生まれる人間関係や、相互の親密性を基礎とする比較的小規模な集団で、家族や友人関係などがある。

■集団の類型

提唱者	類型とその特徴
クーリー （Cooley, C. H.） など	第一次集団（プライマリー・グループ）…対面的・直接的な接触を基盤とした親密な結合、メンバーの連帯感などを特徴とする（例：家族、近隣、仲間） 第二次集団（セカンダリー・グループ）…非対面的・間接的な接触を中心とし、ある目的のために意図的につくられる（例：企業、組合、政党） ⇒近代化に伴い、第二次集団が台頭することにより第一次集団のよさが失われ、人々は互いに孤立しがちになる
テンニース （Tönnies, F.）	ゲマインシャフト…本質意志に基づき、感情的な融合を特徴とする共同体的な社会（例：血縁に基づく家族、村落） ゲゼルシャフト…選択意志に基づき、目的、利害関係による結合を特徴とする利益社会（例：企業、大都市） ⇒近代化の過程で、ゲマインシャフトからゲゼルシャフトへと推移する
マッキーヴァー （MacIver, R.）	コミュニティ…一定の地域性、共同生活、共属感情という３つの指標を満たす集団。近隣集団、村落、都市を経て国民社会へと同心円的な広がりをもつ アソシエーション…特定の限定された関心を充足することを目的として人為的に構成される集団（例：結婚後の家族、企業）。コミュニティから派生し、共同生活上の諸課題を分担する機関と位置づけられる

サムナー (Sumner, W.)	内集団…愛情や帰属感をもつ「われわれ集団(we-group)」(例：親族、隣人、取引先)	
	外集団…結びつきの弱い関係、対立関係にある「彼ら集団(they-group)」	
高田保馬	基礎集団（基礎社会）…血縁や地縁により自然発生的に形成される（例：家族、部族、民族、村落、小都市）	
	派生集団（派生社会）…基礎集団が担ってきた機能をより効果的なものとするため、人為的・計画的に組織される（例：学校、会社、政党）	

■ 準拠集団（リファレンス・グループ）とは、自分と関連づけることにより自分の態度や意見の変容に影響を与える集団をいい、ハイマン（Hyman, H.）が初めて使用し、マートンが体系化した。

準拠集団は、一般には、家族、友人集団、近隣集団などの所属集団からなるが、かつて所属していたり、将来の所属を希望していたりする非所属集団も準拠集団となり得る。

■ ジンメル（Simmel, G.）は、社会分化論において、近代以前の共同体的生活が解体して社会的分化が進むことにより、人々が相互に交流する社会圏が拡大するとした。
■ 集団の概念として、群集、公衆、大衆がある。

■群集・公衆・大衆

群集	何らかの事象への共通した関心をもち、非合理的で感情的な言動を噴出する傾向のある人々の集まり
公衆	マスコミュニケーションの情報からもたらされる共通関心に基づき、合理的思考で他者と結びつく非組織的な集合行動を形成する人々
大衆	大多数の人々を巻き込んで影響を与える近代社会特有の巨大で匿名の非組織集団

② 官僚制

■ ヴェーバーは、合法的支配の純粋型として官僚制をとらえた。官僚制とは、現実の行政組織そのものではなく、官公庁・企業・学校などあらゆる機能集団に通底する近代組織の編成原理を意味する。

■官僚制の特徴
①権限の原則…規則によって秩序づけられた職務の配分
②階層の原則…上下関係のはっきりした官僚階層制（ヒエラルキー）
③文書主義…文書による事務処理
④専門性の原則…専門的訓練を受け、専門的知識を備えた専門職員の任用

■ 近代官僚制は、近代以前に行われてきた家父長制的な支配に基づく非合理的な結びつきとは異なり、規則に基づき能率を重視する合理的な組織である。

- マートンは、官僚制の逆機能として、目的実現のための合理的手段それ自体が神聖化されて目的となり、形式合理性を重視する一方で実質合理性を失い、非効率的・非合理的な行動様式がみられることを指摘した。
- ブラウ（Blau, P.）は、規則への過剰同調は、組織における重要な社会的関係の不安定化から生じるとした。
- リプスキー（Lipsky, M.）は、市民が市役所などの窓口で接する官僚制組織をストリート・レベルの官僚制と呼んだ。
- ミヘルス（Michels, R.）は、一定規模以上の社会集団においては、組織内部に情報格差が生まれ、少数の指導者による支配が避けられないとして寡頭制の鉄則を提唱した。

《国試にチャレンジ！》

1. ゲゼルシャフトとは、伝統的な地縁、血縁、友愛などによって形成された集団のことである。【37回13】　（正答…✕）
2. 官僚制理論の特徴として、階層がないフラットな構造を有する点が挙げられる。【34回120】　（正答…✕）

頻出度 B　人口

- 人口とは、一定の地域に居住する人の数を表す。統計上、日本の人口は、日本在住の日本人と3か月を超えて日本に滞在する外国人の合計をいう。
- 女性100人に対する男性の数を人口性比という。日本では、第二次世界大戦前は100を超えていたが、1945（昭和20）年以降、一貫して100を切り、女性のほうが多い。
- 人口転換とは、社会の自然増加の構図が、多産多死から多産少死を経て少産少死へと大きく転換する遷移過程をいう。
- 人口が長期的に増えも、減りもせずに一定となる出生の水準を、人口置換水準という。
- 「日本の将来推計人口（2023（令和5）年推計）」によると、現在のわが国の合計特殊出生率の人口置換水準は、おおむね2.1程度となっている。

 合計特殊出生率
15～49歳までの既婚・未婚を問わない全女性の年齢別出生率を合計したもので、1人の女性がその年齢別出生率で、一生の間に産むとしたときの子どもの人数に相当する

- 日本では、1970年代半ばから、合計特殊出生率が人口置換水準を下回りながら低下を続けている。
- 2023（令和5）年の日本の合計特殊出生率は1.20で、前年の1.26より低下し、過去最低となった。
- 少産少死となった後も、先進諸国で人口転換水準以下となる出生率の低下がみられる現象は、第二の人口転換ととらえられている。

■**人口に関する用語**

人口静態・人口動態	人口静態…ある一時点において観察された人口の規模、構造（属性別の人の数）のこと 人口動態…出生、死亡、結婚、離婚などを要因とする、一定期間における人口の変動の状態
人口増加	自然増加（出生と死亡の差）と社会増加（就業や就学、婚姻等の社会的事情により発生する流入と流出の差）を合わせて算出する ※人口増加＝（出生－死亡）＋（流入－流出）
年少人口・老年人口・生産年齢人口	年少人口…0～14歳の人口 老年人口…65歳以上の人口 生産年齢人口…15～64歳の人口
年少人口指数・老年人口指数・従属人口指数	年少人口指数…年少人口の生産年齢人口に対する比率 老年人口指数…老年人口の生産年齢人口に対する比率 従属人口指数…扶養される側（年少人口と老年人口）の合計人数と、働き手（生産年齢人口）の比率
人口ボーナス・人口オーナス	人口ボーナス…人口の年齢構成が経済にプラスに作用すること 人口オーナス…人口の年齢構成が経済にマイナスに作用すること

《国試にチャレンジ！》

1. 人口転換とは、「多産多死」から「少産多死」を経て「少産少死」への人口動態の転換を指す。【31回18】　　　　　　　　　　　　　　　（正答…✕）

頻出度 C グローバリゼーション

- ■ グローバリゼーションとは、人・モノ・カネ・情報などの流れが国境を超えて世界的規模に広がり、一体化していくことをいう。
- ■ 生産と消費が異なる国で行われるような企業の生産体制を、グローバル・バリューチェーン（GVC）という。
- ■ 国際的な労働力の移動による移民の流入などにより、各国で多文化共生・多民族社会化が進んでいる。

> **word　多文化共生**
> 国籍や民族などの異なる人々が、互いの文化的違いを認め合い、対等な関係を築こうとしながら、地域社会の構成員として共に生きていくこと

- ■ 日本においても外国人労働者による医療・福祉人材の受け入れが進んでいる。
- ■ 外国人介護人材受入れの仕組みについては、EPA（経済連携協定）、在留資格「介護」、技能実習、特定技能の4制度がある。

EPAに基づく受け入れの対象国は、インドネシア・フィリピン・ベトナムである。

- ハンチントン（Huntington, S. P.）は、世界で紛争が絶えない状況を「文明の衝突」ととらえた。
- エスニシティとは、言語、社会的価値観、信仰、宗教、食習慣、慣習などの文化的特性を共有するエスニック集団（民族集団）が、ほかのエスニック集団との相互作用のなか意識的あるいは無意識的に表出した心的および社会的な現象である。
- グローバルエイジングは、世界的規模での高齢化をいう。

B 社会変動

① 社会変動の概要

- 社会学において、ミクロな人間関係からマクロな体制・制度まで、社会の諸部分の関係のパターンがある程度一定に保たれる場合に、それを社会構造と呼ぶ。さらに、社会構造に生じる一定の変化を社会変動と呼ぶ。

■ 社会変動に関する理論

提唱者	理論
コント (Comte, A.)	3段階の法則を提唱。人間精神が神学的→形而上学的→実証的という段階を経て発展するのに対応して、社会組織も軍事型→法律型→産業型に発展するとした
スペンサー (Spencer, H.)	軍事的統制により中央集権的な軍事型社会から、個人が自発的な協力により産業に従事する産業型社会へ移行するという社会進化論を提唱した
デュルケム (Durkheim, É.)	・近代化に伴い社会的分業が進展し、機械的連帯（類似した人々が結びつく）から有機的連帯（異質な個人が、相互依存的に結びつく）に移行するとした ・社会的変化に伴い、アノミー（社会的規範の弛緩や崩壊により生じる、行為の無規範状態）を生じ、焦燥や欲求不満が生じて自殺などの社会病理現象が増えるとした
ルーマン (Luhmann, N.)	社会構造の分化パターンには環節的分化（種族、家族など同等のシステムに分化）、階層的分化（主観的な階層意識に基づくシステムに分化）、機能的分化（経済、政治、法、科学、芸術、教育などの内容が異なるサブシステムに分化）があり、近代社会は、機能的分化に移行している

② 産業化社会・情報社会・消費社会の発展過程

- 産業化（工業化）とは、西洋の産業革命を契機として進行した、経済の領域における変動を指す概念である。
- ベル（Bell, D.）は、工業社会の次の発展段階として、情報、知識、サービスなどに関

- する産業が重要な役割を果たす知識社会への移行を脱工業化社会として示した。
- ベック（Beck, U）は、産業社会の発展に伴う環境破壊などにより人々の生活や社会が脅かされ、何らかの対処が必要な社会をリスク社会とした。
- 情報化とは、産業化の次の段階として、情報の生産、処理、流通にかかわる第三次産業の発展を意味する。また、情報化した社会は、情報社会と呼ばれる。
- トフラー（Toffler, A.）は、現代を、農業革命に起因する第一の波、産業革命に起因する第二の波に次ぐ、情報革命等に起因する第三の波の時代とした。
- 消費社会とは、生理的・文化的・社会的要求を満たすための消費が広範に行われる社会をいう。なお、消費社会は、産業化が十分に発展した後に現れるとされている。

■消費社会に関する理論

提唱者	理論
ボードリヤール (Baudrillard, J.)	生理的・機能的欲求に基づくモノの実質的機能の消費から、モノが何らかの社会的な意味をもつ記号の消費（記号的意味の消費）へと移行していくとした
ヴェブレン (Veblen, T.)	モノへの欲求や必要性ではなく、その所有によって得られる優越感を目的とした、誇示的消費（見せびらかしの消費）を指摘した
リースマン (Riesman, D.)	著書『孤独な群衆』において、社会的性格を伝統や慣習に従って行動する「伝統指向型」、自己の良心に従って行動する「内部指向型」、周囲と同調しているかを気にする「他人指向型」に分類。社会の発展に伴い、他人指向型に移行し、スタンダードパッケージ（一般的にもつことがスタンダードになっている商品群）としてのモノが大量生産されるとした
ガルブレイス (Galbraith, J. K.)	企業の広告や販売戦略などにより、従来存在していなかった欲望が形成される。消費者の欲望は、生産者に依存しているとし、この現象を依存効果と呼んだ
ロストウ (Rostow, W. W.)	その国の生産力を基準として、経済成長を①伝統的社会→②離陸先行期→③離陸→④成熟化→⑤高度大量消費、の5段階とする発展段階説を提唱。最後の高度大量消費の段階への移行に伴い、社会の関心が供給から需要、生産から消費へとシフトしていくことを指摘した

③ 第二の近代

- ベックは、近代化によって生じたリスクと向き合わなければならなくなった現代を、第二の近代（再帰的近代）と位置づけた。
- 再帰的近代においては、伝統的な共同体が解体し、個人化が進んでいる。

ベックは、近代を第1期と第2期に区分し、第1の近代を単純な近代（工業社会）、第2の近代を再帰的近代（リスク社会）とした。

《国試にチャレンジ！》

1. ルーマン（Luhmann, N.）は、社会の発展に伴い、軍事型社会から産業型社会へ移行すると主張した。【35回16】　☑☑　（正答…✗）

2. ベック（Beck,U.）が提唱した、産業社会の発展に伴う環境破壊等によって人々の生活や社会が脅かされ、何らかの対処が迫られている社会を示す概念は、脱工業化社会である。【34回17改】　☑☑　（正答…✗）

地域

① 地域社会と都市化

- **地域社会**とは、**コミュニティ**とも呼ばれるもので、住むことを中心にして広がる人と人とのつながりの存在を前提にした、具体的な場所に関連づけられた社会のことである。
- **都市化**とは、特定の社会のなかで都市的な集落に住む人口の割合が増加することにより、都市自体の規模が大きくなっていくことや、本来は都市的集落に特有の生活様式、社会関係、意識形態が、社会全体へと**浸透**していくことをいう。
- **コンパクトシティ**とは、拡散した都市機能を**中心部**に集約することで、市街地における商業・文教・居住施設の複合化を進めて公共交通による移動を促進し、生活圏の再構築を図る都市形態をいう。
- **テクノポリス**とは、**高度技術集積都市**を意味する。また、先端技術産業や学術研究機関と住環境が一体化した都市を建設しようとすることを、**テクノポリス構想**と呼ぶ。
- **グローバル都市**とは、国や地域などの境界を越え、地球規模で資本や情報の国際的移動を結節する大都市をいう。このような都市では、グローバルな活動を担う管理職や専門職だけでなく、低賃金移民労働者も大量に生み出している。
- 鈴木榮太郎は、「共同防衛の機能と生活協力の機能を有するために、あらゆる社会文化の母体となってきたところの地域社会的統一であって、村落と都市の2種類が含まれている」ものを**聚落社会**と定義し、このうち都市は結節機関（社会的交流の中心となる機関や組織など）をもつ聚落社会であるとした。

■ 都市やコミュニティに関する主な理論

	提唱者	内容
アーバニズム論	**ワース**（Wirth, L.）	①**人口量**が大きい、②**人口密度**が高い、③人口の**異質性**が高いことにより、都市に生じる特徴的な生活様式を**アーバニズム**と呼び、人間関係の分節化や希薄化、無関心などの社会心理が生み出されるとした
コミュニティ解放論	ウェルマン（Wellman, B.）	**交通通信手段**の発達により、コミュニティは地域という空間的な制約から解放され、分散的なネットワークの形をとって広域的に存在し得るとした

同心円地帯理論	バージェス (Burgess, E.)	シカゴをモデルにした都市の成長過程に関する理論。都市空間は同心円状に成長すると指摘し、その中心部から①都心地域、②遷移地帯（低所得者向けの居住地帯）、③一般労働者向けの住宅地帯、④中産階級向けの住宅地帯、⑤通勤者住宅地帯、の５つに分類した
下位文化理論	フィッシャー (Fischer, C.)	大都市では、類似した者同士がネットワークを選択的に形成することが可能なため、分化していく中で多様な下位文化が形成されるとした
都市の発展段階論	クラッセン (Klaassen, L.)	都市では都市化から郊外化を経て衰退に向かうという逆都市化(反都市化)が発生し、都市中心部の空洞化が起こるとした

同心円地帯理論によると、都市の中心部には商工業地帯ができ、周辺部には居住地域ができますが、中心部は住環境がよくないため、やがて高所得者は環境がよい周辺部に移り、低所得者は中心部を離れず密集する分化が起こります

② 過疎化

- 過疎化とは、地域の人口（戸数）の急減により産業の衰退や生活環境の悪化がもたらされ、住民意識が低下し、ついには地域から人がいなくなる（集落の消滅）ととらえることができる。
- 総務省の「令和４年度版過疎対策の現況」によると、過疎地域の面積は、我が国の総面積の約６割を占め、過疎地域の市町村数は全市町村数のおよそ半数を占める。
- 同調査によると、2020（令和２）年国勢調査時点の過疎地域の人口は全国の9.3％を占める。また、65歳以上の高齢者階層の構成比は39.7％と、全国の構成比（28.0％）を上回っている。
- 同調査によると、過疎地域の第一次産業就業者は過去50年間で大きく減少し、現在では、第二次・第三次産業就業者が８割以上を占めている。
- 限界集落とは、過疎化と高齢化の進行により高齢化率が50％を超え、共同体機能の維持が困難になり、存在の限界に達している集落のことをいう。限界集落は、中山間地域や離島を中心に増加している。
- 消滅可能性都市とは、地方自治体としての基本的な機能が果たせなくなり、行政や社会保障の維持、雇用の確保などが困難になるとみられる自治体をいう。

③ 社会関係資本

- 社会関係資本（ソーシャルキャピタル）は、人と人とのつながりなど人間社会の関係性に焦点を当てた概念で、経済資本、文化資本、象徴資本とともに、社会階級上の位

置を特徴づけると考えられている。
- パットナム（Putnam, R.）は、社会関係資本の構成要素として、親戚、友人や知人、隣近所とのつきあいなどの**社会ネットワーク**、ネットワークや一般の人々への**信頼**、社会参加やボランティア活動といった**互酬性の規範**をあげた。また、社会関係資本には、**結束型**と**橋渡し型**の2つがあるとした。

■ パットナムによる社会関係資本の類型

結束型	固い信頼に基づいて同一集団内の効用を高める。強固な特性がある分、閉鎖的で他の集団に対して排他的に作用することがある
橋渡し型	開放的で穏やかに効用を高める

互酬性とはどのようなことをいうのでしょうか？

贈り物をしたら受け取り、お返しをするといった相互のやりとりです。贈り物は有形無形を問いません

《国試にチャレンジ！》

1. コンパクトシティは、世界中の金融・情報関連産業が集積する都市である。【32回17】　　（正答…×）

2. ワース（Wirth, L.）は、都市では人間関係の分節化と希薄化が進み、無関心などの社会心理が生み出されるとする、アーバニズム論を提起した。【33回16】　　（正答…○）

3. 2020年（令和2年）国勢調査時点の過疎地域の人口は、全人口の2割に満たない。【37回15】　　（正答…○）

頻出度 B 環境

- **環境正義**とは、環境負荷や環境リスクが社会的弱者や後進地域に転嫁されたり、偏って分布したりする状況の不当性を訴え、社会正義や公正性の達成を求めるものである。
- **生活環境主義**とは、地域住民の生活の立場から環境問題の所在や解決方法を探ろうとする考え方をいう。それに対し、自然環境を手つかずの状態で保全し、生態系を保護することで環境問題に対処しようとする考え方を**自然環境主義**という。

> **word　環境リスク**
> 人為的な活動から生じた負荷が原因となり、環境を経由して、人々の健康や自然生態系などに望ましくない影響が生じる可能性のこと。

- **ニンビー**は、「Not In My Back Yard」の頭文字（NIMBY）を合わせた造語で、「私の裏庭に来るのは反対」を意味する。利益・便益は享受したいが、被害・苦痛は被りたくないという態度を表す。
- **気候変動**とは、気温および気候パターンが長期的に変化することをいい、二酸化炭素などの温室効果ガスの排出量増加が問題となっている。
- 1992（平成4）年にブラジルで開催された**地球サミット**では、地球温暖化、生物多様性、海洋汚染、砂漠化などについて議論され、「アジェンダ21」「生物多様性」「気候変動枠組条約」「森林原則声明」が採択された。
- 1997（平成9）年にCOP3で採択された京都議定書では、先進国（批准していないアメリカを除く）に対し、国ごとに**温室効果ガス**排出量の削減目標が定められた。
- **持続可能性**とは、**環境**、**経済**、**社会**に配慮した活動を行うことにより、社会全体を長期的に持続させていこうという考え方である。

■環境に関する主な協定

1972年	人間環境宣言	国連人間環境会議（ストックホルム会議）において、「人間環境の保全と向上」に関して、「共通の見解と原則が必要」として宣言された
1992年	リオ宣言	**地球サミット**（環境と開発に関する国際連合会議）において、開発と持続可能性の両立を掲げる。**アジェンダ21**で国際的な行動計画を採択、フロン規制なども定められた
1997年	京都議定書	国ごとに温室効果ガス排出量の削減目標が定められた
2000年	MDGs（ミレニアム開発目標）	国連ミレニアム・サミットで採択された。世界の貧困率の半減など、2015年までに達成すべき8つの目標を掲げる
2015年	SDGs（持続可能な開発目標）	国連サミットで採択。MDGsの内容を引き継ぐ「持続可能な開発のための2030アジェンダ」において、2030年までに達成すべき目標と指標を示す
2015年	パリ協定	2020年以降に温室効果ガス排出量の削減に取り組む対象国を、すべての国とした

- 2015年の国連サミットで採択された**SDGs（持続可能な開発目標）**は、下記の17をテーマとした目標（ゴール）とそれぞれにターゲットが設定されている。

■SDGs（持続可能な開発目標）の17のテーマ

①貧困　　②飢餓　　③保健　　④教育　　⑤ジェンダー　　⑥水・衛生
⑦エネルギー　　⑧成長・雇用　　⑨イノベーション　　⑩不平等　　⑪都市
⑫生産・消費　　⑬気候変動　　⑭海洋資源　　⑮陸上資源　　⑯平和　　⑰実施手段

- SDGsでは、「貧困」のターゲットの1つとして、2030年までに、**極度の貧困**をあらゆる場所で終わらせるとしている。
- SDGsにおける「極度の貧困」は、世界銀行の**国際貧困線**（国際貧困ライン）を参照基

準としている。

> **word** 国際貧困線
> 世界銀行が定める貧困の定義基準で、購買力平価に基づいて算出される。2022年9月に改訂された基準では、1日1人あたり2.15ドル未満で暮らす人を極度の貧困層とみなしている。

■ SDGsの実施では、国家（政府）のほか民間セクターも重要な役割を果たす。
■ わが国では、循環型社会の形成に向けて3R活動が推進されている。
■ 3Rとは、Reduce（排出抑制）、Reuse（再利用）、Recycle（再生利用）のことである。

《国試にチャレンジ！》

1 国際連合が掲げている持続可能な開発目標（SDGs）は、2000年に制定されたミレニアム開発目標（MDGs）の目標を破棄し、それに代わる目標を掲げている。【32回28】　　　（正答…✕）

2 持続可能な開発目標（SDGs）は、貧困に終止符を打つとともに、気候変動への具体的な対策を求めている。【36回15】　　　（正答…◯）

Lesson 3 市民社会と公共性

社会的格差 〔頻出度 B〕

- 格差は、1990年代後半の**格差社会**に関する論争以降に広まり、現在では所得、雇用、教育、技術、健康、住宅など多分野に及んでいる。
- 2019（令和元）年の国連開発計画（UNDP）が発表した「**人間開発報告書**2019（概要版）」によると、教育と技術、気候変動を中心に、新世代型の格差が広がっている。
- 同報告書では、親の所得と状況は、その子どもの健康、教育および所得に影響するとし、格差是正に向けた、幼年期と生涯の投資、生産性、**公共支出**と公平な**課税**などの政策を提案している。

ワンポイント 人間開発報告書で用いられている人間開発指数（HDI）とは、健康、教育、所得面の達成度を測る指数をいう。

- 所得格差の程度を知る指標として、0（格差が小さい）から1（格差が大きい）までの値で状態を示した**ジニ係数**がよく用いられる。ジニ係数が0.5を超えると、政策による格差の是正が必要とされる。

ワンポイント 日本のジニ係数は、当初所得が0.5700、年金等の社会保障や税による再分配後の再分配所得が0.3813である（「15 貧困」 レッスン1参照）。

《国試にチャレンジ！》

1. ジニ係数は、値が大きいほど格差が大きいことを示す。【31回16】 （正答…○）
2. 人間開発の各側面のうち、健康の格差は、所得や教育の格差と異なり、世代間で継承されることは少ない。【33回24】 （正答…×）

社会政策と社会問題 〔頻出度 A〕

① 福祉レジーム論

- デンマークの政治経済学者**エスピン－アンデルセン**（Esping-Andersen, G.）は、『福祉資本主義の三つの世界』（1990年）において、**社会的階層化**と**脱商品化**という指標をもとに、3つの**福祉（国家）レジーム**（政治体制）を示した。
- **福祉レジーム論**とは、福祉が、国家だけでなく、家族、市場、コミュニティなどのさまざまな主体から供給され、多様な組み合わせで構成されるという考え方である。

■**福祉レジームの特徴**

分類	自由主義レジーム	保守主義レジーム	社会民主主義レジーム
主な国	アメリカ、カナダ、オーストラリア	ドイツ、フランス、イタリア	スウェーデン、デンマーク、ノルウェー
特徴	・社会的階層化は高く、脱商品化と脱家族化は低い ・市場の役割が大きい ・解雇規制が弱く流動性が高い労働市場	・社会的階層化と脱商品化は高く、脱家族化は低い ・家族や職域の役割が大きい ・解雇規制が強く硬直的な労働市場	・脱商品化と脱家族化が高く、社会的階層化は低い ・国家の役割が大きい ・労働市場の流動性は高いが積極的労働市場政策が充実

> **word** 社会的階層化・脱商品化・脱家族化
> 「社会的階層化」は、社会政策の実施を通して社会の中に職業・階級などの階層化が進んでいるかを示す指標。「脱商品化」は個人が労働から離脱をしても生活水準を維持できるかどうかを示す指標。「脱家族化」は、エスピン - アンデルセンがのちに提示した指標で、家族機能の社会化の程度を示す。

■日本では、個人の自立・自助、家庭や職場、地域社会での連帯を基礎とする日本型福祉社会が提唱されてきた。

> **ワンポイント** 日本は、社会的階層化が高く、脱商品化と脱家族化が中程度なので、自由主義レジームと保守主義レジームの混合といえる。

② 社会問題・社会運動と社会政策

■スペクター（Spector, M. B.）とキツセ（Kitsuse, J. I.）が提唱した構築主義では、社会問題は初めから社会の中に存在するのではなく、ある状況を問題とみなす人々の活動とそれに対する反応による、クレイム申立てを通じて作り出されるとした。

■予言の自己成就は、人々が最初の誤った認識に基づき行動することで、結果としてその誤った認識どおりの状況が実現してしまうことをいう。マートン（Merton, R. K.）が提唱した概念である。

■ハーバーマス（Habermas, J.）は、福祉国家が市場経済や生活領域への介入を強めることによって、公共的な議論の空間（公共空間）を変質させたと指摘している。

■1960 年代の欧米では、福祉国家体制への批判から、学生運動、女性運動、障害者運動、環境運動などの社会運動（新しい社会運動）が起こった。

■1960 年代、西ヨーロッパ諸国はしだいに、情報・知識・サービス産業を中心とする脱産業社会へ転換していった。

■脱産業社会への移行によって、労働者の一部の人々（より脆弱な人々）に新しい社会的リスク（「4 原理」レッスン 4 参照）が生じるようになった。

- NPOなどの非営利セクターは、新しい社会的リスクをもつ人々を行政につなげる機関として期待されている。
- ソーシャルガバナンスとは、NPO、自助グループ、労働組合などと行政が連携して維持・形成される福祉・生活保障のあり方を指し、従来の福祉国家とは区別される。
- 福祉国家がソーシャルガバナンスに再編成されることは、公共空間を新たにつくり出す動きであり、新しい公共として推進されている。

> **word　自助グループ**
> 同じ問題を抱える当事者同士が、情報を交換したり相談・援助を行ったりしながら、自主的に問題を解決することを目指す。セルフヘルプ・グループともいう。

《国試にチャレンジ！》

1. エスピン-アンデルセン（Esping-Andersen, G.）は、自由主義・保守主義・社会民主主義という3類型からなる福祉レジーム論を提示した。【34回24】　（正答…○）
2. 社会問題は、ある状態を解決されるべき問題とみなす人々のクレイム申立てとそれに対する反応を通じて作り出されるという捉え方を、文化学習理論という。【32回21】　（正答…×）
3. 人々が社会状況について誤った認識をし、その認識に基づいて行動することで、結果としてその認識どおりの状況が実現してしまうことを予言の自己成就という。【36回17】　（正答…○）

類出度 B　差別と偏見

① 社会問題と社会的逸脱に関する諸理論

- リップマン（Lippmann, W.）は、ステレオタイプなどの概念を用いて世論を分析し、世論に左右される民主主義を批判した。
- オルポート（Allport, G.W.）は、著書『偏見の心理』において、民族的偏見を「誤った、柔軟性のない一般化に基づいた反感」と定義づけた。
- オルポートが提唱した「コンタクト仮説」では、対等の地位、共通の目標の追求、制度的な支援の条件が整えば、友好的な「異文化接触」が実現する可能性が高まるとした。
- ミルズ（Mills, C.）は、政治・経済・軍事などの分野のトップが社会の権利を握るとするパワーエリート論を展開した。
- 社会病理とは、個人的な病理行動が集積した結果ではなく、諸個人を病理行動へと促す社会的な原因を指す概念である。
- 文化学習理論とは、人々が非行・犯罪に走るプロセスを、非行・犯罪集団への参加を通じた犯罪文化の学習プロセスとして説明する立場である。主な文化学習理論には、反動形成論、分化的接触理論（差異的接触論）、ドリフト（漂流）論などがある。

■ 社会病理・逸脱に関する主な理論

	提唱者	内容
反動形成論	コーエン（Cohen, A.）	少年犯罪は、大人による支配文化に対する反動的な副次文化（サブカルチャー）を学習した結果である
分化的接触理論（差異的接触論）	サザーランド（Sutherland, E. H.）、クレッシー（Cressey, D.）	副次文化を学習する機会の有無に焦点を当て、犯罪の文化に接することで人は犯罪を学習すると考える
ドリフト（漂流）論	マッツア（Matza, D.）	少年たちの多くは、支配文化と副次文化の間を漂っている
社会緊張理論	マートン（Merton, R. K.）	文化的目標を達成したくても、それを達成するための制度的手段が不平等にしか与えられていない状況ではアノミー（無規範状態）が生じ、犯罪へと駆り立てる要因になるとした
統制理論	ハーシ（Hirschi, T.）	人は、本来、逸脱を制御する力をもつが、それが機能障害を起こすことで逸脱が生じる
ラベリング理論	ベッカー（Becker, H. S.）	周囲の人々や社会統制機関などが、ある人々の行為やその人々にレッテルを貼ることで逸脱が作り出される
割れ窓理論	ケリング（Kelling, G. L.）	軽微な犯罪を徹底的に取り締まることで、凶悪犯罪を含む犯罪を抑止できる

「割れ窓理論」は、窓ガラスを割れたままにしておくと、その建物は十分に管理されていないと思われ、ごみが捨てられるなどエスカレートし、やがて地域の環境が悪化し、凶悪犯罪が多発するようになる、という犯罪理論です

② マイノリティと社会的排除

■ マイノリティとは、人種、言語、宗教・思想、障害の有無、性のあり方などにおいて少数派の人々をさす。
■ マイノリティは、何らかの要因によって差別され、誰もが与えられるべき権利を奪われている状態にある。
■ 差別とは、特定の集団や人々が、他の主要な集団や人々から社会的に排除されて（社会的排除）、不平等かつ不利益な扱いを受けることをいう。
■ ゴッフマン（Goffman, E.）は、個人に対する他者からのスティグマ（負の烙印）により、

さまざまな差別的な扱いが生じるという考え方を示した。

スティグマ
もとは奴隷等の肉体上の烙印をさすが、現在では障害や貧困による社会的な不利益や差別のレッテル、屈辱感や劣等感などの負の感情を指すものとして使われる。

- **社会的排除**は、特定の人々が社会的な交流・活動や社会関係から排除されている状態だけでなく、その状態に至る過程も含んでいる。
- **レイシズム**とは、人種、言語、文化、宗教、社会的位置によって生じる違いに否定的な位置づけがなされることをいう。

③ 排斥

- **ヘイトスピーチ**とは、特定の民族や国籍に属する集団に対し、社会から排除しようとしたり、攻撃・脅迫、侮辱発言をしたりすることをいう。
- 人種や宗教、性的指向などの差別的な動機に基づいた犯罪を**ヘイトクライム**という。

《国試にチャレンジ！》

1. ラベリング論は、社会がある行為を逸脱とみなし統制しようとすることによって、逸脱が生じると考える立場である。【35回21】　　　　　　　　（正答…○）
2. ゴッフマン（Goffman, E.）は、主に身体に付随し、それが他者にとっての偏見を呼び起こす「印」として機能するものをスティグマと呼んだ。【37回17】　　　　　　　　（正答…○）

C 災害と復興

① 災害と生活破壊

- **災害**とは、暴風、豪雨、洪水、高潮、地震、津波など異常な自然現象などによって生じる被害をいい、その地域に暮らす人々の生活や人生に深刻な影響を与える。
- 災害時に生き残った者が感じる罪悪感を、**サバイバーズ・ギルト**という。

■ 被災体験の4つのレベル（林春男による）

命を落とす	自分自身あるいは家族、知人などの命が失われる
財産を失う	収入源を失う、住宅や家財に大きな被害が出る　など
生活に支障が出る	生活設備や機器が使えない、生活用品を入手できない　など
心の平静を失う	抑うつ症状、虚脱感、フラッシュバック　など

② 災害時における要配慮者・避難行動要支援者

- 高齢者、障害者、外国人、乳幼児、妊婦など、防災施策において特に配慮を要する人を要配慮者という。
- 要配慮者のうち、災害発生時に自ら避難することが困難であって、円滑かつ迅速な避難の確保をはかるために特に支援を要する人を、避難行動要支援者という。

③ ボランティアとの連携

- 災害対策基本法において、国・地方公共団体は、ボランティアによる防災活動が災害時に果たす役割の重要性に鑑み、その自主性を尊重しつつ、ボランティアとの連携に努めなければならないことが定められている。
- 防災基本計画では、国・地方公共団体および関係団体に対し、ボランティア活動の円滑な実施がはかられるよう支援することが定められている。

④ 災害と復興

- 第3回国連防災世界会議で採択された「仙台防災枠組2015-2030」では、災害レジリエンスを「災害に対するコミュニティや社会が、その基本構造や機能の維持・回復を通じて、災害の影響を適時にかつ効果的に防護・吸収し、対応するとともに、しなやかに回復する能力」としている。
- 災害レジリエンスを高めるためには、被害を未然に防ぐ予防策、被災時に被害を最小限に抑えるための順応策、回復可能なレベルを超えた場合の転換策が重要である。
- 大規模災害のあとに一時的な現象として発生する理想郷的コミュニティを災害ユートピアという場合がある。被災者や関係者の連帯感、気分の高揚、社会貢献に対する意識が高まり、一時的に高いモラルを有するコミュニティが生まれる。

《国試にチャレンジ！》

1 災害対策基本法は、国及び地方公共団体が、ボランティアによる防災活動を監督し、その指揮命令下で活動するよう指導しなければならないと規定している。【35回39】 （正答…×）

2 災害時におけるレジリエンスとは、予期しない出来事に遭遇した際に、事態が悪化しているにもかかわらず楽観的な見方を維持する態度のことである。【37回18】 （正答…×）

レジリエンスは、「2心理」でも出てきた用語ですね。災害対策基本法などに基づく災害時の対応については、「7地域」のレッスン9で学習しましょう

Lesson 4 生活と人生

A 家族とジェンダー

① 家族の概念

■家族とは、夫婦関係を中心として、親子、兄弟姉妹、近親者により構成される、第一次的な福祉追求の集団である。

どの範囲までを「家族」というのでしょうか？

夫婦のみ、母子、父子だけでなく、血縁関係を欠く養親子、進学や単身赴任等で別居している構成員も含みます

■人は一般に、自分が生まれ育ち、そこで社会化される定位家族と、自分が結婚して創り上げる生殖家族という2つの核家族に所属する。

■夫婦家族制とは、結婚により成立し、夫婦の一方ないし双方の死により消滅する一代限りの家族で、子がいる場合でもその子（またはその子の家族）とは同居しないことを原則とする。

■直系家族制は、1人の子の家族とだけ同居し、家族が何世代も直系的に存続することを原則とする。戦前の日本の家族制度がその典型である。

■複合家族制は、夫婦とその複数の子の家族が同居する形態で、夫婦の死を機に財産を均分相続して分裂する。

■マードック（Murdock, G.）は、親族の関係網から、家族範囲がどのように確定されるかを理解するために基礎的なユニットを提示し、ユニットの組み合わせにより、核家族、拡大家族、複婚家族といった類型を示した。

■ マードックによる家族の類型

核家族	夫婦と未婚の子で構成される基礎的なユニット
拡大家族	結婚した子が親たちの家族と同居または隣居する場合で、親子関係により2つ以上の核家族が複合した類型
複婚家族	一夫多妻など、1人の配偶者を共有することで核家族が結びついた類型

■親と、別居する子の家族の間で、頻繁な交際や相互の援助関係がみられる場合を修正拡大家族という。

② 家族の機能とその変容

■家族の機能に関する理論

核家族普遍説 （マードック）	核家族はいかなる社会においても性的機能、経済的機能、生殖的機能、教育的機能が遂行される単位である
二機能説 （パーソンズ 〔Parsons, T.〕）	産業社会では核家族が適合的で、生産活動や教育的機能などが家族外のシステム（企業や学校など）に専門分化した結果、家族の本質的な機能として子どもの社会化と成人のパーソナリティの安定化の2つの機能が残った
家族機能縮小論 （オグバーン 〔Ogburn, W.〕）	産業化以前の家族は、経済・地位付与・教育・保護・宗教・娯楽・愛情という7つの機能を果たしていたが、産業化の進行に伴い、愛情以外の6つの機能は、学校などの専門的な制度体に吸収され、消失または弱体化する

パーソンズによると、子どもの社会化とは、幼児期から子ども期にしつけを通じてパーソナリティの核を形成する営みをいう。また、成人のパーソナリティの安定化は、主に夫婦の相互作用により満たされる。

③ ジェンダーと近代家族論

■ ジェンダーとは、生物学的な性差ではなく、社会的・文化的に形成される男女の性差のことをいう。
■ ジェンダー平等とは、一人ひとりの人間が、性別にかかわらず、平等に責任や権利や機会を分かちあい、あらゆる物事を一緒に決めることができることをいう。
■ 2024（令和6）年のジェンダー・ギャップ指数（GGI）の国際比較では、日本は世界146か国中118位である。
■ 2024（令和6）年のジェンダー不平等指数（GII）では、日本は世界193か国中22位である。
■ 1980年代後半から1990年代前半まで、日本の家族社会学では、ジェンダーの視点から、近代家族（近代化のプロセスのなかで出現した、性別役割分業に基づいた家族の形）の再検討に焦点を当てた近代家族論が進展した。

④ 婚姻などの動向 (国立社会保障・人口問題研究所「第16回出生動向基本調査」「人口統計資料集」より)

■ 「いずれ結婚するつもり」と回答した18～34歳の未婚者は男性81.4％、女性84.3％で前回調査（2015（平成27）年）より減少し、これまでの調査で最も低くなった。
■ 就業継続率（第1子の妊娠時に就業しており、子が1歳になったときも就業している率）は69.5％（前回調査は57.7％）で大きく上昇した。
■ 「女性のライフコース」の理想像は、男女ともに「仕事と子育ての両立」が初めて最多となった。
■ 夫婦の完結出生児数（夫婦の最終的な平均子ども数）は、2005（平成17）年から減少傾向となり、2010（平成22）年に2.0を割り込み、2021（令和3）年には1.90となった。

- 50歳時未婚率（45～49歳の未婚率と50～54歳の未婚率の平均）は、男性は女性よりも高く、男女とも上昇傾向にある。
- 2020（令和2）年の50歳時未婚率は、男性は28.3%、女性は17.8%と過去最高を記録した。

■完結出生児数・生涯未婚率の動向

※2021（令和3）年の数値

	2010（平成22）年	2015（平成27）年	2020（令和2）年
夫婦の完結出生児数（人）	1.96	1.94	1.90※
50歳時未婚率男性（%）	20.1	24.8	28.3
50歳時未婚率女性（%）	10.6	14.9	17.8

word **50歳時未婚率**

生涯未婚率と呼ばれてきたが、晩婚化・非婚化やライフスタイルの多様化などにより、政府は2019（令和元）年から、50歳時未婚率という表現を用いている。

⑤ 世帯の概念・世帯の状況 （「令和2年国勢調査」「令和5年国民生活基礎調査」より）

- 世帯は、「住居と家計をともにする人々の集まり」と定義され、国勢調査や家計調査、住民登録（住民基本台帳への記載）などで用いられる行政上の概念である。
- 国勢調査においては、世帯を一般世帯と施設等の世帯の2つに大きく分類している。
- わが国の世帯数（一般世帯）は増加しており、2020（令和2）年10月1日現在、約5570万5000世帯となっている。
- 厚生労働省の国民生活基礎調査では、世帯を単独世帯、核家族世帯、三世代世帯に分類している。
- 厚生労働省の「令和5年国民生活基礎調査」によると、全世帯のうち「単独世帯」が34.0%で最も多く、次いで「夫婦と未婚の子のみの世帯」が24.8%、「夫婦のみの世帯」が24.6%となっている。

■国民生活基礎調査における世帯の分類

単独世帯	世帯員が1人だけの世帯
核家族世帯	夫婦のみの世帯、夫婦と未婚の子のみの世帯、ひとり親と未婚の子のみの世帯をいう
三世代世帯	直系三世代以上の世帯

⑥ 65歳以上の者のいる世帯・児童のいる世帯 （「令和5年国民生活基礎調査」より）

- 65歳以上の者のいる世帯は約2695万1000世帯で、全世帯の49.5%を占めている。世帯構造をみると、「夫婦のみの世帯」が最も多く（65歳以上の者のいる世帯の

32.0％)、次いで「単独世帯」（同31.7％)、「親と未婚の子のみの世帯」（同20.2％) となっている。

■児童のいる世帯は約983万5000世帯で、全世帯の18.1％となっている。世帯構造を みると、「夫婦と未婚の子のみの世帯」が最も多く（児童のいる世帯の75.9％)、次い で「三世代世帯」（同11.2％)となっている。

■ 65歳以上の者のいる世帯の世帯構造の年次推移

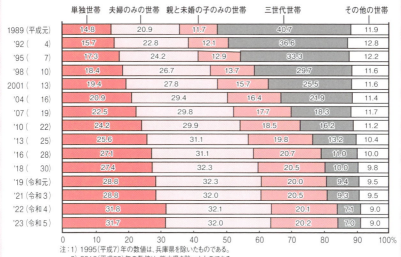

資料：厚生労働省統計情報部「国民生活基礎調査」

《国試にチャレンジ！》

1 直系家族制は、跡継ぎとなる子どもの家族との同居を繰り返して、家族が世代的に再生産される。【32回18】　（正答…○）

2 「第16回出生動向基本調査結果の概要」によると、完結出生子ども数は、2015年（平成27年）の調査の時よりも上昇した。【36回18改】　（正答…×）

世代

■生活様式は、社会変動、その時代の階層構造を常に反映する。また、ある時代、生活空間に内在する生活様式の体系が文化である。

■生活構造は、社会構造および社会システムを生活者としての個人の観点から体系的にとらえ、生活を構成する諸要素とそれらの諸関連を総体的に説明しようとする概念で

ある。
- ライフスタイルは、個人の生活様式に対する選択性という視点が強調される概念である。
- ライフサイクルは、生活周期あるいは人生周期と訳され、その考え方は、人間の出生から死に至る時間的経過、プロセスに着目する。乳幼児期、児童期、青年期、成人期、高齢期といった各ライフステージ（人の発達段階に応じた区分）において、心理学的、社会学的、経済学的な現象が起き、それぞれ達成すべき発達課題、生活様式、ライフスタイルがあるとする。
- 家族周期とは、ライフサイクルの概念を応用したファミリーライフサイクルのことである。

> **ワンポイント** 家族周期は、結婚をスタート地点とし、子の出生・成長・自立、配偶者の死までの過程を指す。

- ライフコースとは、個人がたどる多様な人生のあり方や、その発展の過程を表す概念である。
- ライフコースについては、個人の地位や役割の時間的経過のなかでの変遷、ライフイベントの時機、離婚や大病、事故などの特異な出来事の影響、歴史的事件とのかかわりから、多様化した生活構造の展開を、個人やコーホートを単位として分析する。

> **word　ライフイベント、コーホート**
> ライフイベントとは、人生において経験する出来事やイベントなどをいう。
> コーホートとは、同じ年に生まれた、大学に入学した、結婚したなど、共通の出来事を同時に経験した人々の集団のこと。

《国試にチャレンジ！》

1. ライフサイクルとは、人間の出生から死に至るプロセスに着目し、標準的な段階を設定して人間の一生の規則性を捉える概念である。【36回19】　（正答…◯）
2. ライフコースとは、標準的な段階設定をすることなく、社会的存在として、個人がたどる生涯の過程を示す概念である。【33回18改】　（正答…◯）
3. ライフステージとは、生活主体の主観的状態に着目し、多面的、多角的に生活の豊かさを評価しようとする概念である。【35回18】　（正答…✕）

頻出度A　労働

① ワーク・ライフ・バランス
- ワーク・ライフ・バランスは「仕事と生活の調和」を目指す政策理念で、欧米でも日

本でも、主要な政策課題である。

■ ワーク・ライフ・バランスの3つの柱
- 就労による経済的自立が可能な社会
- 健康で豊かな生活のための時間が確保できる社会
- 多様な働き方・生き方が選択できる社会

■ 基本語句の整理

アクティベーション	積極的労働市場政策。失業者に職業斡旋サービスを提供するだけでなく、職業訓練や教育を福祉と連携させ、人々の自立と就労の促進を図る
アンペイドワーク	無報酬労働、無償労働、不払い労働のこと。家事、育児、介護などの家事労働、家族労働やボランティアなどが含まれる。
ディーセント・ワーク	権利が保障され、十分な収入が得られる、働きがいのある人間らしい仕事に従事すること
フレキシキュリティ	柔軟な労働市場と安全性の高い社会保障の充実を両立させる政策
ベーシック・インカム	就労と福祉を切り離し、すべての人に一定額の給付を無条件で定期的に支給し、最低所得を保障する政策
ワークフェア	福祉の受給要件として、就労を義務づける政策
ソフトなタイプのワークフェア	所得保障と並列して就労促進のための職業訓練と社会サービスを提供する政策
ハードなタイプのワークフェア	公的扶助の受給条件として、就労や職業訓練などの活動を義務づける政策

ワンポイント　ワークフェア（就労優先政策）は、ワーク（仕事）とウェルフェア（福祉）を組み合わせた造語である。「福祉から就労へ」を「ウェルフェア」から「ワークフェア」へと対置概念的に使用される場合がある。

② 男女共同参画

■ 男女同一賃金の原則が初めて規定された法律は、労働基準法（1947（昭和22）年）である。
■ 1985（昭和60）年に男女雇用機会均等法が制定され、雇用における男女平等、女性の就業に関し、妊娠・出産後の健康の確保などについて規定された。
■ 1999（平成11）年に施行された男女共同参画社会基本法は、性別による固定的な役割分担等を反映した制度や慣行が、男女の社会における活動の選択に対して及ぼす影響を、できる限り中立なものにするよう配慮することが定められている。
■ 男女共同参画社会を実現するために、内閣府に男女共同参画局が設置されている。
■ 政府は、男女共同参画基本計画を定めなければならない。この計画を勘案して、都道府県は、都道府県男女共同参画基本計画を定めなければならない。

- 市町村は、男女共同参画基本計画および都道府県男女共同参画基本計画を勘案して、市町村男女共同参画基本計画を定めるよう努めなければならない。
- 内閣府の「令和6年版男女共同参画白書」によると、かつて、女性の年齢階級別労働力人口比率は、1982（昭和57）年では25〜29歳および30〜34歳を底とするM字カーブを描いていたが、2023（令和5）年では台形に近い形を描いている。
- 同白書によると、女性の正規雇用比率は、25〜29歳の59.1％をピークとし、年代が上がるとともに低下するL字カーブを描いている。

③ 就業構造と完全失業率（総務省統計局「令和5年労働力調査年報」等より）

- 労働力人口は、15歳以上人口のうち就業者と完全失業者を合わせた人口である。
- 非労働力人口は、15歳以上の人口全体から労働力人口を差し引いた人口である。
- 2023（令和5）年の非正規雇用労働者は、役員を除く雇用者のうち37.0％と前年より上昇している。
- 完全失業率(労働力人口に占める完全失業者の割合)は、2023年平均で2.6％と、前年と同率となった。男女別にみると、男性は2.8％、女性は2.3％である（下図参照）。

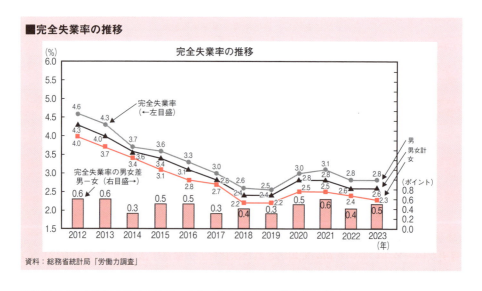

■完全失業率の推移

資料：総務省統計局「労働力調査」

ワンポイント　自分または家族の都合により離職する「自発的な離職」は、2010（平成22）年の104万人をピークに減少が続いている。

- 若年層の完全失業率をみると、15〜24歳は4.1％、25〜34歳は3.6％であった。
- 若年無業者（15〜34歳の非労働力人口のうち家事も通学もしていない者）は、約2％台で推移している。

④ 15歳以上就業者の就業構造（「令和2年国勢調査　就業状態等基本集計結果」より）

- 雇用者の内訳は、「正規の職員・従業員」が55.0%、「パート・アルバイト・その他」が25.6%で、男女ともに「正規の職員・従業員」の割合が最も多い（男性：65.2%、女性：42.4%）。
- 産業（大分類）別の割合をみると、「製造業」が15.9%、「卸売業、小売業」が15.8%、「医療、福祉」が13.5%で、最も低いのは「農業、林業」の3.0%である。
- 男女別に職業（大分類）別の割合をみると、男性は「専門的・技術的職業従事者」がいちばん多く（17.5%）、次いで「生産工程従事者」「事務従事者」である。女性は「事務従事者」がいちばん多く、次いで「専門的・技術的職業従事者」「サービス職業従事者」である。

⑤ 過労死・過労疾病

- 仕事による過労やストレスが原因で、脳・心臓疾患、精神疾患などを発症することを過労疾病、これらの発病によって死亡にいたることを過労死という。
- 「過労死等の防止のための対策に関する大綱」では、過労死をゼロとすることを目指して数値目標が設定されている。

《国試にチャレンジ！》

1. ワーク・ライフ・バランスは、マイノリティの雇用率を高めるための福祉政策である。【27回31】　（正答…✕）
2. 男女共同参画社会基本法は、都道府県が都道府県男女共同参画計画を定めるように努めなければならないとしている。【33回28】　（正答…✕）
3. 「令和5年労働力調査年報」（総務省）によると、女性の完全失業率は、男性の完全失業率よりも一貫して高い。【32回16改】　（正答…✕）

Lesson 5 自己と他者

頻出度 B 自己と他者

■ 他者や社会とのかかわりを通じて、自我が形成されるプロセスに着目した社会学は**社会的自我論**と呼ばれ、代表的な議論が、**クーリー**（Cooley, C. H.）と**ミード**（Mead, G.）によるものである。

■ ミードは、社会的自我が形成される条件として、**有意味シンボル**、**ごっこ遊び**、**ゲーム遊び**の3つを挙げた。

■ 社会的自我論

クーリー	鏡に映った自己	他者がどう自分を認知しているか（鏡としての他者に映し出される自己）を、鏡に映った自己（社会的自我）と呼び、自己は他者を通して得られることを示した
	第一次集団	自己は家族や近隣の人などの第一次集団のなかで、愛・正義・平等・自由といった普遍的な価値を他者から写し取るとした
ミード	主我と客我	・クーリーの考えをさらに発展させ、主我としての「I」と客我としての「me」の相互作用に着目した。Iとは他者への自分の反応であり、meとは自分自身への他者の反応である ・親、友人など「意味のある他者」の期待を客我（me）として取り入れ、役割取得をしながら自我が形成されるとした

《国試にチャレンジ！》

1 自我とは主我（I）と客我（me）の2つの側面から成立しており、他者との関係が自己自身への関係へと転換されることによって形成されることを指摘した人物は、ジンメル（Simmel, G.）である。【34回20】　　（正答…✗）

頻出度 A 社会化

① 社会化とアイデンティティ

■ **社会化**とは、その社会の一員として生きていくのに必要な、社会共通の価値・判断基準・知識・技能といった**集団的価値（文化）**を内面化して習得していく過程をいう。社会化される側に対し、社会化する側を**社会化の担い手**と呼ぶ。

■第一次社会化と第二次社会化

第一次社会化	幼児期から児童期にかけて、言語や基本的な生活習慣を習得するほか、その時期に習得した物事の善悪の区別、性差、情緒的関係などからパーソナリティの基盤を形成し、人格形成において重要な役割を担う。社会化の担い手としては、家族が重要である
第二次社会化	児童期後期から成熟期にかけて、社会的役割を習得する。社会化の担い手は、学校、同世代、職場など

② 役割取得

■ 役割とは、その人が占める社会的地位に付随して期待される行動様式のセットをいう。また、社会的役割は、行為の社会性を強調した用語である。

■社会的役割に関する概念

役割葛藤	保有する複数の役割間の矛盾や対立から心理的緊張を感じること
役割期待	個人の行動パターンに対する他者の期待をいい、役割期待を実際に演ずる行為を役割行動という
役割取得	他者からの期待を意識し、それを取り入れることで自分の役割を形成すること。期待が地域社会や国際社会等において一般化されたものを一般化された他者の期待という
役割形成	期待された役割を取得するだけでなく、新たな役割を形成すること
役割分化	社会の複雑化に伴い、担うべき役割が多様化し、分けられていくこと
役割距離	他者からの期待とは少しずらした形で行動すること。他者の期待に拘束されない自由と、自己の主体性を表現する行為である
役割交換	夫と妻など、相互に相手の役割を演じ合うことにより、相手の立場や考え方を理解し合うこと
役割演技	個人が、さまざまな場面においてその場にふさわしい役割を意識的に演ずること

《国試にチャレンジ！》

1 役割距離とは、個人の内部で異なる社会的役割が対立し、両立しない状態を指す。【29回20】 （正答…✕）

2 役割葛藤とは、個人が複数の役割を担うことで、役割の間に矛盾が生じ、個人の心理的緊張を引き起こすことを指す。【35回19】 （正答…◯）

頻出度 A | 相互行為

① 相互行為論・シンボリック相互作用論と相互行為

■ 人と人の相互作用や相互行為を軸とする社会学の出発点となったのは、ジンメル（Simmel, G.）の形式社会学といわれている。

■ ブルーマー（Blumer, H. G）は、ミードらの研究を継承、発展させ、象徴的（シンボリック）相互作用論を展開した。

ジンメル	形式社会学	社会を全体としてとらえるのではなく、人間と人間の関係性である心的相互作用の形式を重視した
ブルーマー	象徴的（シンボリック）相互作用論	人々の行為は、言葉などの有意味なシンボルに基づいて生成される。その前提として人間は意味（社会的なルール）に基づいて行動し、意味（社会的なルール）は他者との相互作用で形成されるため、その意味（社会的なルール）は変化し得るものとした

② 相互行為とコミュニケーション

■ ハーバーマス（Harbermas, J.）は、コミュニケーションを介して自己と他者の間の相互了解を目指す行為をコミュニケーション的行為（レッスン2参照）と呼んだ。
■ パーソンズ（Parsons, T.）は、相互行為が相手の行為や期待に依存し合って成立していることをダブル・コンティンジェンシー（二重の条件依存性）と呼んだ。

 相手の出方を見てお互いが行動することであり、典型例として挙げられるのが社会的ジレンマにおける「囚人のジレンマ」である。

■ 市民の相互交流の場としての「市民的公共性」は、やがて行政の領域に取り込まれていった。このことは、家族や友人関係などの親密圏にも当てはまる。
■ オーデンバーグ（Oldenburg, R.）は、対等な人間関係のなかで生成される相互行為の公共空間をサードプレイスと呼んだ。
■ 相互行為は、SNSなど人と人の対面関係がない場面でも成立する。
■ 親密性（ストレングスファインダー）とは、人と深くつきあうことを求め、信頼関係を築くことのできる資質をいう。

③ 社会的ジレンマ

■ 個人のレベルでの合理性と、集団や社会のレベルにおけるそれとが必ずしも一致しない現象を社会的ジレンマという。最小集団のジレンマの例として囚人のジレンマ、大集団のジレンマの例として共有地の悲劇がある。
■ 囚人のジレンマとは、2人の人間にそれぞれ2つの選択肢が与えられたときに、個人としては非協力行動（自白）を選ぶほうが望ましい結果になるが、2人が非協力行動を選んでしまうと、両者にとって望ましくない結果になる状況を示す。

■囚人のジレンマ

囚人A＼囚人B	黙秘（協力）	自白（非協力）
黙秘（協力）	A：拘禁刑1年 B：拘禁刑1年	A：拘禁刑10年 B：釈放
自白（非協力）	A：釈放 B：拘禁刑10年	A：拘禁刑5年 B：拘禁刑5年

※刑法改正により、2025（令和7）年6月より懲役から拘禁刑に変更

囚人AとBは互いに話をすることはできません

相手を裏切って自白する（非協力行動）ほうが得策であると考えた結果、両者ともに拘禁刑5年となってしまいました

■ 共有地の悲劇（コモンズの悲劇）とは、個人が利己的に行動することにより、集団全体の利益総体の減少が生じる状況を示す。例えば、誰もが自由に利用できる共同牧草地では自主規制がはたらかず、個々の農家が自己の利益を最大化させるために過剰に牛を放牧した結果、牧草が食べ尽くされて荒れ地になってしまうといったことである。

■ 非協力を選択して自ら負担はせず、利益のみを享受する者をフリーライダーという。社会的ジレンマの解決にあたっては、いかにフリーライダーをなくすかが重要な課題となる。

《国試にチャレンジ！》

1. ブルデュー（Bourdieu, P.）は、相互行為が相手の行為や期待に依存し合って成立していることを「ダブル・コンティンジェンシー」と呼んだ。【34回19】　（正答…✕）

2. 「囚人のジレンマ」とは、協力し合うことが互いの利益になるにもかかわらず、非協力への個人的誘因が存在する状況を指す。【36回21改】　（正答…○）

3. 「共有地の悲劇」とは、社会全体の幸福が、諸個人の快楽から苦痛を引いた後に残る快楽の総計と一致する状況を指す。【30回20】　（正答…✕）

4

社会福祉の原理と政策

Lesson 1 日本の社会福祉の歴史

頻出度 B　近代以前の日本の社会福祉

- 日本の慈善救済の始まりは、聖徳太子らによる593（推古元）年創立とされる**四箇院**（悲田院、敬田院、施薬院、療病院）からといわれている。
- 日本の公的慈善制度の始まりは**戸令**の「**鰥寡条**」である。
- 江戸時代には、村落共同体を中心にして相互扶助組織が整備された。**ゆい、もやい**といった共同で1つのことをしたり農作業をしたりする慣行、頼母子講といった金融目的の講、伊勢講といった宗教的な講が組織された。

■古代から近世の慈善救済

年／年代	施策等	内容
593（推古元）	四箇院（聖徳太子）	悲田院、敬田院、施薬院、療病院
718（養老2）	戸令	「鰥寡孤独貧窮老疾、不能自存者」を要援護者の対象。親族の相互扶助を中心に、それが不可能な場合の地方行政の救済を規定
飛鳥時代	賑給	天皇が天災や飢饉時に慈恵として穀物や医薬を支給した
江戸時代	ゆい（結）	屋根葺きや田植えなどに際して労力を交換しあう慣習
	もやい（舫・催合）	共同生産と収穫物の共同分配によって利益を共有する慣習
	手伝い	見返りを求めずに食料や労力を無償で提供する慣習
	組	生産や自治を目的にした地縁による相互扶助組織
	講	信仰や社交を目的にした任意参加型の相互扶助組織

word　鰥寡孤独
「鰥」は61歳以上で妻のいない男性で、「寡」は50歳以上で夫のいない女性、「孤」は16歳以下で父のいない者、「独」は61歳以上で子のない者。

地域福祉で、古代、近代、現代の混合問題が出題されたことがあるので注意すること。

《国試にチャレンジ！》

1　生産や自治を目的にした地縁による相互扶助組織を「講」という。
【27回24】　　　　　　　　　　　　　　　　　　　　　　（正答…×）

類出度 B 近代の日本の社会福祉

① 明治時代

■ 明治政府の公的救済制度（現在の生活保護制度）は、恤救規則である。

■ 恤救規則は、政府による救済よりも「人民相互ノ情誼（家族や近隣による助け合い）」を優先し、「無告ノ窮民（身よりのない生活困窮者）」に限って救済した。

■ 恤救規則は、孤児を13歳以下としていた。

■ 恤救規則は、院外救済（居宅での保護）を原則としていた。

■明治時代（恤救規則と感化法）

年	施策・出来事等	内容
1871（明治4）	棄児養育米給与方	孤児を育てる者に米を支給
1874（明治7）	恤救規則	救済は無告ノ窮民に限る。米代相当を現金で支給。院外（居宅）救済を原則
1875（明治8）	陸軍恩給制度 海軍恩給制度	恩給制度は、軍人が公務で死亡した場合遺族年金を、疾病、定年で退職した場合、年金を支給する制度
1884（明治17）	文官の恩給制度	軍人以外の公務員の恩給制度が発足した
1899（明治32）	行旅病人及行旅死亡人取扱法	病気で助ける者がいないか、死亡して引取る人が居ない場合に対し、市町村に救護義務を定める（現行法）
1900（明治33）	感化法	不良行為をなし、またはなすおそれがある8歳以上16歳未満の少年を感化院に入所させ、教化するための法律
	精神病者監護法	座敷牢や民間収容施設を取り締まるという名目で制定された、事実上監禁を合法化する法律
1906（明治39）	廃兵院法	戦争の傷病兵への職業訓練や恩給の制度
1908（明治41）	中央慈善協会の設立	救済事業の調査、慈善団体や慈善家の連絡調整、慈善救済事業の指導奨励などを行い、現在の全国社会福祉協議会に発展した。渋沢栄一が初代会長
1911（明治44）	工場法	工場労働者の就業年齢や労働時間など労働者の保護を初めて定める。原則として12歳未満の者の就業禁止、15歳未満の者および女子に12時間を超える労働や深夜労働の禁止

■ 行旅病人及行旅死亡人取扱法は、旅行中に歩けなくなった病人や、旅行中に死亡した人の取り扱いに関する法律で、引き取り手や援助者が居ない者に対し、市町村に救護義務を定めている。現在も行われていて、効力のある法律（現行法）である。

■ 感化法による感化院は、その後、少年教護法による少年教護院、児童福祉法による教護院となり、現在では児童自立支援施設となっている。

原理

1 日本の社会福祉の歴史

② 大正時代

■ ドイツの**エルバーフェルト制度**などを参考に、**済世顧問制度**、**方面委員制度**が創設された。現在の「**民生委員制度**」の前身である。

方面委員制度は、全国に広まったのち、1936（昭和11）年に方面委員令として法制度化され、1946（昭和21）年に民生委員令に改称、1948（昭和23）年に民生委員法が制定された。

■ 1917（大正6）年に、社会事業行政の整備を進めるために内務省に**救護課**が設置され、1919（大正8）年に社会課と改称された。
■ 社会課が発展し、1920（大正9）年に内務省に「社会局」が新設され、「社会事業」が国の法令に明記された。
■ 1891（明治24）年のアダムス（Adams, A.P.）による**岡山博愛会**、1897（明治30）年の片山潜による**キングスレー館**が日本のセツルメント運動の先駆となり、1921（大正10）年には大阪に初の**公営セツルメント**が誕生し、活動を展開した。

■ 大正時代（済世顧問制度〜関東大震災）

年	施策・出来事等	内容
1917（大正6）	済世顧問制度	岡山県知事**笠井信一**、エルバーフェルト制度を参考
	軍事救護法	一般兵士の傷病や死亡による家族等への救済制度
1918（大正7）	方面委員制度	大阪府知事**林市蔵**、**小河滋次郎**、民生委員制度の前身
1919（大正8）	精神病院法	精神病者監護法と並立。精神衛生法の成立で廃止
1921（大正10）	職業紹介所法	労働者の失業対策
1922（大正11）	健康保険法	労働者の疾病対策
1923（大正12）	関東大震災	190万人が被災。死者10万5千人と推定される

③ 昭和時代から第二次世界大戦まで

■ 1929（昭和4）年に、初の本格的な福祉法である**救護法**が制定され、居宅保護を原則に、必要に応じて**施設保護**を行うことを規定した。
■ 施設保護における救護施設は、**養老院**、**孤児院**、病院その他の施設と規定されていた。
■ 救護法では、労働能力のある者は、対象とされていなかった。
■ **方面委員令**により、方面委員が救護法実施の補助機関とされた。

恤救規則に代わる公的扶助制度が、救護法である。救護法公布、救護法実施、方面委員令の流れを把握しておくこと。

■昭和時代～終戦

年	施策・出来事等	内容
1927（昭和2）	公益質屋法	2000（平成12）年の社会福祉事業法等の改正で廃止
1929（昭和4）	救護法制定	公的扶助義務主義、制限扶助主義
1932（昭和7）	救護法施行	救護施設として養老院、孤児院、病院其ノ他の施設
1933（昭和8）	旧児童虐待防止法	経済的虐待を規定。児童福祉法に吸収
	少年教護法	感化院が少年教護院に変更
1936（昭和11）	方面委員令	方面委員制度が制度化
1937（昭和12）	軍事扶助法	軍事救護法を改正
	母子保護法	わが国初の母子家庭に対する単独の制度
1938（昭和13）	社会事業法	民間の社会事業への補助金が制度化。政府の規制も強化
	国民健康保険法	健康保険法は被用者対象のため、農業従事者等を対象に
1939（昭和14）	船員保険法	制定時、年金や労災等を含む総合保険だった。現在は医療保険のみが残る
1941（昭和16）	労働者年金保険法	男子工場労働者を対象とした、民間被用者に対する初の年金保険
	医療保護法	生活困窮者に医療券を発行
1944（昭和19）	厚生年金保険法	労働者年金保険法を改正、名称変更
1945（昭和20）	ポツダム宣言受諾	終戦

補助機関

補助機関は、行政の長（首長）の補助をするという意味で、実際の担当者のことである。方面委員や民生委員を補助機関としていた公的扶助は、現在は社会福祉主事が補助機関である。

■ 公益質屋法は、2000（平成12）年の社会福祉事業法等の改正で廃止された。

■ 厚生省は、1938（昭和13）年に設置され、同年、私設社会事業への届出義務、改善命令、監督・指示、寄付金募集、補助等を定めた社会事業法が制定されている。

■ 1937（昭和12）年に母子保護法、軍事扶助法、1938（昭和13）年に国民健康保険法、1941（昭和16）年に医療保護法が相次いで制定され、この時期、社会事業と並んで戦時厚生事業の呼称が用いられるようになった。

《国試にチャレンジ！》

1 恤救規則（1874年（明治7年））は、政府の救済義務を優先した。【30回24】　（正答…×）

2 感化法が制定されたのは、大正期である。【37回20改】　（正答…×）

3 児童虐待防止法（1933年（昭和8年））は、母子保護法の制定を受けて制定された。【30回24】　（正答…×）

原理　1　日本の社会福祉の歴史

B 第二次世界大戦後から現代の日本の社会福祉

■ 終戦後、GHQ（連合国総司令部）の指示に従って、福祉政策を行った。「公私分離の原則」は「社会救済に関する覚書（SCAPIN775）」による。

■ 戦後の 1940 年代に福祉三法（生活保護法、児童福祉法、身体障害者福祉法）、1960 年代に精神薄弱者福祉法、老人福祉法、母子福祉法を加えて福祉六法が制定された。

■ 1970 年代の高度経済成長の終焉に伴い、経済構造の再編と社会福祉政策の転換が求められ、社会保障関係の伸び率を抑制する福祉見直し論が政府を中心に主張され始めた。

■ 戦後〜昭和 40 年（福祉六法と国民皆保険・国民皆年金）

年	施策・出来事等	内容
1945（昭和20）	労働組合法	労働三法の１つ。終戦の年の 12 月に制定
1946（昭和21）	社会事業法廃止	GHQ による命令「社会救済に関する覚書（SCAPIN775）」
	日本国憲法公布	戦争放棄、民主主義、基本的人権尊重
	旧生活保護法	民生委員は補助機関（担当者）とされた
1947（昭和22）	児童福祉法	児童虐待防止法を統合。少年教護院が教護院
	労働基準法	労働日や労働時間について規定
1947（昭和22）〜1949（昭和24）	労災保険法	被用者の労働災害についての社会保険
	第１次ベビーブーム	団塊の世代　３年間の合計出生数 806 万人 合計特殊出生率 4.3 超
1948（昭和23）	民生委員法	民生委員を生活保護法の協力機関とする
1949（昭和24）	身体障害者福祉法	身体障害者の定義と担当機関、福祉サービスを規定
1950（昭和25）	新生活保護法	旧生活保護法にはなかった保護請求権、不服申立制度を法定化
	精神衛生法	精神病院の設置義務。現・精神保健福祉法
	50 年勧告	社会保障制度に関する勧告（社会保障制度審議会）
1951（昭和26）	社会福祉事業法	現・社会福祉法。福祉事務所と社会福祉主事、社会福祉法人と措置制度などを規定
	公営住宅法	健康で文化的な生活を営むに足る住宅を低家賃で供給（現行法）
1956（昭和31）	売春防止法	婦人相談所と婦人保護施設を規定
1958（昭和33）	新国民健康保険法	国民皆保険制度として全面改正
1959（昭和34）	国民年金法	20 歳以上のすべての国民が加入
1960（昭和35）	精神薄弱者福祉法	現・知的障害者福祉法
1961（昭和36）	国民皆保険・皆年金	保険料の拠出と給付を開始。国民皆保険、皆年金を実現
1962（昭和37）	62 年勧告	所得階層で区分し施策を行う

1963（昭和38）	老人福祉法	老人福祉の理念や担当機関、福祉サービスを規定
1964（昭和39）	母子福祉法	現・母子及び父子並びに寡婦福祉法
	特別児童扶養手当法	障害児を扶養する者に手当を支給する
1965（昭和40）	母子保健法	妊産婦や乳幼児に対する保健サービスを規定

 労働三法・特別児童

労働三法は、労働組合法、労働基準法、労働関係調整法のこと。特別児童とは障害児のこと。

■昭和41年～平成時代前半

年	施策・出来事等	内容
1970（昭和45）	心身障害者対策基本法	現・障害者基本法
	社会福祉施設緊急整備5か年計画	福祉施設の増設計画
	高齢化社会	高齢化率7％を超える
1971（昭和46）～1974（昭和49）	第2次ベビーブーム	団塊ジュニア。毎年200万人以上、4年間で800万人出生 合計特殊出生率2.1
1973（昭和48）	福祉元年	老人福祉法改正による老人医療費の自己負担無料化。物価スライド制、5万円年金、秋にオイルショック
1979（昭和54）	新経済社会7か年計画	個人の自助努力と家庭や近隣・地域社会等との連携を基礎とした日本型福祉社会の創造が求められていることを示す
1982（昭和57）	老人保健法	高齢者の医療費定額制（負担増）
1987（昭和62）	社会福祉士及び介護福祉士法	福祉職の専門資格制度の創設
	精神保健法	旧精神衛生法、現・精神保健福祉法
1989（平成元）	福祉関係三審議会	今後の社会福祉のあり方について（意見具申）
1990（平成2）	福祉関係八法改正	老人福祉法など、8つの法律が改正された
1993（平成5）	障害者基本法	旧心身障害者対策基本法
1994（平成6）	21世紀福祉ビジョン	年金：医療：福祉等の割合を5：3：2に
	高齢社会	高齢化率14％を超える
1995（平成7）	精神保健福祉法	精神保健及び精神障害者福祉に関する法律（旧精神保健法）
	阪神淡路大震災	ボランティア元年
	障害者プラン	ノーマライゼーション7か年戦略（96～02）
	95年勧告	「社会保障体制の再構築に関する勧告―安心して暮らせる21世紀の社会を目指して」

原理　1　日本の社会福祉の歴史

■ 平成時代以降は、少子・高齢社会に対応した社会保障制度の構造改革が喫緊の課題となり、1990（平成2）年には老人福祉法など福祉関係八法の改正（在宅福祉サービスの推進、福祉サービスの市町村への一元化など）がなされた。

> **word** 福祉関係八法
> 1990（平成2）年に改正された法律が8つ（①老人福祉法、②身体障害者福祉法、③精神薄弱者福祉法、④児童福祉法、⑤母子及び寡婦福祉法、⑥社会福祉事業法、⑦老人保健法、⑧社会福祉・医療事業団法）あったことから、福祉関係八法改正と言われた。

老人福祉法改正による老人医療費無料化、老人保健法による高齢者の医療費定額制（負担増）、高齢者医療確保法（老人保健法改正、略称）による後期高齢者医療制度でさらに負担増（負担の分担）。この流れを把握しておきましょう

■ 平成時代後半～令和時代（社会福祉基礎構造改革～少子高齢化社会・人口減少社会）

年	施策・出来事等	内容
1997（平成9）	介護保険法制定	家族機能のうち介護の社会化
	改正児童福祉法	保育所方式導入。教護院を児童自立支援施設に
1998（平成10）	社会福祉基礎構造改革について（中間まとめ）	福祉利用者の人権尊重。措置の福祉から利用契約制度への転換
	特定非営利活動促進法	NPOの法的位置づけ
2000（平成12）	社会福祉事業法等八法改正（廃止を含む）	社会福祉事業法を社会福祉法に改題したほか、8つの法律が改正、廃止された
	介護保険制度実施	拠出と給付を開始
	児童虐待防止法	虐待の定義（身体的、心理的、ネグレクト、性的）
2001（平成13）	DV防止法	配偶者暴力相談支援センターや保護命令を規定
	高齢者居住安定確保法	国による基本方針。2011（平成23）年全面的に改正
2003（平成15）	障害者支援費制度	措置制度から利用契約制度への移行
	次世代育成支援対策推進法	団塊ジュニア30歳前後に。地方公共団体・事業主が、次世代育成のための取り組みを支援
2004（平成16）	公益通報者保護法	公益通報者の解雇を無効にする
2005（平成17）	障害者自立支援法	応益負担の導入
	高齢者虐待防止法	虐待の定義（身体的、心理的、ネグレクト、性的、経済的）

2006（平成18）	住生活基本法	住宅の長寿化と中古市場の活性化
2007（平成19）	超高齢社会	高齢化率21％を超える
	住宅セーフティネット法	住宅確保要配慮者に対する賃貸住宅の供給の促進
2008（平成20）	高齢者医療確保法	後期高齢者医療制度の導入
2009（平成21）	子ども・若者育成支援推進法	子ども・若者計画等の策定や子ども・若者総合相談センターその他の支援を規定している
2011（平成23）	障害者虐待防止法	使用者による虐待と養護者による虐待を規定
2012（平成24）	障害者総合支援法	応益負担を実質応能負担に戻す
	社会保障制度改革推進法	自助、共助、公助が最も適切に組み合わされるよう留意すること、給付の重点化・効率化などを基本的考え方とする。内閣に社会保障制度国民会議を設置
2013（平成25）	障害者差別解消法	国の行政機関、地方公共団体に合理的な配慮を提供する義務
	子どもの貧困対策推進法	貧困の状況にある子どもが健やかに育成される環境を整備、教育の機会均等を図る
	生活困窮者自立支援法	生活保護に至る前の自立支援策の強化
	持続可能な社会保障制度の確立を図るための改革の推進に関する法律	社会保障改革プログラム法ともいう。「社会保障制度国民会議報告書」の内容を踏まえ、少子化対策、医療、介護、年金について政府が構ずるべき措置等を定める
2022（令和4）	こども基本法	すべての子どもの基本的人権を保障するとともに、すべての子どもが発達の程度に応じ、意見を表明する機会・多様な社会的活動に参画する機会が確保されることなどを基本理念に盛り込んでいる（2023（令和5）年4月施行）

原理　1　日本の社会福祉の歴史

■ 2013（平成25）年の「社会保障制度国民会議報告書」では、「21世紀（2025）日本モデル」を目指し、全世代型の社会保障への転換、都道府県による地域医療ビジョンの策定、非正規雇用労働者への被用者保険の適用拡大などを提案した。

《国試にチャレンジ！》

1　1970年代後半の「福祉の見直し」が提唱された時期に示された「新経済社会7カ年計画」では、個人の自助努力と家庭や近隣・地域社会等との連携を基礎とした「日本型ともいうべき新しい福祉社会の実現を目指す」ことを構想した。【34回22】　　　　　　　　　　　　　　　　　　　　（正答…〇）

2　2013（平成25）年の「社会保障制度改革国民会議報告書」における社会保障制度改革の方向性は、「21世紀（2025年）日本モデル」を目指すものである。【27回28】　　　　　　　　　　　　　　　　　　　　　　　　　　（正答…〇）

143

Lesson 2 ― 諸外国の社会福祉の歴史

頻出度 A 近代の欧米の福祉政策

■ イギリスでは、1601年に全国的な公的扶助制度として**エリザベス救貧法**が制定され、救貧制度の集大成がなされた。

■ **ギルバート法**（1782年）や**スピーナムランド制度**（1795年）で改善された処遇は、**新救貧法**（1834年）で改善前の状態に戻った。

■ 1883年にビスマルク（Bismarck, O.）が「**飴と鞭**」政策の一環として制定した「**疾病保険法**」が、世界初の社会保険法である。

■ 諸外国の福祉政策（17 ～ 19 世紀の欧米）

年	施策等	内容
1601	エリザベス救貧法（英）	教（会）区を行政単位として、貧民監督官を決め、救貧税を集めて無能貧民（病気や高齢）、有能貧民（労働能力あり）、親が扶養できない孤児を救済の対象とした。無能貧民には、生活の扶養をして救済する一方で、有能貧民には就労を強制、孤児には奉公を強制した
1722	労役場（ワークハウス）テスト法（英）	労役場への収容と労働を救済の条件とした
1782	ギルバート法（英）	貧民行政の合理化と貧民処遇の改善。無能貧民などは院内救済（労役場を救貧院と位置づけ）、有能貧民に雇用を斡旋して賃金を補助する院外救済を行った
1795	スピーナムランド制度（英）	最低生活費を算定し、不足分を支給した
1834	新救貧法（英）	救済を最小限度にとどめた ・均一処遇の原則→救済は全国的に統一された方法で行われる ・劣等処遇の原則→救済を受ける者は、救済を受けない者の最低生活以下の処遇でなければならない ・院外救済禁止→労働能力のある者は、労役場（ワークハウス）に収容
1852	エルバーフェルト制度（独）	エルバーフェルト市（現：グッパータール市）で、地区ごとにボランティアの救済委員を設置した制度。日本の済世顧問制度や方面委員制度のモデルとなった
1869 1877	慈善組織協会（COS）設立	1869年にロンドン、1877年にアメリカのバッファローに設立。救済に値する貧民に援助活動を行う
1883	疾病保険法（独）	ビスマルクによる強制加入の社会保険（世界初）

① 貧困調査

■ 19世紀末にイギリスで行われた貧困調査に**ブース**（Booth, C.）のロンドン調査と**ラウントリー**（Rowntree, B.S.）のヨーク調査がある。

■ロンドン調査とヨーク調査

調査名	ロンドン調査	ヨーク調査
研究者	ブース（Booth,C.）	ラウントリー（Rowntree,B.S.）
調査期間	1886〜1902年	1899〜1951年
著作物	『ロンドン民衆の生活と労働』	『貧困—都市生活の研究』など
調査結果の概要	ロンドンの街を経済階層で色分けした貧困地図を作成し、市民の約3割が**貧困線**（かろうじて人に頼らなくてよい程度の収入がある状態）以下の生活を送っており、貧困の原因は個人的習慣よりも**雇用**や**環境**の問題が大きいとした	貧困を第1次貧困（絶対的貧困）、第2次貧困（貧困予備軍）に区別し、**ライフサイクル**（子ども期、育児期、高齢期）による貧困を唱えた

ワンポイント 貧困調査を行った二人の人物の入替え問題に注意すること。ロンドン調査はブースで、ヨーク調査はラウントリー。貧困線を最初に設定したのはブースで、ラウントリーは貧困線の概念をより明確にした。

② 慈善組織協会（COS）

■ 慈善組織協会（COS）は、**濫救**（みだりに救済しすぎる）と**漏救**（救済漏れ）の調整を目的としていた。貧困は個人に責任があるととらえた。

■貧困に対する考え方

慈善組織協会（COS）	貧困は**個人**に原因がある
セツルメント運動	貧困は**社会**に原因がある

《国試にチャレンジ！》

1. 労役場テスト法（1722年）は、労役場以外で貧民救済を行うことを目的とした。
【31回24】　☑☑　　　　　　　　　　　　　　　　　（正答…✕）

2. イギリスの新救貧法（1834年）は、劣等処遇の原則を導入し、救貧の水準を自活している最下層の労働者の生活水準よりも低いものとした。
【33回25】　☑☑　　　　　　　　　　　　　　　　　（正答…〇）

頻出度B　20世紀中期までの欧米の福祉政策

■ **ウェッブ夫妻**（Webb, S.& B.）は、『産業民主制論』（1897年）において、**ナショナル・ミニマム**（国がすべての国民に最低限度の生活を保障）の概念を初めて提唱した。

- イギリスの老齢年金法（1908 年）は、貧困高齢者に年金を支給したが、支給に当たって資力調査（ミーンズ・テスト）が行われ、支給要件は厳しかった。
- イギリスの国民保険法(1911 年)は、健康保険と失業保険から成るものとして創設された。
- 1929 年の世界大恐慌後、ケインズ（Keynes, J.）の理論の影響により、政府の積極的な経済介入と福祉政策の拡大を特徴とする「大きな政府」政策が支持を集めた。
- アメリカでは、ニューディール政策の一環として、公的扶助、社会保険、福祉サービスを 3 本柱とする連邦社会保障法（1935 年）が制定されたが、医療（健康）保険は含まれていなかった。
- ベヴァリッジ（Beveridge, W.）は、1942 年の『社会保険及び関連サービス』（ベヴァリッジ報告）において、公的な所得保障制度の確立が必要であると主張した。
- スウェーデンでは 1920 年に労働者を支持基盤とする社会民主労働党政権が誕生し、1976 年まで続いた同政権によって福祉国家が推進された。

■ 諸外国の福祉政策（20 世紀中頃まで）

年	施策等	内容
1908	老齢年金法（英）	貧困高齢者に年金を支給
1909	救貧法及び失業救済に関する勅命委員会報告（英）	多数派報告書は、貧困は個人に責任があるとする立場から救貧法の拡充強化を主張した。少数派報告書は、ウェッブ夫妻が中心となり、救貧法廃止とナショナル・ミニマムの実現を主張した
1911	国民保険法（英）	健康（医療）保険と失業保険（失業保険は世界初）。ロイド・ジョージ内閣
1919	ワイマール憲法（独）	国民主権、男女平等普通選挙、所有権、生存権（世界初）の保障など、現代民主憲法の先駆けとなった
1922	世界児童憲章	初めて権利としての児童福祉が謳われた
1924	児童の権利に関するジュネーヴ宣言	人類が児童に対して最善のものを与える義務を負う
1932	家族手当制度（仏）	家族単位の物質的福祉の増進によって出生率の改善を目指した
1933	ニューディール政策（米）	フランクリン・ルーズベルトは世界恐慌に対応し、金融緩和と公共事業を行った
1935	連邦社会保障法（米）	世界初の社会保障という名称の法律
1938	社会保障法（ニュージーランド）	老齢手当、寡婦手当、孤児手当、障害手当、失業手当等のほか、世界初の疾病手当、医療手当等を含む社会保障の法律。財源は税収であった
1942	ベヴァリッジ報告（英）	窮乏、疾病、無知、不潔、怠惰を人間社会を脅かす五巨人悪とし、社会保険を中心に国民扶助、任意保険を組み合わせて社会保障を計画的に行うことを提示。第二次世界大戦後のイギリス社会保障制度の設計図となった
1945	ラロックプラン（仏）	第二次世界大戦後のフランス社会保障制度の設計図となった

ワンポイント 1935年のアメリカの連邦社会保障法と1938年のニュージーランドの社会保障法を対比させて覚えよう。

《国試にチャレンジ！》

1. イギリスにおける福祉政策において、国民保険法（1911年）は、健康保険と失業保険から成るものとして創設された。【31回24】 ✓✓ （正答…◯）
2. 「ベヴァリッジ報告」では、衛生・安全、労働時間、賃金、教育で構成されるナショナル・ミニマムという考え方を示した。【32回25】 ✓✓ （正答…✕）

頻出度 B 第二次世界大戦後から現代の欧米の福祉政策

■ 戦後のイギリスでは、アトリー（Attlee, C.）労働党内閣により、国民保健サービス（「7社保」レッスン7参照）の創設などベヴァリッジ報告書を法制化する社会保障制度の充実が図られた。

■ ドイツでは、1960年代の失業長期化への対応として、失業保険での失業手当の請求権を有しない者に対してミーンズ・テスト付きでの給付を行う失業扶助制度が導入された。

■ ドイツの介護保険制度は、給付に要する費用の全額を保険料の負担として、財源の安定化を目指した。

■ アメリカでは、1960年代に、貧困層への対策として、食糧補助のためのフード・スタンプ制度や就学前教育としてのヘッド・スタート計画などが導入された。

■ イギリスのサッチャー（Thatcher, M.）内閣（1979～1990）は、新自由主義に基づき「大きな政府」から「小さな政府」への転換を図り、民営化・規制緩和を進めた。

ワンポイント 「小さな政府」は、政府の経済への介入を最小限に抑えて、市場原理に基づく自由な競争を促進するもの。18世紀のスミス（Smith, A.）の理論が基となり、19世紀にはハイエク（Hayek, F.）らが新自由主義を提唱。

■諸外国の福祉政策等（第二次世界大戦後～20世紀末の欧米）

年	施策等	内容
1946	国民保健サービス法（英）	国民保険法も改正され、「ゆりかごから墓場まで」の社会保障制度が充実した。
1952	社会保障の最低基準に関する条約（第102号条約）	ILO総会で採択。医療、疾病、失業、老齢、業務災害、家族、母性、廃疾、遺族等の分野の最低基準が定められた
1964	公民権法（米）	人種差別を禁止する法律
1964	フード・スタンプ制度（米）	低所得者対象に行われる食料費補助対策
1965	メディケア・メディケイド（米）	メディケアは65歳以上の高齢者と障害者を対象、メディケイドは低所得者を対象とした公的医療制度

原理 2 諸外国の社会福祉の歴史

年	法律・制度	内容
1969	雇用促進法（独）	ミーンズ・テスト付きでの給付を行う失業扶助制度
1970	地方自治体社会サービス法（英）	地方自治体社会サービス部が設置され、自治体単位でのコミュニティケアが進展した
1970年代	自立生活運動（IL運動）（米）	1960年代に始まり1970年代に活発になった障害者の権利を主張する社会運動。「自立とは自己決定である」とする
1982	社会サービス法（スウェーデン）	公的扶助法、節酒法、児童保護法等を統合した総合的な社会福祉法
1990	国民保健サービスおよびコミュニティケア法（英）	ケアマネジメントと苦情処理の仕組みの導入。サービスの購入者（財政）と提供者を分離し、民間のサービスを積極的に活用することが盛り込まれた
	ADA（米）	障害をもつアメリカ人法。差別を禁止して完全参加させる
1992～1995	エーデル改革（スウェーデン）	高齢者の保健医療は広域自治体（ランスティング）※、介護サービスは基礎自治体（コミューン）が実施責任を負う　※2019年からレギオンに改称
1994	介護保険法（独）	給付に要する費用の全額を保険料の負担として、財源の安定化を目指した。現金給付選択可。日本の介護保険法の参考になった
1996	TANF（貧困家庭一時扶助）（米）	勤労・職業訓練へ参加しなければ給付を受けられない「福祉から就労へ」の政策転換
1997～2007	ブレア内閣（英）	・第三の道→機会の均等を重視、地方分権を志向、公共の利益に配慮しつつ市場の力を活用 ・ニューディールプログラム→働く能力のある失業者に対する就労促進策
2002	30バーツ医療制度（タイ）	税金を財源とする新たな医療制度。受診時に30バーツの自己負担金を課す
2007	老人長期療養保険法（韓）	ドイツ（1994年）、日本（1997年）に続いて、韓国で制定された介護保険法
2010～2016	キャメロン内閣（英）	「大きな政府（福祉国家）」の対立概念として「大きな社会」の理念を掲げ、財政の効率化、市場化を行った
2010	医療保険改革法（米）	オバマケア。民間医療保険に加入を義務づけた

word　大きな社会
ボランティア団体、コミュニティ・グループ、地方政府などが大きな権限をもち、貧困や失業など社会的課題に対応する社会。

《国試にチャレンジ！》

1　アメリカの公的医療保障制度には、低所得者向けのメディケアがある。
【33回27】　　　　　　　　　　　　　　　　　　　　　　　　　（正答…✗）

148

Lesson 3 社会福祉の思想・哲学・理論

戦後の社会福祉理論の展開

① 戦後の社会福祉理論の特徴

■戦後の社会福祉理論は、1950年代から1970年代にかけて活発に議論された。理論的立場の違いから、政策論、技術論、固有論、統合論、運動論、経営論の6つに区別される。

■6つの理論と代表的な研究者

政策論	社会事業（社会福祉）を、資本主義との関係において、社会科学的立場（マルクス主義経済学）からその本質を明らかにする	孝橋正一（社会問題と社会的問題）
技術論	社会事業（社会福祉）を、専門的援助技術あるいは専門職業としての社会事業ととらえた	竹内愛二
固有論	社会福祉の固有性を確立し、社会福祉学の構築を目指す	岡村重夫
統合論	政策論と技術論の対立（社会福祉本質論争）のあとに、両者を統合的に理解する	嶋田啓一郎（力動的統合理論）、木田徹郎
運動論	生存権・生活権の保障を求める国民の社会福祉運動と実践の重要性を主張	真田是（三元構造論）、一番ヶ瀬康子
経営論	ソーシャルポリシー（社会政策論）やソーシャルアドミニストレーション（社会行政学／社会福祉管理運営論）を基礎とする	三浦文夫（ニーズ論・サービス供給(体制)論）

 政策論は、戦前の大河内一男の社会事業論を否定しつつ発展させたものである

② 日本の主な研究者とその理論

研究者	理論等	内容
大河内一男	社会政策と社会事業	社会政策と社会事業を区別し、社会政策は労働政策ととらえ、資本主義経済下では必要不可欠であるとした。また、社会事業は、経済秩序外的存在（困窮者など）を対象であるとした
孝橋正一	社会問題と社会的問題	資本主義社会が生み出す社会的な諸問題を、基礎的・本質的課題である社会問題、関係的・派生的な課題である社会的問題として区別し、社会問題は社会政策、社会的問題は社会事業を対象とするとした。また、社会事業は社会政策を補強する役割もあるなど、その関連性を論じた
竹内愛二	技術論	アメリカのソーシャルワーク理論を紹介。専門的な援助技術を軸とした社会福祉理論を論じた

149

岡村重夫	社会福祉学原論 地域福祉論	社会福祉の固有性とは、社会関係の主体的側面から見えてくる生活上の困難（社会関係の不調和、社会関係の欠損、社会制度の欠如）にはたらきかけ、または調整することであるとした。また、日本で地域福祉研究に最初に取り組んだ
木田徹郎	制度と専門行動（技術）の統合	制度と専門行動（技術）は「車の両輪（盾の両面）」のようなものであるとした
真田是	三元構造論	社会福祉を、「対象としての社会問題」「社会問題の解決を求める運動」「資本主義国家から出される政策」の相互関連によって把握した（三元構造論）
一番ヶ瀬康子	実践論・運動論	社会福祉は生活権保障の制度であるとし、生活権を起点に据えた実践論・運動論を組み入れた社会福祉学を論じた
三浦文夫	ニード論・供給体制論 社会福祉経営論	社会福祉を政策範疇としてとらえ、「政策」「実践」の両方が必要と考え、要援護性に注目したニード論と、社会資源にかかわるサービス供給（体制）論を展開した
古川孝順	社会福祉の拡大と限定	社会福祉には、社会福祉の限定と、社会福祉の拡大という2通りの方向性があり、社会福祉の拡大により社会福祉の現実と将来を適切に把握し、社会福祉の枠組みの再構築を図ることが重要であるとした
仲村優一	公的扶助とケースワーク、公私共働の多元供給論	・公的扶助とケースワークの一体的な提供を提唱 ・措置による福祉から主体的選択による福祉という公私共働の多元供給論を展開 ・社会事業は、一般対策に対し並立的・補足的・代替的補充関係にあるとした

社会関係とは、岡村重夫によれば、個人と、個人が社会生活における基本的欲求を満たすために利用する社会との関係をいい、主体的側面と客体的側面がある。

《国試にチャレンジ！》

1 三浦文夫は、政策範疇としての社会福祉へのアプローチの方法として、ニード論や供給体制論を展開した。【32回24】　　　　　　　　　（正答…○）

2 岡村重夫は、生活権を起点に据えた実践論・運動論を組み入れた社会福祉学が総合的に体系化されなければならないと論じた。【32回24】
（正答…×）

欧米の社会福祉の思想・理論

① ティトマスの社会福祉政策の理論

■ ティトマス（Titmuss, R.）は、社会的分業の考え方から、社会福祉政策について3つのモデルを示した。

■ 3つのモデル

残余的福祉モデル	家族や市場経済で満たされない部分だけを、残余的に政府が補填するという考え方
産業的業績達成モデル	経済成長のために福祉が存在し、経済成長すれば福祉も充実するという考え方
制度的再分配モデル	社会的平等を目的として、制度によって、資源を再配分するという考え方

■ ティトマスは、福祉制度を社会福祉（国による福祉）、財政福祉（税の減免）、企業福祉（雇用主からの諸手当）に分類し、財政福祉や企業福祉も重要であるとした。

■ ティトマスは、選別的サービスを進めるのであれば、普遍主義的サービスを土台とする必要があり、不利な立場にある人などがスティグマを伴うことなく、権利としてサービスの給付を受ける必要があるとした。

①残余的福祉モデルはアメリカ、②産業的業績達成モデルはドイツやフランス、③制度的再分配モデルは北欧諸国にあたると考えると、エスピン-アンデルセンの三類型とティトマスの三類型は似ている。

② シティズンシップ

■ 近代国家の成立により、シティズンシップ（市民権）という考え方が確立してきた。

■ マーシャル（Marshall, T. H.）は、市民権が18世紀に市民的権利（公民権）、19世紀に政治的権利（参政権）、20世紀に社会的権利（社会権）という形で確立されてきたとし、社会的権利が市民資格に参入された段階を福祉国家とした。

③ 格差原理とケイパビリティ

■ ロールズ（Rawls, J.）とセン（Sen, A.）は、公正や幸福などについて異なる理論を示した。

■ ロールズとセンの理論の特徴

研究者	理論等	内容
ロールズ	格差原理	『正義論』（1971年）において、公正な機会均等の原理が満たされたうえで、社会の中で最も不遇な人が最大の利益になるように資源配分するのが正義にかなうとした。格差原理は、この正義にかなう配分が行われるときにのみ格差が認められるというものである
セン	潜在能力（ケイパビリティ）	『財と潜在能力』（1985年）において、人が何かをするために、その人のできることやおかれている状況を組み合わせ、実際に行うことができる選択肢の集合をケイパビリティ(潜在能力)とし、ケイパビリティの欠如は貧困につながるとした

《国試にチャレンジ！》

1. 脱商品化とは、労働者が労働能力を喪失することである。【28回22】 ✓✓
（正答…✗）

2. ロールズ（Rawls, J.）は、国家の役割を外交や国防等に限定し、困窮者の経済を慈善事業に委ねることを主張した。【35回24】 ✓✓
（正答…✗）

3. 「恥をかかずに人前に出ることができる」といった社会的達成は、潜在能力の機能に含まれない。【29回22】 ✓✓
（正答…✗）

頻出度 B 福祉の供給主体に関する理論

■ 福祉供給部門に関する研究者とその理論

研究者	理論等	内容
ピンカー（Pinker, R.）	福祉多元主義	福祉サービスは公的部門、私的部門、ボランタリー部門、企業福祉、インフォーマル部門の5つの部門によって多元的に供給されるという福祉多元主義の考え方を示した
ジョンソン（Johnson, N.）	グローバリゼーションと福祉国家の変容	福祉の混合経済（政府と民間とが協力して経済を運営する）という枠組みのなかで、ニュー・パブリック・マネジメント（NPM）や分権化、参加について、各国を取り上げながら論じ、国家が担う役割の縮小を目指した
ルグラン（LeGrand, J.）	準市場	「準市場」という概念を打ち出し、医療や教育など公共政策の分野に一部市場原理を導入し、国民にとって効率的で質の高いサービスが提供されることが望ましいと主張した
ローズ（Rose, R.）	福祉ミックス論	「福祉ミックス論」は、社会の福祉の総量（TWS）は、H（家族福祉）とM（市場福祉）とS（国家福祉）の総量であるとする考え方で、インフォーマルな福祉供給を見直し、これらを適切に組み合わせてサービスを提供するという考え方を提唱した

word ニュー・パブリック・マネジメント
民間企業における経営理念や手法などを公共部門に適用してマネジメント能力を高め、効率的で質の高い行政サービスを目指す考え方。

《国試にチャレンジ！》

1. 「マーシャル（Marshall, T.）は、社会における福祉の総量（TWS）は家庭（H）、市場（M）、国家（S）が担う福祉の合計であるという福祉ミックス論を提示した。【34回24】 ✓✓
（正答…✗）

その他の社会福祉理論

■その他の代表的な研究者とその理論

研究者	理論等	内容
ケインズ(Keynes, J.)	修正資本主義	政府が経済に介入して調整する「修正資本主義」を提唱。第二次世界大戦後の不況の原因を有効需要の不足ととらえ、政府の公共事業の増大により雇用を創出し、需要を喚起することを提案
ウィレンスキー(Wilensky, H.)	福祉国家収斂説	経済水準の上昇は、少子高齢社会とそれによる福祉ニーズの高まりをもたらすために福祉国家形成の要因となる
ハイエク(Hayek, F.)	新自由主義	文明の進歩には自由があり、福祉の増大のため政府が経済に干渉するのは有害であるとして、自由な市場経済の優位性を主張し、福祉国家を批判した。
ギデンズ(Giddens, A.)	第三の道	社会民主主義でもなく新自由主義でもない第三の道を示し、イギリス・ブレア政権の福祉政策に影響を与えた。公共の利益に配慮しつつ市場の力を活用し、金銭給付よりも教育や職業訓練により人的資本への投資を重視するポジティブ・ウェルフェアを提唱
ブルデュー(Bourdieu, P.)	文化資本	資本を「文化資本」「社会関係資本」「象徴資本」に分類した。文化資本は、言葉づかいなど身体化されたもの、書物など物として客体化されたもの、学歴など制度化されたものなど、再生産される文化的所産の総称であるとした
ホネット(Honneth, A.)	承認をめぐる闘争	承認形式を、原初的関係(愛、友情)、法的関係(権利)、価値共同体(連帯)という社会的な承認関係の構造に分類した
ポランニー(Polanyi, K.)	互酬の議論	物質の交換形態として、互酬(市場を介さない義務としての相互扶助関係)、再配分(権力の中心への義務的支払いと中心からの払い戻し)、交換(市場における財の移動)の3つのパターンをあげ、福祉国家的「複合社会」の実現を説いた
マルクス(Marx, K.)	共産主義	資本主義社会における不平等や構造的矛盾を批判的に分析、生産手段の有無によって資本家階級(ブルジョアジー)と労働者階級(プロレタリアート)を区別し、階級闘争を社会変動の原動力とした

原理 3 社会福祉の思想・哲学・理論

《国試にチャレンジ！》

1 ホネット(Honneth, A.)が論じた社会的承認とは、地域社会における住民による福祉団体に対する信頼と認知に関わる概念である。【31回23】 ✓✓ (正答…✕)

2 ポランニー(Polanyi, K.)の互酬の議論では、社会統合の一つのパターンに相互扶助関係があるとされた。【31回23】 ✓✓ (正答…○)

頻出度 B 社会福祉の論点

① 選別主義と普遍主義

■ 現代社会は、選別主義から普遍主義への移行期間である。

■ 選別主義と普遍主義

	選別主義	普遍主義
対象	資力調査により対象者を選別して限定する	対象者を限定せず（すべての人を対象として）要件で審査する
受給者の立場	慈善による救済を受ける	法律や制度を利用する
概念	救貧	防貧
現代の制度	公的扶助	社会保険制度
長所	ニーズがある層に効率的に提供	利用者にスティグマを与えにくい
短所	利用者にスティグマを与えやすい	利用者が拡大し財政負担が大きくなる

② パレート効率性・外部不経済

■ 集団内で資源を分配する際に、誰かの満足度を犠牲にしなければ、ほかの誰かの満足度を高めることができない状態をパレート効率性という。

■ 外部不経済は、市場における経済活動が市場外の環境に不利益をもたらし、ほかの経済主体である個人や企業に不利益や損失を及ぼすことで、代表的な例に公害がある。

③ 自己決定とパターナリズム

■ 社会福祉法に規定される福祉サービスの基本的理念では、「福祉サービスは、個人の尊厳の保持を旨とし、その内容は、福祉サービスの利用者が心身ともに健やかに育成され、またはその有する能力に応じ自立した日常生活を営むことができるように支援するものとして、良質かつ適切なものでなければならない」としている。

■ 必要と需要に対応する社会政策や福祉政策の提供においては、自己決定（当事者の自由意思を尊重）を原則としつつ、パターナリズムの考え方がある。

■ パターナリズムとは、父権的保護主義や父権的温情主義と訳される。父親的な干渉、保護、温情などが体現されていること。医療や福祉の現場では、医師やワーカーの裁量権を優先することが行われてきた。

■ 社会福祉におけるパターナリズムとは、政府や公的機関が、福祉のニーズをもつ者に対して強制的に介入したり、干渉的な立場をとったりすることである。

④ ジェンダー・LGBT

■ 1995年に北京で開催された第4回世界女性会議から、「ジェンダー主流化」として政策全般にかかわるすべての領域、政策分野にジェンダーの視点を入れるようになった。

- **LGBT** とは、レズビアン（女性同性愛者）、ゲイ（男性同性愛者）、バイセクシャル、（両性愛者）、トランスジェンダー（身体・心の性の不一致）の頭文字をとった単語で、セクシャル・マイノリティ（性的少数者）の総称の1つである。
- 2004（平成16）年に性同一性障害者の性別の取扱いの特例に関する法律が施行され、戸籍上の性別を変更することが可能になった。

■戸籍上の性別の変更条件

・18歳以上であること
・現に婚姻をしていないこと
・現に未成年の子がいないこと
・生殖腺がないこと、または生殖腺の機能を永続的に欠く状態にあること
・その身体について他の性別に係る身体の性器に係る部分に近似する外観を備えていること

- 2023（令和5）年6月23日に、**LGBT理解増進法**（「性的指向及びジェンダーアイデンティティの多様性に関する国民の理解の増進に関する法律」）が公布・施行され、国や自治体、企業や学校などに性的マイノリティーへの理解の増進や啓発、環境の整備などが努力義務として定められた。

⑤ 社会的包摂（ソーシャル・インクルージョン）

- **社会的包摂**（ソーシャル・インクルージョン）とは、すべての人々を孤独や孤立、排除から守り、社会の一員として包み、支え合う社会を目指す理念である。

ソーシャル・インクルージョンは、日本では、2000（平成12）年の「社会的援護を要する人々に対する社会福祉のあり方に関する検討会」で基本理念として盛り込まれた。

- 1980年代のヨーロッパの移民排斥（はいせき）運動に対応して生まれた理念・思想である。
- 地域社会の実践的課題として、ホームレスなどの社会的排除、障害者に対する地域葛藤の克服、外国人の生活様式への理解、社会的弱者への支援プログラム、マイノリティ当事者への市民権の獲得への取り組みなどがある。

《国試にチャレンジ！》

1. パターナリズムとは、ソーシャルワーカーが、クライエントの意思に関わりなく、本人の利益のために、本人に代わって判断することをいう。【35回104】　（正答…○）
2. ソーシャルインクルージョンとは、全ての人々を排除せず、包摂し、共に生きることができる社会を目指す考え方である。【28回33】　（正答…○）

社会問題と福祉政策の基本的な視点

現代における社会問題と福祉政策

① 貧困と所得格差
- OECDにおける相対的貧困率は、等価可処分所得が、全国民の中央値の半分の額（貧困線）を下回る者が全人口に占める割合を指す。

> **word** 等価可処分所得
> 世帯の可処分所得を世帯人員の平方根で割って調整した所得。

- 1985（昭和60）年以降のわが国の相対的貧困率は、2000（平成12）年に15％を超えた後、おおむね15〜16％程度で推移している。
- 日本の相対的貧困率は、一貫して上昇傾向を示し、2000年代中頃からOECD平均を上回っている。

② 孤独と孤立、孤独・孤立対策推進法
- 孤独とは、本人が一人ぼっちで寂しさを感じている状態、孤立とは、他人から見て、社会とのつながりがない、あるいは薄い状態をいう。
- 内閣官房の「孤独・孤立の実態把握に関する全国調査（令和5年）」によると「孤独であると感じることがある」（「しばしばある・常にある」「時々ある」「たまにある」の合計）と回答した者の割合は約40％である。
- 2023（令和5）年5月に成立した孤独・孤立対策推進法の基本理念では、①社会のあらゆる分野における孤独・孤立対策の推進、②当事者等の立場に立ち、状況に応じた継続的な支援、③孤独・孤立状態から脱却して日常生活および社会生活を営むことを目標とした支援等を掲げている。
- 同法に基づき、内閣府に設置される孤独・孤立対策推進本部は、孤独・孤立対策に関する施策の推進を図るための孤独・孤立対策重点計画を作成しなければならない。
- 同法に基づき、地方公共団体は、孤独・孤立対策を推進するために必要な連携・協働を図るため、単独または共同で、支援の関係機関等により構成される孤独・孤立対策地域協議会を置くよう努める。

③ 自殺
- 厚生労働省の「令和6年版自殺対策白書」によると、2023（令和5）年の自殺者数は、2万1837人と前年より減少した。性別では、男性が女性の約2倍で、年齢階級では、男女とも50〜59歳、原因・動機では「健康問題」が最も多い。
- 2006（平成18）年に制定された自殺対策基本法は、自殺対策は精神保健的観点のみ

ならず、自殺の実態に即して実施されるようにしなければならないと規定している。

■ 2016（平成28）年の自殺対策基本法の改正により、次の点が盛り込まれた。

■自殺対策基本法改正の要旨

・誰も自殺に追い込まれることのない社会の実現
・自殺対策は生きることの包括的な支援ととらえる
・保健、医療、福祉、教育その他の関係施策との有機的な連携を図り、総合的に実施
・都道府県・市町村による都道府県自殺対策計画、市町村自殺対策計画の策定義務

■ 国および地方公共団体は、自殺未遂者が再び自殺を図ることのないよう、自殺未遂者への適切な支援を行うために必要な施策を講ずる。

■ 政府は、自殺総合対策大綱を定めなければならない。また、都道府県は都道府県自殺対策計画、市町村は市町村自殺対策計画をそれぞれ定めなければならない。

■ 2022（令和4）年に閣議決定した自殺総合対策大綱では、2026（令和8）年までに自殺死亡率を先進諸国の現在の基準まで下げることを目指し、2015（平成27）年比で30%以上減少させることを数値目標にしている。

④ 偏見と差別

■ 2016（平成28）年に本邦外出身者に対する不当な差別的言動の解消に向けた取り組みを推進するため、「本邦外出身者に対する不当な差別的言動の解消に向けた取組の推進に関する法律」（ヘイトスピーチ解消法）が制定された。

■ ヘイトスピーチ解消法には、基本理念、国・地方公共団体の責務が規定されるが、不当な差別的言動に対する罰則規定はない。

■ヘイトスピーチ解消法の基本理念と国・地方公共団体の責務

基本理念	国民は、本邦外出身者に対する不当な差別的言動の解消の必要性に対する理解を深めるとともに、本邦外出身者に対する不当な差別的言動のない社会の実現に寄与するよう努めなければならない
責務	不当な差別的言動の解消に向けた取り組みに関する施策（相談体制の整備、教育の充実等、啓発活動）について、国の実施義務と地方公共団体の実施努力義務などを規定。罰則規定はない

⑤ 間接差別

■ 間接差別とは、性別以外の事由を要件とする措置のうち、実質的に一方の性別に不利益をもたらすものを合理的な理由がないのに講じることをいい、男女雇用機会均等法に基づき禁止されている。具体的には、次のものがある。

原理

4 社会問題と福祉政策の基本的な視点

157

- 労働者の募集または採用に関する措置で、身長、体重、体力に関する事由を要件とするもの
- 労働者の募集、採用、昇進、職種変更に関する措置で、住居の移転を伴う配置転換に応じることを要件とするもの
- 労働者の昇進に関する措置で、異なる事業場への配置転換経験を要件とするもの

⑥ 社会的排除（ソーシャル・エクスクルージョン）

- 社会的排除（ソーシャル・エクスクルージョン）は、特定の人々が社会での交流や社会参加など社会の諸活動から、排除されている状態を指す。
- 社会的排除や差別が原因で、傷つきやすい状態に置かれていることをヴァルネラビリティという。
- 社会環境のあり方により、人々のケイパビリティ（潜在能力）を制約したり、社会的排除により社会参加の機会が阻まれることがある。

⑦ 新しい社会的リスク

- 新しい社会的リスクとは、科学技術の進展、家族の多様化など社会の変化に伴い新たに生じたリスク（危険）を指す。技術の急速な陳腐化、非正規雇用の増加、仕事と家庭の両立困難などによる多様な課題が生じている。

> **ワンポイント** ニート、フリーター、ワーキングプア、老老介護、介護難民、ダブルケア、ヤングケアラー、8050問題などは新しい社会リスクであり、社会保障や社会福祉で対応していた伝統的な社会的リスク（疾病、失業、年齢）と異なる新たな対応が必要となっている。

《国試にチャレンジ！》

1. 自殺対策基本法では、自殺対策を、生きることへの包括的な支援として捉えている。【29回28】 （正答…◯）
2. ヘイトスピーチ解消法では、本邦外出身者も、日本文化の理解に努めなければならないと規定している。【37回23】 （正答…✕）

頻出度 B 社会問題の構造的な背景

① 低経済成長とグローバル化、格差、貧困

- バブル景気崩壊後、日本の経済は低成長期に入り、完全失業者や非正規雇用者の急増、労働環境の悪化など、さまざまな雇用問題がみられるようになった。
- 1993（平成5）年〜2004（平成16）年頃に新卒採用となった世代は、雇用情勢の悪化により、正規雇用での就職が困難となり、就職氷河期世代と呼ばれる。
- 非正規雇用は、賃金水準の低さ、雇い止めなど、待遇面で正規雇用との格差が大きい。
- 労働による定期的な収入が得られない高齢者は貧困に陥りやすい。

■ グローバル経済によって、莫大な富が特定の企業や投資家に集中し、地元企業の倒産など、地域経済の基盤を揺るがす動きがみられる。

② 人口減少社会、少子高齢化
■ 日本の人口は、2011（平成23）年以降、毎年減少している（総務省統計局「人口推計（2023年（令和5年）10月1日現在）」）。
■ 日本の高齢化率は、2023（令和5）年現在、29.1％と過去最高を更新し、人口減少を伴う超高齢社会が進展している。
■ 日本の合計特殊出生率は2022年に1.20となり、出生数の減少が続いている。
■ 少子高齢化による問題として、社会保障給付費の上昇とそれに伴う現役世代の負担増、労働力不足などがあげられる。

③ 社会意識と価値観の変化
■ 現代社会の枠組みは、同質的なものから個別的なあり方へと変化しており、社会的少数派の人々の存在が社会に広く知られるようになった。
■ 近年は、性別役割分業（性別によって仕事と家事・育児の役割を区分すること）ではなく、男女ともに仕事をしながら家事・育児を分担する傾向がみられる。
■ 結婚に対する価値観の多様化や経済的な理由から晩婚化・非婚化が進み、少子高齢化の要因の1つとなっている。

頻出度 B 人権・福祉に関する国際的な取り組み

① 人権への取り組み
■ 人権とは、人が人として生まれながらにもっている権利のことをいう。
■ 女子差別撤廃条約、人種差別撤廃条約、高齢者のための国連条約、児童の権利に関する条約（「14 児童」参照）、障害者の権利に関する条約（「8 障害」参照）など人権に関するさまざまな国際的な条約が制定されている。

■ **人権に関する国際的な条約と主な内容**

年	施策等	主な内容
1948（昭和23）	世界人権宣言	「あらゆる人が誰にも侵されることのない人間としての権利を生まれながらにもっている」ことを表明。最低限の共通基準
1951（昭和26）	同一価値の労働についての男女労働者に対する同一報酬に関する条約	同一の価値の労働に対しては性別による区別を行うことなく、同等の報酬を与えなければならない（同一労働同一賃金の原則）

原理

4 社会問題と福祉政策の基本的な視点

1959（昭和34）	児童権利宣言	（「14 児童」参照）	
1965（昭和40）	人種差別撤廃条約	人権および基本的自由の平等を確保するため、あらゆる形態の人種差別を撤廃する政策等を、すべての適当な方法により遅滞なくとる	
1966（昭和41）	国際人権規約	世界人権宣言の内容を基礎に条約化。社会権規約（国際人権A規約）と自由権規約（国際人権B規約）がある ・社会権規約→経済的・社会的・文化的権利に関する国際規約（労働、社会保障、教育、食糧・住居などの相当な生活水準への権利など） ・自由権規約→市民的および政治的権利に関する国際規約（身体、思想、宗教等の自由、差別の禁止）	
1979（昭和54）	女子差別撤廃条約	政治的、経済的、社会的、文化的、市民的その他あらゆる分野において女性に対する差別を禁止	
1989（平成元）	児童権利条約	児童の最善の利益、児童の生命に対する固有の権利、氏名をもつ権利、意見を表明する権利、表現・情報の自由、思想・良心・宗教の自由、結社・集会の自由など多くの権利が示されている（「14 児童」参照）	
1991（平成3）	高齢者のための国連原則	自立・参加・ケア・自己実現・尊厳の5つの基本原理と18の原則	
2006（平成18）	障害者権利条約	障害者への合理的配慮の提供 など（「8 障害」参照）	

性的指向および性自認に基づく差別の禁止に関する事項は、まだ国際条約に条文として規定されていません

《国試にチャレンジ！》

1 人権に関する事項のうち、国際条約として個別の条文に規定されるに至っていないものとして、「性的指向及び性自認に基づく差別の禁止」がある。
【34回28改】　　　　　　　　　　　　　　　　　　　　　（正答…○）

2 人権に関する事項のうち、国際条約として個別の条文に規定されるに至っていないものとして、「同一価値労働同一賃金の原則」がある。
【34回28改】　　　　　　　　　　　　　　　　　　　　　（正答…✕）

Lesson 5 福祉政策におけるニーズと資源

需要とニーズ（ニード）の概念

■ **必要原則**とは、ニーズ（ニード）を充足させるために、必要な資源（社会資源）を平等に配分すべきという考え方である。

 ニード・資源
ニードはニーズ（必要・要求・需要）の単数形であり、同じ意味である。資源は、人材や制度、物資やサービスなどニードを充足するのに役立つすべてのものである。

■ **貢献原則**とは、社会に対する貢献度によって、資源を配分すべきという考え方である。

■ 需要の種類

有効需要	経済学でいうマクロ経済全体でみた需要で、総需要のこと
無効需要	有効需要にならない無駄な需要のこと
潜在需要	価格が高すぎたり、情報不足のため、現実の消費活動に顕れない需要のこと
行政需要	行政に対する需要のこと

■ ニード充足のためには、利用者本人が必要と感じる**主観的**ニードと、専門家による専門性や社会通念に基づく**客観的**ニードの把握が必要である。

■ **ブラッドショー**（Bradshaw, J.）は、ソーシャルニードを4つに分類した。

■ ブラッドショーのニードの分類

区分		英語（カタカナ）読み	概要
主観的	感得されたニード	フェルト・ニード	利用者本人がサービスの必要性を自覚したニード
	表明されたニード	エクスプレスト・ニード	利用者本人が実際にサービスの利用を申し出ることで表明されたニード
客観的	規範的ニード	ノーマティブ・ニード	専門家、行政職員、研究者などが社会規範に照らして判断するニード
	比較ニード	コンパラティブ・ニード	サービスを利用している人と利用していない人、または地域などほかの集合体との比較により判断されるニード

■ 同じ量の資源を用いても、個人の健康状態や生活水準などに応じてニードの充足のされ方は異なる。

■ **三浦文夫**は、社会的ニードを**貨幣的ニード**と**非貨幣的ニード**に分類し、社会福祉の発

展において、非貨幣的ニーズが貨幣的ニーズと並んで、あるいはそれに代わって、社会福祉の主要な課題になると述べた。

貨幣的ニード・非貨幣的ニード
貨幣的ニードは、主に現金給付により充足するニードで、非貨幣的ニードは、サービスの提供など現物給付により充足するニードである。福祉施策では、低所得者への公的扶助など貨幣的ニードが優先されるが、生活水準が向上すると、しだいに非貨幣的ニードが拡大するとされている。

問題に「ブラッドショーのニード」と限定する場合としない場合がある。限定していなくても、前記の4区分の語句が使用されていれば、ブラッドショーの分類だと理解すること。

- ドイアル（Doyal, L.）とゴフ（Gough, I.）は、『ヒューマンニードの理論』（1991年）において、基本的ニードは客観的かつ普遍的であると論じた。
- マズロー（Maslow, A.）は、『人間の動機の理論』（1943年）において、人間の基本的ニードは、5段階に分類され、低次の欲求から上位の欲求へ移行しつつ、人間は総合的な発達を遂げると論じた。
- 人々の福祉ニードはさまざまであり、経済的ニードも相談援助の対象になる。

《国試にチャレンジ！》
1. ブラッドショー（Bradshaw, J.）は、サービスの必要性を個人が自覚したニーズの類型として、「規範的ニード」を挙げた。【35回27】（正答…×）
2. ブラッドショー（Bradshaw, J.）のニード類型を踏まえたニードの説明によると、他人と比較してニードの有無が判断されることはない。【36回25】（正答…×）

資源

- 資源とは、活動の源になる物質や活力（エネルギー）の総称である。
- 社会資源とは、援助等に活用できるすべてのものの総称で、「物的資源」「人的資源」「制度的資源」など、いくつかに分類することができる。
- 社会的資源とは、社会の活動に利用される財、物質、権力、文化、知識などをすべて含んだ総称である。
- 社会資本（インフラストラクチャー）とは、道路、上下水道、電気、ガス、電話、港湾など、国民福祉の向上と国民経済の発展に必要な公共施設をいう。
- ラショニング（配給・割当）は、ニードに対して資源が希少である場合に、市場を通さず、直接的なコントロールによって資源を供給することである。

- ジャッジ（Judge,K.）によれば、ラショニング（配給・割当）は、<u>財政</u>におけるラショニング、<u>サービス</u>におけるラショニングの2種類に分けられる。
- <u>選別主義的</u>な資源の配分においては、資力調査に基づいて対象者を限定し、<u>普遍主義的</u>な資源の配分においては、資力調査を行わずに福祉サービスの対象者を規定する。

■基本語句の整理

資源	活動の源になる物質や活力（エネルギー）の総称
社会資源	援助等に活用できるすべてのものの総称。「<u>物的資源</u>」「<u>人的資源</u>」「<u>制度的資源</u>」など、いくつかに分類することができる
社会資本	「<u>インフラストラクチャー（インフラ）</u>」のことで、国民福祉の向上と国民経済の発展に必要な公共施設等のこと。（例：道路、上下水道、電気、ガス、電話、港湾等）
社会関係資本	「<u>ソーシャルキャピタル（人間関係ネットワーク）</u>」のこと
社会的資源	社会の活動に利用される財、物質、権力、文化、知識などをすべて含んだ総称
フォーマル資源	<u>制度に基づく支援</u>のもとになるもの
インフォーマル資源	家族、友人、近隣住民、ボランティアなど、<u>制度以外の支援</u>のもとになるもの

《国試にチャレンジ！》

1 普遍主義的な資源の供給においては、資力調査に基づいて福祉サービスの対象者を規定する。【33回26】　　　　　　　　　　　　　（正答…✕）

2 公共サービスの民営化の具体的方策として、サービス供給主体の決定に、官民競争入札及び民間競争入札制度を導入する市場化テストがある。【34回29】　　　　　　　　　　　　　　　　　　　　　　　　（正答…○）

原理　5　福祉政策におけるニーズと資源

Lesson 6 福祉政策の供給・利用と政策過程

福祉政策の構成要素

① 福祉政策の構成要素と目的・役割、機能
- 政策には、社会を構成する人々の生活の安定・向上のための社会政策、経済活動の安定・発展のための経済政策、社会的に弱い立場にある人々を援助・支援するための福祉政策がある。
- 福祉政策が機能しているかは、ニーズがどのくらい充足されたかが判断基準となる。
- 目的を達成するための政策が機能せず、現状をいっそう悪化させてしまうこともある（逆機能）。

② 市場（経済市場、準市場、社会市場）
- 経済市場とは、ニーズ充足のために財・サービスによって資源が供給される市場をいう。
- 社会市場では、政府の公的供給、家族、コミュニティによる贈与や相互扶助などを通じて、ニーズと資源のマッチングが行われる。
- 資源配分の方法には、経済市場を通じた交換、政府の公的供給を通じた再分配、贈与や相互扶助を通じた互酬がある。
- 経済市場では、市場メカニズムが機能しない場合に資源の供給がうまく行われないことがある（市場の失敗）。
- 公的サービスの提供において部分的に市場メカニズムを取り入れた方式を準市場（疑似市場）という。
- 福祉サービスにおける準市場では、営利事業者やNPOの参入が認められている。
- 市場サービスを通じて利用者のニーズを充足させる仕組みを政府が推進する動きを、福祉の市場化という。
- 福祉サービスの提供方式として、政府が一定額の現金を支給する制度（cash for care あるいは payment for care）や、市場サービスを利用した場合に税制優遇を行う制度（財政福祉）などがある。
- 近年の福祉供給は、政府中心の統治（ガバメント）から、社会の諸構成員との協働による統治（ガバナンス）へと変化しつつある。
- 市町村などの小規模な地域を単位としたガバナンスをローカル・ガバナンスという。
- 社会的企業は、市場や準市場に参入し、営利目的ではないが、収益事業も行う。

 社会的企業
環境・福祉・教育といった社会的課題に経営やビジネスの手法をもって貢献する組織。

③ 公共財、価値財

- **公共財**とは、警察や消防など、公的責任によって供給される競合性や排除性をもたない財をいう。
- 福祉政策における公共財の供給とは、経済社会における「市場の失敗」を原因として概念化されたものであり、あらゆる供給セクターを通じて行われる福祉サービス供給の総称である。
- **価値財**とは、政府が、社会的に価値があるとして、国民に供給する教育や医療などをいう。公的供給が基本であり、市場における供給は二次的である。
- **バウチャー**とは、個人を対象に補助金を交付する方法で、金券や利用券など証票の形をとる一定の選択権の付与、使途制限、譲渡制限という特徴をもつ。
- バウチャーの長所は、現物給付よりも、受給者に対して物品や事業者の選択を広く認めることができる一方で、現金給付のように支給されたお金がほかの目的のために使われてしまわないことにある。

④ 措置制度

- 1997（平成9）年の児童福祉法改正により、保育サービスの利用方式は、措置制度から、**保育所方式**（行政との契約制度）となった。
- 2000（平成12）年の厚生省児童家庭局長通知「保育所の設置認可等について」によって、社会福祉法人以外の事業者（営利企業等）も、保育所の認可を受けられるようになった。
- 行政が福祉サービスの購入者となるのは、行政との契約制度と措置制度であり、利用契約制度では、利用者が福祉サービスの購入者となる。

■ 制度による福祉供給

	サービス事業者	サービス利用者	具体例
措置制度	行政から委託	行政から措置	養護老人ホーム等
自立支援給付制度	行政から給付	事業者と契約	障害者福祉サービス等
利用契約制度	利用者と契約	事業者と契約	介護保険制度等
行政契約制度	行政から委託	行政と契約	保育所方式等

ワンポイント 受けたサービス（利益）に応じて負担することを「応益負担」、支払い能力に応じて負担することを「応能負担」という。サービスの量や質に関係なく、一定額を負担するのは、応能負担である。

《国試にチャレンジ！》

1. 社会的企業とは、社会問題の解決を組織の主たる目的としており、その解決手段としてビジネスの手法を用いている企業のことである。【35回32】 ✓ ✓
（正答…○）

2. 福祉サービスにおける準市場（疑似市場）は、営利事業者やNPOが参入できないよう、規制される。【28回29改】 ✓ ✓
（正答…✕）

頻出度 B 福祉政策の過程

① 福祉政策の策定・実施の過程
■ 福祉政策は、課題設定→政策立案→政策決定→政策実施の流れで行われる。
■ 福祉政策の立案過程では市民の参加が重要視され、市町村地域福祉計画でも地域住民の意見の反映などの措置が努力義務として定められている。
■ 福祉政策の立案への市民の参加の例として、具体的にはニーズ調査、パブリックコメント、説明会などの開催がある。
■ 福祉政策への政府の規制として社会福祉法に定められているものに、行政立法の遵守、調査、行政処分、行政指導の施行などがある。

② 政策評価
■ 2001（平成13）年に「行政機関が行う政策の評価に関する法律」（政策評価法）が制定された。次の点を目的とする。

■政策評価の目的
① 国民に対する説明責任を果たすこと
② 国民本位の質の高い行政を実現すること
③ 国民の視点に立ち、成果重視の行政を行うこと

■ 政策評価を実施するにあたり、①必要性、②効率性、③有効性の観点を踏まえる必要がある。
■ 政策評価は、行政機関が主体となり、企画立案 (plan) →実施 (do) →評価 (see) を主要な要素とするサイクルの中で実施される。

③ 福祉サービスの評価
■ 福祉サービスのプログラム評価は、プログラム（スケジュールと予算に基づき行われる組織的・計画的な活動の原則と手順）を評価の対象とする。
■ プログラム評価を行うことで科学的に検証することができる。
■ 評価指標の策定にあたっては、サービス利用者や利害関係者からも意見を聴き、協議する参加型評価が注目されている。

■プログラム評価の指標は、投入（input）、過程（process）、産出（output）、成果（outcome）、効率性（efficiency）に分けられる。

■**プログラム評価の指標**

投入	予算や人材などの資源に着目して評価
過程	プログラムが適切な手順や方法で実施されたかを評価
産出	プログラムの実施により生まれたものなどを評価
成果	プログラムの達成度、ニーズの充足などを評価
効率性	プログラム遂行にかかる費用、成果などを評価

■評価においては、利用者の満足感などの主観的な評価も対象とする。
■評価は、複数の視点から行う。

《国試にチャレンジ！》

1　「政策評価法」に基づく行政機関の政策評価の目的は、効果的・効率的な行政の推進及び国民への説明責任を全うさせるようにすることである。
【33回29】　☑☑　　　　　　　　　　　　　　　　　　（正答…○）

2　評価において、サービス利用者の主観は排除すべきものである。
【27回29】　☑☑　　　　　　　　　　　　　　　　　　（正答…×）

頻出度B　福祉供給部門

① 福祉多元主義

■**福祉多元主義**とは、福祉サービスの供給主体を、公共部門、民間営利部門、民間非営利（ボランタリー）部門、インフォーマル部門の4つに分け、多様な供給主体の独自の役割を承認するという考え方をいう。

■福祉多元主義は、1978年にイギリスの「**ウルフェンデン報告**」により提唱された概念である。

■**各部門の担い手**

公共部門	国、地方公共団体（都道府県、市町村）
民間営利部門	企業、事業所、個人事業主など
民間非営利（ボランタリー）部門	ボランティア団体、NPO（非営利組織）、生活協同組合、慈善団体、社会福祉法人など
インフォーマル部門	家族・親族、知人・友人、近隣住民など

② 公共部門
- 公共部門は、最低限度の生活を保障する（ナショナル・ミニマム）ため、租税や社会保険料を財源としてサービス供給を行う。
- 条件整備国家とは、他部門が円滑にサービスを供給できるよう、条件や環境を整備する役割を担う国家のことである。
- 都道府県および市町村は、サービスの供給体制に関する計画案（福祉計画）を策定する。

③ 民間営利部門
- 先進諸国では、福祉サービスは完全に民営化されることはなく、準市場としてサービス供給が行われている。
- 日本では、介護保険制度の下で契約制度が導入されて以降、営利企業がサービス供給に参入するようになった。
- 少子高齢化で福祉サービスの需要が拡大したことから、営利企業が市場を介した福祉サービス供給を行う動きが加速化している。

④ 民間非営利（ボランタリー）部門
- ボランタリー部門では、民間団体が、非営利で、自発的（ボランタリー）に、フォーマルな組織として活動を行う。
- ボランタリー部門の特徴は、人々が絶えず自発的に協働して、新たな試みを生み出していることである。
- 政府でも市場でもない市民社会を担う領域として、ボランタリー部門は、サードセクターと呼ばれることもある。
- アソシエーションとは、民間団体であってフォーマルな組織として非営利な活動に従事する団体からなる部門のことで、政治学者のペストフ（Pestoff, V.）が名づけた。

 ワンポイント サードセクターはアソシエーションを中核として他部門と重なるというペストフの考え方を図式化したものは、ペストフの三角形として知られている。

⑤ インフォーマルセクター
- インフォーマルセクターの特徴は、サービスの供給が、親密性や情緒的な結びつきに基づいて行われていることである。
- 単身世帯や共働き世帯の増加など家族の形態の変化や生活の個別化などが進み、家族や近隣住民によるサービスの供給が少なくなっている。
- セルフヘルプ・グループや地域のボランティアなど、同じ利害や関心をもつ人々による活動が、インフォーマルセクターの新たな担い手となっている。

⑥ 部門間の調整・連携・協働
- 公共部門は、多様なニーズを確実に充足するため、条件整備や各部門間の調整を行う。
- 公共部門の重要な役割として、営利企業と経済的に余裕のない利用者をつなぐ枠組み

づくり、非営利組織への資金調達面での公的支援などがあげられる。
- 民間団体である社会福祉法人は、政府が行うべき事業を委託されて代行するという点で、公共部門とボランタリー部門の双方に属しているといえる。
- 営利企業のCSR（企業の社会的責任）への取り組みはボランタリー部門に属する。
- 災害時など柔軟かつ迅速な対応が求められるときは、ボランタリー部門が行政と連携しつつ主体となって活動を行う。

《国試にチャレンジ！》

1 「ウルフェンデン報告（Wolfenden Report）」は、福祉ニーズを充足する部門を、インフォーマル、ボランタリー、法定（公定）の三つに分類した。
【35回27】　　　　　　　　　　　　　　　　　　　　　　（正答…✕）

福祉供給過程 〔頻出度 B〕

① 福祉サービスの供給
- サービス供給体制の整備に伴い、潜在的な福祉ニーズが顕在化することがある。
- サービス供給体制を整備するにあたっては、営利事業者やNPO（特定非営利組織）法人等の参入が求められている。
- サービス供給体制の整備にあたっては、サービスの質を**モニタリング**することが必要である。
- サービス供給にあたっては、地域の中で独占とならないよう、複数の供給部門や事業者が競合できる体制が望ましい。
- 福祉サービスにおける準市場（疑似市場）では、**利用者のサービス選択**を支援する仕組みが必要である。

日本の介護保険制度における介護サービスの提供には、ケアマネジメントなど準市場の要素が導入されている。

② 市場のメカニズム
- **市場化テスト**とは、国および地方公共団体の公共サービスに関し、民間でできることは民間にゆだねる観点からこれを見直し、官民競争入札または民間競争入札を行うことで、公共サービスの質の維持向上と経費削減を図る手続きをいう。
- 福祉政策は、必要な人がサービスを適正な価格で入手できるように、必要な規制を行い、適正な競争環境を整えることを目的としている。
- 資源供給のための割当（**ラショニング**）には、財政における割当とサービスにおける割当がある。
- **財政における割当**では、資源をどのくらい割り当てる（再分配する）かを決定する。
- **サービスにおける割当**では、再分配のために確保された資源を誰に割り当てるかを決

定する。
- 公共サービスの提供に際して行政と民間団体が連携し、役割を分担して行うことを**公民連携**（パブリック・プライベート・パートナーシップ：PPP）という。
- **PFI**（プライベート・ファイナンス・イニシアティブ）とは、民間資金、経営方法、技術力を活用して公共施設の建設や維持管理を行うことである。
- **NPM**（ニュー・パブリック・マネジメント）とは、民間企業の経営理念や手法を導入した行政管理論のことで、行政の役割を縮小した**小さな政府**を目指すものである。
- **指定管理者制度**とは、公共施設を対象として、普通地方公共団体が指定した民間団体に管理を行わせる制度をいう。委託された団体は、管理を第三者に一括して再委託することはできない。
- **SIB**（ソーシャル・インパクト・ボンド）とは、革新的な社会解決型の事業を、民間資金を活用して実施することである。
- SIB は**成果報酬型**であり、事業の評価は、あらかじめ設定された基準や指標をもとに可視化される（**社会的インパクト評価**）。
- SIB を活用した保健福祉分野の事業として、子どもへの支援、高齢者への健康づくり支援、生活困窮者への支援、地域づくりなどがある。

③ 現金給付と現物給付

- **現金給付**（benefit in cash）とは、あらかじめ設定された受給資格に合致する人に対し、直接現金を給付することである。
- **現物給付**とは、現金以外の物品やサービスなどの現物を給付することである。
- 現金給付は、資源の選択の自由を保障しやすい一方で、ニーズ充足のために支給された現金が他の目的に使用されてしまうことがある。
- 現物給付は、現金による入手が困難な場合にも資源を直接給付できるが、利用者の自己決定や選択の自由が制約される。
- **ベーシック・インカム**（BI）とは、受給資格の制限なしに、一定額を定期的に支給する制度であり、近年注目されている。

《国試にチャレンジ！》

1 サービス供給体制の整備に伴い、潜在的な福祉ニードが顕在化することがある。【29回27】　　　　　　　　　　　　　　　　　　　　（正答…〇）

2 ニュー・パブリック・マネジメント（NPM）では、政府の再分配機能を強化し、「大きな政府」を実現することが目標とされる。【34回29】　　（正答…✕）

3 「ICA（国際協同組合同盟）の声明」によれば、協同組合は、自助、自己責任、民主主義、平等、公正、連帯の価値を基礎とし、コミュニティへの関与や組合員の経済的参加、民主的管理などを含め、7つの原則に従うとされる。
【24回29】　　　　　　　　　　　　　　　　　　　　　　　　　（正答…〇）

頻出度 B 福祉利用過程

■ 福祉を利用する権利は、<u>シティズンシップ（市民権）</u>のうち、社会的要素（権利）にあたる。

ワンポイント シティズンシップ（市民権）は、市民的要素（権利）、政治的要素（権利）、社会的要素（権利）という3つの要素（権利）からなる。

■ 福祉サービス供給者は、申請を受けて、基準を満たしているかを審査し、契約によってサービスを提供する。
■ 審査においては、以前は<u>資力調査（ミーンズテスト）</u>が行われていたが、現行制度では資力調査はなく、サービスの特性に応じた基準を設定している。
■ 個人が福祉サービスの利用を決意する段階では、ニーズを自覚できない、利用をためらってしまう、情報の収集が困難などの問題がある。
■ 福祉サービスの利用を考えるとき、自身が劣等感や屈辱感などの<u>スティグマ</u>を抱くことがある。
■ 情報収集の段階で、福祉情報自体が抱える課題として、情報過多、情報の非対称性がある。
■ <u>情報の非対称性</u>とは、福祉サービスの提供側にある情報と利用する側にある情報の量や質が異なり、不均衡があることをいう。
■ 情報の非対称性の問題を解決するためには、サービス提供者がもつ情報を、利用者に開示する必要がある。

《国試にチャレンジ！》

1　普遍主義的な資源の配分においては、資力調査に基づいて福祉サービスの対象者を規定する。【27回26】 ✓✓　　（正答…×）
2　福祉サービス利用過程における情報の非対称性とは、サービスの提供者と利用者の間で、提供された福祉サービスの質や効果に関する評価が正反対になる傾向があることを指す。【25回29】 ✓✓　　（正答…×）

原理 6 福祉政策の供給・利用と政策過程

Lesson 7 　福祉政策の動向と関連政策

頻出度A　福祉政策と包括的支援

① 社会福祉法の成立と改正内容

- 社会福祉法は、社会福祉基礎構造改革により、社会福祉事業法が改正・改称されて2000（平成12）年6月に成立した。
- 社会福祉法では、社会福祉の目的や基本的理念、社会福祉を目的とする事業の共通的な基本事項を定めている。

■福祉サービスの基本的理念

> 福祉サービスは、個人の尊厳の保持を旨とし、その内容は、福祉サービスの利用者が心身ともに健やかに育成され、またはその有する能力に応じ自立した日常生活を営むことができるように支援するものとして、良質かつ適切なものでなければならない

- 2016（平成28）年の改正では、福祉サービスの供給体制の整備・充実を図るため、地域における公益的な取り組みを実施する責務などが追加された。
- 公益的な取り組みは、日常生活または社会生活上の支援を必要とする者を対象に、社会福祉事業または公益事業を行うにあたり提供される福祉サービスであり、無料または低額な料金で提供されることが条件である。
- 2017（平成29）年6月、地域共生社会の実現に向けた取り組みとして、「地域包括ケアシステムの強化のための介護保険法等の一部を改正する法律」により、改正社会福祉法が公布された。

2017（平成29）年2月、「我が事・丸ごと」地域共生社会実現本部において「『地域共生社会』の実現に向けて（当面の改革工程）」が決定された。

　地域包括ケアシステム
地域の実情に応じて、医療・介護・介護予防・住まい・自立した日常生活の支援が包括的に確保される体制。

- 2017（平成29）年の改正では、地域福祉推進の理念、それを実現するための市町村による包括的支援体制づくり、地域福祉計画策定の努力義務化などが規定された。
- 2020（令和2）年の改正にかかわる事項は、地域共生社会の実現を図るため、地域住民の複雑化・複合化した支援ニーズに対応する市町村の包括的な支援体制の構築（重層的支援体制整備事業の創設）、社会福祉連携推進法人制度の創設などである。

- 社会福祉事業の経営者は、常に、その提供する福祉サービスについて、利用者等からの苦情の適切な解決に努めなければならない。
- 社会福祉法に基づき、市町村は市町村地域福祉計画を、都道府県は都道府県地域福祉支援計画を策定するように努める。
- 社会福祉法では、第一種社会福祉事業は、国、地方公共団体または社会福祉法人が経営することを原則としている。
- 第二種社会福祉事業は、社会福祉法に規定される公的規制の低い事業で、経営主体の制限はない。
- 地方社会福祉審議会とは、都道府県知事または指定都市もしくは中核市の長の諮問に答え、関係行政庁に意見を具申(答申)する機関である。

> **word** 諮問・具申・答申
> 諮問とは、識者などに意見を求めることで、具申とは上役や上級機関に対して意見などを詳しく述べること、答申は諮問機関などが諮問に答えることである。

社会福祉法は、福祉サービスに共通する基本的事項や地域福祉に関する事項などを規定している重要な法律です

社会福祉士ならしっかり押さえておかないといけないですね

② 多文化共生の実現に向けた政策

- 多文化共生とは、国籍や民族の異なる人々が文化的な違いを認め合って対等な関係を築きながら、地域で共に生活していくことをいう。
- 多文化共生への最初の取り組みとして、2006(平成18)年に地域における多文化共生推進プランが策定され、外国人住民の増加や多国籍化など社会経済情勢の変化を踏まえて、2020(令和2)年に改定された。

■「地域における多文化共生推進プラン」の意義

- 多様性と包摂性のある社会の実現による「新たな日常」の構築
- 外国人住民による地域の活性化やグローバル化への貢献
- 地域社会への外国人住民の積極的な参画と多様な担い手の確保
- 受入れ環境の整備による都市部に集中しないかたちでの外国人材受入れの実現

- 多文化共生アドバイザー制度では、総務省が多文化共生アドバイザーとなる地方自治体の担当部署または職員の名簿を作成し、多文化共生に取り組もうとする地方自治体への情報提供や助言などを行う。
- 現在、人手不足への対応策として新たな外国人材の受け入れが進められるとともに、外国人との共生社会の実現に向けた取り組みが推進されている。
- 出入国在留管理庁と文化庁が共同で作成した「在留支援のためのやさしい日本語ガイドライン」では、共生社会実現に向けたやさしい日本語の活用を促進することを目的としている。
- 一元的総合窓口（多文化共生総合相談ワンストップセンターより改称）は、外国人の行政手続きや相談などを一元的に行う窓口で、地方自治体を対象としている。
- 2018（平成30）年には、「外国人材の受け入れ・共生のための総合的対応策」が策定された。災害発生時の情報発信支援等の充実のため、災害時外国人支援情報コーディネーターの養成研修の実施などが盛り込まれている。
- 2022（令和4）年6月に策定された「外国人との共生社会の実現に向けたロードマップ」は、わが国の目指すべき外国人との共生社会のビジョン、その実現に向けた中長期的な課題・施策を示すもので、2026（令和8）年度までを対象期間としている。
- 「外国人との共生社会の実現に向けたロードマップ」では、中長期的な課題として、①円滑なコミュニケーションと社会参加のための日本語教育等の取り組み、②外国人に対する情報発信・外国人向けの相談体制の強化、③ライフステージ・ライフサイクルに応じた支援、④共生社会の基盤整備に向けた取り組みを示している。

③ 持続可能な社会の実現

- 持続可能な社会とは、将来の世代が必要とするもの（地球環境や自然環境）を損なうことなく、現在の世代の要求を満たすような開発が行われる社会をいう。
- 社会福祉分野では、社会保障制度の持続可能性だけでなく、すべての地域で安心・安全な社会生活を送るための地域の持続可能性も重要である。
- 地域住民の価値観や社会的関係を重視して、生活者の視点から環境とかかわろうという考え方を生活環境主義という。
- 持続可能な開発目標（SDGs）（「3 社会」参照）の「誰一人取り残さない」という理念は、社会福祉の概念の1つである社会的包摂とも関係が深い。
- SDGsの実施にあたっては、普遍性、包摂性、参画性、統合性、透明性という5つの原則が定められている。

④ 環境問題と気候変動、グローバリゼーション

- 環境問題は身近なものからグローバルなものまで幅広い領域に存在しており、気候変動は、国際社会の主要課題となっている。
- 環境破壊は、我々の大量生産と大量消費がもたらしたものであり、便益を受けるもの（受益圏）と被害を受けるもの（受苦圏）が同じ（重なり型）という関係にある。
- グローバル化によって人々が国境を越えて留学や就労ができるようになった一方で、

社会経済的格差が顕在化している。
■日本では、外国人の就労不安定、日本人との学力格差、声のあげにくさなどが問題となっており、適切な直接・間接援助が求められる。

《国試にチャレンジ！》

1. 社会福祉法の改正（2016年（平成28年））により、行政が実施する事業を代替する取組を行うことが、社会福祉法人の責務として規定された。【34回32】　（正答…✕）
2. 「外国人との共生社会の実現に向けたロードマップ」では、外国人が安全に安心して暮らせるように、外国人に対する情報発信や相談体制を強化することが示されている。【36回27】　（正答…◯）

B 福祉政策と住宅政策

① 福祉政策と住宅政策の流れ

■ 1951（昭和26）年に制定された**公営住宅法**に基づき、住宅に困窮する低額所得者に対し国と地方公共団体が協力して、低廉な家賃で公営住宅を供給している。
■ 2001（平成13）年に制定された「高齢者の居住の安定確保に関する法律」（**高齢者住まい法**）の目的は、高齢者に適した良好な居住環境が確保され、高齢者が安定的に居住することができるようにして、その福祉の増進に寄与することである。

■高齢者の居住の安定確保に関する法律（高齢者住まい法）

	国（国土交通大臣および厚生労働大臣）	都道府県	市町村
必要な施策	努力義務	努力義務	努力義務
計画	基本方針を定めなければならない（義務）	都道府県高齢者居住安定確保計画を定めることができる（努力義務）	市町村高齢者居住安定確保計画を定めることができる（努力義務）
当該賃貸住宅の整備	地方公共団体や機構の費用の一部を補助することができる		
建築物		都道府県知事の登録	

■サービス付き高齢者向け住宅事業を行う者は、高齢者住まい法により、建築物ごとに**都道府県知事**の登録を受けることができる。
■国は、地方公共団体が基準に適合する賃貸住宅の整備および管理を行う場合においては、予算の範囲内において、政令で定めるところにより、当該賃貸住宅の整備に要する費用の一部を**補助**することができる。

175

- 2006（平成 18）年に制定された**住生活基本法**は、国民の豊かな住生活の実現を図ることを目的とし、国の**全国計画**に即して**都道府県**が**都道府県計画**を定めることが義務づけられている。
- 2007（平成 19）年に制定された「**住宅確保要配慮者に対する賃貸住宅の供給の促進に関する法律**」（**住宅セーフティネット法**）では、住宅確保要配慮者への支援のため、公的賃貸住宅の供給の促進と民間賃貸住宅への円滑な入居の促進に関する事項を定めている。

② 住宅セーフティネット法

- **住宅セーフティネット法**における住宅確保要配慮者とは、**低額所得者**、**被災者**、**高齢者**、**障害者**、**子育て**世帯である。
- 住宅セーフティネット法における**住宅確保要配慮者居住支援協議会**は、地方公共団体、支援法人・団体などで構成され、住宅確保要配慮者が民間賃貸住宅へ円滑に入居できるよう協議する。
- 2017（平成 29）年に改正された住宅セーフティネット法は、増加傾向にある**民間の空き家**などの活用による住宅セーフティネット機能の強化を趣旨としている。

■ 2017（平成 29）年の改正のポイント

- 民間の空き家、空室を活用して、住宅確保要配慮者の入居を拒まない賃貸住宅の登録制度を創設
- 登録住宅の改修や入居者への経済的支援
- 住宅確保要配慮者の居住支援
  →都道府県による居住支援法人の指定、居住支援法人や居住支援協議会による居住支援活動の充実など

> **word** 居住支援法人
> 住宅確保要配慮者の賃貸住宅への入居にかかる家賃債務保証の提供、住宅情報の提供・相談などの生活支援等を実施する法人

- 単身世帯の増加などにより住宅確保要配慮者の賃貸住宅への入居ニーズがさらに高まることなどを背景に、2024（令和 6）年に住宅セーフティネット法が改正された（施行は一部を除き、公布の日（2024（令和 6）年 6 月 5 日）から 1 年 6 か月以内の政令で定める日）。

■ 2024（令和 6）年の改正のポイント

- 大家が賃貸住宅を提供しやすく、要配慮者が円滑に入居できる市場環境の整備
  →居住支援法人の業務に残置物処理を追加、家賃債務保証業者の認定制度の創設など
- 居住支援法人等が入居中サポートを行う賃貸住宅の供給促進
  →居住サポート住宅（要配慮者への安否確認、見守り、適切な福祉サービスへのつなぎを行う住宅）の認定制度の創設など
- 住宅施策と福祉施策が連携した地域の居住支援体制の強化

《国試にチャレンジ！》

1. 地方公共団体は、公営住宅法に基づき、住宅に困窮する低額所得者を対象とする公営住宅を供給している。【36回31】 ✓✓ （正答…○）
2. 住宅セーフティネット法においては、民間の空き家・空き室の活用は含まれない。【30回30】 ✓✓ （正答…×）

頻出度 C 福祉政策と教育政策

- 日本国憲法は、教育を受ける権利と教育を受けさせる義務を規定している。
- 学校教育法に基づく**就学援助制度**は、生活保護法に規定する要保護者とそれに準ずる程度に困窮している準要保護者を対象にしている。
- 2008（平成20）年度から文部科学省が進めている**スクールソーシャルワーカー活用事業**では、いじめ、不登校、暴力行為、児童虐待などの課題に対応するため、**スクールソーシャルワーカー**を教育委員会や学校等に配置し、社会福祉等の専門的な知識・技術を用いて、児童生徒の置かれたさまざまな環境にはたらきかけて支援を行う。
- スクールソーシャルワーカーは、**社会福祉士**や**精神保健福祉士**、**こども家庭ソーシャルワーカー**等の福祉に関する専門的な資格を有する者から、実施主体（都道府県等）が選考する。
- **特別支援教育**とは、障害のある幼児児童生徒のもてる力を高め、生活や学習上の困難を改善または克服するため、適切な指導および必要な支援を行うものであり、**すべての学校**において行われる。
- 生涯学習の振興のための施策の推進体制等の整備に関する法律（生涯学習振興法）は、都道府県が、特定の地区において、民間事業者の能力を活用しつつ、学習機会の総合的な提供を行うことに関する基本的な構想（**地域生涯学習振興基本構想**）を作成できる旨を規定している。

《国試にチャレンジ！》

1. 「スクールソーシャルワーカー活用事業」において、社会福祉士や精神保健福祉士等がその選考対象に明記されるようになった。【33回93】 ✓✓ （正答…○）

頻出度 B 福祉政策と雇用・労働政策

① 育児・介護休業法

- 「育児休業、介護休業等育児又は家族介護を行う労働者の福祉に関する法律」（**育児・介護休業法**）は、育児や介護を行う労働者の職業生活と家庭生活の両立を支援するための法律である。この法律に基づき、育児休業や介護休業、子の看護等休暇、介護休

暇などの制度が設けられている（詳細は「13 高齢」参照）。

② 最低賃金制度
■日本の最低賃金制度は、1959（昭和 34）年の最低賃金法により導入された。
■特定最低賃金は、地域別最低賃金を上回るものでなければならない。

> **word　特定最低賃金**
> 特定最低賃金とは、特定の産業に設定されている最低賃金である。

■地域別最低賃金額は、1959（昭和 34）年の最低賃金法により導入された。労働者の生計費等を総合的に勘案して定められる。
■最低賃金の適用を受ける使用者は、労働者にその概要を周知しなければならない。
■著しく労働能力が低い者を雇用する事業者は、地域別最低賃金の減額適用を受けることができる。
■日本の地域別最低賃金の水準は国際的にみても低いため、フルタイムで働く労働者が、生活保護以下の収入であるワーキング・プアが問題となっている。

③ 労働施策総合推進法
■「労働施策の総合的な推進並びに労働者の雇用の安定及び職業生活の充実等に関する法律」（労働施策総合推進法）は、2018（平成 30）年の働き方改革関連法により、雇用対策法（1966（昭和 41）年）が名称変更されたものである。
■2019（令和元）年に雇用就業環境の改善やパワーハラスメント（パワハラ）防止を目的として改正され、パワハラ防止のための雇用管理上の措置義務などが新設された。
■事業主は、パワーハラスメントのないよう、労働者からの相談に応じ、適切に対応するために必要な体制の整備、その他の雇用管理上必要な措置を講じなければならない。また、労働者が相談を行ったことや事業主による相談への対応に協力した際に事実を述べたことを理由として、労働者に対して解雇その他不利益な取扱いをしてはならない。

■**職場におけるパワーハラスメントとは**

職場において行われる
●優越的な関係を背景とした言動であって、
●業務上必要かつ相当な範囲を超えたものにより、
●労働者の就業環境が害されるもの

《国試にチャレンジ！》

1 支払能力のない事業者は、地域別最低賃金の減額適用を受けることができる。
【31 回 31】　　　　　　　　　　　　　　　　　　　　　（正答…×）

頻出度 C 福祉政策と労働市場政策

■ 労働市場政策は、しばしば積極的労働市場政策と消極的労働市場政策に分けられるが、職業訓練にかかわる政策は積極的労働市場政策の代表的なものの1つである。

■ 労働市場政策

区分	積極的労働市場政策	消極的労働市場政策
優先	就労優先	福祉優先
政策	公共職業安定所や職業訓練施設等を利用し就職相談や職業訓練等を実施することにより、失業者を労働市場に復帰させる政策	失業者に失業手当等を提供する政策や早期退職により新たな雇用の余地を生み出す政策

■ 厚生労働省は、職場におけるメンタルヘルス対策を推進してきており、心の健康問題で休業していた労働者の職場復帰を支援するマニュアル（事業所向け）なども作成し、総合的に支援している。

■ 1980年代以降、ドイツ、フランス、イタリアなど大陸ヨーロッパ諸国では、わが国に比べて長期失業者（失業期間1年以上）の割合が高い状態が継続し、その克服が経済・社会政策上の課題となっていた。

■ フレキシキュリティ（Flexicurity）戦略の代表であったデンマークモデルでの「黄金の三角形」は、①高い雇用保護法制のもとでの柔軟な労働市場、②失業時の手厚い所得保障、③積極的労働市場政策を構成要素としている。

■ 日本の低所得者を支援する法律には、ホームレス自立支援法、生活困窮者自立支援法、こどもの貧困の解消に向けた対策の推進に関する法律（2024（令和6）年に「子どもの貧困対策推進法」から改称）などがある。

■ 生活困窮者自立支援法の中心となる機関は、市および福祉事務所である。

■ 雇用政策の中核となる機関は、ハローワーク（公共職業安定所）である。

■ 雇用調整助成金は、景気の変動、産業構造の変化その他の経済上の理由により、事業活動の縮小を余儀なくされた事業主が、一時的な雇用調整（休業、教育訓練または出向）を実施することによって、従業員の雇用を維持した場合に助成される。

ワンポイント 「雇用調整助成金」は、現行制度である。ほかに障害者の雇用にかかる「調整金」や「高齢者雇用継続基本給付金」などの制度がある。

■ 基本用語の整理

完全失業者	仕事がなくて調査期間中に少しも仕事をしなかった者のうち、仕事を探す活動や事業準備をしていた者
テイクアップレート（捕捉率）	その制度の利用資格をもつ人々のうち、実際にその制度を利用している人々の割合

原理 7 福祉政策の動向と関連政策

ニート（若年無業者）	15～34歳までのうち、求職活動を行っていない者、就職を希望していない者を意味する
フリーター	フリーアルバイターの略。非正規雇用で生計を立てている人を指す言葉。統計上15～34歳に限定する場合がある
摩擦的失業	求職側と求人側の情報が不完全なために生ずる失業であり、雇用のミスマッチのことである

 日本の生活保護受給者の捕捉率は、非常に低いのが現実である。ワーキング・プアも多い。

■雇用保険は、労働者が雇用される事業所については、原則として強制加入とされている。
■雇用保険で支給される基本手当の1日の額（基本手当日額）は、離職した日の直前の6か月間における1日平均の賃金額の50～80％の間である。
■雇用保険には、失業等給付および育児休業給付のほか、失業の予防、雇用状態の是正および雇用機会の増大、労働者の能力開発および向上を図るための事業がある。
■雇用保険の一般被保険者の加入を決める基準は、週20時間以上の労働時間および31日以上の雇用見込みがあることとなっている。
■雇用保険の基本手当の支給は、継続的な求職活動を要件とする。

 わが国の雇用保険制度は、失業者への所得保障制度の中心をなすものであり、失業等給付には求職者給付、就職促進給付、教育訓練給付、雇用継続給付の4種類がある。詳細は、「5 社会保障」を参照。

■日本の若年者（15～24歳）失業率は、1990（平成2）年からその後10年で急速に上昇したが、OECD諸国のなかでは依然として比較的低水準であった。

《国試にチャレンジ！》

1 1980年代以降、ドイツ、フランス、イタリアなど大陸ヨーロッパ諸国やアメリカでは、わが国に比べて長期失業者（失業期間1年以上）の割合が高い状態が継続し、その克服が経済・社会政策上の課題となっていた。
【24回25】　　　　　　　　　　　　　　　　　　　　　　　（正答…×）

2 わが国では、従来、失業者を出すことを事前に回避することを主な目的とした雇用調整助成金制度が機能してきたが、企業が過剰な労働力を抱え込む恐れがあるという批判もあり、リーマンショック（2008年）後に廃止された。
【24回31】　　　　　　　　　　　　　　　　　　　　　　　（正答…×）

5 社会保障

Lesson 1 社会保障制度

頻出度 B 人口動態の変化

① 人口の動向 （内閣府「令和6年版高齢社会白書」より）

- 2023（令和5）年10月1日現在、日本の総人口は約1億2435万人と減少している。
- 15歳未満の年少人口は約1417万人（11.4%）、15〜64歳の生産年齢人口は約7395万人（59.5%）でいずれも過去最低となっている。
- 2023（令和5）年10月1日現在、高齢化率（総人口に占める65歳以上の人口割合）は、29.1%と過去最高となった。75歳以上（後期高齢者）の人口は2008万人で総人口に占める割合は16.1%となり、65〜74歳（前期高齢者）人口を上回っている。
- 日本の高齢化率は1970（昭和45）年に7%、1994（平成6）年に14%を超え、倍加年数は24年と世界の中でも高齢化が速くなっている。

> **word　倍加年数**
> 高齢化社会（高齢者人口の割合が7%）から高齢社会（高齢者人口の割合が14%）へ移行するまでの所要年数。フランスは115年、アメリカは72年などである。なお、アジア諸国では韓国は18年、シンガポールは15年と急速に高齢化が進んでいる。

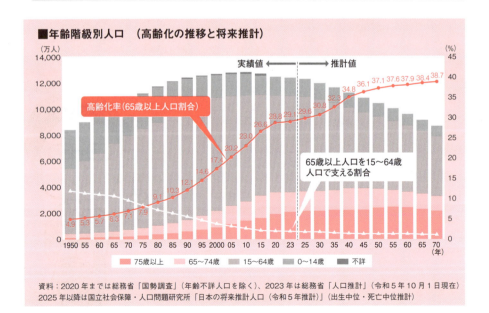

■年齢階級別人口（高齢化の推移と将来推計）

資料：2020年までは総務省「国勢調査」（年齢不詳人口を除く）、2023年は総務省「人口推計」（令和5年10月1日現在）
2025年以降は国立社会保障・人口問題研究所「日本の将来推計人口（令和5年推計）」（出生中位・死亡中位推計）

- 高齢化率は2037（令和19）年には33.3%に達し、2070（令和52）年には38.7%と

2.6 人に 1 人が 65 歳以上になると推計されている。

総人口は 2056（令和 38）年には 1 億人を割り、65 歳以上の人口は 2043（令和 25）年にピークを迎え、その後は減少に転じるが、高齢化率は上昇を続けると推計されている。

■ 2023（令和 5）年現在、全都道府県で高齢化率が最も高いのは秋田県、最も低いのは東京都である。今後、高齢化率は、すべての都道府県で上昇すると予測される。

② **出生数**（厚生労働省「令和 5 年人口動態統計（確定数）」より）
■ 2023（令和 5）年の出生数は約 73 万人で過去最低を更新した。
■ 2023（令和 5）年の合計特殊出生率は 1.20 と、前年の 1.26 より低下し、過去最低となった。

出生数および合計特殊出生率の内訳ともに、30 ～ 34 歳の階級が最多・最高となっている。

《国試にチャレンジ！》

1 2023 年（令和 5 年）における高齢者人口は、生産年齢人口を上回っている。
【30 回 49 改】☑☑ （正答…✕）

2 「国立社会保障・人口問題研究所の推計」によると、老年（65 歳以上）人口は 2043 年にピークを迎え、その後は減少に転じるとされている。
【33 回 49 改】☑☑ （正答…◯）

C 経済環境の変化

① 低成長社会

■ バブル景気崩壊後、日本の経済は低成長期に入り（「4 原理」レッスン 4 参照）、日本の国内総生産（GDP：Gross Domestic Product）は、ほぼ横ばいで推移している。内閣府の 2023（令和 5）年度国民経済計算年次推計によると、日本の GDP は名目 595 兆 2000 億円、実質 555 兆 8000 億円であり、1 人あたり名目 GDP は経済協力開発機構（OECD）加盟 38 か国中 22 位となっている。

　国内総生産（GDP）
一定期間内に国内で作り出されたすべての財やサービスの付加価値の価格を合計したもの。

■ IMF（国際通貨基金）統計に基づく 2023（令和 5）年の日本の 1 人当たりの GDP（名

目）は世界第 34 位である。
- 2022（令和 4）年の世帯当たりの平均所得金額は、全世帯で 524 万 2000 円であり、1994（平成 6）年から 100 万円以上減少している（厚生労働省「令和 5 年国民生活基礎調査」）。

② 社会保障の持続可能性
- 地域の実体経済（地域経済）は、地域住民の雇用や消費生活に直結しており、持続可能性を高めるうえで重要である。
- 社会保障・税一体改革（「7 地域」レッスン 5 参照）は、社会保障の維持と安定財源確保、国家財政の再建を同時に達成することを目標としている。
- 現役世代が急減する 2040（令和 22）年を見据え、多様な就労・社会参加の環境整備、健康寿命の延伸、医療・福祉サービスの改革による生産性の向上、給付と負担の見直し等による社会保障の持続可能性といった取り組みが進められている。

2040（令和 22）年に、人口の多い、いわゆる団塊ジュニア世代が 65 歳以上となり、現役世代が急減することから生じるさまざまな社会的影響を 2040 年問題（「7 地域」レッスン 1 参照）という。

頻出度 B 労働環境の変化

① 働き方改革関連法
- 「働き方改革を推進するための関係法律の整備に関する法律」（働き方改革関連法）により、8 つの労働法関連の法改正が行われ、2019（平成 31）年 4 月から 2021（令和 3）年 4 月にかけて順次施行された。

■働き方改革の 3 つの柱

第 1 の柱：働き方改革の総合的かつ継続的な推進
第 2 の柱：長時間労働の是正と多様で柔軟な働き方の実現等
・時間外労働の上限規制の導入（月 45 時間、年 360 時間を原則） ・年次有給休暇取得の義務づけ ・フレックスタイム制の見直し ・高度プロフェッショナル制度の創設 ・産業医の機能の強化　等
第 3 の柱：雇用形態にかかわらない公正な待遇の確保
・正規雇用者と非正規雇用者に不合理な待遇差をつけることの禁止 ・労働者に対する待遇に関する説明義務の強化　等

> **word** 高度プロフェッショナル制度
> 一定の年収要件を満たした、専門的かつ高度な職業能力をもつ労働者について、労働時間、休日・深夜の割増賃金などの規定を適用除外とする制度。

② 雇用形態と関連法律

- 非正規雇用労働者は、正規雇用労働者に比べて勤続年数が短く、職務経験の蓄積や職業能力形成が困難となり、その結果として賃金格差が生じている。
- 働き方改革関連法の1つとして、2020（令和2）年にパートタイム・有期雇用労働法（「短時間労働者及び有期雇用労働者の雇用管理の改善等に関する法律」）が施行された。

■ パートタイム・有期雇用労働法のポイント

- 雇用方法による不合理な待遇格差の禁止（同一労働同一賃金の原則）
- 待遇格差の説明義務などが強化
- 行政による事業主への助言・指導や裁判外紛争解決手続きの援助制度

- 若者雇用促進法に基づき、国が地方公共団体と協働して、いわゆるニートなどの若者や働くことに悩みを抱えている15～49歳までの人に、地域若者サポートステーションにおいて専門的な相談、コミュニケーション訓練など就労に向けた支援を行っている。
- 男女雇用機会均等法（1985（昭和60）年制定）では、男女の雇用の均等な機会・待遇の確保、女性労働者の職業能力の開発・向上などが規定された。
- 国際労働機関（ILO）の定義によれば、ディーセント・ワークとは、働きがいのある人間らしい仕事のことである。具体的には、権利が保障され、十分な収入を得られ、適切な社会的保護のある生産性の高い仕事に従事することを意味する。

③ 育児休業取得率

- 厚生労働省の「令和5年度雇用均等基本調査」によると、育児休業取得率は男性30.1％、女性84.1％で、前年度より男性は13.0ポイント上昇、女性は3.9ポイント上昇した。

《国試にチャレンジ！》

1. 「パートタイム・有期雇用労働法」では、事業主は、短時間・有期雇用労働者からの求めに応じ、通常の労働者との待遇差の内容や理由などについて説明しなければならないと定められている。【35回144】　（正答…〇）
2. ディーセント・ワークとは、働きがいのある、人間らしい仕事のことをいう。【35回143】　（正答…〇）

Lesson 2 社会保障の概念や対象およびその理念

頻出度 B 社会保障の概念と範囲

① 社会保障の概念と範囲・対象

■ 1950（昭和25）年に社会保障制度審議会（現：社会保障審議会）が行った「社会保障制度に関する勧告」（50年勧告）において社会保障の概念が明示され、この考えを基本として日本の社会保障制度の体系は発展した。

■ 50年勧告における社会保障の定義

・疾病、負傷、分娩、廃疾、死亡、老齢、失業、多子などの困窮の原因に対して、保険的方法または直接公の負担において、経済保障の途を講ずること
・生活困窮に陥った者に対しては、国家扶助によって最低限度の生活を保障するとともに、公衆衛生および社会福祉の向上を図り、すべての国民が文化的社会の成員たるに値する生活を営むことができるようにすること

■ 近年では社会保障は一般に、「国民の生活の安定が損なわれた場合に、国民に健やかで安心できる生活を保障することを目的として公的責任で生活を支える給付を行うもの」（1993年社会保障制度審議会「社会保障将来像委員会第1次報告」）とされている。

 戦後まもなくは、「最低限の生活の保障」のため社会保障の対象は低所得者などが中心であったが、近年ではすべての国民を対象とし、安定した生活を保障するためのものへと変わった。

■ 社会保障制度に関する社会保障制度審議会のポイント

1950（昭和25）	50年勧告	社会保障の範囲を社会保険、国家扶助（公的扶助）、公衆衛生、社会福祉と定義、社会保障は保険的方法と国家扶助の双方で行うとした
1962（昭和37）	62年答申・勧告	貧困階層には公的扶助、低所得者階層には社会福祉、一般階層には社会保険を施策の中軸に位置づけた
1995（平成7）	95年勧告	・社会保障の基本理念は、広く国民に健やかで安心できる生活を保障すること、国民の自立と社会連帯を強調 ・普遍性・公平性・総合性・権利性・有効性という社会保障推進の5原則を提示 ・社会保険を財源とする介護保険制度の創設、65歳程度までの就業の確保、安定した公的年金制度づくりなどを提言

② 社会保障制度の体系

- 50年勧告による社会保障制度の体系を基本として、現在では**公的扶助**、**社会保険**、**社会福祉**、**公衆衛生および医療**、**老人保健**の5つの分野を柱として、社会保障制度が体系化されている。
- 社会保障の関連制度に、**住宅対策**（公営住宅の建設）、**雇用対策**（失業対策）がある。

■ 社会保障の体系（狭義の社会保障）

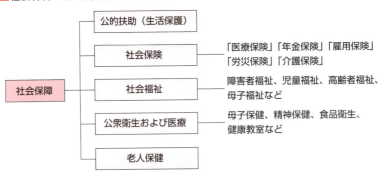

《国試にチャレンジ！》

1. 1950年（昭和25年）の社会保障制度審議会の勧告では、日本の社会保障制度は租税を財源とする社会扶助制度を中心に充実すべきとされた。
【35回49】　　　　　　　　　　　　　　　　　　　（正答…✕）

2. 1995年（平成7年）の社会保障制度審議会の勧告で、介護サービスの供給制度の運用に要する財源は、公的介護保険を基盤にすべきと提言された。
【32回49】　　　　　　　　　　　　　　　　　　　（正答…○）

頻出度 B 社会保障制度の目的と機能

- 社会保障制度は、国民が安心して安定した生活を送るための**セーフティネット**としての機能をもつ。
- 社会保障の基本的な考え方は、「**自助**」を基本として、「**共助**」が補完し、自助・共助で対応できない状況を「**公助**」が行うというものである。

■ 自助・共助・公助

自助	自らの責任と努力により、働いて生活を支え、健康を維持する
共助	社会保険などによりリスクを国民が共有し、相互に支えあって安定した生活を保障する
公助	公的扶助や社会福祉などにより、自助や共助では対応できない困窮などの状況に対し、所得や生活水準・家庭状況などの受給要件を定めたうえで、必要な生活保障を行う

■社会保障の目的・機能として、**生存権・最低生活の保障機能**、**所得の再分配機能**、**生活安定・向上機能**、**経済安定機能**がある。

■社会保障の目的・機能

生存権・最低生活の保障機能
・日本国憲法第25条において生存権および国の社会保障の責務が規定されている 　→第1項「すべて国民は、健康で文化的な最低限度の生活を営む権利を有する」 　→第2項「国は、すべての生活部面について、社会福祉、社会保障及び公衆衛生の向上及び増進に努めなければならない」
所得の再分配機能
・市場の機構を通じて分配された個人の所得（賃金等）を、税金や社会保険料として徴収し、それを社会保障制度などの社会的仕組みを通して、再び分配して所得格差を縮小し、生活の安定を図る仕組み ・所得の再分配には、現金給付だけではなく、医療や介護サービス、保育サービスなどの現物給付もある ・所得の再分配には、垂直的再分配と水平的再分配がある 　→垂直的再分配は、高所得者から低所得者への所得再分配のこと 　→水平的再分配は、同一所得階層内での所得再分配のこと
生活安定・向上機能
・社会保険や各種サービスにより、生活のリスクに対応し、生活の安定や向上をもたらす
経済安定機能
・所得の減少を緩和させることなどにより、不況や景気後退に伴う消費の落ち込みを緩和させ、生活と景気変動の安定化に効果をもつ ・このような効果をビルトインスタビライザー（組み込まれた安定装置）という

《国試にチャレンジ！》

1　社会保障には、生活のリスクに対応し、生活の安定を図る「生活安定・向上機能」がある。【33回50】　　　　　　　　　　　　　　　　　　　　　　　（正答…◯）

2　社会保障には、経済変動の国民生活への影響を緩和し、経済を安定させる「経済安定機能」がある。【33回50】　　　　　　　　　　　　　　　　　　　（正答…◯）

頻出度A 社会保障制度の歴史

① 戦前・戦後の日本の社会保障

■第二次世界大戦前に、被用者を対象とした健康保険法、市町村が任意で実施する地域の国民健康保険法が成立した。

■1947（昭和22）年に施行された日本国憲法第25条では、いわゆる生存権を保障し、社会保障に対する国の責務が規定された。この理念を受け、1950（昭和25）年の「社会保障制度の勧告（50年勧告）」で社会保障制度の体系づけがされた。

■戦前・戦後の社会保障制度の変遷（戦前～昭和20年代）

年	内容
1922（大正11）	日本で最初の社会保険制度である健康保険法が制定（施行は1927年）
1929（昭和4）	救護法の制定
1938（昭和13）	国民健康保険法制定・施行（組合方式で任意設立）、社会事業法が制定
1939（昭和14）	船員保険法の制定 →養老年金および廃失年金は社会保険方式による日本初の公的年金制度
1941（昭和16）	労働者年金保険法の制定（対象は民間企業の被用者で男子の工場労働者）
1944（昭和19）	労働者年金保険法が厚生年金保険法に名称変更 →対象が女子労働者と事務職員等に拡大
1946（昭和21）	旧生活保護法の制定
1947（昭和22）	児童福祉法、失業保険法（現：雇用保険法）、労働者災害補償保険法の制定
1949（昭和24）	身体障害者福祉法の制定 →福祉三法体制（生活保護法、児童福祉法、身体障害者福祉法）の確立
1950（昭和25）	新生活保護法の制定、1950年勧告の提出
1951（昭和26）	社会事業法を廃止し、社会福祉事業法（現：社会福祉法）を制定

② 国民皆保険・国民皆年金の実現と福祉元年

■ 1961（昭和36）年に、すべての国民が公的医療保険や年金による保障を受けられるようにする国民皆保険・皆年金が実現し、これを中核に公的扶助や社会福祉による社会保障制度が整備された。

■ 高度経済成長を背景に、社会保障の重点は「救貧」から「防貧」に移った。

■ 1973（昭和48）年には、老人福祉法による老人医療費の無料化のほか、医療保険における高額療養費制度や年金の物価スライド制（物価変動に合わせ年金額を改定）などが導入され、福祉元年とされた。

■社会保障制度の変遷（昭和30年代～昭和40年代）

年	内容
1958（昭和33）	国民健康保険法の全面改正（市町村に実施義務）
1959（昭和34）	国民年金法の制定
1960（昭和35）	精神薄弱者福祉法の制定（現：知的障害者福祉法）
1961（昭和36）	国民皆保険・皆年金体制の実現
1963（昭和38）	老人福祉法の制定
1964（昭和39）	母子福祉法の制定（現：母子父子寡婦福祉法）
1970（昭和45）	心身障害者対策基本法の制定（現：障害者基本法）
1971（昭和46）	児童手当法の制定
1973（昭和48） 福祉元年	・5万円年金の実現、物価スライド制の導入 ・高額療養費支給制度の創設 ・老人医療費支給制度の実施（老人医療費無料化）　　など
1974（昭和49）	失業保険法を廃止し、雇用保険法を制定

③ 社会保障制度の見直しと少子・高齢社会への対応

■ 1980年代には、老人保健制度の創設、医療保険制度の1割自己負担の導入、全国民共通の基礎年金制度の導入などの見直しが進められた。

■ 1990年代にはバブル経済が崩壊して、経済は低成長となり、非正規労働者の増加、共働き世帯の増加などで日本型雇用慣行にも変化が見られるようになった。

■ 急速に進む少子・高齢化に対応するため、ゴールドプランの作成、介護保険制度の創設、エンゼルプランの策定などが進められた。

■社会保障制度の変遷（昭和50年代～平成）

年	内容
1981（昭和56）	国民年金法、児童手当法などが一部改正
1982（昭和57）	老人保健法の制定（1983（昭和58）年に施行） ・翌年、老人医療費の無料化廃止、一部自己負担の導入
1984（昭和59）	健康保険法等の改正→利用者9割給付、退職者医療制度
1986（昭和61）	1985年の国民年金法の改正により、基礎年金制度を導入、「2階建て」年金制度に
1989（平成元）	ゴールドプラン（高齢者保健福祉推進10か年戦略）の策定
1990（平成2）	福祉関係八法の改正
1993（平成5）	心身障害者対策基本法が障害者基本法に改正・改称
1994（平成6）	エンゼルプラン（今後の子育てのための施策の基本的な方向について）策定
	新ゴールドプラン（新・高齢者保健福祉推進10か年戦略）策定
	21世紀福祉ビジョン →年金：医療：福祉等の割合を5：4：1から5：3：2程度とするよう提言
1997（平成9）	介護保険法の制定（2000（平成12）年に施行）
1998（平成10）	精神薄弱者福祉法が知的障害者福祉法に改正・改称
2000（平成12）	社会福祉事業法が社会福祉法に改正・改称
	社会福祉基礎構造改革により措置制度から契約制度に変更
2004（平成16）	年金に保険料水準固定方式・マクロ経済スライドが導入
2005（平成17）	障害者自立支援法の制定
2008（平成20）	老人保健法の改正・改称により、後期高齢者医療制度が導入

④ 近年の社会保障制度改革

■ 少子・高齢化に歯止めをかけ、あらゆる場で誰もが活躍できる「一億総活躍社会」を実現するため、ニッポン一億総活躍プランが、2016（平成28）年に閣議決定された。

■ ニッポン一億総活躍プランでは、成長と分配の好循環メカニズムの提示、働き方改革の方向、希望出生率1.8、介護離職ゼロに向けた取り組み、第4次産業革命（IoT、ビッグデータ、人工知能とロボットや情報端末等の活用等）、地方創生などが示されている。

word｜IoT
Internet of Things で、日本語では「モノのインターネット」と訳される。あらゆるモノをインターネット（あるいはネットワーク）に接続する仕組み。

- 2018（平成30）年に人生100年時代構想会議においてまとめられた「人づくり革命基本構想」では、幼児教育の無償化、高等教育の無償化、高齢者雇用の促進などが挙げられている。
- 2020（令和2）年に閣議決定された全世代型社会保障改革の方針では、すべての世代が公平に支え合う全世代型社会保障の改革が示された。

 全世代型社会保障の閣議決定を経て、後期高齢者医療制度の自己負担割合の見直しが規定された

■社会保障制度の変遷（平成24年〜）

年	内容
2012（平成24）	障害者自立支援法が障害者総合支援法に改正・改称
	子ども・子育て関連三法の成立
	社会保障・税一体改革が閣議決定
2013（平成25）	生活困窮者自立支援法の制定
2014（平成26）	母子及び寡婦福祉法が母子及び父子並びに寡婦福祉法に改正・改称
2015（平成27）	被用者年金制度の一元化の実施
2016（平成28）	ニッポン一億総活躍プラン
2018（平成30）	国民健康保険法において都道府県が財政運営の責任主体に
2019（令和元）	政府に全世代型社会保障検討会議を設置
2022（令和4）	後期高齢者医療制度の医療費自己負担が、現役並み所得者以外の一定以上所得者では2割負担に

《国試にチャレンジ！》

1. 1986年（昭和61年）に基礎年金制度が導入され、国民皆年金が実現した。【35回49】 （正答…✕）
2. 1983年（昭和58年）に老人保健制度が施行され、後期高齢者医療制度が導入された。【32回49】 （正答…✕）
3. 「ニッポン一億総活躍プラン」（2016年（平成28年）6月閣議決定）では、「成長」か「分配」かという論争に終止符を打ち、「成長」に重点を置いた施策を推進するとした。【32回23】 （正答…✕）

Lesson 3 社会保険と社会扶助・民間保険の関係

頻出度 B 社会保険・社会扶助の概念と範囲

- 社会保障を実施方法などの仕組みで分類すると、社会保険と社会扶助に大きく分けられる。
- 社会保険は、保険の仕組みを用いて、主に保険料を財源として給付を行うもので、貧困に陥るのを未然に阻止する防貧的機能がある。
- 社会扶助は、主に租税を財源にして給付を行う。保険の仕組みは用いない。
- 社会扶助のうち、公的扶助は、最低限度の生活を保障する救貧的機能がある。
- 社会扶助のうち、社会手当は、ある一定の要件に該当する人々に、現金を給付することで生活を支援するもので、防貧的機能がある。資力調査はないが、所得調査や所得制限を伴うことが多い。

■社会保障制度の実施方法

社会保険方式		・一定の条件に該当した場合に強制加入 ・保険料の拠出が給付の前提条件となる ・あらかじめ定められた保険事故と該当事由により保険給付がなされる ・財源の一部に国庫負担がある ・年金保険、医療保険、労働者災害補償保険、雇用保険、介護保険の5つがある ・医療保険・介護保険は原則としてサービスの現物給付、年金保険・雇用保険は金銭給付、労働者災害補償保険は医療の現物給付と年金の金銭給付がされる
社会扶助	公的扶助	・日本における公的扶助の中心は生活保護法である ・原因を問わず困窮の事実をもって給付されるため、行政機関による資力調査（ミーンズ・テスト）を受ける必要がある ・給付は現金または現物で、財源はすべて租税（税金）で賄われる
	社会手当	・児童手当、児童扶養手当、特別児童扶養手当、特別障害者手当、障害児福祉手当等がある ・一般的には公費を財源とするが、児童手当のように事業主負担があるものもある ・受給にあたっては一般的に所得制限を設けている

《国試にチャレンジ！》

1 社会保険では、各個人が自由に制度に加入・脱退することは認められていない。
【31回50】 （正答…○）

2 社会保険は救貧的機能を果たし、公的扶助は防貧的機能を果たす。
【34回51】 （正答…×）

社会手当制度の概要

■家族の扶養のために国や自治体などが支給する社会手当として、**家族手当**制度がある。

■主な家族手当

	受給要件など
児童手当 ※2024（令和6）年10月分以降	高校生年代までの児童・生徒の父母等、施設入所児童は施設の設置者等 ・3歳未満が1万5000円、3歳〜高校生が1万円 ・第3子以降は3万円 ・所得制限を設けない
児童扶養手当 ※2025（令和7）年度	児童（原則18歳未満）を在宅で監護・養育するひとり親の父母等、または父母がいない児童の養育者（施設入所では支給されない） ・児童1人では最大で月額4万6690円、第2子以降の加算あり
特別児童扶養手当	心身の障害がある20歳未満の子どもを在宅で監護・養育する父母または養育者
障害児福祉手当	心身に重度の障害があるため、日常生活において常時介護を必要とする在宅の20歳未満の者
特別障害者手当	心身に著しく重度の障害があるため、日常生活において常時特別の介護を必要とする在宅の20歳以上の者
特別障害給付金	国民年金に任意加入していなかったことにより、障害基礎年金等を受給していない障害者（障害基礎年金等級1・2級相当者）

 一定の要件を満たせば、児童扶養手当と児童手当は併給が可能である。

家族手当は、事例問題で基本的な知識が問われることが多いです

《国試にチャレンジ！》

1 会社員のDさん（32歳、男性）と自営業を営むEさん（30歳、女性）の夫婦は、間もなく第1子の出産予定日を迎えようとしている。Dさんは、厚生年金と健康保険の被保険者で、Eさんは国民年金と国民健康保険の被保険者である。この場合、Dさん夫妻の第1子が3歳に満たない期間については、月額2万円の児童手当が給付される。【32回54】　　　　　　　　　　（正答…✕）

民間保険制度 [類出度 B]

- 民間保険には、生命保険（個人年金保険も含む）、損害保険（自動車保険、火災保険、地震保険など）、いずれにも属さない第三分野の保険（私的医療保険、私的介護保険など）がある。
- 生命保険、地震保険は所得税の所得控除の対象となっている。
- 社会保険と異なる民間保険の法則・原則には、①大数の法則、②給付・反対給付均等の原則、③収支相等の原則がある。

■民間保険の3つの法則・原則

① 大数の法則
保険においてリスクは加入者が多数であればあるほど分散できることを意味する
② 給付・反対給付均等の原則
保険料は、その人の保険事故発生の確率と保険金に見合ったものとなる
③ 収支相等の原則
保険事業の支出はすべて保険料収入とその運用益で賄われる。すなわち、総収入（保険料総額）と総支出（支払保険金総額）が等しくなる

■社会保険と民間保険の相違

	社会保険	民間保険
加入形態	強制加入	契約に基づく任意加入で、加入も解約も自由
保険者・事業運営	保険者は国や地方公共団体などで営利性をもたない	民間企業が保険料収入とその運用益で事業を行う
費用負担と給付	負担と給付の関係は比例しない。低所得者の減免制度などがある	保険料の額と保険給付の額が比例する。低所得者の減免制度はない

民間保険と社会保険は正反対の特徴なので、覚えやすいですね

《国試にチャレンジ！》

1 民間保険では、加入者の保険料は均一でなければならない。【31回50】 ✓✓ （正答…✕）

2 民間保険には低所得者に対する保険料の減免制度がある。【31回50】 ✓✓ （正答…✕）

Lesson 4 社会保障と財政

頻出度 A 社会保障給付費・社会支出の内訳

① 社会保障費用統計
- 国立社会保障・人口問題研究所が公表する社会保障費用統計は、**ILO 基準**の**社会保障給付費**と、**OECD 基準**の**社会支出**の2通りで集計される。

■社会保障給付費と社会支出の特徴

社会保障給付費	日本が独自に集計しているため国内での使用に向いている
社会支出	社会保障給付費に比べ範囲が広く、施設設備費など直接個人には給付されない費用も含む。**国際比較**に優れている

② 社会保障給付費の内訳
- 2022（令和4）年度の社会保障給付費は **137兆8337億**円で、1人当たりでは110万3100円である。対国内総生産比（対GDP比）は **24.33**％である。
- 部門別にみると、最も多いのは**年金**（40.5％）で、次いで**医療**（35.4％）、**福祉その他**（24.2％）で、対前年度の伸び率で多いのは、「医療」である。
- 機能別にみると、最も多いのは**高齢**（42.7％）、次いで**保健医療**（34.4％）であり、この2分野で総額の約 **8** 割を占めている。3位は家族で7.7％である。

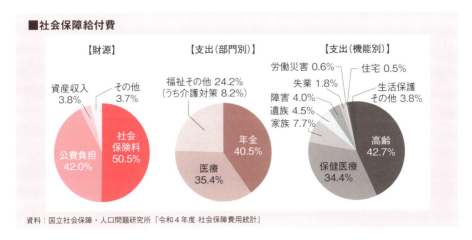

資料：国立社会保障・人口問題研究所「令和4年度 社会保障費用統計」

③ 社会支出の内訳
- 2022（令和4）年度の社会支出は **142兆3215億**円で、1人当たりでは113万

9100円である。対国内総生産比（対GDP比）は**25.12**％である。
- 政策分野別にみると、最も大きいのは**保健**（43.5％）、次いで**高齢**（34.4％）であり、この2分野で総額の約**8**割を占める。3位は家族で7.9％である。
- 諸外国の社会支出を対国内総生産比（対GDP比）でみると、2020（令和2）年度時点で日本は**フランス**、**アメリカ**、**ドイツ**と比較すると**小さく**なっている。

《国試にチャレンジ！》

1 2022年度（令和4年度）の政策分野別社会支出の割合が最も大きいのは「家族」である。【37回30改】　　　　　　　　　　　　　　　　　　（正答…✕）

2 2020年度（令和2年度）における社会支出の国際比較によれば、日本の社会支出の対国内総生産比は、フランスよりも高い。【32回50改】（正答…✕）

頻出度 A 社会保障の費用負担

① 社会保障全体の費用負担
- 2022（令和4）年度の社会保障給付費（ILO基準）の財源（**152兆9922億**円）の内訳は、**社会保険料**が**50.5**％、**公費負担**が**42.0**％、**資産収入**などが3.8％、その他が3.7％である
- 社会保険料の内訳は、被保険者拠出が26.6％、事業主拠出が23.9％で**同程度**の割合である。
- 公費負担の内訳は、**国**（国庫負担）が29.6％、**地方自治体**（他の公費負担）が12.4％で、**国**の負担が多い。

② 社会保障制度における公費負担
- 社会保険による制度でも公費負担が行われていることが多く、負担割合は制度により異なる。

■主な社会保険の国庫負担

	国庫負担	他の公費負担
国民年金（基礎年金）	2分の1	
国民健康保険	41％	都道府県が9％
国民健康保険組合	13〜32％	
後期高齢者医療制度	約5分の2	都道府県・市町村が約5分の1ずつ
介護保険（居宅給付）	4分の1	都道府県・市町村が8分の1ずつ
雇用保険の雇用継続給付・育児給付	8分の1	

- 社会保障のサービスには、利用する人が費用の一部を負担する**利用者負担（一部自己負担）**がある。
- 制度の中で必要な費用を賄うことができない場合、社会保険制度間で資金移転が行われる。この仕組みを**財政調整**という。

《国試にチャレンジ！》

1. 健康保険の給付費に対する国庫補助はない。【35回50】 （正答…×）

2. 患者の一部負担金以外の後期高齢者医療の療養の給付に要する費用は、後期高齢者の保険料と公費の二つで賄われている。【34回52】 （正答…×）

頻出度 B 国民負担率

- **国民負担率**とは、国民所得に占める租税負担と社会保障負担（社会保険料）の割合である。日本の国民負担率は 45.1％（2024（令和6）年度見通し）であり、**租税負担率**が 26.7％、**社会保障負担率**が 18.4％である。
- 日本の国民負担率はアメリカより高く、ヨーロッパ諸国よりは低い。

■国民負担率の国際比較

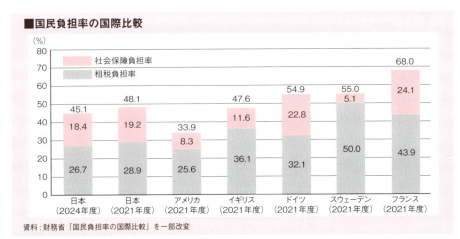

資料：財務省「国民負担率の国際比較」を一部改変

《国試にチャレンジ！》

1. 国民負担率は、国民所得に対する社会保障負担の割合で示される。【25回51】 （正答…×）

Lesson 5 年金保険制度

頻出度 B 年金保険制度の概要

■日本の年金制度は、**国民年金**を全国民共通の**基礎年金**とし、これに**厚生年金保険**などを上乗せする制度となっている。
■私的年金に任意で加入し、さらに上乗せの給付を受けることも可能である。
■国民年金、厚生年金保険の保険者は**国**である。

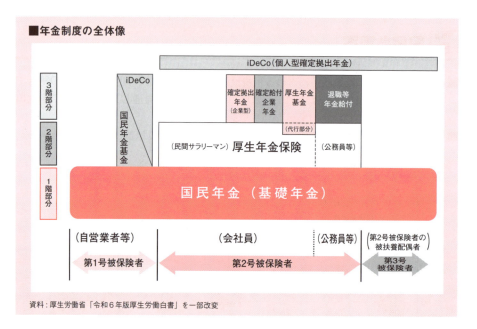

資料：厚生労働省「令和6年版厚生労働白書」を一部改変

■年金保険制度の沿革

1973（昭和48）年	年金給付水準の引き上げ、物価スライド制、標準報酬月額の再評価制の導入
1985（昭和60）年	基礎年金制度の導入による年金制度の一元化、会社員の被扶養配偶者の国民年金制度への強制適用（**第3号被保険者**の創設）
2001（平成13）年	確定給付企業年金法、確定拠出年金法が制定される
2004（平成16）年	厚生年金保険法、国民年金法の改正により、保険料水準固定方式、**マクロ経済スライド**が導入され、上限を固定して保険料水準が引き上げられ（2017（平成29）年で終了）、年金給付水準は財源の範囲内で自動的に調整されることになった

2012（平成24）年	国民年金法等の改正により、老齢基礎年金の受給資格期間が25年から10年に短縮された
2015（平成27）年	厚生年金保険法、国民年金法等の改正により共済年金が厚生年金保険に統一
2018（平成30）年	国民健康保険法の改正により、国民健康保険は市町村に加え都道府県も財政運営の責任主体として保険者となった

 マクロ経済スライド
政府による年金額の算定方式で、賃金の伸び率から被保険者数、年金受給期間の伸び率を考慮して給付水準を決定する。

《国試にチャレンジ！》

1　国民年金の保険者は、日本年金機構である。【30回51】　　（正答…✕）
2　将来の無年金者の発生を抑える観点から、2012年（平成24年）改正により、老齢基礎年金の受給資格期間を25年から30年に延長した。【30回52】　　（正答…✕）

A 国民年金の概要

① 被保険者

- 原則として、日本国内に住所を有する20歳以上60歳未満のすべての者が被保険者となる。
- 老齢基礎年金の受給資格期間（10年）を満たしていないなどの理由がある場合に、一定の要件を満たせば60歳以降でも最長70歳になるまで任意加入被保険者となることができる。

■被保険者の種類

強制加入	①第1号被保険者	・日本国内に住所を有する20歳以上60歳未満で第2号・第3号に該当しない者 【例】自営業者、農林漁業従事者、無職者、学生など
	②第2号被保険者	・厚生年金保険の被保険者 【例】民間企業従業員、公務員、私立学校教職員
	③第3号被保険者	・第2号被保険者の被扶養配偶者で20歳以上60歳未満の者 （日本国内に住所を有する者または日本国内に生活の基礎があると認められる者で、主として第2号被保険者の収入により生計を維持する者） 【例】民間企業従業員や公務員等の被扶養配偶者

② 財源と保険料

- 財源は、保険料、積立金運用収入、国庫負担金で構成され、国庫負担割合は従来3分の1であったが、2014（平成26）年度から恒久的に2分の1となった。
- 第1号被保険者の保険料は、全国一律の定額制である。
- 第3号被保険者の保険料は、第2号被保険者が加入する厚生年金保険全体の保険料から拠出される。
- 保険料は、2年を経過すると時効により納付することができなくなる。

③ 保険料の免除・猶予

- 第1号被保険者には、保険料免除制度として法定免除と申請免除がある。
- 第1号被保険者は、産前産後期間中と育児休業期間中は、保険料が免除され、その期間は満額の基礎年金が支給される。
- 第1号被保険者には、保険料猶予制度として（一般の）納付猶予制度と学生納付特例制度がある。
- 保険料免除期間は、老齢基礎年金の受給資格期間に算入され、免除の区分に応じて減額されるが、老齢基礎年金額に反映される。
- 保険料猶予期間は、老齢基礎年金の受給資格期間に算入されるが、追納しない限り老齢基礎年金額には反映されない。

■法定免除と申請免除

法定免除	次の場合に法律により当然に保険料が全額免除される ・障害基礎年金または障害厚生年金（1級または2級）の受給者 ・生活保護法による生活扶助受給者 ・国立ハンセン病療養所など厚生労働大臣の指定する施設の入所者 **支給額** 全額納付の2分の1
申請免除	・低所得者については、申請により所得に応じて保険料が免除される ・全額免除、3／4免除、1／2免除、1／4免除がある **支給額** 全額免除→1／2、3／4免除→5／8、1／2免除→6／8、1／4免除→7／8

■保険料の納付猶予制度

納付猶予制度	同居している世帯主の所得にかかわらず、20歳以上50歳未満の者で本人・配偶者の前年所得が一定額以下の場合に、申請により保険料の納付が猶予される
学生納付特例制度	20歳以上の学生で、本人の前年所得が一定額以下の場合に、申請により保険料の納付が猶予される

保険料猶予期間は、受給資格期間には算入されるが、保険料免除期間と異なり年金額には反映されない点は問われやすいので注意する。なお、免除期間中の保険料は10年以内であれば追納できる。

《国試にチャレンジ！》

1 国民年金の第一号被保険者の保険料は、前年の所得に比例して決定される。【33回55】　　（正答…✕）

2 障害基礎年金を受給しているときは、国民年金保険料を納付することを要しない。【36回51】　　（正答…◯）

A 国民年金の種類と内容

① 老齢基礎年金
- 保険料納付済期間、免除期間および合算対象期間（カラ期間）を通算した受給資格期間が10年以上ある者が65歳に達したときに支給される。
- 60歳からの繰り上げ支給（減額）、66歳～75歳の繰り下げ支給（増額）が選択できる。

ワンポイント　2022（令和4）年4月から、75歳までの繰り下げ支給（増額）が可能になった。

- 支給額は20歳から60歳までの40年間保険料を支払うと満額となる。

② 障害基礎年金
- 病気やけがにより、一定程度の障害の状態になった者に対し、請求により支給される。

■ 受給要件

次のすべてを満たす場合
- 初診日において国民年金の被保険者または日本国内に住む60歳以上65歳未満の被保険者であった者
- 障害認定日（初診日から1年6か月経過した日または期間内において傷病が治った日）において障害の程度が1級または2級に該当する
- 初診日前の保険料納付済期間（保険料免除期間を含む）が加入期間の3分の2以上ある、または初診日に65歳未満であり、初診日のある月の前々月までの直近の1年間に保険料の未納がない

- 初診日に20歳に満たない者は、20歳に達した日以降に障害の程度が1級または2級に該当する場合に支給対象となるが、受給者本人の所得制限がある。
- 支給額は2級は老齢基礎年金の満額と同額で、1級は2級の年金額の1.25倍である。
- 受給者に子がある場合、受給者によって生計を維持している子の人数に応じて支給額に加算される。

③ 遺族基礎年金
- 受給要件を満たした者が死亡した場合に、請求により、その者により生計を維持され

ていた子のある配偶者または子に支給される。
- 受給者である配偶者に生計を同じくする子が複数いる場合、または受給者である子が複数いる場合、子の人数に応じて支給額に加算される。

■ 死亡した者の受給要件

① 国民年金の被保険者または日本国内に住む60歳以上65歳未満の被保険者であった者のうち、死亡した月の前々月までの保険料納付済期間（保険料免除期間等を含む、以下同）が加入期間の3分の2以上ある、または死亡した月の前々月までの直近の1年間に保険料の未納がない
② 老齢基礎年金の受給権者（保険料納付済期間が25年以上）
③ 老齢基礎年金の受給資格を満たしている者（保険料納付済期間が25年以上）

- 対象となる「子」とは18歳になった年度の3月31日までの子、または20歳未満で障害等級1級または2級の障害状態にある子で、被保険者死亡当時に胎児であった子も対象となる。なお、婚姻している場合は対象外である。
- 支給額は、老齢基礎年金の満額と同額である。

④ その他国民年金独自の給付
- 第1号被保険者、任意加入被保険者を対象とする独自の給付に付加年金があり、定額保険料に付加保険料を上乗せして収めることで受給できる（定額）。

《国試にチャレンジ！》

1. 老齢基礎年金は、25年間保険料を納付して満額の支給が受けられる。【31回52】 ☑☑ （正答…✕）
2. 障害等級2級の受給者に支給される障害基礎年金の額は、老齢基礎年金の満額の1.25倍である。【29回53】 ☑☑ （正答…✕）
3. 遺族基礎年金は、死亡した被保険者の孫にも支給される。【32回52】 ☑☑ （正答…✕）

厚生年金保険の概要

① 被保険者と適用事業所
- 被保険者は、適用事業所に使用される70歳未満の者である。
- 適用事業所は、常時5人以上の従業員を使用する一定の事業所、国・地方公共団体または法人の事業所、一定の条件を満たす船舶が強制適用事業所である。
- 1週間の所定労働時間および1か月の所定労働日数が、常時雇用者の4分の3未満の短時間労働者も、次の要件をすべて満たした場合に被保険者となる。

■短時間労働者の適用要件

- 1週間の所定労働時間が20時間以上　・雇用期間が2か月超見込まれる
- 所定内賃金の月額が8万8000円以上　・学生でない
- 常時従業員が101人以上（2024（令和6）年10月1日以降は51人以上）の特定適用事業所または任意特定適用事業所（労使の合意に基づき申し出た事業所等）に勤めている

ワンポイント　2016（平成28）年から、短時間労働者に対する厚生年金保険（健康保険も同様）の適用が段階的に拡大されてきた。2024（令和6）年10月1日からは、常時51人以上の被保険者数の事業所にも範囲が拡大された。

■被保険者は、第1号厚生年金被保険者（民間企業従業員）、第2号厚生年金被保険者（国家公務員）、第3号厚生年金被保険者（地方公務員）、第4号厚生年金被保険者（私立学校教職員）に分かれ、種別に応じた年金の決定や支払いが行われる。

② 財源と保険料

■保険料は被保険者と事業主が2分の1ずつ負担する。
■保険料の額は、被保険者の標準報酬月額と標準賞与額のそれぞれに保険料率を乗じて算出される。
■厚生年金保険料の標準報酬月額は第1級～第32級の等級に区分されている。
■産前産後の休業期間中と満3歳未満の子を養育するための育児休業期間中は、被保険者・事業主の両方の保険料が免除される。

《国試にチャレンジ！》

| 1 | 厚生年金に加入している時には、給与の額にかかわらず毎月定額の保険料を支払う。【32回55改】　☑☑ | （正答…×） |
| 2 | 育児休業中、厚生年金保険の保険料は、事業主負担分のみ免除される。【30回54改】　☑☑ | （正答…×） |

 厚生年金保険の種類と内容

① 老齢厚生年金

■老齢基礎年金の受給要件を満たしている65歳以上の者で、厚生年金保険の被保険者の期間が1か月以上ある場合に、基礎年金に上乗せする形で支給する。
■60歳から65歳になるまで受給できる特別支給の老齢厚生年金がある。

■特別支給の老齢厚生年金

受給要件	・老齢基礎年金の受給要件を満たし、厚生年金の被保険者期間が1年以上ある者 ・男性は1961（昭和36）年4月1日までに生まれた者、女性は1966（昭和41）年4月1日までに生まれた者が対象
支　給	・定額部分、報酬比例部分がある ・支給開始年齢は、出生月日に応じて段階的に引き上げられる ・繰り下げ受給はできない

■ 60歳以降も在職し、厚生年金保険に加入し続けている場合には、給与と年金の額に応じて、老齢厚生年金の全部または一部が支給されない（在職老齢年金）。

■ 在職老齢年金では、65歳からの老齢基礎年金については支給停止されない。

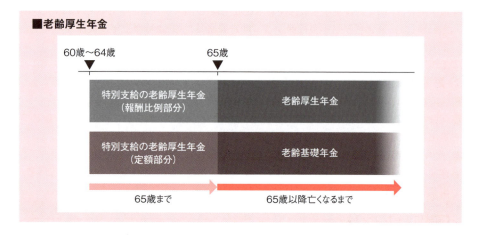

■ 離婚等に、当事者間の合意または裁判所の決定があれば、当事者の一方からの請求により、婚姻期間についての厚生年金記録を2分の1を上限に分割できる。

■ 離婚等をした場合、2008（平成20）年4月以降の第3号被保険者であった期間については、当事者間の合意を得ずに、被扶養配偶者の請求により厚生年金記録の2分の1を分割できる。

② 障害厚生年金・障害手当金

■ 障害厚生年金は、傷病が原因で、一定の障害の状態となった場合に、障害基礎年金に上乗せして支給される。

■受給要件

次のすべてを満たす場合
・厚生年金被保険者期間中に、障害の原因となった病気やけがについての初診日があること
・障害認定日に障害等級が1級から3級であること
・保険料納付済期間、保険料の未納の規定は障害基礎年金と同様

障害等級3級の場合、障害基礎年金は対象外となるため障害厚生年金のみの支給となる。

- 障害厚生年金の3級よりもやや程度の軽い障害が残った場合に、障害の原因となった病気やけがについての初診日から5年経過の間に病気やけがが治った場合に限り、一時金として障害手当金が支給される。

③ 遺族厚生年金
- 厚生年金の被保険者、老齢厚生年金の受給権者、1級または2級の障害厚生年金の受給権者などが死亡し、一定の要件を満たしている場合に支給される。
- 遺族の範囲は遺族基礎年金よりも広く、次の①→②→③→④→⑤の優先順位で支給される。

■遺族の範囲

①子のある配偶者（夫の場合は55歳以上）または子　②子のない妻、子のない夫（55歳以上）　③55歳以上の父母　④孫　⑤55歳以上の祖父母
※子の要件は遺族基礎年金と同様

遺族基礎年金と異なり、子がいない配偶者にも支給される。

- 配偶者と子の場合は、遺族基礎年金と併給される。
- 遺族厚生年金の支給額は、死亡した被保険者の支給される老齢厚生年金（報酬比例の年金額）の4分の3である。また、一定の要件を満たした妻には中高齢寡婦加算または経過的寡婦加算が加わる。
- 遺族厚生年金の受給者が65歳に達した場合は、①遺族厚生年金、②遺族厚生年金の3分の2＋老齢厚生年金の2分の1のいずれか高いほうが支給される。
- 受給権を取得したときに30歳未満で子のいない妻は、5年間で受給権を喪失する。

④ 年金の併給・他制度との調整
- 65歳以上の障害基礎年金の受給権者は、老齢厚生年金または遺族厚生年金との併給ができる。
- 同一の支給事由で労災保険のほかに国民年金、厚生年金が支給される場合、国民年金、厚生年金が優先して満額支給され、労災保険は減額して支給される。
- 雇用保険の基本手当が支給される場合は、特別支給の老齢厚生年金および65歳になるまでの老齢厚生年金は支給されない。

《国試にチャレンジ！》

1. 受給権を取得した時に、30歳未満で子のいない妻には、当該遺族厚生年金が10年間支給される。【32回52】 ✓✓ （正答…✗）

2. 老齢基礎年金の受給者が、被用者として働いている場合は、老齢基礎年金の一部又は全部の額が支給停止される場合がある。【35回55】 ✓✓ （正答…✗）

頻出度 C 私的年金

■ 厚生年金保険の上乗せ給付（3階建部分）をする私的年金として、**厚生年金基金、確定給付企業年金、確定拠出年金**がある。

ワンポイント　厚生年金基金は、運営困難となり、原則として確定給付企業年金、確定拠出年金（企業型）への移行が進められている。

■ 確定給付企業年金と確定拠出年金

	確定給付企業年金	確定拠出年金
概要	企業独自の上乗せ部分の給付を行う。掛金は原則**事業主**（企業）が負担	企業型（掛金は原則事業主が負担）と個人型（掛金は原則加入者が負担）がある
運用	運用がうまくいかない場合は企業が補填する	加入者が金融商品の中から、掛金の運用方法を選択する
給付額	企業の保証により確定	運用実績により変動

■ 国民年金保険の第1号被保険者の上乗せ給付（3階建部分）をする私的年金には、**国民年金基金**および **iDeCo**（個人型確定拠出年金）がある。

老後資金は、もっと増やすことができますよね

貯蓄をしたり、これからは自助努力が求められていますね

Lesson 6 労働保険制度の具体的内容

頻出度 A 雇用保険制度

■目的

- 労働者が失業した場合や雇用の継続が困難となった場合、教育訓練を受けた場合および労働者が子を養育するための休業をした場合に必要な給付を行い、労働者の生活および雇用の安定を図る（→失業等給付、育児休業給付で対応）
- 就職を促進し、労働者の職業の安定に資するため、失業の予防、雇用状態の是正、雇用機会の増大や労働者の能力開発・向上を図る（→雇用保険二事業で対応）

■ 保険者は国で、現業業務は都道府県労働局と公共職業安定所（ハローワーク）が行う。
■ 保険は、原則として労働者（原則として1人以上）を使用するすべての事業に適用される（適用事業）。
■ 被保険者は、一般被保険者、高年齢被保険者（65歳以上）、短期雇用特例被保険者、日雇労働被保険者に区分される。
■ 雇用形態にかかわらず、1週間の所定労働時間が20時間以上であり、同一事業者に31日以上の雇用見込みがある場合は、原則として被保険者となる。
■ 雇用保険の財源は保険料で、事業により国庫負担がある。
■ 国庫負担割合は、求職者給付（高年齢求職者給付などを除く）の4分の1、雇用継続給付（介護休業給付）・育児休業給付はそれぞれ8分の1である。
■ 失業等給付および育児休業給付の保険料は被保険者と事業主が半分ずつ負担する。
■ 雇用保険二事業の保険料は全額事業主負担である。

■雇用保険制度の給付の概要

失業等給付	求職者給付	失業者に対し、求職活動中の生活保障をする。一般求職者給付（基本手当など）、高年齢求職者給付などがある
	就職促進給付	失業者の再就職を援助促進する。就業促進手当（再就職手当、就業促進定着手当）、移転費、求職活動支援費がある
	教育訓練給付	職業訓練を受けた労働者に受講料の一部を援助する
	雇用継続給付	職業生活の円滑な継続を援助。介護休業給付金、高年齢雇用継続給付金がある
育児休業等給付		育児休業給付金、出生時育児休業給付金、出生後休業支援給付金、育児時短就業給付金
雇用保険二事業	雇用安定事業	失業の予防、雇用状態の是正、雇用機会の増大など
	能力開発事業	職業生活の全期間を通じた能力の開発・向上の促進

① 求職者給付

■ 一般求職者給付の基本手当の支給要件は、被保険者が失業（失業の理由は問わず自己都合でもよい）し、離職の日以前2年間に被保険者期間が通算して12か月以上（倒産・解雇等の場合は、1年間に通算6か月以上）あることである。

> **ワンポイント**　被保険者ではない学生が就職できないような場合は、失業には該当せず受給できない。雇用保険の失業等給付を受給できない特定求職者には、求職者支援法による支援が行われる（「15 貧困」参照）。

■ 基本手当日額は、原則として離職した日の直前の6か月における賃金日額の約50～80％（賃金の低い者ほど高率となっている）である。

■ 基本手当の給付日数は、所定給付日数を限度として被保険者期間により90～150日だが、離職が倒産・解雇等による場合は、最長330日まで延長されている。

■ 高年齢被保険者（65歳以上の被保険者）については、求職者給付として高年齢求職者給付金が支給される。高年齢被保険者が失業し、離職の日以前1年間に被保険者期間が通算して6か月以上ある場合に、基本手当日額に、被保険者期間により50日または30日を掛けた額が一括して支給される。

② 就職促進給付

■ 就業促進手当のうち、再就職手当は、基本手当を受給していて、給付残日数が所定給付日数の3分の1以上を残して再就職した場合に、所定の要件のもとに支給される。

③ 教育訓練給付

■ 教育訓練給付には、一般教育訓練給付金、特定一般教育訓練給付金、専門実践教育訓練給付金があり、被保険者または被保険者であった者が、厚生労働大臣の指定する教育訓練を受講し、修了した場合に、その費用の一部が支給される。

	一般教育訓練給付金	特定一般教育訓練給付金	専門実践教育訓練給付金
概要	雇用の安定・就職の促進を図る教育訓練	速やかな再就職・早期のキャリアに資する教育訓練	中長期的なキャリア形成、専門的・実践的な教育訓練
給付額	教育訓練経費の20%相当額で10万円を上限	教育訓練経費の40%相当額で20万円を上限[1]	教育訓練経費の50%相当額で年40万円を上限[2]

※1　資格を取得し就職などした場合は10％を追加支給
※2　資格を取得し就職などした場合は10％を追加支給、教育訓練の受講後に賃金が上昇した場合はさらに10％を追加支給

■ 2025（令和7）年10月1日に新設される教育訓練休暇給付金では、被保険者が教育訓練を受けるための休暇を取得した場合に、基本手当に相当する給付として、賃金の一定割合を支給する。

④ 雇用継続給付
- **介護休業給付**→ 介護休業給付金として、休業開始時賃金日額の 67 %（休業日数最大 93 日分）を支給。
- **高年齢雇用継続給付**→ 高年齢雇用継続基本給付金と高年齢再就職給付金がある。

⑤ 育児休業等給付
- **育児休業給付金**のほか、2022（令和 4）年 10 月から**出生時育児休業給付金（産後パパ育休）**、2025（令和 7）年 4 月から**出生後休業支援給付金、育児時短就業給付金**が新たに追加された。

■育児休業等給付

育児休業給付金	原則として子が 1 歳に達する日まで（保育園に入れないなどの事情がある場合最大 2 歳まで）、開始から 180 日目までは休業開始時賃金日額の 67％を支給、以降は 50％
出生時育児休業給付金（産後パパ育休）	子の出生後 8 週間以内に 4 週間まで、休業開始時賃金日額の 67％を支給
出生後休業支援給付金	子の出生直後の一定期間に夫婦ともに育児休業を取得した場合に、従来の育児休業給付に上乗せして、休業開始時賃金日額の 13％相当額を支給（28 日間を限度）
育児時短就業給付金	2 歳未満の子を養育するために、時短勤務をしている場合、時短勤務中に支払われた賃金額の 10％を支給

《国試にチャレンジ！》

1. 雇用安定事業・能力開発事業の費用は、事業主と労働者で折半して負担する。【34 回 53】　　　　　　　　　　　　　　　　　　　　　　（正答…✕）
2. 出生時育児休業給付金は、産後休業中の労働者に対して支給される。【37 回 35】　　　　　　　　　　　　　　　　　　　　　　　　（正答…✕）

頻出度 B　労働者災害補償保険（労災保険）

■目的

- **業務上**の事由、複数事業労働者の二以上の事業の業務を要因とする事由、または**通勤**による労働者の負傷、疾病、障害、死亡等に対して必要な**保険給付**を行う
- 被災労働者の社会復帰の促進、労働者および遺族の援護、労働者の安全・衛生の確保などを図り労働者の福祉の増進に寄与する

- 保険者は**国**（政府）であり、労働者を使用するすべての事業に適用される（**適用事業**）。
- 労災保険の適用を受ける労働者は、適用事業所に使用され、賃金を支払われる労働者で、パート、日雇い、アルバイトなどの**雇用形態**、**雇用期間**を問われない。また、労働者の国籍や、在留資格の有無・内容を問わず適用される。

雇用保険と異なり、雇用されていれば学生も適用される。

- ①中小事業主とその家族従業者、②一人親方とその他の自営業者等、③特定作業従事者、④海外派遣者等も加入できる特別加入制度がある。
- 国家公務員・地方公務員（現業の非常勤職員を除く）は労災保険の適用除外となっている。
- 保険料は全額が事業主負担で、労働保険料として雇用保険の保険料と併せて徴収される。
- 事業主が保険料を滞納していたとしても、労働者への保険給付は行われる。
- 労災保険率は、厚生労働大臣が業種ごとに定める。
- 一定規模以上の事業については、個々の事業ごとに一定の範囲内で労災保険率または労災保険料額を増減させるメリット制が採用されている。
- 業務災害または通勤災害の認定を受けた場合に保険給付の対象となり、業務災害の療養補償給付では被災労働者の自己負担はない。

■主な保険給付の内容　　　　　※（　）内は通勤災害における保険給付の名称

療養補償給付（療養給付）	治療を要する場合に支給される
休業補償給付（休業給付）	療養のため賃金を受けられない場合に、休業4日目から休業1日につき給付基礎日額の60%相当が支給される
傷病補償年金（傷病年金）	傷病が療養開始後1年6か月を経過しても治らず、一定の障害が残った場合に支給される
障害補償年金（障害年金）	傷病が治ったあと一定の障害が残った場合に支給される
遺族補償給付（遺族給付）	死亡した場合に支給される
葬祭料（葬祭給付）	
介護補償給付（介護給付）	傷病補償年金（傷病年金）または障害補償年金（障害年金）の一定の障害の受給権者が、介護を必要とする場合に支給される
二次健康診断等給付	事業主の行う定期健康診断において脳血管疾患・心臓疾患に関連する一定の異常がみられた場合に支給される

《国試にチャレンジ！》

1 労働者災害補償保険の保険者は、都道府県である。【30回51】　　（正答…✕）

2 労働者災害補償保険の適用事業には、労働者を一人しか使用しない事業も含まれる。【35回53】　　（正答…◯）

3 労働者災害補償保険に要する費用は、事業主と労働者の保険料で賄われている。【31回49】　　（正答…✕）

Lesson 7 諸外国における社会保障制度の概要

頻出度 B 諸外国における社会保障制度の発展

■諸外国における社会保障制度の発展

年	国	内容
1601	英	エリザベス救貧法が制定→国家による初の生活困窮者に対する救済を目的とした法律
1883	独	疾病保険法が制定→世界初の社会保険制度、労働者災害保険法（1884年）、養老および廃疾保険法（1889年）とあわせドイツ社会保険3法といわれる
1897	英	ウェッブ夫妻（Webb, S.&B.）、ナショナル・ミニマム（国家による最低限の生活保障）の理念を提唱、ベヴァリッジ報告に大きな影響を与える
1919	独	ワイマール憲法が制定、世界初となる生存権を規定
1935	米	社会保障法が制定、世界で初めて社会保障という語句が用いられた
1942	英	「ゆりかごから墓場まで」という言葉で知られるベヴァリッジ（Beveridge, W.H.）の報告書『社会保険および関連サービス』、いわゆるベヴァリッジ報告が発表
1945	仏	ラロック・プラン「当事者拠出と当事者管理」を原則。戦後のフランスの社会保障制度の始まり
1965	米	公的医療保障制度とし、高齢者等に対するメディケアと低所得者向けのメディケイドが創設

欧米の社会保障制度の発展については、「4 原理」のレッスン2もあわせて学習してください

頻出度 B イギリス・アメリカ・スウェーデンの社会保障制度の特徴

① イギリス

- 全住民を対象に、国営の医療機関が疾病予防・リハビリテーション・保健などを包括した国民保健サービス（NHS）を提供している。
- 原則として医療費は無料だが、薬剤費、歯科診療費については一部有料である。
- 財源の大部分は租税で賄われ、その他国民保険（全国民加入）制度からの保険料拠出と患者の一部負担で賄われている。
- 1990年代にコミュニティケア改革が行われ、ケアマネジメントの導入や地域・在宅ケアの地方自治体への財源一元化などが行われた。
- 介護サービスは国民保健サービス（NHS）により施設入所や在宅看護などが行われ、

在宅サービスは地方自治体を実施主体に行われる。

■ 公的年金制度は全就業者等を対象とする社会保険方式の国家年金のみで、財源はすべて保険料で賄われる。

■ 支給開始年齢は、段階的に 68 歳に引き上げられる予定である。

② アメリカ

■ 全国民を対象とする公的医療保障制度をもたず、民間保険の果たす役割が大きい。

■ オバマ政権下において 2010 年に医療保険制度改革が行われ、全国民に原則として民間の医療保険への加入を義務づける医療保険改革法が成立している。

■ 公的医療保障制度としてメディケアとメディケイドがある。

■ メディケアとメディケイド

メディケア	老齢・障害年金受給者・慢性腎臓病患者などを対象とする公的医療保険で、運営は連邦政府
メディケイド	低所得者対象の公的医療扶助で、運営は州政府が行っている

■ 介護補償の制度はなく、メディケアで一部の介護サービスが医療の範囲内で行われる。

■ 年金制度として、老齢・遺族・障害給付を含む公的年金制度（OASDI）があり、連邦政府が運営している。被用者と一定の所得以上の自営業者は強制適用で、無職者は非加入である。

■ 老齢年金の支給開始年齢は 67 歳に段階的に引き上げられている。公的年金とは別に、確定給付型・確定拠出型の企業年金・個人年金が広く普及している。

③ スウェーデン

■ 福祉サービスは基礎的自治体であるコミューンが、医療サービスは広域自治体であるレギオンが担う。国は老齢年金、両親保険（児童手当）、傷病手当などの社会保険給付を行う。

■ 医療サービスおよび介護サービスの財源は税金で、一部を自己負担する。現物給付が行われる。

■ 老齢年金として保証年金、所得比例年金、プレミアム年金の 3 つの公的年金制度がある。

■ 公的年金制度

保証年金	税財源。年金額が一定水準に満たない者を対象
所得比例年金	社会保険により賦課方式で運営
プレミアム年金	積立方式で運営する確定拠出型

《国試にチャレンジ！》

1 アメリカには、全国民を対象とする公的な医療保障制度が存在する。
【31回55】 ☑☑ （正答…✕）

頻出度 C ドイツ・フランス・その他の社会保障制度の特徴

① ドイツ
■ 医療サービスは**社会保険方式**で、職域や地域を単位に設置される**疾病金庫**が保険者として運営する。
■ 一定以上の年収がある者、専業自営業者、公務員等は一般医療保険制度への加入が**任意**であるため、公的医療保険加入率は全国民の**9割**程度である。
■ 公的医療保険に加入しない場合は、**民間保険**に加入する義務がある。
■ ドイツの社会福祉政策は、補完性の原則に基づき、民間サービスが公的サービスに優先する。
■ ドイツの介護保険制度は1994年に創設され、1995年から**在宅介護給付**が、また、翌1996年からは**施設介護給付**が実施された。
■ 一般年金保険は社会保険方式で、保険料は賦課方式で運営され、**報酬比例**の給付となっている。
■ 被用者は強制加入、一定範囲の自営業者、無職者は任意加入である。
■ 財源は労使折半の保険料と国庫負担による。支給開始年齢は**67**歳に段階的に引き上げられている。

② フランス
■ 医療サービスは**社会保険方式**で、職域に応じて多くの制度が分立し、各制度に金庫と呼ばれる**医療保険基金**が設置・管理されている。
■ 医療費の給付は入院等を除き**償還払い**方式が原則だが、2017年からは外来診療も含めて第三者支払方式（窓口で自己負担分を支払い）が実施されている。
■ 介護保険制度はないが、広域自治体（県）を実施主体とし、**税**方式を採用した**高齢者自助手当**がある。高齢者と障害者の介護サービスを一体化している。
■ 年金制度は**職域**ごとに多くの制度で運営される。財源は主に保険料（一部公費負担）である。無年金・低年金者には、無拠出の**高齢者連帯手当**（ASPA）がある。
■ **老齢年金**は、62歳から受給できるが、2030年までに64歳へと段階的に引き上げられることになっている。

③ 中国・韓国
■ 中国の社会保障制度は、社会救助、社会保険、社会福祉、軍人保障に分類される。

- 社会保険には、養老（年金）、医療、労災、失業、生育、介護（試行段階）がある。
- 中国の計画出産政策（一人っ子政策）は、2016年から廃止され、2021年に、三人っ子政策が導入された。
- 韓国では1986年に国民年金法が制定され、1989年に国民皆保険・皆年金が達成された。
- 韓国では、2000年の国民健康保険法の制定により、医療保険制度が全国一本に統合された。
- 韓国の高齢者長期療養保険（介護保険）は、加齢や病気による要介護者に生活支援のサービスを提供する社会保険制度であり、2008年から実施されている。
- 韓国の少子高齢化対策として、2005年に低出産・高齢社会基本法が制定された。

④ 介護保険制度の比較

- 日本はドイツと同様、介護サービスを社会保険制度として保障している。
- 2000年から施行された日本の介護保険制度は、ドイツの制度を1つの手本としながら検討し、成立させたものである。韓国の高齢者長期療養保険法は、ドイツと日本の介護保険制度を参考にしている。

■介護保険制度の比較

	日本	ドイツ	韓国
根拠法	介護保険法	要介護のリスクの社会的保護に関する法律	高齢者長期療養保険法
実施年月	2000年4月	1995年1月	2008年7月
保険者	市町村	介護金庫	国民健康保険公団
被保険者	40歳以上の者	公的医療保険加入者	国民健康保険の加入者
受給者	原則として高齢者	すべての年齢層	原則として高齢者
保険給付	在宅・施設サービス 現金給付なし	在宅・施設サービス 現金給付あり	在宅・施設サービス 現金給付あり
財源	利用者負担、公費、保険料	すべて保険料	利用者負担、公費、保険料

《国試にチャレンジ！》

1 ドイツの介護保険制度では、介護手当（現金給付）を選ぶことができる。
【31回55】　　　　　　　　　　　　　　　　　　　　　　　　（正答…○）

6

権利擁護を支える法制度

Lesson 1 — 法の基礎

C 法の基礎

① 法と規範

■ 我々を取り巻く決まりごとのうち、「あるべきこと」としての決まりごとを規範という。法は社会生活における規範（社会規範）の1つである。

■ 社会規範には、法のほかにも道徳、宗教の教義、習俗、マナーなどがあるが、法には国家権力による強制力があるという点で道徳などと異なっている。

② 法の体系

■ 法として文章化されているものを成文法（制定法）といい、憲法、民法、刑法などがある。文章化されていないものを不文法といい、判例法や慣習法がある。

> **ワンポイント** 判例法は裁判における先例であり、判決文のなかで述べられた原理が法として取り扱われることがある。慣習法は、一定の条件の下、法律と同等の扱いを受ける場合がある。

■ 実現されるべき内容を規定した法を実体法といい、憲法、民法、刑法、商法がある。その内容を実現するための手続きを定めた法を手続き法といい、民事訴訟法や刑事訴訟法がある。

■ 国や地方公共団体といった公権力と私人の関係を規律する法を公法といい、憲法、刑法、行政法、訴訟法などがある。私人と私人との関係を規律する法を私法といい、民法や商法などがある。

③ 法の種類

■ 国会や行政で制定される成文法は、日本国憲法を頂点とする階層構図になっており、効力の強さは「憲法＞条約＞法律＞命令＝規則＞条例」である。

■ **成文法（制定法）の種類**

憲法		国家の基本的な枠組みを定める国の最高法規
法律		国会の議決を経て制定
命令	政令	内閣が制定する
	省令	各省の大臣が作成
	規則	各省の中の独立性の強い委員会が制定
規則		立法・行政・司法の各機関が手続きおよび内部規律に関して独自に定める。議院規則、最高裁判所規則など

条例	地方公共団体がその区域内で実施するために制定

■ 条約は国際法上で国家間の権利義務を定めた合意で成文法である。日本国内では法律より優先し、憲法より劣るというのが通説である。

④ 法律の基礎知識

■ ある事項について広く定めているのが一般法、特定の分野について定めているのが特別法である。

■ 特別法は一般法に優先して適用される。また、同一の法形式の間で旧法と新法の間で矛盾が生じた場合は、後から定められた新法が旧法に優先する。

⑤ 法の機能

■ 法の機能には、社会統制機能、社会変革機能、紛争解決機能、資源配分機能がある。

■法の機能

社会統制機能	法による強制力で犯罪などに対し制裁を科すことで、社会を統制し社会の安定を実現する
社会変革機能	国が実現したい目標を規定することで、社会を変革していく
紛争解決機能	人々の権利義務を定め、明確化することで紛争を防止し、法的な基準と手続きを定め、紛争解決をもたらす
資源配分機能	生活環境、教育、社会保障、保険などによる公的なサービスを提供する

⑥ 裁判制度と判例

■ 日本国憲法では、裁判を行う司法権は、最高裁判所および法律の定めるところにより設置する下級裁判所（高等裁判所、地方裁判所、簡易裁判所、家庭裁判所）に属するとされている。

■ 裁判には、刑事裁判と民事裁判とがある。刑事裁判は、刑法など刑罰が定められた法律に違反したかどうかを判断し、刑罰を科すための手続きである。

■ 民事裁判は、民法上の権利主体である私人間の権利関係についての紛争を解決するための手続きであり、行政事件の判断についても、民事訴訟のなかで行政訴訟として位置づけられている。

■ 判例とは、裁判所が具体的事件について判断するために、法令の意味を明らかにし、判断基準を示し、法の一般原則を具体化したものである。

■ 最高裁判所の判例は法律解釈の指針となっており、最高裁判所の判例に反する下級審の判決については、法律解釈の誤りとして取り消すことができる。

Lesson 2 憲法の理解

頻出度 B 日本国憲法の理解と基本的人権の尊重

① 近代憲法の基本原理
- 近代憲法の基本原理は、国民主権、権力分立、基本的人権の尊重であり、日本国憲法はこれらに加え平和主義を基本理念に含む。
- 国民主権とは、国家の最終的な意思決定の権力が国民にあるということである。
- 公金または公の財産を、宗教上の組織や団体の便益や維持に使用してはいけないことを、政教分離の原則という（第89条）。
- 公金または公の財産を、公共にそぐわない慈善、教育、博愛の事業に使用してはいけないことを、公私分離の原則という（第89条）。
- 基本的人権は、侵すことのできない永久の権利であり（第11条）、生命、自由および幸福追求に対する権利（幸福追求権）は、公共の福祉に反しない限り認められるとされる（第13条）。

② 基本的人権の尊重
- 基本的人権の規定には、法の下の平等（第14条）と幸福追求権（第13条）、自由権、受益権（国家への賠償請求権、裁判を受ける権利など）、社会権、参政権がある。
- 人権の主体は、憲法上は日本国民が対象である。ただし、人権は制限的であるものの法人や外国人にも保障されている。
- 参政権は国民が政治に参加する権利で、選挙権は日本国民で満18歳以上の者に与えられる。
- 公務員は、政治的表現の自由や労働基本権が制限されている。

「全農林警職法事件最高裁判決（1973（昭和48）年）」は、刑罰をもって争議行為を禁止する国家公務員法を合憲とし、「猿払事件最高裁判決（1974（昭和49）年）」は、刑罰をもって政治活動を禁止する国家公務員法を合憲とし、被告人を有罪とした。

《国試にチャレンジ！》

1 永住者の在留資格をもつ外国籍の者は、選挙権を有しない。
【26回77】　　　　　　　　　　　　　　　　　　　　　　（正答…○）

自由権・社会権

① 自由権

■ 自由権とは、基本的人権の1つで、精神の自由、身体の自由、経済活動の自由がある。国家から制約も強制もされず、自由に物事を考え、自由に行動できる権利である。

■ 自由権

精神の自由	思想・良心の自由（第19条）、信教の自由（第20条）、集会・結社・表現の自由（第21条）、学問の自由（第23条）
身体の自由	奴隷的拘束・苦役からの自由（第18条）、法定手続きの保障・罪刑法定主義、逮捕・捜索などの要件（第33～35条）、拷問の禁止、自白の強要の禁止などの刑事手続きの保障（第36～39条）
経済活動の自由	居住・移転・職業選択の自由（第22条）、財産権の保障（第29条）

■ 財産権の内容は、公共の福祉に適合するように、法律でこれを定める（第29条第2項）ことができる。また、私有財産は、正当な補償の下に、これを公共のために用いることができる（第29条第3項）。

財産権は、「公共の福祉」のために制限されることがあり、条例による規制が認められた判例がある。ただし、財産権の制限について、公共の福祉に合致していても立法府の判断が合理的裁量を超えている場合は、違憲とする判例がある。

② 社会権

■ 社会権とは、人間が人間らしく生きる権利である。日本国憲法では、生存権（第25条）、教育を受ける権利（第26条）、勤労の権利（第27条）、労働基本権（団結権・団体交渉権・団体行動権）（第28条）が保障されている。

■ 生存権は、「すべての国民は、健康で文化的な最低限度の生活を営む権利を有する（第25条）」と規定されている。

生存権の保障を求め、「朝日訴訟（1967（昭和42）年）」では生活保護基準が争われ、「堀木訴訟（1982（昭和57）年）」では障害福祉年金と児童扶養手当の併給禁止は立法府の裁量の範囲内であり、不合理な差別とはいえないと判示した。

《国試にチャレンジ！》

1 財産権は、条例によって制限することができない。【33回77】 （正答…✕）

2 法律による財産権の制限は、立法府の判断が合理的裁量の範囲を超えていれば、憲法に違反し無効となる。【33回77】 （正答…◯）

幸福追求権と新しい人権・国民の義務

① 幸福追求権
- 幸福追求権（第13条）は、生命、自由および幸福追求に対する国民の権利を包括する権利である。

② 新しい人権
- プライバシー権、肖像権、自己決定権、知る権利、環境権など新しい人権の法的根拠は、幸福追求権である。
- プライバシー権には、「私事をみだりに公開されない権利」、「みだりにその容貌・姿態を撮影されない自由」、「自己の容貌・姿態を描写されたイラスト画を公表されない人格的利益」などがある。
- 自己決定権は、公権力に干渉されることなく、個人が自らの生き方や生活について決定できる権利である。
- 国民の「知る権利」に応える「報道の自由」と併せて、表現の自由や報道のための「取材の自由」も憲法に基づき尊重される。

③ 国民の義務
- 国民の義務として、教育を受けさせる義務（第26条）、勤労の義務（第27条）、納税の義務（第30条）が規定されている。

《国試にチャレンジ！》

1. 利用者の承諾なしに施設の案内パンフレットにその顔写真を掲載することの適否を考える場合は、プライバシー権が直接の根拠となる。【27回77】 (正答…○)
2. 日本国憲法に国民の義務として明記されているものとして、憲法尊重が含まれている。【30回77】 (正答…×)
3. 日本国憲法の基本的人権に関する最高裁判所の判断について、「夫婦別姓を認めない民法や戸籍法の規定は違憲である」は適切である。【35回77】 (正答…×)

「夫婦別姓」を合憲とした2021（令和3）年の判例など、最高裁判所の判断は試験で出題されることがあります。常に新しい情報を収集しておきましょう。

頻出度 C 統治機構と三権分立

- 立法を国会、行政を内閣、司法を裁判所に、権力を分けることを三権分立という。
- 日本の権力分立は、行政が立法と連携する議院内閣制を採用している。
- 日本の民主制は間接民主制だが、憲法改正の承認や、最高裁判所裁判官の罷免など、例外的に直接民主制も導入している。

① 国会
- 国権の最高機関であり、法律を制定する。

■衆議院と参議院

衆議院（任期4年）	参議院（任期6年、3年ごとに半数改選）
内閣不信任決議案可決（衆議院のみ） 内閣総理大臣の指名（衆議院の優越）	内閣による緊急召集（参議院のみ）

② 内閣
- 内閣総理大臣は、国務大臣を任命し、罷免することができる。
- 内閣は、衆議院の解散を決定することができる。

③ 裁判所
- 裁判は三審制であり、一審後は控訴、二審後は上告の順序で、上級審の裁判を受けることができる。
- 裁判所は、法律や処分等が憲法に適合するか決定する違憲審査権を有する。
- 最高裁判所の長たる裁判官（最高裁判所長官）は、内閣の指名に基づき天皇が任命し、14人の最高裁判所裁判官は内閣が任命する。
- 裁判員制度は、司法に対する国民の理解の増進とその信頼の向上に資するため、2009（平成21）年から導入された。
- 裁判員制度は、市民が職業裁判官とともに合議体を構成し、有罪か無罪かの認定や、量刑の決定をする。ただし、刑事事件に限定され、民事裁判には適用されない。

《国試にチャレンジ！》

1 裁判員制度は、司法に対する国民の理解の増進とその信頼の向上に資することを趣旨としている。【30回15】　　（正答…◯）

Lesson 3 民法の理解

B 民法の理解

■民法では、権利能力、意思能力（判断能力）、行為能力、責任能力の4つの能力を示している。

■4つの能力

権利能力	権利の主体になれる能力。個人（自然人）の権利能力は、出生と同時に認められる。例外的に、損害賠償、相続、遺贈に関して、胎児は生まれたものとみなし、出生した場合は遡って権利能力が認められるが、死産の場合には権利能力は認められない。また、法人は定款などで定められた目的の範囲内において権利・義務の主体となれる
意思能力（判断能力）	有効に意思表示できる能力。意思能力がない場合の意思表示による法律行為は無効。意思能力がない例は、10歳未満の幼児、泥酔者、重度の精神障害者、認知症高齢者など
行為能力	法律行為を有効に行うことができる能力。未成年者（18歳未満）や成年被後見人等は制限行為能力者とされ、制限行為能力者が法定代理人の同意を得ずに行った法律行為は取り消すことができる
責任能力	不法行為に基づく損害賠償責任を負担し得る能力。判例では12歳前後の判断能力を分かれ目としている

ワンポイント　2022（令和4）年4月から成年年齢が18歳に引き下げられたほか、女性の婚姻年齢が男女とも18歳に統一され、婚姻についての父母の同意も不要となった。

■権利能力は死亡により終了する。行方不明者は失踪宣告により死亡とみなされ、普通失踪は7年、特別失踪は1年で、それぞれ家庭裁判所で失踪宣告を受ける。
■法定代理人（親、未成年後見人など）の同意を得ないで行った未成年者の法律行為は、法定代理人および未成年者も取り消すことができる。
■本人または代理人の死亡、代理人の破産、代理人が後見開始の審判を受ける、委任の終了により、代理人の代理権は消滅する。

《国試にチャレンジ！》

1　Aさんは、判断能力が低下している状況で販売業者に騙され、50万円の価値しかない商品を100万円で購入する売買契約書に署名捺印した。Aさんにおいて、契約当時、意思能力を有しなかったとして、売買契約の無効を主張する余地はない。【32回78改】　　　　　　　　　　　　（正答…✕）

法律行為と意思表示

- ■ **法律行為**とは、当事者の**意思表示**に基づき、その意思表示の求めるとおりの法律効果（私法上の**権利義務**の発生・変更・消滅）を生じさせる行為を指す。
- ■ 意思表示とは、一定の法律効果の発生を欲する意思を**外部**に対して表示する行為を指し、相手方に到達した時点で効力が発生する。
- ■ 意思表示に問題がある場合は、意思表示が無効となり、または取り消すことができる。

■ **意思表示について問題がある場合**

区分	内容	原則	例外
心裡留保 （93条）	表意者がわざと、**真意と異なる**意思を表明した場合 例）売るつもりがないのに売るという	有効	相手が表意者の真意ではないことを知り、または知ることができたときは無効。ただし、善意の第三者（事情を知らない人）には無効を主張できない
虚偽表示 （94条）	相手方と**示しあわせて**真意と異なる意思を表明した場合 例）強制執行を逃れるため、架空の売買契約をする	無効	善意の第三者には無効を主張できない
錯誤 （95条）	・実際の意思と異なる意思表示をした場合（表示行為の錯誤） 例）1万円で購入するつもりが桁を見間違えて10万円で売買契約 ・表意者による法律行為の基礎とした事情についての認識が真実に反する場合（動機の錯誤）	取り消し可能	・表意者に**重過失**があった場合は、取り消しを主張できない ・善意でかつ無過失の第三者には、取り消しを主張できない
詐欺 （96条）	詐欺により意思表示を行った場合 例）だまされて、偽物の宝石を買わされた	取り消し可能	善意で過失のない第三者には、取り消しを主張できない
強迫 （96条）	強迫により意思表示を行った場合 例）強迫されて、いらない土地を買わされた	取り消し可能	なし

 ワンポイント 事業者が消費者に対して不当な勧誘を行い、それにより消費者が行った意思表示は、消費者契約法や特定商取引法に基づき取り消せる場合がある（「消費者保護のための制度」参照）。

《国試にチャレンジ！》

 1 Aさんは、判断能力が低下している状態で販売業者に騙され、50万円の価値しかない商品を100万円で購入する旨の売買契約書に署名捺印した。Aさんにおいて、詐欺を理由とする売買契約の取消しをする余地はない。
【32回78改】　　　　　　　　　　　　　　　　　　　　　　（正答…✕）

権利

3 民法の理解

223

B 物権・債権

① 物権
- 土地や建物等の不動産、家具等の動産など「物」に対する権利を物権といい、所有権、占有権、用益物権（地上権、永小作権、地役権、入会権）、担保物権（留置権、先取特権、質権、抵当権）などがある。
- 所有者は、法令の制限内において、自由にその所有物の使用、収益および処分をする権利を有する。
- 所有権は財産権の1つであり、公共の福祉に反しないこと、濫用を禁止するという制限が付される。
- 民法では、隣接し合う土地や建物については、それぞれの不動産の機能を制限し調整し合うことを定めている。これを相隣関係という。
- 不動産の買い手が、所有権取得を第三者に対抗するためには、所有権移転登記が必要となる。

② 債権と債務不履行
- 「人」に対して義務の履行を求める権利を債権といい、義務を負う側から見た場合は債務という。
- 債務が履行されなかった場合を、債務不履行という。
- 債権者は、債務不履行による損害について、債務者に損害賠償請求ができ、契約を解除することができる。
- 損害賠償額は、原則として債務不履行によって通常生じると考えられる範囲内だが、債務者が特別な事情を予見したり、その可能性があったりした場合は、それも損害賠償の範囲に含む。
- 使用者、代理監督者は、被用者が第三者に損害を与えた場合に賠償する責任を負う。これを使用者責任という。

《国試にチャレンジ！》

1 所有権は、法律によって制限することができない。【33回77】

（正答…×）

頻出度 B 契約

① 契約
- 契約は、当事者間の申込みと承諾の2つの意思表示の合致により成立する。その場合、契約書は契約の要件ではない。
- 民法その他の法律に規定される契約を典型契約といい、それ以外の契約を非典型契約（無名契約）という。
- 日常生活自立支援事業に基づく日常的金銭管理は法律行為となり、典型契約のうち委任契約となる。
- 介護や福祉サービスに関する契約は、準委任契約となり、委任の規定が準用される。

■民法上の典型契約

契約の種類	契約の類型
贈与	・片務契約（当事者の一方が対価的債務を負担しない契約） ・無償契約（当事者の一方が対価的給付をしない契約） ・諾成契約（当事者双方の合意だけで成立する契約）
売買	・双務契約（当事者の双方が互いに対価的債務を負担する契約） ・有償契約（当事者の双方が互いに対価的意味をもつ給付をする契約） ・諾成契約
交換	・双務契約・有償契約・諾成契約
消費貸借	・書面によらないものは要物契約（当事者の合意のほか、物の引き渡しなどをする契約） ・片務契約（書面によるもの）
使用貸借	・諾成契約・片務契約・無償契約
賃貸借	・双務契約・有償契約・諾成契約
雇用	
請負	・双務契約・有償契約
委任	委任契約は、当事者間での法律行為の委託に関する契約 準委任契約は、当事者間での法律行為ではない事務の委託に関する契約 ・無償原則（無償⇒片務、有償⇒双務）・諾成契約
寄託	・諾成契約（保管料が必要⇒有償・双務、不要⇒無償・片務）

② 契約不適合責任
- 売買の目的物の引き渡し後に、目的物の種類、品質、数量に関して契約の内容に適合しない場合は、売主に契約不適合責任が生じる。
- 買主は、不適合を知ったときから1年以内に売主に不適合の通知をし、売主に①履行の追完の請求、②代金減額請求、③損害賠償請求、④解除の方法で、責任を追及できる。

 売主が引き渡しのときに不適合を知っているか、または重大な過失によって知らなかったときは、1年以内の通知は必要としない。

《国試にチャレンジ！》

1 日常生活自立支援事業における日常的金銭管理の根拠を民法上の典型契約に求める場合、適切なものは委任契約である。【29回79】

(正答…○)

消費者保護のための制度 〈類出度 B〉

① 消費者契約法

- 消費者契約法は、消費者と事業者間の情報の質や量、交渉力の格差を前提とし、消費者の利益擁護を図ることを目的としている。
- 事業者が不当な勧誘行為により、消費者が「誤認」または「困惑」などした結果、契約を締結した場合、消費者は契約を取り消すことができる。

■消費者契約法による取り消し

消費者	事業者の不当な勧誘行為
誤認	・重要事項について事実と異なることを告げた ・将来における不確実な事項について断定的判断を提供 ・消費者に利益となる事項を告げながら、不利益になる事項を告げなかった
困惑	・消費者が勧誘場所から退去すべき旨を意思表示したにもかかわらず、事業者が退去しない、または消費者の勧誘場所からの退去を妨害した ・勧誘する旨を告げずに消費者が任意に退去することが困難な場所に同行し、消費者契約の締結について勧誘をした ・勧誘場所で、消費者が契約締結について第三者に電話などで相談しようとすることを威迫する言動を交えて妨害した ・不安をあおる告知、恋愛関係に乗じた人間関係の乱用など、社会生活上の経験不足の不当な利用、加齢等による判断能力の低下の不当な利用 ・霊感等による知見を用いた告知　など

② クーリングオフ

- 書面を確認してから8日以内（マルチ商法など対象によっては20日以内）は無条件で解約できる制度をクーリングオフという。
- 解約の意思表示は、原則として書面または電磁的記録によるが、口頭が認められる場合もある。
- 解約の場合、商品の返送の代金は、販売業者の負担により行う。
- クーリングオフによる解約は、契約者が解約の旨の書面または電磁的記録を発信したときにその効力を生じる。
- ネットショッピング、カタログによる通信販売などはクーリングオフが認められていない。

《国試にチャレンジ！》

 1 クーリング・オフによる契約の解除について、Dさんは取消期間内に解約書面を発送したが、取消期間経過後にその書面が業者に到達した場合は、解約できない。【31回82改】　✓✓　　　　　　　　　　　　　　　（正答…✕）

類出度 B 不法行為責任

■ 故意または過失により他人の権利を侵害し、損害を発生させた場合は、不法行為責任に基づく損害賠償責任を負う。

> **word　不法行為責任**
> 故意または過失によって他人の権利や利益を違法に侵害することを不法行為といい、民法によりその損害を賠償する責任を負う（不法行為責任）。加害者が公務員の場合には国家賠償法が適用され、公務員個人に不法行為責任が問われることはない。

■ 責任能力を欠く者（未成年者で自己の行為の責任を弁識するに足りる知識を備えていない者、重度の認知症高齢者、知的障害者、精神障害者など）は不法行為責任を問われない。代わりに、未成年の親や成年後見人などの法定監督義務者および代理監督者がその不法行為に基づく損害賠償責任を負う。
■ 使用者責任に基づき、被害者に損害賠償を行った使用者は、被用者に対して求償することができる。
■ 不法行為による損害賠償権は、損害および加害者を知ったときから3年、人の生命または身体を害する場合は5年が経過したときに時効により消滅し、不法行為から20年経過したときには一切請求できない。

《国試にチャレンジ！》

 1 Y社会福祉法人が設置した施設で、職員の過失により利用者のJさんが負傷した。Y社会福祉法人が使用者責任に基づいてJさんに損害賠償金を支払った場合には、Y社会福祉法人は当該職員に対して求償することができない。【33回80改】　　　　　　　　　　　　　　　　（正答…✕）

類出度 A 親族・親権・婚姻・離婚

■ 親族とは、6親等内の血族と配偶者および3親等内の姻族をいう。
■ 民法では、法律上要求される手続きを踏んだ法律婚主義をとるが、社会保障関係の法律では、内縁の配偶者も配偶者と定めている。

- 離婚には、協議離婚、調停離婚（家庭裁判による調停）、審判離婚（調停が成立しない場合の家庭裁判所による審判）、判決離婚（協議・調停・審判が成立しない場合の離婚訴訟の判決）がある。
- 民法の改正により2024（令和6）年4月1日から、女性の離婚後100日間の再婚禁止期間が廃止され、これに伴い離婚後300日以内に生まれた子どもも、再婚した夫の子と推定される。
- 親権とは、未成年の子の利益のために、子の代理人として行う権利義務の総称で、大きく身上監護権（監護・教育、居所指定、身分行為の代理など）、財産管理権（財産の管理と代理）に分けられる。
- 父母が離婚する場合、協議離婚では協議で父母のいずれかを親権者として定め、協議で定められない場合や裁判上の離婚の場合は家庭裁判所が親権者を定める。

これまでは父母の一方にしか親権が認められなかったが、2024（令和6）年の民法改正により、離婚した夫婦の子について、父母双方が子どもの親権をもつ共同親権が認められることになった。施行は2024（令和6）年5月24日の公布日から2年以内。

■親権の対象者と親権者

親権の対象者	親権者
実子	父母の共同親権
養子	養父母
離婚した夫婦の子	父母のいずれかの単独親権　※子の出生前に離婚した場合、原則母の単独親権
非嫡出子	母の単独親権　※父が認知している場合、協議により父の単独親権もあり
父母が死亡した場合の子	未成年後見人

■親権停止等

親権停止の類型	申立て者	要件
親権喪失	子（本人）、子の親族　未成年後見（監督）人　検察官、児童相談所長	虐待や悪意のある遺棄、服役、重度薬物依存等、「子の利益を著しく害する」場合
管理権喪失（財産管理権のみ喪失）	同上	父母による管理権行使が困難または不適当により「子の利益を害する」場合
親権停止　2年を超えない範囲内	同上	父母による親権行使が困難または不適当により「子の利益を害する」場合

■養子縁組

養子縁組	親権	相続権	協議離縁
普通養子縁組 （実親と親子関係継続）	実親⇒親権無 養親⇒親権有	実親と養親	できる
特別養子縁組 （実親と親子関係終了）	実親⇒親権無 養親⇒親権有	養親のみ	できない（虐待等で家裁が認めた場合のみできる）

《国試にチャレンジ！》

1. 父母が裁判上の離婚をする場合、家庭裁判所の判決により、離婚後も未成年者の親権を共同して行うことができる。【34回81】　（正答…✕）
2. 特別養子縁組制度において、養親には離縁請求権はない。【31回78改】　（正答…◯）

頻出度 B 扶養

■扶養とは、自分の資産と労力で生活できない者に経済的な援助をすることである。
■扶養義務があるのは、配偶者と直系血族、兄弟姉妹である。
■家庭裁判所は、特別の事情があるときには、3親等内の親族間でも扶養の義務を負わせることができる。
■扶養義務者による扶養は、生活保護に優先するが、保護受給の要件ではない。

■民法に規定される扶養義務の種類

「夫婦間」の扶養 （752条、760条）	生活保持義務 ⇒監護義務・介護義務・経済的援助
「親子間」の扶養 （820条、877条1項）	生活保持義務 ⇒監護義務・介護義務・経済的援助
「直系血族と兄弟姉妹」の扶養 （877条1項）	生活扶助義務 ⇒経済的援助
「3親等内の親族間」の扶養 （877条2項）	「特別な事情がある」ときに限り、家庭裁判所が審判によって生活扶助義務（経済的援助）を負わせることができる

 介護義務
民法第730条を根拠としているが、多くの学説は、介護が必要になった場合に、扶養義務者が直接介護をするのではなく介護保険で対応し、本人が費用を自己負担できない場合に、扶養義務者に経済的な援助を求めるべきとしている。

■扶養義務者が複数いる場合は当事者間の協議で順序を決めるが、決まらない場合は家庭裁判所の審判によって決定する。

- 扶養方法は金銭給付が原則であり、同居し身の回りの世話を行うまでの義務は負わない。
- 当事者間の協議や審判によって扶養の順序や方法が決まった場合でも、その後事情が変わった際は、家庭裁判所は協議・審判の変更・取消しができる。
- 扶養を受ける権利は処分できず、譲渡もできない。相続の対象にもならない。

《国試にチャレンジ！》

1. 長男と次男が、父親の扶養の順序について協議できない場合には、家庭裁判所がこれを定める。【30回80改】 ✓✓ （正答…○）
2. 認知症があり経済的に困窮している父親に対して、子の自宅に空き部屋がある場合には、子は父親を引き取って扶養する義務がある。【30回80改】 ✓✓ （正答…×）

頻出度B 相続・遺言

- すべて相続することを単純承認といい、債務は相続財産の限度までの責任を負う相続を限定承認という。
- 法定相続人の第1順位は子、第2順位は直系尊属、第3順位は兄弟姉妹で、配偶者は常にその者と同順位で法定相続人となる。
- 相続財産には、土地建物、預金、損害賠償請求権、金銭債務、保証債務などがあり、生活保護受給権は相続の対象とならない。
- 2013（平成25）年の民法改正により、非嫡出子の法定相続分を嫡出子の2分の1とする規定が削除され、非嫡出子と嫡出子の相続分は原則同等になった。

■法定相続人の順位と法定相続分

	相続人	法定相続分
第1順位	子（孫、曽孫の代襲相続人を含む） 配偶者	1／2
第2順位	直系尊属（父母、父母がなければ祖父母） 配偶者	1／3 2／3
第3順位	兄弟姉妹（甥や姪の代襲相続人含む） 配偶者	1／4 3／4

- 子、直系尊属、兄弟姉妹がそれぞれ2人以上のときは、原則均等に分ける
- 相続放棄した人は相続人でなかったものとする
- 内縁は相続人に含まないが、特別縁故者として、家庭裁判所に分与請求できる

- 配偶者保護のため、配偶者居住権が設定されている。
- 配偶者居住権とは、建物の価値を「所有権」と「居住権」に分け、配偶者が所有権をもっていなくても、一定の要件の下、居住権を獲得することで一定期間もしくは亡くなるまで住み続けることができるものである。

- 民法で定める一定の相続人が最低限相続できる財産を遺留分という。
- 生前贈与や遺贈などの特別受益を受けた者は、法定相続分から特別受益を差し引いた額を相続分とする。
- 寄与分とは、労務の提供、療養看護などにより相続財産の維持・増加に特別な寄与をした相続人に、その寄与分を上乗せするものである。相続開始から10年が経過した場合は、原則として適用されない。
- 相続人不在の場合、財産を法人とみなし、家庭裁判所が選任した相続財産の精算人が債権債務の清算や、相続人の捜索をする。
- 遺言は、15歳以上の者が行える。成年被後見人は、複数の医師立ち会いと遺言書への医師の署名捺印があれば可能。
- 遺言には、遺言執行者を指定できる。
- 遺留分を超えて遺言処分が行われたときは、遺言による処分そのものは無効とならないが、遺留分権利者はその遺留分に達するまで侵害額請求権として取り戻すことができる。

■**遺言書の種類**

普通方式	自筆証書遺言	全文（財産目録は自書しなくても可）、日付、氏名を自書し押印（拇印可）。相続時に家庭裁判所で検認する
	公正証書遺言	証人2人以上が立ち会い、遺言者が公証人に口述（手話も可）、公証人が作成する
	秘密証書遺言	署名押印した遺言書を証人2人以上が立ち会い、公証人に提出する
特別方式	危急時遺言	死の危険が迫り署名押印ができない場合に口頭で遺言し、証人が書面化する
	隔絶地遺言	社会との交流が断たれている場合に認められる

《国試にチャレンジ！》

1. 法定相続人の遺留分を侵害する内容の遺言は、その全部について無効となる。【33回79】 ☑☑ （正答…✕）
2. 公正証書によって遺言をするには、遺言者がその全文を自書しなければならない。【36回79】 ☑☑ （正答…✕）

Lesson 4 行政法の理解

頻出度 B 行政法の理解

① 行政法
- 行政法とは、行政にかかわる法律の総称である。
- 行政法には、行政の組織にかかわる内閣法、国家公務員法、行政の手続きや救済に関する行政手続法、国家賠償法、行政不服審査法、行政事件訴訟法などがある。

② 行政行為
- 行政庁が法律で認められた権限に基づいて行う法的効果を伴う行為を行政行為という。
- 行政行為は行政処分または処分ともいう。

> **word　行政行為**
> 行政指導や通達などは、それ自体は法的効果を伴わない事実行為であり、行政行為に含まれない。

■ 行政行為の効力

執行力	私人に対して、訴訟と判決を経ずに強制執行する法的効力。行政不服申立てや行政訴訟を提起しても、執行力は妨げられない
不可争力	不服申立期間や出訴期間が経過すると、私人が行政行為の効果を否認するための手続きができなくなること
公定力	瑕疵（欠陥）や明らかに重大な違法がある場合を除き、違法な行政行為でも不服申立てや訴訟で取り消されない限り、行政行為は有効なこと
不可変更力	行政行為をした行政庁が職権で取り消すことができないこと

■ 行政行為の取消し

争訟取消し	行政手続きに基づき行政行為を取り消すこと
職権取消し	違法な行政行為をした処分庁等が、違法を認め自発的に取り消すこと

行政行為に対し、取消しの効果は原則遡及するが、撤回の効果は遡及しない。

③ 行政の裁量権
- 最終決定を行政の判断にゆだねている場合の行政行為を裁量行為という。
- 最終決定を行政の判断にゆだねない場合の行政行為を羈束行為という。
- 義務者が自発的に応じない場合に、行政庁が義務者のするべき行為をし、その費用を義務者から徴収することを代執行という。

- 行政上の義務違反に対し、行政刑罰と秩序罰（過料）を課すことができる。
- 行政調査とは、行政決定の前提となる情報の収集（税金滞納者の財産を調べるなど）をいう。
- 感染症患者の強制入院や行倒れ人の保護など、法律の根拠に基づいて即時に強制執行することを即時強制という。

《国試にチャレンジ！》

1. 重大かつ明白な瑕疵のある行政行為であっても、取り消されるまでは、その行政行為の効果は否定されない。【34回77】　　　　　　（正答…×）

行政手続法 〔頻出度 B〕

① 行政指導
- 行政指導とは、行政機関がその任務または所掌事務の範囲内において一定の行政目的を実現するため特定の者に一定の作為または不作為を求める指導、勧告、助言その他の行為であって、処分に該当しないものをいう。

② 行政手続法
- 行政手続法は、申請に対する処分手続き（審査基準の作成は義務）と、不利益処分手続き（処分基準の作成は努力義務）の２つの手続きを認めている。
- 不利益処分手続きについて、聴聞と弁明の機会の付与が規定されている。
- 行政処分を行う者は、行政指導の相手から、指導内容等について書面交付を求められた場合は、交付しなければならない。
- 行政指導をする際、根拠条項や要件等を示さなければならない。
- 行政指導は、相手方の任意の協力が必要である。また、相手が行政指導に従わなかったことを理由として、不利益な取扱いをしてはならない。
- 行政指導を受ける側は、指導内容が法律の要件に適合しないと思う場合は、指導機関に対して申出書を提出すれば行政指導の中止等を求めることができる。
- 第三者でも行政庁や行政機関に申出書を提出することで、処分または行政指導を求めることができ、申出があった機関は調査を行わなければならない。

《国試にチャレンジ！》

1. 行政指導に従わなかったことを理由に、相手方に不利益処分を行うことができる。【27回79】　　　　　　（正答…×）
2. 行政指導の内容は、相手方の任意の協力がなくても実現可能である。【27回79】　　　　　　（正答…×）

頻出度A 行政不服申立て制度

① 行政不服申立ての類型
- 行政不服審査法に基づき、行政が行う処分に対し不服を申立てることを**審査請求**という。申立て先は、法律に特別の定めがある場合を除き、原則として処分庁等の上級行政庁に、上級行政庁がない場合は当該処分庁等に対して行う。
- 法律に特別の定めがある場合として、例えば要介護認定等に不服がある場合の**介護保険審査会**に対する審査請求などがある。
- 介護保険法における保険給付や保険料などに関する処分や「障害者の日常生活及び社会生活を総合的に支援するための法律」(障害者総合支援法)における介護給付費等に関する処分の取消しを求める訴訟(**取消訴訟**)は、当該処分についての審査請求に対する裁決を経た後でなければ、提起することができない(**審査請求前置主義**)。

審査請求の審理手続は、原則として、審査庁が処分に関与していないなどの要件を満たす職員(審理員)が、申立人および処分庁の主張を公正に審理し、裁決については第三者機関が点検する。書面審理だが、申立てがあった場合は、申立人に口頭で意見する機会が与えられる(口頭意見陳述請求権)。

- 審査請求の裁決に不服がある場合、一定の条件のもとに**再審査請求**もできる。

② 行政不服申立ての要件
- **行政不服審査法**では、他の法律に不服申立てができない規定がある場合を除いて、すべての行政処分に対して不服申立てができる。
- 不服申立てをすることで利益のある者しか申立ては認められない。
- 他の法律に口頭でできる旨が定められている場合を除き、書面で行われる。
- 不服申立てをしても、処分の効力、執行または手続きの続行は妨げられない(**執行不停止の原則**)。ただし、例外的に申立てや上級処分庁の職権により執行停止することもできる。
- 不服申立ての期間は、原則として処分があったことを知った日の翌日から3か月**以内**である。
- 処分庁は、不服申立ての対象、不服申立ての期間などを教示しなければならない。また、利害関係者から教示を求められた場合には、これに応じなければならない。

③ 行政審判制度
- 公正取引委員会では、準司法手続により審査し、結果(審決)は裁判所の判決に準じた取り扱いがされ、取消訴訟は東京高等裁判所に提起しなければならない。

《国試にチャレンジ！》

1. 介護保険の要介護認定の結果に不服がある場合、都道府県知事に審査請求を行う。【26回79】 ✓✓ （正答…✕）
2. 審査請求をすることのできる期間は、原則として、処分があったことを知った日の翌日から起算して10日以内である。【32回79】 ✓✓ （正答…✕）

A 行政事件訴訟

- 行政事件訴訟とは、**行政事件訴訟法**に基づき、**違法**な行政活動によって私人の権利や利益が侵害された場合に、**裁判所**に救済を求め訴える手続きである。
- 行政事件訴訟には、①**抗告訴訟**、②**当事者訴訟**、③**民衆訴訟**、④**機関訴訟**の4類型がある。
- 抗告訴訟は、公権力を行使する行政庁に対する不服の訴訟をいう。

■行政事件訴訟の全体像

- 抗告訴訟のうち**取消訴訟**は、瑕疵のある**違法**な**行政行為**の取消しを求める訴訟で、原則として、処分日から1年または処分があったことを知った日から6か月以内が期限となる。
- 取消訴訟を提起しても、行政行為の効力、処分の執行または手続きを妨げない（**執行不停止の原則**）が、取消訴訟とは別に執行停止の申立てを行えば、**裁判所**が例外で執行停止する余地が認められる。

■ 抗告訴訟の種類

取消訴訟	処分取消訴訟	行政処分や公権力の行使の取消しを求める
	裁決取消訴訟	審査請求、その他不服申立てに対する行政庁の裁決、決定の取消しを求める
無効等確認訴訟		行政行為（処分や裁決）について、行政行為の不存在または無効を求める
不作為違法確認訴訟		特別な理由もなく行政処分を行わない場合に、行政処分を行わないことの違法の確認を求める
義務づけ訴訟		行政処分や裁決を行うべきであるのにしない場合において、行うことを求める
差し止め訴訟		行政処分または裁決をしてはならないこと（差し止め）を求める

- ■ **当事者訴訟**は、行政庁に対する訴訟ではなく、対等な関係における行政と私人の訴訟で、海外に居住する国民の投票権に関する訴訟などをいう。
- ■ **民衆訴訟**は、直接的な利害関係者にない第三者が提起する訴訟で、公職選挙法に基づく選挙関係訴訟などをいう。
- ■ **機関訴訟**は、国または地方公共団体の機関相互における権限の存否や行使に関する紛争についての訴訟をいう。

訴訟の種類や内容をしっかり理解しておきましょう

《国試にチャレンジ！》

1 生活保護申請を行ったところ、不支給決定がなされたため、不服として審査請求を行ったが棄却された。訴訟を提起する場合に選択すべき行政法上の訴訟類型は取消訴訟である。【28回77改】　　　　　　　　　　（正答…○）

国家賠償法 頻出度 B

- 国家賠償制度は、国または地方公共団体の違法な行政作用により損害を被った者が、国家に賠償を求める制度である。**国家賠償法**により規定されている。

① 公務員の不法行為に基づく損害賠償責任

- 国または地方公共団体の**公権力の行使**にあたる**公務員**が、職務を行うにあたって、**故意**または**過失**によって違法に他人に**損害**を加えた場合に、国または地方公共団体には**賠償する責任**がある。これを**過失責任主義**という。
- 公権力とは**公的な行政活動**を意味し、教育活動や介護、医療、福祉などの**行政サービス**も含まれる。
- 適切な公権力を行使する義務があるのにそれを行使しなかったこと（**不作為**）による損害も対象となる。
- 公務員の休日等の職務外の行為は対象外だが、警官が休日に制服を着て職務質問した場合など、**職務執行のための外観**があれば職務上の行為として対象となる。
- 公務員個人への民法上の**不法行為責任**は問われない。
- 公務員に故意または重大な過失があったときは、国または地方公共団体は、その公務員に対して**求償権**を有する。

② 公の営造物の設置・管理の瑕疵による損害賠償責任

- 道路、河川、公的な福祉施設、学校など公の営造物の設置または管理に**瑕疵**（安全性の欠陥）があり損害を生じた場合は、国または地方公共団体は賠償する責任がある。
- この場合、設置または管理に過失がなくても損害賠償を負う**無過失責任**である。

《国試にチャレンジ！》

1　公務員が家族旅行に行った先で、誤って器物を損壊したことに対して、国家賠償法に基づく損害賠償請求はできない。【29回80】　　（正答…○）

2　公務員の違法な公権力行使により損害を被った者は、国家賠償責任に加えて、公務員個人の民法上の不法行為責任も問うことができる。【29回80】　　（正答…×）

Lesson 5 権利擁護の意義と支える仕組み

類出度 C 福祉サービスの利用と苦情解決の仕組み

① 福祉サービスの適切な利用
- 社会福祉法の目的規定には、「利用者の利益の保護」が明記されている。
- 社会福祉法に基づき、福祉サービスの適切な利用のための仕組みが規定されている。

情報提供	国・地方公共団体は、利用者に適切な情報提供をする努力義務
利用申込み	利用申し込み時の説明と契約成立時の書面の交付義務
サービス選択	福祉サービス第三者評価（「17 経営」レッスン3参照）
利用援助	福祉サービス利用援助事業（日常生活自立支援事業）
	運営適正化委員会

- 介護保険法に規定する介護サービス情報の公表制度は、介護サービスを利用しようとしている人のサービス提供事業者の選択を支援することを目的としている。

② 苦情解決
- 福祉サービスにかかる利用者等からの苦情の解決について、主に利用者と事業者の間では解決困難な事例への対応を図るために、都道府県社会福祉協議会に設置される運営適正化委員会において処理するものとされている。

■ 運営適正化委員会の主な業務
- 福祉サービスの苦情解決の相談、助言、審査を行う
- 申し出人および福祉サービス提供者の同意を得て、苦情解決のためのあっせんを行うことができる
- 苦情の解決にあたり、福祉サービスの利用者の処遇について不当な行為が行われているおそれがある場合は、都道府県知事に対し、速やかにその旨を通知する
- 福祉サービス利用援助事業の適正な運営を確保するために必要がある場合は、福祉サービス利用援助事業を行う者に必要な助言または勧告を行うことができる

- 国民健康保険団体連合会は、都道府県単位で設置され、介護サービス利用者のサービスに関する苦情の受け付けや相談対応を行う。
- 介護サービス利用者の疑問や不満、不安の相談に応じる事業として、市町村が実施する介護サービス相談員派遣等事業（「13 高齢」レッスン12参照）がある。

《国試にチャレンジ！》

1 運営適正化委員会は、福祉サービスに関する苦情について解決の申出があったときは、サービス提供を行った事業者に当事者間での解決を求めなければならない。【31回124】　　　　　　　　　　　　　　　　　　　　（正答…✕）

頻出度 A｜意思決定支援ガイドライン

■ 意思決定支援（支援つき意思決定）は、本人自らが意思決定を行うにあたって、支援者が実行可能な支援を行うもので、代理代行決定（意思決定ができない者に代わり第三者が意思決定する）とは異なる概念である。

① 障害福祉サービス等の提供にかかる意思決定支援ガイドライン

■ 厚生労働省による「障害福祉サービス等の提供に係る意思決定支援ガイドライン」（2017（平成29）年）は、サービス提供事業者のほか、家族や成年後見人等、必要に応じ教育・医療関係者、知人など本人の関係者、関係機関が活用する。

■ ガイドラインでは、障害者の意思決定支援の枠組みを示し、意思決定支援責任者の配置、意思決定支援会議の開催、意思決定の結果を反映したサービス等利用計画・個別支援計画（意思決定支援計画）の作成とサービスの提供、モニタリングと評価・見直しが規定される。

■ ガイドラインにおける意思決定支援の定義に含まれる内容

対象	自ら意思を決定することに困難を抱える障害者
目的	日常生活や社会生活に関して自らの意思が反映された生活を送ること
プロセス	①可能な限り本人が自ら意思決定できるよう支援する
	・本人の自己決定にとって必要な情報の説明は、本人が理解できるよう工夫して行うことが重要である
	・職員等の価値観においては不合理と思われる決定でも、他者への権利を侵害しないのであれば、本人の選択を尊重するよう努める姿勢が求められる
	②（①が難しい場合は）本人の意思の確認や意思および選好を推定する
	・本人をよく知る関係者が集まって、本人の日常生活の場面や事業者のサービス提供場面における表情や感情、行動に関する記録などの情報に加え、これまでの生活史、人間関係などさまざまな情報を把握し、根拠を明確にしながら推定する
	③支援を尽くしても本人の意思および選好の推定が困難な場合には、関係者が協議し、最後の手段として本人の最善の利益を検討する

意思決定支援会議は、本人や家族、成年後見人等のほか、必要に応じ関係者等の参加を得て開催される。

② 認知症の人の意思決定支援のためのガイドライン
- 厚生労働省による「認知症の人の日常生活・社会生活における意思決定支援ガイドライン」（2018（平成30）年）は、特定の職種や場面に限定されず、認知症の人の意思決定支援にかかわるすべての人のためのガイドラインである。
- ガイドラインでは、①意思形成支援、②意思表明支援、③意思実現支援という3つの支援プロセスを踏むことの重要性が強調されている。
- 意思決定支援会議は、意思決定支援チームのメンバーが中心となり、適切な意思決定支援のプロセスを踏まえて本人の意思決定支援の方法について話し合う。原則として本人の参加が望ましい。

③ 意思決定支援を踏まえた後見事務のガイドライン
- 意思決定支援ワーキング・グループによる「意思決定支援を踏まえた後見事務のガイドライン」（2020（令和2）年）は、意思決定支援および意思決定が困難な場合などに行う代行決定のプロセスを示している。
- 本ガイドラインにおける意思決定支援とは、特定の行為に関し本人の判断能力に課題のある局面において、本人に必要な情報を提供し、本人の意思や考えを引き出すなど、後見人等を含めた本人にかかわる支援者らによって行われる、本人が自らの価値観や選好に基づく意思決定をするための活動である。
- 本人にとって重大な決定をする場面などにおいて活用することが期待されている。

■意思決定支援と代行決定プロセスの原則

意思決定支援の領域	1	意思決定能力の存在推定（すべての人は意思決定能力があると推定）
	2	本人による意思決定支援のための実行可能なあらゆる支援の提供
	3	不合理にみえる意思決定の尊重（それだけで意思決定能力がないとは判断できない）
意思決定支援が尽くされても本人の意思決定や意思確認が困難な場合に代行決定に移行		
代行決定の領域	4	明確な根拠に基づく意思推定（意思と選好に基づく最善の解釈）
	5	①意思推定すら困難な場合、②本人により表明された意思等が本人にとって見過ごすことのできない重大な影響を生ずる場合は、本人にとっての最善の利益に基づく方針をとる
	6	これ以上意思決定を先延ばしにできず、ほかに代替手段がない場合に限り、代行決定を必要最小限度の範囲で行う
	7	代行決定が行われたあとも、次の意思決定場面では第1原則に戻る

④ その他のガイドライン

ガイドライン	特徴
人生の最終段階における医療・ケアの決定プロセスに関するガイドライン（2018（平成30）年、厚生労働省）	意思決定支援のプロセスは、障害福祉サービスガイドラインと類似。詳細は、「16 保健」参照
身寄りがない人の入院及び医療に係る意思決定が困難な人への支援に関するガイドライン（2019（令和元）年、厚生労働省）	医療機関の職員を対象とするガイドライン。意思決定支援のプロセスは、障害福祉サービスガイドラインと類似

《国試にチャレンジ！》

1. 障害者の意思決定支援では、本人の自己決定や意思確認の前に、本人をよく知る関係者が集まり、本人の意思を推定する支援を行うことが基本的原則である。【34回93】　（正答…×）
2. 認知症の人の意思決定支援では、家族は本人と利害が対立することがあることから、意思決定支援チームの一員に入らないこととされている。【34回93】　（正答…×）
3. 成年被後見人Jさんへの「意思決定支援を踏まえた後見事務のガイドライン」に沿った成年後見人の支援として、「Jさんには意思決定能力がないものとして支援を行う」は適切である。【36回83改】　（正答…×）

C 権利擁護活動と法的諸問題

① インフォームドコンセントの法的効果

- 医療行為とはいえ、患者の同意なく身体に介入することは違法であり、医師からの説明と患者の同意（**インフォームドコンセント**）を必要とする（「16 保健」参照）。
- 治療行為の正当化要件として、**医学適応性**、**医術性正当性**、**インフォームドコンセント**の３つが揃っている必要がある。
- 医師のインフォームドコンセントが不備な場合は、民法に規定する不法行為責任、債務不履行責任、報告義務違反などに抵触する可能性がある。
- 「エホバの証人輸血拒否事件」（2000（平成12）年2月）の最高裁判例では、意思決定権が**人格権**として保護されることを示し、医師の説明義務の重要性を明確にした。

　エホバの証人輸血拒否事件
患者が宗教上の理由で輸血を拒否する意思を表明していたにもかかわらず、医療機関が輸血をする可能性を告げないまま手術・輸血を行ったとして、意思決定権等について争われた。最高裁では、患者の意思決定権を人格権の一内容として位置づけ、医師の説明不足が患者の意思決定権を奪ったとして人格権侵害を認め、慰謝料55万円の支払いを命じた。

② 守秘義務と情報共有

- 刑法、社会福祉士及び介護福祉士法、精神保健福祉士法により医療・保健・福祉等専門職の罰則をもった守秘義務が規定されている。
- 憲法第13条「幸福追求権」を根拠とするプライバシー権の範囲は、現在ではSNS上にも及ぶ。
- 個人情報の適切な取り扱いについては、「個人情報の保護に関する法律」（個人情報保護法）に規定されている（詳細は「17 経営」参照）。
- 「行政機関の保有する情報の公開に関する法律」（情報公開法）は、国民主権の理念にのっとり、行政文書の開示を請求する権利を定めることなどにより、行政機関の保有する情報のいっそうの公開を図ることなどを目的としている。
- 何人も、この法律の定めるところにより、行政機関の長に対し、行政機関の保有する行政文書（行政機関の職員が職務上作成し、または取得した文書、図画および電磁的記録）の開示を請求することができる（開示請求権）。
- 開示請求があったときは、行政機関の長は、行政文書を開示しなければならない。ただし、個人情報や国家の安全保障に関する文書など一定の情報は除かれる。

③ 権利擁護活動と社会の安全

- 児童虐待や高齢者虐待、障害者虐待などの深刻な問題を発見した場合、児童虐待防止法、高齢者虐待防止法、障害者虐待防止法などに基づき、関係機関への通報・通告義務を負う。
- ソーシャルワークの現場において、利用者の生命の侵害の危険があるなど緊急の対応が必要な場合は、守秘義務よりも通報・通告義務を優先する必要がある。

ソーシャルワークの現場では、守秘義務、利用者のプライバシー・個人情報の保護と通告・通報義務との両立が求められる。事例問題での出題も考えられるため、各法律の知識を確認するとともに、事例に即して対応をイメージしておこう。

Lesson 6 権利擁護にかかわる組織・団体・専門職

頻出度 B 権利擁護にかかわる組織・団体

① 家庭裁判所の役割

■ **家庭裁判所**は、夫婦や親族間の争いなどの家庭に関する問題を**家事**審判や調停、**人事訴訟**の裁判で解決するほか、**少年**の保護の審判などを行う下級裁判所である。
■ 成年後見制度にかかる審判は、**家事審判**として行われる。
■ 成年後見人が成年被後見人を養子にしたり、成年被後見人の住宅を売却したりする場合は、家庭裁判所の**許可**が必要である。
■ 家庭裁判所は、いつでも**後見人**に対し、後見事務の報告や財産目録の提出を求めたり、または後見事務や被後見人の**財産の状況**を調査したりすることができる。

■家事事件の内容

家事審判事件	① 紛争性がない事件（**成年後見**の審判、**相続**放棄、里親の委託など） ② 紛争性がある事件（子の**監護者**の指定、親権者の変更、**遺産**分割など）
家事調停	離婚調停など家庭に関する紛争の解決を図る
人事訴訟事件	① 婚姻関係訴訟（婚姻の無効・取消し、離婚の訴えなど） ② 実親子関係訴訟（嫡出子否認や**認知**請求など） ③ 養子縁組関係訴訟（養子縁組無効や離縁など）
その他家庭に関する事件	遺留分減殺請求、親族間の家屋明け渡しなど

 調停
生活の中で生じるトラブルや、親族間の問題などで、第三者の調停機関が間に入って話し合いで解決を図る制度。

② 法務局の役割

■ **法務局**の任務は、**法務省設置法**に定められ、①国籍・戸籍・登記・供託・公証・司法書士・土地家屋調査士、②人権擁護・法律扶助、③訟務に関する事務を行う。
■ 成年後見制度においては、**後見開始等**の**審判**が確定し、効力を生じたときは、裁判所書記官は、遅滞なく**登記所**に後見登記等に関する法律に定める**登記**を嘱託しなければならない。

243

③ 市町村の役割

- 市町村長は、65歳以上の者、知的障害者、精神障害者について、その福祉を図るため特に必要があると認めるときは後見開始等の審判を請求することができる。
- 市町村は、成年後見制度利用支援事業を行う。
- 市町村の権利擁護にかかる役割として、苦情対応、老人福祉法における措置の実施、障害者虐待および高齢者虐待の通報窓口などがある。

④ 弁護士・司法書士の役割

- 弁護士は、弁護士法に基づく国家資格であり、当事者その他関係人の依頼または官公署の委嘱により訴訟事件等や行政庁に対する不服申立てに関する行為その他一般の法律事務を職務として行っている。
- 弁護士の役割は基本的人権の擁護と紛争解決であり、社会福祉の分野でも、介護保険サービスに関連する不法行為の権利擁護活動、契約書の作成や成年後見人等への就任など、弁護士が関与するケースが多くなっている。
- 司法書士は、司法書士法に基づく国家資格であり、職務として不動産、会社等の登記手続きの代理、裁判所提出書類の作成を行っている。
- 司法書士は、成年後見人等に就任し、成年被後見人等の法律行為についての代理や同意、取消しなどの業務を行うことができる。

成年後見人等に親族以外の専門職が選任される割合は約8割で、専門職では、司法書士の割合が最も多くなっている（レッスン7参照）。

《国試にチャレンジ！》

1　家庭裁判所は、嫡出でない子の認知請求訴訟を取り扱う。
【35回82】　　　　　　　　　　　　　　　　　　　　　（正答…○）

2　成年後見人の業務に疑義があることを理由に、家庭裁判所が直接、成年被後見人の財産状況を調査することはできない。【28回81】　（正答…×）

3　成年後見登記事項証明書の交付事務を取り扱う組織は法務局である。
【29回82】　　　　　　　　　　　　　　　　　　　　　（正答…○）

Lesson 7 成年後見制度

類出度 A 法定後見制度の概要

- 成年後見制度は、精神上の障害により、判断能力の不十分な者を支援し、保護するため、生活、療養看護および財産に関する事務を成年後見人等が行う制度である。
- 成年被後見人の生活、療養介護に関する事務には、要介護認定の申請・更新手続きや介護保険サービスの利用契約、入院手続きの医療契約（ただし、本人を代理して医療・治療を受けることに同意をする権限はない）も含まれる。
- 成年後見制度には、法定後見制度と任意後見制度がある。
- 法定後見制度は、判断能力が不十分な者について、本人、配偶者、4親等内の親族等のほか、必要な場合は市町村長の後見開始等の審判申立てにより、家庭裁判所が後見・保佐・補助の審判後に登記し開始される。

後見・保佐・補助の種類

		後見	保佐	補助
対象者		精神上の障害により判断能力が欠けているのが通常の状態にある者	精神上の障害により判断能力が著しく不十分な者	精神上の障害（認知症・知的障害・精神障害等）により判断能力が不十分な者
審判開始の手続きにおける本人の同意		不要		必要
同意権・取消権	付与の対象	法律行為全般 ※同意権はない	民法第13条1項所定の行為	申立ての範囲内で家庭裁判所が定める「特定の法律行為」（民法第13条1項所定の行為の一部）
	付与の手続き	後見開始の審判	保佐開始の審判	補助開始の審判に加え、「同意権付与の審判」と「本人の同意」
代理権	付与の対象	財産に関するすべての法律行為	申立ての範囲内で家庭裁判所が定める「特定の法律行為」	
	付与の手続き	後見開始の審判	保佐開始の審判に加え、「代理権付与の審判」と「本人の同意」	補助開始の審判に加え、「代理権付与の審判」と「本人の同意」

権利

7 成年後見制度

① 法定後見制度の申立て

■**法定後見制度の申立て先と申立て権者**

申立て先	本人の住所地を管轄する家庭裁判所
申立て権者	・本人 ・配偶者 ・4親等内の親族 　（子、孫、親、祖父母、兄弟姉妹、甥、姪、叔父、叔母、いとこ等） ・未成年後見人、未成年後見監督人 ・成年後見人、成年後見監督人 ・保佐人、保佐監督人 ・補助人、補助監督人 ・検察官 ・市町村長　※本人の福祉を図るため特に必要と認める場合

■**法定後見制度の手続きの流れ**

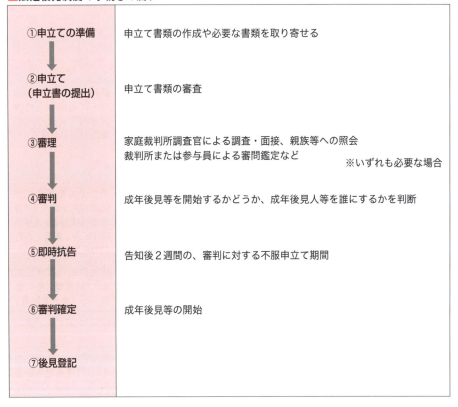

①申立ての準備	申立て書類の作成や必要な書類を取り寄せる
②申立て（申立書の提出）	申立て書類の審査
③審理	家庭裁判所調査官による調査・面接、親族等への照会 裁判所または参与員による審問鑑定など　※いずれも必要な場合
④審判	成年後見等を開始するかどうか、成年後見人等を誰にするかを判断
⑤即時抗告	告知後2週間の、審判に対する不服申立て期間
⑥審判確定	成年後見等の開始
⑦後見登記	

■法定後見制度は、民法が根拠法令であり、法務省が所管する。登記事項証明書の交付事務を取り扱うのは**法務局**である。

② 成年後見人等の選任と解任

■ **法人**や、**複数**の成年後見人等を選任することもできる。
■ 成年被後見人、被保佐人、被補助人とも、**選挙権**および**被選挙権**を有する。
■ 成年後見人、保佐人、補助人の基本的な義務として、**善管注意義務**、**身上配慮義務**（本人の心身の状態および生活の状況に配慮する義務）、**本人の意思尊重義務**がある。また、家庭裁判所との**連携**も重要である。

 善管注意義務
「善良な管理者としての注意義務」の略で、成年後見人等としての職業・知識・社会的地位から通常期待される注意義務のこと。注意義務を怠り、履行遅滞・不完全履行・履行不能に至る場合は過失があるとみなされ、状況に応じて損害賠償や契約解除の対象となる。

■ 一定の欠格事由がある者は、成年後見人となることができない（保佐人、補助人も同様）。

■ **成年後見人の欠格事由（民法第847条）**

① 未成年者
② 家庭裁判所で免ぜられた**法定代理人**、**保佐人**または**補助人**
③ 破産者
④ 被後見人に対して訴訟をし、またはした者ならびにその配偶者および直系血族
⑤ 行方の知れない者

■ 成年後見人等（成年後見人、保佐人、補助人）は、正当な事由がある場合は、家庭裁判所の許可を得て**辞任**できる。
■ **家庭裁判所**は、**申立て**または**職権**に基づき、成年後見人等（成年後見人、保佐人、補助人）を**解任**できる。

■ **解任の請求（申立て）ができる者**

成年後見監督人等（後見監督人、保佐監督人、補助監督人）、本人（成年被後見人、被保佐人、被補助人）、親族、**検察官**

《国試にチャレンジ！》

1 成年後見人は、認知症の進行が見られる成年被後見人の状態の変化を理由に、要介護認定の区分変更を申請できる。【28回83】　（正答…◯）

2 解任の審判を受けた補助人は、成年後見人になることができない。【34回79改】　（正答…◯）

後見の概要

■成年後見人は、**取消権**（日常生活に関する行為は除く）と財産に関する包括的な**代理権**を有するが、**居住用不動産を処分**する場合は、**家庭裁判所の許可**を得なければならない。
■本人の事実行為を目的として債務が生じる契約をする場合は本人の同意を得なければならない。

> **word　事実行為**
> 行政法では行政指導や通達など、それ自体は法律効果を発生させない事実上の行為を指すが、民法では、人の意思表示に基づかない事実上の行為で一定の法律効果を発生させる行為を指す。事務管理や介護・看護行為、世話など。

■**身分行為**（婚姻・離婚・養子縁組・遺言・手術の同意など）は代理権の範囲に含まれない。
■**本人と利益が相反する行為**は、監督人がいる場合を除いて、家庭裁判所が選任した特別代理人が本人を代理する。

> **ワンポイント**
> 利益相反行為には、売買、貸借などがある。例えば、成年後見人と成年被後見人がともに相続人の場合に、遺産分割協議で一方が少なくなれば一方が多くなる関係が生じる。成年後見人が成年被後見人に連帯保証させることも利益相反行為である。

■成年被後見人の死亡後も、相続人が財産管理できるまでの間、債務の弁済や、火葬または埋葬の契約締結など一定の行為をすることができる。

■取消権（本人がした法律行為を取り消すことができる権利）

法律行為を取り消すとは？	成年被後見人が単独で行った契約等法律行為の扱いについては、原則、取り消すことができる ⇒取り消さなければ、契約は有効のままである ⇒成年後見人または成年被後見人が取り消せば、無効になる （最初から効果がなかったものと見なされる）
対象外の項目	①日用品の購入その他日常生活に関する行為（保佐、補助も同様） ②身分行為（婚姻・離婚・養子縁組など）

《国試にチャレンジ！》

1 成年後見人は、家庭裁判所に対する特別な手続を必要とせずに、成年被後見人の居住用不動産の売却をすることができる。【30回82改】
（正答…✕）

248

頻出度 B 保佐の概要

- 保佐人は、被保佐人が行おうとしている重要な一定の行為（民法第13条1項の所定の行為）について同意権と取消権をもち、被保佐人が一定の重要な法律行為を行うには、保佐人の同意を得なければならない。
- 保佐人が居住用不動産を処分する場合は、家庭裁判所の許可を得なければならない。
- 本人、親族、保佐人等の請求により、申立ての範囲内で家庭裁判所の定める「特定の法律行為」について代理権が与えられる。本人以外の請求では本人の同意が必要である。

■民法第13条1項

①元本を領収し、または利用すること
　・預貯金の払い戻し、返金、お金を貸す（利息の定めがある場合）
②借財または保証をすること
　・借金、保証人になる
③不動産その他重要な財産に関する権利の得喪を目的とする行為をすること
　・不動産の売却、抵当権設定など
④訴訟行為をすること
　・民事訴訟における一切の行為
⑤贈与、和解または仲裁合意をすること
⑥相続の承認若しくは放棄または遺産の分割をすること
⑦贈与の申込みを拒絶し、遺贈を放棄し、負担付贈与の申込みを承諾し、または負担付遺贈を承認すること
⑧新築、改築、増築または大修繕をすること
⑨民法第602条に定める期間を超える賃貸借をすること
　・樹木の栽植または伐採を目的とする山林の賃貸借は10年、その他の土地の賃貸借は5年
　・建物の賃貸借は3年、動産の賃貸借は6か月
上記①〜⑨の行為を制限行為能力者の法定代理人としてすること

《国試にチャレンジ！》

1　保佐開始後、被保佐人が保佐人の同意を得ずに高額の借金をした場合、被保佐人及び保佐人いずれからも取り消すことができる。【29回81】　（正答…○）

2　保佐人に対して、同意権と取消権とが同時に付与されることはない。【28回78】 　（正答…×）

頻出度 B 補助の概要と未成年後見

① 補助

- 補助開始の審判には、本人の同意が必要である。
- 本人、親族、補助人等の請求により、申立ての範囲内で家庭裁判所の定める「特定の

法律行為」について同意権・取消権と代理権が与えられる。本人以外の請求では本人の同意が必要である。
- 補助人が居住用不動産を処分する場合は、家庭裁判所の許可を得なければならない。

② 未成年後見
- 未成年後見は、単独親権者の死亡や親権が剥奪された場合等により、未成年者に対して親権者がいないときに開始される。
- 未成年後見人は、親権者と同等の権利義務を有する。

■未成年後見人

候補者	・複数人、法人（児童福祉施設を運営する社会福祉法人等）でも可能
義務	・成年後見人（保佐人、補助人）同様に、身上配慮義務や善管注意義務を負う
その他	・成年後見人（保佐人、補助人）同様に、報酬を請求することができる ・未成年後見は、登記することができない ・最後に親権を行う者が、遺言で未成年後見人を指定できる。指定がない場合に、親族等の利害関係者の請求により、家庭裁判所が選任する

《国試にチャレンジ！》

1　補助開始の審判をするには、本人の申立て又は本人の同意がなければならない。【35回80】　　　　　　　　　　　　　　　　　　　　　（正答…〇）

2　補助人に同意権を付与するには、被補助人の同意は不要である。【29回81】　　　　　　　　　　　　　　　　　　　　　　　　　　（正答…×）

頻出度 B 任意後見の概要

① 任意後見制度とは
- 任意後見制度とは、制度を利用したい本人が、判断能力が衰える前に、任意後見人になってほしい者（任意後見受任者）と任意後見契約を締結する制度である。
- 任意後見契約は、公正証書で行わなければならない。
- 公証人が、法務局へ後見登記の申請をする。
- 任意後見契約は、本人の判断能力が低下した場合に、任意後見人に対し、生活や療養看護、財産管理事務の代理権を付与する契約で、任意後見監督人が選任されたときに効力が生じる。
- 家庭裁判所は、個人のほか、法人、複数の任意後見監督人を選任することができる。
- 任意後見受任者または任意後見人の配偶者、直系家族および兄弟姉妹は任意後見監督人になることはできない。

② 申立ての流れ

- 任意後見契約が登記されている場合において、精神上の障害により本人の判断能力が不十分な状況にあるときは、家庭裁判所は、本人、配偶者、4親等内の親族、任意後見受任者の申立てにより、任意後見監督人を選任する。
- 本人以外の者が申立てを行う場合は、本人の同意が必要となるが、本人がその意思を表示することができない場合は、この限りでない。
- 任意後見人に不正があるときには、家庭裁判所は、任意後見監督人、本人、その親族または検察官の請求により、任意後見人を解任することができる。
- 任意後見契約は、本人または任意後見人（任意後見受任者）の死亡または破産により終了する。

■任意後見制度の手続きの流れ

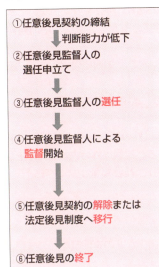

《国試にチャレンジ！》

1 任意後見契約の解除は、任意後見監督人の選任後も、公証人の認証を受けた書面によってできる。【30回79】

（正答…×）

頻出度 A 成年後見制度の最近の動向

① 成年後見制度の利用動向（最高裁判所事務総局家庭局の「成年後見関係事件の概況－令和5年1月～12月－」より）

- 1年間の成年後見関係事件の申立て件数は、**4万951**件で、毎年増加している。
- 審理期間は、**1**か月以内が最も多い。
- 成年後見制度の利用者数は、**24万9484**人で、毎年増加している。
- 本人の性別は男性が43.8%、女性が56.2%で、年齢は男女とも**80**歳以上が多い。
- 申立件数は、**後見**開始が全体の約7割と最も多く、次いで保佐開始、補助開始である。
- 主な申立ての動機をみると、**預貯金等の管理・解約**が31.1%で最も多く、次いで身上保護で24.3%となっている。
- 申立人と本人との関係をみると、申立人は**市区町村長**（23.6%）が最も多く、次いで**本人**（22.2%）、本人の子（20.0%）の順である。市区町村長の申立て件数は、**増加傾向**にある。
- 成年後見制度の開始原因は**認知症**が62.6%と最も多く、次いで知的障害（9.9%）、統合失調症（8.8%）である。
- 終局事件のうち、鑑定を実施したものは全体の約4.5%で、鑑定の期間については**1**か月以内のものが最も多い。
- 成年後見人等と本人との関係をみると、全体では、**親族以外の第三者**が成年後見人等に選任された割合は81.9%で親族（18.1%）を上回っている。親族以外の内訳をみると、**司法書士**が35.9%で最も多く、次いで**弁護士**（26.8%）、**社会福祉士**（18.4%）と続く。

② 成年後見人等の養成と支援

- 親族等以外の成年後見人等の担い手として、司法書士、弁護士などの専門職などのほか、**市民後見人**の活用が期待されている。
- 老人福祉法において、**市町村**は市民後見人の育成・活用を図るため、**研修**の実施、後見等の業務を適正に行うことができる者の**家庭裁判所**への推薦などを行うよう努めることが規定されている。

《国試にチャレンジ！》

1 「成年後見関係事件の概況（令和5年1月～12月）」（最高裁判所事務総局家庭局）によると、成年後見開始の申立ての動機としては、身上監護（身上保護）が最も多い。【31回80改】　☑　（正答…✕）

2 「成年後見関係事件の概況（令和5年1月～12月）」（最高裁判所事務総局家庭局）によると、「成年後見関係事件」の申立人の割合は、市町村長よりも配偶者の方が多い。【34回83改】　☑　（正答…✕）

類出度 B 成年後見制度利用促進法

■ 「成年後見制度の利用の促進に関する法律」(成年後見制度利用促進法)は、成年後見制度が十分に利用されていないため、基本理念や国の責務等を明らかにし、基本方針などを定めることにより、成年後見制度の利用の促進に関する施策を総合的かつ計画的に推進することを目的とした法律である。

■成年後見制度利用促進法の概要

定義	成年後見人等	①成年後見人および監督人②保佐人および保佐監督人③補助人および補助監督人④任意後見人および任意後見監督人
	成年被後見人等	①成年被後見人②被保佐人③被補助人④任意後見監督人選任後における任意後見契約の委任者
	成年後見等実施機関	自ら成年後見人等となり、または成年後見人等の育成および支援等に関する活動を行う団体 ⇒社会福祉協議会や社会福祉士会、司法書士会 等
	成年後見関連事業者	介護、医療または金融にかかる事業その他の成年後見制度の利用に関連する事業を行う者
国の責務		成年後見制度の利用の促進に関する施策を総合的に策定し、実施しなければならない
地方公共団体の責務		国との連携を図り、自主的かつ主体的に、地域の特性に応じた施策を策定し、実施しなければならない
関係者の努力		成年後見人等、成年後見等実施機関および成年後見関連事業者は、成年後見制度の利用の促進に関する施策に協力するよう努める
国民の努力		成年後見制度に関心と理解を深め、成年後見制度の利用の促進に関する施策に協力するよう努める
関係機関等の相互連携		国および地方公共団体ならびに成年後見人等、成年後見等実施機関および成年後見関連事業者は、相互の緊密な連携の確保に努める
施策の実施の状況の公表		政府は、毎年1回、成年後見制度の利用の促進に関する施策の実施の状況をインターネットの利用その他適切な方法により公表しなければならない
成年後見制度利用促進基本計画		政府は、成年後見制度利用促進基本計画(対象期間はおおむね5年)を定めなければならない
成年後見制度利用促進会議		政府は、関係行政機関相互の調整を行うことにより、成年後見制度の利用の促進に関する施策の総合的かつ計画的な推進を図るため、成年後見制度利用促進会議を設けるものとする
市町村の講ずる措置		・市町村は、成年後見制度利用促進基本計画を勘案して、市町村の区域における成年後見制度の利用の促進に関する施策についての基本的な計画を定めるよう努めるとともに、成年後見等実施機関の設立等に係る支援などの措置を講ずるよう努める ・制度の利用の促進に関する事項の調査審議などのため、条例で定め審議会その他の合議制の機関を置くよう努める

権利

7 成年後見制度

253

| 都道府県の講ずる措置 | 都道府県は、各市町村の区域を超えた広域的な見地から、成年後見人等となる人材の育成、必要な助言その他の援助を行うよう努める |

《国試にチャレンジ！》

1. 市町村は、成年後見制度利用促進基本計画を勘案して、成年後見制度の利用の促進に関する施策についての基本的な計画を定めなければならない。【32回81】　　（正答…×）

2. 都道府県は、成年後見制度の利用の促進に関し、専門的知識を有する者により構成される成年後見制度利用促進専門家会議の設置をしなければならない。【37回41】　　（正答…×）

3. 市町村は、毎年一回、成年後見制度の利用の促進に関する施策の実施状況を公表することとされている。【37回41】　　（正答…×）

頻出度 B 成年後見制度利用支援事業

■成年後見制度利用支援事業は、後見人等への報酬、申立てに要する費用などを国の費用で補助する事業である。高齢者と障害者では別の事業で運営されている。

■成年後見制度利用支援事業の概要

区分	認知症高齢者	知的障害者・精神障害者
根拠法令	介護保険法に基づく地域支援事業（任意事業）	障害者総合支援法に基づく地域生活支援事業（必須事業）
実施主体	市町村	市町村
対象者	成年後見制度の利用が必要な低所得の高齢者	経済的な理由により補助を受けなければ成年後見制度の利用が困難な知的障害者・精神障害者

《国試にチャレンジ！》

1. 申立て費用だけでなく、成年後見人等の報酬も成年後見制度利用支援事業の対象とすることができる。【26回82】　　（正答…○）

Lesson 8 日常生活自立支援事業

A 日常生活自立支援事業の概要

- 事業の実施主体は、**都道府県社会福祉協議会**および**指定都市社会福祉協議会**である。
- 都道府県・指定都市社会福祉協議会から、事業の一部を**委託**されている市区町村社会福祉協議会のことを**基幹的社会福祉協議会**という。
- 事業の対象者は、①認知症、知的障害、精神障害などで**判断能力が不十分**、②事業の契約内容について**判断し得る能力**を有する、という2つの要件を満たす者である。
- 社会福祉法に規定する第二種社会福祉事業として福祉サービス利用支援事業を提供する。
- **契約締結審査会**は、利用希望者の契約締結能力の有無の判断が困難な場合に、専門的な見地から審査を行う機関である。
- **運営適正化委員会**は、福祉サービスに関する利用者からの苦情の調査解決や事業全体の運営監視などを行う第三者機関である。
- 基幹的社会福祉協議会には、**専門員**が置かれ、**生活支援員**が具体的な支援を行う。

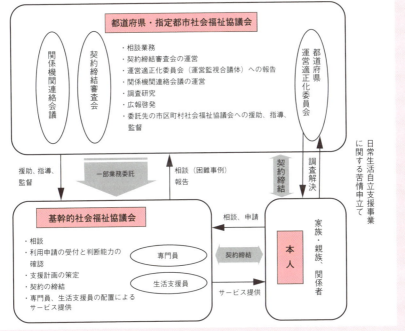

■日常生活自立支援事業の基本的な仕組み

資料：「日常生活自立支援事業推進マニュアル」全国社会福祉協議会2008年、7頁

■専門員と生活支援員の資格要件等と援助内容

	資格要件等	援助内容
専門員	社会福祉協議会に雇用され、原則は社会福祉士、精神保健福祉士等で、一定の研修を受けた者	・初期相談 ・契約締結能力の確認 ・支援計画の作成および契約の締結に関する業務
生活支援員	社会福祉協議会に雇用され、保健・福祉、行政、教育、金融、法律関係に従事した者等	・支援計画に基づくサービス提供など

■日常生活自立支援事業の援助内容

定期的な訪問による生活変化の察知（見守り）	福祉サービスの利用援助	① 福祉サービスを利用し、または利用をやめるために必要な手続き ② 福祉サービスについての苦情解決制度を利用する手続き ③ 住宅改造、居住家屋の賃借、日常生活上の消費契約および住民票の届出等の行政手続きに関する援助、その他福祉サービスの適切な利用のために必要な一連の援助 ④ 福祉サービスの利用料を支払う手続き
	日常的金銭管理サービス	① 年金および福祉手当の受領に必要な手続き ② 医療費を支払う手続き ③ 税金や社会保険料、公共料金を支払う手続き ④ 日用品等の代金を支払う手続き ⑤ ①〜④の支払いに伴う預貯金の払い戻し、預貯金の解約、預貯金の預け入れの手続き
	書類等の預かりサービス	（保管できる書類等） ① 年金証書 ② 預貯金の通帳 ③ 権利証 ④ 契約書類 ⑤ 保険証書 ⑥ 実印・銀行印 ⑦ その他、（カードを含めた）実施主体が適当と認めた書類

《国試にチャレンジ！》

1 日常生活自立支援事業の実施主体である都道府県社会福祉協議会は、事業の一部を市区町村社会福祉協議会に委託することができる。【31回81】 (正答…○)

2 精神障害者保健福祉手帳を所持していなければ、日常生活自立支援事業を利用することができない。【27回82】 (正答…×)

3 住民票の届出に関する援助は、日常生活自立支援事業の対象外である。【27回82】 (正答…×)

日常生活自立支援事業の援助の流れ

■日常生活自立支援事業の援助の流れ

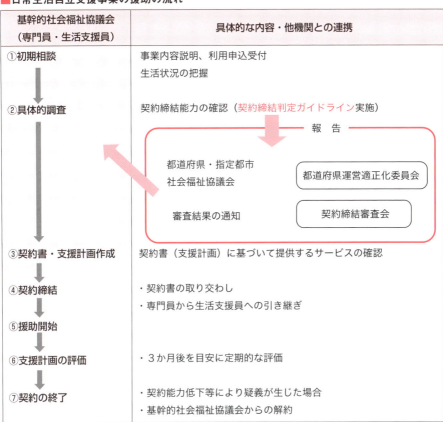

基幹的社会福祉協議会 （専門員・生活支援員）	具体的な内容・他機関との連携
①初期相談	事業内容説明、利用申込受付 生活状況の把握
②具体的調査	契約締結能力の確認（契約締結判定ガイドライン実施） 報告 都道府県・指定都市 社会福祉協議会　都道府県運営適正化委員会 審査結果の通知　契約締結審査会
③契約書・支援計画作成	契約書（支援計画）に基づいて提供するサービスの確認
④契約締結	・契約書の取り交わし ・専門員から生活支援員への引き継ぎ
⑤援助開始	
⑥支援計画の評価	・3か月後を目安に定期的な評価
⑦契約の終了	・契約能力低下等により疑義が生じた場合 ・基幹的社会福祉協議会からの解約

 契約締結判定ガイドライン
精神鑑定による医学的要因を除外し、心理学的要因に限定し作成されたチェック項目で、専門員が初回訪問時にインタビュー調査し、1週間あけて再度インタビュー調査することで契約締結能力の確認を行う。

《国試にチャレンジ！》

1 日常生活自立支援事業の契約締結に当たって、本人の判断能力に疑義がある場合は、市町村が利用の可否を判断する。【31回81】　（正答…×）

日常生活自立支援事業と成年後見制度との相違点

頻出度 B

■日常生活自立支援事業と成年後見制度の相違点

	日常生活自立支援事業	成年後見制度（法定後見）
所轄庁	厚生労働省（第二種社会福祉事業）	法務省
担い手	・都道府県、指定都市社会福祉協議会 ・事業の一部を市区町村社会福祉協議会等に委託（専門員、生活支援員による援助の実施）	・成年後見人、保佐人、補助人 ・親族、弁護士・司法書士・社会福祉士等の専門職、法人（家庭裁判所が選任）
利用開始の手続き	・委託を受けた市区町村社会福祉協議会等（基幹的）に相談、申込み ・利用者本人または成年後見人等と社会福祉協議会の契約	・家庭裁判所に申立て、家庭裁判所の審判 ・申立てできるのは、本人、配偶者、4親等以内の親族、市町村長等
利用者の判断能力の判定	・「契約締結判定ガイドライン」により専門員が判定 ・判定が困難な場合には、専門家からなる契約締結審査会で判断	医師の診断書・鑑定書に基づき家庭裁判所が判断
監視、監督	・契約締結審査会 ・運営適正化委員会	家庭裁判所
費用負担	・契約前の相談は無料、契約後の援助は利用者負担 ・1回当たり1000〜1200円程度 ・生活保護受給者は無料	・申立て費用は申立者負担が原則（本人に求償可） ・後見報酬は利用者負担が原則（家庭裁判所が額を決定する）
援助の範囲	福祉サービスの利用に関する情報提供、相談、代理権 ※ただし、施設入所手続きの代理は援助から除外	法律行為に対する、同意権、取消権、代理権
制度利用に伴う資格制限	なし	保佐類型、後見類型には選挙権等の制約あり

《国試にチャレンジ！》

1　日常生活自立支援事業は国庫補助事業であり、第二種社会福祉事業に規定された「福祉サービス利用援助事業」に該当する。【23回75】　（正答…○）

2　日常生活自立支援事業の利用に関して、成年後見人による事業の利用契約の締結は、法律で禁じられている。【31回81】　（正答…✕）

7
地域福祉と包括的支援体制

Lesson 1 　地域福祉の概念と理論

地域福祉の概念と理論

- 地域福祉とは、地域における社会福祉であり、さまざまな分野の生活支援を地域の中で行うことである。地域福祉における地域や地域社会は、一般にコミュニティと呼ばれる。
- 岡村重夫によれば、地域福祉の構成要素は①コミュニティケア（施設ではなく、地域社会における援助活動）、②一般的地域組織化活動と福祉組織化活動、③予防的社会福祉に整理される。
- 岡村重夫は、地域社会で発生する生活課題の解決を図るために、地域住民の主体的で協働的な問題解決プロセスを重視した。

■岡村重夫の組織化活動

一般的地域組織化活動	福祉組織化活動
地域住民の組織をつくる活動である。地域の構成員は、地域の主体としての権利や態度をもつ	福祉コミュニティづくりのための組織化活動である。福祉サービスの対象者、福祉機関・団体など

- 永田幹夫は、地域福祉の構成要素を、①在宅福祉サービス（対人福祉サービス）、環境改善サービス（生活、居住条件の改善）、組織活動（コミュニティワークの方法技術）に分類し、地域福祉の具体的展開のため、在宅福祉サービスを整備することを重視した。

■その他地域福祉に関する日本の学説

研究者	理論
奥田道大	住民の価値意識と行動様式から地域社会の分析枠組みを用いて、①地域共同体モデル、②伝統型アノミーモデル、③個我モデル、④コミュニティモデルの４つの地域モデルを提示した
真田是	生活問題とその解決のための政策、そして地域社会の産業構造の変革も視野に入れた生活の共同的維持・再生産の地域的システムを重視した
三浦文夫	生活課題を貨幣的ニードと非貨幣的ニードに分類し、後者に対応する在宅福祉サービスを充実することを重視した
右田紀久恵	地方自治体における福祉政策の充実や住民自治を基底にとらえた自治型地域福祉を重視した
倉沢進	都市的生活様式の限界と新しい相互扶助的・自律的な問題処理システムの必要性について論じ、戦後のコミュニティ政策に重要な役割を担った

■地域福祉の学説（海外）

研究者	理論
ウェルマン (Wellman, B.)	各個人が空間の縛りを離れ、選択的に絆を築いていくとする「コミュニティ解放論」を説いた
グラノヴェッター (Granovetter, M.)	価値ある情報は、家族や親友、職場の仲間といった繋がりが強い人々（強い紐帯）よりも、ちょっとした知り合いなど繋がりが弱い人々（弱い紐帯）からもたらされる可能性が高いとする「弱い紐帯の強み」を論じた
ティトマス (Titmuss, R.)	福祉理念を選別主義から普遍主義に拡大すべきだと主張した
テンニース (Tönnies, F.)	社会の統合類型としてゲマインシャフトとゲゼルシャフトを提起した（「3 社会」レッスン2参照）
トクヴィル (Tocqueville, A.)	アメリカ社会の観察を通じて、地位の平等が民主主義社会を推進するとした
ニューステッター (Newstetter, W.)	地域内の、団体、組織、機関の代表者の討議の場を設定し、地域社会を構成するグループ間の協力と協働の関係を調整・促進することで地域社会の問題を解決していくインターグループワーク論を提起した
パットナム (Putnam, R.)	社会関係資本（ソーシャルキャピタル）の構成要素を、社会ネットワーク（近隣住民、友人など）、信頼、互酬性の規範（ボランティア活動など）とした
ペストフ (Pestoff, V.)	福祉三角形を提唱し、第3セクター（部門）も重視した。福祉三角形とは、国家、市場、コミュニティからなる福祉三角形に公的・私的、フォーマル・インフォーマル、営利・非営利の三本の軸を引いて、それらの中心に第3セクター（非営利組織）を位置づけたもの
マッキーヴァー (MacIver, R.)	教会、学校、会社のような人為的につくられた機能的・結社的集団をアソシエーションとしてとらえた。コミュニティをアソシエーションの対置概念とした
ロス (Ross, M.)	地域組織化説を唱え、地域社会が団結協力して実行する態度を養い育てる過程がコミュニティ・オーガニゼーションであるとした
ロスマン (Rothman, J.)	コミュニティ・オーガニゼーションの実践の枠組みとして、3つのモデル①小地域開発モデル、②社会計画モデル、③ソーシャルアクション・モデルに類型化した

■ コミュニティ・オーガニゼーションは地域組織化活動とも呼ばれ、地域社会の問題解決に向けて地域住民を組織化し、ニーズに応じた支援を行う間接援助技術である。

ワンポイント コミュニティ・オーガニゼーションの起源は、19世紀末のイギリスにおける慈善組織協会（COS）の活動にさかのぼり、住民のニーズ把握、社会資源の管理や分配といった機能から発展していった。

■ロスマンにおけるコミュニティ・オーガニゼーションの実践の3つのモデル

小地域開発モデル	社会計画モデル	ソーシャルアクション・モデル
地域住民の自発性や主体性を高め、地域社会を組織化することで地域の問題を解決しようとするもの	効率的な資源の配分のために、計画を立案し、問題解決を図ろうとするもの	社会的課題を解決するために、社会行動（アクション）を起こし、制度の制定や改廃を目指そうとするもの

- ■コミュニタリアニズム（共同体主義）とは、普遍的や一般的とされる価値観ではなく、文化的な共同体（国家、地域、家族など）の中で培われる価値観のほうを重視する考え方である。
- ■コミュニタリアニズムの思想家には、マッキンタイア（MacIntyre, A.）、テーラー（Taylor, C.）などがいる。
- ■コミュニティ・デベロップメントとは、地域住民の活動参加を促す形で展開される地域社会開発である。
- ■コミュニティ・ビルディング（地域共同体の構築）とは、地域全体の共助（互助）の仕組みやリーダーシップの醸成を促すことで、地域福祉の充実や組織化を図ることである。

地域福祉の理論に関しては、人名と学説、用語と意味を入れ替えて出題される場合が多いです。入れ替えに気づけば、選択肢が狭まるでしょう

《国試にチャレンジ！》

1　地域全体の共助の仕組みやリーダーシップの醸成を促しても福祉ニーズの充足には至らないため、地域において福祉サービスの充実を図るコミュニティ・ビルディングというアプローチが注目されている。【26回32】　　（正答…×）

2　右田紀久惠は、地方自治体における福祉政策の充実や住民自治を基底に据えた自治型地域福祉を重視した。【29回32】　　（正答…○）

頻出度 B 地域福祉の範囲

■ 福祉計画では、圏域を法律などで設定することにより、福祉サービスの提供や施設の整備を図っている。

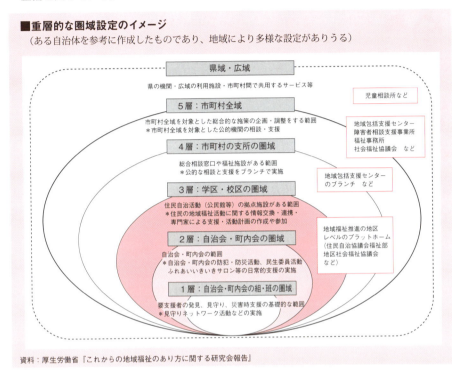

■ **重層的な圏域設定のイメージ**
（ある自治体を参考に作成したものであり、地域により多様な設定がありうる）

資料：厚生労働省『これからの地域福祉のあり方に関する研究会報告』

■ **教育・保育提供区域**は、子ども・子育て支援法に基づく「市町村子ども・子育て支援事業計画」において設定される。
■ **日常生活圏域**は、介護保険法に基づく市町村介護保険事業計画において設定される。

> **word　日常生活圏域**
> その住民が日常生活を営んでいる地域として、地理的条件、人口、交通事情その他の社会的条件、介護給付等対象サービスを提供するための施設の整備の状況その他の条件を総合的に勘案して定める区域のことである。

■ **障害保健福祉圏域**は、都道府県が**二次医療圏**や高齢者保健福祉圏域を参考にして、複数市町村を含む広域圏域として定める。
■ 都道府県は、三次医療圏において、特殊な医療などが提供できる体制を構築することとされている。

■医療圏の例

一次医療圏	二次医療圏	三次医療圏
市（区）町村	複数市町村を含む広域圏域	都道府県

《国試にチャレンジ！》

1 市町村は、二次医療圏において、特殊な医療が提供できる体制を構築することとされている。【29回41】　　　　　　　　　　　（正答…×）

頻出度A　地域福祉の理念

■ 地域福祉を推進する際には、**ノーマライゼーション**、**脱施設化**、**住民主体の原則**、**ソーシャル・インクルージョン**などの理念を理解しておくことが重要である。
■ ノーマライゼーションは、障害などで社会的不利にある人も、普通の人と同等の権利をもち、地域のなかで普通に生活を送っていける社会を目指す考え方である。

ノーマライゼーションについては「10 基盤」、ソーシャル・インクルージョンについては「4 原理」に詳細がありますので、確認してください

■ 障害者分野を中心に、入所施設における**脱施設化**や**地域移行支援**が進められている。
■ 脱施設化や地域移行支援においては、地域生活の質の保障の観点から、**居住福祉**、**地域密着化**、**住民参加**などを重要視している。
■ **住民主体の原則**とは、地域住民が主体となって行う地域活動の原則で、関係機関等と連携しながら自らの課題を解決していく。
■ 「これからの地域福祉のあり方に関する研究会」報告書（2008（平成20）年）では、新たな地域福祉の役割として、①現行の仕組みでは対応しきれていない生活課題への対応、②住民と行政の協働による「新たな支え合い（**共助**）」を確立すること、③地域社会再生の軸となるという3点が示された。
■ 住民の役割は、当事者を**エンパワメント**し地域ケアを進めること、生活者視点に基づいたネットワークを促進すること、生活に必要なサービスの質を高め創出すること、当事者を中心とした社会変革を進めること、住民自治と**ローカル・ガバナンス**を促進させること、などがある。

■ 地域福祉の理念に関する用語と意味の整理

用語	意味
ソーシャル・インクルージョン	社会的包摂・社会的包含と訳される。すべての人々を孤独や孤立、排除や摩擦から援護し、社会の構成員として包み支え合う社会を目指すこと
ノーマライゼーション	障害があるなど社会的不利のある人も、障害のない人と同じような暮らしが可能となる生活条件をつくり出していくこと
ローカル・ガバナンス	地域共治。地方公共団体と地域コミュニティの住民、民間企業など多様な主体が利害調整しながら合意形成をしていくこと
施設の社会化	福祉施設の設備や機能等を地域へ開放すること
脱施設化	障害者分野を中心に、入所施設から地域生活に移行していくための取り組みのこと
地域移行支援	障害者支援施設等に入所している障害者、精神科病院に入院している精神障害者等に、住居の確保その他の地域生活に移行するための活動に関する相談や便宜を供与すること

《国試にチャレンジ！》

1　ソーシャルインクルージョンとは、全ての人々を孤独や孤立、排除や摩擦から援護し、社会の構成員として包み支え合う社会を目指すことをいう。【31回33】　　　　　　　　　　　　（正答…○）

2　地域移行支援とは、住まい・医療・介護・予防・生活支援を一体的に提供することで、在宅の限界点を高めることをいう。【31回33】　（正答…×）

頻出度 B　地域福祉の動向

① コミュニティソーシャルワーク

■ コミュニティソーシャルワークとは、地域を基盤としたソーシャルワークであり、本人やその家族を支援する個別支援と、生活の場としての地域支援を一体的に展開する実践をいう。

■ コミュニティソーシャルワーカー（CSW）は、地域における困窮者の課題を解決するため、地域の人材、制度、サービス、住民の援助などを組み合わせたり、新しい仕組みづくりのための調整、コーディネートを行ったりする。

② 地域再生とコミュニティサービス

■ 人口減少や急速な高齢化の進行に伴って、医療、介護、住宅、交通移動、産業・雇用、防災・防犯など、コミュニティの持続可能性にさまざまな危機がもたらされる。

■ 2025年問題とは、2025（令和7）年には1947（昭和22）～1949（昭和24）年生まれの第1次ベビーブーム期の出生者（いわゆる「団塊の世代」）がすべて75歳以上の後期高齢者になり、医療・介護費の増大などさまざまな分野に影響を与える問題をいう。

- 2040年問題とは、いわゆる団塊ジュニア世代が65歳以上となる2040（令和22）年に、高齢化とともに現役世代の減少が顕著になることから生じるさまざまな社会的影響をいう。
- 日本では、2025年問題を見据えて医療や介護等の供給体制の整備、地域包括ケアシステムの構築などを進めており、さらに2040年問題を視野に入れて、高齢化への対応とあわせ人口減少に対応した全世代型の社会保障制度を構築していくとしている。
- 買物弱者とは、流通機能や交通網の弱体化などの理由により、日常の買物機会が十分に提供されない状況にある人々をいう。
- 日本では1988～2018年の30年間で空き家が2倍以上に増加した。2018（平成30）年の空き家数は848万9000戸に達する（空き家問題）。
- 空き家は適切な管理がされないと劣化が進み、保安上危険な状態となるだけでなく、衛生面や景観の悪化、防災性・防犯性の低下をもたらし、地域住民の生活環境に深刻な影響を及ぼす。
- これからの地域福祉には、地域住民が安心して暮らせるように地域再生を推進し、地域住民の暮らしに関するニーズに応えるコミュニティサービスの開発・整備が求められる。

③ ケアリングコミュニティ

- ケアリングコミュニティとは、「支える」「支えられる」という一方的な関係でなく、「相互に支え合う」地域を構築することである。
- 地域共生社会（レッスン9参照）は、地域住民が役割を持ち、支え合い、自分らしく活躍できるコミュニティを育成し、公的サービスと協働して暮らすことのできる社会であり、ケアリングコミュニティを構築することともいえる。

《国試にチャレンジ！》

1 日本における第1次ベビーブーム期の出生者が後期高齢者になるために、国が示した医療や介護等の供給体制を整備する目途となる年次は、2025年（令和7年）である。【36回26改】　（正答…○）

Lesson 2 地域福祉の歴史

日本の地域福祉の歴史 〔頻出度B〕

■日本では、19世紀後半に慈善事業活動の実践やセツルメント運動が展開されるようになった。

> **word セツルメント**
> 知識と人格を備える有産階級の人々がスラム地域に住み込み、親しく触れ合って、生活の向上や福祉の向上を図ろうとする運動。

■スラム地区などにおいて隣保館が普及したことが、セツルメント運動につながった。
■中央慈善協会は、全国の主要な都市で展開されていた慈善団体や慈善家の連絡・調整を図ることを目的として設立された。
■慈善事業を組織化した中央慈善協会は、当時の慈善救済活動の調査や団体相互の連絡などを行った。全国社会福祉協議会の前身である。
■渋沢栄一は、実業界と兼務で中央慈善協会の初代会長に就任した。
■済世顧問制度や方面委員制度は、ドイツのエルバーフェルト制度などを参考に考案した制度とされている。
■方面委員制度は、岡山県で発足した済世顧問制度を始まりとし、後に方面委員令により全国的な制度として普及した。

ワンポイント 1948（昭和23）年に制定された民生委員制度は、済世顧問制度および方面委員制度を継承したものである。

■地域福祉の歴史（日本）

年	事項
1887（明治20）	石井十次が岡山孤児院を創設
1891（明治24）	アダムス（Adams, A.P.）が日本初のセツルメントとして岡山博愛会を創設
1897（明治30）	片山潜が東京神田にキングスレー館（セツルメント施設）を創設
1899（明治32）	留岡幸助が東京巣鴨に家庭学校（感化院）を設立
1908（明治41）	中央慈善協会が設立（会長：渋沢栄一）
1909（明治42）	賀川豊彦が神戸でセツルメント運動を実施。著書は『死線を越えて』
1916（大正5）	河上肇が大阪朝日新聞に『貧乏物語』を連載
1917（大正6）	岡山県知事笠井信一が「済世顧問制度」を創設

1918（大正7）	大阪府知事林市蔵（民生委員の父）と小河滋次郎が「方面委員制度」を創設
1919（大正8）	大原孫三郎が「大原社会問題研究所」を設立
1930（昭和5）	大栗清實が、日本初の無産者診療所「大崎無産者診療所」を開設
1934（昭和9）	方面委員らにより、石川県金沢市に善隣館（セツルメント施設）を設置
1936（昭和11）	方面委員令により方面委員制度が制度化
1947（昭和22）	「国民たすけあい運動」として、共同募金運動が始まる
1948（昭和23）	民生委員法が制定、方面委員制度が民生委員制度へ
1951（昭和26）	社会福祉事業法（現：社会福祉法）により共同募金が制度化

《国試にチャレンジ！》

1 日本におけるセツルメント運動は、アダムス（Adams, A.）が岡山博愛会を設立したことに始まるとされている。【28回34】　　　　　　　　（正答…〇）

C イギリス・アメリカの地域福祉の歴史

① イギリスの地域福祉の歴史

- チャルマーズ（Chalmers, T.）による隣友運動では、貧困家庭への訪問活動が行われ、慈善組織協会の設立に影響を与えた。
- 慈善組織協会（COS）は、慈善活動を組織化するとともに、友愛訪問員（有給職員とボランティア）が救貧者を直接訪問し、家庭調査を行う友愛訪問を実施し、ソーシャルワークの形成に大きな影響を与えた。
- バーネット（Barnett）夫妻が設立したトインビーホールは世界初のセツルメントで、セツルメント運動の拠点として、地域改良活動を行った。

■イギリスの地域福祉の歴史

年	事項
1819	チャルマーズによる隣友運動が開始される
1844	ウイリアムズによってキリスト教青年会（YMCA）が設立される
1869	ロンドンで慈善組織協会（COS）が設立
1878	ウイリアム・ブース（Booth, W. C.）によって活動形態に軍隊組織を取り入れた救世軍が設立され、貧困者への伝道事業、救済事業などが行われた
1884	バーネット夫妻によって、ロンドンの貧民地区にトインビーホールが設立

② イギリスの福祉政策の歩み

- ベヴァリッジ（Beveridge, W.）は、「ベヴァリッジ報告」の後「ボランタリーアクション」を公刊し、政府による社会保障政策と同時に、国民のボランタリーな活動の重要性を示した。
- シーボーム報告は、地方自治体におけるパーソナル・ソーシャル・サービスを中心とした組織改革をもたらした。
- イギリス政府の病院計画（1962年）は、10年間で大規模な精神病院を削減し、入院患者数を半減するというものであった。コミュニティケアを推進し、精神病は地域で治療する方針となった。
- グリフィス報告を受け、1990年に「国民保健サービス及びコミュニティケア法」が成立し、権限と財源の地方自治体への一元化、サービス供給の多元化・民営化、ケアマネジメントやサービスの苦情処理手続きの導入などが規定された。
- ブレア内閣は、1998年に、ボランタリーセクターやコミュニティの役割を重視し、政府セクターとボランティアセクターが「コンパクト」と呼ばれる協約を結ぶ政策を展開した。

■ イギリスの報告等

年	報告等	内容
1942	ベヴァリッジ報告	五巨人悪、ゆりかごから墓場まで、社会保険制度改革（「4 原理」レッスン2参照）
1959	ヤングハズバンド報告	地方自治体保健・福祉サービスにおけるソーシャルワーカーに関する調査委員会の報告。ソーシャルワークの機能を検討し、ソーシャルワーカー養成課程の整備を求める
1968	シーボーム報告	地方自治体で福祉サービスを提供する関連部局を統合した包括的なアプローチやニーズに合わせたソーシャルワーカーの配置等を提案し、コミュニティケアの推進に寄与
1969	エイブス報告	ボランティアの役割について、専門家にはできない新しい社会サービスを開発する能力があることを強調した
1978	ウルフェンデン報告	公的サービスの役割を認めながらも、多様な供給主体の独自の役割を承認する福祉多元主義について言及した（「4 原理」レッスン6参照）
1982	バークレイ報告	コミュニティソーシャルワークを提言、コミュニティソーシャルワーカーの任務について、相互関連のもとに実施すべきであるとした
1988	グリフィス報告	コミュニティケアについて地方自治体の役割強化や財源の移譲、多様な供給主体による福祉サービスの提供、ケアマネジメントの導入などを提言。1990年制定の「国民保健サービス及びコミュニティケア法」に影響を与えた
	ワグナー報告	入所による施設ケアの現状を再検討し、利用者の積極的選択の1つとなるよう、サービスの質の向上や職員の待遇改善を提言

地域

2 地域福祉の歴史

③ アメリカの地域福祉の歴史

- イギリスで誕生した慈善組織協会（COS）・セツルメント運動は、すぐにアメリカに渡り広まっていった。
- 1877 年、アメリカで最初の慈善組織協会（COS）がニューヨーク州バッファローに創設された。
- 1886 年、コイト（Coit, S.）により、アメリカ最初のセツルメントであるネイバーフッド・ギルドが創設された。
- 1889 年、アダムス（Addams, J.）は、シカゴに世界最大規模のセツルメントであるハル・ハウスを創設した。

> **ワンポイント**　地域福祉政策は、欧米における慈善組織協会（COS）の設立やセツルメント運動などにより大きく発展してきた。

- 1939 年、全米社会事業会議において、コミュニティ・オーガニゼーションの体系化に関するレイン報告が提出された。

《国試にチャレンジ！》

1　ロンドンの富裕地域に設立されたトインビーホール（1884 年）は、セツルメントの拠点として、富裕層による慈善活動を喚起する役割を担った。【27 回 33】　　（正答…×）

2　「グリフィス報告」を受けて、福祉施設を公的に整備するための「国民保健サービス及びコミュニティケア法」が成立した。【23 回 33】　　（正答…×）

コミュニティケアの発展を時系列で押さえていきましょう。報告書の内容は、キーワードで押さえていくとよいでしょう

Lesson 3 地域福祉の推進主体

頻出度A 地域福祉の推進主体

■ 社会福祉法では、地域福祉を推進する主体を地域住民、社会福祉を目的とする事業を経営する者、社会福祉活動に関する活動を行う者（地域住民等）としている。

>
> **ワンポイント**
> 地域福祉とは、地域において人びとが安心して暮らせるよう、地域住民や公私の社会福祉関係者がお互いに協力して地域社会の福祉課題の解決に取り組むもので、サービスを受けている側も地域福祉を推進する側に含まれる。

■ **社会福祉法における地域福祉の推進などにかかる規定の要旨**

- 地域福祉の推進は、地域住民が相互に人格と個性を尊重し合いながら、参加し、共生する地域社会の実現を目指して行われなければならない
- 地域住民等は、相互に協力し、福祉サービスを必要とする地域住民が地域社会を構成する一員として日常生活を営み、社会、経済、文化その他あらゆる分野の活動に参加する機会が確保されるように、地域福祉の推進に努めなければならない
- 地域住民等は、地域福祉の推進にあたり、福祉サービスを必要とする地域住民やその世帯が抱える多様な地域生活課題を把握し、支援関係機関との連携等により、その解決を図るよう特に留意する

■ 社会福祉法では、「福祉サービスの提供の原則として、社会福祉を目的とする事業を経営する者は、利用者の意向を十分に尊重し、地域福祉の推進にかかる取り組みを行う地域住民等との連携を図り、保健医療サービスその他の関連するサービスとの有機的な連携を図るよう創意工夫を行いつつ、総合的に提供することができるよう事業の実施に努めなければならない」としている。

■ 社会福祉法では、福祉サービスの提供体制の確保等に関する国および地方公共団体の責務を定めている。2020（令和2）年の法改正により、重層的支援体制整備事業にかかる責務が追加された。

■ **福祉サービスの提供体制の確保等に関する国および地方公共団体の責務**

- 社会福祉を目的とする事業を経営する者と協力して、福祉サービスを提供する体制の確保に関する施策、福祉サービスの適切な利用の推進に関する施策その他の必要な各般の措置を講じなければならない
- 地域生活課題の解決に資する支援が包括的に提供される体制の整備、その他地域福祉の推進のために必要な各般の措置を講ずるよう努めるとともに、措置の推進にあたり保健医療、労働、教育、住まい、地域再生に関する施策その他関連施策との連携に配慮するよう努めなければならない
- 国および都道府県は、市町村における重層的支援体制整備事業などが適正かつ円滑に行われるよう、必要な助言、情報の提供その他の援助を行わなければならない

《国試にチャレンジ！》

1. 社会福祉事業を経営する者は、地域福祉を推進する主体には含まれないとされている。【33回36】　　　　　　　　　　　　　　　　　　　　（正答…✕）
2. 国及び地方公共団体は、地域福祉の推進のために必要な各般の措置を講ずるよう努めなければならない。【32回36】　　　　　　　　　　　（正答…〇）

頻出度 A 社会福祉協議会

① 社会福祉協議会の歩み

- 1951（昭和26）年に社会福祉事業法が制定され、中央社会福祉協議会（のちの全国社会福祉協議会）とあわせ、都道府県社会福祉協議会が法制化された。
- 1962（昭和37）年の「社会福祉協議会基本要項」の中で、社会福祉協議会（社協）の基本的機能はコミュニティ・オーガニゼーションの方法を地域社会に適用することであるとした。また、「住民主体の原則」も明文化された。
- 1983（昭和58）年の社会福祉事業法の改正により、市町村社会福祉協議会が法制化された。
- 1990（平成2）年の社会福祉事業法の改正により、指定都市社会福祉協議会が法制化された。
- 2000（平成12）年の社会福祉法の改正において、市町村社会福祉協議会および都道府県社会福祉協議会が、地域福祉の推進を図ることを目的とする団体として位置づけられた。
- 2012（平成24）年に全国社会福祉協議会は、地域における深刻な生活課題や社会的孤立などの課題に応えることを目的として、「社協・生活支援活動強化方針」を策定した。
- 2018（平成30）年の「社協・生活支援活動強化方針」では、生活困窮者を対象とした自立相談支援機関、地域包括支援センター、基幹相談支援センターなどとともに、社会福祉協議会も包括的な支援体制における協働の担い手とされている。

② 社会福祉協議会の概要

- 社会福祉協議会には、地区社会福祉協議会、市町村社会福祉協議会、指定都市社会福祉協議会、都道府県社会福祉協議会などがある。

■社会福祉協議会の成立要件

地区社協、市町村社協	・その区域内における社会福祉を目的とする事業を経営する者および社会福祉に関する活動を行う者が参加 ・その区域内における社会福祉事業または更生保護事業を経営する者の過半数が参加

指定都市社協	・その区域内における社会福祉を目的とする事業を経営する者および社会福祉に関する活動を行う者が参加 ・その区域内における地区社協の過半数および社会福祉事業または更生保護事業を経営する者の過半数が参加
都道府県社協	・その区域内における市町村社協の過半数および社会福祉事業または更生保護事業を経営する者の過半数が参加

■都道府県社会福祉協議会は、広域的見地から行うことが適切な事業、従事する者の養成および研修、経営に関する指導および助言、市町村社会福祉協議会の相互の連絡および調整を行う。

■都道府県社会福祉協議会は、都道府県の区域内においてあまねく福祉サービス利用援助事業が実施されるために必要な事業を行う。

■都道府県社会福祉協議会は、福祉サービス利用援助事業の適正な運営確保と利用者からの苦情の適切な解決のため、運営適正化委員会を設置する。

■市町村社会福祉協議会の業務は、「社会福祉を目的とする事業の企画及び実施」や「社会福祉に関する活動への住民の参加のための援助」「社会福祉を目的とする事業の調査、普及、宣伝、連絡、調整及び助成」などである。

■関係行政庁の職員は市町村社会福祉協議会の役員になることができるが、役員総数の5分の1を超えてはならない。

■地域福祉活動計画は、社会福祉協議会の呼びかけにより、地域住民や各種団体が協力して作成する、地域福祉の推進のための活動・行動計画である。

ワンポイント　地域福祉活動計画は、法律に基づく策定義務はない。社会福祉法には、地方公共団体による市町村地域福祉計画、都道府県地域福祉支援計画の作成努力義務が規定されている。

《国試にチャレンジ！》

1　1983年（昭和58年）に、都道府県社会福祉協議会による事業が拡大する中で、都道府県社会福祉協議会が法的に位置づけられた。【30回32】　（正答…×）

2　市町村社会福祉協議会は、区域内における社会福祉事業又は社会福祉に関する活動を行う者の過半数が参加するものとされている。【31回35】　（正答…×）

3　市町村社会福祉協議会は、社会福祉法で地域福祉活動計画を策定することが義務づけられている。【30回38】　（正答…×）

類出度A　民生委員・児童委員

■民生委員は、社会奉仕の精神をもって、常に住民の立場に立って相談に応じ、必要な

援助を行うことにより、社会福祉の増進に努める。
- 民生委員は、児童委員と兼務する。
- 民生委員は、その職務において都道府県知事の指揮監督を受ける。
- 都道府県知事は、民生委員の指導訓練を実施しなければならない。

■民生委員

事項	内容
根拠法	民生委員法。児童委員・主任児童委員については児童福祉法
待遇	給与は支給されない。活動費（交通費など）は支給される。ボランティア（住民の立場に立って相談に応じ、必要な援助を行う）である
選任	市町村に設置された民生委員推薦会で選考して、都道府県知事に推薦し、都道府県知事が地方社会福祉審議会の意見を踏まえて厚生労働大臣に推薦し、厚生労働大臣から委嘱（児童委員も同様）される
定数	厚生労働大臣の定める基準を参酌して、都道府県知事が市町村の区域ごとに、市町村長の意見を聴いて都道府県の条例で定める
任期	3年（補欠の任期は前任者の残任期間）
区域	その市町村の区域内において、担当の区域または事項を定めて職務を行う
指揮監督	都道府県知事（指定都市・中核市では市長）

■民生委員の主な職務

- 住民の生活状態を必要に応じ適切に把握する
- 援助を必要とする人への相談援助・助言、援助を必要とする人が適切に福祉サービスを利用できるよう必要な情報提供などを行う
- 社会福祉事業を経営する人や社会福祉に関する活動を行う人と密接に連携し、その事業や活動を支援する
- 福祉事務所や関係行政機関の協力機関であり、福祉事務所やその他の関係行政機関の業務に協力する

- 民生委員は、民生委員法の規定により、守秘義務が課される。
- 民生委員は、都道府県知事が市町村長の意見を聞いて定める区域ごとに、民生委員協議会を組織しなければならない。
- 民生委員協議会は、民生委員の職務上必要があるときは関係各庁に意見を具申することができる。
- 「令和5年度福祉行政報告例の概況」によると、2023（令和5）年度末の民生委員の数は、22万8573人で、男性（37.6％）より女性（62.4％）のほうが多い。

民生委員の歴史については、「4原理」とあわせて学習してください。事例問題を含めて高い頻度で出題されますので、絶対に正解できるようにしておきましょう

《国試にチャレンジ！》

1 市町村長は、民生委員協議会を組織しなければならない。【34回36】 ☑☑ （正答…✗）

2 民生委員は、職務上知り得た特定の要援護者個人の情報を広く地域住民と共有してもよい。【32回38】 ☑☑ （正答…✗）

A 共同募金

■ 共同募金は、1947（昭和22）年の国民たすけあい運動を契機とし、1951（昭和26）年の社会福祉事業法（現：社会福祉法）制定により制度化された。
■ 共同募金は、第一種社会福祉事業である。
■ 共同募金会は、都道府県を単位とした社会福祉法人である。
■ 共同募金会以外の者は、共同募金事業を行ってはならない。
■ 共同募金会は、災害等に備えるために、災害等準備金として寄付金を積み立て、被災時には、他の都道府県の共同募金会に拠出することができる。

2000（平成12）年の社会福祉法の改正により、共同募金について①目的に地域福祉の推進を加える、②社会福祉事業または更生保護事業を経営する者の過半数配分規定の廃止、③配分委員会の配置の義務づけ、④寄付金の積み立てを可能とする、などが定められた。

■ 共同募金の事業概要

事項	内容
募集する区域・募集期間	都道府県の区域を単位として、毎年1回、厚生労働大臣の定める期間に限り行う
運営	・共同募金会は、あらかじめ都道府県社会福祉協議会の意見を聴き、配分委員会の承認を得て、目標額、受配者の範囲、配分の方法を定め、公告しなければならない ・国および地方公共団体は、寄付金の配分について干渉してはならない
配分先	・社会福祉事業、更生保護事業その他の社会福祉を目的とする事業を経営する者（国・地方公共団体を除く）に配分することを目的とする ・共同募金は、社会福祉を目的とする事業を経営する者以外の者に配分することはできない

■ 共同募金の方法別割合で、最も大きな割合を占めているのは戸別募金である。
■ 寄付金の配分先を事業種別でみると、住民全般を対象とする活動が最も多い。
■ 共同募金会は、共同募金の一環として、歳末たすけあい募金を行っている。
■ 共同募金実績額をみると、年間の募金総額は、1995（平成7）年から減少傾向である。

《国試にチャレンジ！》

1 災害に備えるため準備金を積み立て、他の共同募金会に拠出することができる。【35回38】 ☑☑ （正答…◯）

2 共同募金は、都道府県を単位として毎年1回実施される。【32回22】 ☑☑ （正答…◯）

頻出度 B その他の団体・組織など

① 住民参加型在宅福祉サービス

■住民参加型在宅福祉サービスは、非営利性、有償制、会員制などを主な特徴とし、地域で支援を必要とする人々に対し、家事援助、介護サービス、保育支援などの在宅福祉サービスを提供する活動である。

住民参加型在宅福祉サービスは、1980年代以降、全国に広がった。

② 消費生活協同組合

■消費生活協同組合（COOP、生協）は、消費生活協同組合法に基づき設立された非営利の法人で、住民が主体となり共同で運営・利用する結合組織である。
■医療に関する事業、高齢者、障害者などの福祉に関する事業等を実施することができる。

③ 自治会・町内会

■自治会・町内会は、一定の区域の住所を有する者の地縁により形成された団体で、その地区の住民が管理・運営する。
■認可により法人格を取得し、収益事業の実施が可能である。

④ 労働者協同組合（労協）

■労働者協同組合は、労働者協同組合法に基づき設立される法人で、組合員が出資し、それぞれの意見を反映して組合の事業が行われ、組合員自らが事業に従事する。
■3人以上の発起人で設立可能で、行政庁の許認可等なしに、登記のみで法人格が付与される（準則主義）。
■持続可能で活力ある地域社会の実現に資することを目的として、子育て支援、地域づくりなど地域における多様な需要に応じた活動を行うことができる。

⑤ その他

■日本赤十字社は、日本赤十字社法により世界の平和と人類の福祉に貢献するよう努めることが謳われており、社員で構成されている。

《国試にチャレンジ！》

1. 消費生活協同組合は、福祉に関する事業を行うことができる。
【30回38】　　　　　　　　　　　　　　　　　　　　（正答…○）
2. 労働者協同組合は、地域における多様な需要に応じた仕事を創出するために、組合員自らが出資し事業に従事する。【37回43】　　　（正答…○）

頻出度 B 地域福祉の主体と形成

① 住民主体と住民参加

■ 地域福祉を推進する多様な主体のなかで、中核的な主体は、地域の暮らしや地域社会を形成している住民である（住民主体）。
■ 地域住民、民間事業者、社会福祉法人、行政など地域構成員は、自らの地域福祉を推進していくために参加・協働することが求められている。
■ 地域福祉への住民参加の形態には、活動、参画、運動、評価の4つがある。
■ 身近な見守りから地域生活課題の発見・解決まで、幅広く地域福祉の推進にかかわる活動を住民自治という。
■ 住民自治や住民主体による活動は、制度や政策への関与、地域の資源の活用・開発まで多岐に及ぶ。
■ 1990年代に全国で実施されたふれあいのまちづくり事業は、市区町村社会福祉協議会が実施主体となり、地域住民の参加と関係機関との連携のもと、高齢者、障害者、児童・青少年等に対し、地域に即した創意と工夫を行った福祉サービスを提供する事業である。

② 当事者参加

■ 当事者とは、疾病や障害、さまざまな生活課題を抱えている人のことである。
■ 当事者参加とは、当事者自身が情報の収集・分析や計画の立案にかかわり、必要なサービスを自ら選びとっていくことをいう。

 ワンポイント　当事者のメンバーで構成される団体として、代表的なものにセルフヘルプグループがある。依存症、疾病、障害など同じ悩みや課題などをもつ患者の会、家族会などがある（「11 理論」レッスン6参照）。

■ 当事者がサービスの企画・実施・評価にかかわり自己決定していくことにより、エンパワメントを高めることができる。

③ 代弁者とアドボカシー

■ 自身の置かれている状況を説明したり、異議を申し立てたりすることができない人に

代わって、当事者の権利を擁護する人を代弁者という。
- ■自ら権利を主張することが困難な人たちの権利擁護や権利を代弁する機能を、アドボカシー（代弁機能）という。
- ■生活課題を抱える人に対する支援では、意思決定・自己決定の支援など、生きる力を引き出す主体形成支援が重要となる。

④ ボランティア・市民後見人

- ■ボランティアには、権利を侵害されている人々の代弁者としての役割も期待されている。
- ■地域福祉の推進において、市民が公益的活動に自主的に参加する市民活動にも期待が寄せられている。
- ■市民後見人とは、専門家や親族ではない一般市民で、養成研修を修了して成年後見制度に関する一定の知識・技術などを身につけ、成年後見人等の担い手となる人をいう。
- ■市民後見人は、弁護士等の専門職後見人以外の後見人で、家庭裁判所が選任する。
- ■老人福祉法では、今後増加する認知症の人の福祉を増進する観点から、市町村に対して市民後見人の育成および活用のための必要な措置を努力義務としている。

⑤ 福祉教育

- ■地域住民に、顕在的・潜在的な生活課題を発見し解決に向けて行動してもらうために、福祉教育など、福祉への理解を促す場・機会を提供する必要がある。
- ■福祉教育の目的は、単に福祉の知識を身につけることではなく、社会福祉制度・活動への理解を進め、社会福祉問題を解決する実践力を身につけることである。
- ■福祉教育は、「学び合う」場であることを意識し、多くの機関や人との参加と協働によって実践する。

《国試にチャレンジ！》

1　1990年代に全国で実施されたふれあいのまちづくり事業は、障害者等の社会参加を保障することを目的として、市町村が公共施設などにおけるバリアフリー化を促進するための事業である。【32回33】　　（正答…✕）

2　市民後見人の養成は、制度に対する理解の向上を目的としているため、家庭裁判所は養成された市民を成年後見人等として選任できないとされている。【35回33】　　（正答…✕）

地域福祉に関わる組織や団体として、NPO法人（「17 経営」参照）も重要です

Lesson 4 福祉行財政システム

B 国と地方公共団体の規定

① 国と地方公共団体の規定

■地方自治法の規定により、国は全国的な規模や視点に立って果たすべき役割を重点的に担い、地方公共団体（都道府県や市町村、特別区）は、住民に身近な行政を担うことを基本としている。

■地方自治法における国および地方公共団体の規定

国	都道府県
・国際社会における国家としての存立にかかわる事務 ・全国的に統一して定めることが望ましい国民の諸活動もしくは地方自治に関する基本的な準則に関する事務	・地域における事務のうち、広域にわたるもの（広域事務） ・市町村に関する連絡調整に関するもの（連絡調整事務） ・その規模または性質において一般の市町村が処理することが適当でないと認められるもの（補完事務）
	市町村
	・地方公共団体の事務のうち都道府県が処理するものを除く事務

② 地方公共団体

■地方公共団体（地方自治体）とは、特定の地域で自治権を行使する組織である。

■地方公共団体は、法人であり、普通地方公共団体と特別地方公共団体に分けられる。

■普通地方公共団体は、広域的地方公共団体である都道府県と、基礎的地方公共団体である市町村である。特別区は特別地方公共団体であるが、市に準ずる基礎的地方公共団体でもある。

■普通地方公共団体と特別区は、その事務の一部を共同して処理するため、規約を定めて一部事務組合と広域連合を設立することができる。

一部事務組合	同種の事務を共同して処理するために設立されるもの 例）消防や水道の事務、施設運営など
広域連合	広域計画を作成し、その事務の連絡調整、処理のために設立されるもの 例）介護保険事務など

■地方公共団体の種類

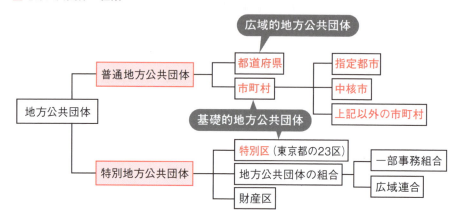

> **ワンポイント** 設立に際し、一部事務組合は、都道府県が加入するものは総務大臣、その他のものは都道府県知事の許可を、広域連合は総務大臣または都道府県知事の許可を得る。

- 大都市に関する特例として、指定都市、中核市、特別区が制度化されている。
- 指定都市とは、人口50万人以上の市のうちから政令で指定された市のことであり、都道府県が実施する事務の多くが移譲される。
- 中核市とは、人口20万人以上の市の申出に基づき政令で指定された市のことであり、指定都市が処理することができる事務の一部が移譲される。

《国試にチャレンジ！》

1 広域連合は、介護保険事業に関する事務を処理できないとされている。
【32回42】　☑☑　　　　　　　　　　　　　　　　　　　　　　　（正答…✕）

頻出度 B 法定受託事務と自治事務

- 1999（平成11）年に制定された「地方分権の推進を図るための関係法律の整備等に関する法律」（地方分権一括法）において、従来の中央集権的行財政モデルを転換し、国と地方を対等な関係に置くこととされた。
- 地方分権一括法により機関委任事務は廃止され、地方公共団体が行う事務は法定受託事務と自治事務に再編された。
- 法定受託事務は、地方公共団体が処理する事務のうち、国または都道府県が本来行うべきものをいい、国の強い関与が認められている。自治事務は、地方公共団体が処理

する事務のうち、法定受託事務以外のものをいう。

■法定受託事務と自治事務

法定受託事務
- 社会福祉法人の認可
- 生活保護法による保護
- 児童手当、児童扶養手当、福祉関係手当の支給
- 福祉施設の認可　など

自治事務
- 児童福祉法による措置
- 身体障害者福祉法による措置
- 知的障害者福祉法による措置
- 老人福祉法による措置
- 母子及び父子並びに寡婦福祉法による措置
- 福祉施設・福祉サービス利用者からの費用徴収
- 自治体独自事業　など

■法定受託事務には、第1号法定受託事務と、第2号法定受託事務がある。

■法定受託事務の種類

種類	内容	主な事務
第1号法定受託事務	国が本来処理する事務を都道府県・市町村・特別区が受託する	・生活保護の決定・実施 ・社会福祉法人の認可 ・児童手当の給付　など
第2号法定受託事務	都道府県が本来処理する事務を市町村・特別区が受託する	・都道府県議会議員の選挙に関する事務など

《国試にチャレンジ！》

1. 生活保護法に規定される生活保護の決定及び実施は、地方自治法上の法定受託事務に当たる。【34回44】　（正答…○）
2. 地方公共団体の事務は、機関委任事務、法定受託事務、自治事務の3つに分類される。【30回42】　（正答…×）

頻出度A　国・都道府県・市町村の役割

① 国の組織と役割

■厚生労働省は、国の福祉行政の中心機関であり、10の局が設置されている。

■厚生労働省の10局のうち、主に社会福祉を担当しているのは、社会・援護局、老健局である。なお、厚生労働省の旧子ども家庭局の事務は、2023（令和5）年度から内閣府の外局であるこども家庭庁に移管されている。

■厚生労働省の附属機関として設置される社会保障審議会は、社会福祉に関連する重要事項に関して、厚生労働大臣の諮問に答え、関係行政庁に意見具申を行う。

281

② 都道府県の役割と事務

- 都道府県は、市町村を包括する広域的地方公共団体であり、市町村間の連絡調整や広域的事務を行う。
- 福祉行政においては、社会福祉法人や社会福祉施設の認可や指導・監督、補助金の配分などを行う。
- 都道府県は、福祉行政に関する専門機関として、福祉事務所、児童相談所、身体障害者更生相談所、知的障害者更生相談所、女性相談支援センター、精神保健福祉センター、保健所を設置しなければならない。

③ 市町村の役割と事務

- 市町村は、基礎的地方公共団体として、地域住民の相談機関の窓口になるほか、介護保険サービスや障害福祉サービスなどの福祉行政を実施する。
- 2004（平成16）年の児童福祉法改正により、市町村は児童福祉の第一義的機関と位置づけられている。

市町村は、介護保険の保険者でもありますね

- 市町村は、市町村長の権限に属する事務を分掌させ、地域住民の意見を反映しつつこれを処理するため、条例で地域自治区を置くことができる。

④ 地方公共団体の審議会

- 都道府県、指定都市、中核市は、社会福祉法に基づき、地方社会福祉審議会を設置しなければならない。地方社会福祉審議会は、社会福祉に関する審議会その他の合議制の機関で、都道府県知事や指定都市・中核市の長の諮問に答えて、関係行政庁に意見を具申する。
- 都道府県・市町村は、児童福祉法に基づき、児童・妊産婦および知的障害者の福祉に関する事項を調査・審議するため、児童福祉審議会を設置する。都道府県と指定都市は設置義務、市町村は任意設置となっている。

 地方社会福祉審議会に児童福祉に関する事項を調査審議させる都道府県は、児童福祉審議会を設置する必要はない。

- 都道府県は、「精神保健及び精神障害者福祉に関する法律」（精神保健福祉法）に基づき、精神保健および精神障害者の福祉に関する事項を調査・審議するため、地方精神保健福祉審議会を任意設置する。

《国試にチャレンジ！》

1. 介護保険では市町村で組織する広域連合が保険者となることができる。【29回43】 （正答…○）
2. 指定都市（政令指定都市）は、児童相談所を設置しなければならない。【35回45】 （正答…○）
3. 市町村は、地方社会福祉審議会を設置しなければならない。【32回22】 （正答…×）

頻出度 B 地方分権

① 地方分権改革

■ 地域の自主性及び自立性を高めるための改革を総合的に推進するため、第1次（2011（平成23）年）から第14次（2024（令和6）年）までの「地域の自主性及び自立性を高めるための改革の推進を図るための関係法律の整備に関する法律」（地方分権一括法）が施行されている。

■ 同法の内容は、国から地方公共団体または都道府県から市町村への事務・権限の移譲や、地方公共団体への義務づけ・枠づけの緩和などを行うことを目的とする。

② 三位一体の改革

■ 地方の財政主権を確立するために、「地方にできることは地方に」という理念のもと、国の関与を縮小し、地方の権限・責任を拡大して、地方分権をいっそう推進する「三位一体の改革」が2002（平成14）年に行われた。

■ 三位一体の改革とは、①国庫補助金の整理、②国から地方への税財源移譲、③地方交付税交付金の見直しの3つを指す。

三位一体の改革は、地方の自主性を高めるものですが、経費削減と効率化を進めることから、国の関与が著しく希薄化するという側面もあります

《国試にチャレンジ！》

1. 「三位一体の改革」によって、国庫補助金及び地方交付税が削減された。【29回46】 （正答…○）

福祉行政の組織および専門職の役割

■ 福祉行政に関する専門機関の設置

専門機関名	設置義務	根拠法
福祉事務所	都道府県、市、特別区：義務 町村：任意	社会福祉法
児童相談所	都道府県、指定都市：義務 児童相談所設置市（児童相談所を設置する市（特別区含む）として政令で定める）：任意	児童福祉法
身体障害者更生相談所	都道府県：義務 指定都市：任意	身体障害者福祉法
知的障害者更生相談所	都道府県：義務 指定都市：任意	知的障害者福祉法
精神保健福祉センター	都道府県、指定都市：義務	精神保健及び精神障害者の福祉に関する法律
保健所	都道府県：義務 指定都市、特別区、中核市、政令で定める市：義務	地域保健法
女性相談支援センター（旧：婦人相談所）	都道府県：義務 指定都市：任意	困難な問題を抱える女性への支援に関する法律

■ 福祉事務所の実施体制

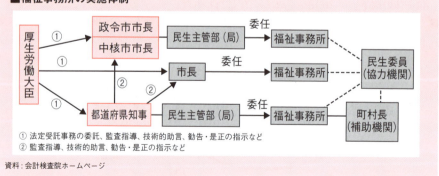

① 法定受託事務の委託、監査指導、技術的助言、勧告・是正の指示など
② 監査指導、技術的助言、勧告・是正の指示など

資料：会計検査院ホームページ

① 福祉事務所の査察指導員、現業員

- 福祉事務所には、所長のほか、指導監督を行う所員（査察指導員）、現業を行う所員（現業員）、事務を行う所員が配置される。
- 老人福祉指導主事は、老人福祉法に基づき市町村福祉事務所に必置の社会福祉主事で、高齢者の福祉に関する情報提供や相談対応、調査、事務所内の職員への指導などを行う。

- 査察指導員および現業員は、社会福祉主事でなくてはならない。
- 査察指導員および現業員は、その職務の遂行に支障がない場合、他の社会福祉または保健医療に関する業務を兼務することができる。
- 現業員の定数は、各福祉事務所の被保護世帯数に応じて、社会福祉法に掲げる数を標準として、条例で定めることとされている。
- 社会福祉士および精神保健福祉士は、社会福祉主事の任用資格の1つとされている。

② 児童福祉司
- 児童福祉司は、児童相談所長の命を受け、児童の保護その他児童の福祉に関する事項について相談に応じ、専門的技術に基づいて必要な指導などを行う職員である。
- 任用資格として、医師、社会福祉士、社会福祉主事として児童福祉事業に2年以上従事した者などが掲げられている。

③ 身体障害者福祉司
- 身体障害者福祉司は、情報提供や身体障害者に対する相談対応、福祉事務所の所員への技術的・専門的指導などを担当する専門職である。
- 任用資格として、医師、社会福祉士、社会福祉主事として身体障害者の更生援護その他福祉に関する事業に2年以上従事した者などが掲げられている。

④ 知的障害者福祉司
- 知的障害者福祉司は、情報提供や知的障害者に対する相談対応、福祉事務所の所員への技術的・専門的な指導などを担当する専門職である。
- 任用資格として、医師、社会福祉士、社会福祉主事として知的障害者福祉事業に2年以上従事した者などが掲げられている。

⑤ 精神保健福祉相談員
- 精神保健福祉相談員は、保健所、精神保健福祉センター、これらに準ずる施設において、精神障害者やその家族の相談に応じて、病状の悪化を防ぐとともに、社会復帰できるよう、さまざまな援助を行う専門職である。
- 精神保健福祉相談員は、必ずしも精神保健福祉士である必要はなく、医師、もしくは厚生労働大臣指定の講習会の課程を修了した保健師で、精神保健福祉に関する経験を有する者なども該当し、その中から都道府県知事または市町村長が任命する。

⑥ 女性相談支援員
- 女性相談支援員は、困難な問題を抱える女性の発見に努め、その立場に立った相談に応じ、専門的技術に基づいて必要な援助を行う。
- 2024（令和6）年4月に施行された「困難な問題を抱える女性への支援に関する法律」により根拠法が売春防止法から移行し、「婦人相談員」から名称が変更された。
- 女性相談支援員の任用にあたっては、その職務を行うのに必要な能力および専門的な

地域

4 福祉行財政システム

知識経験を有する人材を登用するよう配慮する。

■ 福祉行政における専門職の配置

職種	配置	配置義務	根拠法
査察指導員	福祉事務所	義務	社会福祉法
現業員			
老人福祉指導主事		都道府県：任意 市町村：義務	老人福祉法
児童福祉司	児童相談所	義務	児童福祉法
身体障害者福祉司	身体障害者更生相談所	都道府県：義務	身体障害者福祉法
	福祉事務所	市町村：任意	
知的障害者福祉司	知的障害者更生相談所	都道府県：義務	知的障害者福祉法
	福祉事務所	市町村：任意	
精神保健福祉相談員	精神保健福祉センター、保健所等	任意	精神保健福祉法
女性相談支援員 （旧：婦人相談員）	女性相談支援センター、福祉事務所等	都道府県および女性相談支援センターを設置する指定都市：義務 市町村：努力義務	困難な問題を抱える女性への支援に関する法律

《国試にチャレンジ！》

1 福祉事務所の現業を行う所員（現業員）は、社会福祉主事でなければならない。【34回46】　　　　　　　　　　　　　　　　　　　　（正答…◯）

2 児童相談所においては、保育士資格を取得した時点でその者を児童福祉司として任用することができる。【34回46】　　　　　　　　　　（正答…✕）

社会福祉士は、さまざまな専門職種の任用資格になっているのですね

Lesson 5 福祉における財源

頻出度A 福祉の財源

① 国と地方の財源

- 国の予算は、基本的な国の歳入（収入）と歳出（支出）を経理する<u>一般会計</u>と、特定の歳入・歳出を経理する<u>特別会計</u>に分けられる。
- 国の財政の主な財源は、税金（租税）や社会保険料収入、公債金である。

 2024（令和6）年度の一般会計歳入は当初予算約113兆円で、このうち約62%が租税および印紙収入、約32%が公債金（借金）で賄われている。

- 国は、地方の財源の均衡化を図るため、<u>所得税</u>、<u>法人税</u>、<u>酒税</u>、消費税の一定割合と<u>地方法人税</u>の全額を<u>地方交付税</u>として各地方公共団体に再配分する。
- 地方交付税の使途は<u>特定しない</u>。
- <u>国庫支出金</u>は、国が使途を特定して地方公共団体に配分するもので、<u>国庫負担金</u>、<u>国庫補助金</u>、国庫委託金の3つの区分がある。

■国庫支出金の3つの区分

国庫負担金	国が地方公共団体と共同で行う事務に対して、国が<u>義務</u>的に負担するもの 例）児童手当、<u>生活保護</u>費（4分の3）、<u>介護給付</u>費、<u>自立支援</u>給付（2分の1）など
国庫補助金	国が地方公共団体に行う事務に対する<u>財政的援助</u> 例）障害者総合支援法に基づく地域生活支援事業など
国庫委託金	本来、国が行う事務を地方公共団体に委託する際に、かかる<u>経費</u>を交付するもの

- 地方公共団体の予算には、<u>一般会計</u>と<u>特別会計</u>があり、<u>介護保険</u>事業、国民健康保険事業、後期高齢者医療事業には特別会計が設けられる。
- 租税は納税義務者と租税負担者が一致している<u>直接税</u>と、納税義務者と租税負担者が異なる<u>間接税</u>に分けられる。
- 直接税には、<u>所得税</u>、<u>法人税</u>などがあり、間接税には、<u>消費税</u>、<u>たばこ税</u>、<u>酒税</u>などがある。
- 租税収入総額に占める国税と地方税の割合は、国税が63.4%、地方税が36.6%である（令和6年版地方財政白書）。

② 社会保障・税一体改革

- 2012（平成24）年度からの社会保障・税一体改革とは、消費税率の引き上げにより安定した財源を確保し、全世代の社会保障の充実・安定化を目指すものである。
- 従来の消費税の使途は高齢者3領域（基礎年金・老人医療・介護）だったが、改革後は社会保障4経費（年金・医療・介護・子育て）に拡大した。
- 消費税率は国税と地方消費税の合計で、地方消費税は、国に国税とあわせて納付されたあと、都道府県に払い込まれる都道府県税である。
- 消費税率は、2019（令和元）年10月1日より8％から10％（国税7.8％、地方消費税2.2％）に引き上げられた。
- 飲食料品（酒類・外食を除く）と新聞には軽減税率制度が適用され、8％（国税6.24％、地方消費税1.76％）に据え置きとされた。

《国試にチャレンジ！》

1. 生活保護法に基づき、保護費には国庫補助金が含まれる。【33回43】　（正答…✕）
2. 介護保険法に基づき、介護給付費には国庫負担金が含まれる。【33回43】　（正答…◯）

頻出度A 福祉財政の動向

① 国の予算と歳出 （財務省「令和6年度予算のポイント」より）

- 一般会計歳出総額から、国債費と地方交付税交付金等を除いたものを一般歳出という。
- 2024（令和6）年度の当初予算約113兆円のうち、最も多い歳出項目は社会保障関係費で、全体の約33.5％を占めている。
- 社会保障関係費のうち、年金給付費および医療給付費で約7割を占め、次いで生活扶助等社会福祉費、介護給付費、少子化対策費、保健衛生対策費、雇用労災対策費である。

② 国・地方公共団体の予算と歳出 （「令和6年版地方財政白書」より）

- 2022（令和4）年度の財政支出の国と地方の割合は、国が44.1％、地方が55.9％である。
- 国内総生産に占める公的支出の割合は、地方（11.7％）が国（4.6％）の約2.5倍である。
- 2022（令和4）年度の地方財政の歳入純計決算額では、地方税の割合が36.1％と最も多く、次いで国庫支出金（21.9％）、地方交付税（15.3％）、地方債（7.2％）である。
- 地方財政の目的別歳出割合をみると、民生費（25.8％）が最も多く、以下、教育費（15.1％）、土木費・公債費（いずれも10.6％）、衛生費（10.4％）の順となっている。

 民生費
地方公共団体が福祉六法を中心とする社会福祉を実施するための費用

- 目的別歳出割合を団体別にみると、都道府県で最も多いのは**教育費**（16.3％）、次いで民生費（15.0％）である。市町村で最も多いのは**民生費**（37.2％）である（下図参照）。

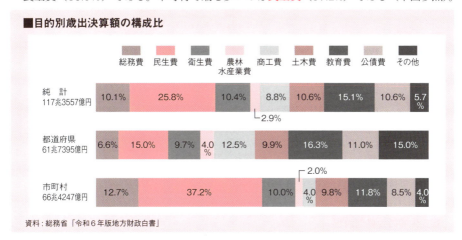

■目的別歳出決算額の構成比

資料：総務省「令和6年版地方財政白書」

- 地方財政の**性質**別歳出割合をみると、人件費（19.7％）が最も多く、以下、扶助費（14.8％）、**補助費等**（13.9％）、普通建設事業費（12.4％）、公債費（10.5％）と続く。
- 性質別歳出割合を団体別にみると、都道府県では**補助費等**（33.1％）が最も多く、次いで人件費（20.1％）である。市町村では**扶助費**（24.2％）が最も多く、人件費（16.0％）と続く。

> **word** 目的別内訳と性質別内訳
> 目的別内訳とは使われる目的別に分類したもの、性質別内訳とは使われた性質によって分類したものである。

③ 民生費の内訳（「令和6年版地方財政白書」より）

- 地方公共団体の民生費を目的別内訳でみると、**児童福祉費**（33.7％）が最も多く、以下、**社会福祉**費、**老人福祉**費、**生活保護**費、災害救助費の順となっている。
- 目的別内訳は、都道府県では**老人福祉費**が最も多く、市町村では**児童福祉費**が最も多い。
- 市町村における民生費の合計額は24兆7012億円で、都道府県における民生費の合計額の約2.7倍となっている。

 ワンポイント 市町村では、介護保険は特別会計で計上するため、児童福祉費の割合が高くなっている。

- 民生費を**性質**別内訳でみると、**扶助費**が52.9％を占め、最も多い。
- 性質別内訳を団体別にみると、都道府県では**補助費等**（73.6％）が最も多く、次いで扶助費（9.0％）である。市町村では**扶助費**（61.5％）が最も多く、次いで繰出金（19.1％）である。

■民生費の目的別内訳

■民生費の性質別内訳

資料:総務省「令和6年版地方財政白書」

《国試にチャレンジ!》

1 「令和6年版地方財政白書」(総務省)における地方財政の状況(普通会計)によると、市町村の目的別歳出では、民生費の割合が最も大きい。
【33回46改】　　　　　　　　　　　　　　　　　　　　　　　　　　（正答…○）

2 「令和6年版地方財政白書」(総務省)における民生費の目的別歳出の割合は、都道府県では生活保護費よりも老人福祉費の方が高い。
【34回45改】　　　　　　　　　　　　　　　　　　　　　　　　　　（正答…○）

Lesson 6 福祉計画の意義・目的と展開

頻出度 B 福祉計画の意義・目的と展開

① 福祉計画の意義と目的

■福祉行政における福祉計画は、法令に根拠をもつ計画と、根拠法をもたない計画の2つに大別される。

■**福祉関連各法における主な福祉計画の種類**　注：無印…策定義務、★…努力義務、※…任意策定

根拠法	計画名（策定者）	計画期間
社会福祉法	市町村地域福祉計画★ 都道府県地域福祉支援計画★	概ね5年とし、3年で見直すことが適当
老人福祉法	市町村老人福祉計画 都道府県老人福祉計画	規定なし
介護保険法	市町村介護保険事業計画 都道府県介護保険事業支援計画	3年を1期
障害者基本法	市町村障害者計画 都道府県障害者計画	規定なし
障害者の日常生活及び社会生活を総合的に支援するための法律（障害者総合支援法）	市町村障害福祉計画 都道府県障害福祉計画	3年を1期
児童福祉法	市町村障害児福祉計画 都道府県障害児福祉計画	3年を1期
子ども・子育て支援法	市町村子ども・子育て支援事業計画 都道府県子ども・子育て支援事業支援計画	5年を1期
次世代育成支援対策推進法	市町村行動計画※ 都道府県行動計画※	5年ごとに5年を1期
	一般事業主行動計画 特定事業主行動計画	計画に定める
こども基本法	都道府県こども計画★ 市町村こども計画★	規定なし
子ども・若者育成支援推進法	都道府県子ども・若者計画★ 市町村子ども・若者計画★	規定なし
健康増進法	市町村健康増進計画★ 都道府県健康増進計画	規定なし
高齢者の医療の確保に関する法律	都道府県医療費適正化計画	6年ごとに6年を1期

地域

6 福祉計画の意義・目的と展開

医療法	医療計画（都道府県）	6年ごとに6年を1期
高齢者の居住の安定確保に関する法律	市町村高齢者居住安定確保計画※ 都道府県高齢者居住安定確保計画※	規定なし

② 福祉行財政と福祉計画の関係
- 福祉計画は、国および都道府県・市町村などの地方公共団体が策定主体となる。
- 福祉計画は、国が包括的な計画や基本指針を策定し、地方公共団体がそれに対応する計画を策定し、提供すべきサービス内容や量の目標を定め、それに必要な財源や体制を計画的に整備する。
- 国は、総合的な基本計画の策定を行うか、地方公共団体による計画策定に向けての基本指針を定める。
- 都道府県は、市町村福祉計画の策定・実施の推進を支援するための都道府県福祉計画を策定する。
- 市町村は、地域間における制度変更の漏れや、制度基準による福祉サービスの確保における地域間格差が生じないよう、市町村福祉計画を策定し、計画的なサービス提供を実施する。
- 行政が策定する福祉計画には、第一の類型として、福祉サービスの提供に関する計画、第二の類型として、地域社会において福祉サービスが利用者や地域住民に対して的確に機能するように基盤を整備する計画がある。
- 福祉サービスの提供に関する計画には、老人福祉計画、介護保険事業計画、障害福祉計画、障害児福祉計画などがあげられる。

《国試にチャレンジ！》

1　計画期間が3年を1期とすると規定されている計画として、市町村介護保険事業計画がある。【36回47】　　　　　　　　　　　　　　　（正答…○）

2　法律で市町村に策定が義務づけられている福祉に関連する計画として、高齢者の居住の安定確保に関する法律に基づく高齢者居住安定確保計画がある。【35回47】　　　　　　　　　　　　　　　　　　　　　　　　　（正答…×）

頻出度A　福祉計画の策定過程と実施・評価

① 福祉計画と住民参加
- 社会福祉法における地域福祉計画には、住民参加の促進に関する事項が規定されている。
- 社会福祉における住民参加には、①サービス利用過程への参加、②サービス提供過程への参加、③意思決定過程への参加の3つの次元がある。
- 福祉計画の策定過程に住民を参加させるための手法として、計画策定委員会等の委員としての参加、ワークショップ、住民懇談会、住民集会（フォーラム、シンポジウム、パネルディスカッションなど）、パブリックコメント、アンケート調査などがある。

- 地域における聞き取り調査を実施することも、アンケート調査に含まれるとみなすことができる。

② 福祉計画の策定過程

- 福祉計画の策定過程では、さまざまなデータの的確な収集、整理、分析、活用が必要となる。
- 福祉計画の過程モデルとして、「Plan（策定）→ Do（実施）→ Check（評価）→ Action（改善）」という PDCAサイクル の考え方が取り入れられている。
- 2017（平成29）年5月に社会福祉法が改正され、定期的に、策定した地域福祉（支援）計画について、調査、分析および評価を行うよう努めるとともに、必要があると認めるときは計画を変更することが明記され、PDCAサイクルを踏まえた進行管理の必要性が示された。

③ 福祉計画の実施・評価

- 福祉計画の評価では、福祉サービスのプログラム評価の技法が重要である。
- プログラム評価の種類には、次のものがある。

ニーズ評価	プログラムの必要性や課題などを評価
セオリー評価	プログラムの設計の適切性を評価
プロセス評価	プログラムが意図したとおりに実施されているかを評価
アウトカム評価（インパクト評価）	プログラムの成果や効果を評価
効率性評価	投入したコストに対する成果を評価

- プログラム評価 の構成要素には、投入資源、過程、産出、効果（結果・成果）、効率（効率性）の5つがあり、特に評価が難しいのは「効果」である。
- 福祉計画の評価では、計画（プランニング）と、計画の実質的な内容（プログラム）を区別して検討する。
- 施策評価では、行政活動に投入された資源を表す インプット指標、事業の実施過程を表す プロセス指標、行政活動の結果を表す アウトプット指標、行政活動の結果として人々が受ける効果（成果）を表す アウトカム指標 が用いられる。

《国試にチャレンジ！》

1 市町村地域福祉計画の策定委員会の長は、当該市町村の住民の中から選出することとされている。【31回46】　　　　　　　　　　　　（正答…✕）

2 インプット指標とは、要支援状態から要介護状態への移行をどの程度防止できたかなどの事業成果に関する指標のことである。【27回47】

（正答…✕）

Lesson 7 福祉計画の運用

地域福祉計画

- 地域福祉計画は、2000（平成12）年の社会福祉事業法等の改正により、**社会福祉法**に新たに規定された事項で、**市町村地域福祉計画**、**都道府県地域福祉支援計画**からなる。
- 地域福祉計画は、2017（平成29）年の「社会福祉法」の改正により、2018（平成30）年から都道府県・市町村による策定が**努力義務**とされた。
- 地域福祉計画の担い手は、**地域住民**、要支援者の団体、自治会・町内会、一般企業、商店街等、民生委員・児童委員、ボランティア、社会福祉法人、保健・医療・福祉の専門職（専門機関）などである。
- 地域福祉計画は、地域住民、学識経験者、市町村職員（都道府県職員）からなる**地域福祉計画策定委員会**が策定する。
- 市町村地域福祉計画の策定・変更にあたっては、あらかじめ、**地域住民**や社会福祉を目的とする事業者などの意見を反映させるとともに、その内容を**公表**するよう努める。
- 都道府県地域福祉支援計画の策定・変更にあたっては、あらかじめ、**公聴会**の開催など住民等の意見を反映させるとともに、その内容を公表するよう努める。
- 市町村および都道府県は、地域福祉計画の**調査・分析・評価**を行い、必要に応じて計画を変更するものとする。
- 厚生労働省の「地域福祉（支援）計画策定状況等の調査結果概要」（2023（令和5）年4月1日時点）によると、地域福祉（支援）計画を策定済みの市町村（特別区を含む）は85.9％（市区部は95.9％、町村部では77.1％）、都道府県は100％である。

■地域福祉計画の主な内容

市町村地域福祉計画	①地域における**高齢者**の福祉、**障害者**の福祉、**児童**の福祉その他の福祉に関し、共通して取り組むべき事項 ②地域における**福祉サービス**の適切な利用の推進に関する事項 ③地域における**社会福祉**を目的とする事業の健全な発達に関する事項 ④地域福祉に関する活動への**住民参加**の促進に関する事項 ⑤地域生活課題の解決に資する**包括的な支援体制の整備**に関する事業を実施する場合は、その事業に関する事項
都道府県地域福祉支援計画	①地域における高齢者の福祉、障害者の福祉、児童の福祉その他の福祉に関し、共通して取り組むべき事項 ②**市町村**の地域福祉の推進を**支援**するための基本的方針に関する事項 ③社会福祉を目的とする事業に**従事する者の確保**または**資質の向上**に関する事項 ④福祉サービスの適切な利用の推進および社会福祉を目的とする事業の健全な発達のための**基盤整備**に関する事項 ⑤**市町村**による**地域生活課題**の解決に資する**包括的な支援体制**の整備に関する事業の実施の支援に関する事項

《国試にチャレンジ！》

1. 地域福祉計画は、社会福祉法の制定（2000年（平成12年））により、市町村にその策定が義務づけられた。【30回48】 （正答…✕）
2. 市町村地域福祉計画では、地域における高齢者の福祉、障害者の福祉、児童の福祉、その他の福祉に関し、共通して取り組むべき事項を策定するよう努める。【34回47】 （正答…◯）

頻出度A 老人福祉計画

- 老人福祉計画とは、老人福祉事業の**供給体制**の確保等に関する計画をいう。
- 市町村には市町村老人福祉計画、都道府県には都道府県老人福祉計画の策定が**義務**づけられている。
- 市町村老人福祉計画は**市町村介護保険事業計画**と、都道府県老人福祉計画は**都道府県介護保険事業支援計画**と**一体のもの**として作成されなければならない。
- 市町村老人福祉計画は、**市町村地域福祉計画**と調和が保たれたものでなければならない。
- 市町村は、市町村老人福祉計画を策定、または変更しようとするときは、あらかじめ**都道府県**の意見を聴き、計画を策定・変更したときは、遅滞なく、**都道府県知事**に提出しなければならない。
- 都道府県は、都道府県老人福祉計画を策定・変更したときは、遅滞なく、**厚生労働大臣**に提出しなければならない。

■老人福祉計画の主な内容

市町村老人福祉計画	都道府県老人福祉計画
・市町村の区域において確保すべき老人福祉事業の**量**の目標（義務） ・老人福祉事業の量の**確保**のための方策（努力義務） ・老人福祉事業に従事する者の確保および資質の向上、その業務の効率化・質の向上のために講ずる都道府県と連携した措置（努力義務）	・都道府県が定める区域ごとの**養護老人ホーム、特別養護老人ホーム**の必要入所定員総数、その他老人福祉事業の**量**の目標（義務） ・老人福祉施設の整備、老人福祉施設相互間の**連携**のために講ずる措置（努力義務） ・老人福祉事業に従事する者の確保および資質の向上、その業務の効率化・質の向上のために講ずる措置（努力義務）

《国試にチャレンジ！》

1. 市町村老人福祉計画と市町村介護保険事業計画の策定に際して、相互の計画を一体のものとして作成することが法律で規定されている。【31回45】 （正答…◯）

頻出度 A 介護保険事業計画

- 介護保険事業計画とは、介護保険事業にかかる保険給付の円滑な実施等に関する計画をいう。
- 厚生労働大臣は、「地域における医療及び介護の総合的な確保の促進に関する法律」（医療介護総合確保法）に規定される総合確保方針に即して、基本指針を定める。
- 厚生労働大臣の定める基本指針に即して、市町村は市町村介護保険事業計画、都道府県は都道府県介護保険事業支援計画の策定が義務づけられている。
- 介護保険事業計画は、3年を1期として策定されなければならない。
- 市町村・都道府県は、介護保険事業計画について、国が公表した介護保険等関連情報等を分析・勘案して作成するよう努め、目標の達成状況に関する調査・分析・評価を行い、その結果を公表するよう努めなければならない。

■ 介護保険事業計画に定めるべき事項

市町村介護保険事業計画	都道府県介護保険事業支援計画
①各年度の下記の必要利用定員総数その他の介護給付等対象サービスの種類ごとの量の見込み ・認知症対応型共同生活介護 ・地域密着型特定施設入居者生活介護 ・地域密着型介護老人福祉施設入所者生活介護 ②各年度の、地域支援事業の量の見込み ③被保険者の地域における自立した日常生活の支援、要介護状態等となることの予防または要介護状態等の軽減・悪化の防止、介護給付等に要する費用の適正化に関し、市町村が取り組むべき施策（これを自立支援等施策という）に関する事項など	①各年度の下記の必要利用（入所）定員総数その他の介護給付等対象サービスの量の見込み ・介護保険施設の種類ごとの必要入所定員総数 ・介護専用型特定施設入居者生活介護 ・地域密着型特定施設入居者生活介護 ・地域密着型介護老人福祉施設入所者生活介護 ②都道府県内の市町村による自立支援等施策への支援に関し、都道府県が取り組むべき施策に関する事項など

- 市町村は、市町村介護保険事業計画に定める介護給付等対象サービスの見込み量などに照らして保険給付に要する費用の見込みを立て、それに基づき第1号被保険者の保険料率を算定する。
- 市町村介護保険事業計画は、市町村老人福祉計画と一体のものとして作成されなければならない。また、医療介護総合確保法に規定する市町村計画との整合性の確保が図られたものでなければならない。
- 市町村介護保険事業計画は、市町村地域福祉計画、市町村高齢者居住安定確保計画、その他の要介護者等の保健・医療・福祉・居住に関する計画と調和が保たれたものでなければならない。
- 都道府県介護保険事業支援計画は、都道府県老人福祉計画と一体のものとして作成さ

れなければならない。また、医療介護総合確保法に規定する都道府県計画、医療法に規定する医療計画との整合性の確保が図られたものでなければならない。
- 都道府県介護保険事業支援計画は、都道府県地域福祉支援計画、都道府県高齢者居住安定確保計画、その他の保健・医療・福祉・居住に関する計画と調和が保たれたものでなければならない。
- 都道府県は、都道府県介護保険事業支援計画を策定・変更したときは、遅滞なく、厚生労働大臣に提出しなければならない。
- 市町村は、市町村介護保険事業計画を策定・変更するにあたって、あらかじめ被保険者の意見を反映させるために必要な措置を講ずるものとする。
- 市町村は、市町村介護保険事業計画を策定・変更するにあたって、あらかじめ都道府県の意見を聴かなければならない。

《国試にチャレンジ！》

1 介護保険事業支援計画において、各年度の認知症対応型共同生活介護の必要利用定員総数を定める。【29回48】　　　　　　　　　　　（正答…×）

頻出度A 障害者計画、障害福祉計画、障害児福祉計画

① 障害者計画
- 政府は、障害者基本法に基づき、障害者基本計画の策定が義務づけられている。
- 障害者基本計画とは、障害者の自立および社会参加の支援等のための施策の総合的かつ計画的な推進を図るため、障害者のための施策に関する基本的な計画をいう。
- 内閣総理大臣は、関係行政機関の長に協議するとともに、障害者政策委員会の意見を聴いて、障害者基本計画の案を作成し、閣議の決定を求めなければならない。
- 都道府県は、国の定める障害者基本計画を基本とし、都道府県における障害者の状況などを踏まえて都道府県障害者計画を策定しなければならない。
- 市町村は、障害者基本計画および都道府県障害者計画を基本とし、市町村における障害者の状況などを踏まえて市町村障害者計画を策定しなければならない。

② 障害福祉計画
- 障害福祉計画とは、障害福祉サービスの提供体制の確保その他障害者総合支援法に基づく業務の円滑な実施に関する計画をいう。
- 主務大臣は、自立支援給付や地域生活支援事業の円滑な実施を確保するための基本指針を定める。
- 基本指針は、児童福祉法に基づく障害児福祉計画の基本指針と一体のものとして作成することができる。
- 基本指針に即して、市町村には市町村障害福祉計画、都道府県には都道府県障害福祉

計画の策定が義務づけられている。

> 都道府県知事は、指定障害福祉サービス事業者および指定障害者支援施設の指定にあたり、障害福祉計画で定めるサービスの必要な量や施設の入所定員総数にすでに達しているか、または指定によってこれを超えることになると認めるときは、指定をしないことができる。

- 障害福祉計画は、基本指針の見直しに即して見直されており、現在3年を1期としている。
- 障害福祉計画（市町村障害福祉計画・都道府県障害福祉計画）は、障害児福祉計画（市町村障害児福祉計画・都道府県障害児福祉計画）と一体のものとして作成することができる。
- 障害福祉計画は、障害者計画、地域福祉計画、その他の法律の規定による計画で障害者等の福祉に関する事項を定めるものと調和が保たれたものでなければならない。
- 障害福祉計画を策定または変更したときは、市町村は都道府県知事に、都道府県は主務大臣に遅滞なく提出しなければならない。

■障害福祉計画で必ず定められる事項（義務）

市町村障害福祉計画	都道府県障害福祉計画
障害福祉サービス、相談支援および地域生活支援事業の提供体制の確保にかかる目標に関する事項	
地域生活支援事業の種類ごとの実施に関する事項	
・各年度の指定障害福祉サービス、指定地域相談支援または指定計画相談支援の種類ごとの必要な量の見込み	・都道府県が定める区域ごとの各年度の指定障害福祉サービス、指定地域相談支援または指定計画相談支援の種類ごとの必要な量の見込み ・各年度の指定障害者支援施設の必要入所定員総数

③ 障害児福祉計画

- 障害児福祉計画は児童福祉法の改正により新設され、2018（平成30）年度から策定が義務づけられた。
- 内閣総理大臣は障害児通所支援、障害児入所支援、障害児相談支援の提供体制を整備し、障害児通所支援等の円滑な実施を確保するための基本指針を定める。
- 基本指針に即して、都道府県は都道府県障害児福祉計画を、市町村は市町村障害児福祉計画を定める。
- 障害児福祉計画は、障害福祉計画と一体のものとして作成することができる。
- 障害児福祉計画は、3年を1期として見直される。

■障害児福祉計画で必ず定められる事項（義務）

市町村障害児福祉計画	都道府県障害児福祉計画
・障害児通所支援および障害児相談支援の提供体制の確保にかかる目標に関する事項 ・各年度の指定通所支援または指定障害児相談支援の種類ごとの必要な見込量	・障害児通所支援等の提供体制の確保にかかる目標に関する事項 ・都道府県が定める区域ごとの各年度の指定通所支援または指定障害児相談支援の種類ごとの必要な見込量 ・各年度の指定障害児入所施設等の必要入所定員総数

《国試にチャレンジ！》

1　市町村障害者計画の策定は、市町村の判断に委ねると規定されている。【28回62】　　　　　　　　　　　　　　　　　　　　（正答…✕）

2　都道府県障害福祉計画では、各年度の指定障害者支援施設の必要入所定員総数を定める。【31回47】　　　　　　　　　　　　　（正答…○）

頻出度A　子ども・子育て支援事業計画、次世代育成支援行動計画

① 子ども・子育て支援事業計画

■ 子ども・子育て支援事業計画とは、子ども・子育て支援給付および地域子ども・子育て支援事業の円滑な実施等に関する計画をいい、子ども・子育て支援法に基づいて策定される。

■ 内閣総理大臣は、教育・保育および地域子ども・子育て支援事業の提供体制を整備し、子ども・子育て支援給付、地域子ども・子育て支援事業、仕事・子育て両立支援事業の円滑な実施の確保、その他の子ども・子育て支援のための施策を総合的に推進するための基本指針を定めなければならない。

■ 市町村には市町村子ども・子育て支援事業計画、都道府県には都道府県子ども・子育て支援事業支援計画の策定が義務づけられている。

■ 子ども・子育て支援事業計画は、基本指針に即して、5年を1期として定めるものとする。

■ 市町村子ども・子育て支援事業計画および都道府県子ども・子育て支援事業支援計画は、地域福祉計画、教育振興基本計画等と調和が保たれたものでなければならない。

■ 市町村および都道府県は、市町村子ども・子育て支援事業計画および都道府県子ども・子育て支援事業支援計画に基づく施策の実施状況等を、各年度において点検・評価し、その結果を公表するとともに、それに基づいて対策を実施することとされている。

■ 子ども・子育て支援事業計画で必ず定められる事項（義務）

市町村子ども・子育て支援事業計画	都道府県子ども・子育て支援事業支援計画
・教育・保育提供区域ごとの各年度の特定教育・保育施設、特定地域型保育事業所の必要利用定員総数、その他の教育・保育の量の見込み、教育・保育の提供体制の確保の内容・実施時期 ・教育・保育提供区域ごとの各年度の地域子ども・子育て支援事業の量の見込み、事業の提供体制の確保の内容・実施時期 ・子どものための教育・保育給付にかかる教育・保育の一体的提供、教育・保育の推進に関する体制の確保の内容 ・子育てのための施設等利用給付の円滑な実施の確保の内容	・都道府県の区域ごとの各年度の特定教育・保育施設の必要利用定員総数、その他の教育・保育の量の見込み、教育・保育の提供体制の確保の内容・実施時期 ・子どものための教育・保育給付にかかる教育・保育の一体的提供、教育・保育の推進に関する体制の確保の内容 ・子育てのための施設等利用給付の円滑な実施の確保を図るために必要な市町村との連携に関する事項 ・特定教育・保育および特定地域型保育を行う者、地域子ども・子育て支援事業に従事する者の確保・資質の向上のために講ずる措置に関する事項 ・保護を要する子どもの養育環境の整備、障害児に対する保護・指導・知識技能の付与、その他の子どもに関する専門的知識・技術を要する支援に関する施策の実施に関する事項 ・上記の施策の円滑な実施を図るために必要な市町村との連携に関する事項

② 次世代育成支援行動計画

■ 次世代育成支援行動計画は、次世代育成支援対策推進法に基づく計画である。

■ 主務大臣が定める行動計画策定指針に基づき、市町村、都道府県、一般事業主、特定事業主が策定する。

■ 行動計画を策定し、または変更しようとするときは、市町村は都道府県に、都道府県は主務大臣に、一般事業主は厚生労働大臣に届け出なければならない。

> **word** 特定事業主
>
> 国および地方公共団体の機関、それらの長または職員で政令で定めるもの。一般事業主は、特定事業主以外の事業主。

■ 市町村、都道府県は、行動計画を策定し、または変更しようとするときは、あらかじめ、住民の意見を反映させるために必要な措置を講じ（義務）、事業主、労働者その他関係者の意見を反映させるために必要な措置を講ずるよう努める（努力義務）。

■計画の概要

市町村行動計画	5年を1期として、①～⑤の実施に関する行動計画を策定する（任意） ①地域における子育ての支援 ②母性並びに乳児及び幼児の健康の確保および増進 ③子どもの心身の健やかな成長に資する教育環境の整備 ④子どもを育成する家庭に適した良質な住宅および良好な居住環境の確保 ⑤職業生活と家庭生活との両立の推進等
都道府県行動計画	都道府県は、市町村行動計画の内容に加え、保護を要する子どもの養育環境の整備などについても盛り込んだ行動計画を作成する（任意）
一般事業主行動計画 特定事業主行動計画	・常時雇用の従業員101人以上の一般事業主は、行動計画の策定義務があり、策定・変更時には従業員に周知する（義務） ・常時雇用の従業員100人以下の一般事業主は、行動計画の策定・従業員への周知は努力義務 ・特定事業主は、行動計画を策定し、公表しなければならない（義務） ・一般事業主・特定事業主は、仕事と家庭の両立を支援するための雇用環境の整備等についての事項を定める

> **ワンポイント** 2024（令和6）年の法改正により、従業員101人以上の企業は、一般事業主行動計画の策定時に、育児休業等の取得状況などの把握と数値目標の設定が義務づけられた（従業員100人以下は努力義務）。

《国試にチャレンジ！》

1. 内閣府は、市町村子ども・子育て支援計画の実施状況に関する政策評価を毎年実施している。【31回46】　　　　　　　　　　　　　　　　（正答…✕）

2. 次世代育成支援対策推進法では、一般事業主は常時雇用する労働者の人数にかかわらず、一般事業主行動計画を策定しなければならない。【27回48】　　　　　　　　　　　　　　　　（正答…✕）

B その他の計画

① 高齢者居住安定確保計画

■高齢者居住安定確保計画とは、「高齢者の居住の安定確保に関する法律」（高齢者住まい法）に基づき、高齢者に対する賃貸住宅、老人ホームの供給の目標設定、促進等の事項に関する計画をいう。

■都道府県は、国土交通大臣および厚生労働大臣の定める基本指針に即して、都道府県高齢者居住安定確保計画を定めることができる。

■市町村は、基本指針（都道府県高齢者居住安定確保計画が定められている場合は都道府県高齢者居住安定確保計画）に即して、市町村高齢者居住安定確保計画を定めることができる。

② こども計画

- こども計画は、こども基本法に基づき作成される計画である。
- 政府はこども大綱を定め、都道府県は都道府県こども計画を、市町村は市町村こども計画を作成するよう努めるものとする。
- 都道府県・市町村は、こども計画を作成または変更したときには公表しなければならない。
- こども計画は、子ども・若者育成支援推進法に規定する都道府県・市町村の子ども・若者計画、こどもの貧困の解消に向けた対策の推進に関する都道府県・市町村計画、その他こども施策に関する事項を定めるものと一体のものとして作成することができる。

③ 子ども・若者計画

- 子ども・若者計画は、子ども・若者育成支援推進法に基づき、子ども・若者の健全な育成と支援を目的として作成される。
- 政府は子ども・若者育成支援推進大綱を定め、都道府県は都道府県子ども・若者計画を、市町村は市町村子ども・若者計画を定めるよう努めるものとする。

④ 保健医療にかかわる計画

- 医療法に基づく医療計画は、各都道府県における医療提供体制の確保を図るための計画である。
- 「高齢者の医療の確保に関する法律」（高齢者医療確保法）に基づく都道府県医療費適正化計画は、医療構造改革を目指す計画である。
- 医療計画、都道府県医療費適正化計画は、都道府県に策定の義務があり、市町村に関しては規定がない。
- 特定健康診査等実施計画は、高齢者医療確保法に基づき、医療保険の保険者が定める。
- 特定健康診査等実施計画では、特定健康診査および特定保健指導の具体的な実施方法を定める。
- 健康増進計画とは、健康増進法に基づき、住民の健康の増進の推進に関する施策についての基本的な計画をいう。
- 都道府県には、都道府県健康増進計画の策定義務があり、市町村には市町村健康増進計画の策定の努力義務がある。
- 国は、健康増進計画に基づいて健康増進事業を行う都道府県または市町村に対し、予算の範囲内で、費用の一部を補助することができる。

《国試にチャレンジ！》

1 都道府県健康増進計画では、健康増進法改正（2014年（平成26年））により、特定健康診査等の具体的な実施方法を定めている。【30回48】

（正答…×）

Lesson 8 地域社会の変化と多様化・複雑化した地域生活課題

頻出度 C 地域社会の変化

① 世帯数と世帯構成
- 日本では、**単独世帯**、**夫婦のみ世帯**が増加する一方、三世代世帯の割合は減少している。
- 高齢者の一人暮らしや高齢夫婦だけで暮らす世帯が増えており、高齢者が高齢者の介護を行う**老老介護**の問題が年々深刻になっている。

② 過疎化と地域間格差
- 高度経済成長期に農業から工業へと産業構造が変化し、農村から大都市圏への人口流出が起こり、中山間地域での**過疎化**が進行した。
- **中山間地域**とは、山間地およびその周辺をいい、地理的条件が悪く農業をするのに不利な地域である。
- 戦後復興期に大都市圏への産業基盤整備が重点的に行われ、企業、行政機関、教育機関などが大都市圏に集中した。
- 都市化により、成長・発展力に**地域間格差**が生まれた。

③ 外国人住民の増加
- グローバル化が進展し、国境を越えて労働力の移動が進むなか、日本の地域社会における外国人住民は増加している。
- 法務省の「在留外国人統計」によると、2023(令和5)年末現在における中長期在留者数は**312**万9774人、特別永住者数は28万1218人で、これらを合わせた在留外国人数は341万992人となり、前年末(307万5213人)に比べ、33万5779人(10.9%)増加した。

《国試にチャレンジ！》

1 中山間地域とは、人口の著しい減少に伴って地域社会における活力が低下し、生産機能及び生活環境の整備等が他の地域と比較して低位にある地域のことをいう。【25回32】　　　　　　　　　　　　　　　　(正答…✕)

多様化・複雑化した地域生活課題と支援 〔頻出度B〕

- ニートとは、15〜34歳までの人で、仕事をしておらず、失業者として求職活動もしておらず、家事も通学もしていない独身者をいう。若年無業者ともいわれる。
- ひきこもりとは、さまざまな要因から就学、就労、交遊などの社会的参加を避け、原則的に6か月以上にわたって家庭にとどまっている人をいう。
- ひきこもりには、他者と交わらない形で外出をしている場合も含まれる（広義のひきこもり）。
- ひきこもり地域支援センター事業では、ひきこもり支援に特化した第一次相談窓口として、ひきこもり地域支援センターを設置し、ひきこもり支援コーディネーターを配置する。
- 内閣府の2022（令和4）年度「こども・若者の意識と生活に関する調査」によると、ひきこもり状態（広義のひきこもり）にある人は、15〜39歳で2.05％、40〜64歳で2.02％で、15〜64歳の生産人口において約146万人と推計されている。
- 高齢の親とひきこもりの子が同居し経済的困窮に陥る8050問題、育児と介護を同時に引き受けるダブルケア、介護を理由とした離職（介護離職）など、1つの世帯において複数の課題が顕在化してきている。
- 日本では近年、家族、地域社会、企業といった中間集団の弱体化がみられ、人々や世帯の社会的孤立が深刻化している。
- 依存症とは、特定の何か（アルコールや薬物、ギャンブルなど）に心を奪われ、「やめたくても、やめられない」状態になる病気をいう。
- 依存症には孤立が大きくかかわっているとされ、孤立しないよう相談できる環境を整備することが大切である。
- セルフネグレクトとは、「自己放任」や「自己放棄」を意味し、生活に必要な個人衛生、住環境の衛生・整備、健康行動を行わずに放任・放置していることをいう。

《国試にチャレンジ！》

1 ひきこもり対策推進事業におけるひきこもりとは、様々な要因の結果として社会的参加を回避し、原則的には1年以上家庭にとどまり続けていることをいう。【31回36】　　　　　　　　　　　　　　　　（正答…✕）

地域の複合的な課題について理解しましょう。8050問題、ダブルケア、ヤングケアラーなどは「13　高齢」、多文化共生や自殺については「4　原理」を参照してください

Lesson 9 地域共生社会の実現に向けた包括的支援体制

頻出度B 地域包括ケアシステムと地域共生社会の実現

① 包括的支援体制と地域包括ケアシステム

■ 地域包括ケアシステムという用語が初めて法律に明記されたのは、2013（平成25）年の「持続可能な社会保障制度の確立を図るための改革の推進に関する法律」（社会保障改革プログラム法）である。

■ 2015（平成27）年、全世代・全対応型の地域包括支援体制として「新たな時代に対応した福祉の提供ビジョン」が公表され、相談支援の包括化に向けたモデル実践が進められた。

■ 2017（平成29）年の社会福祉法の改正により、地域住民や関係機関が地域の生活課題を把握し、連携して課題解決を図るよう留意することが示された。

■ 地域包括ケアシステムとは、地域の実情に応じて、高齢者が、可能な限り、住み慣れた地域でその有する能力に応じ自立した日常生活を送ることができるよう、医療、介護、介護予防、住まい、自立した日常生活の支援が包括的に確保される体制をいう。

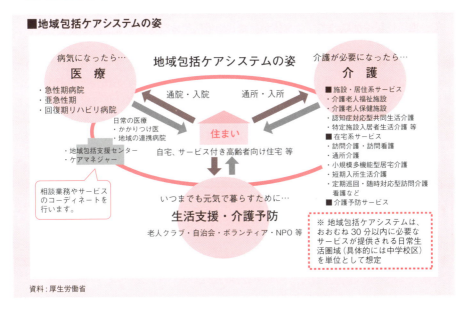

■地域包括ケアシステムの姿

資料：厚生労働省

■ 2017（平成29）年の社会福祉法の改正により、市町村は、地域生活課題の解決に資する支援が包括的に提供される体制を整備するように努めるものとされた。

■**包括的な支援体制づくり**
・地域住民の地域福祉活動への参加を促進するための環境整備
・住民に身近な圏域において、分野を超えて地域生活課題について総合的に相談に応じ、関係機関と連絡調整等を行う体制
・主に市町村圏域において、生活困窮者自立相談支援機関等の関係機関が協働して、複合化した地域生活課題を解決するための体制

■ 2020（令和２）年の社会福祉法改正では、包括的な支援体制を推進するため、重層的支援体制整備事業が創設された。

② 地域共生社会の実現

■「地域力強化検討会最終とりまとめ」（2017（平成29）年）では、地域共生社会に向けた取り組みが示され、多機関協働による支援の中核となる機関については、地域で協議し、ふさわしい機関が担うことが求められるとした。

多機関協働の中核を担うのは、具体的には、生活困窮者自立支援制度における自立相談支援機関、地域包括支援センター、基幹相談支援センター、社会福祉協議会、社会福祉法人、医療法人、NPO、行政などである。

■地域共生社会とは、制度・分野ごとの「縦割り」や支え手・受け手という関係を超えて、地域住民や地域の多様な主体が参画し、世代や分野を超えてつながることで、一人ひとりの暮らしと生きがい、地域をともにつくっていくことである。
■「地域共生社会に向けた包括的支援と多様な参加・協働の推進に関する検討会」（2019（令和元）年）では、包括的な支援体制を全国的に整備するための方策などが示された。
■同検討会では、断らない相談支援、参加支援、地域づくりに向けた支援を一体的に行う新たな事業の創設が提言された。
■同検討会では、既存の地域資源と狭間のニーズをもつ者との間を取り持つ新たな参加支援の機能が重要であるとされた。

《国試にチャレンジ！》

1 2019年（令和元年）の「地域共生社会推進検討会」の最終とりまとめにおいて、生活困窮者自立支援法の創設の必要性が示された。【35回34】
（正答…✕）

重層的支援体制整備事業

- 2020（令和2）年の社会福祉法の改正により、地域生活課題の解決に資する包括的な支援体制を整備するため、重層的支援体制整備事業が創設された。市町村は任意でこの事業を行うことができる。
- 重層的支援体制整備事業は、子ども・障害・高齢・生活困窮にかかる一部の事業を一体のものとして実施することにより、地域生活課題を抱える地域住民に対する支援体制と、地域住民等による地域福祉の推進のために必要な環境を一体的かつ重層的に整備する。

> 重層的支援体制整備事業は、介護保険制度、障害者福祉制度、子ども・子育て支援制度、生活困窮者自立支援制度に基づく事業を一体のものとして実施する。

- 重層的支援体制整備事業では、①対象者の属性を問わない相談支援（包括的相談支援事業）、②多様な参加支援（参加支援事業）、③地域づくり（地域づくり事業）に向けた支援を一体的に実施する。

> 社会福祉法では、上記①～③の事業のほか、それを支える事業として、④アウトリーチ等を通じた継続的支援事業、⑤多機関協働事業も規定されている。

■重層的支援体制整備事業の内容

① 相談支援	属性や世代を問わずに、介護、障害、子ども、困窮の相談を一体として受け止める相談支援を行う。支援機関のネットワークで対応し、複雑化・複合化した課題については適切に多機関協働事業につなぐ
② 参加支援	利用者のニーズや課題と支援メニューのマッチングをし、既存制度の活用のほか、必要な資源を開拓し、社会とのつながりづくりに向けた支援を行う
③ 地域づくり	世代や属性を超えて交流できる場や居場所を整備し、交流・参加・学びの機会を生み出すために個別の活動や人をコーディネートする。また、地域のプラットフォームの形成や地域における活動の活性化を図る

《国試にチャレンジ！》

1 重層的支援体制整備事業は、参加支援、地域づくりに向けた支援の2つで構成されている。【35回36】　（正答…×）

頻出度 A 非常時や災害時における法制度

① 災害対策基本法

- **災害対策基本法**は、国、地方公共団体、その他の公共機関を通じて必要な体制を確立し、責任の所在を明確にするとともに、防災計画の作成、災害予防、災害応急対策、災害復旧、防災に関する財政金融措置などの災害対策の基本を定めている。
- 国は内閣総理大臣を会長として中央防災会議を設置し、防災に関する総合的・長期的な計画である**防災基本計画**を作成する。防災基本計画に基づき、指定行政機関、指定公共機関は**防災業務計画**を、地方公共団体は**地域防災計画**を作成する。
- 国および地方公共団体は、ボランティアによる防災活動が災害時において果たす役割の重要性に鑑み、その自主性を尊重しつつ、**ボランティアとの連携**に努めなければならない。

> 災害対策基本法は、1959（昭和34）年の伊勢湾台風を契機に1961（昭和36）年に制定された。1995（平成7）年に発生した阪神・淡路大震災、2011（平成23）年に発生した東日本大震災、2019（令和元）年に発生した令和元年東日本台風（台風第19号）などを契機に改正されている。

- 2013（平成25）年の改正により、災害時に自ら避難することが困難な高齢者や障害者などの**避難行動要支援者**について、**避難行動要支援者名簿**を作成することが**市町村**の**義務**とされた。
- 市町村長は、災害の発生に備え、避難支援などの実施に必要な限度で、**避難支援等関係者**に対して**名簿情報**を提供するものとする（市町村の条例に特別の定めがある場合を除き、本人の同意が必要）。

> **word　避難支援等関係者**
> 消防機関、都道府県警察、民生委員、市町村社会福祉協議会、自主防災組織、その他の避難支援等の実施に携わる関係者をいう。

- 2021（令和3）年の法改正により、避難行動要支援者ごとに**個別避難計画**を作成することが**市町村**の**努力義務**とされた（本人の同意が必要）。

② 災害救助法

- **災害救助法**は、発災後の応急期における**応急救助**に対応する主要な法律である。
- 災害救助法の適用基準は、災害により市町村等の人口に応じた一定数以上の住家の滅失（全壊）がある場合、多数の者が生命または身体に危害を受け、または受けるおそれが生じた場合であって、避難して継続的に救助を必要とする場合などである。

■ 災害救助法の適用による救助主体の変化

救助法の適用		市町村（基礎自治体）	都道府県
しない		救助の実施主体	救助の後方支援、統合調整
する	救助の実施	都道府県の補助	救助の実施主体
	事務委任	事務委任を受けた救助の実施主体	救助事務の一部を市町村に委任可
	費用負担	費用負担なし	かかった費用の最大100分の50（残りは国が負担）

《国試にチャレンジ！》

1. 災害対策基本法は、市町村長が避難行動要支援者ごとに、避難支援等を実施するための個別避難計画を作成するよう努めなければならないと規定している。【35回39】　　　　　　　　　　　　　　　　　　　　　　　　　（正答…○）

2. 災害対策基本法では、避難行動要支援者名簿は、市町村の条例に特別の定めがあれば、本人の同意がなくても、平常時から民生委員や消防機関等に提供できる。【28回38】　　　　　　　　　　　　　　　　　　　　　　　　　（正答…○）

頻出度A 非常時や災害時における総合的かつ包括的な支援

① 業務継続計画（BCP）

■ 2024（令和6）年度から、すべての介護サービス事業所に、業務継続計画（BCP：Business Continuity Plan）の作成が義務づけられている。

■ 業務継続計画（BCP）とは、自然災害、感染症のまん延、テロ等の事件など不測の事態が発生しても、重要な事業を中断させない、または中断しても可能な限り短い期間で復旧させるための方針、体制、手順などを示した計画をいう。

② 災害時における支援

■ 福祉避難所は、市町村が指定する指定避難所のうち、特に配慮が必要な者（要配慮者）の受け入れを想定した避難所である。

■ 要配慮者とは、高齢者、障害者、妊産婦、乳幼児、病弱者など、避難所生活において何らかの特別な配慮を必要とする者であり、その家族も含む。

特別養護老人ホーム、老人短期入所施設などの入所者は、当該施設で適切に対応されるべきであるため、原則として福祉避難所の受け入れ対象としていない。

■ 内閣府の「福祉避難所の確保・運営ガイドライン」（2021（令和3）年改定）によると、福祉避難所には、社会福祉施設のように現況で要配慮者の避難が可能な施設だけでなく、機能を整備することで福祉避難所として利用可能となる施設（一般避難所など）も含む。

- 福祉避難所の指定にあたっては、生活相談員や福祉関係職員などの<u>専門的人材</u>は必ずしも常駐する必要はなく、要配慮者の状態に応じて確保する。
- <u>市町村</u>は、福祉サービス事業者、保健師、民生委員等と連携を図り、福祉避難所等に避難している要配慮者に対して必要な福祉サービスを提供する。
- 市町村は、災害時において、福祉避難所の対象となるものをすみやかに福祉避難所に避難させることができるよう、平時から<u>対象者の現況</u>などを把握しておくことが望ましい。
- 厚生労働省の「災害時の福祉支援体制の整備に向けたガイドライン」では、各都道府県が一般避難所で災害時要配慮者に福祉支援を行う<u>災害派遣福祉チーム（DWAT）</u>を組成・派遣し、必要な支援体制を確保することとされている。
- <u>被災者生活再建支援制度</u>では、10世帯以上の住宅全壊被害が発生した市町村等において、その生活基盤に著しい被害を受けた者に対し、都道府県の拠出金と国の補助による被災者生活再建支援金を支給する。

③ 災害ボランティア

- <u>災害ボランティアセンター</u>は、災害時に設置される被災地での防災ボランティア活動を円滑に進めるための拠点であり、被災地の支援ニーズの把握・整理、支援活動を希望する個人や団体の受け入れ調整、マッチング活動などを行う。

> 阪神・淡路大震災が発生した1995（平成7）年は多くのボランティアが活動し「ボランティア元年」とも呼ばれる。2011（平成23）年に発生した東日本大震災では、全国で約200か所の災害ボランティアセンターが開設された。

- 災害ボランティアセンターは、多くの場合、被災地の社会福祉協議会、市民、行政が協働して担っており、設置基準や運営方法に法的根拠はなく、<u>任意設置</u>となっている。
- 社会福祉法に基づき、各都道府県<u>共同募金会</u>は、被災地でのボランティア活動を支援するため、毎年共同募金の寄付金の3％を<u>災害等準備金</u>として積み立てることができる。

《国試にチャレンジ！》

1 「福祉避難所の確保・運営ガイドライン」（2021年（令和3年）改定（内閣府））は、福祉避難所は社会福祉施設でなければならないとしている。【35回39】（正答…✕）

2 社会福祉法では、災害救助法が適用される災害が発生した場合、都道府県共同募金会は、当該都道府県の区域内に限って災害ボランティアセンターの経費に準備金を拠出しなければならないとされている。【32回35】（正答…✕）

3 災害ボランティアセンターは、災害救助法の規定により、社会福祉協議会が設置することとされている。【29回40】（正答…✕）

310

Lesson 10 地域共生社会の実現に向けた多機関協働

頻出度C 地域福祉ガバナンス

① 地域福祉ガバナンスの考え方
■ <u>地域福祉ガバナンス</u>とは、都道府県、市町村が、地域住民、専門職、NPO、企業などの多様な主体と協働して課題解決に取り組む体制における協働のプロセスや責任の担い方の様態をいう。

② 多様化・複雑化した課題と多機関協働の必要性
■ 近年の多様化・複雑化した課題を市町村だけで解決・支援することは難しく、対象者別の制度を横断して<u>多機関が連携・協働</u>する体制が求められている。

③ 住民の参加と協働、住民自治
■ 包括的な支援体制の成立には、多機関の専門職による分野横断的な協働と並行して、<u>地域住民</u>などの参加・協働も不可欠である。
■ <u>住民自治</u>とは、地域住民が自らの意思に基づき、地域行政に参加してニーズを満たすことをいう。

④ 社会福祉法人による公益的な取り組み
■ すべての社会福祉法人は、社会福祉法の規定に基づいて、<u>地域における公益的な取り組み</u>の実施が責務として課されている。

■ 地域における公益的な取り組みの要件
- <u>社会福祉事業</u>または<u>公益事業</u>を行うにあたって提供される福祉サービスである
- 日常生活または社会生活上の支援を必要とする者に対する福祉サービスである
- <u>無料</u>または<u>低額</u>な料金で提供される

ワンポイント 地域における公益的な取り組みの例として、子育て交流広場の設置、ふれあい食堂の創設、高齢者の住まい探しの支援、障害者の継続的な就労の場の創出、複数法人の連携による生活困窮者の自立支援などがある。

⑤ プラットフォームの形成と運営
■ 包括的な支援体制の構築のために、市町村では庁内で課題を共有し、制度に基づいて実施している事業を調整する場を設けるといった庁内連携体制の構築が重要である。
■ 一機関だけでは解決が難しい課題を多機関で協働して解決するためには、<u>相談支援包括化推進会議</u>のような協議の場の形成が必要となる。

- ■**プラットフォーム**とは、住民、地域関係者、行政などがそのつど集い、相談、協議し、学び合う場をいう。
- ■地域福祉ガバナンスを担うソーシャルワーカーには、地域における多様な協議の場をつくり、運営する役割と能力が求められている。

《国試にチャレンジ！》

1 プラットフォームとは、住民や地域関係者、行政などがその都度集い、相談、協議し、学び合う場のことをいう。【34回38】　　　　　　　　　（正答…◯）

頻出度A 多職種連携と福祉以外の分野との協働

① 専門職の役割と実際

■生活支援や相談援助にかかわる専門職

職種	業務
主任相談支援員	生活困窮者自立支援制度における生活困窮者に対して相談支援のマネジメントや地域の社会資源開発などを行う。社会福祉士や精神保健福祉士などの資格保持者や相談業務経験者など
認知症地域支援推進員	認知症の医療や介護における専門的知識および経験を有する医師、保健師、看護師、作業療法士、歯科衛生士、精神保健福祉士、社会福祉士、介護福祉士などの資格がある者もしくは専門的知識および経験を有すると市町村が認めた者。地域包括支援センター、市町村、認知症疾患医療センターなどに配置され、医療機関や地域の支援機関の連携を図るための支援や認知症の人やその家族を支援する相談業務などを行う
認知症ケア専門士	一般社団法人日本認知症ケア学会が認定する民間資格で、認知症介護従事者の自己研鑽および生涯学習の機会提供を目的に設けられた
介護支援専門員	要介護者等からの相談に応じて居宅サービス計画を作成するほか、市町村や介護サービス事業者等との連絡調整等を行う

- ■生活困窮者自立相談支援事業では、主任相談支援員、相談支援員、就労支援員の3職種を配置することとされている。
- ■福祉用具の販売や貸与を行う事業者は、高齢者および障害者が福祉用具を適切に利用できるよう努めなければならない。

■社会福祉協議会における専門職

職種	役割
専門員 （日常生活自立支援事業）	原則として社会福祉士、精神保健福祉士で、利用希望者やその家族との初期相談、支援計画の策定、契約締結に関する業務のほか、援助開始後に生活支援員と連携して利用者の状況把握などを行う
福祉活動専門員	市区町村社会福祉協議会に所属し、民間社会福祉活動における調査、企画、連絡調整などに従事する。社会福祉士または社会福祉主事任用資格を有すること
ボランティアコーディネーター	社会福祉協議会のボランティアセンターや民間ボランティア協会などに設置され、支援を求める人とボランティア活動をしたい人をつなぐスタッフとして活動する
地域福祉活動コーディネーター	社会福祉協議会に籍を置き、「ふれあいのまちづくり事業」を推進する役割を担う

ワンポイント　日常生活自立支援事業で、専門員の作成した支援計画に基づき、実際に利用者に対して日常的金銭管理（金融機関から生活費をおろして手渡す）等のサービスを提供するのは、生活支援員である。

② 各種相談機関の連携・協働

■ 介護保険法の地域支援事業における生活支援体制整備事業では、生活支援コーディネーター（地域支え合い推進員）の配置や協議体（多様な提供主体が参画し情報の共有・連携強化を行う場）の設置が進められる。

■ 生活支援コーディネーター（地域支え合い推進員）は、サービスの創出などの資源開発、関係者間の情報共有などのネットワーク構築、ニーズと取り組みのマッチングを行う。

■ サービス拒否やひきこもり、多問題世帯に対しては、生活支援員等による「寄り添い型支援」を行う必要がある。

■主な専門機関

協議体	生活支援コーディネーターと多様な提供主体が参画して定期的な情報の共有・連携強化を行う場。実施主体は社会福祉協議会、住民と民間団体の協働など多岐にわたる
地域ケア会議	市町村に設置努力義務がある。介護支援専門員、保健医療・福祉の専門的知識を有する者、民生委員その他の関係機関や関係団体などで構成され、市町村または地域包括支援センターが開催。ケアマネジメントの支援、地域包括支援ネットワークの構築、地域課題の把握などを行う
地域包括支援センター運営協議会	市町村ごとに設置。介護サービス事業者、医師、看護師、介護支援専門員、学識経験者、利用者、被保険者などで構成され、地域包括支援センターの運営について協議し、評価する

要保護児童対策地域協議会	支援対象児童等を早期に発見し、適切な保護や支援を行うために、関係機関等が情報を交換し、支援内容を協議する（14「児童」参照）
障害者自立支援協議会	障害者総合支援法および障害福祉計画の基本指針に基づき設置。地域の関係者が集まり、個別の相談支援の事例を通じて明らかになった地域の課題を共有し、その課題を踏まえて、地域のサービス基盤の整備を着実に進めていく役割がある

③ 地域における社会資源

■ 厚生労働省の「地域力強化検討会最終とりまとめ」（2017（平成29）年）では、地域の課題を地域で解決していく財源として、各分野の補助金等の柔軟な活用に加え、共同募金によるテーマ型募金などの活用・推進、クラウドファンディングやソーシャル・インパクト・ボンド（SIB）、ふるさと納税などを取り入れていくことも有効であるとしている。

■ クラウドファンディングとソーシャル・インパクト・ボンド

クラウドファンディング	群衆（crowd）と資金調達（funding）を組み合わせた造語。不特定多数の人々が財源の提供や協力などを行うこと
ソーシャル・インパクト・ボンド（SIB）	民間資金を活用した社会問題解決の手法。行政と民間事業者と資金提供者が協力し、成果が上がれば報酬が支払われる

④ 農福連携

■ 農福連携とは、障害者等の農業分野での活躍を通じて、自信や生きがいを創出し、社会参画を促す取り組みであり、農林水産省と厚生労働省が連携して推進している。

⑤ 地方創生と社会的企業

■ コミュニティビジネスは、ビジネスの手法を通じて地域生活課題を解決する活動で、地域の人材や、施設、資金などを活用する。
■ 国は、地方創生を政策的に推進し、コミュニティビジネスを後押ししている。
■ 社会的企業（事業を通じて社会的課題に取り組む企業やNPOなど）やコミュニティビジネスの活動領域は、福祉・保健・医療、障害者・ホームレス支援、就労支援、子育て支援、地域活性化など多岐にわたる。
■ 企業が本業以外の活動として行う社会貢献活動をフィランソロピーという。

《国試にチャレンジ！》

1　生活困窮者自立支援制度における主任相談支援員は、社会福祉士でなければならない。【29回39】　　（正答…✕）

2　認知症ケア専門士は、認知症ケアに関する学識と技能及び倫理観を備えた専門の国家資格である。【30回36】　　（正答…✕）

8

障害者福祉

Lesson 1 — 障害の概念と障害者福祉の理念

B 障害の概念と定義

① 障害の概念

- 国際的に共通した障害の概念として、1980（昭和55）年にWHO（世界保健機関）が発表した国際障害分類（ICIDH）がある。
- ICIDHに代わる新しい国際障害分類として、WHOは2001（平成13）年に国際生活機能分類（ICF）を発表した。

■ ICIDHとICFの特徴

国際障害分類 （ICIDH）	障害を機能障害、能力障害、社会的不利の3つの次元の構造としてとらえる
国際生活機能分類 （ICF）	障害というマイナス面ではなく生活機能というプラス面に焦点を当て、人が生きることの全体像を健康状態、背景因子との相互作用でとらえる

② 障害者の定義

- 障害者の定義は、各法律で規定されている。

■ 各法律における障害者の定義

障害者基本法 障害者虐待防止法 障害者差別解消法	身体障害、知的障害、精神障害（発達障害を含む）その他の心身の機能の障害がある者であって、障害および社会的障壁により継続的に日常生活または社会生活に相当な制限を受ける状態にある者
障害者総合支援法	身体障害者、知的障害者のうち18歳以上である者、精神障害者（発達障害者を含み、知的障害者を除く）のうち18歳以上である者、治療方法が確立していない疾病その他の特殊の疾病であって政令で定めるもの（いわゆる難病等）による障害の程度が主務大臣が定める程度である者であって18歳以上である者
身体障害者福祉法	身体障害者：身体上の障害がある18歳以上の者であって、都道府県知事から身体障害者手帳の交付を受けた者
知的障害者福祉法	※法律に知的障害者の定義は規定されていない
精神保健福祉法	精神障害者：統合失調症、精神作用物質による急性中毒またはその依存症、知的障害その他の精神疾患を有する者
発達障害者支援法	発達障害者：発達障害がある者であって発達障害および社会的障壁により日常生活または社会生活に制限を受ける者

《国試にチャレンジ！》

1 「障害者総合支援法」における障害者の定義では、難病等により一定の障害がある者を含む。【36回56】 ☑☑ （正答…◯）

2 知的障害者福祉法における「知的障害者」とは、児童相談所において知的障害であると判定された者をいう。【29回61】 ☑☑ （正答…✕）

頻出度 B 障害者福祉の理念

① 障害者福祉の理念

■ ノーマライゼーションは、バンク - ミケルセン（Bank-Mikkelsen, N.）、ニィリエ（Nirje, B.）、ヴォルフェンスベルガー（Wolfensberger, W.）らによって体系づけられた障害者福祉の基本思想である（「10 基盤」参照）。

 ノーマライゼーションの理念は、デンマークの知的障害者の「親の会」の声を受け、バンク - ミケルセンが「1959年法」において提唱した。

■国連の障害者に関する宣言・取り組み

年	内容
1971（昭和46）	知的障害者の権利宣言
	国連憲章の原則を再確認し、知的障害者がさまざまな活動分野で能力を発揮できるよう各国に行動を要請
1975（昭和50）	障害者の権利宣言
	各国に権利保障の行動を要請し、さらに差別、搾取などからの保護、人格や財産の保護などの権利擁護について宣言した
1981（昭和56）	国際障害者年
	障害者の権利宣言を具現化するため、「完全参加と平等」をテーマに具体的な行動を各国が起こすこととして国連が宣言
1982（昭和57）	障害者に関する世界行動計画
	各国がとるべき障害者施策のモデルを国連総会で採択
1983（昭和58）〜1992（平成4）	国連・障害者の十年
	世界行動計画を具体化する期間として国連が提示
2006（平成18）	障害者の権利に関する条約（障害者権利条約）採択
	「合理的配慮」を重要視した内容。日本は2014（平成26）年に批准

■ 1975（昭和50）年の国連の「障害者の権利宣言」では、「すべての障害者によるあら

ゆる人権および基本的自由の完全かつ平等な共有」の促進・保護・確保を目的とし、最も重要な原則として尊厳を掲げている。
■ 合理的配慮は、2006（平成18）年に国連で採択された障害者の権利に関する条約（障害者権利条約）で重視され、第2条に定義が規定されて広く知られるようになった。

■第2条　合理的配慮
合理的配慮とは、障害者が他の者との平等を基礎として、全ての人権及び基本的自由を享有し、又は行使することを確保するための必要かつ適当な変更及び調整であって、特定の場合において必要とされるものであり、かつ、均衡を失した又は過度の負担を課さないものをいう

② 自立生活運動（IL運動）

■ 自立生活運動（Independent Living Movement：IL運動）は、1960年代初頭、アメリカのカリフォルニア大学バークレー校に在学する重度障害をもつ学生によるキャンパス内での運動として始まり、地域での障害者の権利保障に向けた運動へと広がった。
■ 自立生活運動では、介助を受けていても精神的な自立や主体性を損なうものではなく、自らの判断によって生活を管理し、主体的に生きていくという考え方を示した。
■ ピアカウンセリングは、自立生活運動の中で始まった。
■ 1970年代には、自立生活運動の思想をもとにした自立生活センターが全米各地に誕生した。

保護から自立支援へと福祉の理念の変革を促した運動で、1980年代の日本の障害当事者運動にも影響を与えました

③ 多様性と共生

■ 多様性（ダイバーシティ）とは、年齢、性別、民族、宗教、国籍など多様な背景をもつ人々から構成される社会について、その違いにとらわれず、相手の立場を尊重し受け入れていくことであり、障害も社会の多様性を構成する要素の1つとして考えられている。
■ 障害者福祉における共生とは、障害の有無により、利害の不一致や不協和音があったとしても、相互に協力し、お互いの人格と個性を尊重しあいながら、共生する社会を目指すことである。

《国試にチャレンジ！》

1　国連で定めた国際障害者年（1981年（昭和56年））のテーマは、「万人のための社会に向けて」であった。【31回57】　✓✓　（正答…×）

2　障害者の権利に関する条約（2014年（平成26年）批准）では、「合理的配慮」という考え方が重要視された。【31回57】　✓✓　（正答…○）

Lesson 2 障害者の生活実態とこれを取り巻く社会環境

障害者の状況

① 在宅・施設の障害者の数（「令和4年生活のしづらさなどに関する調査」より）

- 在宅と施設入所をあわせた障害者（児を含む、以下同）の総数は1164.6万人で、人口のおよそ9.3％相当を占める。障害種別でみると、**精神障害者**が614.8万人で最も多く、全体の5割強を占めている。
- 施設入所の障害者は全体の4.2％で、障害種別の割合でみると、身体障害者は1.7％、知的障害者は10.1％、精神障害者は4.7％と、**知的障害者**の割合が高い。
- 65歳以上の障害者は全体の47％で、障害種別の割合でみると、身体障害者は73％、知的障害者は15％、精神障害者は36％と、**身体障害者**の割合が高い。

② 在宅の障害者手帳所持者の状況（「令和4年生活のしづらさなどに関する調査」より）

- 在宅の障害者手帳の所持者数は610万人で、2016（平成28）年の前回調査より50.6万人増加した。身体障害者手帳所持者数は12.8万人**減少**、療育手帳所持者数は17.8万人**増加**、精神障害者保健福祉手帳所持者数は36.2万人**増加**した。

■障害者手帳の所持者数

	障害者手帳所持者	障害者手帳の種類（複数回答）		
		身体障害者手帳	療育手帳	精神障害者保健福祉手帳
2022年	610万人	415.9万人	114万人	120.3万人
2016年	559.4万人	428.7万人	96.2万人	84.1万人

③ 在宅の障害者の年齢階級・障害種別（「令和4年生活のしづらさなどに関する調査」より）

- 年齢階級別にみると、**身体障害者手帳所持者**は65歳以上が71.2％と全体の**3分の2以上**を占めており、70歳以上が62.3％にも及ぶ。
- 精神障害者保健福祉手帳所持者で最も多い年齢階級は**50～59歳**（20.4％）で、次いで40～49歳（19.3％）である。
- 年齢階級別にみると、療育手帳所持者では、0～17歳で増加が大きく、全体の24.8％を占めている。

■障害種別の年齢階級

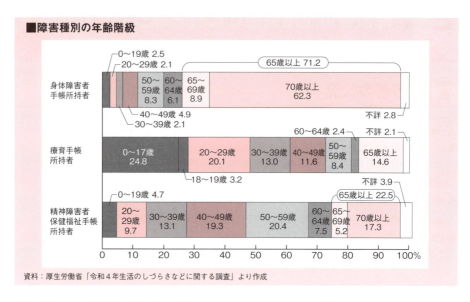

資料：厚生労働省「令和4年生活のしづらさなどに関する調査」より作成

■ 身体障害者手帳所持者を障害種別にみると、最も多いのは**肢体不自由**で全体の**38.0**%、次いで**内部障害が32.8**%、聴覚・言語障害が9.1%、視覚障害が6.6%である。

《国試にチャレンジ！》

1　「令和4年生活のしづらさなどに関する調査」によると、身体障害者手帳所持者のうち、65歳以上の者は半分に満たない。【34回56改】　　✓✓　（正答…×）

2　「令和4年生活のしづらさなどに関する調査」によると、身体障害者手帳所持者のうち、障害の種類で最も多いのは肢体不自由である。【34回56改】　✓✓　（正答…○）

頻出度A 障害者の生活実態

① 心身の状態での苦労・日常生活のしづらさ 「令和4年生活のしづらさなどに関する調査」より

■ 心身の状態での苦労の度合いを「多少苦労する」「とても苦労する」「全く出来ない」の総数の割合でみると、歩行（「歩いたり階段を上る」）への苦労が最も多く（59.8%）、次いで認知（50.9%）、セルフケア（44.8%）における苦労となっている。
■ 日常生活で「自分ではできない」割合が最も多いのは、「買い物をする」（17.8%）で、次いで「洗濯する」「お金の管理をする」（いずれも15.0%）となっている。

② 社会生活の状況 「令和4年生活のしづらさなどに関する調査」より

■ 日中の過ごし方では、「**仕事や教育・保育以外**」（38.8%）が最も多く、次いで「仕事」（22.4%）、教育・保育・療育（7.9%）となっている。

■「仕事や教育・保育以外」の内訳では、「主に家で過ごしている」（60.6％）が最も多く、次いで「主に病院・介護施設の通所サービスを利用して外で過ごしている」（20.8％）となっている。

③ 障害福祉サービスの利用状況 （「令和4年生活のしづらさなどに関する調査」より）

■障害者総合支援法における障害福祉サービスの利用状況をみると、「サービスを利用している」のはおよそ2割である。サービスを利用していない理由としては、「希望していない」（80.8％）が最も多い。

④ 特に必要と考えている支援 （「令和4年生活のしづらさなどに関する調査」より）

■特に必要と考えている支援（複数回答）は、「手当・年金・助成金等の経済的援助の充実」（43.3％）が最も多く、次いで「身近な医療機関に通院して医療を受けること」（26.6％）、「医療費の負担軽減」（22.5％）となっている。

⑤ 障害者の就労の状況 （厚生労働省「令和5年度障害者雇用実態調査」より）

■従業員規模5人以上の事業所に雇用されている障害者数は110万7000人で、2018（平成30）年の前回調査より25万6000人増加した。内訳は、身体障害者が52万6000人、知的障害者が27万5000人、精神障害者が21万5000人、発達障害者が9万1000人である。

■正社員の割合は、身体障害者は59.3％、知的障害者は20.3％、精神障害者は32.7％、発達障害者は36.6％である。

■2023（令和5）年5月の平均賃金は、身体障害者は23万5000円、知的障害者は13万7000円、精神障害者は14万9000円で、いずれも前回調査よりおよそ2万円上がっている。

⑥ 障害者のスポーツへの参加

■パラリンピックは、4年に1度、オリンピックと同じ年に同じ場所で開催される障害者の国際競技大会である。

■パラリンピックのきっかけは、イギリスの病院での脊髄損傷者が参加する競技会の開催で、1960年のローマ大会が第1回パラリンピック大会となる。

■その他の障害者スポーツ

スペシャルオリンピックス	年間を通じて知的障害のある人たちがさまざまなスポーツトレーニングとその成果を発表する競技会。1968年に、アメリカで非営利組織「スペシャルオリンピックス」が設立された
デフリンピック	1924年に設立された国際ろう者スポーツ委員会を運営組織とするろう者（聴覚障害者）の国際総合競技大会

《国試にチャレンジ！》

1 パラリンピックは、イギリスの病院での脊髄損傷者が参加する競技会の開催がきっかけとなった。【30回56】 ☑☑ （正答…○）

C 障害者を取り巻く社会環境

① バリアフリー

■ バリアフリーは、もともとは建築用語として、段差などの物理的な障壁の除去を指していたが、現在では障害者の社会参加を困難にしているすべての社会的、制度的、心理的な障壁（バリア）の除去を意味する。

② ユニバーサルデザイン

■ ユニバーサルデザインは、あらかじめ、障害の有無、年齢、性別、人種などにかかわらず多様な人々が利用しやすいよう、都市や生活環境をデザインする考え方である。

③ 施設コンフリクト

■ 社会福祉施設の新設などが、地域住民の反対運動により中止になったり延期になったりするなどの、施設と地域の間での紛争事態を施設コンフリクトという。
■ ソーシャルワーカーには、対立する双方の調整や関係構築などのコンフリクトマネジメントの役割が求められている。

④ テクノロジーと障害者

■ テクノロジーは、障害者の就労や社会参加を実現し、人的支援に代わることにより、心理的・経済的負担を軽減する側面があるが、より障害者のライフスタイルやニーズに沿った開発も求められている。
■ 2022（令和4）年に成立した「障害者による情報の取得及び利用並びに意思疎通に係る施策の推進に関する法律」（障害者情報アクセシビリティ・コミュニケーション施策推進法）では、すべての障害者が、高度情報通信ネットワークの利用および情報通信技術の活用を通じ、必要とする情報を十分に取得・利用し、円滑に意思疎通を図ることができるようにすることが基本理念の1つに掲げられている。

⑤ 親亡き後問題

■ 親亡き後問題とは、親を亡くした障害者の生活支援や財産管理といった生活に関するさまざまな諸問題をいう。
■ 障害者（児）の重度化・高齢化や「親亡き後」を見据え、居住支援のための機能（相談、緊急時の受け入れ・対応、体験の機会・場、専門的人材の確保・養成、地域の体制づくり）の機能を担う地域生活支援拠点等（レッスン4参照）の整備が進められている。

Lesson 3 障害者福祉の歴史

C 障害観の変遷

- **因果応報**の障害者観は、10世紀から11世紀ごろに定着したといわれ、差別や偏見に結びついた。

> **word　因果応報**
> 前世あるいは過去の善行・悪行により、その報いとして現在に善悪の結果がもたらされるという考え。もともとは仏教語である。

- **優生思想**は、優生学に立脚し、能力が劣っているとされる遺伝子を排除し、優秀な人間を増やそうとする思想であり、障害者差別を生む障害観の1つである。
- 優生保護法が1996(平成8)年に改正されるまで、日本では障害者に対する優生手術(本人の同意のない中絶や不妊手術)が行われていた。

> **ワンポイント**
> 旧優生保護法下で不妊手術を強制された男女が国に計5500万円の損害賠償を求めた訴訟で、2022(令和4)年2月に、大阪高裁は旧法を違憲と判断し、国に初の賠償命令を認めた。

C 戦前までの障害者施策

- 700年代、日本の福祉法制の基本となる**戸令**の中の「**鰥寡条**」では、廃疾者(疾病・障害のある者)も要援護の対象とした。
- 1874(明治7)年の**恤救規則**や1929(大正8)年の**救護法**では、一般的な窮民対策の中で障害者が救貧の対象とされた。
- 国家の障害者を対象とした施策の中心は、傷痍軍人に対する保護・救済策であった。

■日本の主な障害者施策(〜戦前)

年	内容
718(養老2)	戸令「鰥寡条」
	「鰥寡孤独貧窮老疾、不能自存者」を対象、親族の相互扶助を優先
平安時代〜	検校制度
	一部の男性視覚障害者に名誉と地位が与えられた

年	内容
1874（明治7）	恤救規則
	単身の障害者を含む「無告ノ窮民」（「15 貧困」レッスン2参照）を対象に国費救済（米代相当の現金給付）
1900（明治33）	精神病者監護法
	精神障害者の私宅監置を認め、医療の適用外に
1906（明治39）	廃兵院法
	傷病軍人の収容保護について定める
1929（昭和4）	救護法
	老衰、幼少、病弱、妊産婦、身体障害などのため生活できない者の保護を公の義務とした救貧対策
1931（昭和6）	入営者職業保障法
	軍人、その家族、傷病兵に対する国家補償を基本とする年金制度など
1940（昭和15）	国民優生法
	精神障害者を優生手術の対象に

戦後の障害者施策の流れ

① 戦後の施策からの転換

- 1946（昭和21）年に公布された日本国憲法の「生存権」において、障害者への福祉施策は国家による公的な責任によってなされるという原則が示された。
- 高度経済成長期における日本の障害者福祉施策は主に、①障害種別に応じた施策と、②入所施設の設置を推進する施策、の2点において展開された。
- 1981（昭和56）年の国際障害者年以降、ノーマライゼーションの理念によって、入所施設の整備から在宅福祉政策を重視する施策への転換が徐々に推進されていった。

■日本の主な障害者施策（1947（昭和22）～1990（平成2）年）

年	内容
1947（昭和22）	児童福祉法の制定
1949（昭和24）	身体障害者福祉法の制定
	身体障害者の職業的自立を目指し、対象者を傷痍軍人から、国民全般に拡大した。身体障害者更生援護施設（現在は廃止）の設置を義務づけた
1950（昭和25）	精神衛生法の制定
	精神障害者の医療保護を目的に、私宅監置の廃止、都道府県に対する精神病院の設置の義務づけ、精神衛生鑑定医制度の新設などが定められた

1960（昭和35）	精神薄弱者福祉法（現：知的障害者福祉法）の制定	
	児童福祉法では対応できない、18歳以上の知的障害者の対応を法制化	
	身体障害者雇用促進法（現：「障害者の雇用の促進等に関する法律」（障害者雇用促進法））の制定	
	障害者の雇用施策が法制化された	
1970（昭和45）	心身障害者対策基本法（現：障害者基本法）の制定	
1987（昭和62）	精神衛生法から精神保健法への改正	
	精神障害者の人権擁護や社会復帰の促進のための法制化	
1990（平成2）	福祉関係八法の改正	
	障害種別ごとの対策から、障害者全体に対しての地域福祉施策重視への転換	

身体障害者福祉法は、旧・生活保護法で保護することのできない身体障害者への処遇であり、貧困対策から分離した最初の障害者福祉関連法である。

② 障害者基本法の成立

- 1993（平成5）年、心身障害者対策基本法を改正し、障害者の自立と社会参加の促進を図るための法律として、障害者基本法が成立した。
- 障害者基本法では、国際障害者年のテーマである「完全参加と平等」が基本理念などに示されている。

■障害者基本法のポイント

- 精神障害者が障害者の範囲に位置づけられた
- 「自立と社会参加」の理念が盛り込まれ、12月9日を「障害者の日」とする
- 国に対して障害者基本計画の策定義務、都道府県・市町村に対しては都道府県障害者計画・市町村障害者計画の策定努力義務（2004年の改正で策定が義務化）が規定された

■日本の主な障害者施策（1993（平成5）～ 2005（平成17）年）

年	内容
1993（平成5）	障害者基本法の制定
1995（平成7）	障害者プラン～ノーマライゼーション7か年戦略～（第1次障害者基本計画）
	精神保健法から「精神保健及び精神障害者福祉に関する法律」（精神保健福祉法）への改正
	精神障害者保健福祉手帳制度や社会復帰施策の充実が図られた

1997（平成9）～ 2000（平成12）	社会福祉基礎構造改革
	①サービス利用者と提供者との対等な関係の確立、②多様なサービス提供主体の参入促進、③市場原理によるサービスの質と効率化の向上
1998（平成10）	精神薄弱者福祉法から知的障害者福祉法への改正
2002（平成14）	新障害者プラン（重点施策実施5か年計画）（第2次障害者基本計画）の策定
	2003（平成15）～2012（平成24）年度の10年間を期間として、具体的な数値目標を設定
2003（平成15）	医療観察法の制定
	支援費制度制定
	措置制度から契約に基づく利用契約制度への転換が図られる。対象は身体障害者、知的障害者、障害児で精神障害者は対象外
2004（平成16）	発達障害者支援法制定
	障害者基本法の改正
	障害を理由とする差別の禁止を基本理念として明文化、都道府県と市町村に障害者計画の策定を義務づけ
2005（平成17）	障害者自立支援法（現：障害者総合支援法）制定

③ 障害者自立支援法の成立

■ 2005（平成17）年に成立した障害者自立支援法により、異なる法律に基づいて提供されてきた障害者施策が一元的に実施されることになった。

■障害者自立支援法のポイント

- 身体障害・知的障害・精神障害に分かれていた障害者施策や公費負担医療等の一元化
- 障害程度区分（現：障害支援区分）に応じたサービス利用の仕組みを導入
- 障害者の地域への移行を推進するため、サービスを日中活動の場と生活の場に分離し組み合わせて利用する
- 就労移行支援と就労継続支援を創設
- 国の義務的補助を規定し、財政の安定化を図る

《国試にチャレンジ！》

1 1950年（昭和25年）の精神衛生法は、精神障害者の私宅監置を廃止した。【33回58】　（正答…○）

2 2003年（平成15年）には、身体障害者等を対象に、従来の契約制度から措置制度に転換することを目的に支援費制度が開始された。【35回56】（正答…×）

障害者施策の発展

■ 日本では、2006（平成18）年採択の障害者の権利に関する条約（障害者権利条約）の批准に向けて、「障がい者制度改革推進本部」を立ち上げ、障害者基本法の改正、障害者虐待防止法、障害者総合支援法、障害者差別解消法の制定など障害者施策の法整備を進めた。

■ 2011（平成23）年の障害者基本法の改正では、すべての国民が、障害の有無によって分け隔てられることなく、相互に人格と個性を尊重し合いながら共生する社会を実現する（第1条）ため、①地域社会における共生等（第3条）、②差別の禁止（第4条）、③国際的協調（第5条）の基本原則が新たに規定された。また、差別の禁止において、合理的配慮の考え方が明記された。

差別の禁止は、2004年の改正において基本的理念で明文化されたが、2011年の改正で第4条の基本原則に集約された。

■ 同法の改正では、障害者権利条約の社会モデルの考え方を踏まえて、障害の定義に社会的障壁について盛り込まれたほか、発達障害や難病等に起因する障害（その他の心身の機能の障害）も障害に含むこととされた。

word　社会モデル
障害者が受ける困難は機能的要因によるものだけではなく社会的な障壁も原因であり、それを取り除くことが社会の責務とする考え方。

日本が障害者権利条約に批准したのは2014（平成26）年です。障害者権利条約が採択された当時は、国内法が条約の求める水準に達していなかったため、批准はできませんでした

■ 日本の主な障害者施策（2011（平成23）年～現在）

年	内容
2011（平成23）	**障害者虐待防止法の制定** 障害者虐待に関する国と地方公共団体の責務を定める。障害者虐待とは養護者による虐待、障害者福祉施設従事者等による虐待、使用者による虐待をいう
	障害者基本法の改正

2012（平成24）	障害者自立支援法を改正した障害者総合支援法の制定（2013（平成25）年施行）
	・基本理念を新たに創設、障害者の範囲に難病等を追加 ・障害程度区分を障害支援区分に改定 ・重度訪問介護の対象者を重度肢体不自由者だけではなく、重度の知的障害者・精神障害者にも拡大 ・共同生活介護の共同生活援助への一元化
2013（平成25）	障害者雇用促進法の改正
	雇用分野における不当な差別的取扱いの禁止について法的義務。事業主に合理的配慮の提供義務
	障害者差別解消法の制定
	障害を理由とした不当な差別的取扱いの禁止について、国・地方公共団体等に法的義務。障害の定義は、障害者基本法と同様
	障害者基本計画（第3次）の策定
	精神保健福祉法の一部改正
	保護者制度の廃止（精神障害者の保護者に課せられてきた義務を削除）
2014（平成26）	「難病の患者に対する医療等に関する法律」（難病法）の制定
	難病対策は、特定疾患治療研究事業として実施されてきたが、同法により法律に基づく事業として整備された
2018（平成30）	障害者基本計画（第4次）の策定
2021（令和3）	「医療的ケア児及びその家族に対する支援に関する法律」の制定
	→国や地方自治体が医療的ケア児の支援を行う責務を負うことを明文化
2023（令和5）	障害者基本計画（第5次）の策定

《国試にチャレンジ！》

1 障害者基本法では、障害を理由とする差別の禁止についての規定はない。
【34回61】　☑☑　　　　　　　　　　　　　　　　　　　　　（正答…✕）

2 「障害者差別解消法」（2013年（平成25年））では、障害を理由とした不当な差別的取扱いの禁止について、民間事業者に努力義務が課された。
【31回57】　☑☑　　　　　　　　　　　　　　　　　　　　　（正答…✕）

頻出度 B 障害者基本法と障害者基本計画

① 障害者基本法の概要

■障害者基本法は、すべての国民が障害の有無によって分け隔てられることなく、相互に人格と個性を尊重し合いながら、共生する社会を実現することを目的としている。

■障害者基本法の基本原則

地域社会における共生等（第3条）	共生社会の実現のため、すべての障害者に対して ・社会を構成する一員として社会、経済、文化その他あらゆる分野の活動に参加する機会が確保されること ・可能な限り、どこで誰と生活するかについての選択の機会が確保され、地域社会において他の人々と共生することを妨げられないこと ・可能な限り、言語（手話を含む）その他の意思疎通のための手段について選択の機会が確保され、情報の取得や利用手段についての選択の機会の拡大が図られること
差別の禁止（第4条）	・何人も、障害者に対して、障害を理由として、差別することその他の権利利益を侵害する行為をしてはならない ・社会的障壁の除去の実施について必要かつ合理的な配慮がされなければならない ・国は、差別の禁止に違反する行為の防止に関する啓発および知識の普及を図るため、必要となる情報の収集、整理および提供を行う
国際的協調（第5条）	共生社会の実現は、国際的協調のもとに図られなければならない

② 障害者基本計画

- 国に対して障害者基本計画の策定義務、都道府県・市町村に対して都道府県障害者計画・市町村障害者計画の策定義務が規定されている。
- 内閣府には障害者政策委員会が設置され、障害者基本計画案の作成・変更時に意見を述べるなどの役割が与えられている。
- 障害者政策委員会の委員は、障害者、障害者の福祉に関する事業に従事する者および学識経験のある者のうちから、内閣総理大臣が任命する。

③ 障害者基本計画（第5次）

- 2023（令和5）年度から2027（令和9）年度までの5年間を計画期間とする障害者基本計画（第5次）が策定された。
- 障害者基本計画（第5次）は、障害者情報アクセシビリティ・コミュニケーション施策推進法（レッスン2参照）の趣旨を踏まえるほか、「誰一人取り残さない」というSDGs（持続可能な開発目標）の理念との整合性も図るものとして、政府が取り組むべき施策の方向性が定められている。

《国試にチャレンジ！》

1 障害者基本法では、意思疎通のための手段としての言語に手話が含まれることが明記されている。【34回61】　（正答…○）

2 障害者政策委員会の委員に任命される者として、障害者が明記されている。【32回61】　（正答…○）

Lesson 4 障害者総合支援法

頻出度 A 障害者総合支援法の概要

① 障害者自立支援法から障害者総合支援法への改正

- 「障害者の日常生活及び社会生活を総合的に支援するための法律」(障害者総合支援法)は、2005(平成17)年に成立した障害者自立支援法を2012(平成24)年に改称して改正し、2013(平成25)年に施行されたものである。

■目的(第1条) 要旨

- 障害者および障害児が基本的人権を享有する個人としての尊厳にふさわしい日常生活または社会生活を営むことができるよう、必要な障害福祉サービスにかかる給付、地域生活支援事業その他の支援を総合的に行う
- 障害の有無にかかわらず国民が相互に人格と個性を尊重し、安心して暮らすことのできる地域社会の実現に寄与する

- 障害者の範囲は、身体障害者、知的障害者、精神障害者(発達障害者を含む)、難病等のある者で、18歳以上の者である。

ワンポイント　18歳未満の障害児は、障害者総合支援法のほか、児童福祉法に規定されている福祉サービスも利用することができる。

- 障害者が自立支援給付を利用するためには、市町村による支給決定を受ける必要がある。
- 自立支援給付とは、介護給付費、訓練等給付費、地域相談支援給付費、計画相談支援給付費、自立支援医療費、補装具費などを支給する給付のことである。
- 介護給付費、訓練等給付費の対象となるサービスを障害福祉サービスという。

② 2016(平成28)年の改正

- 障害者の望む地域生活への支援として、就労定着支援と自立生活援助の創設、重度訪問介護の訪問先の拡大などが行われた。
- サービスの質の確保・向上に向けた環境整備として、補装具費の支給範囲の拡大(貸与の追加)、情報公表制度の創設が行われた。

③ 2017(平成29)年の改正

- 障害者が65歳以上になっても、同一の事業所でサービスを受けやすくするため、介護保険制度と障害者福祉制度の両方に共生型サービスが位置づけられた。

④ 2022（令和4）年の改正

■障害者の地域生活や就労の支援の強化等により障害者の希望する生活を実現するため、2022（令和4）年に「障害者の日常生活及び社会生活を総合的に支援するための法律等の一部を改正する法律」が成立した。施行は主に2024（令和6）年4月。

■障害者総合支援法の主な改正事項

①共同生活援助（グループホーム）の定義変更→支援内容に、一人暮らしを希望する人に対する支援や退居後の支援が含まれることを明確化
②基幹相談支援センターや地域生活支援拠点等の整備を市町村の努力義務に
③サービスに就労アセスメントの手法を活用した就労選択支援を創設　など

※①、②は2024（令和6）年4月施行、③は2025（令和7）年10月施行

資料：内閣府「令和5年版障害者白書」

※施行は2025（令和7）年10月

介護給付費・訓練等給付費

① 介護給付費

- 介護給付費の対象となる障害福祉サービスを利用するためには、市町村による障害支援区分の認定を受ける必要がある。
- 介護給付費は、次の9つの障害福祉サービスを利用した場合に支給される。

■介護給付費の種類と対象・内容・主な対象者

居宅介護（ホームヘルプサービス）	内容	障害者・児に対し、居宅において、入浴・排泄・食事などの介護や家事援助などを提供する
	対象	障害支援区分が区分1以上の障害者、またはこれに相当する心身の状態にある障害児。通院等介助で身体介護を伴う場合は、区分2以上などの要件が加わる
重度訪問介護	内容	重度の肢体不自由者・知的障害者・精神障害者に対し、居宅または医療機関において、入浴・排泄・食事などの介護等、外出時における移動中の介護、入院中の支援等を総合的に行う
	対象	区分4以上で2肢以上に麻痺等があり、歩行、移乗、排尿、排便についていずれも見守りや支援が必要　など
同行援護	内容	視覚障害により移動に著しい困難を有する障害者・児に対し、外出時に同行し、移動に必要な情報を提供するとともに、移動の援護、介護、その他外出する際に必要な援助を行う
	対象	同行援護アセスメント票による調査項目中、視力障害、視野障害および夜盲のいずれかが1点以上、かつ移動障害の点数が1点以上の視覚障害者・児。障害支援区分の認定は必要としない
行動援護	内容	知的障害または精神障害により行動上著しい困難のある障害者・児に対し、行動する際に生じる危険を回避するための援護、外出時における移動中の介護などを行う
	対象	区分3以上で認定調査項目の行動関連項目が10点以上の障害者、またはこれに相当する状態にある障害児
療養介護	内容	医療と常時の介護が必要な障害者に対し、主として昼間、医療機関などの施設において、機能訓練、療養上の管理、看護、医学的管理下における介護、日常生活上の世話を行う
	対象	区分6の筋萎縮性側索硬化症など気管切開を伴う人工呼吸器による呼吸管理を行っている者、または区分5以上の筋ジストロフィー患者・重症心身障害者
生活介護	内容	常時介護を要する障害者に、主として昼間、障害者支援施設等において、入浴・排泄・食事等の介護、創作的活動または生産活動の機会などの提供を行う
	対象	区分3（施設入所者は区分4）以上の障害者、50歳以上の障害者の場合、区分2（施設入所者は区分3）以上の者

短期入所	内容	居宅で介護を行う者の疾病等の理由によって、障害者支援施設等（医療型は医療機関等）への短期間の入所を必要とする障害者・児に対して、入浴・排泄・食事の介護等を行う
	対象	福祉型短期入所では、障害支援区分が区分1以上である障害者・児、医療型短期入所では、重症心身障害児・者など
重度障害者等包括支援	内容	常時介護を必要とする重度の障害者・児に対し、居宅介護等を包括的に行う
	対象	障害支援区分が区分6、およびこれに相当する状態にある障害児に該当し、意思疎通に著しい困難を有する者で、重度訪問介護の対象で四肢すべてに麻痺等があり、寝たきりなどの重度の身体障害者か最重度知的障害者、認定調査項目の行動関連項目の合計点数が10点以上などの強度行動障害等がある者
施設入所支援	内容	施設に入所している障害者に対して、主として夜間に入浴・排泄・食事の介護等を行う
	対象	区分4以上（50歳以上は区分3以上）の生活介護の利用者など

18歳未満の障害児は児童福祉法に基づく障害児入所支援の対象となるため、重度訪問介護、療養介護、生活介護、施設入所支援は対象外である。

② 訓練等給付費

■訓練等給付費は、次の障害福祉サービスを利用した場合に支給される。
■訓練等給付費の対象となる障害福祉サービスは、基本的に障害支援区分の認定を必要とせず利用することができる。

■訓練等給付費の対象となる障害福祉サービス

自立訓練（機能訓練・生活訓練）	障害者に対して、自立した日常生活または社会生活を営むことができるように、一定期間、身体機能または生活能力の向上のための必要な訓練等を行う。機能訓練と生活訓練があり、それぞれ標準利用期間が定められている
就労選択支援	就労移行支援または就労継続支援の利用や通常の事業所への雇用について適切な選択のための支援を必要とする者に対し、就労に関する適性・知識・能力の評価、就労の意向や就労開始後の配慮事項等の整理、必要な連絡調整などを行う　※施行は2025（令和7）年10月1日
就労移行支援	一般就労を希望する者および通常の事業所に雇用されて就労に必要な知識や能力向上のための支援を一時的に必要とする者で、原則65歳未満の障害者に、一定期間、生産活動等の機会を提供することによって、就労に必要な知識・能力向上のために必要な訓練等を行う。利用期間は原則2年間である
就労定着支援	就労移行支援、就労継続支援などを利用し一般就労に移行した障害者の就労の継続を図るために、事業所や家族との連絡調整、雇用に伴い生じる日常生活または社会生活上の各問題に関する相談、指導、助言などを行う。利用期間は3年

就労継続支援	通常の事業所に雇用されることが困難な障害者および通常の事業所に雇用されて就労に必要な知識や能力向上のための支援を一時的に必要とする障害者に、就労の機会や生産活動等の機会を提供し、知識や能力の向上を図る訓練などを行う。利用期間は定められていない	
	A型（雇用型）	通常の事業所に雇用されることは困難だが、雇用契約に基づく就労が可能な65歳未満の障害者が対象
	B型（非雇用型）	通常の事業所に雇用されることが困難で、雇用契約に基づく就労が困難な者
自立生活援助	障害者支援施設や共同生活援助（グループホーム）を利用していた障害者等のうち、一人暮らしを希望する者が居宅で自立した生活を送れるよう、定期的な巡回訪問や随時通報により相談に応じ、助言等を行う。利用期間は原則1年	
共同生活援助（グループホーム）	主に夜間において共同生活を営む住居（グループホーム）で相談、入浴・排泄・食事の介護その他の日常生活上の援助を行い、またはこれに併せて、居宅での自立した日常生活への移行を希望する入居者に日常生活への移行や移行後の定着に関する相談などの援助を行う。対象者は、就労し、または就労継続支援等の日中活動を利用している障害者	

介護保険と障害福祉サービスの内容が重なる場合、介護保険の給付が優先です。ただし、行動援護や就労に関する給付など障害者施策固有のものは、併給が可能となります

《国試にチャレンジ！》

1. 生活介護とは、医療を必要とし、常時介護を要する障害者に、機能訓練、看護、医学的管理の下における介護等を行うサービスである。【31回58】
(正答…✕)

2. 行動援護とは、外出時の移動中の介護を除き、重度障害者の居宅において、入浴、排せつ、食事等の介護等を行うサービスである。【31回58】
(正答…✕)

頻出度 B 相談支援の給付・自立支援医療費・補装具費など

① 相談支援給付費

- 相談支援には、基本相談支援、地域相談支援（地域移行支援・地域定着支援）、計画相談支援（サービス利用支援・継続サービス利用支援）がある。
- 地域相談支援に要した費用については自立支援給付の地域相談支援給付費が支給され、計画相談支援に要した費用については、計画相談支援給付費が支給される。

■相談支援

地域相談支援	地域移行支援	障害者支援施設等（救護施設、更生施設、刑事施設、少年院、更生保護施設を含む）、精神科病院等から退所・退院する障害者等に対し、住居の確保や地域における生活に移行するための活動に関する相談などを行う	一般相談支援事業
	地域定着支援	居宅において単身等で生活している障害者に対し、常時の連絡体制を確保し、緊急の事態等に際しての緊急訪問や緊急対応等の支援を行う	
基本相談支援		地域の障害者等の福祉に関する問題について障害者等や家族、保護者からの相談に応じ、必要な情報の提供・助言を行い、市町村・指定障害福祉サービス事業者等との連絡調整などを行う	
計画相談支援	サービス利用支援	課題の解決や適切なサービス利用に向けて障害福祉サービスや地域相談支援の種類や量などを定めたサービス等利用計画案を作成し、支給決定後に障害福祉サービス事業者等との連絡調整やサービス等利用計画を作成する	特定相談支援事業
	継続サービス利用支援	介護給付等の支給決定を受けた障害者等に、有効期間内に適切に障害福祉サービス等を利用できるように、サービス等利用計画の見直し・変更や関係者との連絡調整（モニタリング）を行う	

- 基本相談支援と地域相談支援のいずれも行う事業を一般相談支援事業といい、都道府県知事の指定を受けた指定一般相談支援事業者が実施する。
- 基本相談支援と計画相談支援のいずれも行う事業を特定相談支援事業といい、市町村長の指定を受けた指定特定相談支援事業者が実施する。

市町村地域生活支援事業においても相談支援事業が行われるが、これは、障害者等からの相談に応じ、情報提供や権利擁護のために必要な援助等を行うもので、一般的な相談支援は地方交付税を財源として実施される。

② 自立支援医療費

- 自立支援医療費は、障害者等の心身の障害の状態を軽減し、自立した日常生活または社会生活を営むために必要な医療（育成医療、更生医療、精神通院医療）を受けたときに、支給される。
- 自立支援医療費の給付を受けるためには、市町村（精神通院医療は都道府県・指定都市）の支給認定を受け、市町村から給付（精神通院医療は都道府県）を受ける。
- 利用者負担は、1割の定率負担と所得に応じた負担上限額が設定され、負担上限額に満たない場合は1割負担となる。
- 入院時の食事療養費または生活療養費(いずれも標準負担額相当)については、入院と通院の公平を図る視点から原則自己負担となる。

③ 補装具費

- 障害者（または障害児の保護者）が市町村へ支給申請を行い、市町村が必要と認めたときに購入・借受け（貸与）・修理に要した費用について補装具費が支給される。
- 補装具は、障害者・児の身体機能を補完または代替し、長期間にわたり継続して使用されるものである。
- 対象となる補装具には、義肢、装具、座位保持装置、盲人安全杖、義眼、眼鏡、補聴器、車椅子、歩行補助杖、重度障害者用意思伝達装置などがある。
- 2018（平成30）年の障害者総合支援法の改正により、身体の成長による交換や障害の進行による短期間の利用などを想定し、貸与も支給対象となった。

④ 高額障害福祉サービス等給付費

- 障害福祉サービスおよび介護保険制度の居宅サービス等を利用したことにより利用者負担が著しく高額になった場合、高額障害福祉サービス等給付費が支給される。
- 2012（平成24）年より高額障害福祉サービス等給付費の合算対象に補装具が追加され、利用者負担の軽減が図られている。

《国試にチャレンジ！》

1. 地域相談支援では、地域生活から施設入所や精神科病院への入院に向けた移行支援を行う。【34回57】　　　　　（正答…✕）
2. サービス利用支援では、利用者の自宅を訪問し、身体介護や家事援助等の介助を行う。【34回57】　　　　　（正答…✕）

頻出度 B 地域生活支援事業

- 地域生活支援事業は、地域の実情に応じて柔軟に行う事業で、市町村が行う事業と都道府県が行う事業がある。
- 利用料は、事業を実施する市町村または都道府県が定める。
- 市町村・都道府県が行う地域生活支援事業には、必ず行う必須事業と、地域の実情に応じ実施できる任意事業とがある。

① 市町村が行う事業

■市町村地域生活支援事業の必須事業

理解促進研修・啓発事業	障害者・児（以下、障害者等）に対する理解を深めるための研修・啓発を行う
自発的活動支援事業	障害者等が自立した生活を営めるよう、障害者等やその家族、地域住民等が自発的に行う活動に対する支援を行う

相談支援事業	障害者等の保護者等からの相談に応じるとともに、必要な情報の提供等を行う
成年後見制度利用支援事業	成年後見制度の利用に要する費用を支給する
成年後見制度法人後見支援事業	成年後見制度における法人後見の活動を支援するための研修等を行う
意思疎通支援事業	手話通訳者の派遣等を行う。手話通訳者・要約筆記者を派遣する事業、手話通訳者を設置する事業、点訳・音声訳等による支援事業などがある
日常生活用具給付等事業	日常生活用具の給付または貸与を行う。給付される用具には、介護・訓練支援用具、自立生活支援用具、在宅療養等支援用具、情報・意思疎通支援用具、排泄管理支援用具、居宅生活動作補助用具がある
手話奉仕員養成研修事業	手話奉仕員の養成を行う
移動支援事業	屋外での移動が困難な障害者等の移動を支援する
地域活動支援センター機能強化事業	地域活動支援センターの機能強化を図る。地域活動支援センターは、市町村が実施主体となり、障害者等の通所により創作的活動・生産活動の機会の提供、社会との交流の促進等を行う施設である

■市町村は、地域で生活する障害者や地域への移行を希望する障害者が安心して生活できるよう、次の事業を行うよう努める。また、これらの事業を行う場合には、地域生活支援拠点等を整備するものとする。

■**地域生活支援拠点等が行う事業**
- 居宅で生活する障害者の緊急時における相談や、宿泊場所の一時的な提供などの受け入れ態勢の確保
- 入所施設や病院、親元からの地域移行に向けた、一人暮らしやグループホームなどの体験利用の機会の提供
- 障害者の地域生活を支える専門的人材の確保・育成など

■その他市町村は、任意事業として福祉ホームの設置などを行うことができる。

福祉ホーム
現に住居を求めている障害者に対して、低額な料金で居室その他の設備や日常生活に必要なサービスを提供する施設。

② 都道府県が行う事業

■**都道府県地域生活支援事業の必須事業**
- 専門性の高い相談支援事業（発達障害者支援センター運営事業、高次脳機能障害およびその関連障害に対する支援普及事業）
- 専門性の高い意思疎通支援を行う者の養成研修事業

- 専門性の高い意思疎通支援を行う者の派遣事業
- 意思疎通支援を行う者の派遣にかかる市町村相互間の連絡調整事業
- 広域的な支援事業

頻出度A 介護給付費等の利用

① 支給決定までの流れ

- 介護給付費、訓練等給付費の障害福祉サービス支給を受けようとする障害者または障害児の保護者は、市町村の支給決定を受けなければならない。
- 支給決定は、障害者または障害児の保護者の居住地の市町村が行う。
- 申請を受けた市町村は、障害支援区分の認定および支給要否決定を行うため、市町村の職員が調査を行う。認定調査では、認定調査項目の調査や特記事項の記入を行う。

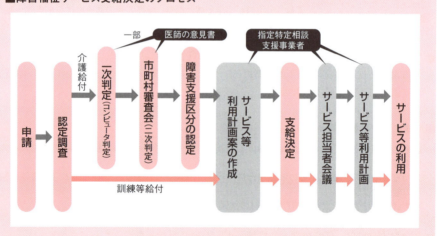

■障害福祉サービス支給決定のプロセス

word 障害支援区分
障害支援区分は障害者等の多様な障害の特性や心身の状態に応じて、必要とされる標準的な支援の度合いを示す。区分1〜6の6段階である。訓練等給付では、基本的に障害支援区分の認定は行われない。

- 認定調査や障害支援区分の認定は、全国一律の基準に基づき行われる。

 市町村が認定調査項目を独自に付け加えるようなことはできない。

- 認定にかかる調査は、指定一般相談支援事業者等に委託することができる。
- 認定調査項目の記載では、「できたりできなかったりする場合」は、「できない状況（支援が必要な状況）」に基づき判断する。
- 認定調査項目は、一次判定（コンピュータ判定）の評価に使用される。

■ 認定調査項目

・移動や動作等に関連する項目、身の回りの世話や日常生活等に関連する項目、意思疎通等に関連する項目、行動障害に関連する項目、特別な医療に関連する項目から成る80項目がある

- できたりできなかったりする場合の頻度等は特記事項に記載する。特記事項は、市町村審査会による二次判定で使用される。
- 市町村は、介護給付費の支給においては、市町村審査会が行う障害者等の障害支援区分に関する審査判定結果に基づき、障害支援区分の認定を行う。
- 市町村は、必要と認められる場合に、障害者等に対し、指定特定相談支援事業者が作成するサービス等利用計画案の提出を求め、そのサービス等利用計画案を勘案して支給要否決定を行う。
- 市町村は、支給決定を行ったときは、障害者等に対し、支給量等の事項を記載した障害福祉サービス受給者証を交付しなければならない。

② 審査請求

- 市町村の介護給付費等または地域相談支援給付費等にかかる処分に不服がある障害者または障害児の保護者は、都道府県知事に対して審査請求をすることができる。
- 審査請求は、原則として処分のあった日から起算して3か月以内に、文書または口頭で行う必要がある。
- 障害者等が介護給付費等にかかる処分の取り消しを裁判所に訴える場合は、原則として審査請求の裁決を経た後でなければならない。
- 都道府県知事は、審査請求の審理を取り扱わせるため、障害者等の保健または福祉に関する学識経験者で構成する障害者介護給付費等不服審査会（不服審査会）をおくことができる。

《国試にチャレンジ！》

1 就労移行支援の利用には、障害支援区分の認定が必要である。
【33回59】　（正答…✕）

2 市町村は、認定調査を医療機関に委託しなければならない。
【36回61】　（正答…✕）

Lesson 5 児童福祉法（障害児支援関係）

頻出度 C 児童福祉法（障害児支援関係）

① 児童福祉法について

- 児童福祉法における**障害児**の定義は、身体障害児、知的障害児、精神障害児（**発達障害児**を含む）、難病のある児童などである。

> **ワンポイント**
> 2010（平成22）年の障害者自立支援法改正において障害者の定義に発達障害者を含むことが明確化されるとともに、児童福祉法においても、障害者の定義に「発達障害児を含む」という旨が追加された。

- 障害児については、児童福祉行政の第一線機関である**児童相談所**が、児童やその保護者からの相談に応じ、必要な調査判定や、それに基づく助言・指導等を行っている。

> **ワンポイント**
> 障害児の相談・指導で比較的軽易なケースについては、福祉事務所に設置されている家庭児童相談室において行われている。

② 障害児施設・事業の一元化

- **障害者自立支援法**の改正法施行に伴い、2012（平成24）年に、障害児を対象としたサービス体系は、施設系・事業系ともに**児童福祉法**に根拠規定が一本化された。
- 児童福祉法に基づく障害児施設における通所サービスは**障害児通所支援**、入所サービスは**障害児入所支援**である。

■障害児通所支援・入所支援

通所	障害児通所支援	・児童発達支援　・放課後等デイサービス ・居宅訪問型児童発達支援　・保育所等訪問支援
入所	障害児入所支援	障害児入所施設または指定発達支援医療機関に入所・入院する障害児を対象に行う ・福祉型障害児入所施設→保護、日常生活の指導、知識技能の付与 ・医療型障害児入所施設→知的障害児、肢体不自由児、重症心身障害児を対象とし、上記に加えて**治療**を行う

- **障害児通所給付費**の給付決定（通所支給要否決定）を行うのは**市町村**、**障害児入所給付費**の給付決定（入所給付決定）を行うのは**都道府県**である。
- **障害児相談支援**とは、障害児支援利用援助・継続障害児支援利用援助を行うことをいう。

③ 障害者総合支援法に基づく障害児施策

■ 障害者総合支援法における介護給付費等の支給対象となる障害福祉サービスのうち、障害児も支給対象となるものは、居宅介護（ホームヘルプ）、同行援護、行動援護、短期入所（ショートステイ）、重度障害者等包括支援である。

施設で行うサービスは主に児童福祉法に定められている。

■ 障害者自立支援法の施行とともに、それまで児童福祉法に基づく福祉措置として身体障害児に対して実施されてきた育成医療が、自立支援医療に位置づけられた。
■ 障害児に対する一般的な相談支援は障害者総合支援法に基づいて行われ、障害児支援利用計画にかかる障害児相談支援は児童福祉法に基づく個別給付となる。

④ 手帳の交付・その他の施策

■ 身体障害児には身体障害者手帳、知的障害児には療育手帳が交付される。また、発達障害児には療育手帳（知的障害を有しない場合は精神障害者保健福祉手帳）が交付される。
■ 障害児を有する家庭には、経済面の安定や日常生活の援助を図るため、特別児童扶養手当、障害児福祉手当、心身障害者扶養共済制度などの施策が実施されている。

《国試にチャレンジ！》

1 都道府県は、障害児通所給付費の給付決定を行う。【29回58】
（正答…×）

障害児支援については、「14 児童」のレッスン4とあわせて学習しましょう

Lesson 6 身体障害者福祉法・知的障害者福祉法・精神保健福祉法

頻出度 B 身体障害者福祉法

① 目的と対象

- 身体障害者福祉法は、1949（昭和24）年に制定され、翌年施行された。
- 障害者総合支援法と相まって、身体障害者の自立と社会経済活動への参加を促進するため、身体障害者を援助し、および必要に応じて保護し、もって身体障害者の福祉の増進を図ることを目的とする。
- すべて身体障害者は、自ら進んでその障害を克服し、その有する能力を活用することにより、社会経済活動に参加することができるように努めることが規定されている。
- 身体障害者福祉法における身体障害者の定義は、身体上の障害がある18歳以上の者であって、都道府県知事から身体障害者手帳の交付を受けたものである。

ワンポイント　障害者の定義には身体障害者手帳をもつことが要件とされているが、知的障害者福祉法における知的障害者および精神保健福祉法における精神障害者の定義では、手帳の有無は要件となっていない。

② 身体障害者手帳制度

- 身体障害者福祉法には、18歳未満の児童の規定はないが、児童にも身体障害者手帳は交付される。

■身体障害者手帳制度

申請・交付	身体障害者は、医師の診断書を添えて、市または福祉事務所長等を経由して都道府県知事（指定都市・中核市では市長）に申請し、都道府県知事等から身体障害者手帳の交付を受ける
交付の対象	身体障害者障害程度等級表に該当する身体障害上の障害があるもの
障害程度等級表	・身体障害者手帳に記載される障害程度等級表は、重い順から1級～6級 ・肢体不自由のみ7級まであるが、7級単独では手帳の交付はされず、7級に該当する2つ以上の障害がある場合に、6級として認定される
有効期間	・障害が永続することが要件とされており、有効期間はない ・原則として再認定を受ける必要はない。障害の状態が変わった場合または障害がなくなった場合には、本人から等級変更や返還の手続きを行う

ワンポイント 身体障害とは、視覚障害、聴覚障害、平衡機能障害、音声・言語機能・咀嚼機能の障害、肢体不自由、心臓・腎臓・呼吸器・膀胱・直腸・小腸・ヒト免疫不全ウイルス（HIV）による免疫・肝臓の機能の障害である。高次脳機能障害などの脳疾患は精神障害者保健福祉手帳の対象となる。

■ 身体障害者が障害者総合支援法のサービスを利用するためには、**身体障害者手帳**の交付を受ける必要がある（知的障害者と精神障害者は手帳の交付を受けなくても利用できる）。

③ 身体障害者更生相談所・身体障害者福祉司
■ **都道府県**は、身体障害者の**更生援護**の利便や市町村の援護の支援のために、**身体障害者更生相談所**を設置しなければならない。

■身体障害者更生相談所の業務
- 市町村相互間の**連絡調整**、市町村に対する情報の提供等
- **専門的**な知識・技術を必要とする身体障害者に関する相談・指導
- 身体障害者の医学的・心理学的・職能的判定
- 必要に応じて障害者総合支援法に規定する**補装具**の処方・適合判定　など

■ 都道府県は、身体障害者更生相談所に**身体障害者福祉司**を配置しなければならない。
■ 身体障害者福祉司は、**社会福祉主事**たる資格を有し、福祉に関する業務に2年以上従事した者、医師、**社会福祉士**等のなかから任用される。
■ 市町村は、**福祉事務所**に身体障害者福祉司を配置することができる。

④ 身体障害者社会参加支援施設
■ **身体障害者社会参加支援施設**として、**身体障害者福祉センター**、**補装具製作施設**、**盲導犬訓練施設**、**視聴覚障害者情報提供施設**が規定されている。

■身体障害者社会参加支援施設

身体障害者福祉センター	A型	都道府県（および指定都市）が設置し、更生相談、講習会、機能回復訓練、スポーツ、レクリエーション等を行う
	B型	区市町村（および社会福祉法人）が設置し、身体障害者デイサービスなどを行う
補装具製作施設		無料または低額な料金で補装具の製作または修理を行う
盲導犬訓練施設		無料または低額な料金で盲導犬の訓練や視覚障害者に盲導犬の利用に必要な訓練を行う
視聴覚障害者情報提供施設		視聴覚障害者用の点字刊行物や録音物などの製作、点訳や手話通訳者の養成や派遣などを行う

《国試にチャレンジ！》

1. 身体障害者が「障害者総合支援法」のサービスを利用する場合には、身体障害者手帳の交付を受ける必要がある。【29回60】 ☑☑ （正答…◯）
2. 身体障害者福祉法において、身体障害者手帳の有効期限は2年間と規定されている。【31回62】 ☑☑ （正答…×）

B 知的障害者福祉法

① 目的と対象

- 1960（昭和35）年に公布された精神薄弱者福祉法は、1998（平成10）年に知的障害者福祉法へと改称された。
- 障害者総合支援法と相まって、知的障害者の自立と社会経済活動への参加を促進するため、知的障害者を援助し、および必要に応じて保護し、もって知的障害者の福祉の増進を図ることを目的とする。
- 知的障害者福祉法の対象は18歳以上の知的障害者であるが、知的障害者福祉法において知的障害者の定義は規定されていない。
- 精神保健福祉法は、医学的見地から知的障害を含む精神障害者の身体的な保護と医療を行うが、知的障害者福祉法は、福祉の観点から知的障害者の更生を援助し保護する。

② 療育手帳制度

- 療育手帳は、厚生労働省通知「療育手帳制度について」（1973（昭和48）年）に基づいた制度であり、知的障害者福祉法には、療育手帳の規定はない。

■療育手帳制度

申請・交付	本人またはその保護者が福祉事務所長（または町村長）を経由して都道府県知事（指定都市では市長）に交付の申請をし、児童相談所または知的障害者更生相談所の判定に基づき、都道府県知事等が手帳の交付を決定する
障害の程度	重度をA区分、それ以外をB区分としている
有効期間	原則として2年間であり、2年ごとの判定が必要となる

③ 知的障害者更生相談所・知的障害者福祉司

- 都道府県は、知的障害者更生相談所を設置しなければならない。
- 都道府県は、知的障害者更生相談所に知的障害者福祉司をおかなければならない。

■知的障害者更生相談所の業務

- 市町村相互間の連絡調整、市町村に対する情報の提供等
- 専門的な知識・技術を必要とする知的障害者に関する相談・指導
- 18歳以上の知的障害者の医学的・心理学的・職能的判定（療育手帳の交付判定を含む）

《国試にチャレンジ！》

1 知的障害者福祉法において、知的障害者に対して交付される「療育手帳」について規定されている。【34回60】　　　　　　　　（正答…✕）

A 精神保健福祉法

① 目的と対象

- 1950（昭和25）年に制定された精神衛生法は、1987（昭和62）年に精神保健法に改正され、さらに1995（平成7）年に「精神保健及び精神障害者福祉に関する法律」（**精神保健福祉法**）へと改称された。
- 目的には、「精神障害者の権利の擁護を図りつつ、**医療**および**保護**」を行うこと、「**自立と社会参加**の促進のための援助」を行うことなどが規定されている。
- 精神保健福祉法における精神障害者とは、**統合失調症**、**精神作用物質**による急性中毒またはその依存症、**知的障害**その他の**精神疾患**を有する者と定義されている。

② 精神障害者保健福祉手帳制度

- **精神障害者保健福祉手帳**制度は、精神障害者の自立と社会参加の促進を図ることを目的として、1995（平成7）年の精神保健福祉法成立時に創設された。
- 精神障害者保健福祉手帳は、知的障害者を除く精神障害者に対して交付される。

■精神障害者保健福祉手帳制度

申請・交付	精神障害者（知的障害者を除く）は、市町村を窓口に都道府県知事（指定都市では市長）に申請し、都道府県知事等から精神障害者保健福祉手帳の交付を受ける
交付の対象	障害等級1～3級に該当する者
障害の程度	・障害程度は3つの等級に分けられている ・障害が最も重いものは1級、中程度は2級、最も軽いものは3級である
有効期間	有効期間は2年間であり、2年ごとに更新が必要となる

- **発達障害**は、WHOの国際疾病分類第10版（ICD-10）において精神障害として整理された。発達障害者には**精神障害者保健福祉手帳**が交付される。
- **高次脳機能障害**によって日常生活や社会生活に制約があると診断されれば、器質性精神障害として精神障害者保健福祉手帳の交付対象となる。

③ 精神保健福祉センター・精神保健福祉相談員

- **都道府県**・**指定都市**は、精神保健の向上や精神障害者の福祉の増進を図るため、**精神保健福祉センター**を設置しなければならない。

■ 精神保健福祉センターの業務

- 精神保健および精神障害者の福祉に関して、知識の普及、調査研究の実施
- 相談・指導のうち複雑または困難なものの実施
- 自立支援医療費（精神通院医療）の支給認定にかかる専門的な審査（精神医療審査会）など

■ 都道府県および市町村は、精神保健福祉センターおよび保健所に、精神保健福祉相談員をおくことができる。

④ 精神保健福祉法による入院制度

■ 精神保健福祉法による入院制度として、任意入院、措置入院・緊急措置入院、医療保護入院、応急入院がある。

■ 精神科病院等の管理者は、退院後生活環境相談員（精神保健福祉士等から選任し、措置入院者および医療保護入院者の退院後の生活環境に関し、相談・指導を行う）を設置するほか、相談支援事業者等との連携、退院促進のための体制整備が義務づけられている。

■ 精神保健福祉法による入院制度

任意入院	・入院を必要とする精神障害者で、本人の同意がある者が対象 ・入院者から退院の申し出があった場合、退院させなければならないが、精神保健指定医（または特定医師）の診察により、72時間（特定医師は12時間）に限り退院させないことができる
措置入院	・入院させなければ自傷他害のおそれのある精神障害者が対象 ・2人以上の精神保健指定医の診断の結果が一致した場合に都道府県知事等が措置を命じる。緊急の場合は精神保健指定医1人の診察で72時間に限り、入院措置をとることができる（緊急措置入院）
医療保護入院	・自傷他害のおそれはないが、任意入院を行う状態にない者が対象 ・精神保健指定医（または特定医師）1人の診察および家族等（2024（令和6）年度より、家族等がいない場合や意思表示できない場合は市町村長の同意で可）のうちいずれかの者の同意により、6か月以内の期間を定め入院させることができる。特定医師による診察の場合は12時間まで
応急入院	・任意入院を行う状態になく、緊急を要し、家族等の同意が得られない者が対象。精神保健指定医（または特定医師）1人の診察が必要であり、入院期間は72時間以内（特定医師による診察の場合は12時間まで）に制限される

この法律における「家族等」とは、精神障害者の配偶者、親権を行う者、扶養義務者および後見人または保佐人をいう。

《国試にチャレンジ！》

1 精神障害者保健福祉手帳の障害等級は、6級までとされている。
【33回61】　　　　　　　　　　　　　　　　　　　　　（正答…✕）

Lesson 7 その他の障害者に対する法制度

頻出度 B 発達障害者支援法

■ 2004（平成16）年に発達障害者支援法が成立し、2005（平成17）年に施行された。

■ 発達障害の定義を明らかにするとともに、発達障害の早期発見と発達支援に関する国および地方公共団体の責務を明らかにしている。

■ 2010（平成22）年には、障害者自立支援法の改正が行われ、障害者の定義に発達障害が位置づけられた。

■ 発達障害者支援法は、発達障害者の自立および社会参加のために生活全般にわたる支援を図り、共生社会の実現に資することを目的とする。

■ 発達障害者の定義は、発達障害がある者であって、発達障害および社会的障壁により日常生活または社会生活に制限を受けるものである。

■ 発達障害とは、自閉症、アスペルガー症候群その他の広汎性発達障害、学習障害（LD）、注意欠陥多動性障害（ADHD）、その他これに類する脳機能の障害であって、その症状が通常低年齢において発現するものとして政令で定めるものとされている。

■発達障害者支援法のポイント

国および地方公共団体の責務	発達障害の早期発見のための必要な措置、発達障害児に対する就学前後の発達支援、発達障害者に対する就労のための支援、地域における生活などに関する支援、発達障害者の家族に対する支援が行われるよう、必要な措置を講じる
都道府県の役割	児童の発達障害の早期発見に関する技術的事項についての指導・助言、市町村に対する技術的援助
市町村の役割	児童に発達障害の疑いがある場合に、継続的な相談を行い、必要に応じ早期に医学的・心理学的判定を受けることができるよう保護者に対し助言等を行う

■ 発達障害者支援センターは、都道府県（および指定都市）に設置され、発達障害者の相談支援、発達支援などを行う。

■発達障害者支援センターの業務

・発達障害の早期発見、早期の発達支援等に資するよう、発達障害者および家族に対し、専門的に、その相談に応じ、または情報の提供、助言を行う
・発達障害者に対し、専門的な発達支援および就労支援を行う
・医療、保健、福祉、教育等に関する業務を行う関係機関および民間団体ならびにこれに従事する者に対し、発達障害についての情報提供および研修を行う
・発達障害に関して、医療等の業務を行う関係機関および民間団体との連絡調整を行う

《国試にチャレンジ！》

1. 「精神保健福祉法」において、発達障害者支援センターの運営について規定されている。【31回62】　　　　　　　　　　　　　　　　　　　　（正答…✕）

2. 発達障害者とは、発達障害がある者であって発達障害及び社会的障壁により日常生活又は社会生活に制限を受けるものをいう。【32回60】（正答…◯）

頻出度B 障害者虐待防止法

① 障害者虐待防止法の概要

- 「障害者虐待の防止、障害者の養護者に対する支援等に関する法律」（障害者虐待防止法）は、2011（平成23）年に成立し、2012（平成24）年に施行された。
- 障害者虐待防止法は、虐待を受けた障害者の保護および自立支援等の措置を定め、障害者虐待の防止、養護者に対する支援、障害者の権利を擁護することが目的である。
- 障害者とは、障害者基本法に規定する障害者をいう。
- 障害者虐待とは、①養護者、②障害者福祉施設従事者等、③使用者（障害者を雇用する事業主または事業の経営担当者等）、による障害者虐待をいう。
- 障害者虐待の種類には、①身体的虐待、②性的虐待、③放棄、放置（ネグレクト）、④心理的虐待、⑤経済的虐待がある。

ワンポイント　児童虐待の種類は、児童虐待防止法において、身体的虐待、性的虐待、ネグレクト、心理的虐待の4種類に区分されている。

② 障害者虐待防止法における通報義務

- 障害者虐待防止法において、障害者虐待を受けたと思われる障害者を発見した者には、通報が義務づけられている。
- 養護者または障害者福祉施設従事者等による障害者虐待は市町村に、使用者による障害者虐待は市町村または都道府県に通報しなければならない。
- 障害者福祉施設従事者等による障害者虐待の通報・届出を受けた市町村は、都道府県への報告義務がある。
- 障害者本人が障害者虐待を届け出ることもできる。
- 使用者による障害者虐待の通報・届出を受けた市町村は、都道府県への通知義務がある。
- 都道府県は、使用者による障害者虐待に関する事項を管轄する都道府県労働局へ報告する義務がある。

■障害者虐待防止施策

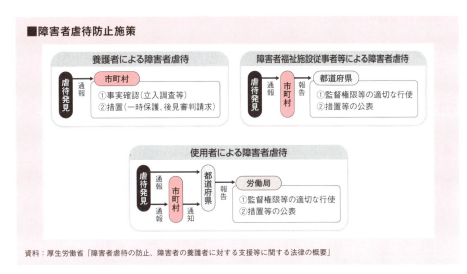

資料：厚生労働省「障害者虐待の防止、障害者の養護者に対する支援等に関する法律の概要」

③ 障害者虐待防止センター・障害者権利擁護センター

■市町村および都道府県は、障害者福祉の事務を所管する部局または市町村、都道府県が設置する施設において、それぞれ市町村障害者虐待防止センター、都道府県障害者権利擁護センターの機能を果たすことが求められている。

■障害者虐待防止センター等の業務

市町村障害者虐待防止センター	・障害者虐待に関する通報または届出の受理 ・虐待を受けた障害者、養護者に対する相談・指導・助言 ・障害者虐待の防止・養護者に対する支援に関する広報・啓発活動
都道府県障害者権利擁護センター	・使用者による障害者虐待に関する通報または届出の受理 ・市町村相互間の連絡調整、市町村への情報提供・助言等 ・障害者や養護者に対する支援に関する相談・相談機関の紹介、情報提供・助言、関係機関との連絡調整 ・虐待の防止に対する支援に関する情報収集・分析・提供・広報・啓発活動など

④ 障害者虐待防止法における市町村の対応

■養護者による障害者虐待により、障害者の生命または身体に重大な危険が生じているおそれがあると認める場合は、市町村長は、障害福祉所轄課の職員に安否確認の立入調査をさせることができる。

■市町村長は立入調査の執行に際し、必要があると認めるときは、管轄する警察署長に対し援助を求めることができる。

■市町村は、安全の確保のために必要な場合は緊急一時保護を利用し、養護者との分離による障害者の保護を行う。保護分離の手段として、障害者支援施設等に入所させる等の措置を講じる。

⑤ 障害者虐待の実態

■厚生労働省の「令和5年度都道府県・市区町村における障害者虐待事例への対応状況等（調査結果）」によると、2023（令和5）年4月1日から2024（令和6）年3月31日までの障害者虐待の実態は次のようになっている。

■虐待行為の類型・種別

		養護者	障害者福祉施設従事者等
被虐待障害者数		2285人	2356人
虐待行為の類型		身体的虐待（67.5%）、次いで心理的虐待（32.0%）	身体的虐待（51.9%）、次いで心理的虐待（48.0%）
被虐待者	障害種別	知的障害（45.7%）、次いで精神障害（44.4%）	知的障害（74.3%）、次いで精神障害（18.9%）
	性別	女性（63.9%）が多い	男性（66.6%）が多い

■障害者福祉施設従事者等による虐待では、虐待が認められた施設・事業所として最も多いのは共同生活援助（28.3%）で、次いで障害者支援施設（20.4%）、生活介護（12.7%）放課後等デイサービス（12.2%）となっている。

《国試にチャレンジ！》

1　「障害者虐待防止法」（2011年（平成23年））における障害者虐待には、障害者福祉施設従事者によるものは除外された。【31回57】　　（正答…×）

2　障害者福祉施設従事者等により虐待を受けた者の障害種別は、知的障害が最も多い。【33回62】　　（正答…○）

頻出度B 障害者差別解消法

■2013（平成25）年、「障害を理由とする差別の解消の推進に関する法律」（障害者差別解消法）が制定され、2016（平成28）年に施行された。

■障害者差別解消法の目的は、すべての国民が、障害の有無によって分け隔てられることなく、相互に人格と個性を尊重し合いながら共生する社会の実現に向け、障害を理由とする差別の解消を推進することである。

■障害者差別解消法は、障害者基本法に基本原則として規定されている差別の禁止を具体化している。

■障害者差別解消法における「障害者」は、障害者基本法と同様の定義がなされている。

■障害を理由とした不当な差別的取扱いの禁止について、国・地方公共団体等ならびに事業者に法的義務が課された。

■合理的配慮の不提供の禁止については、国・地方公共団体等に法的義務が課され、事業者には努力義務が課された。

- 2021（令和3）年6月の法改正では、事業者に対し合理的な配慮の提供を義務づけたほか、差別解消の推進に向けた国・地方公共団体の連携・協力や、差別解消のための支援措置を強化することなどが盛り込まれた（施行は2024（令和6）年4月1日）。

■障害者差別解消法のポイント　　※下線部は、2021年改正で変更・追加となった箇所

国および地方公共団体の責務	・国および地方公共団体は、この法律の趣旨にのっとり、障害を理由とする差別の解消の推進に関して必要な施策を策定し、これを実施しなければならない。 ・国および地方公共団体は、障害を理由とする差別の解消の推進に関して必要な施策の効率的・効果的な実施が促進されるよう、適切な役割分担を行うとともに、相互に連携を図りながら協力しなければならない
国民の責務	国民は、障害を理由とする差別の解消の推進に寄与するよう努める
不当な差別的取り扱いの禁止	国・地方公共団体等、事業者は、その事務または事業を行うにあたり、障害を理由として障害者でない者と不当な差別的取り扱いをすることにより、障害者の権利利益を侵害してはならない
合理的配慮不提供の禁止	障害者から社会的障壁の除去を必要としている旨の意思の表明があった場合、国の行政機関、地方公共団体等は必要かつ合理的な配慮をしなければならない（義務）。事業者は、合理的な配慮をしなければならない（義務）
社会的障壁の除去のための環境整備	行政機関等および事業者は、社会的障壁の除去の実施についての必要かつ合理的な配慮を的確に行うため、必要な環境の整備に努めなければならない
基本方針の策定	政府は、障害を理由とする差別の解消の推進に関する施策を総合的かつ一体的に実施するため、障害を理由とする差別の解消の推進に関する基本方針を定めなければならない
相談および紛争の防止等のための体制の整備	国および地方公共団体は、障害者およびその家族その他の関係者からの障害を理由とする差別に関する相談に的確に応じ、障害を理由とする差別に関する紛争の防止・解決を図ることができるよう人材の育成および確保のための措置その他の必要な体制の整備を図る
情報の収集、整理および提供	地方公共団体は、地域における障害を理由とする差別およびその解消のための取り組みに関する情報の収集・整理・提供を行うよう努める
障害者差別解消支援地域協議会	国および地方公共団体の機関であって、医療、介護、教育その他の障害者の自立と社会参加に関連する分野の事務に従事するものは、障害を理由とする差別を解消するための取り組みを効果的かつ円滑に行うため、障害者差別解消支援地域協議会を組織することができる

ワンポイント　合理的配慮は、障害がない者との比較において、障害者が同等の機会の提供を受けるための配慮であり、障害の特性や社会的障壁の除去が求められる具体的な場面や状況に応じて柔軟に対応することが求められる。

《国試にチャレンジ！》

1. 「障害者差別解消法」が施行される前から、障害者基本法に「差別の禁止」の規定があった。【37回55】　☑☑　　　　　　　　　　　　　　　　　（正答…◯）

2. 「障害者差別解消法」では、「不当な差別的取扱いの禁止」について、国・地方公共団体等には義務が、民間事業者には努力義務が課されている。
【33回57】　☑☑　　　　　　　　　　　　　　　　　　　　　　　　（正答…✕）

頻出度 B 障害者雇用促進法

① 障害者雇用促進法の概要

- 「障害者の雇用の促進等に関する法律」（障害者雇用促進法）において、障害者とは、身体障害、知的障害、精神障害（発達障害を含む）、その他の心身機能の障害があるために長期にわたって職業生活に相当の制限を受け、または職業生活を営むことが著しく困難な者をいう。
- 障害者雇用促進法の目的は、職業生活において障害者の自立促進のための措置を総合的に講じることにより、職業の安定を図ることである。
- 障害者雇用促進法は、障害者雇用率制度、障害者雇用納付金制度、職業リハビリテーションの推進を中心とする施策を講じることなどを定めている。
- 2013（平成25）年の障害者雇用促進法の改正により、障害者に対する差別の禁止、合理的配慮の提供義務、苦情処理・紛争解決の援助、精神障害者の雇用義務化について規定された。
- 合理的配慮とは、障害者と障害者でない人との均等な機会・待遇の確保または障害者の能力の有効な発揮の支障となっている事情を改善するための措置である。

■合理的配慮指針

- 募集内容について音声などで提供すること（視覚障害）
- 面接を筆談などにより行うこと（聴覚・言語障害）
- 机の高さを調節するなど作業を可能にする工夫を行うこと（肢体不自由）
- 本人の習熟度に応じて業務量を徐々に増やしていくこと（知的障害）
- 出退勤時刻・休暇・休憩に関し、通院・体調に配慮すること（精神障害など）

- 合理的配慮は、障害者個々の状況に即して調整して提供されるものであるが、配慮の性質や費用、従業員、財務状況などに及ぼす影響から、過度な困難を伴うと判断される場合は免除される。

② 障害者雇用率制度

- 障害者雇用率制度とは、民間企業、国・地方公共団体に対して、法律で定められた常用労働者数の一定割合（法定雇用率）以上の障害者を雇用することを義務づける制度である。

■雇用義務の対象となる障害者は、**身体障害者**、**知的障害者**、**精神障害者**である。

■**法定雇用率**

	2024（令和6）年 4月以降	2026（令和8）年 7月以降
民間企業	2.5%	2.7%
国・地方公共団体、特殊法人等	2.8%	3.0%
都道府県等の教育委員会	2.7%	2.9%

※対象となる事業主等の規模も段階的に引き下げられる

■厚生労働大臣は、法定雇用率を達成していない事業主に対して、**障害者の雇入れに関する計画**の作成を命ずることができる。
■厚生労働大臣は、提出された計画が著しく不適当な場合などはその変更や適正な実施について**勧告**することができる。さらに、事業主が正当な理由がなく勧告に従わないときに、その旨を**公表**することが**できる**。
■2018（平成30）年4月から、精神障害者（精神障害者保健福祉手帳所持者）が障害者雇用義務の対象となり、法定雇用率の算定基礎に加えられた。

発達障害者のうち、精神障害者保健福祉手帳所持者でない者は、実雇用率の算定対象外である。

■**短時間労働者**とは、常用労働者であって、1週間の所定労働時間が20時間以上30時間未満の者である。
■重度以外の身体障害者または知的障害者である短時間労働者を雇用した場合、1人につき0.5人分として実雇用率を算定する（**ハーフカウント**）。
■2022（令和4）年の障害者雇用促進法の改正により、週の所定労働時間が10時間以上20時間未満の精神障害者・重度身体障害者・重度知的障害者（就労継続支援A型の利用者は除く）について、特例的な取り扱いとして、1人につき0.5人分として実雇用率に算定できることになった（2024（令和6）年4月施行）。
■重度の身体障害者または知的障害者を雇用した場合、1人につき**2**人分として実雇用率を算定する（**ダブルカウント**）。

■障害者実雇用率の算定

	30時間以上	20時間以上 30時間未満	10時間以上 20時間未満
身体障害者	1	0.5	—
重度身体障害者	2	1	0.5
知的障害者	1	0.5	—
重度知的障害者	2	1	0.5
精神障害者	1	1	0.5

■精神障害者である短時間労働者については、当分の間、1人を1人分として実雇用率を算定する特例措置が設けられている。

③ 障害者雇用納付金制度

■障害者雇用納付金制度は、障害者の雇用に伴う事業主の経済的負担の調整を図るとともに、障害者の雇用水準を引き上げることを目的としている。
■常用雇用労働者が100人を超える事業主は、雇用障害者数が法定雇用率に満たない場合、不足1人当たり原則月額5万円の障害者雇用納付金を納付しなければならない。
■障害者雇用納付金が課された企業に対して免除の規定はなく、雇用率未達成企業は必ず納入しなければならない。
■常用雇用労働者が100人を超える事業主が法定雇用率を達成した場合、1人当たり月額2万9000円の障害者雇用調整金が支給される。
■常用雇用労働者が100人以下の事業主が一定数を超えて障害者を雇用した場合、超過1人当たり月額2万1000円の報奨金が支給される。
■在宅就業障害者または在宅就業支援団体に年間35万円以上の仕事を発注した事業主には、特例調整金または特例報奨金が支給される。

④ 特例子会社制度

■特例子会社制度とは、事業主が障害者の雇用に特別の配慮をした子会社（特例子会社）を設立して一定の要件を満たした場合、その子会社の雇用する障害者を親会社の雇用数に合算できる制度である。
■特例子会社がなく、厚生労働大臣から一定の要件を満たす企業グループの認定を受けた事業主については、企業グループ全体を親会社に合算して、実雇用率を算定できる企業グループ算定特例がある。

《国試にチャレンジ！》

1 障害者の雇用の促進等に関する法律は、職業指導や職業訓練などの職業リハビリテーションの原則を規定している。【33回145】　（正答…○）

2 法定雇用率を課せられる民間企業は、障害者雇用納付金を納付することによって、障害者雇用義務が免除される。【33回145】　（正答…×）

頻出度 B 障害者優先調達推進法

- 2013（平成25）年に施行された「国等による障害者就労施設等からの物品等の調達の推進等に関する法律」（障害者優先調達推進法）では、障害者就労施設等に対し、物品購入者などへの情報提供や物品の質の向上・供給の円滑化に努めることを規定している。
- 国・独立行政法人等は、障害者就労施設などから物品を優先的に調達するよう努めなければならない。
- 地方公共団体等は、障害者就労施設等の受注の機会の増大を図るための措置を講ずるよう努めなければならない。
- 対象となる障害者就労施設等は、障害者総合支援法に基づく事業所・施設等、在宅就業障害者等である。

《国試にチャレンジ！》

1 国は、障害者就労施設、在宅就業障害者及び在宅就業支援団体から優先的に物品等を調達するよう努めなければならない。【34回62】　　（正答…○）

頻出度 C 身体障害者補助犬法

- 2002（平成14）年に身体障害者補助犬法が成立した。
- 身体障害者補助犬の育成およびこれを使用する身体障害者の施設等の利用の円滑化を図り、身体障害者の自立および社会参加の促進に寄与することを目的としている。
- 「身体障害者補助犬」とは、盲導犬、介助犬、聴導犬をいう。
- 国・独立行政法人などの公共施設や公共交通機関、不特定多数の人が利用する民間施設の管理者等は、身体障害者が補助犬を同伴して利用することを拒否してはならない。
- 2007（平成19）年の身体障害者補助犬法の改正により、一定規模以上の民間企業では、原則として勤務する身体障害者が補助犬を使用することを拒んではならないことになった。

Lesson 8 — 障害者と家族等の支援における関係機関・専門職の役割

頻出度 A 行政機関の役割

① 国の役割

■ 国は、自立支援給付、地域生活支援事業などの業務が適正・円滑に行われるよう、市町村および都道府県に対する必要な助言、情報の提供、その他の援助を行う。

■ 主務大臣は、障害福祉計画の策定のため、自立支援給付や地域生活支援事業の円滑な実施を確保するための基本指針を定め、公表する。

■ 障害福祉計画の作成にあたっては、地域の協議会等と連携し、地域課題となっている社会資源の不足の解消に向けた取り組みを行う必要がある。

■ 国は、自立支援給付の支給について、全国共通の基準で行われるよう、支給決定等やサービスの内容についての基準を定めている。

■ 国は、市町村が支弁する自立支援給付の費用について2分の1を義務的経費として負担し、都道府県が支弁する自立支援医療費（精神通院医療）の2分の1を義務的経費として負担する。

■ 国は、市町村および都道府県が行う地域生活支援事業に要する費用等について、2分の1以内を予算の範囲内で補助することができる。

② 都道府県の役割

■ 自立支援給付および地域生活支援事業が適正かつ円滑に行われるよう、市町村に対する必要な助言、情報の提供、その他の援助を行う。

■ 国の基本指針に即し、3年を1期とする都道府県障害福祉計画を策定する。

■ 精神通院医療についての支給認定等を行い、地域生活支援事業を行う。

■ 都道府県知事は、障害福祉サービス事業者、障害者支援施設、一般相談支援事業者、自立支援医療機関の指定を行う。これらの指定は、6年ごとに更新を受けなければ効力を失う。また、必要に応じて、調査・勧告・命令・指定取消を行う。

■ 都道府県知事は、市町村が行う処分の不服審査を行うために、障害者介護給付費等不服審査会（不服審査会）を設置することができる。

■ 身体障害者更生相談所、知的障害者更生相談所、精神保健福祉センターを設置する。

■ 市町村が支弁する自立支援給付の費用について4分の1を負担する。

■ 市町村が行う地域生活支援事業の費用について、4分の1以内を予算の範囲内で補助することができる。

③ 市町村の役割

■ 2005（平成17）年の障害者自立支援法制定により、障害のある人にとって最も身近な自治体である市町村にサービスの提供主体が一元化された（精神通院医療を除く）。

- 国の**基本指針**に即し、3年を1期とする**市町村障害福祉計画**を策定する。
- **自立支援給付**の支給決定等を行い、**地域生活支援事業**を総合的・計画的に行う。
- 市町村長は、**特定相談支援事業者**、**障害児相談支援事業者**の指定を行う。これらの指定は、**6年**ごとに更新を受けなければ効力を失う。また、必要に応じて、調査・勧告・命令・指定取消を行う。
- 市町村は、**自立支援給付**に要する費用（自立支援医療のうち、精神通院医療を除く）を支弁する（財源の4分の1）。

《国試にチャレンジ！》

1. 自立支援給付や地域生活支援事業の円滑な実施を確保するための基本指針は、都道府県が定める。【34回58】　（正答…✕）
2. 都道府県知事は、介護給付費等に係る処分の審査請求事案を取り扱う。【29回58】　（正答…◯）

頻出度 B 障害者総合支援法における障害福祉サービス事業者等の役割

- 指定**障害福祉サービス事業者**および指定**障害者支援施設**等の設置者は、関係機関との連携を図り、常に障害者等の立場から効果的にサービス提供を行うように努める。
- 指定障害福祉サービス事業者等は、利用者またはその家族からの苦情に対応するために、**苦情受付窓口**を設置しなければならない。
- 福祉サービスにかかる利用者等からの苦情の解決について、主に利用者と事業者の間では解決困難な事例への対応を図るために、**都道府県社会福祉協議会**に設置される**運営適正化委員会**において処理するものとされている。

■指定障害福祉サービス事業者等の主な役割と留意点

・障害福祉サービスの提供拒否の禁止	・運営規程の策定・掲示	・**個別支援計画**の作成
・相談援助	・苦情解決	・身体拘束等の禁止	・秘密の保持
・利用終了に際しての支援	・業務管理体制の整備	・障害者虐待の防止

- 2018（平成30）年度より、指定障害福祉サービス事業者、指定一般相談支援事業者、指定特定相談支援事業者、指定障害者支援施設等の設置者は、サービス等の提供を開始するときには、その内容や運営状況に関する情報を都道府県知事に**報告**することが義務づけられ、都道府県知事は、この報告の内容を**公表**することとされている。

B 関係機関の役割

① 協議会

■ 地方公共団体は、単独または共同で、障害者等への支援の体制の整備を図るための協議会をおくように努めなければならない。

■ 協議会は、関係機関、関係団体、障害者等およびその家族、障害者等の福祉・医療・教育・雇用に関連する職務に従事する者など関係者により構成される。

■ 協議会は、関係機関等が相互の連絡を図ることにより、地域における障害者等への適切な支援に関する情報および支援体制に関する課題についての情報を共有し、関係機関等の連携の緊密化を図るとともに、地域の実情に応じた体制の整備について協議を行う。

■ 協議会は、情報の共有・協議を行うために必要があると認めるときは、関係機関等に対し、資料または情報の提供、意見の表明その他必要な協力を求めることができる。

② 基幹相談支援センター

■ 基幹相談支援センターは、地域における相談支援の中核的な役割を担う機関で、市町村には設置の努力義務がある。

■ 基幹相談支援センターに配置される専門職として相談支援専門員、社会福祉士、精神保健福祉士、保健師などがあるが、配置の義務はない。

■ 障害者総合支援法に基づく協議会の運営の委託を受け、地域の障害者等の支援体制の強化を図る。

■基幹相談支援センターの業務

地域生活支援事業における相談支援事業・成年後見制度利用支援事業（障害者総合支援法）
身体障害者福祉法、知的障害者福祉法、精神保健福祉法における障害者の相談・指導、必要な情報提供、障害者の生活の実情や環境などの調査、生活指導などの業務
一般相談支援事業や特定相談支援事業または障害児相談支援事業の従事者に対する相談・助言・指導などの援助を行う業務
協議会に参画する地域の関係機関の連携の緊密化を促進する業務

■ 市町村は、一般相談支援事業を行う者その他の主務省令で定める者に対し、基幹相談支援センターの事業および業務の実施を委託することができる。

■ 基幹相談支援センターを設置する者は、地域生活支援事業および業務の効果的な実施のために、指定障害福祉サービス事業者等、医療機関、民生委員、身体障害者相談員、知的障害者相談員、意思疎通支援を行う者を養成・派遣する事業の関係者などとの連携に努めなければならない。

③ 公共職業安定所（ハローワーク）

■ 公共職業安定所（ハローワーク）は、地域の関係支援機関と連携して障害者就労支援チームをつくり、就労の準備段階から職場定着までの一貫した支援を展開している。

■ 公共職業安定所が連携する機関には、地域障害者職業センター、障害者就業・生活支援センター、特別支援学校、医療機関などがある。

④ 障害者職業センター

■ 障害者職業センターは障害者雇用促進法に基づき、職業リハビリテーションの専門家である障害者職業カウンセラーなどを配置して障害者に対する職業リハビリテーションを行うとともに、事業主には雇用管理に関する助言などを行う。

■ 障害者職業センターには、障害者職業総合センター、広域障害者職業センター、地域障害者職業センターの3つがある。

■ **障害者職業センターの種類**

障害者職業総合センター	障害者職業センターの中核的機関。職業リハビリテーションに関する調査・研究、障害者の雇用に関する情報の収集、分析・提供、職場適応援助者（ジョブコーチ）の養成・研修、広域・地域障害者職業センター等の関係機関やその職員に対する技術的事項についての助言、指導、研修など（全国に1か所）
広域障害者職業センター	障害者職業能力開発校、医療機関などと連携し、広範囲の地域において職業評価、職業指導、職業講習などを実施する（全国に2か所）
地域障害者職業センター	ハローワークとの密接な連携のもと、障害者に対する専門的な職業リハビリテーションと事業主に対する雇用管理に関する助言、職場適応援助者（ジョブコーチ）の派遣などを行う（各都道府県）

⑤ 障害者就業・生活支援センター

■ 障害者就業・生活支援センターは、障害者雇用促進法に規定されており、就業支援ワーカーと生活支援ワーカーが配置され、働くための支援と働き続けるための就業・生活の一体的な相談・支援が行われる。

■ **障害者就業・生活支援センターにおける支援**

障害者に対する支援	・就業に関する相談 ・職場実習や職業準備訓練の斡旋 ・就職活動や職場定着に向けた支援 ・地域生活や生活設計に関する助言
事業主に対する支援	・障害特性を踏まえた雇用管理についての助言
障害者・事業主に対する支援	・関係機関との連絡調整

⑥ 特別支援学校等

- 障害の重複化に対応するため、2006（平成18）年に学校教育法が改正され、従来の盲学校、聾学校、養護学校は、複数の障害種別を受け入れることのできる特別支援学校の制度に転換された。
- 小・中学校等においても、発達障害を含む障害のある児童生徒に対する特別支援教育を推進することが法律上明確にされた。
- 特別支援学校は、地域の特別支援教育のセンター的機能を担うものと位置づけられた。

■ 特別支援学校・特別支援学級・通級による指導

特別支援学校
障害のある幼児児童生徒に対して、幼稚園、小学校、中学校または高等学校に準ずる教育を施すとともに、障害による学習上または生活上の困難を克服し自立を図るために必要な知識技能を授けること目的とする学校 【対象】 視覚障害者、聴覚障害者、知的障害者、肢体不自由者または病弱者（身体虚弱者を含む。）
特別支援学級
小学校、中学校等において障害のある児童生徒に対し、障害による学習上または生活上の困難を克服するために設置される学級 【対象】 知的障害者、肢体不自由者、病弱者及び身体虚弱者、弱視者、難聴者、言語障害者、自閉症者・情緒障害者
通級による指導
小学校、中学校、高等学校等において、通常の学級に在籍し、通常の学級での学習におおむね参加でき、一部特別な指導を必要とする児童生徒に対して、障害に応じた特別の指導を行う指導形態 【対象】 言語障害者、自閉症者、情緒障害者、弱視者、難聴者、学習障害者、注意欠如・多動症の障害者、肢体不自由者、病弱者及び身体虚弱者

- 特別支援学校の校長は、在学する児童等について、個別の教育支援計画を作成しなければならない。
- 各学校の校長は、特別支援教育コーディネーターを指名し、校内の教職員や校外の専門家・関係機関との連絡調整にあたる仕組みを整備するものとされる。

《国試にチャレンジ！》

1 基幹相談支援センターは、地域における中核的な役割を担う機関として、総合的・専門的な相談支援や成年後見制度利用支援事業の実施等の業務を行う。【37回53】　　　　　　　　　　　　　　　　　（正答…○）

2 地域障害者職業センターは、「障害者総合支援法」で位置づけられている施設である。【30回58】　　　　　　　　　　　　　　　　　（正答…×）

頻出度 B 障害者施策における専門職

① 相談支援専門員

■ 相談支援専門員は、障害者等からの相談対応、連絡調整等、サービス等利用計画の作成などを行う。

> 相談支援専門員は、アセスメントの実施、サービス等利用計画案の作成やサービス担当者会議の開催、モニタリングなどを行い、介護保険制度における介護支援専門員と同様の機能をもつ。

■ 相談支援専門員となるには、一定の実務経験と、都道府県知事が行う相談支援従事者初任者研修の受講が要件となる。

■ 指定特定相談支援事業者は、事業所ごとに1人以上の相談支援専門員をおかなければならない。

② サービス管理責任者・サービス提供責任者・意思決定支援責任者

■ サービス管理責任者は、相談支援業務などの実務経験が一定期間あり、都道府県が行う必要な研修を修了した者で、障害福祉サービス事業者に利用者数に応じて配置される。

■ サービス管理責任者は個別支援計画の作成を行うほか、利用者の心身の状況やサービス利用状況の把握、関係機関との連絡調整、従業者への助言、技術指導などを行う。

■ サービス提供責任者は、都道府県知事の指定を受けた居宅介護、重度訪問介護、行動援護、同行援護、重度障害者等包括支援の事業所に1人以上配置される。

■ サービス提供責任者は、生活場面での具体的な支援内容を検討し、居宅介護計画の作成やサービス実施状況の把握などを行う。

■ 障害者の意思決定支援を適切に進めるため、事業者は意思決定支援責任者を配置することが望ましい。その役割は相談支援専門員またはサービス管理責任者と重複するため、これらの者の兼務が想定される。

③ 生活支援員

■ 生活支援員は、サービス等利用計画をもとに、個別支援計画に沿って、支援(食事、入浴、排泄、余暇活動など)を提供する。

■ 生活介護、共同生活援助、就労移行支援など、障害者総合支援法における多くの事業所に配置される。

④ 職場適応援助者(ジョブコーチ)

■ 職場適応援助者(ジョブコーチ)は、障害者が働きやすいように環境を整備し、障害者本人と事業主の双方に対し、環境調整や適応支援を行う。

■ 地域障害者職業センターに配置される配置型、社会福祉法人等の運営する就労支援施

設に配置される訪問型、企業の事業所に配置される企業在籍型の3類型がある。

■職場適応援助者（ジョブコーチ）による支援内容

事業所に対する支援	・就労者の障害特性に配慮した雇用管理 ・物理的・人的な配置や業務内容の設定の工夫 ・障害の理解に関する社内啓発、障害者とのかかわり方 ・業務指示や指導方法などに関する助言
障害者に対する支援	作業遂行能力の向上支援や職場内のコミュニケーション能力の向上支援、健康管理、生活リズムの構築など

⑤ ピアサポーター

■障害者領域のピアサポートとは、障害や疾病の経験をもつ人が、その経験を生かしながら、ほかの障害や疾病のある障害者のための支援を行うもので、ピアサポートを行う者をピアサポーターという。

■2020（令和2）年度から、都道府県・指定都市の地域生活支援事業の任意事業として、「障害者ピアサポート研修事業」が位置づけられている。

《国試にチャレンジ！》

1 特別支援学校高等部を卒業見込みのHさん（Q県R市在住、軽度知的障害、18歳、男性（両親は健在）は、卒業後、実家を離れ県内のS市にある共同生活援助（グループホーム）への入居と一般就労を目指し、各関係機関に相談している。R市の役割として、「Hさんの卒業後、Hさんの就労先に職場適応援助者（ジョブコーチ）を派遣する」のは適切である。【31回59】

（正答…✗）

362

9

刑事司法と福祉

Lesson 1 — 刑事司法における近年の動向とこれを取り巻く社会環境

頻出度 C 刑事司法における近年の動向 （法務省「令和6年版犯罪白書」より）

- 刑法犯の認知件数は70万3351件で、2年連続で増加した。
- 刑法犯の認知件数の罪名で最も多いのは窃盗（68.6％）で、次いで器物損壊（8.1％）、詐欺（6.5％）と続く。
- 刑法犯の検挙件数は26万9550件、検挙人員は18万3269人と19年ぶりに増加となった。検挙率は38.3％と前年より減少した。
- 刑法犯の検挙件数を犯罪類型でみると、サイバー犯罪、児童虐待に係る事件、大麻取締法違反、危険運転致死傷は過去最多である。特殊詐欺は前年より8.6％増であり、配偶者からの暴力事案等も高止まり状態である。
- 刑法犯の検挙人員の年齢層別構成比をみると、65歳以上の高齢者は、1994（平成6）年には全体の3.6％であったが、2023（令和5）年は22.4％となっている。
- 全年齢層と比べて、高齢者は窃盗の構成比が高く、特に女性高齢者は、窃盗のうち万引きによるものの構成比が約8割と顕著に高い。
- 少年による刑法犯の検挙人員は、2万6206人（前年比25.3％増）と2年連続で増加している。
- 刑法犯のうち再犯者率は47.0％と3年連続で低下した。
- 再非行少年率は、1998（平成10）年から2016（平成28）年まで上昇し続けたが、2017（平成29）年以降は低下傾向で、2023（令和5）年は30.2％であった。

頻出度 B 刑事司法を取り巻く社会環境

① 高齢者・障害者等の社会復帰支援と地域生活定着促進事業

- 高齢の受刑者や障害のある受刑者が起こした犯罪の背景には、社会的孤立や生活困窮があり、福祉的支援が必要とされている。
- 地域生活定着促進事業は、高齢または障害により、福祉的な支援を必要とする矯正施設の退所予定者・退所者等に対し、ただちに福祉サービスにつなげ、地域生活への定着を図るための支援を行うものである。
- 事業は各都道府県の地域生活定着支援センター（レッスン4参照）と保護観察所が連携して進める。

■**地域生活定着支援センターにおける業務**

コーディネート業務	保護観察所からの依頼に基づき、福祉サービスにかかるニーズの内容の確認等を行い、受入れ先施設等の斡旋または福祉サービスにかかる申請支援等を行う
フォローアップ業務	コーディネート業務を経て矯正施設を退所後、社会福祉施設等を利用している者を受け入れた施設等に対して、必要な助言等を行う
相談支援業務	拘禁刑の執行を受け、または保護処分を受けたあと、矯正施設から退所した者の福祉サービスの利用に関して、本人またはその関係者からの相談に応じて、助言その他必要な支援を行う
被疑者等支援業務	刑事司法手続きの入口段階にある被疑者・被告人等に対し、釈放後ただちに福祉サービス等を利用できるように支援を行うとともに、地域生活への定着等のための支援等を行う

② 再犯の防止等の推進に関する法律

■2016（平成28）年に、「再犯の防止等の推進に関する法律」（再犯防止推進法）が制定・施行された。

■この法律の目的は、国民の理解と協力を得つつ、犯罪をした者等の円滑な社会復帰を促進すること等による再犯の防止等が犯罪対策において重要であることから、基本理念を定め、国および地方公共団体の責務を明らかにして再犯の防止等に関する施策を総合的かつ計画的に推進することにより、国民が犯罪被害を受けることを防止し、安全で安心して暮らせる社会の実現に寄与することである。

■政府は、再犯の防止等に関する施策を総合的・計画的に推進するために、再犯防止推進計画を策定しなければならない（義務）。

■都道府県・市町村は、再犯防止推進計画を勘案して、地方再犯防止推進計画を策定するよう努めなければならない（努力義務）。

③ 刑務所出所者等総合的就労支援対策

■無職の刑務所出所者等の再犯率は、有職の者と比べて高い状況にあるため、刑務所出所者等の再犯防止のためには、就労支援や雇用の確保が重要となる。

■就労による改善更生を目指し、2006（平成18）年度から法務省と厚生労働省が連携して、刑務所出所者等に対し積極的かつきめ細かな就労支援を行う刑務所出所者等総合的就労支援対策が開始された。

■刑務所出所者等総合的就労支援対策は、矯正施設、保護観察所および公共職業安定所等が連携する仕組みを構築したうえで、支援対象者の希望や適性等に応じ、計画的に就労支援を行うものである。刑事施設では、公共職業安定所の職員による職業相談、職業紹介、職業講話等を実施している。

矯正施設・刑事施設
矯正施設は、刑事施設（刑務所、少年刑務所、拘置所）、少年院、少年鑑別所を指す。

- 刑務所出所者等総合的就労支援対策により就労を開始した者に対して、雇用主に損害を与えた場合の保障制度も盛り込んだ**身元保証制度**が新設され、特定非営利活動法人**全国就労支援事業者機構**が業務を担当している。
- 保護観察の対象者等を雇用し、就労継続に必要な生活指導や助言などを行う協力雇用主に対しては、**刑務所出所者等就労奨励金**が支払われる。

④ 薬物依存者の再犯防止、回復支援
- **薬物依存**の再犯防止においては治療的アプローチが必要となるため、刑事施設では薬物依存離脱指導、保護観察所では薬物再乱用防止プログラムの実施などさまざまな取り組みがなされている。

⑤ 修復的司法
- **修復的司法**（Restorative Justice = RJ）とは、犯罪行為に対する具体的な対処方法、施策、プログラムではなく、一定のアプローチ、グローバルな考え方（ものの見方）を指している。
- 修復的司法では、犯罪によって生じた「害の修復・回復」は、「犯罪行為者」と「被害者」と「コミュニティ」の関係性のなかで果たされるべきものとされる。
- 伝統的な刑事司法は「国家」対「犯罪行為者」という図式に基づく**応報的司法**（Retributive Justice）である。応報的司法においては、犯罪という紛争の解決過程に当事者やコミュニティが関与できず、自らの問題としてとらえることができないまま、本質的な問題解決に至ることができないという批判があった。

⑥ 農福連携
- 法務省は、矯正施設および保護観察所において、各省庁の協力を得て、**農福連携**（「7 地域」レッスン 10 参照）に取り組む企業・団体等とも連携し、犯罪をした者等のうち、障害等により一般の企業等への就労が困難な者に対するはたらきかけを通じて就農意欲を喚起し、農業等への就労促進を図っている。

⑦ 犯罪予防活動
- 犯罪予防活動は、犯罪発生の原因を除去し、または**犯罪の抑止力**となる条件を強化促進することにより、犯罪の発生を未然に防止する活動である。
- 更生保護における犯罪予防活動は、それぞれの地域で、保護司を始めとする**更生保護ボランティア**を中心に、地方自治体や地域の関係機関等と連携して進められている。
- 更生保護法に規定される**保護観察所**の所掌事務は、保護観察を行うこと、犯罪の予防を図るため、**世論**を啓発すること、**社会環境**の改善に努めること、**地域住民**の活動を

促進することなどである。

■ <u>社会を明るくする運動</u>は、すべての国民が、犯罪や非行の防止と、あやまちを犯した人の立ち直りについて理解を深め、それぞれの立場において力を合わせ、犯罪や非行のない安全で安心な地域社会を築こうとする全国的な運動である。

《国試にチャレンジ！》

| 1 | 再犯の防止等の推進に関する法律に基づく地方再犯防止推進計画は、法律で市町村に策定が義務づけられている。【35回47改】 ✓✓ （正答…✕） |
| 2 | 公共職業安定所（ハローワーク）には、刑務所出所者等を対象とした就労支援メニューがある。【31回149】 ✓✓ （正答…◯） |

頻出度 C 社会福祉士および精神保健福祉士の役割

① 刑事施設における出口支援と社会福祉士等の役割

■ 矯正施設（刑事施設、少年院、少年鑑別所）では、刑事手続きが終わる段階において、社会復帰に向けた福祉的支援が行われる（出口支援）。

■ 現在、ほぼすべての刑事施設や少年院において社会福祉士または精神保健福祉士が配置されている。

■ 社会福祉士および精神保健福祉士は、<u>保護観察所</u>、<u>地域生活定着支援センター</u>、<u>精神保健福祉センター</u>などにおいて、犯罪をした者の円滑な社会復帰や再犯防止の観点からの支援を行う役割がある。

■ 連携する主な施設

保護観察所	犯罪をした人または非行のある少年が、社会の中で更生するように、常勤の国家公務員である<u>保護観察官</u>と、民間のボランティアであり非常勤の国家公務員である<u>保護司</u>の協働態勢により指導と支援を行う
地域生活定着支援センター	保護観察所などと連携して地域生活定着促進事業を行う
精神保健福祉センター	地域精神保健福祉活動の一環として、保護観察所等関係機関相互の連携により、必要な対応を行うことが求められている

② 検察庁における入口支援

■ 刑事手続きの初期においても、入口支援と呼ばれる取り組みが行われている。

■ 検察庁には、社会復帰支援室が設置され、<u>社会福祉アドバイザー</u>として社会福祉士等が配置される。

■ 社会復帰支援室では、主に障害や高齢等の事情を抱える人が起こした事件のうち、不起訴処分が見込まれている事案を担当する。

Lesson 2 — 刑事司法

頻出度 B 刑法

① 刑事手続きの基本原則
- **無罪推定法理**とは、被疑者・被告人は**有罪判決**が確定するまでは無罪であるものとして扱われなければならないという原則で、最も重要なルールとされる。
- 刑事裁判は、「**疑わしきは被告人の利益に**」の原則に従って判断される。検察官は、被告人の有罪を全面的に立証しなければならない（**検察官の挙証責任**）。
- 検察官に求められる立証の程度は非常に高く、**合理的な疑い**を超える証明をしなければならない。これは、万が一にもえん罪が生じないようにするためである。

② 黙秘権と当事者主義
- 被疑者、被告人は、捜査官による取調べや法廷において、**黙秘権**を行使して一切または一部の供述を拒むことができる。黙秘権は憲法に保障された権利である。
- 現行の刑事訴訟法は、当事者である検察官および被告人側が主導権をもって手続きを進める**当事者主義**を採用している。

ワンポイント 戦前の刑事裁判は、職権主義がとられ、裁判所が主導して手続きを進めていた。

■ **当事者主義に含まれる原則**

当事者追行主義	裁判所は原則として、**当事者から請求された証拠**のみを取り調べる
当事者対等主義	当事者が**対等**な訴訟上の武器を与えられ、対等な立場で**攻撃・防御**し合うようにさせるべきであり、その結果として、**事案の真相解明**にも役立つとする考え方

③ 刑法の基本原理
- **罪刑法定主義**とは、どのような行為が犯罪となり、その犯罪に対してどのような刑罰が科されるのかは、あらかじめ**法律**で規定されていなければならないという重要な基本原理である。
- **遡及処罰の禁止**は、罪刑法定主義の内容の1つであり、実行のときに適法であった行為については、刑事上の責任は問われない。

④ 犯罪の成立要件
- 犯罪が成立し、処罰の対象となるには、**構成要件該当性**、**違法性**、**有責性**の3つの要件を満たしている必要がある。

■犯罪が成立する3つの要件

構成要件該当性	被告人の行った行為が刑法において犯罪と定められた行為に該当すること
違法性	・行為が法に違反していることをいう ・ただし、次のような違法性阻却事由がある場合は、行為の違法性がなくなる <table><tr><td>正当防衛</td><td>急に不正な暴行などの侵害を受けた場合に、自己または他人の権利を防衛するためにやむを得ずした行為</td></tr><tr><td>緊急避難</td><td>自己または他人の生命、身体、自由または財産への現在の危難を避けるためにやむを得ずした行為</td></tr><tr><td>正当行為</td><td>法令または正当な業務による行為</td></tr></table>
有責性	・行為者に責任能力があることをいう。責任能力とは、刑法の規範を理解し、それに応じて行動の制御ができる意思決定能力を有すること ・責任無能力者の行為は処罰されない ・責任能力のある者の行為に責任が認められ、犯罪として成立するには、故意または過失がなければならない

 刑法は、心神喪失者および刑事未成年（14歳に満たない者）を責任無能力としている。心神耗弱では、限定責任能力となる。

 心神喪失・心神耗弱

心神喪失は、精神の障害により、是非善悪を弁別し、またはその弁別に従って行動する能力を欠く状態で、責任無能力者として処罰されない。心神耗弱は、精神の障害により、是非善悪を弁別し、またはその弁別に従って行動する能力が著しく低い状態で、限定責任能力者として刑が減軽される。

⑤ 刑罰

■ 日本の現行の刑罰は、刑法に規定されている死刑、拘禁刑、罰金、拘留、科料、没収の6種である。死刑は生命刑、拘禁刑・拘留は自由刑、罰金・科料は財産刑である。没収は、主刑が科される場合に付加刑として科される刑罰である。

 刑法の改正により、懲役と禁錮を廃止し、これを一本化した「拘禁刑」が創設された（施行は2025（令和7）年6月1日）。拘禁刑では刑務作業は義務づけられず、より受刑者の特性に応じた処遇を可能としている。

《国試にチャレンジ！》

 1 正当防衛とは、正当な侵害に対して、自己または他人の権利を防衛するため、やむを得ずした行為のことをいう。【37回58】　　　　　　　　（正答…✕）

類出度 C 刑事事件の手続きと処遇

① 刑事事件の手続きの概要

■ 刑事事件の手続きは、おおまかに捜査（逮捕から検察官への送致）→公訴（検察官による裁判所に審査を求めるまで）→公判手続き（裁判）といった流れで行われる。

■ 刑事手続きの内容

手続き	内容
捜査	捜査とは、犯罪を行った疑いのある人の身体を確保し、証拠を収集・保全する目的で捜査機関（司法警察職員、検察官、検察事務官）が行う諸活動を指す。警察が捜査を行い、被疑者を検挙して事件を検察庁に送る（送致）。捜査において行使される強制処分には、逮捕、勾留、捜索、差押え、検証、鑑定、通信傍受などがあり、これらは裁判官が発する令状に基づいて行われる（令状主義）
公訴	検察官は、被疑者を起訴できるだけの嫌疑が固まったら裁判所に起訴する。証拠が十分でも犯罪の軽重、情状などを考慮し、起訴猶予処分をとることもできる（起訴便宜主義）。起訴処分には、法廷で裁判が開かれる公判請求と、裁判が開かれず罰金や科料が課される略式命令請求がある
裁判（公判手続き）	冒頭手続き⇒証拠調べ手続き⇒（申し出に基づき）被害者等心情意見陳述⇒検察官の論告求刑、被告人側の最終弁論⇒結審と判決　という流れで進む

② 刑の執行猶予

■ 刑の執行猶予とは、裁判で有罪判決を言い渡す際に、情状によりその執行を猶予するもので、猶予期間が過ぎれば刑の言渡しの効力を失う。刑の全部の執行猶予と刑の一部の執行猶予がある。

■ 刑の全部の執行猶予では、裁判所は、3年以下の拘禁刑または50万円以下の罰金の言渡しをする場合において、裁判の確定した日から1年以上5年以下の期間、その刑の執行の全部を猶予することができる。

■ 刑の全部の執行猶予の対象となるのは、以前に拘禁刑以上の刑に処せられたことがない者、または以前に拘禁刑に処せられたことがあっても、その執行を終わった日またはその執行の免除を得た日から5年以内に拘禁刑以上の刑に処せられたことがない者などである。

■ 刑の一部執行猶予制度は、2013（平成25）年に成立した刑法等の改正で新設された。裁判所は、3年以下の拘禁刑の言渡しをする場合において、裁判の確定した日から1年以上5年以下の期間、その刑の執行の一部を猶予することができる。

■ 刑の一部の執行猶予の対象となるのは、刑務所への初入者等または薬物事犯累犯者で一定の要件を満たす者である。

■ 刑の一部執行猶予者は、刑務所に入っていない期間中は保護観察（→レッスン4参照）とすることができる。薬物事犯の場合は、必ず保護観察となる。

■刑事手続きの流れ

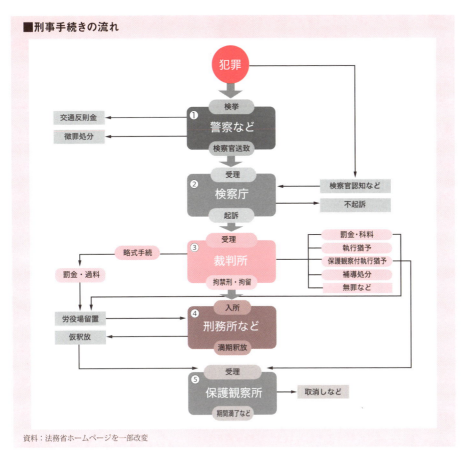

資料：法務省ホームページを一部改変

③ 刑事施設内での処遇

■ 受刑者の処遇は、「刑事収容施設及び被収容者等の処遇に関する法律」（刑事収容施設法）に基づき、受刑者の**社会復帰**を目的とし、処遇の個別化（**個別処遇の原則**）、**主体性の尊重**を図らなければならないとしている。

■ 受刑者処遇の原則を達成するため、受刑者には、**矯正処遇**とし、刑務作業、改善指導、教科指導が行われる。

■ 希望者は、刑事施設内で高等学校卒業程度認定試験を受験できる。

■ 出所後の円滑な社会復帰に向け、就労支援、福祉的支援（地域生活定着支援センターの支援など）が行われる。

《国試にチャレンジ！》

1 刑の一部の執行猶予制度において、保護観察が付されることはない。
【36回150】　　　　　　　　　　　　　　　　　　　　　　　　　（正答…✕）

Lesson 3 少年司法

少年法

- **少年法**の目的は、少年（20歳に満たない者）の**健全な育成**を期し、非行のある少年に対して性格の矯正や環境の調整に関する**保護処分**を行い、少年の刑事事件について特別の措置を講ずることである。
- 少年法における審判に付すべき少年（非行少年）には、①**犯罪少年**、②**触法少年**、③**虞犯少年**の3種がある。
- 犯罪少年については、少年法に基づく刑事司法手続きが適用され、**家庭裁判所への送致**を原則とする（**全件送致主義**）。触法少年および虞犯少年で14歳に満たない者については、**児童福祉法**の措置が**優先**され、児童相談所が関与する。
- 家庭裁判所は、審判に付すべき少年について調査をする。調査は、**家庭裁判所調査官**に行わせることができる。
- 家庭裁判所が決定する処分には、**保護処分**（保護観察、児童自立支援施設または**児童養護施設送致**）、**検察官送致（逆送）**がある。

> **ワンポイント** 逆送されれば、刑事裁判所に起訴され、有罪になると刑罰が科される。

■非行少年の分類

犯罪少年	14歳（**刑事責任**年齢）以上20歳未満の罪を犯した少年
触法少年	14歳**未満**で刑罰法令に触れる行為をした少年
虞犯少年	一定の事由があり、将来罪を犯し、または刑罰法令に触れる行為をする虞のある少年（18歳以上の特定少年には適用しない）

14歳未満の少年には刑事責任を問うことはできません

  虞犯少年の一定の事由
①保護者の正当な監督に服しない性癖があること、②正当な理由がなく家庭に寄りつかないこと、③犯罪性のある人もしくは不道徳な人と交際し、またはいかがわしい場所に出入りすること、④自己または他人の徳性を害する行為をする性癖があること。

《国試にチャレンジ！》

1. 少年法は、家庭裁判所の審判に付すべき少年として、犯罪少年、触法少年、虞犯少年、不良行為少年の4種類を規定している。【33回148】
（正答…×）

2. 家庭裁判所が決定する保護処分は、保護観察、児童自立支援施設または児童養護施設送致、少年院送致、検察官送致の4種類である。【33回148】
（正答…×）

頻出度 B 少年事件の手続きと処遇

① 犯罪少年

- 家庭裁判所は、犯行時16歳以上の少年が、故意の犯罪行為により被害者を死亡させた事件については、原則検察官に送致しなければならない。
- 家庭裁判所は、特定少年（18歳以上の少年）については、その罪質および情状に照らして刑事処分を相当と認めるとき、またこれにかかわらず①犯行時16歳以上で故意の犯罪行為により被害者を死亡させた事件、②犯罪時18歳以上で死刑・無期または短期1年以上の拘禁刑にあたる罪の事件については、原則検察官に送致しなければならない。

2021（令和3）年の少年法改正により、18、19歳の少年は「特定少年」として、17歳以下の少年とは異なる取扱いが定められた。原則逆送致対象となる事件の範囲が拡大したほか、逆送致決定後は、有期拘禁刑の期間など原則20歳以上の者と同じ扱いとなる。また、起訴されれば実名報道が可能となる。

② 触法少年および虞犯少年

- 触法少年および14歳未満の虞犯少年については、児童福祉法上の措置が優先され、児童相談所への通告などがなされる。非行内容が重大なときなどは、都道府県知事または児童相談所長から家庭裁判所へ事件が送致される。家庭裁判所は、都道府県知事または児童相談所長から送致を受けた場合に限り、審判をすることができる。
- 家庭裁判所は、14歳未満の触法少年にかかる事件については、特に必要と認める場合に限り、少年院に送致の保護処分をすることができる。

少年院
保護処分または少年院において拘禁刑を受ける者を収容し、矯正教育や必要な処遇を行う施設。なお、少年鑑別所は、少年鑑別所法に基づき、観護の措置がとられた者を収容し、必要な観護処遇や非行および犯罪の防止に関する援助を行う。

■非行少年に対する手続きの流れ

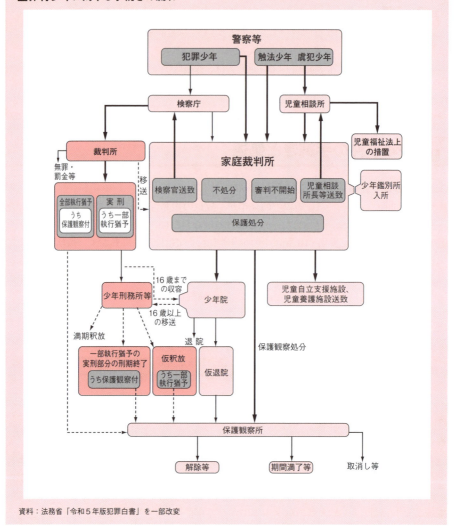

資料：法務省「令和5年版犯罪白書」を一部改変

《国試にチャレンジ！》

1 家庭裁判所は、18歳未満の少年については、都道府県知事または児童相談所から送致を受けたときに限り、これを審判に付すことができる。
【33回148】　　　　　　　　　　　　　　　　　　　　　　　　（正答…✕）

2 触法少年に対して、家庭裁判所は少年院送致の保護処分をすることができる。
【29回150】　　　　　　　　　　　　　　　　　　　　　　　　（正答…〇）

Lesson 4 更生保護制度

頻出度A 更生保護制度の概要

- 更生保護制度を基礎づけている法律は、更生保護法である。
- 犯罪者の処遇は、施設内処遇である矯正と、社会内処遇である更生保護に大別される。
- 更生保護法は、犯罪をした者および非行のある少年に対して、社会内において適切な処遇を行うことで再犯を防ぎ、またはその非行をなくし、自立と改善更生を助けるとともに、恩赦の適正な運用、犯罪予防の活動の促進などを行い、社会を保護し、個人および公共の福祉を増進することを目的とする。
- 更生保護の主な内容は、生活環境の調整、仮釈放、保護観察、更生緊急保護、恩赦、犯罪予防活動である。

刑務所や少年院などの矯正施設内で行われる処遇を施設内処遇という。更生保護で行われる保護観察などの処遇は、一般社会における社会内処遇である。

■更生保護制度の沿革

年	法律
1888（明治21）	金原明善らが、最初の保護会である「出獄人保護会社」を設立。出獄者の収容保護や、身上を保証しての就職斡旋といった免囚保護事業を行う
1939（昭和14）	司法保護事業法制定 ⇒ 司法保護団体と司法保護委員（保護司の前身）の制度化
1949（昭和24）	犯罪者予防更生法制定 ⇒「更生保護」の表現を法律上初めて使用
1950（昭和25）	更生緊急保護法制定 ⇒ 司法保護事業法を廃止
	保護司法制定
1954（昭和29）	執行猶予者保護観察法制定
1995（平成7）	更生緊急保護法を更生保護事業法に改編
1998（平成10）	保護司法改正 ⇒ 保護司組織を法定化
2003（平成15）	医療観察法成立 ⇒ 医療観察制度の創設、社会復帰調整官を保護観察所に配置
2007（平成19）	更生保護法成立 ⇒ 犯罪者予防更生法と執行猶予者保護観察法を整理・統合
2014（平成26）	少年院法制定 ⇒ 少年の特性に応じた処遇と再犯防止策推進のための抜本的改正
	少年鑑別所法制定 ⇒ 独立した法律として制定
2016（平成28）	刑の一部執行猶予制度導入
	再犯の防止等の推進に関する法律制定 ⇒ 国に再犯防止推進計画の策定を義務化

375

《国試にチャレンジ！》

1. 更生保護制度の基本となる法律は監獄法である。【34回147】　（正答…×）
2. 更生保護制度は、刑事政策における施設内処遇を担っている。【30回147】　（正答…×）

生活環境の調整

■ 生活環境の調整は、刑事施設や少年院などの矯正施設に収容されている者などに対し、釈放後の住居や就業先などの帰住環境を調査し、改善更生と社会復帰にふさわしい生活環境を整えることによって、円滑な社会復帰を目指すものである。

■ 更生保護法による生活環境の調整の種類

① 保護観察における補導援護としての生活環境の調整
② 矯正施設に収容中の者に対する生活環境の調整
③ 保護観察付執行猶予者の裁判確定前の生活環境の調整
④ 勾留中の被疑者に対する生活環境の調整
⑤ 更生緊急保護としての生活環境の調整

■ 具体的には、釈放後の住居の確保、引受人の確保、引受人以外の家族、関係人の理解・協力の要請、釈放後の就業先や通学先の確保、改善更生を妨げる生活環境の改善、公共の衛生福祉に関する機関などとの調整を行う。

■ 生活環境の調整の実務は、保護観察所の長の指示により、保護司または保護観察官が行う。

■ 地方更生保護委員会は、生活環境の調整が有効かつ適切に行われるよう、保護観察所の長に対し、調整を行うべき住居、就業先その他の生活環境に関する事項について必要な指導および助言を行う。

《国試にチャレンジ！》

1. 調整すべき事項に釈放後の就業先や通学先の確保が含まれる。【34回148】　（正答…○）
2. 少年院に収容中の者に対する生活環境の調整は、少年院の法務技官によって行われる。【34回148】　（正答…×）

仮釈放等

■ 仮釈放等の制度は、矯正施設に収容されている者を刑期満了前に仮に釈放して更生の機会を与え、円滑な社会復帰を図ることを目的としている。

■ 仮釈放等の許否を判断するのは、地方更生保護委員会である。

- 地方更生保護委員会は、法務省の地方支分部局として全国8か所に置かれている。
- 刑事施設または少年院の長は、拘禁刑に処せられた者について、法定期間が経過したときは、その旨を地方更生保護委員会に通告しなければならない。
- 刑事施設または少年院の長は、拘禁刑に処せられた者の法定期間が経過し、かつ法務省令で定める基準に該当すると認めるときは、地方更生保護委員会に対し、仮釈放を許すべき旨の申出をしなければならない。
- 地方更生保護委員会は、刑事施設または少年院の長の申出がない場合であっても、必要があると認めるときは、仮釈放または仮出場を許すか否かに関する審理を開始することができる。

■ 仮釈放等の種類

① 仮釈放	拘禁刑に処せられた者に改悛の状があるときに、法定期間（有期刑は刑期の3分の1、無期刑は10年）を経過した後、仮に釈放すること（刑法）
② 仮出場	拘留に処せられた者、罰金または科料を完納できないため留置されている者について、拘留または留置の期間満了の前に仮に出場を許すこと（刑法）
③ 少年院からの仮退院	保護処分の執行のため少年院に収容されている者について、処遇の最高段階に達し、仮退院させることが改善更生のために必要であるときなどに、収容期間満了前に仮に退院を許すこと（更生保護法）

- 地方更生保護委員会は、社会的に重大な影響を与えた事件等について、刑事施設または少年院からの仮釈放を許すか否かの審理に当たり、必要があると認めるときは、検察官の意見を求める。
- 仮釈放・仮退院を許された者は、仮釈放・仮退院の期間中、保護観察に付される。
- 仮出場を許された者は、保護観察には付されない。

《国試にチャレンジ！》

1　少年院在院者に対して、少年院長は仮退院の許可決定を行うことができる。【29回150】　（正答…✕）
2　仮釈放を許された者には、保護観察が付される。【31回147】　（正答…○）

頻出度A　保護観察

① 保護観察の内容と対象

- 保護観察は、保護観察対象者の改善更生を図ることを目的として、その犯罪または非行に結びつく要因や改善更生に資する事項を的確に把握しつつ、指導監督および補導援護を行うことにより実施する。
- 保護観察の実施機関は、保護観察対象者の居住地を管轄する保護観察所（国＝法務省

が設置）であり、**保護観察官**と**保護司**が協働で行う。

■ **指導監督**は、**面接**などの方法により、保護観察対象者と接触を保ち、行状の把握などを行うもので、保護観察の**権力的・監督的**な性格を有する。

■ **補導援護**は、保護観察対象者が自立した生活を営むことができるように、自助の責任を踏まえつつ行われる措置で、**援助的・福祉的**な性質を有する。

■**指導監督と補導援護の内容**

指導監督	・**行状の把握**…面接で対象者と接触し、生活状況等を把握する ・**指示・措置**…遵守事項を守って生活するよう必要な指示・措置をとる ・**専門的処遇**…特定の犯罪的傾向を改善するために行う
補導援護	・適切な**住居**その他の宿泊場所を得ること、その宿泊場所に帰住することを助ける ・**医療**および**療養**を受けること、**職業**の補導および**就職**、**教養訓練**の手段を得ることを助ける ・**生活環境**を改善し、調整する ・社会生活に適応させるために必要な生活指導を行う ・保護観察対象者が健全な社会生活を営むために必要な助言その他の措置をとる

■**保護観察対象者の種類と保護観察の期間**

保護観察対象者		保護観察の期間
保護観察処分少年 （1号観察）	家庭裁判所から保護観察の処分を受けた少年	原則20歳になるまで。その期間が2年に満たない場合は2年間
少年院仮退院者 （2号観察）	少年院から仮退院となった少年	**収容期間**満了までの間。通常は20歳に達するまで
仮釈放者 （3号観察）	拘禁刑に処せられ、仮釈放を許された者	**刑期**満了までの間
保護観察付執行猶予者 （4号観察）	刑の執行猶予と併せて保護観察付の言渡しを受けた者	**刑の執行猶予期間**満了までの間

■特定少年の場合は、家庭裁判所が**犯情の軽重**を考慮して、①6か月の保護観察、②2年の保護観察（遵守事項に違反した場合には少年院に収容することが可能）、③**少年院**送致（3年の範囲内）のいずれかを選択する。

② 一般遵守事項と特別遵守事項

■保護観察中、保護観察対象者には守らなければならない**遵守事項**が課される。

■遵守事項には、対象者**全員**に課される**一般遵守事項**と、事件の内容や事件に至った経緯等を踏まえ、個人の問題性に合わせて課される**特別遵守事項**がある。

■特別遵守事項は、1号・4号観察については**保護観察所の長**、2号・3号観察については**地方更生保護委員会**が定める。

■保護観察所の長が1号・4号観察の特別遵守事項を定めたり変更したりする場合は、保護観察の言渡しをした**家庭裁判所、裁判所**の意見を聴く。

■ 特別遵守事項は、保護観察所の長、地方更生保護委員会が変更できるほか、取り消すことができる。
■ 特別遵守事項のうち、特定の犯罪的傾向を有する保護観察対象者に義務づけられている専門的処遇プログラムは、認知行動療法の視点から開発されたものである。
■ 刑の一部執行猶予者のうち薬物事犯累犯者は、必ず保護観察に付され、専門的処遇プログラムが実施される。

 認知行動療法
自己の思考のゆがみを認識し、自分の行動パターンの変容を促す心理療法。

■一般遵守事項の内容

① 再び犯罪をすることがないよう、または非行をなくすよう健全な生活態度を保持すること
② 次に掲げる事項を守り、保護観察官および保護司による指導監督を誠実に受けること ・保護観察官または保護司の呼び出しや訪問に応じ、面接を受けること ・保護観察官または保護司から下記の指導監督を行うため把握すべきものを明らかにするよう求められたときは、これに応じて、その事実の申告または資料を提示すること ①労働または通学の状況、収入または支出の状況、家庭環境、交友関係その他の生活の実態を示す事実 ②健全な生活態度を保持するために実行し、または継続している行動の状況、特定の犯罪的傾向を改善するための専門的な援助を受けることに関してとった行動の状況、被害者等の被害を回復し、または軽減するためにとった行動の状況その他の行動の状況を示す事実
③ 保護観察に付されたときは、原則として、速やかに住居を定め、その地を管轄する保護観察所の長にその届出をすること
④ 原則として、③の届出にかかる住居に居住すること
⑤ 転居または7日以上の旅行をするときは、あらかじめ、保護観察所の長の許可を受けること

■特別遵守事項の内容

① 犯罪性のある者との交際などの犯罪または非行に結びつくおそれのある特定の行動をしてはならないこと
② 労働に従事する、通学するなど再び犯罪をすることがなく、または非行のない健全な生活態度を保持するために必要な特定の行動を実行し、継続すること
③ 7日未満の旅行、離職、身分関係の異動などが特に重要な生活上または身分上の特定の事項について、緊急の場合を除き、あらかじめ、保護観察官または保護司に申告すること
④ 医学、心理学、教育学、社会学その他の専門的知識に基づく特定の犯罪的傾向を改善するための体系化された手順による処遇として法務大臣が定める専門的処遇プログラムを受けること
⑤ 法務大臣が指定する施設などにおいて、一定の期間宿泊して指導監督を受けること
⑥ 善良な社会の一員としての意識の涵養および規範意識の向上に資する地域社会の利益の増進に寄与する社会的活動を一定の時間行うこと

⑦ 更生保護事業法の規定により更生保護事業を営む者その他の適当な者が行う特定の犯罪的傾向を改善するための専門的な援助であって、法務大臣が定める基準に適合するものを受けること
⑧ その他指導監督を行うため特に必要な事項

 2013（平成25）年の更生保護法の改正により、特別遵守事項において社会貢献活動（表中の⑥）を義務づけることができるようになった。

■法務大臣が定める専門的処遇プログラム

性犯罪者処遇プログラム	認知の偏りなど自己の問題性を理解させ、再犯を防ぐ
薬物再乱用防止プログラム	再乱用を防止する教育課程と併せて簡易薬物検出検査を実施
暴力防止プログラム	暴力行為につながる思考傾向を自覚させ、暴力行為を回避する方法を身につける
飲酒運転防止プログラム	飲酒が心身・運転に与える影響を考えさせ、再び飲酒運転をしないための再発防止計画を作成

③ 良好措置と不良措置

■ 保護観察対象者の成績が良好で、保護観察を継続する必要がないと認められる場合は、保護観察処分の解除など良好措置がとられることがある。
■ 遵守事項違反または再犯等があった場合は、不良措置がとられることがある。

■良好措置と不良措置

対象	良好措置	不良措置
保護観察処分少年	保護観察処分の解除や一時解除	少年院または児童自立支援施設等送致
少年院仮退院者	退院	少年院への戻し収容
仮釈放者	刑の執行を受け終わったものとする不定期刑終了	仮釈放の取消し、所在不明になった者は、刑期の進行を止める保護観察の停止
保護観察付執行猶予者	仮解除	刑の執行猶予の言渡しの取消し

④ 応急の救護

■ 保護観察対象者が、適切な医療、食事、住居などの必要な手段を得られないために、その改善や更生が妨げられるおそれがある場合には、応急の救護が行われる。
■ 応急の救護の内容は、更生緊急保護と同じである。
■ 保護観察所の長は、保護観察対象者が、公共の衛生福祉に関する機関などからその目的の範囲内で必要な応急の救護を得られるよう、援護しなければならない。

《国試にチャレンジ！》

1. 保護観察処分少年の保護観察期間は、保護処分決定の日から、原則として18歳に達するまでの期間である。【32回147】 ☑☑　　　　（正答…×）
2. 刑の全部執行猶予中の保護観察において、「薬物再乱用防止プログラムを受けること」という特別遵守事項が設定されているAさんは、簡易薬物検出検査を受けなければならない。【37回60改】 ☑☑　　　　（正答…〇）

頻出度 B 更生緊急保護

- 更生緊急保護は、対象者に衣食住などについて緊急的に必要な援助や保護の措置を実施し、対象者の速やかな改善更生を図るものである。
- 次に掲げる者が、刑事上の手続きまたは保護処分による身体の拘束を解かれたあと、親族からの援助や、公共の衛生福祉に関する機関などの保護を受けられない、またはそれらのみでは改善更生できないと認められた場合に行われる。

■更生緊急保護の対象者

① 拘禁刑または拘留の刑の執行を終わった者
② 拘禁刑または拘留の刑の執行の免除を得た者
③ 拘禁刑の全部の執行猶予の言渡しを受け、その裁判が確定するまでの者
④ ③の者のほか、拘禁刑の全部の執行猶予の言渡しを受け、保護観察に付されなかった者
⑤ 拘禁刑の一部の執行猶予の言渡しを受け、その猶予の期間中保護観察に付されなかった者であって、その刑のうち執行が猶予されなかった部分の期間の執行を終わった者
⑥ 検察官がただちに訴追を必要としないと認めた者
⑦ 罰金または科料の言渡しを受けた者
⑧ 労役場から出場し、または仮出場を許された者
⑨ 少年院から退院し、または仮退院を許された者（保護観察に付されている者を除く）

ワンポイント　保護観察対象者には、補導援護や応急の救護で援助が行われるため、更生緊急保護は行われない。

- 更生緊急保護は、更生緊急保護対象者からの申し出があった場合、保護観察所の長が必要と認めたときに限り行われる。また、収容中の者から申し出があり、その者が刑執行終了者等に該当することとなった場合も同様とする。

■更生緊急保護の具体的な援助

① 金品の給与または貸与　② 宿泊場所の供与　③ 宿泊場所への帰住の援助
④ 医療、療養の援助　⑤ 就職、教養訓練の援助　⑥ 職業の補導
⑦ 社会生活に適応させるために必要な生活指導　⑧ 生活環境の改善または調整

- 更生緊急保護は、保護観察所の長が自ら行う。または更生保護事業を営む者その他の適当な者に委託して行う。その費用は国が支払う。
- 更生緊急保護は、対象者の改善更生のために必要な限度で、国の責任において行う。
- 更生緊急保護は、対象者が刑事上の手続きまたは保護処分による身体の拘束を解かれた後、6か月を超えない範囲内で行う。ただし、その者の改善更生を保護するため特に必要がある場合は、①金品の供与または貸与・宿泊場所の供与についてはさらに6か月を、その他のものについてはさらに1年6か月を超えない範囲内で延長が可能である。

《国試にチャレンジ！》

1 拘禁刑につき執行猶予の言渡しを受けた者は、更生緊急保護を受けることができない。【29回148改】 ✓✓ （正答…✗）

2 更生保護施設への委託期間は、更生緊急保護対象者の場合、延長することが可能である。【30回148】 ✓✓ （正答…◯）

頻出度 C 恩赦

- 恩赦とは、行政権によって、国家刑罰権を消滅させ、または裁判の内容・効力を変更もしくは消滅させる行為である。
- 恩赦は、憲法第7条および第73条に基づき、内閣が決定し、天皇が認証する。

■恩赦の種類

種類	内容	政令恩赦	個別恩赦
大赦	政令に定める罪について、有罪の言渡しの効力を失わせ、有罪の言渡しを受けていない者には公訴権を消滅させる	◯	
特赦	有罪の言渡しそのものの効力を失わせる		◯
減刑	言渡しを受けた刑の減軽、または刑の減軽と合わせた執行猶予期間の短縮	◯	◯
刑の執行の免除	言渡しを受けた刑はそのまま（前科が残る）で、刑の執行の免除		◯
復権	有罪の言渡しを受けたことによる資格制限を回復させる	◯	◯

頻出度 A 保護観察官・保護司

① 保護観察官

- 保護観察官は、地方更生保護委員会と保護観察所に配置される国家公務員である。

- 保護観察官は、心理学、教育学、福祉および社会学等の更生保護に関する専門的知識に基づき、犯罪をした者や非行のある少年の再犯・再非行を防ぎ、改善更生を図るための業務に従事する。

■保護観察官の配置先と主な業務

配置先	主な業務
地方更生保護委員会	刑事施設からの仮釈放や少年院からの仮退院に関する審理のために必要な調査のほか、仮釈放の取消しや仮退院中の者の退院、保護観察付執行猶予者の保護観察の仮解除等に関する事務
保護観察所	家庭裁判所で保護観察処分を受けた少年や仮釈放者等を対象とする保護観察のほか、矯正施設被収容者の出所後の住居や就業先等の生活環境の調整、犯罪予防活動等

- 更生保護サポートセンターは、保護司・保護司会が、地域の関係機関・団体と連携しながら、地域で更生保護活動を行うための拠点で、企画調整保護司が常駐している。
- 保護観察官は、基本的に、一定地域（保護区）ごとに担当が割り振られ、当該地域に居住する保護観察対象者をすべて担当する。
- 個々の保護観察対象者には、指名された保護観察官が直接、保護観察を実施する場合や、担当の保護司（１人または複数）が指名される場合がある。後者の場合は、保護観察官と保護司が役割を分担しながら協働して指導・支援が行われる。
- 保護観察を担当する保護観察官を主任官といい、主任官と協働して保護観察を実施する保護司を担当保護司という。

② 保護司

- 保護司は、保護司法に基づき、法務大臣から委嘱を受けた非常勤の国家公務員（実質的に民間のボランティア）である。保護司が活動中に災害を負った場合は、国家公務員災害補償法が適用される。
- 保護司は、保護観察官で十分でないところを補い、地方更生保護委員会または保護観察所の長の指揮監督を受けて、保護司法の定めるところに従い、それぞれ地方更生保護委員会または保護観察所の所掌事務に従事する。

■保護司の選任要件

① 人格および行動について、社会的信望を有する
② 職務の遂行に必要な熱意および時間的余裕を有する
③ 生活が安定している
④ 健康で活動力を有する

左の４条件がすべてそろっている者を保護観察所長が推薦し、法務大臣が委嘱します

- 保護司は、保護観察官とともに指導監督、補導援護、生活環境の調整、犯罪予防活動などを行う。

■ **保護観察官と保護司の役割**

保護観察官の役割	保護司の役割
・保護観察の実施計画の策定 ・対象者の遵守事項違反、再犯その他危機場面での措置 ・担当保護司に対する助言や方針の協議 ・専門的処遇プログラムの実施　等	・対象者との日常的な面接による助言、指導 ・対象者の家族からの相談に対する助言 ・地域の活動や就労先等に関する情報提供や同行　等

■ 保護司の任期は2年であり、再任を妨げない。
■ 保護司は、法務大臣が都道府県の区域を分けて定める区域（保護区）に置かれる。
■ 保護司の定数は、全国を通じて5万2500人を超えないものとされる。
■ 保護区ごとの保護司の定数は、法務大臣がその土地の人口、経済、犯罪の状況その他の事情を考慮して定める。
■ 保護司には、給与を支給しない。ただし、その職務を行うために要する費用の全部または一部（実費弁償費）の支給を受けることができる。
■ 保護司の平均年齢は、令和6年1月1日現在、65.6歳で、年齢階級では60〜69歳が最も多い（39.4％）。女性保護司の割合は26.7％である（「令和6年版犯罪白書」）。
■ 保護司には、その職務を行うにあたって知り得た関係者の身上に関する秘密を尊重し、その名誉保持に努めなければならないとする服務規定がある。

 両者が協力することで、保護観察官のもつ専門性と保護司のもつ地域性・民間性を組み合わせて、保護観察の実効性を高めていくことができる。

■ 保護司の欠格事項として、拘禁刑以上の刑に処せられた者などがある。
■ 保護司は、その置かれた保護区ごとに保護司会を組織する。
■ 保護司会は、都道府県ごとに保護司会連合会を組織する。

■ **保護司会の任務**

・犯罪予防活動の計画の策定その他保護司の職務に関する連絡および調整
・保護司の職務に関し必要な資料および情報の収集
・保護司の職務に関する研修および意見の発表　等

《国試にチャレンジ！》

1　保護観察官は、福祉事務所に配置されている。【31回148】　（正答…✕）
2　保護司は、担当する事件内容によっては給与が支給される。【36回148】　（正答…✕）
3　保護司は、検察官の指揮監督を受ける。【36回148】　（正答…✕）

頻出度 B 更生保護施設

- **更生保護施設**は、保護観察対象者や更生緊急保護対象者を**宿泊**させて、一定期間保護し、円滑な**社会復帰**を助けて再犯を防止することを目的とする。
- 更生保護施設での保護は、主に保護観察所の長からの**委託**を受けて始まるが、保護を必要としている者からの**申出**によって始まることもある。

■更生保護施設への保護の委託

対象	委託できる期間
保護観察対象者	保護観察に付されている期間内
更生緊急保護対象者	刑事上の手続きまたは保護処分による身体の拘束を解かれた後6か月を超えない範囲。ただし、特に必要があると認められるときは、さらに6か月を超えない範囲で延長することができる

■更生保護施設の役割

生活基盤の提供	**宿泊場所**や**食事の提供**など、入所者が自立の準備に専念できる生活基盤の提供
円滑な社会復帰のための指導や援助	日常の生活指導など、入所者が地域社会の一員として円滑に**社会復帰**するための指導
自立に向けた指導や援助	**就労支援**や**金銭管理**の指導など、入所者ができるだけ早く一人立ちし、退所した後も自立した生活を維持していくために必要な指導や援助
入所者の特性に応じた専門的な処遇	酒害・薬害教育、社会生活技能訓練（SST）、コラージュ療法、パソコン教室、ワークキャンプ、料理教室など

- 更生保護施設の職員には、実務の執行を統括する**施設長**、入所者の生活指導や相談に当たる補導主任および補導員（**保護司との兼務可能**）、調理員などがいる。
- 2024（令和6）年4月1日現在、更生保護施設は102施設で、運営主体は**更生保護法人**（更生保護事業を営む目的で、法務大臣の認可を受けて設立された法人）が最も多く（99施設）、その他が**社会福祉法人**、**NPO法人**、**一般社団法人**となっている。

《国試にチャレンジ！》

1 更生保護施設は、被保護者に対して、宿所や食事の提供だけでなく、酒害・薬害教育やSST（社会生活技能訓練）などの処遇も行う。【26回148】 (正答…○)

2 更生保護法人は、厚生労働大臣の許可を受けて設立される。【37回61】 (正答…×)

司法 4 更生保護制度

頻出度 B 福祉機関・団体との連携

① 福祉事務所
- **福祉事務所**は、社会福祉法に規定されている「福祉に関する事務所」をいい、援護、育成または更生の措置に関する事務を司る第一線の**社会福祉行政機関**である。
- 2015（平成27）年施行の生活困窮者自立支援制度により、生活に困窮する更生保護対象者に対し、**福祉事務所設置自治体**が実施主体となり、保護観察所との連携により、**自立相談支援事業**などの事業が行われている。

② 地域生活定着支援センター
- **地域生活定着支援センター**は、高齢または障害により福祉的な支援を必要とする矯正施設の退所予定者および退所者が、退所後ただちに適切な福祉サービスを受けられるよう支援するため、保護観察所などと連携して**地域生活定着促進事業**を行う。
- 地域生活定着促進事業の実施主体は**都道府県**で、地域生活定着支援センターは2011（平成23）年3月までにすべての都道府県において設置が完了した。
- 都道府県は、社会福祉法人、NPO法人等の民間団体に対し、地域生活定着促進事業の全部または一部を**委託**することができる。
- **地域生活定着支援センター**の職員は6人を基本とし、このうち、**社会福祉士、精神保健福祉士**などの資格を有する者またはこれらと同等に業務を行うことが可能であると認められる者を1人以上配置する。

《国試にチャレンジ！》

1　高齢又は障害により自立が困難な矯正施設退所者等に対し、退所後直ちに福祉サービスにつなげるなど、地域生活に定着をはかるため、地域生活定着支援センターが設置された。【27回150】　　（正答…〇）

2　地域生活定着支援センターは、法務省により設置されている。【31回149】　　（正答…✕）

頻出度 C その他の更生保護の関係施設・団体など

① 自立更生促進センター
- **自立更生促進センター**は、親族のもとや民間の更生保護施設では受入れが困難な刑務所出所者等を、**保護観察所**に整備した宿泊施設で受け入れ、**保護観察官**による直接かつ濃密な指導監督と手厚い**就労支援**を行う施設である。
- 入所者の特定の問題性に応じた重点的・専門的な社会内処遇を実施するものを**自立更生促進センター**と呼び、主として**農業等の職業訓練**を行うものを**就業支援センター**と呼ぶ。

② 自立準備ホーム

- 2011（平成23）年度から開始された「緊急的住居確保・自立支援対策」は、NPO法人や社会福祉法人等が管理する施設の空きベッド等を活用するもので、この施設を自立準備ホームと呼ぶ。
- 自立準備ホームは、あらかじめ保護観察所に登録した事業者に対して、保護が必要なケースについて、保護観察所から宿泊場所、食事の提供とともに、毎日の生活指導等を委託するものである。

③ 法テラス

- 日本司法支援センター（法テラス）は、総合法律支援に関する事業を迅速かつ適切に行うことを目的として、総合法律支援法に基づき、独立行政法人の枠組みに従って設立された法人である。
- 法テラスでは、犯罪被害者支援のために弁護士の紹介などを行う。全国の保護観察所は、法テラスとの連携強化に努め、相談内容に応じ、犯罪被害者等に法テラスの紹介を行っている。

④ 民間協力者・団体

- 更生保護を支える民間協力者・団体として、BBS会、更生保護女性会、協力雇用主がある。

■民間協力者・団体の活動内容

BBS会	さまざまな問題を抱える少年に対し、兄や姉のような身近な存在として接しながら、少年が自分自身で問題を解決し、健全に成長していくのを支援するとともに、犯罪や非行のない地域社会の実現を目指す青年ボランティア団体
更生保護女性会	地域社会の犯罪・非行の未然防止のための啓発活動を行うとともに、青少年の健全な育成を助け、犯罪をした者や非行のある少年の改善更生に協力することを目的とするボランティア団体
協力雇用主	犯罪をした者等の自立および社会復帰に協力することを目的として、刑務所出所者等をその事情を理解したうえで雇用し、または雇用しようとする民間の事業主である。協力雇用主は、保護観察所に登録される

《国試にチャレンジ！》

1 協力雇用主には、対象者の身分や前歴等を知らせずに協力してもらっている。【31回149】　　　　　　　　　　　　　　　　　　　　　（正答…✕）

Lesson 5 医療観察制度

頻出度 B 制度の概要

- 医療観察制度は、2003（平成15）年に成立した「心神喪失等の状態で重大な他害行為を行った者の医療及び観察等に関する法律」（医療観察法）に基づく制度である。
- 医療観察制度の対象となるのは、心神喪失または心神耗弱の状態で重大な他害行為を行い、かつ、不起訴処分、無罪、減刑が行われた者である。

重大な他害行為とは、具体的には、殺人、放火、強盗、不同意性交等、不同意わいせつ、傷害（軽微なものを除く）などである。

頻出度 B 審判の手続きと処遇の流れ

① 審判

- 検察官は地方裁判所に、心神喪失または心神耗弱の状態で重大な他害行為を行い不起訴等になった者について、適切な処遇を求める審判の申立てをしなければならない。
- 地方裁判所では、裁判官と精神科医である精神保健審判員それぞれ1人からなる合議体を構成して審判を行う。
- 申立てを受けた地方裁判所の裁判官は、原則として、対象者に鑑定等のため入院を命じなければならない。
- 地方裁判所は、鑑定医（合議体の医師とは別）に対して、原則として対象者の鑑定を命じなければならない。鑑定を命じられた医師は、地方裁判所に精神鑑定書を提出する。
- 地方裁判所は、保護観察所の長に対象者の生活環境の調査等を依頼することができる。
- 地方裁判所は、精神鑑定書の結果を基礎に、生活環境を勘案し、必要に応じ精神保健福祉士などの専門家である精神保健参与員の意見も聴いたうえで、処遇の決定を行う。

対象となる者の権利擁護の観点から、当初審判では、必ず弁護士である付添人をつけ、審判においては、本人や付添人からも資料提出や意見陳述ができることとしている。

■医療観察制度における処遇の流れ

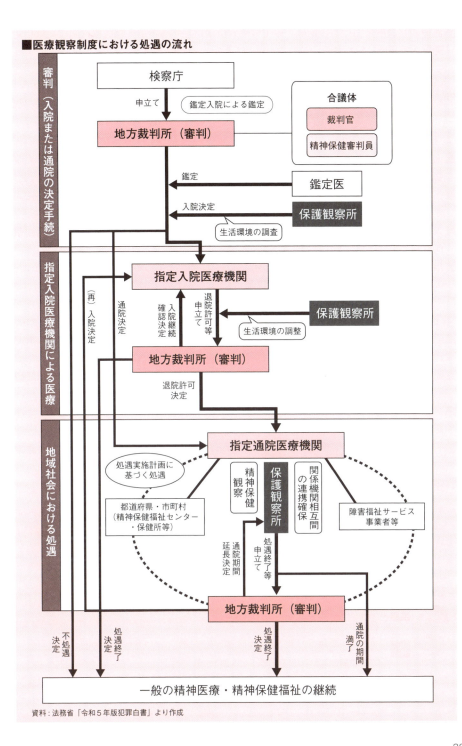

資料：法務省「令和5年版犯罪白書」より作成

- 医療観察制度における医療は、厚生労働大臣が指定する指定入院医療機関または指定通院医療機関で行われる。これらを併せて指定医療機関という。

医療観察対象者の入院や再入院、通院、終了など処遇の決定は、すべて地方裁判所が行う。保護観察所の長や社会復帰調整官などは行うことはできない。

② 指定入院医療機関による医療

- 入院決定を受けた医療観察対象者は、厚生労働大臣が定める指定入院医療機関に入院しなければならない。
- 指定入院医療機関は、国、都道府県、特定独立行政法人または特定地方独立行政法人が開設する病院のうちから指定される。
- 入院中の医療観察対象者については、退院後の社会復帰の促進を図るため、保護観察所（社会復帰調整官）による生活環境の調整が行われる。
- 指定入院医療機関の管理者は、裁判所に対し、原則として6か月が経過する日までに、入院継続の確認の申立てをしなければならない。

③ 通院医療・地域社会における処遇

- 通院決定または退院許可決定を受けた医療観察対象者は、厚生労働大臣が定める指定通院医療機関による医療を受けなければならない。
- 通院期間中の医療観察対象者には、保護観察所（社会復帰調整官）による精神保健観察のほか、精神保健福祉センターや保健所などによる援助も併せて行われる。
- 医療観察制度による通院期間は、裁判所において退院許可決定または通院決定を受けた日から、原則3年間である。
- 病状によっては、2年を超えない範囲で通院期間が延長されたり、指定入院医療機関に再入院したり、期間満了前に処遇が終了となることもある。
- 処遇の期間中は、医療観察法と精神保健福祉法の両方が適用される。

医療観察対象者の入院中は、精神保健福祉法に基づく入院等の規定（措置入院、緊急入院など）は適用されないが、通院医療で地域社会における処遇を受ける期間中は、適用される。

《国試にチャレンジ！》

1. 社会復帰調整官が、「医療観察法」の審判で処遇を決定する。【31回150】 （正答…✕）
2. 入院決定を受けた者に対して医療を実施する指定入院医療機関は、都道府県知事が指定した病院である。【35回150】 （正答…✕）
3. 通院決定がなされた場合、指定通院医療機関による医療を受けることができる期間の上限は10年である。【35回150】 （正答…✕）

保護観察所と社会復帰調整官の役割

- **保護観察所**は、医療観察制度における処遇の始まりから終わりまで一貫して関与する。
- 保護観察所に配属され、その業務を中心となって行うのが**社会復帰調整官**である。
- 社会復帰調整官は、保護観察所の長の指示により、**生活環境の調査**、**生活環境の調整**、**精神保健観察**などの事務を行う。

■社会復帰調整官が行う事務

処遇の段階	処遇の内容	主な内容
審判	生活環境の調査	面談などにより、対象者の住居や家族の状況、利用可能な精神保健福祉サービスの現況など、その生活を取り巻く環境について調査する
指定入院医療機関による医療	生活環境の調整	本人から退院後の生活に関する希望を聴取しつつ、医師や精神保健福祉士などと協議して、退院時の調整や、退院後の処遇実施体制の整備を進める
地域社会における処遇	精神保健観察	通院の期間中、対象者が必要な医療を受けているかなどその生活状況を見守り、継続的な医療を確保するために必要な指導や助言を行う

- 保護観察所の長（実務上は社会復帰調整官）は、通院期間中の医療観察対象者について、指定通院医療機関の管理者および本人の居住地を管轄する都道府県知事・市町村長と協議のうえ、**処遇実施計画**を作成しなければならない。
- 保護観察所の長は、処遇実施計画の協議を行うために必要な場合は、**ケア会議**を開催することができる。
- ケア会議では、指定通院医療機関、精神保健福祉関係の諸機関の担当者のほか、**支援対象者**本人に出席を求めることができる。

> **ワンポイント** 精神保健観察で対象者の守るべき事項として、居住地を届け出ることや、保護観察所から面接を求められたときは、これに応ずることなどが定められている。

《国試にチャレンジ！》

 1 社会復帰調整官は、地方検察庁に配属されている。【31回150】 （正答…×）

 2 社会復帰調整官は、精神保健観察のケア会議に支援対象者の参加を求めることができる。【31回150】 （正答…〇）

犯罪被害者等支援

犯罪被害者の法的地位の確立

■ 2004（平成16）年に成立した犯罪被害者等基本法と同法を具体化する2005（平成17）年策定の犯罪被害者等基本計画により、被害者支援につながる法制度の整備が急速に進んでいった。

■犯罪被害者支援全般の歴史的経緯

1980年	犯罪被害者等給付金の支給等による犯罪被害者等の支援に関する法律（犯給法）成立	犯罪被害者等給付金の支給
1991年	犯罪被害給付制度発足10周年記念シンポジウム	犯罪被害者遺族が精神的援助の必要性について発言し、犯罪被害者等支援の機運が高まる
1996年	警察庁が被害者対策要綱を策定	
1990年代後半	全国で相次いで民間被害者支援団体が設立される	
1998年	8つの民間被害者支援団体が全国被害者支援ネットワークを結成	
2000年	いわゆる犯罪被害者等保護二法が成立	被害者が証言する際の負担軽減、被害者の刑事裁判での意見陳述が認められる
2000年前後	各地で被害当事者らによる草の根の運動組織が設立され始める	全国犯罪被害者の会（あすの会）が全国的な署名活動を展開し、その活動が犯罪被害者等基本法の成立につながる
2001年	犯罪被害者等早期援助団体の指定制度が開始	警察が被害者の同意のもとで、被害者の情報を早期援助団体に提供する
	少年法改正	少年事件について記録の閲覧・謄写が認められる。被害者からの意見聴取等実施
2004年	犯罪被害者等基本法の成立	
2005年	犯罪被害者等基本計画策定	犯罪被害者週間の実施（2006年）、更生保護法成立（2007年）へとつながる
2010年	殺人罪・強盗殺人罪等の公訴時効が廃止	
2011年	第2次犯罪被害者等基本計画の策定	潜在化していた性犯罪被害者への支援体制の充実が図られる
2016年	第3次犯罪被害者等基本計画の策定	地方公共団体・民間団体による中長期的な被害者支援の充実が目指される

犯罪被害者等支援に関する法・制度

① 犯罪被害者等基本法

- 2004（平成16）年に制定された**犯罪被害者等基本法**は、犯罪被害者等の**権利利益の保護**を図ることを目的とし、犯罪被害者等のための施策に関する**基本理念**を定め、国、地方公共団体および国民の責務を明らかにしている。

犯罪被害者等基本法における「犯罪被害者等」は、犯罪等により害を被った者およびその家族または遺族をいう。

- 政府は、犯罪被害者等のための施策を総合的・計画的に推進するために、**犯罪被害者等基本計画**を策定する必要がある。
- 2021（令和3）年3月に、計画期間を5か年とする第4次犯罪被害者等基本計画が閣議決定された。

■犯罪被害者等基本法の基本理念

- すべての犯罪被害者等は、個人の尊厳が重んぜられ、その尊厳にふさわしい処遇を保障される権利を有する
- 被害の状況および原因、犯罪被害者等がおかれている状況などの事情に応じた適切な施策を講じる
- 犯罪被害者等が再び平穏な生活を営むことができるようになるまでの間、必要な支援を途切れることなく行う

② 更生保護における犯罪被害者等施策

- 更生保護における犯罪被害者等施策には、次の4つがある。

■更生保護における犯罪被害者等施策の内容

① 意見等聴取制度	地方更生保護委員会が行う加害者の仮釈放・仮退院の審理において、意見や被害者の心情を述べることができる
② 心情等伝達制度	保護観察中の加害者に、被害者の心情等を伝えることができる
③ 被害者等通知制度	加害者の保護観察の状況などを知ることができる
④ 相談・支援	保護観察所の被害者専任の担当者に不安や悩みごとを相談することができる

2022（令和4）年の更生保護法の改正により、保護観察所の長が指導監督を行うにあたり、被害者等から被害に関する心情等を聴取したときは、その心情等を踏まえることとなった。

③ ストーカー規制法
- 2000（平成12）年に「ストーカー行為等の規制等に関する法律」（ストーカー規制法）が成立し、ストーカー行為者に警告を与え、悪質な場合には逮捕することで被害者を守ることが定められた。

■ストーカー行為の規制対象
- つきまとい等（つきまとい、待ち伏せ、住居や勤務先などへのうろつき、無言電話、電子メール、SNSへの送信、名誉を傷つける、性的羞恥心の侵害等含む）
- 位置情報無承諾取得等（無承諾でGPS機器等により位置情報を取得、相手の所持するものにGPS機器等を取り付けるなど）

《国試にチャレンジ！》

1　犯罪被害者等基本法における犯罪被害者等とは、犯罪等により害を被った者及び遺族を除いた家族をいう。【37回63】　　（正答…✕）

2　犯罪被害者等基本法に基づき、ストーカー行為を規制するための処罰が整備された。【37回63】　　（正答…✕）

団体・専門職等の役割と連携　頻出度C

① 被害者ホットラインと被害者支援員制度
- 被害者ホットラインは検察庁の電話相談先であり、被害者の相談に応じ、事件の処分結果を知らせるなどの支援活動を行っている。
- 被害者支援員制度は、被害者支援員が被害者の相談への対応、法廷への案内・付き添い、事件記録の閲覧、証拠品の返還などの各種手続きの手助けをし、被害者の状況に応じて、精神面、生活面、経済面等の支援を行う関係機関や団体等を紹介するなどの支援活動を行うものである。

② 犯罪被害者相談窓口
- 各都道府県警察には、犯罪被害相談窓口が設置されており、犯罪被害者の支援のため、被害者本人だけでなく、家族や友人からの相談も含めて、さまざまな相談に応じている。

③ 被害者支援センター
- 1992（平成4）年に、犯罪被害者の負担軽減と回復に資することを目的として被害者支援都民センターの前身である犯罪被害者相談室が開設されたことを皮切りに、2009（平成21）年には47都道府県すべてに被害者支援センターが設置され、全国被害者支援ネットワークの加盟団体となっている。

10

ソーシャルワークの基盤と専門職
（共通・専門）

Lesson 1 社会福祉士および精神保健福祉士の法的な位置づけ

頻出度 A 社会福祉士の定義と義務等

■ 社会福祉士は、社会福祉士及び介護福祉士法に規定される国家資格である。
■ 社会福祉士は名称独占資格であるが業務独占資格ではない。

■法律に規定される社会福祉士の定義（第2条）

社会福祉士とは、社会福祉士の名称を用いて、専門的知識および技術をもって、身体上・精神上の障害があることまたは環境上の理由により日常生活を営むのに支障がある者の福祉に関する相談に応じ、助言、指導、福祉サービスを提供する者または医師その他の保健医療サービスを提供する者その他の関係者（福祉サービス関係者等）との連絡および調整その他の援助を行うことを業とする者をいう

ワンポイント　相談援助という業務は、社会福祉士に限らず行うことができる。しかしその名称を用いて業務を行うことができるのは、社会福祉士のみである。

■社会福祉士及び介護福祉士法に規定される重要事項※

項目	内容
社会福祉士の資格（4条）	社会福祉士試験に合格した者は、社会福祉士の資格を有する
登録（28条）	社会福祉士となる資格を有する者が社会福祉士となるには、厚生労働省令で定める事項の登録を受けなければならない
誠実義務（44条の2）	個人の尊厳を保持し、自立した日常生活を送れるよう、常にその者の立場に立って、誠実にその業務を行わなければならない
信用失墜行為の禁止（45条）	社会福祉士または介護福祉士の信用を傷つけるような行為をしてはならない
秘密保持義務（46条）	正当な理由がなく、その業務に関して知り得た人の秘密を漏らしてはならない。社会福祉士または介護福祉士でなくなったあとも同様である
連携（47条）	社会福祉士は、その業務を行うにあたり、地域に即した創意と工夫を行いつつ、福祉サービス関係者等との連携を保たなければならない
資質向上の責務（47条の2）	社会福祉および介護を取り巻く環境の変化による業務の内容の変化に適応するため、相談援助または介護等に関する知識および技能の向上に努めなければならない
名称の使用制限（48条）	社会福祉士でない者は、社会福祉士という名称を使用してはならない。介護福祉士でない者は、介護福祉士という名称を使用してはならない。
喀痰吸引等（48条の2）	介護福祉士は、診療の補助として喀痰吸引等の業務を行うことができる

※名称の記載があるものを除き、社会福祉士・介護福祉士共通の規定

ワンポイント 2011（平成23）年の法改正により、介護福祉士および一定の研修を受けた介護職員は、保健師助産師看護師法の規定にかかわらず、診療の補助として、喀痰吸引等（痰の吸引・経管栄養）を実施できることになった。社会福祉士は行うことはできない点に留意する。

《国試にチャレンジ！》

1. 社会福祉士及び介護福祉士法では、社会福祉士の義務等として社会福祉士の信用を傷つけるような行為を禁じている。【36回91】 ☑☑　（正答…○）

2. 社会福祉士及び介護福祉士法において社会福祉士が努めなければならないと規定されていることとして、「常にその者の立場に立って誠実にその業務を行うこと」がある。【37回64】 ☑☑　（正答…×）

誠実に業務を行うことは「義務」ですね

義務と努力義務の違いもしっかり押さえておきたいですね

頻出度 B 社会福祉士及び介護福祉士法成立と見直しの背景

■ 社会福祉士及び介護福祉士法は、1987（昭和62）年に制定され、2007（平成19）年に大幅に改正された。

■ 2007（平成19）年の社会福祉士及び介護福祉士法改正の背景には、サービスの利用支援、成年後見、権利擁護等の新しい相談援助業務の拡大に対応できるよう、社会福祉士の知識および技術の向上が求められたことがあげられる。

ワンポイント 2007（平成19）年の改正により、社会福祉士がほかのサービス関係者との連絡・調整を行う者であることが明確化されたほか、義務等において「誠実義務」「資質向上の責務」が追加され、「連携」の規定が見直された。

■ 認定社会福祉士、認定上級社会福祉士は法律に規定された国家資格ではなく、認定社会福祉士認証・認定機構による民間資格である。

■ 認定要件として、5年以上の実務経験（認定上級社会福祉士は、認定社会福祉士を取得してから5年以上の実務経験）と、関係団体が参画する組織での研修を受講することなどがある。

■ 認定社会福祉士は、資格を5年ごとに更新するか、認定上級社会福祉士を取得・更新する必要がある。

■認定社会福祉士・認定上級社会福祉士

認定社会福祉士	・所属組織における相談援助部門で、高度な専門性を発揮できる能力を有する社会福祉士 ・「高齢」「障害」「児童・家庭」「医療」「地域社会・多文化」の分野ごとに認定される
認定上級社会福祉士	・自らの実践に加え、複数の分野において高度な知識と卓越した技術を有する社会福祉士

《国試にチャレンジ！》

1 認定社会福祉士は、社会の変化とニーズの多様化・複雑化に対応するため、10年に一度の更新が求められる。【37回110】 (正答…×)

2 認定上級社会福祉士は、高齢分野、障害分野、児童・家庭分野、医療分野など、分野ごとに認定される。【28回95】 (正答…×)

頻出度B 精神保健福祉士法と精神保健福祉士の専門性

■ 1997（平成9）年に精神保健福祉士法が成立し、精神保健福祉士の資格が定められた。
■ 介護福祉士・社会福祉士と同様に、国家資格であり、名称独占資格である。

■法律に規定される精神保健福祉士の定義

専門的知識および技術をもって、精神科病院その他の医療施設において精神障害の医療を受け、もしくは精神障害者の社会復帰の促進を図ることを目的とする施設を利用している者の地域相談支援の利用に関する相談その他の社会復帰に関する相談または精神障害者および精神保健に関する課題を抱える者の精神保健に関する相談に応じ、助言、指導、日常生活への適応のために必要な訓練その他の援助を行うことを業とする者をいう

ワンポイント 2022（令和4）年の精神保健福祉法の改正で、定義において「精神障害者および精神保健に関する課題を抱える者の精神保健に関する相談」が加えられた。

■ 公益社団法人日本精神保健福祉士協会（Japanese Association of Mental Health Social Workers（JAMHSW））は、精神保健福祉士の全国規模の職能団体で、1964（昭和39）年に設立された「日本精神医学ソーシャル・ワーカー協会」が1997（平成9）年の精神保健福祉士法の制定を受けて1999（平成11）年に名称変更された団体である。
■ 精神保健福祉士の義務等において、「誠実義務」「信用失墜行為の禁止」「秘密保持義務」「連携等」「資質向上の責務」「名称の使用制限」が規定されている。
■「連携等」では、精神障害者に主治医があるときは、その指導を受けなければならないことが規定されている。

ワンポイント 精神保健福祉士には、社会福祉士と異なり、主治医の指導を受けるという規定があることに留意する。

Lesson 2 ソーシャルワークの概念と定義

A ソーシャルワーク専門職のグローバル定義

- 2000年に国際ソーシャルワーカー連盟（IFSW）により、「ソーシャルワークの定義」が採択された。
- 2014年に「ソーシャルワークの定義」を見直し、「ソーシャルワーク専門職のグローバル定義」が国際ソーシャルワーカー連盟（IFSW）と国際ソーシャルワーク学校連盟（IASSW）により採択された。

■ソーシャルワーク専門職のグローバル定義

- ソーシャルワークは、社会変革と社会開発、社会的結束、および人々のエンパワメントと解放を促進する、実践に基づいた専門職であり学問である
- 社会正義、人権、集団的責任、および多様性尊重の諸原理は、ソーシャルワークの中核をなす
- ソーシャルワークの理論、社会科学、人文学、および地域・民族固有の知を基盤として、ソーシャルワークは、生活課題に取り組みウェルビーイングを高めるよう、人々やさまざまな構造にはたらきかける
- この定義は、各国および世界の各地域で展開してもよい

■グローバル定義のキーワード

社会変革と社会開発	社会的結束	エンパワメントと解放	社会正義
集団的責任	多様性尊重	地域・民族固有の知	ウェルビーイング

国家試験問題はグローバル定義から出題されています。キーワードを押さえて正誤が判断できるようにしておきましょう。

《国試にチャレンジ！》

1 「ソーシャルワーク専門職のグローバル定義」（2014年）の記述として、「社会変革と社会開発、社会的結束、および人々のエンパワメントと解放を促進する」は適切である。【36回93】　　（正答…○）

2 「ソーシャルワークのグローバル定義」（2014年）における中核となる原理の一つに画一性の尊重がある。【31回92】　　（正答…×）

頻出度A グローバル定義の中核となる任務・原則・知・実践

① 中核となる任務

- ソーシャルワーク専門職の中核となる任務は、**社会変革**・**社会開発**・**社会的結束**の促進、および人々の**エンパワメント**と**解放**である。
- 社会変革の任務は、**個人**・**家族**・**小集団**・**共同体**・**社会**のどのレベルであれ、現状が変革と開発を必要とするとみなされるとき、ソーシャルワークが介入することを前提としている。
- 社会変革の任務は、**周縁化**・**社会的排除**・**抑圧**の原因となる**構造的条件**に挑戦し変革する必要によって突き動かされる。
- **社会変革**のイニシアチブは、人権および経済的・環境的・社会的正義の増進において人々の主体性が果たす役割を認識する。
- **社会開発**という概念は、(持続可能な発展を目指し、ミクロ―マクロの区分を超えて、複数の**システム**レベルおよび**セクター**間・**専門職**間の**協働を統合**するような)全体的、生物―心理―社会的、およびスピリチュアルなアセスメントと介入に基づいている。
- 社会開発は、社会構造的かつ経済的な開発に優先権を与えるものである。
- 人々のエンパワメントと解放を目指す実践の中核をなすのは、人種・階級・言語・宗教・ジェンダー・障害・文化・性的指向などに基づく抑圧や、特権の構造的原因の探求を通して批判的意識を養うこと、そして構造的・個人的障壁の問題に取り組む行動戦略を立てることである。
- 不利な立場にある人々と連帯しつつ、ソーシャルワーク専門職は、貧困を軽減し、脆弱で抑圧された人々を解放し、**社会的包摂**と**社会的結束**を促進すべく努力する。
- ソーシャルワーク専門職は、それがいかなる特定の集団の周縁化・排除・抑圧にも利用されない限りにおいて、**社会的安定**の維持にも等しく関与する。

② ソーシャルワークの原則

- ソーシャルワークの原則は、**人権と社会正義**の支持、**人間の内在的価値**と**尊厳の尊重**、**危害を加えないこと**、**多様性の尊重**である。

ワンポイント 自民族中心主義(エスノセントリズム)とは、他の文化を低めたり否定的に判断することであり、多様性の尊重と真逆の思想である。

- ソーシャルワークの主な焦点は、あらゆるレベルにおいて人々の**権利**を主張すること、および、人々が互いのウェルビーイングに責任をもち、人と人の間、そして人々と環境の間の相互依存を認識し尊重するように促すことにある。
- **集団的責任**という考えは、1つには、人々がお互い同士、そして環境に対して責任をもつ限りにおいて、初めて個人の権利が日常レベルで実現されるという現実、もう1つには、共同体の中で互恵的な関係を確立することの重要性を強調する。

③ ソーシャルワークの知

- ソーシャルワークの基礎となる知は、理論、社会科学、人文学、地域・民族固有の知であり、複数の学問を複数の学問分野をまたぎ、その境界を超えていくものである。
- 植民地主義の結果、西洋の理論や知識のみが評価され、諸民族固有の知は、西洋の理論や知識によって過小評価され、軽視され、支配された。この定義は、世界のどの地域・国・区域の先住民たちも、その独自の価値観および知をつくり出し、それらを伝達する様式によって、科学に対して計り知れない貢献をしてきたことを認めるものである。

④ ソーシャルワークの実践

- ソーシャルワークは、できる限り、「人々のために」ではなく、「人々とともに」働くという考え方をとる。
- 社会開発パラダイムにしたがって、ソーシャルワーカーは、システムの維持あるいは変革に向けて、さまざまなシステムレベルで一連のスキル・テクニック・戦略・原則・活動を活用する。
- ソーシャルワークの実践は、さまざまな形のセラピーやカウンセリング・グループワーク・コミュニティワーク、政策立案や分析、アドボカシーや政治的介入など、広範囲に及ぶ。

《国試にチャレンジ！》

1. ソーシャルワーク専門職は、社会変革を任務とするとともに社会的安定の維持にも等しく関与する。【35回92】　　（正答…○）
2. ソーシャルワークの知は、西洋の理論や知識を根拠としたものであることが期待されている。【37回65】　　（正答…✕）
3. 「ソーシャルワークのグローバル定義」（2014年）において、ソーシャルワークは、できる限り、「人々のために」ではなく、「人々とともに」働くという考え方をとる。【32回92】　　（正答…○）

社会福祉士には、複雑な課題に対応できるコーディネート力、連携力、開発力などさまざまな能力が必要とされますね

Lesson 3 ソーシャルワークの理念

頻出度 B 人権尊重

- 人権とは、人が人として生まれながらにもっている権利のことをいう。
- 人権は、国際社会全体に関わる問題であるため、人権に関するさまざまな国際的な条約（「4原理」レッスン4参照）が制定されている。
- ソーシャルワーク専門職のグローバル定義（2014年）において、社会正義、人権、集団的責任、および多様性尊重は、ソーシャルワークの中核的な原理であるとしている。
- ソーシャルワーカーは、利用者の人権を尊重し、権利擁護の視点をもつことが求められている。

頻出度 B 利用者本位・自立支援

- 利用者本位とは、利用者の立場に立ち、利用者が適切な自己決定ができるように、その意思を最大限尊重していく考え方である。
- 利用者が自己決定できるように、ソーシャルワーカーはさまざまな情報提供や助言をするなど、側面から支援する。
- 相談援助におけるアカウンタビリティ（説明責任）とは、援助における判断や介入の根拠、援助の効果やそのための費用についての情報の開示や説明を、関係者や社会に対して行うことである。
- 利用者に判断能力の低下が疑われる場合にも、できる限り利用者の自己決定が反映されるように支援しなければならない。
- 利用者の自己決定に基づく行為が重大な危険を伴うと予測される場合は、その行動を制限することがある。
- 利用者が支援を望んでいない場合でも、支援が必要だと思われる場合には、継続的接触を断つべきではない。

《国試にチャレンジ！》

1　利用者に判断能力の低下が疑われる場合は、専門職が主導して支援のあり方を決めなければならない。【27回95】　　（正答…✕）

頻出度 B 尊厳の保持・権利擁護

■ 個人の尊厳の保持を旨とし、利用者が快適に過ごせることを目指して、それぞれの利用者の個性や能力、ニーズに応じたサービスを提供できるように支援する。

■ 利用者および他のサービス利用者の安全を守ることを目的とする利用者への身体拘束は、「切迫性・一時性・非代替性」の3つの要件を満たし、手続きが極めて慎重に実施されている場合にのみ認められる。

■身体拘束が認められる3つの要件

① 切迫性	利用者本人または他の利用者等の生命、身体、権利が危険にさらされる可能性が著しく高いこと
② 一時性	身体拘束その他の行動制限が一時的なものであること
③ 非代替性	身体拘束その他の行動制限を行う以外に代替するサービスの方法がないこと

■ アドボカシーは、サービス利用者の主体的な生活を実現するために、その意思や権利を代弁することである。

■アドボカシーの類型

ケースアドボカシー	個人や家族に対して行われる代弁活動や権利擁護のための活動である
コーズ（クラス）アドボカシー	同じ課題を抱えた特定の集団に対する代弁活動や制度の開発・改善を目指す活動である
シチズンアドボカシー	当事者を含む市民が権利擁護のために行う活動である
セルフアドボカシー	クライエントが自らの権利を主張していく活動である
リーガルアドボカシー	弁護士などが法的な手段を用いてクライエントの権利を守る活動である

■ ソーシャルワーカーがアドボカシーを行う場合、中立的な立場ではなく、利用者の立場に立つべきである。

■ ソーシャルワーカーが行うアドボカシーでは、ほかに方法がない場合、法的手段を行使する場合もあり得る。

■ 福祉サービスの提供者が業務として利用者のアドボカシーを行うことは、利益相反行為ではなく、倫理から逸脱しない。

基盤

3 ソーシャルワークの理念

《国試にチャレンジ！》

1. 利用者及び他のサービス利用者の安全を守ることを目的とする利用者への身体拘束は、「切迫性」及び「一時性」という２つの要件を満たせば認められる。【24回85】　☑☑　　　（正答…✕）

2. アドボカシーとは、サービス利用者の主張と、利害の対立する相手方の主張とを中立的な立場で調整することである。【31回95】　☑☑　（正答…✕）

3. ケースアドボカシーとは、クライエントと同じ状況に置かれている人たちの権利を守るために、新たな制度を開発する活動である。【32回94】　☑☑
（正答…✕）

頻出度 B ノーマライゼーション

- ノーマライゼーションの理念は、1950年代のデンマークにおける知的障害者の親の会の活動から生まれた。
- ノーマライゼーションとは、高齢者や障害者などの社会的不利な立場にある人も含め、誰もが暮らしたい場所で、ありのままに生活するという考え方である。
- ノーマライゼーションの思想は、デンマークのバンク-ミケルセン（Bank-Mikkelsen, N.）により提唱され、1959年にデンマークの「1959年法」で導入された。
- ノーマライゼーションは、ニィリエ（Nirje, B.）がその普及に貢献し、ヴォルフェンスベルガー（Wolfensberger, W.）は、アメリカやカナダでノーマライゼーションの概念を紹介し、広めていった。

■ノーマライゼーションを主張した人物

名前	国	概要
バンク-ミケルセン	デンマーク	ノーマライゼーションの父。デンマークの知的障害者の親の会とともに、知的障害者の生活条件の改善に取り組み、「1959年法」の成立に尽力した
ニィリエ	スウェーデン	ノーマライゼーションの育ての親。ノーマライゼーションの8つの原理を提示した
ヴォルフェンスベルガー	カナダ（ドイツ人）	ソーシャル・ロール・バロリゼーションを提唱。『ノーマリゼーション―福祉サービスの本質』を著した

 ソーシャル・ロール・バロリゼーション
高齢者や障害者など社会的に価値を低められている人々に、価値のある社会的役割を与えること。

■ニィリエのノーマライゼーションの8つの原理

①1日のノーマルなリズム	たとえ重い障害があっても、朝、目が覚めて、顔を洗って、着替えて、家から学校や職場へ行くことなど
②1週間のノーマルなリズム	週5日、自宅から学校や職場に行く。もちろんほかの場所にも遊びに行く。週末には休日を楽しむなど
③1年間のノーマルなリズム	季節によってさまざまな食事をし、仕事も変化があり、行事や余暇活動も楽しむなど
④ライフサイクルでのノーマルな経験	幼少期、青年期、壮年期、老年期のそれぞれの発達課題に取り組みながら人生を生きること
⑤ノーマルな要求の尊重	普通の人と同じように自由と希望をもって生きる。周囲の人もそれを認め、障害をもつ人を尊重する
⑥異性との生活	子どもであっても大人であっても、異性とのよい関係を築き、恋をして、成人して適した年齢を迎えれば結婚を考える
⑦ノーマルな経済的基準	児童手当、老齢年金、最低賃金基準法などの社会的保障を受け、経済的安定を図り、自由に使えるお金があり、必要なものなどを購入できる
⑧ノーマルな環境基準	大規模施設等ではなく、普通の人と同じように、望む地域で望む家に住み、地域の人たちと交流する

障害の有無にかかわらず、ノーマライゼーションの理念は大切ですね

《国試にチャレンジ！》

1　ノーマライゼーションの理念は、1950年代のデンマークにおける精神障害者本人の会の活動を通して生み出された。【26回93】　（正答…✕）

2　ノーマライゼーションの原理を八つに分けて整理した人物は、ニィリエ（Nirje, B.）である。【30回95】　（正答…◯）

Lesson 4 ソーシャルワークの形成過程

頻出度A ソーシャルワークの基礎確立・発展期

① YMCA
- 1844年にイギリスで設立された YMCA（キリスト教青年会）は、キリスト教の信仰を深める青年運動として始められ、余暇にレクリエーションやクラブ活動を行うことを指導した。
- YMCAにおけるレクリエーションやクラブ活動の技術は、グループワークの源流の1つとして考えられている。

② 慈善組織協会（COS）とセツルメント
- 慈善組織協会（COS）は、慈善団体間の連絡・調整を図り、組織化することを目的に1869年にイギリスで設立された。
- 主な活動に、友愛訪問員による要保護者への個別の訪問面接（友愛訪問）、被救済者の登録があり、救済の重複や不正受給の抑制を行った。
- 慈善組織協会（COS）は、友愛訪問活動の科学化を追求し、個別の処遇方法はケースワークに、組織化の方法はコミュニティ・オーガニゼーションの発展に大きく寄与した。
- 慈善組織協会（COS）は貧困を「個人の責任」ととらえ、「救済に値する貧民」と「救済に値しない貧民」に区別して活動を行ったが、19世紀後期に活発になったセツルメントは、貧困を「社会の責任」ととらえていた。
- 慈善組織協会（COS）は、道徳主義の立場で、セツルメントは社会改良主義の立場をとった。

③ 全米慈善矯正会議
- イギリスの慈善組織協会の活動を受け、アメリカでも慈善組織協会が設立された。
- リッチモンド（Richmond,M.E.）らによって、ケースワーク理論の基礎が形成されたのは、1910年代から1920年代である。
- 全米慈善矯正会議（1897年）において、リッチモンドは応用博愛事業学校の必要性を提唱し、翌年、ニューヨークで、慈善活動の効果的な実践のための6週間の講習会が開設され、これが専門教育へと発展していった。
- アダムス（Addams,J.）はシカゴにハル・ハウスを開設（1889年）し、「生活困窮者のためではなく、共に生きる」の標語を掲げてセツルメント運動を展開した。

セツルメントの歴史は、「7 地域福祉」のレッスン2とあわせて学習しましょう

■ソーシャルワークの基礎確立期（17 世紀〜 1920 年代）

年	事項
1601	エリザベス救貧法（英）貧民を労働力の有無で分類し、就労や奉公を強制
1776	アダム・スミス（Smith, A.）『国富論』見えざる手（需要と供給の自然調節）
1798	マルサス（Malthus,T.）『人口の原理』（有効な貧困対策は人口抑制策）
1819〜	チャルマーズ（Chalmers, T.）の隣友運動
1834	新救貧法（英）救済水準を全国統一化、居宅保護を廃止し、ワークハウスに収容、劣等処遇の原則
1844	キリスト教青年会（YMCA）設立
1855	キリスト教女子青年会（YWCA）設立
1869	ロンドン慈善組織協会（COS）設立
1877	バッファロー慈善組織協会（COS）設立（米）
1878	ウィリアム・ブース（Booth, W.C.）「救世軍」設立
1884	バーネット（Barnett）夫妻トインビーホールを設立。イギリスにおけるセツルメント運動の拠点となる
1886〜	チャールズ・ブース（Booth, C.）「ロンドン貧困調査」
1886	コイト（Coit, S.）がネイバーフッド・ギルド設立（アメリカ初のセツルメント）
1889	アダムス（Addams, J.）がアメリカのシカゴにハル・ハウスを設立
1897	リッチモンド（Richmond, M.E.）「応用博愛事業学校の必要性」発表、全米慈善矯正会議
1898	博愛事業に関する講習会を開設→専門教育に発展
1899	リッチモンド『貧しい人々への友愛訪問』において友愛訪問を貧困者の喜び、悲しみ、人生に対する考え方などを共感できるように身近に知ることと定義
1899〜	ラウントリー（Rowntree, B, S.）「ヨーク市貧困調査」
1911	全米慈善組織協会が発足
1915	全米慈善矯正会議においてフレックスナー（Flexner, A.）が「ソーシャルワーカーはいまだ専門職でない」と述べる
1917	リッチモンド『社会診断』で慈善組織協会における実践活動を理論化
1922	リッチモンド『ソーシャル・ケースワークとは何か』でケースワークの概念を初めて提示
1929	ミルフォード会議(1923 〜 1928 年)の報告書において、ソーシャルワークではスペシフィック（各分野に固有の知識や方法）よりも「ジェネリック（各分野に共通の基本的なもの）」の重要性を示す

基盤

4 ソーシャルワークの形成過程

《国試にチャレンジ！》

1. 慈善組織協会（COS）は、友愛訪問員の広い知識と社会的訓練によって友愛訪問活動の科学化を追求した。【29回93】　　　　　　　　　　（正答…〇）
2. バーネット（Barnett,S.）が創設したトインビーホールは、イギリスにおけるセツルメント活動の拠点となった。【33回94】　　　　　　　　（正答…〇）
3. コイト（Coit,S.）が創設したハル・ハウスは、アメリカにおけるセツルメント活動に大きな影響を及ぼした。【33回94】　　　　　　　　　（正答…×）

頻出度 B ソーシャルワークの発展期

■ 1930年代後期から1950年代半ばにかけて、リッチモンド、ハミルトン（Hamilton,G.）、ホリス（Hollis,F.）らの診断派とランク（Rank,O.）の流れをくむロビンソン（Robinson,V.）らの機能派の2つの学派が対立した。

■診断派と機能派

診断派	・1920年代に登場したフロイト（Freud,S.）の精神分析学の流れをくむ診断派（医学モデル）の考え方 ・クライエントの抱える問題やその原因は、社会環境よりもクライエントの精神的内面にあるとし、ソーシャルワークに治療的意味をもたせる
機能派	・1930年代から出てきた考え方。ランクの意思心理学を基礎とし、人間のパーソナリティーにおける自我の創造的統合力を認める ・クライエントが自分自身を新しくかつ建設的に成長できるようにする援助過程を重視

■ソーシャルワークの発展期(1930年代〜1950年代半ば)

年	事項
1935	ニューステッター（Newstetter,W.）が集団援助技術（グループワーク）の定義を初めて提示
1939	『レイン報告』でコミュニティ・オーガニゼーションがソーシャルワークの技法として位置づけられる
1940	ハミルトン『ケースワークの理論と実際』で心理社会的アプローチを確立
1947	全米社会事業会議で、ニューステッターが「インターグループワーク説」を提示
1955	全米ソーシャルワーカー協会設立

《国試にチャレンジ！》

1 精神分析学は、ソーシャルワークの統合化に大きな影響を与えた。
【29回94】 ☑☑　　　　　　　　　　　　　　　　　　　　（正答…✕）

B ソーシャルワークの統合化

① ソーシャルワークの統合に向けた流れ

■ソーシャルワークの統合化（1950年代半ば〜）

年	事項
1954	マイルズ（Miles,A.）「リッチモンドに帰れ」 →社会環境への視点をとり戻すべきという原点回帰を示す
1957	グリーンウッド（Greenwood,E.）「ソーシャルワーカーはすでに専門職である」
〜1960	折衷主義（診断派と機能派の折衷）：パールマン（Perlman,H.）の問題解決アプローチ等
1967	パールマン「ケースワークは死んだ（論文）」を発表
〜1970年代	危機介入モデル、課題中心モデル、生活モデルなど新たな（モダン）モデルの登場

- ミルフォード会議の報告書（1929年）において、ジェネリック-スペシフィック概念が初めて示された。ジェネリック（共通部分）を強調し統合化の先駆けとなった。
- 1954年にマイルズが「リッチモンドに帰れ」と主張し、1950年代はパールマンやアプティカー（Aptekar,H.）により、診断派と機能派の統合の試みがなされた。
- ケースワーク、グループワーク、コミュニティオーガニゼーション（コミュニティーワーク）の共通基盤を明らかにして、一体化してとらえようという動きをソーシャルワークの統合化という。
- アメリカにおけるソーシャルワークの統合化の背景には、ソーシャルワーク実践が多様化する社会問題に対応できていなかったことがある。
- システム理論は、ソーシャルワークの統合化に大きな影響を与えた。
- ソーシャルワークの統合化は、ソーシャルワークの体系化を進め、ソーシャルワーカーのアイデンティティを確立させる役割を果たした。
- ジャーメイン（Germain,C.）とギッターマン（Gitterman,A.）が、システム理論や生態学理論の導入などで生活モデルを体系化したのは、1980年『ソーシャルワーク実践のライフモデル』においてである。
- コンビネーションアプローチとは、ケースワーク、グループワーク、コミュニティオーガニゼーションを単純に合体させた統合形態で、適切な方法を組み合わせて活用する。
- マルチメソッドアプローチは、ケースワーク、グループワーク、コミュニティオーガ

- ニゼーションに共通する原理や技術を抽出して、共通基盤を明確化する取り組みである。
- ■ ジェネラリストアプローチは、ソーシャルワークの共通基盤を確立し、理論的に成熟させたうえで、ケースワーク、グループワーク、コミュニティオーガニゼーションをとらえ直そうとするもので、ソーシャルワーク統合化の直接的な到達点とされる。
- ■ 1990年代に入るとエコロジカル・ソーシャルワークの流れをくみながら、ジェネラリスト・ソーシャルワークとしての体系化が進んだ。

ワンポイント　ジェネラリスト・ソーシャルワークは、今日のソーシャルワークの実践につながるものである。

② モダニズム・ポストモダン

- ■ 客観主義、実証主義を追求したモダニズムの影響を受け、1960年代から1970年代にかけて、危機介入モデル、課題中心モデル、生活モデルなどの理論化が始まった。
- ■「ポストモダン」とは、進歩主義や主体性を重んじる近代主義、啓蒙主義を批判し、そこから脱却しようとする思想運動である。
- ■ ポストモダンの影響を受け、1970年代以降、エンパワメントアプローチ、ナラティブ・アプローチなどの多様な理論と方法が議論された。
- ■ ポストモダンを基礎とする社会構成主義は、主観・客観の二部的見方をとらず、「現実は人々の間で構成される」とした。ナラティブ・アプローチは社会構成主義の考え方に基づき、体系化された。

■ポストモダンのアプローチ（1970年代～）

アプローチとモデル	概要
エンパワメントアプローチ	クライエントの強さに着目し、パワーを増強し活用する
フェミニストアプローチ	フェミニストの視点で女性を抑圧し束縛しているものに着目する
ストレングスアプローチ	クライエントの長所や強さに焦点を当て、残存能力の強みを評価する
解決志向アプローチ	ブリーフセラピー（短期療法）の１つ。クライエントの強みに着目。質問法
ナラティブ・アプローチ	クライエントの主体性や語りを重視する。社会構成主義。物語モデル

《国試にチャレンジ！》

1　アメリカにおけるソーシャルワークの統合化の背景には、専門分化されたソーシャルワーク実践が多様化する社会問題に対応できていたことがある。【29回94】　　（正答…✕）

2　ポストモダンの影響を受けたソーシャルワークでは、クライエントの主体性や語りを重視する。【31回93】　　（正答…○）

頻出度 A ソーシャルワークの研究者

■ソーシャルワークの研究者（海外）

人物	業績等
リッチモンド (Richmond, M.E.)	・ケースワークの母。ケースワークの概念を示し、理論化、体系化 ・『ソーシャル・ケースワークとは何か』（1922年）において、ケースワークを「人と社会環境との間を個別に意識的に調整することを通して、パーソナリティを発達させる諸過程から成り立っている」と定義した。また、その定義を踏まえ、ケースワークの過程と対象として、①個性と個人的特性への洞察、②社会環境の資源、危険、影響についての洞察、心から心へはたらきかける直接的活動、④社会環境を通じてはたらきかける間接的活動が必要であるとした
ハミルトン (Hamilton, G.)	『ケースワークの理論と実際』で診断主義ケースワークの理論的体系化をした
バートレット (Bartlett, H.)	『社会福祉実践の共通基盤』で、ソーシャルワーク実践の共通基盤として、価値の体系、知識の体系および多様な介入方法の3つの要素をあげた
パールマン (Perlman, H.)	・診断派の立場に立ちつつ、機能派の理論を取り入れる ・問題解決アプローチを体系化、ケースワークに共通する構成要素として4つのP（人・問題・場所・過程）を提唱、のちに「専門家」「制度・政策や資源」を含めて6つのPとした ・クライエント自身が援助関係等を活用し問題解決できるよう、ワーカビリティ（クライエントが問題解決に取り組む能力）を向上できるよう支援するのが重要であるとした
ホリス (Hollis, F.)	『ケースワーク―心理社会療法』を刊行し、心理社会的アプローチとして「状況の中の人」を中心概念に示す
コイル (Coyle, G.)	グループワークの母。1946年の全米社会事業会議の報告により、グループワークに理論的根拠が与えられた
シュワルツ (Schwartz, W.)	グループワーク研究者。個人と社会の双方を援助する、「媒介法モデル」と「相互作用モデル」を提唱した
ジャーメイン (Germain, C.)	社会福祉研究者。ギッターマンとともに人と環境の交互作用を基本視点とした生態学的アプローチ、エコロジーとシステム理論で生活モデルを展開した
ゴールドシュタイン (Goldstein, H.)	ソーシャルワーク実践のアプローチとしてシステム理論を援用し、戦略、ターゲット、段階の3つの次元でとらえる「ユニタリーアプローチ」を提唱した
ベーム (Boehm, W.)	『ソーシャルワークの本質』（1958年）ソーシャルワークの構成要素を「価値」「目標」「機能」「活動」とし、機能を①回復、②資源の確保、③予防の3つとして定義化を試みた
リード (Reid,W. J.)	エプスタイン（Epstein, L.）とともに、パールマンの問題解決アプローチを基にした「課題中心アプローチ」を開発・提唱した

基盤

4 ソーシャルワークの形成過程

レヴィ (Levy, C.)	倫理を、人間関係とその交互作用に価値が適用されたものであるとした
トール (Towle, C.)	所得の高低、疾病の有無、障害の有無、老若男女を問わず「人間のもつ基本的欲求は変わらない」とした
アプテカー (Aptekar, H.)	ケースワークとカウンセリングの違いを、具体的サービスを伴うかどうかで区別した
ジョンソン (Johnson, L.)	ソーシャルワークの統合化を図り、ジェネラリスト・ソーシャルワークを提唱した
ターナー (Turner, F.)	相互連結理論アプローチを主張し、それぞれの理論は相互に影響を及ぼし合い、結びついているとした

《国試にチャレンジ！》

1. リッチモンド（Richmond, M.）は、『ソーシャル・ケース・ワークとは何か』において、ケースワークを人間と社会環境との間を調整し、パーソナリティを発達させる諸過程と定義した。【35回95】　　（正答…○）
2. ホリス（Hollis, F.）は、「状況の中の人」という視点で、心理社会的アプローチを提唱した。【34回92】　　（正答…○）

頻出度A　ソーシャルワークの日本の歴史と研究者

- 日本では、1890年代にアダムスによる岡山博愛会、片山潜によるキングスレー館の設立によりセツルメント活動が始まり、1921（大正10）年に日本初の公営セツルメントが設立された。
- 第二次世界大戦後は、連合国軍最高司令官総司令部（GHQ）の主導により、社会福祉教育の実践が始まり、1946（昭和21）年に日本社会事業学校が設立された。
- ソーシャルワーク専門職の国家資格として、1987（昭和62）年に社会福祉士、1997（平成9）年に精神保健福祉士が誕生した。
- 2000（平成12）年の社会福祉基礎構造改革により、社会福祉の共通基盤となる制度の見直しがされ、個人の自立を基本として、自己決定・自己選択を尊重した契約方式への転換、質の高い福祉サービスの拡充、地域での生活を総合的に支援するための地域福祉の充実などの方向性が示された。

■ソーシャルワークの歴史（日本）

年（年代）	事項
1891（明治24）	アダムスが岡山博愛会設立、セツルメントの活動が始まる
1897（明治30）	片山潜がキングスレー館設立。日本のセツルメント運動の先駆けとなる

年代	内容
1908（明治41）〜1916（大正5）	中央慈善協会設立。感化救済事業が行われた
1921（大正10）	公営のセツルメント（大阪市立市民館）が誕生し、活動を展開
1945（昭和20）〜1952（昭和27）	連合国軍最高司令官総司令部（GHQ）による占領と施策
1948（昭和23）〜1949（昭和24）	グループワーク講習会開催、グループワーク導入の契機になる
1960（昭和35）〜	海外からソーシャルワークの統合化の考え方が紹介される
1990年代〜	エビデンスに基づくソーシャルワークのあり方が重視された

■ソーシャルワークの研究者（日本）

人物	業績等
小河滋次郎	『社會事業と方面委員制度』を著す。ドイツのエルバーフェルト制度を基に方面委員制度の創設に尽力した
留岡幸助	感化院（現在の児童自立支援施設）として家庭学校を創設。分校として現在の「北海道家庭学校」も創設。児童と一緒に農場を開拓するなどの実践を試みた
石井十次	岡山孤児院の創設者。孤児院での教育、小舎制、無制限収容主義と先駆的・開拓的実践を行った
三好豊太郎	論文「『ケースウォーク』としての人事相談事業」において、ケースワークを社会事業の技術として位置づけた
浅賀ふさ	アメリカで学んだあと、聖路加国際病院に入職。医療ソーシャルワーカーの先駆けとなった
竹内愛二	『ケース・ウォークの理論と實際』で専門技術の立場から欧米のソーシャルワーク理論を日本に紹介した
永井三郎	著書『グループ・ワーク―小團指導入門』において、アメリカのグループワーク論の大要を著した
岡村重夫	社会関係の主体的側面に焦点を当てた社会福祉固有の視点と領域を提起した
仲村優一	論文「公的扶助とケースワーク」において、公的扶助とケースワークの一体的な提供を主張した

《国試にチャレンジ！》

1 小河滋次郎は、論文「公的扶助とケースワーク」において、公的扶助に即したケースワークの必要性を示した。【31回94】　（正答…×）

Lesson 5 ソーシャルワークの倫理

類出度 B 社会福祉士の倫理綱領

- 日本社会福祉士会は、1995（平成7）年に採択した「ソーシャルワーカーの倫理綱領」を2005（平成17）年に改定した。
- さらに、2014（平成26）年に採択された「ソーシャルワーク専門職のグローバル定義」にあわせ、2020（令和2）年6月30日に、「社会福祉士の倫理綱領」に改定された。
- 「社会福祉士の倫理綱領」では、「人権」「集団的責任」「多様性の尊重」「全人的存在」の項目が追加されるなどの変更がされている。

■ 社会福祉士の倫理綱領（要旨抜粋）

前文
・社会福祉士は、すべての人が人間としての尊厳を有し、価値ある存在であり、平等であることを深く認識する。平和を擁護し、社会正義、人権、集団的責任、多様性尊重および全人的存在の原理に則り、人々がつながりを実感できる社会への変革と社会的包摂の実現を目指す専門職であり、多様な人々や組織と協働することを言明する
・社会福祉士は、「ソーシャルワーク専門職のグローバル定義」をその実践の拠り所とする

原理	
人間の尊厳	すべての人々を、出自、人種、民族、国籍、性別、性自認、性的指向、年齢、身体的精神的状況、宗教的文化的背景、社会的地位、経済状況などの違いにかかわらず、かけがえのない存在として尊重する
人権	すべての人々を生まれながらにして侵すことのできない権利を有する存在であることを認識し、いかなる理由によってもその権利の抑圧・侵害・略奪を容認しない
社会正義	差別、貧困、抑圧、排除、無関心、暴力、環境破壊などのない、自由、平等、共生に基づく社会正義の実現を目指す
集団的責任	集団の有する力と責任を認識し、人と環境の双方にはたらきかけて、互恵的な社会の実現に貢献する
多様性の尊重	個人、家族、集団、地域社会に存在する多様性を認識し、それらを尊重する社会の実現を目指す
全人的存在	すべての人々を生物的、心理的、社会的、文化的、スピリチュアルな側面からなる全人的な存在として認識する

倫理基準	
クライエントに対する倫理責任	専門的援助関係の重視、クライエントの利益の最優先、クライエントの受容、クライエントへの説明責任、クライエントの自己決定の尊重、参加の促進、クライエントの意思決定への対応、プライバシーの尊重と秘密の保持、記録の開示、差別や虐待の禁止、権利擁護、情報処理技術の適切な使用

組織・職場に対する倫理責任	最良の実践を行う責務、同僚などへの敬意、倫理綱領の理解の促進、倫理的実践の推進、組織内アドボカシーの促進、組織改革
社会に対する倫理責任	ソーシャル・インクルージョン（包摂的な社会）を目指し、人々の主体性を活かしながら社会にはたらきかけ、全世界のソーシャルワーカーと連帯し、グローバル社会にはたらきかける
専門職としての倫理責任	・最良の実践を行うために、必要な資格を所持し、専門性の向上に努める ・クライエント・他の専門職・市民に専門職としての実践を適切な手段をもって伝え、社会的信用を高めるよう努める ・自分の権限の乱用や品位を傷つける行いなど、専門職全体の信用失墜となるような行為をしてはならない ・他の社会福祉士が専門職業の社会的信用を損なうような場合、本人にその事実を知らせ、必要な対応を促す ・不当な批判を受けることがあれば、専門職として連帯し、その立場を擁護する ・教育・訓練・管理を行う場合、それらを受ける人の人権を尊重し、専門性の向上に寄与する ・すべての調査・研究過程で、クライエントを含む研究対象の権利を尊重し、研究対象との関係に十分に注意を払い、倫理性を確保する ・何らかの個人的・社会的な困難に直面し、それが専門的判断や業務遂行に影響する場合、クライエントや他の人々を守るために必要な対応を行い、自己管理に努める

《国試にチャレンジ！》

1 公益社団法人日本社会福祉士会が作成した社会福祉士の倫理綱領には、調査や研究に関する専門職としての倫理責任についての項目はない。
【29回85改】　　　　　　　　　　　　　　　　　　　　　　　　（正答…✕）

社会福祉士の倫理綱領は、専門職として援助を行うにあたっての規範となるものです。グローバル定義とあわせて理解しておきましょう。事例対策としても重要です

B 倫理的ジレンマ

① 倫理的ジレンマとその事例

■ 倫理的ジレンマとは、相反する倫理的根拠があり、いずれも重要だと考えられる場合に生じる葛藤をいう。

■ ソーシャルワーカーが相談援助の業務を行うなかで、社会資源の制度と利用者に対する実践に、矛盾を感じたりジレンマに陥ったりする可能性がある。

■ 代表的倫理的ジレンマの例

ジレンマ	概要または事例等
守秘義務と第三者の利益を守る責任	生命・財産の保護を優先
守秘義務と社会に対する責任	法令遵守優先
利用者の自己決定と利用者の保護責任	利用者への誠実義務と最善の利益
専門職倫理と利用者との関係	行動規範と物品授受
所属組織に対する責任と利用者に対する責任	病院の稼働率をあげるための退院支援促進と患者の希望
利用者のニーズと社会資源	既存の資源ではニーズに対応できない場合
専門性への責任と同僚・職場への責任	倫理綱領と行動規範に則る

■ 児童虐待のケースで、子どもの権利と親の権利の間でジレンマが現れる場合がある。

■ 医師・病院側からの退院支援要請と患者・クライエント側の希望との間にジレンマが起こる場合がある。

■ 社会福祉士の倫理綱領に規定される物品授受の禁止と、クライエントとの人間関係の間にジレンマが起こる場合がある。

■ アメリカの「マネジドケア（managed care）」は、医療保険会社が医療行為をマネジメントするので、ソーシャルワーカーの裁量と患者の自己決定に矛盾が起きる。

> *word* **マネジドケア**
> 管理医療手法を用いた医療の効率化であるが、アメリカで行われているのは、医師等の医療者や患者・利用者等が医療や治療等（ケアやキュア）を決めるのではなく、保険会社が医療をマネジメント（管理）すること。

② 倫理的ジレンマの優先順位

■ 倫理的ジレンマがある場合は、倫理的判断過程に沿って、解決していく。

■ ドルゴフ（Dolgoff,R.）らによる倫理的指針選別順位（倫理的原理のスクリーン（Ethical Principles Screen：EPS））では、7つの倫理的原則の優先順位を明らかにし、「生命の保護」を最も優先すべきものとしている。

■ 倫理的指針選別順位（番号の順に判断する）

①生命の保護の原則、②社会正義の原則、③自己決定、自律、自由の原則、④最小限の害の原則、⑤生活の質の原則、⑥プライバシーと守秘義務の原則、⑦誠実さと開示の原則

■ ビューチャンプ（Beauchamp,T.L.）とチャイルドレス（Childress,J.F.）は、守秘義務違反が正当化される場合として、次の例をあげている。

■ 守秘義務違反が正当化される場合

① 第三者に及ぶ危害が極めて重大と予測される場合
② 危害を起こす可能性が高いこと
③ リスクのある人への警告や保護以外に選択肢がないこと
④ 守秘義務を破ることによって危害を予防できること
⑤ 患者に対する危害が最小限で許容範囲内であること

個人情報保護法においても、人の生命、身体または財産の保護のため必要がある場合は、本人の同意を必要としない例外規定がある。

倫理的ジレンマは事例問題でも出題されています

事例では対立する重要な倫理とは何かを見つけ出すことがポイントです。社会福祉士の倫理綱領や行動規範への理解も求められています

《国試にチャレンジ！》

1　クライエントに対する責任と、所属機関に対する責任には倫理的ジレンマが生ずる場合がある。【32回96改】　（正答…○）

2　利用者から物品の受領を強く希望された場合、信用失墜行為の禁止と、利用者との関係において倫理的ジレンマが生ずる場合がある。【28回96改】　（正答…○）

Lesson 6 — ソーシャルワークにおける専門職の概念と範囲

類出度 B | ソーシャルワークにおける専門職の概念

■ フレックスナー（Flexner, A.）は、1915 年の全米慈善矯正会議において、専門職の属性（専門職として成立する共通の条件）を提示し、ソーシャルワーカーは専門職に該当しないとした。

■ グリーンウッド（Greenwood, E.）は、1957 年に専門職の属性として①体系的理論、②専門職的権威、③社会的承認、④倫理綱領、⑤専門職的副次文化の 5 つを示し、「ソーシャルワーカーはすでに専門職である」とした。

■ カー – ソンダース（Carr-Saunders, A.）とウィルソン（Wilson, P.）は、職業発展のプロセスを分析し、その成熟度から専門職を 4 つに分類した。

■カー – ソンダースらの分類

確立専門職	医師、法律家など
新専門職	エンジニアなど
準専門職	教師、看護師、ソーシャルワーカーなど
可能的専門職	病院マネジャーなど

■ エツィオーニ（Etzioni, A.）は、ほかの専門職と比較することにより準専門職の概念を確立し、ソーシャルワーカーは確立専門職に及ばず準専門職とした。

■ ミラーソン（Millerson, G.）は、ソーシャルワークの専門職の属性として、①公衆の福祉という目的、②理論と技術、③教育と訓練、④テストによる能力証明、⑤専門職団体の組織化、⑥倫理綱領の 6 つを示した。

■ 仲村優一は、ソーシャルワーカーが専門職として共通に求められる条件を次のようにまとめている。

・科学的理論に基づく専門技術の体系をもつこと
・技術を身につけるには、一定の教育と訓練が必要であること
・一定の試験に合格し能力を実証すること
・倫理綱領を守ることによって、その統一性が保たれること
・サービスは公衆の福祉に資するものでなければならないこと
・社会的に認知された専門職団体として組織化されていること

《国試にチャレンジ！》

1. グリーンウッド（Greenwood, E.）は、公衆の福祉という目的、理論と技術、教育と訓練、テストによる能力証明、専門職団体の組織化、倫理綱領の6つの属性を示した。【37回109】 ☑☑ （正答…✕）

2. エツィオーニ（Etzioni, A.）は、専門職が成立する属性を挙げ、その中で専門職的権威の必要性を主張した。【34回94】 ☑☑ （正答…✕）

頻出度B 社会福祉士の職域

■ 社会福祉士は、ソーシャルワークの専門職として、支援を必要とする人やその家族からの相談支援を行うほか、多職種と協働して多様化・複雑化した地域課題を把握し、<u>地域共生社会</u>の実現に向けた取り組みを行う役割を担っている。

■ 社会福祉士の活動の分野や職域は多岐にわたっている。

■ 社会福祉士の職域

分野	主な職種	求められる視点・役割
障害者福祉	相談支援専門員、身体障害者福祉司、知的障害者福祉司	・障害者の暮らしや社会参加を支える ・バリアフリー、ノーマライゼーション、ソーシャル・インクルージョンなどへの理解
高齢者福祉	介護支援専門員、生活相談員、地域包括支援センターの職員	・自立支援や尊厳の保持を理念とする要介護高齢者や家族への相談支援、関係機関との連携・調整、支援困難事例への対応
児童福祉	家庭支援専門相談員・里親支援専門相談員（児童養護施設等）、児童福祉司（児童相談所）、児童指導員（障害児入所施設等）、こども家庭ソーシャルワーカー	・児童虐待への対応 ・児童虐待が発生する社会問題（孤立、生活困窮、子どもや親自身の障害）への理解 ・地域で子育てを支える視点
母子・父子福祉	母子支援員（母子生活支援施設）、母子・父子自立支援員	・母子の権利と尊厳の擁護、主体性を尊重 ・自立に向けた自立支援計画の作成と実施、就労支援、養育相談など
生活困窮者・低所得者福祉	主任相談支援員・相談支援員・就労支援員（自立相談機関）、生活指導員（救護施設）、社会福祉主事・現業員・査察指導員（福祉事務所）	・生活困窮者への就労や社会参加など自立に関する相談支援 ・貧困に陥る複合的な問題に対応するための関係機関との連携
医療福祉	医療ソーシャルワーカー	・入院中の患者や家族の相談支援 ・退院に向けた社会的な支援の提供など
教育福祉	スクールソーシャルワーカー	・問題を抱える児童や生徒の環境へのはたらきかけ、関係機関等との連携・調整

司法福祉	社会福祉アドバイザー、社会復帰調整官	・更生支援と社会復帰 ・検察庁での入口支援、矯正施設での出口支援、保護観察所などでの支援
独立型・その他	・個人の事務所において成年後見人等、行政等からの委託による仕事など ・民間企業の人事部などでメンタルサポート、障害者雇用のサポートなどソーシャルワークの実践	

B 福祉行政・民間の施設や組織における専門職

① 福祉行政における組織・専門職

■ 社会福祉関係の主な行政機関として、福祉事務所、児童相談所、身体障害者更生相談所、知的障害者更生相談所、精神保健福祉センター、保健所、女性相談支援センターがある（「7 地域」レッスン4参照）。

■ 福祉行政における主な専門職として、福祉事務所の現業員・査察指導員・社会福祉主事、児童福祉司、身体障害者福祉司、知的障害者福祉司、精神保健福祉相談員、女性相談支援員がある（「7 地域」レッスン4参照）。

■ 社会福祉主事は、社会福祉法に規定される都道府県知事または市町村長の補助機関である職員（18歳以上）で、人格が高潔で、思慮が円熟し、社会福祉の増進に熱意があるものでなければならない。

社会福祉主事は、大学、短期大学等において、厚生労働大臣の指定する社会福祉に関する科目を修めて卒業した者、社会福祉士、厚生労働大臣の指定する試験に合格した者、その他の条件を満たす者（精神保健福祉士など）が任用される。

② スクールソーシャルワーカー

■ スクールソーシャルワーカーは、学校などに配置され、いじめ、不登校、暴力行為、児童虐待などの生徒指導上の課題に対応するため、専門的な知識・技術を用いて課題解決を図る専門職である。

■ スクールソーシャルワーカーは、児童生徒のおかれたさまざまな環境にはたらきかけるほか、関係機関等とのネットワークの構築、連携・調整、学校内におけるチーム体制の構築支援、保護者・教職員等に対する支援・相談・情報提供、教職員等への研修活動を行う。

スクールソーシャルワーカー活用事業（「4 原理」レッスン7参照）において、スクールソーシャルワーカーの選考対象となる保有資格として、社会福祉士や精神保健福祉士、家庭支援専門相談員が明記されている。

■ スクールソーシャルワーカーが協働（連携）する対象と範囲

	クラス担任	学校・管理職	保護者	警察・地域	加害者・家族	専門職
いじめ	◎	◎	○	×	×	×
不登校	○	○	○	×	×	◎
発達障害	○	◎	◎	×	×	◎（ケースによる）

スクールソーシャルワーカーは事例問題で複数回出題されています。職務内容を理解し、連携する対象や範囲に着目して解答しましょう。

③ 施設長
- 施設長は、社会福祉法に基づき、**社会福祉施設**に配置される。
- 施設長の資格要件として、①**社会福祉主事**任用資格を有する者、②**社会福祉事業**に2年以上従事した者（事業の種別により異なる）、③社会福祉施設長資格認定講習課程を受講した者、などがある。

④ 介護支援専門員・生活相談員
- **介護支援専門員**は、要介護者等からの相談に応じ、ケアプランの作成やサービス事業所等との連絡・調整などを行う専門職で、利用者の尊厳の保持、自立支援などを理念とする。
- **生活相談員**は、指定介護老人福祉施設などにおいて、利用者の相談・援助などを行う。
- 生活相談員の資格は、社会福祉主事またはそれと同等の能力があると認められる者となっていて、近年は社会福祉士が任用されることが多くなっている。

⑤ 社会福祉協議会の職員
- 全国社会福祉協議会には企画指導員、都道府県・指定都市社会福祉協議会には福祉活動指導員、市区町村社会福祉協議会には**福祉活動専門員**が配置される。
- 福祉活動専門員は、住民や団体、関連機関と連携しながら、地域のさまざまな問題を取り扱う。
- 福祉活動専門員の活動には、地域の異文化問題に関して、交流や相互理解の場を提供したり設定することなどもある。

⑥ 地域包括支援センターにおける専門職
- 地域包括支援センターには、原則として**保健師**、**社会福祉士**、**主任介護支援専門員**が

配置される。
- 地域包括支援センターの社会福祉士は、保健師、主任介護支援専門員と連携し、その専門性を活かして、地域の被保険者の相談支援事業や権利擁護事業などを行っている。

■専門職の配置基準

施設等	職員
介護老人福祉施設	医師、生活相談員、介護職員・看護職員、管理栄養士・栄養士、機能訓練指導員、介護支援専門員、調理員等
介護老人保健施設	医師、薬剤師、支援相談員、介護職員・看護職員、理学療法士・作業療法士・言語聴覚士、管理栄養士・栄養士、介護支援専門員、調理員等
母子生活支援施設	施設長、嘱託医、母子支援員、少年指導員、調理員等
乳児院	施設長、嘱託医、看護師、保育士、個別対応職員、栄養士、家庭支援専門相談員、調理師等
地域包括支援センター	保健師、社会福祉士、主任介護支援専門員
救護施設	施設長、医師、生活指導員、介護職員、看護職員、栄養士、調理員

専門職については事例問題で問われます。その職種の職務内容、配置される機関、求められる対応などについて整理して押さえておきましょう

《国試にチャレンジ！》

1 スクールソーシャルワーカーは、発達障害の疑いのある児童に対し、校内ケース会議の開催を準備するとともに、母親に連絡を取ることを検討する。【27回97改】　✓✓　　　　　　　　　　　　　　　　　（正答…○）

2 スクールソーシャルワーカーは、不登校の児童に対し、スクールカウンセラーに心理専門職としての意見を聴く。【28回97改】　✓✓　（正答…○）

Lesson 7 ミクロ・メゾ・マクロレベルにおけるソーシャルワーク

頻出度 B ソーシャルワークにおけるミクロ・メゾ・マクロレベルの領域

① 各レベルとソーシャルワークの対象

■ ソーシャルワークの支援や実践の対象は、ミクロ（小領域）、メゾ（中領域）、マクロ（大領域）に分けられる。

■ ソーシャルワークでは、ミクロ・メゾ・マクロレベルの相互性や重層性、全体の関連性を把握したうえで、それぞれの領域にはたらきかけ、生活問題の解決を図っていく。

■ ソーシャルワークの実践のレベル

■ ミクロ・メゾ・マクロの対象

ミクロ	個人やその個人に身近な家族等
メゾ	個人に直接影響を与える環境・システム →学校や職場、町内会・自治会、市町村などの地域組織、公民館などの人が集まる地域拠点、親戚や近隣の住民、職場の同僚や学校の友人、同じ趣味のサークルなどに所属するメンバー
マクロ	個人に限らず幅広く人々の生活に影響を与えるもの →政府による政策のあり方、国の経済的な状況、国外の政治・経済、世界的な気候や環境破壊の問題

マクロレベル
政策・制度など

メゾレベル
学校・職場など

ミクロレベル
個人・家族

② ミクロ・メゾ・マクロにおける課題の把握

■ ソーシャルワーカーは、クライエントの生活課題をミクロ・メゾ・マクロの視点で分類し、把握することが重要である。

■ 各要因が相互につながり影響を及ぼしている状況なども理解する必要がある。

頻出度 B ミクロ・メゾ・マクロレベルにおけるソーシャルワークの展開

① ミクロレベルにおけるソーシャルワーク

■ ミクロレベルにおけるソーシャルワークは、クライエントおよびその家族等が対象となり、個人や家族等が抱える生活課題を個別的に解決する方法である。

■ 支援の過程においては、クライエントの強み（ストレングス）を引き出し、クライエント本人が主体的に解決できるよう、はたらきかける姿勢が求められる。

基盤

7 ミクロ・メゾ・マクロレベルにおけるソーシャルワーク

423

■ミクロレベルのソーシャルワークの実践の例

・個人・家族等へのカウンセリング
・ケースマネジメント
・家族療法

② メゾレベルにおけるソーシャルワーク

■メゾレベルにおけるソーシャルワークは、クライエントに直接影響を与えるグループ、本人が所属する学校や職場などの身近な組織、地域住民などに介入し、その変化を促すことでクライエントの問題の解決を目指す方法である。
■自らが所属する機関が、地域住民との関係を築けているか、連携・ネットワークができているかといった検証も、メゾレベルにおけるソーシャルワークの実践である。

■メゾレベルのソーシャルワークの実践の例

・地域の自治体などの組織運営のあり方への働きかけ
・共通した課題をもつ地域住民同士のつながりづくり
・発達障害やひきこもりなどさまざまな問題を抱える人のセルフヘルプグループの活動や運営

③ マクロレベルにおけるソーシャルワーク

■マクロレベルにおけるソーシャルワークは、国家、制度・政策、社会規範、地球環境などに介入し、社会構造の変革や向上を促して問題の解決を目指す方法である。
■ソーシャルワーカーは、困難を抱える人の代弁者（アドボケーター）として活動することが重要となる。

■マクロレベルのソーシャルワークの実践の例

・市区町村などの各種の委員会や計画策定への地域住民の参加を促進
・関係組織や機関のつながりの強化・組織づくり・社会資源の開発
・地方公共団体の計画策定や政策形成の場への参加
・関係省庁や市区町村への働きかけ

《国試にチャレンジ！》

1　「身寄りのない患者との詳細なアセスメント面接を行う」ことは、メゾレベルの介入である。【34回95】　　　　　　　　　　　　　　（正答…✕）

2　「市と福祉事務所との総合的な連携の在り方について協議する」ことは、ミクロレベルの介入である。【34回95】　　　　　　　　　（正答…✕）

試験では、事例を読んでどのレベルへの介入かを答えさせる問題が出題されやすいです。基本を押さえておきましょう

424

Lesson 8 総合的かつ包括的な支援と多職種連携

C ジェネラリストの視点に基づく総合的かつ包括的な支援の意義と内容

■ **ジェネラリスト・ソーシャルワーク**は、ケースワーク、グループワーク、コミュニティ・オーガニゼーションの共通基盤を統合し、再構築したソーシャルワークであり、そのアプローチをジェネラリスト・アプローチという。

■ ジェネラリスト・ソーシャルワークでは、総合的・包括的な支援を行う。

■ ジェネラリスト・ソーシャルワークの視点
- クライエントと地域との相互作用・交互作用を重視する
- 利用者のもつ**ストレングス**（強み、能力、可能性）に着目し、それを活かした援助を行う
- 利用者本人だけではなく、利用者を取り巻く環境のストレングスにも着目する
- 取り組みの主体をクライエント本人におく
- 社会資源の開発も含めた総合的な支援と多職種連携によるチームアプローチが必要

■ ソーシャルワークにおいては、**ミクロ**・ソーシャルワーク（個人・家族対象）、**メゾ**・ソーシャルワーク（集団や身近な組織対象）、**マクロ**・ソーシャルワーク（地域社会や社会対象）といった対象へのかかわり方が求められている。

> **ワンポイント** ミクロ、メゾ、マクロというレベルの別の区分として、ブロンフェンブレンナー（Bronfenbrenner, U.）の提唱したエクソレベル（エクソシステム）がある。個人が直接参加していないが、間接的に影響を及ぼすシステムで、例えば両親の友人関係や兄弟姉妹の学校などがあげられる。

■ ソーシャルワークにおける総合的支援機能とは、エコシステムの視点からクライエントと環境を把握し、分析・統合したうえで専門知識や専門援助技術を用いることで、専門職としての**価値**に基づき、**クライエント主体**のソーシャルワークを行うことが重要である。

■ ソーシャルワークにおける**マルチシステム**では、援助の対象を家族、グループ、施設、組織、地域など複数の人で構成される**マルチパーソンクライエントシステム**としてとらえ、援助する側も、複数の人で構成される**マルチパーソン援助システム**としてとらえる。

《国試にチャレンジ！》

 1 ジェネラリスト・アプローチは、ケアマネジメントと類似点が多いこともあって、我が国においては高齢者福祉分野に特化して用いられている。
【25回97】 （正答…✗）

頻出度 C ジェネラリストの視点に基づくチームアプローチ

■ 総合的・包括的な視点から支援を行うためには、多職種連携（チームアプローチ）が重要になる。

■ **多職種連携に関する用語の整理**

用語	意味
コンピテンシー	複雑な状況下で、有する素質・要素をふさわしいときに適切に活用し、統制することのできる能力
タスク機能	任務（タスク）を達成するための機能
メンテナンス機能	チームを維持・強化するための機能
パーマネントチーム	特別なニーズをもつ利用者のための固定されたメンバーによるチーム
ヒエラルキー	階層構造。ピラミッド型の上下関係や階級制度のこと

■ 高度に制度化された専門技能のヒエラルキーをもつ指揮命令型のチームは、緊急対応に適している。
■ 利用者参加型チームのカンファレンスでは、利用者とメンバーがグループとして連携し協働する。
■ 多職種チームにおけるグループ過程の基本的要素には タスク機能 と メンテナンス機能 があり、両者は相互に関連し合う。
■ 多職種がもつ価値や視点の差異から生じる葛藤は、チーム・コンピテンシーの低下につながる可能性があるため、解決することが望ましい。
■ 複合的な課題をもつ家族への相談援助では、家族支援の専門性を高めるために、多職種で構成されたチームが望ましい。
■ 複合的な課題をもつ家族への相談援助では、フォーマルなサービスとインフォーマルな資源を組み合わせ、継続的な対応を行うべきである。

ジェネラリスト・ソーシャルワークの視点は重要ということですね

ソーシャルワークでは、特定の分野にだけ専門性を発揮するのではなく、全体的・包括的な視点が不可欠となります。ジェネラリスト・ソーシャルワークに影響を与えたシステム理論については、次の「相談援助の理論と方法」でくわしく学習しましょう

11

ソーシャルワークの理論と方法
（共通・専門）

Lesson 1 — 人と環境との交互作用に関する理論

頻出度 A システム理論

① システム理論

■ システム理論は、ソーシャルワークを実践するうえで重要な理論の1つであり、ケースワーク、グループワーク、コミュニティワークなどの方法論の統合化に大きな影響を与えた。

■ システム理論とは、常に交互作用を行っている「人と環境」の関係を1つの統一体として把握する方法であり、個人と環境の適合のあり方に焦点を当て、はたらきかける。

■ システムとは、複数の要素が有機的に関連し合っている集合体である。

■ システム理論の視点では、生活問題の原因は個人と環境の相互作用にあるとして、個人と環境を調整する。

② システム理論の発展段階

■ 第一世代のシステム理論は、環境と相互作用しながら自己維持し続ける機構とは何かという問いが要であり、ベルタランフィ（Bertalanffy, L. von.）の一般システム理論とキャノン（Cannon, W. B.）のホメオスタシス（恒常性維持）概念がある。

■ 一般システム理論では、システムは有機体で階層性があり、外部環境に対して開かれている開放システムとしてとらえる。

> **word** 開放システム
> 開放システムは、外部との情報やエネルギー、物質とのやり取りがあり、環境変化に応じて変動するシステムである。これに対して、閉鎖システムは、外部とのやりとりが排除されているシステムである。

■ キャノンは、生物は変わりやすい外部環境のなかで内部環境の安定（恒常性）を保つ機構があるとして、これをホメオスタシスと名づけた。

■ 第二世代システム理論の自己組織化論は、システムに内在的に含まれるゆらぎが、秩序を保ちながら新しい領域に向かって自己を形成していくという考え方である。

■ 第三世代システム理論はオートポイエーシス理論で、自己組織化理論の発展形である。自律性、個体性、境界の自己決定、入力と出力の不在の4つを特色とする。

③ サイバネティックス

■ サイバネティックスとは、情報の交通（通信）と制御の観点から、既存の科学の共通点を統一的・体系的に解明しようとする試みである。

■ サイバネティックスでは、システムがどのように作動・変動するかはフィードバック

によるものとしている。一般システム理論や自己組織化理論などのシステム理論には、サイバネティックスの考え方が含まれている。

④ 人と環境の関係

■ ケンプ（Kemp, S.P.）らによる「人―環境のソーシャルワーク実践」では、環境を5種に分類し、ソーシャルネットワークの積極的な活用、環境における活発なアセスメント、契約、介入による目標達成などをあげている。

■ ケンプらの「人―環境のソーシャルワーク実践」における環境

①知覚された環境
②自然的・人工的・物理的環境
③社会的・相互作用的環境
④制度的・組織的環境
⑤社会的・政治的・文化的環境

■ ピンカス（Pincus, A.）とミナハン（Minahan, A.）は、人と環境の関係を、人々と資源システムとの連結や相互作用としてとらえた。
■ ピンカスとミナハンは、4つのサブシステムの相互作用に着目するよう提唱した。

■ ピンカスとミナハンの4つのサブシステム

クライエント・システム	援助活動を通して問題解決に取り組もうとする個人や家族などから構成される小集団
ワーカー・システム（チェンジ・エージェント・システム）	援助活動を担当するソーシャルワーカーとそのワーカーが所属する機関や施設とそれを構成している職員全体
ターゲット・システム	クライエントとワーカーが問題解決のために、変革あるいは影響を与えていく標的とした人々や組織体
アクション・システム	変革に影響を与えていく実行活動に参加する人々や資源のすべてを指し、実行活動のチームワークを構成する

《国試にチャレンジ！》

1 ホメオスタシスとは、システムが恒常性を保とうとする働きである。
【32回98】　（正答…○）

2 ケンプ（Kemp, S.）は、環境を「知覚された環境」、「自然的・人工的・物理的環境」など5種に分類した。【31回98】　（正答…○）

3 ターゲット・システムは、ソーシャルワーカーが所属している機関を指す。
【31回100】　（正答…×）

B 生態学理論とバイオ・サイコ・ソーシャルモデル

① ブロンフェンブレンナーの生態学的システム理論

■ 生態学理論は、生物と環境との相互作用を理解しようとする学問である。

■ ブロンフェンブレンナー（Bronfenbrenner, U.）は、生態学理論を子どもの発達理論に取り入れた生態学的システム理論を提唱した。

■ ブロンフェンブレンナーは、子どもの成長に影響を与える環境を 5 つの社会システム（ミクロシステム・メゾシステム・エクソシステム・マクロシステム・クロノシステム）に区分した。

■ ソーシャルワークの支援においても、ブロンフェンブレンナーのシステムの概念からとらえ、介入することがある。

■ ブロンフェンブレンナーの社会システム

システム	概要	ソーシャルワークのミクロ・メゾ・マクロとの比較
ミクロ（マイクロ）システム	個人に密接にかかわる家族、親子、友人など	ミクロレベル
メゾシステム	個人とかかわる集団や組織、所属機関や地域	メゾレベル
エクソシステム	個人に直接関係ないが間接的に影響を受けるシステム（家族の所属機関など）	（メゾレベルより広い概念）
マクロシステム	社会や国や行政機関など。法律や制度改正も視野に入れた介入	マクロレベル
クロノシステム	時代的な流れやライフイベントなどの時間軸	——

② バイオ・サイコ・ソーシャルモデル

■ バイオ・サイコ・ソーシャルモデル（BPS モデル）は、1970 年代に医師のエンゲル（Engel, G. L.）が提示した考え方で、クライエントをバイオ（bio ＝生理的・身体的状態）、サイコ（psycho ＝精神的・心理的状態）、ソーシャル（social ＝社会的・環境的状態）という 3 つの側面に分けて理解することを重視する。

■ バイオ・サイコ・ソーシャルモデルは、ベルタランフィの一般システム理論の影響を強く受けており、人間を多面的・包括的に理解しようとする視点をもち、精神医学や医療の分野で広く用いられている。

Lesson 2 ソーシャルワークの実践モデルとアプローチ

頻出度 B 治療モデルと生活モデル

① 治療モデル（医学モデル）
- 治療モデル（医学モデル）は、客観的証拠（エビデンス）を重視し、客観性や科学性を担保しつつ、課題を認識しようという特徴をもつ。
- 治療モデルは、クライエントが問題をもつことを病理であるととらえ、クライエントへの診断と処遇の過程を重視した。
- リッチモンド（Richmond, M.E.）は、社会環境を改善することと、クライエントのパーソナリティを治療的に改良することを実践の目標とした。
- 治療モデルから発展したものに、診断主義アプローチ、心理社会的アプローチがある。
- トール（Towle, C.）とハミルトン（Hamilton, G.）らは、リッチモンドのケースワーク理論を発展させ、診断主義ケースワークの理論的体系化を行った。
- 治療モデルは、フロイト（Freud, S.）の精神分析を基礎にしている。

② 生活モデル
- ケースワークは、精神医学の影響を受けた治療モデルから、ジャーメイン（Germain, C.）とギッターマン（Gitterman, A.）により提唱された生活モデルへと変化した。
- 生活モデルは、生態学を学問的基盤とし、人と環境との相互作用やクライエントの生活実態に着目する。
- クライエントを治療の対象ではなく成長のための力を有する人ととらえ、短期間に多様な介入の方法を応用・活用して援助を行う。

《国試にチャレンジ！》

  1 治療モデルは、問題を抱えるクライエントのもつ強さ、資源に焦点を当てる。【36回99】　　　　　　　　　　　　　　　　　　　（正答…✕）

頻出度 B ストレングスモデル

- ストレングスモデルは、クライエントのもつ強みや問題解決能力などに焦点を当て、それを活かして援助を行う方法である。
- サリービー（Saleebey, D.）によるストレングスモデルでは、クライエントが潜在的にもっているストレングスを援助者が発見することを通じて、信頼関係を築こうとする。
- サリービーは、問題解決を行うためのストレングスは個人や家族のみならず、地域の

なかにも見出すことができるとした。
- ストレングス視点での支援では、クライエントの意思を尊重し、行動の内容や方法を一緒に考える。
- クライエントのストレングスの見極めは、ソーシャルワーカーの客観的判断に基づくもののみでなく、本人の主観も大切である。
- ラップ（Rapp, C.）とゴスチャ（Goscha, R.）は、ストレングスモデルの原則の1つとして「地域を資源のオアシスとしてとらえる」ことを挙げ、地域社会の多様な資源の活用が重要としている。

《国試にチャレンジ！》

1 サリービー（Saleebey, D.）のストレングスアプローチは、クライエントの否定的な問題が浸み込んでいるドミナントストーリーに焦点を当て家族療法を行う。【34回100】 ✓ ✓ （正答…×）

心理社会的アプローチと機能的アプローチ 〔頻出度A〕

① 心理社会的アプローチ

- 心理社会的アプローチは、ハミルトンらの診断主義アプローチから発展したもので、自我心理学の影響も受けている。
- アメリカの社会福祉研究者であるホリス（Hollis, F.）は、ケースワークのなかに精神分析、自我心理学、力動精神医学を応用し、心理社会的アプローチを確立した。
- 心理社会的アプローチの基盤として中核に位置づけられるのは、フロイトの自我理論、精神分析理論である。
- 心理社会的アプローチでは、「人」と「状況」と両者の「相互作用」からなる三重の相互関連性からクライエントの問題をとらえる。
- 心理社会的アプローチは、「状況の中の人」という視点から、心理社会的状況下にある人間の行動や成長・発達に着目し、クライエントの社会的機能の維持・向上を支援目標とする。
- 心理社会的アプローチでは、初期段階から実際の介入が開始され、介入技法として、持続的支持、直接的支持（指示）、浄化法、人と状況の全体的反省、パターン力動的反省、発達的な反省がある。
- 持続的支持とは、傾聴、受容、はげまし、共感的理解などを行うことである。
- 直接的支持（指示）とは、助言、主張、介入などソーシャルワーカーの意見や態度を表明することである。

② 機能的アプローチ

- 機能的アプローチは、診断主義アプローチへの批判として登場したもので、タフト（Taft, J.）とロビンソン（Robinson, V.）によって確立・発展し、スモーリー（Smalley,

R.）によって継承された。
■ 機能的アプローチは、ランク（Rank, O.）の意思心理学（意思療法）の影響を受けている。
■ 機能的アプローチでは、クライエントのニーズを機関の機能との関係で明確化し、社会的機能を高めるための力を解放することに焦点を当てる。

> **word** 社会的機能
> 社会環境との交互作用のなかで、人間が環境からの要求に対処していくこと。

《国試にチャレンジ！》

1. 相談援助における心理社会的アプローチは、心理社会的問題を抱えている人を対象として、援助期間や時間を取り決めて援助する。【27回101】 （正答…✕）

2. 心理社会的アプローチの介入技法で「親に心配を掛けまいとして、泣きたいのをずっとこらえていたのですね」という言葉掛けは、直接的指示である。【31回102改】 （正答…✕）

3. ソーシャルワークにおける機能的アプローチでは、クライエントのニーズを機関の機能との関係で明確化し、援助過程の中でクライエントの社会的機能の向上を目指す。【33回101】 （正答…◯）

頻出度A 問題解決アプローチと課題中心アプローチ

① 問題解決アプローチ
■ パールマン（Perlman, H.）は、診断主義アプローチと機能的アプローチを統合し、問題解決アプローチを構築した。
■ 問題解決アプローチでは、クライエントが社会的役割を遂行するうえで生じる葛藤の問題を重視し、その役割遂行上の問題解決に取り組む力（コンピテンス）を重視する。
■ 問題解決アプローチは、クライエントを潜在的問題解決者、ソーシャルワークを問題解決過程であるととらえる。
■ 問題解決アプローチは、接触段階、契約段階、活動段階という過程で展開され、接触段階では、「動機づけ」「能力」「機会」についての探究を行う。
■ 問題解決アプローチでは、部分化の技法（特定の問題を細分化すること）を用いて、クライエントの問題解決能力（ワーカビリティ）を強化する。
■ 問題解決アプローチによる「6つのP」とは、人（person）、問題（problem）、場所（place）、援助過程（process）、専門家（professional）、制度・資源（provisions）のことである。

② 課題中心アプローチ
■ 課題中心アプローチは、リード（Reid, W.J.）とエプスタイン（Epstein, L.）によって構築された。

■ 課題中心アプローチは、心理社会的アプローチ、問題解決アプローチ、行動変容アプローチ、さらにはアメリカ・プラグマティズムの影響を受けている。

> **word** プラグマティズム
> 19世紀後半以降、アメリカで展開された思想で、「実用主義」という意味。

■ 課題中心アプローチは、時間的な構造が重要と考え、援助に要する期間を早い段階から定めることを重視し、援助を進める短期処遇の方法である。
■ 課題中心アプローチでは、標的とする問題を確定し、解決するための取り組むべき課題を設定し、面接回数・頻度などの期間を限定して進めていく。
■ 課題中心アプローチは、具体性を重視し、アセスメントでは、問題を具体的な行動としてとらえる。

《国試にチャレンジ！》

1. 問題解決アプローチでは、クライエントの動機づけ、能力、機会を把握して支援を進める。【37回71】 ✓✓　　　　　　　　　　(正答…○)
2. リード（Reid, W.）とエプスタイン（Epstein, L.）が提唱した課題中心アプローチでは、支援期間を短期に設定し、処遇目標や面接の回数などを明確化する。【30回102】 ✓✓　　　　　　　　　　(正答…○)

頻出度 A 危機介入アプローチ

■ 危機介入アプローチは、フロイトの精神分析理論、エリクソン（Erikson, E.H.）の自我心理学、学習理論を基盤としている。
■ 危機介入アプローチは、キューブラー－ロス（Kübler-Ross, E.）の「死の受容過程」研究、リンデマン（Lindemann, E.）の「死別による急性悲嘆反応」研究、キャプラン（Caplan, G.）の「地域予防精神医学」研究の各成果を取り入れ、短期処遇の方法として理論化された。
■ 危機介入アプローチでは、危機的な状況に陥ったクライエントに対して、適切な時期に短期集中的に介入して対処能力を強化し、社会的機能の回復に焦点を当てた対応を行う。
■ キャプランは、危機に陥る可能性の高い状況をあらかじめとらえることによる、早期介入の重要性を強調した。

《国試にチャレンジ！》

1. 相談援助における危機介入アプローチは、生活上の深刻な問題に対処するため、長期処遇の方法として理論化されている。【27回102改】 ✓✓　(正答…×)
2. キャプラン（Caplan, G.）は、危機から回復する要因として対処機制を挙げた。【28回100】 ✓✓　　　　　　　　　　(正答…×)

実存主義アプローチ・フェミニストアプローチ 〈頻出度A〉

- 実存主義アプローチは、実存主義を基盤とし、クリル（Krill, D.）によってソーシャルワーク実践に適用された。
- 実存主義アプローチでは、クライエントが実存的な苦悩を抱えている状態から抜け出す（疎外からの解放）ために、他者とのつながりに目を向け、自らの存在意味を把握して自己を安定させる。
- 実存主義アプローチでは、利用者の主体的な意思決定や自己選択が重視される。
- フェミニストアプローチは、ドミネリ（Dominelli, L.）やマクリード（McLeod, E.）によって体系化された。
- フェミニストアプローチは、女性にとっての差別や抑圧などの社会的な現実を顕在化させ、個人のエンパワメントと社会的抑圧の根絶を目指し社会変革を意図する。

《国試にチャレンジ！》

1. 実存主義アプローチでは、クライエントが自我に囚われた状態から抜け出すために、他者とのつながりを形成することで、自らの生きる意味を把握し、疎外からの解放を目指す。【36回100】　（正答…○）
2. フェミニストアプローチは、クライエント自らが問題を解決するための課題を設定し、あらかじめ決められた期間の中で課題を達成することを目指す。【31回103】　（正答…×）

行動変容アプローチ 〈頻出度A〉

- 行動変容アプローチは、スキナー（Skinner, B.）の学習理論の影響を受け、レスポンデント条件づけ（古典的条件づけ）とオペラント条件づけ、バンデューラ（Bandura, A.）の提唱した社会的学習理論、認知行動療法による知見をソーシャルワークに統合的に導入して、トーマス（Thomas, E.）により体系化された。

 学習理論
人の行動は学習によって形成され、また、その改善も学習によって達成されるとする理論。

 社会的学習理論
人の行動は、他人の行動を観察し・模倣することによって学習し定着するという考え方。バンデューラ（Bandura, A.）は、この理論に基づいてモデリング（観察学習）を唱えた。

- 行動変容アプローチは、観察可能な具体的な行動として問題を明確化し、行動に影響する諸条件を操作する（学習と模倣）ことにより行動を変容させる手法である。
- 条件反射の消去あるいは強化により、適応行動を増やし、問題行動を減少させる。

■行動変容アプローチは、社会生活技能訓練（SST）の技法を用いる。

《国試にチャレンジ！》

1　行動変容アプローチに最も大きな影響を及ぼした理論はスキナー（Skinner,B.）の学習理論である。【28回101改】✓✓　　　　　　　　　　　（正答…◯）

〔類出度 A〕エンパワメントアプローチ

■エンパワメントの概念が初めて用いられたのは、ソロモン（Solomon, B.）の『黒人のエンパワメント―抑圧された地域社会におけるソーシャルワーク』においてである。

■ソロモンは、人は敵対的な社会環境との相互関係によって無力な状態に陥ることが多いが、クライエントのもっている力に着目し、その力を引き出して積極的に利用、援助するエンパワメントアプローチを提唱した。

■ハートマン（Hartman, A.）は、ソーシャルワーカーがクライエントとパートナーシップを保つ関係が、クライエントのエンパワメントにつながるとした。

■グティエレス（Gutierrez, L.）は、エンパワメントアプローチでは集団を通しての体験が重要であるとした。

■カウガー（Cowger, C.D.）はストレングスの重要性に着目し、「ストレングスはエンパワメントの燃料である」と述べた。

■マルシオ（Maluccio, A.N.）は、エンパワメントアプローチに影響を与えたコンピテンスの概念を提唱した。

■エンパワメントアプローチでは、クライエントが、自分のおかれている否定的な抑圧状況を認識し、潜在能力に気づき、その能力を高め、課題に対処していくことと、抑圧状況の要因を変革することに焦点を当てる。

■コックス（Cox, E. O.）とパーソンズ（Parsons, R. J.）は、エンパワメントアプローチを個人、対人、組織、社会の４つの次元でとらえ、それぞれの次元で奪われた力を獲得させながら強化していくことを目指した。

《国試にチャレンジ！》

1　エンパワメントアプローチは、クライエントのパーソナリティに焦点を絞り、行動の変化を取り扱う。【35回100】✓✓　　　　　　　　　　（正答…✕）

2　エンパワメントアプローチでは、クライエントが、自分の置かれている抑圧状況を認識し、潜在能力に気付き、対処能力を高めることに焦点を当てる。【30回103】✓✓　　　　　　　　　　　　　　　　　　　　（正答…◯）

436

解決志向アプローチ

- 解決志向（ソリューションフォーカス）アプローチは、1980年代にドゥ・シェイザー（Shazer, S.D.）とバーグ（Berg, I.K.）らによって提唱されたブリーフセラピー（短期療法）の１つである。
- 解決志向アプローチは、問題解決の過程をクライエントとともに構築していくことを重視し、クライエントがもつ解決イメージに焦点を当て、短期間で解決に導くことを尊重する。
- 解決志向アプローチの面接では、「クライエントから教わる」という基本姿勢（無知の姿勢）「ワン・ダウン・ポジション（下から目線）」で傾聴する。
- 解決志向アプローチは、問題の原因を追究するのではなく、リソース（クライエントの能力、強さ、可能性など）を活用することを重視する。
- 解決志向アプローチでは、ミラクル・クエスチョンなどの質問法や、ソリューション・トーク（解決に関する会話）、ウエルフォームド・ゴール（適確な落としどころ）の設定、「例外」づくりなどの手法を用いる。

■解決志向アプローチの質問

ミラクル・クエスチョン	問題が解決した後の生活の様子や気持ちについて想像を促し、よい部分を明確化する
スケーリング・クエスチョン	クライエントが経験したことや今後の見通しなどについて、数値に置き換えて評価する
コーピング・クエスチョン	対処の質問：問題にどのように対処してきたかを質問し、自らの強さに注目させる
エクセプション・クエスチョン	問題が起こらなかった「例外」に気づかせ、解決への志向を促す
サポーズ・クエスチョン	仮に解決した状況を尋ね、思考を未来へ向けさせる
サバイバル・クエスチョン	そのときにどのように生き抜いたかを尋ねる

《国試にチャレンジ！》

1. 解決志向アプローチでは、問題の原因の追求よりも、クライエントのリソース（能力、強さ、可能性等）を活用することを重視する。【29回100】 (正答…○)
2. ミラクル・クエスチョンは、クライエントがこれまでに経験した奇跡的な体験について尋ねる。【25回109】 (正答…×)

ナラティブ・アプローチ（社会構成主義）

■ ナラティブ・アプローチは社会構成主義やポストモダンの考え方を基盤としており、ホワイト（White, M.）とエプストン（Epston, D.）は、その発展に寄与した。

> **word　社会構成主義**
> 「現実は社会的に構成されたもの」「現実は、人と人との対話を通じてつくられるもの」という認識論。フーコー（Foucault, M.）の思想の影響を受けている。

■ ナラティブ・アプローチは、問題が生じているクライエントの物語（ドミナント・ストーリー）を、援助者と対話しながら、クライエントにとって好ましい新たな物語（オルタナティブ・ストーリー）に書き換える手法である。
■ ナラティブ・アプローチでは、クライエントが自らの人生を構成するストーリーを理解し、人生を再構築することに焦点を当てる。
■ ナラティブ・アプローチでは、ソーシャルワーカーはクライエントが自分の人生を描き出す対話のパートナーとなる。
■ ナラティブ・アプローチは、伝統的な科学主義・実証主義への批判から、主観性と実存性を重視する。
■ ナラティブ・アプローチは、現実は人間関係や社会の産物であり、人々はそれを言語によって共有しているとする認識論の立場に立つ。
■ ナラティブ・アプローチは、問題の外在化、反省的質問などの方法を用いて展開する。
■ 問題の外在化とは、クライエントのストーリーを客観視することである。
■ 反省的質問では、クライエントに、問題に対してどのように対処してきたか、人生にどのような影響があったかを尋ねる。

《国試にチャレンジ！》

1　ナラティブ・アプローチは、専門性に基づく支援者の知識に着目した。【30回100】　　　（正答…✕）

2　ホワイト（White, M.）とエプストン（Epston, D.）のナラティブアプローチは、クライエントの生活史や語り、経験の解釈などに関心を寄せ、希望や意欲など、肯定的側面に着目した。【34回100】　　　（正答…✕）

その他のアプローチ

① ユニタリー・アプローチ
■ ゴールドシュタイン（Goldstein, H.）は、一般システム理論に基づいて、ソーシャルワークをとらえ、問題を定義して一元的にアプローチするユニタリー・アプローチを提唱した。

② エコロジカル・アプローチ
■ ジャーメイン（Germain, C.）とギッターマン（Gitterman, A.）は、エコロジカル（生態学的）・アプローチにおいて、人が生活環境と共存するための対処能力（コーピング）が弱い、あるいは、環境が人間のニーズに適応する応答性（レスポンス）が低い場合に生活ストレスが発生するとした。
■ エコロジカル・アプローチでは、人と生活環境の接点（インターフェイス）を明確にし、生活ストレスを生み出しているストレッサーを解明（アセスメント）する。

③ 家族システムアプローチ
■ ハートマン（Hartman, A.）によって提唱された家族システムアプローチは、家族をシステムとしてとらえ、家族にはたらきかけを行い、発展的変化・変容を生み出すことで問題解決を図る。

《国試にチャレンジ！》

1 ジャーメイン（Germain, C.）によるエコロジカルアプローチでは、問題の原因を追求するよりもクライエントの解決イメージを重視する。
【34回99】　　　　　　　　　　　　　　　　　　　　　　（正答…✕）

さまざまな理論過程を経て、ソーシャルワークのアプローチはより豊かで実践的なものになっています

Lesson 3 ソーシャルワークの過程

頻出度 B ソーシャルワークの対象の概念と範囲

① ソーシャルワークの対象

- ソーシャルワークの対象は、システム理論に基づく人と環境との全体的・包括的な状況から把握される。
- 援助の場では、クライエントの状況を一般化することなく、個の存在価値、個人の尊厳という思想的基盤に基づいて個人を理解する。
- ブトゥリム（Butrym, Z.）は、ソーシャルワークにおける3つの価値前提として、人間尊重、人間の社会性、変化の可能性をあげている。

■ソーシャルワークにおける3つの価値前提

人間尊重	人間は、人間であること自体に価値がある
人間の社会性	人間は、他者との相互関係のもとで社会生活を送っており、社会関係的な存在である
変化の可能性	個人のもつ変化の可能性を信頼し、尊重する

- 家族システム論では、家族を個人だけではなく家族成員間、世代、地域間の相互作用として機能する1つのシステムとしてとらえる。
- 家族をシステムとして理解するうえで重要な視点は、システムとしての自動制御性、閉鎖性と開放性、秩序、適応性である。
- 家族内で生じる問題は、家族の構成員が相互に影響しあうため、原因と結果は直線的なものではなく円環的に循環していくととらえる。

② ソーシャルワークの機能

- 岡村重夫は、社会福祉の固有性を、社会生活の基本的要求を充足するために社会成員が社会制度との間に取り結ぶ関係としてとらえた。

■岡村重夫によるソーシャルワークの機能

①評価的機能	社会生活上の問題の実態や原因を明らかにする →援助者が対象者とともに、対象者が抱える生活困難を評価するために必要とされる
②調整的機能	複数の社会関係が相互に矛盾または両立しない場合に、調和させ、両立させる →社会関係間で生じている不調和の解決を図るために必要とされる

③送致的機能	既存の社会資源を利用して、欠損した社会関係を回復させる、あるいはそれに代わる新しい社会関係を見出す →既存の社会資源の利用で主訴に対処できるとき、適切な機関に対象者を紹介するために必要とされる
④開発的機能	既存の社会資源の利用だけでは欠損した社会関係が回復不可能な場合、関係の回復を容易にする社会資源をつくり出す →不足している社会資源を開発するために必要とされる
⑤保護的機能	上記の4つの機能によっても、クライエントの社会関係の全体的調和が実現しないときや実現するまでの間、社会資源の利用要件を緩和した特別な保護的サービスを提供する →個人が必要とする保護を資源が整うまでの間、一時的に提供するために必要とされる

頻出度 B ケースの発見

■ ケースの発見は、ソーシャルワークの過程における最初の段階である。

■ ソーシャルワークの展開過程

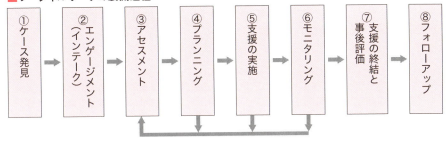

①ケース発見 → ②エンゲージメント（インテーク） → ③アセスメント → ④プランニング → ⑤支援の実施 → ⑥モニタリング → ⑦支援の終結と事後評価 → ⑧フォローアップ

■ ケースの発見には、クライエントから申し出る場合とソーシャルワーカーが**アウトリーチ**などにより発見する場合がある。
■ **ボランタリー**なクライエントは問題を解決しようとする動機づけが高く積極的なため、問題解決が比較的容易である。
■ **インボランタリー**（支援に対して消極的・拒否的）なクライエントと援助関係を結ぶためには、**ラポール**（信頼関係）の形成を行う必要がある。
■ インボランタリーなクライエントに対しては、**アウトリーチ**（ワーカーから出向くこと）が有効である。

《国試にチャレンジ！》

1 アウトリーチは、支援を求めて相談室を訪れるクライエントを対象とする。
【31回110改】　　　　　　　　　　　　　　　　　　　　　　　（正答…✕）

A エンゲージメント（インテーク）

- ■ エンゲージメントは、これからその人の抱える生活問題の解決を協働作業で取り組んでいくための「初期関与の段階」をいう。
- ■ エンゲージメントでは、クライエントの対象を個人・家族だけでなく、集団・制度までも視野に入れてかかわる。

> エンゲージメントは合意または契約をするという意味をもち、ソーシャルワークではインテークとほぼ同義語として使われる。ただし、より広い概念を含み、クライエントとソーシャルワーカーが対等な援助関係を結ぶことを目的とする。

- ■ ソーシャルワーカーは、クライエントが抱える問題（ケース）に自分の所属機関が対応できるかどうかなどのスクリーニングを行う。
- ■ スクリーニングにおいて、ソーシャルワーカーは、自分が所属する施設や機関の機能の範囲、自身の能力を検討する。
- ■ エンゲージメントでは、クライエントの気持ちを受け止めながら傾聴し、総合的な状況把握を行い、支援の緊急性を判断する。
- ■ 傾聴に有効な技法として、アイビイ（Ivey, A.）のかかわり技法がある。

> クライエントは、2つの不安（自分の問題に関する不安と自分の問題を他人に話すことに対する不安）を抱えている。相談援助の初期段階では、これらの不安をできるだけ取り除くことが重要である。

- ■ エンゲージメントでは、クライエントとの間に信頼関係（ラポール）を形成することが重要である。
- ■ 信頼関係の形成のために、ソーシャルワーカーは非審判的態度で接し、クライエントの気持ちに寄り添う。

《国試にチャレンジ！》

1. 相談援助のインテーク段階では、クライエントの支援計画の策定のために、具体的なサービスを検討する。【30回104改】　（正答…×）
2. 在宅介護を行う家族が地域包括支援センターに相談に訪れたケースの初回面接時には、利用者の気持ちを受け止めながら話を聴き、総合的な状況把握を行う。【28回103改】　（正答…◯）

アセスメント

- **アセスメント**とは、支援の開始にあたって事前評価を行う段階である。
- アセスメントでは、クライエントの状況を把握するために情報収集と分析を行う。
- 情報収集はクライエント本人と家族、関係者、コミュニティなどから行い、それらを総合的に検討してサービス内容を判断する。
- アセスメントは、支援プロセスの進行やクライエントの変化に伴って展開する動的なプロセスである。
- アセスメントには、必要に応じて図式によるマッピング技法を使用する。

■マッピング技法

エコマップ	クライエントと家族、周囲の人々、社会資源などとのかかわりを円や線、矢印を用いて表したもの
ジェノグラム	クライエントと複数世代（3世代以上）の家族との関係性を表したもの
ソシオグラム	小集団における人間関係の構造、関係のパターンを図式化したもの
ファミリーマップ	ジェノグラムに家族内の特定の関心事や問題状況を書き入れたもの

- PIE（Person-in-Environment）は、クライエントの社会生活機能の問題を社会的役割、環境的要因から記述し分類・記録するためのアセスメントツールである。

>
> **ワンポイント** PIEの社会生活機能は、人の社会的機能が不全である状態の分類体系で、周囲の社会環境との問題を記述したPIE独自のものである。

- 認知症ケアマッピング（DCM：Dementia Care Mapping）は、認知症の人々が過ごすグループホームなどの施設内で、状態の程度や行動などに焦点を当てて観察する評価方法である。
- MDS（Minimum Data Set）は、介護や支援を必要とする高齢者のためのアセスメントツールである。
- インターライ方式は、要介護高齢者のアセスメントツールであるMDSを再構築する形で開発されたものである。

《国試にチャレンジ！》

1 ジェノグラムは、クライエントを取り巻く人間関係や社会環境における資源のネットワークを可視化したものである。【33回112】　　（正答…✕）

2 PIE（Person-in-Environment）は、クライエントが訴える社会生活機能の問題を記述し、分類し、コード化する。【31回104】　　（正答…〇）

頻出度A プランニング

- プランニングは、クライエントの援助計画の策定のために、具体的な目標と具体的なサービスを検討する段階である。
- プランニングでは、アセスメントに基づいて、クライエントと協働して援助計画を作成する。
- 援助計画は、実現可能な課題を重視し、起こり得るリスクへの対応を踏まえて策定する。
- プランニングには、ソーシャルワーカーの援助計画、ソーシャルワーカーが所属する機関の援助計画、介護保険に規定されたケアプランなどがある。
- 病院など他職種と協働している場合は、ソーシャルワーカーの援助計画について、ケース検討会（ケースカンファレンス）でチーム全体の合意を得る必要がある。
- プランニングではニーズ（必要性）とデマンド（要求）を区別し、援助計画はニーズ優先アプローチに基づいて策定する。
- 援助計画では、段階的に目標を達成できるよう、短期目標と長期目標を設定する。
- 長期目標は、将来的なビジョンを示すものとして設定する。
- 短期目標は、短期間で達成できる具体的な目標を示す。
- 援助計画に基づいた支援について合意することをコントラクト（契約）という。

《国試にチャレンジ！》

1. プランニングでは、策定したプランの内容に基づいて、エンゲージメントをしなければならない。【30回116改】 ✓✓ （正答…×）
2. 短期目標は、将来的なビジョンを示すものとして設定する。【35回101】 ✓✓ （正答…×）

頻出度A 支援の実施とモニタリング

- 支援の実施とは、援助計画に基づき、さまざまな事業者・施設、関係機関と連携して支援を行う段階である。
- 支援の実施は、「介入（インターベンション）」という言葉が使われることがある。
- 介入には、面接技法などでクライエントにはたらきかける直接的な方法と、社会資源や周囲の環境などに間接的にはたらきかける方法がある。
- 支援の実施の間に、支援計画の見直しの必要性を確認したり、実施されているサービスの質を評価したりすることをモニタリングという。
- モニタリングの目的は、支援が計画どおりに実施されているかを継続的に把握し、新たなアセスメントにつなげることである。
- モニタリングでは、支援の実施状況を客観的に把握することが重要であるが、クライエントの主観的な言動も評価の対象に含める。

■モニタリングでは、クライエントや家族のほか、支援にかかわる関係者の意見を聴取する。

■モニタリングの流れ

① 対象の明確化	クライエント、クライエントの抱える問題、資源の明確化
② スケジュールの設定	いつ、どこで、誰が、何を、どのように支援するか
③ 結果評価	モニタリングの結果、新たな対応や計画見直しの必要性を判断

■評価とは、援助によって目標が達成できたかを判断する段階である。
■援助によって期待された効果が得られない場合は、再アセスメント、再プランニングを行う。

■モニタリング〜再アセスメント・再プランニング

① モニタリング	支援の経過の観察・評価
② 再アセスメント	現在の状況における情報収集とニーズの再発見
③ 再プランニング	支援の見直しと強化

《国試にチャレンジ！》

1 介入では、ケース会議などを通じて社会資源の活用や開発を図る。【34回104】　(正答…○)

2 ソーシャルワークの援助過程におけるモニタリングは、インテークの途中で実施される。【29回105改】　(正答…×)

支援の終結と事後評価・フォローアップ

■問題が解決できた場合や問題をクライエント自身で解決できると判断された場合は、支援の終結（ターミネーション）となる。
■ターミネーションでは、クライエントとともに支援の成果について話し合い、今後の生活目標を設定する。
■援助が終結しても、クライエントが再びサービスを利用する可能性がある。
■医療ソーシャルワークの退院支援では、本人や家族が退院後の生活について、自分の気持ちや具体的な対策を話し合うことで、不安な気持ちを浄化（カタルシス）できる可能性がある。
■支援の終結段階において、支援の効果を評価することを、事後評価（エバリュエーション）という。
■効果測定とは、計画が妥当であるか、援助に効果（ニーズ充足）があるかを検証する

ことである。
- 効果測定の結果を根拠として実践に活かすことを、エビデンス・ベースド・プラクティス（Evidence Based Practice：EBP）という。「根拠に基づく実践」という意味があり、効果測定の結果を根拠として、次の実践につなげることが重要となる。
- 単一事例実験計画法は、標準化されたスケールを用いて、援助開始前と援助後の介入（インターベンション）効果を定期的に測定する方法である。
- 単一事例実験計画法の対象は、単一の事例であれば、個人のみでなく家族や集団の事例でもよい。
- 危機介入の効果測定では、単一事例実験計画法を使用し、複数ケースの傾向を見ることでより適切な結果が得られる。

■効果測定の方法

単一事例実験計画法 （シングル・システム・デザイン）	同一の個人または同一事例について因果関係を判断し、介入（インターベンション）の効果を測定する
集団比較実験計画法	同じ問題をもつ人のなかから介入した群（実験群）と介入しなかった群（統制群）に分けて比較し評価を行う

- 支援が終結したクライエントの状況を一定期間後に確認することをフォローアップ（追跡調査）という。
- 支援が終結したクライエントに対し、必要に応じて援助を再開できるような体制を整えることをアフターケア（事後ケア）という。

《国試にチャレンジ！》

1　相談援助の過程における終結では、残された問題や今後起こり得る問題を整理し、解決方法を話し合う。【35回103】　　　　　　　　　　　　　（正答…○）

2　事後評価は、ワーカーがクライエントのプランニングに至る前に行う。
【37回75】　　　　　　　　　　　　　　　　　　　　　　　　　　（正答…×）

3　単一事例実験計画法では、クライエントを実験群と統制群に分けて測定する。
【32回104改】　　　　　　　　　　　　　　　　　　　　　　　　（正答…×）

Lesson 4 ソーシャルワークの記録

頻出度A 記録の意義・目的と方法

① 記録の意義・目的
- 記録は、援助業務が適正に行われたことを示すための証拠となる。
- 記録業務は、ミクロ・レベルからマクロ・レベルまで、ソーシャルワーク実践において実施され、援助の評価にも活用される。
- クライエントやその家族からの情報も正式な記録となる。

■記録の範囲

ミクロ・レベル	ソーシャルワーカー個人の振り返りやメモ
メゾ・レベル	施設・機関のスタッフとしての責任の明確化
マクロ・レベル	地域への施設・機関の果たすべき責任を明示

- ケーグル（Kagle, J.）は、記録の目的として、次の10点をあげている。

①クライエントのニーズを明確にする ②サービス内容を文書化する
③ケースの継続を維持する ④専門職間のコミュニケーションを促進する
⑤クライエントとの情報を共有する ⑥スーパービジョンやコンサルテーション等を促進する
⑦援助過程とその影響を確認する ⑧教育に役立てる
⑨業務管理上の課題に対するデータを提供する ⑩調査・研究に役立てる

② 記録の方法
- 記録では、文字情報のみでなく、必要に応じてエコマップ、ジェノグラムなどの図を活用する。
- 記録の様式には、過程記録（時間の経過に沿ってストーリー風に記述）、要約記録（援助内容やその結果を要約して記述）がある。
- 要約記録の1つに、項目記録（主な項目ごとに整理して要約）がある。
- 逐語記録は、クライエントの会話をそのまま記録したもので、逐語体の原型となる。
- 記録の文体には、叙述体、要約体、説明体などがある。

■記録の文体

叙述体	・最も基本的な記録の方法。支援の過程や事実の内容を正確に記録する ・記録者の解釈を加えない ①逐語体…会話の内容をそのまま記録する。声や態度も観察して記録する ②過程叙述体…事実を時間の経過に沿って記述する ③圧縮叙述体…叙述体のなかから必要な情報を圧縮し、要点だけを選択して短く記述する

447

要約体	・事実に解釈を加え、見解の要点を整理してまとめて記録する ①項目体…あらかじめ設定している援助課題の項目ごとに援助過程を簡潔に示す ②抽出体…ある状況、ある時点を抽出して記述する ③箇条体…支援の過程や内容の重要な部分を箇条書きにする。仮設を立てるときに利用する
説明体	事実に対し、ソーシャルワーカーの説明や解釈を加えて記述する

■ 面接の場面や実践の記録には、説明体が適している。

■ 長期にわたる援助の記録には、圧縮叙述体か要約体が適している。

■ 退院計画作成のために書く記録には、要約体が適している。

■ 問題志向型記録では、SOAP方式を用いて、S（主観的情報）、O（客観的情報）、A（アセスメント）、P（計画）に分けて記録する。

■ ケアマネジメントで用いられる記録に、フェイスシート、アセスメントシート、エバリュエーションシートなどがある。

■ 記録の種類

フェイスシート	クライエントの氏名、年齢、職業、家族構成など基本情報が記された個人票である。
アセスメントシート	クライエントの課題を解決するために、多面的なニーズを総合的に理解して記入する
プロセスシート	目標に対する援助過程を時系列に記述する
モニタリングシート	モニタリングの結果を記録する
エバリュエーションシート	援助の満足度や有効性を記述する
クロージングシート	支援の終結段階で用いる。終結に至った過程や残された課題などを記入する
プランニングシート （支援計画書）	本人の目指す暮らし、目標、総合的な援助の方針、援助内容などを記入する

③ 情報通信技術（ICT）の活用

■ 最近では記録のデジタル化が急速に進んでおり、情報リテラシーの向上が求められている。

■ 情報に関する用語

情報リテラシー	情報通信ネットワークを利用するのに必要な知識や技術
ICT（情報通信技術）	コンピュータ、携帯電話、ソフトウェア、インターネット、無線通信や、これらにかかわる各種サービス
情報資産	企業や組織などで保有している情報全般。介護サービス事業者では、利用者情報などの情報や電子メールなどのデータ、コンピュータ、USBメモリなどの記録媒体、紙の資料

情報セキュリティ	企業や組織においては、情報資産を機密性、完全性、可用性に関する脅威から保護すること
機密性	許可された者だけが情報にアクセスできるようにすること
完全性	保有する情報が正確であり、完全である状態を保持すること
可用性	許可された者が必要なときにいつでも情報にアクセスできるようにすること
SNS（ソーシャル・ネットワーキング・サービス）	会員制のオンラインサービスで、友人・知人、サークルなど共通点をもつ人と人のつながりを促進し、人間関係を円滑にするためのコミュニケーションツール
情報弱者	情報通信機器の利用が苦手な人や、正しい情報の入手先がわからない人
デジタル・デバイド	ITを活用する人の能力によって生じる情報格差

■データベース化された業務情報を活用するときは、データファイルの管理運営が重要となり、データの漏洩や流出、データ情報の持ち出しによる紛失などに注意する。

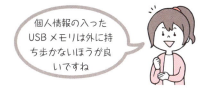

《国試にチャレンジ！》

1　クライエントやその家族からの情報は、正式な記録とはならない。【30回106】　　（正答…✕）

2　時間の経過に沿ってソーシャルワーク過程において起こる事実を記録する形式を説明体という。【32回117】　　（正答…✕）

3　逐語体は、ソーシャルワーカーとクライエントの会話における発言をありのままに再現して記述する。【33回115】　　（正答…◯）

Lesson 5 ケアマネジメント

頻出度A ケアマネジメントの意義、目的、方法、留意点

- ケアマネジメントとケースマネジメントはほぼ同義で、支援をマネジメント（管理）することである。
- ケースマネジメントは、アメリカで1970年代にモリス（Morris, R.）らによって提唱され、精神衛生プログラムや高齢者福祉分野で取り入れられた。
- ケースマネジメントは、イギリスで1990年のコミュニティケア法、日本で2000（平成12）年の介護保険法の施行により導入され、日本ではケアマネジメントが一般に用いられている。
- ケアマネジメントは、ソーシャルワーク（相談援助）と同様の展開過程である。
- ケアマネジメントの目的は、クライエントのニーズに応じて地域の資源を活用・調整し、住み慣れた地域でできる限り長く暮らし続けられるようにすることである。

■ケアマネジメントの展開過程

①ケースの発見	本人・家族のほか、民生委員、地域住民、他機関からの連絡を含む
②インテーク（受理面接）	インフォームドコンセントと契約
③アセスメント（事前評価）	情報収集を行い、生活課題（ニーズ）を明らかにする
④ケアプラン作成	生活課題を解決するための支援目標を設定し、ケアプランを作成する
⑤ケアプランの実施	サービス担当者会議を実施し、目標や情報の共有化を図る
⑥モニタリング	モニタリング（継続的評価）を行い、再アセスメントにつなげる
⑦評価・終結	事後評価を行う

- インテークではスクリーニングを行い、心身機能の状態や生活状況などについて、規定の書式を用いて情報を収集し、サービス利用の対象者となるかどうかを確認する。
- スクリーニングの結果、ケースの受理が判断される。
- アセスメントでは、精神面・身体面のみならず、住環境、家族関係、経済状況、援助の状況など幅広い生活障害全般の把握を行う。
- ケアマネジメントでは、設定した目標に即して、さまざまな社会資源を選択的に活用し、ニーズに対応するケアプランを作成する。
- サービス提供にあたっては、ケアマネジャーがサービス提供主体とクライエントの間に入って調整を行う。

■ シュナイダー（Schneider, B.）は、ケアプラン作成における7つの基本原則を示した。

■ ケアプラン作成の基本原則

① クライエントの包括的・機能的なアセスメントの結果に基づく
② クライエントないし家族成員などの代理人がその作成過程に参加する
③ 前もって決められたケース目標に向けられる
④ 永続的なものではなく、特定期間の計画である
⑤ フォーマルなサービスとインフォーマルなサービスの両方が含まれる
⑥ クライエントないし家族の負担額を意識して作成される
⑦ ケアプランの内容は、定型化された計画用紙に文書化される

■ ケアプランは、クライエントの生活課題に基づいて作成するニーズ優先アプローチであり、サービスをクライエントにあてがうサービス優先アプローチであってはならない。

■ ケアマネジメントでは、身体的、心理的、社会環境的な側面からニーズを分析し、ニーズ充足のために適合するサービスが、適切な組み合わせで提供される。

■ ケアマネジメントにはさまざまな枠組みがあり、代表的なモデルは次のとおりである。

■ ケアマネジメントの主なモデル

仲介型モデル （ブローカーモデル）	利用者のニーズと社会資源を結びつけ、サービスの調整・斡旋を行う。ケアマネジメントの基本形
リハビリテーションモデル	リハビリテーションに重点を置いて環境を調整しながら、利用者の機能回復を目指す
ストレングスモデル	利用者のもつ強み（ストレングス）に着目して支援するモデル
集中型モデル	重度精神障害者が地域で生活していけるように支援するモデルで、緊急対応や24時間対応を行うことも含まれる。地域重度精神障害者を対象としたACT（包括型地域生活支援プログラム）の考え方から出てきたモデル

理論
5 ケアマネジメント

《国試にチャレンジ！》

1　モニタリングには、支援が必要と判断された人を支援提供機関などに連絡し、紹介することが含まれる。【30回109】　　　　　　　　（正答…✕）

Lesson 6 集団を活用した支援

頻出度A グループワークの意義、目的、方法、留意点

① グループワークの基本原理

■ グループワークは、1935年にニューステッター（Newstetter, W.）が初めてその定義を提示し、その後、コイル（Coyle, G.）によって理論的に体系づけられた。

■ グループワークの提唱者・理論

提唱者	理論
ニューステッター (Newstetter, W.)	グループワークを「自発的なグループ参加を通して、個人の発達と社会適応を図る教育的過程」として、最初に定義づけた。
コイル (Coyle, G.)	セツルメントやYWCAの実践を基盤とし、グループワークの教育的要素を強調した。グループワークを理論的に体系化し、グループワークの母と呼ばれる。
トレッカー (Trecker, H. B.)	「ソーシャルグループワーク─原理と実際」を刊行。社会教育の領域で行われるグループワークの理論的基礎を築き、日本のYMCAなどのはたらきに影響を与えた。
シュワルツ (Schwartz, W.)	個人と社会の相互作用に焦点をあて、相互作用モデルを提唱。ソーシャルワーカーの役割をメンバーとグループの媒介者・情報提供者とした。
ヴィンター (Vinter, R.)	社会的機能に問題のある人の処遇（治療）に焦点をあて、治療モデルを提唱。行動療法的な理論をグループワークに取り入れた。
コノプカ (Konopka, G.)	小集団がもつ治療的機能に着目し、治療教育的グループワークの発展に貢献した。

② グループワークの展開過程

■ グループワークとは、援助者が小集団のメンバー同士の相互作用を活用して、個人が成長できるように援助するプロセスである。

■ シュワルツ（Schwartz, W.）は、グループワークの展開過程を、準備期、開始期、作業期、終結期の4段階に分類した。

■ グループワークの展開過程は、グループの誕生から終結までの力動的関係の過程を示すものである。

■ グループワークの展開過程

準備期（波長合わせ）	・援助対象を決定し、波長合わせを行う ・メンバーとの予備的な接触、計画立案
開始期（契約）	・メンバーが顔を合わせ、グループ活動を開始する ・契約の締結、メンバー間の合意形成を促す支援、援助関係の形成

作業期（媒介）	・プログラム活動を通して相互援助システムを形成・活用する ・メンバー間の相互援助体制の形成が促進され、ワーカーは、指示・指導ではなく側面的に支援する ・グループ規範（集団規範）の形成が行われる
終結期（移行）	・総括の期間であり、目標の達成度や活動の振り返りと評価が行われる ・メンバーへの肯定的評価を伝達し、メンバー自身が活動を振り返り、個々の不安をメンバーで共有できる機会を設定する ・グループ活動を終了し、メンバーは次の生活へ移行する

■波長合わせとは、メンバーの生活状況や、どのような感情をもっているのかを援助者が予測し、事前準備をしておくことである。

■開始期における契約とは、メンバーと機関・施設側との間で目標達成に向けての取り組みについて合意を形成し、双方の責任を明確にすることである。

■グループ規範とは、メンバーがグループの構成員として認められるためのグループがもつルールや行動様式のことである。

■グループ凝集性（グループがもつまとまり）が高まると、「われわれ感情」（互いに仲間であるとして、相互に好感や一体感をもつ）が生まれ、グループ規範が形成される。

■グループダイナミックス（集団力学）とは、メンバーが起こす力動的な相互作用のことで、援助者はその力を活用して支援する。

■グループの相互作用（相互援助システム）とは、メンバー間の対面や接触を通して互いに刺激し、影響し合うことである。

■具体的な活動や行事を行うプログラム活動は、援助方法の1つである。

■プログラム活動は、参加メンバーの課題を解決するために、メンバーそれぞれの目標とグループ全体の目標の双方を達成できるかどうかを基準に選択する。

■プログラム活動では、全員が同じことを行うのではなく、個々の能力や資質に応じて参加する。

■グループワーク開始後にサブグループができる場合があるが、問題が起きなければ排除の必要はない。グループ全体の仲間意識の構築やグループ運営によい影響を与えるかどうかを見極めて対応する。

■メンバー間で言い争いや対立が生じた場合、ワーカーは中立で公平な立場で接し、メンバー同士が話し合って解決していくことを促す。

③ グループワークの実践原則

■グループワーカーの実践原則には、コノプカ（Konopka, G.）が示したグループワークの14原則があり、個別化、受容、参加、葛藤解決、制限などがあげられている。

■**グループワークの主要な実践原則**

個別化の原則	一人ひとりのメンバーを個別のものととらえる。また、グループ自体も個別の存在としてとらえる
受容の原則	メンバーを受け入れ、共感している気持ちを言葉や行動で示す

参加の原則	援助者は、個々のメンバーの能力を考慮して、積極的に参加しやすい環境を整える
体験の原則	援助者は、メンバー同士が多様な交流を経験できるように促す
葛藤解決の原則	グループ内で葛藤が生じた場合、援助者はメンバーの他者を理解しようとするエネルギーを引き出して葛藤を緩和、解決できるようにはたらきかけ、グループが成長する手助けをする
制限の原則	クライエントが援助者やほかのメンバーとのルールを守り、援助者とよりよい関係が保てるようにはたらきかける
継続評価の原則	メンバーやグループの活動について継続的な評価を行う

《国試にチャレンジ！》

1. グループワークの展開過程において、開始期には、援助関係の形成がなされる。
【30回113】　　　　　　　　　　　　　　　　　　　　　　　　　　　（正答…○）

2. コノプカ（Konopka, G.）の提唱したグループワークの原則として、「メンバー個人の相違点、及び当該グループが他のグループとは違う特徴をもつグループであることを認識するために個別化を行う」ことは適切である。
【37回76】　　　　　　　　　　　　　　　　　　　　　　　　　　　　（正答…○）

頻出度A　セルフヘルプグループ（自助グループ）

- セルフヘルプグループ（自助グループ）とは、同じ悩みや課題をもつ人たちの集まりである。
- セルフヘルプグループと類似の概念として、サポートグループ、家族会、患者会などの当事者組織がある。
- セルフヘルプグループは、メンバーが共有する特定の体験を吟味することによって、体験的知識を生み出し、グループの力を活用して問題解決を図る。
- セルフヘルプグループのリーダーは、専門職でなく当事者である。
- セルフヘルプグループは、メンバー間の対等な相互支援関係があることで、メンバーの自己肯定感を高めること（自己変容機能）が期待される。
- セルフヘルプグループでは、ヘルパー・セラピー原則（援助することで援助者が癒されること）が起こることがある。

《国試にチャレンジ！》

1. セルフヘルプグループのメンバーは、特定の体験を共有し、蓄積し吟味することによって生み出される体験的知識を活用し、問題に対処する。
【32回115】　　　　　　　　　　　　　　　　　　　　　　　　　　　（正答…○）

Lesson 7 コミュニティワーク

C コミュニティワークの意義と目的

① コミュニティワークとは
- コミュニティワークは、地域住民にはたらきかけ、地域福祉を推進するソーシャルワークである。
- コミュニティワーカーが、地域住民や地域住民の組織などの社会資源を開発・動員・調整し、地域の課題解決や地域づくりを行う。
- コミュニティ・オーガニゼーション（地域組織化）やコミュニティ・デベロップメント（地域開発）は、現在では、コミュニティワークに含まれている。

② ソーシャル・インクルージョン（社会的包摂）とコミュニティワーク
- ソーシャル・インクルージョン（社会的包摂）には、社会的にすべての人を包み込むという意味があり、すべての人が孤独や孤立、差別などで社会的排除（ソーシャル・エクスクルージョン）されることなく、ノーマライゼーション（共生の普遍化）を実現するという概念である。
- ソーシャル・インクルージョンを実現するためには、地域共生社会の実現や包括的支援体制の構築が重要である。

③ 住民参加とコミュニティワーク
- コミュニティワークの基本原則に、地域住民の参加がある。
- 地域住民の参加は、計画の初期段階から行うべきである。
- コミュニティ・オーガニゼーションのうち、小地域開発モデルは、住民参加を前提としている。

B コミュニティワークの展開

■コミュニティワークの展開

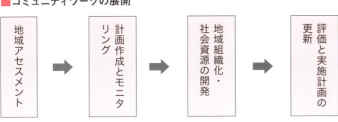

地域アセスメント → 計画作成とモニタリング → 地域組織化・社会資源の開発 → 評価と実施計画の更新

① 地域アセスメント

■ 地域アセスメント（診断）には、①地域生活課題（地域のさまざまなニーズ）の把握、②社会資源の把握という2つの要素がある。

■ 地域アセスメントの情報収集の方法として、既存の統計データなどの資料の収集や調査（聞き取り、アンケート、座談会の開催などワークショップ）がある。

■ 地域アセスメントでは、SWOT分析（「17経営」参照）などの分析手法も活用する。

② 計画作成とモニタリング

■ 住民レベルのインフォーマルな計画と自治体が作成する地域福祉計画などのフォーマルな計画がある。

■ 計画では、優先順位を決めたうえで、取り組みの順序や時期を具体的に定める必要がある。

③ 地域組織化・社会資源の開発

■ 地域組織化活動の実践の3つのモデルには、小地域開発モデル、社会計画モデル、ソーシャルアクション・モデルがある。

■ 地域課題を解決する方法に地域組織化と福祉組織化がある。

■ 福祉組織化には、サービス提供組織の組織化と地域住民組織（ボランティアグループ等）の組織化が含まれる。

■ コミュニティワークを展開するにあたっては、地域の社会資源を活用し、資源が不足している場合には、開発を行う。

④ 評価と実施計画の更新

■ コミュニティワークの展開において、PDCAサイクル（Plan：計画→ Do：実施→ Check：評価→ Action：改善）は重要である。

■ 全段階において、3つのゴールの視点をもち、どの程度達成できたかを評価する。

■ 3つのゴールの視点

タスク・ゴール （課題達成目標）	計画の目標を達成することを重視する視点
プロセス・ゴール （過程目標）	計画の策定や進捗の過程で、住民の理解や参加がどれくらい進んだかを重視する視点
リレーションシップ・ゴール （関係性変容・構築の目標）	策定や実践のプロセスを通じて、住民同士の関係や住民と行政の関係がどう変わってきたかを評価する視点

Lesson 8 スーパービジョンとコンサルテーション

類出度A スーパービジョンとコンサルテーションの概要

① スーパービジョン

- スーパービジョンとは、スーパーバイザーが、スーパーバイジーに指導（スーパーバイズ）する過程である。

スーパーバイザー・スーパーバイジー
スーパーバイザーとは、熟練の援助者で指導する立場のワーカー。スーパーバイジーとは、経験の少ない援助者で指導される立場のワーカーである。

- スーパービジョンには、**教育的機能**、**管理的機能**、**支持的機能**の3つの機能がある。

■ スーパービジョンの機能

教育的機能	ソーシャルワーカーの資質向上のため、専門職としての知識・技術・価値・倫理を習得させること
管理的機能	業務負担や力量、ケースの困難度を勘案し、業務遂行が可能になるように業務量などに配慮すること
支持的機能	共感的な理解や受容を通して情緒的・心理的な面でサポートすること。自己覚知を促す

- スーパービジョンの意義は、クライエントへのサービスの質、専門性の質などの維持・向上を図るために業務の振り返りを促すことにある。
- スーパービジョンの目的は、知識や技術を身につけること、専門的な判断ができること、機関やコミュニティについて熟知して活用できること、態度や倫理を身につけることなどである。
- スーパーバイザーとスーパーバイジーの責任の範囲などを決める契約は、スーパービジョンの**開始**段階で行われる。
- スーパービジョンを行う場合、スーパーバイザーは管理上の責任を負う。
- スーパーバイザーは、**バーンアウト・シンドローム**（燃え尽き症候群）が懸念されるスーパーバイジーに対して、支持的機能を発揮することが求められる。
- 支持的機能には、スーパーバイジーがどのようなことに困難を感じているかを話し合うことも含まれる。
- スーパーバイザーとスーパーバイジーの関係が、スーパーバイジーとクライエントの関係に投影されることを**パラレルプロセス**という。
- スーパービジョンの形態には、**個人**スーパービジョン、**グループ**・スーパービジョン、

ライブ・スーパービジョン、ピア・スーパービジョン、セルフ・スーパービジョンがある。

■スーパービジョンの形態

個人スーパービジョン	スーパーバイザーとスーパーバイジーが1対1で行う
グループ・スーパービジョン	1人のスーパーバイザーが複数のスーパーバイジーに対して行う
ライブ・スーパービジョン	スーパーバイザーが援助者の実践場面に同席するなどしてスーパービジョンを行う
ピア・スーパービジョン	スーパーバイザーを置かずに、職場の同僚や仲間でスーパービジョンを行う
セルフ・スーパービジョン	スーパーバイザーを置かずに、ワーカー自身が自ら行う

■ グループ・スーパービジョンでは、複数のスーパーバイジーが議論・検討を行うことで、学習効果の高まりが期待される。
■ セルフ・スーパービジョンは、困難な場面に遭遇したときなどに、その出来事や自分の気持ちなどを記録し、過去の自分を客観視する方法である。

② コンサルテーション
■ 他分野・他領域の専門家から、専門的知識や技術についての助言を受けることをコンサルテーションという。
■ コンサルテーションにおける専門職をコンサルタント、受け手をコンサルティーという。

■コンサルテーションの特徴
・機関外あるいは他部門から依頼されて行われる
・コンサルタントは、命令や指示をせず、直接、援助活動に関与しない
・専門分野に関する特別な知識や技能を教示する
・ワーカーが所属する機関の管理者としての機能を有しない

《国試にチャレンジ！》

1 スーパービジョンの意義は、クライエントへのサービスの質、専門性の質などの維持・向上を図るために業務の振り返りを促すことにある。
【30回115】　　　　　　　　　　　　　　　　　　　　　　　　　　（正答…○）

2 スーパービジョンの目的は、より多くのサービスを提供し、事業所の利益を高めることにある。【31回115】　　　　　　　　　　　　　　　（正答…✕）

3 グループスーパービジョンでは、スーパーバイジー同士の議論や検討により、学習効果の高まりを期待することができる。【32回116】　　　（正答…○）

Lesson 9 — ソーシャルワークにおける援助関係の形成

B 援助関係の意義と概念

- **カデューシン**（Kadushin, A.）によれば、**援助関係**とは、ソーシャルワーカーとクライエントとの情動的相互作用である。
- **リッチモンド**（Richmond, M. E.）は、友愛訪問の活動を続けるなかで、専門職業的な関係を意識するようになった。
- ソーシャルワークでは、クライエントを**環境（状況）の中の人**としてとらえ、人と環境の交互作用を焦点として援助を展開する。
- 援助者には、リーダー、アドボケーター、ファシリテーターなど、複数の役割が求められる。

■ソーシャルワーカーの役割

アウトリーチワーカー	地域に出向いてクライエントのニーズを見極め、サービスの提供、送致を行う
アドボケーター（代弁者）	自らの権利を主張できないクライエントに代わって代弁する
イニシエーター（先導者）	ある課題に人々の関心を向かせる
イネーブラー（力を添える人）	クライエントに支援、励まし、指示を与えることで、適切に課題を遂行したり、問題を解決できるように力を添える
エバリュエーター（評価者）	実践の効果を評価する
エデュケーター（教育者）	クライエントに必要な情報やスキルを学習する機会を提供する
オーガナイザー（組織者）	定められた機能を求めて、個人や集団をまとめる
ガーディアン（保護者）	緊急介入・強制介入し、クライエントの権利保護を行う
コンサルタント（助言者）	アドバイス、指示、考え方を提供する
コーディネーター（調整者）	クライエントと社会システムの不調和から生じるニーズに対して葛藤を解決し調整する
ネゴシエーター（交渉者）	クライエントの問題解決のために利害関係のある関係者と話し合う
ファシリテーター（促進者）	中立の立場で進行役となり、より良い方向へ導く
ブローカー（仲介者）	クライエントと必要な資源を結びつける
メディエーター（媒介者）	両者間の葛藤を解決し、譲歩のもとで同意をとる

- アドボケーターには、権利擁護だけでなく、クライエントが専門職と並列で権利を主張できるように支援することも求められる。
- **バイステック**（Biestek, F.）は、援助関係形成に重要な7つの原則を示した。

理論

9 ソーシャルワークにおける援助関係の形成

■ **バイステックの7原則**

個別化	ほかのクライエントと比較せずに、クライエントの価値観など個別性を重視し、クライエントのおかれている状況に応じた個別的な対応をすること
意図的な感情表出	援助者がクライエントの表現したい感情を自由に表現できるように意図的にかかわること
統制された情緒的関与	援助者が自らの感情を自覚し、感情を適切にコントロールしてクライエントにかかわること
受容	援助者の個人的な価値観と一致しなくても、その人をあるがままに受け入れること。心情を感じ取ってほしいという要求に対し、クライエントの訴えや気持ちを確実に受け止める準備をする
非審判的態度	援助者の価値観や倫理観を押しつけたり、クライエントを一方的に非難したり判断したりしない
自己決定	クライエントの自己決定を尊重し、クライエント自身が自己決定できるように支援する
秘密保持	援助関係のなかでクライエントから知り得た情報は、本人の許可なく第三者に漏らしてはならない

《国試にチャレンジ！》

1 メディエーターは、クライエントに支援、励まし、指示を与えることで、適切に課題を遂行したり、問題解決をできるようにする。【31回107】
(正答…✕)

2 非審判的態度の原則とは、問題・課題に対してクライエントが負う責任についてワーカーが承認・非承認を決定することである。【37回115】
(正答…✕)

援助関係の形成方法

① 均等性と公平性

■ ソーシャルワーカーとクライエントの援助関係は、均等性（対等の立場で協働すること）の保持が重要である。

■ クライエント・家族とソーシャルワーカーやサービス提供者が、ともに課題に取り組む関係をパートナーシップという。

■ パターナリズムは、援助者がクライエントに代わって意思決定を行うことであり、双方の関係は対等でない。

■**均等性と公平性を保障するチェック項目**

・クライエントが自らのニーズを明確に把握しているか
・クライエントのニーズが地域全般に存在するものであるか
・クライエントの個別化とともに、地域において効果的な援助をしているか
・クライエントは、サービス提供が公平であると感じているか

② 信頼関係

■ 信頼関係（ラポール）は、均等性と公平性による援助関係のなかで形成される。
■ 相談援助の初期段階では、専門的信頼関係の形成が重要である。
■ 受容と共感、傾聴の姿勢は、クライエントとのラポールの形成に有効である。
■ 共感的理解とは、クライエントの世界を、あたかもソーシャルワーカーも体験したかのように理解することである。
■ クライエントの否定的感情の浄化（カタルシス）が信頼関係の構築につながる場合がある。

③ 転移・逆転移、自己覚知など

■ ホリス（Hollis, F.）は、援助者とクライエントの転移や逆転移を重視した。
■ 転移（感情転移）とは、クライエントが無意識のうちに自己の感情を援助者に向けることである。
■ 逆転移とは、援助者が自己の感情を無意識のうちにクライエントに向けることであり、援助関係においては好ましくない。
■ クライエントが自己決定する過程において、援助者は専門的知識や情報を提供するなどの支援を行わなければならない。
■ 援助関係においてクライエントを共感的に理解するために、ソーシャルワーカーが自身の価値観の特徴を知る、自己理解・自己覚知は大切である。
■ 援助者が、自分の意図したとおりにクライエントを変化させようとする傾向を、援助関係における目的志向性という。
■ アンビバレンス（両面価値）とは、肯定的感情と否定的感情などの相反する感情が同時に存在することである。
■ クライエントの非言語的な表現においては、アンビバレントな感情を理解する。

《国試にチャレンジ！》

1 パートナーシップとは、援助者と被援助者が共に課題に取り組む関係性を表す。【32回107】 （正答…○）

2 転移とは、ソーシャルワーカーが、クライエントに対して抱く情緒的反応全般をいう。【35回104】 （正答…×）

3 非言語的表現の観察においては、クライエントのアンビバレントな感情を理解する。【29回108】 （正答…○）

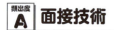 **面接技術**

① マイクロ技法（基本的かかわり技法と焦点の当て方の技法）

■ アイビイ（Ivey, A.）によって開発された、初心者のためのカウンセリング訓練プログラムに「マイクロカウンセリング」がある。

■ マイクロ技法階層表（基本的かかわり技法と焦点の当て方の技法）

基本的かかわり技法	かかわり行動	①視線を合わせる　②身体言語に気を配る　③声の質・声の調子（トーン）　④言語的追跡：クライエントの話題に関心を向ける。話題を変えたり、妨げたりしない
	会話への導入	①開かれた質問：説明が必要となる質問 ②閉ざされた質問：「はい」「いいえ」、または一言で答えられる質問
	明確化	①最小限度の励まし・受け止め、促し・非指示的リード（さらに話を引き出すための導き）：あいづち、うなずき、沈黙、繰り返し ②言い換え：クライエントが言ったことの要点を正確に返す
	要約技法・認知確認	語られたことの重要部分を繰り返し、短縮し、具体化することで事実関係を整理し、クライエントが考えをまとめるのを援助する
	感情の反映・反射	クライエントが明らかに、または暗に表現した感情の内容を読み取り、クライエントに返す
	意味の探索と反映	クライエントの発言に対して援助者側の解釈を加えて応答する
焦点の当て方の技法	クライエントに焦点を当てる	
	主題・問題点に焦点を当てる	
	他者に焦点を当てる	
	援助者に焦点を当てる	
	周囲の環境に焦点を当てる	

■ 面接では、状況に応じて、開かれた質問と閉ざされた質問を組み合わせる。
■ 開かれた質問は、クライエントが自由に自分の考えや気持ちを表現できるように促すために用いる。
■ クライエントの沈黙については、沈黙にも意味があると考え、話したいことや表現方法を思いつくまで待つなど、意図的に活用する。
■ 明確化とは、クライエントがうまく言葉で表現できない考えや思いをソーシャルワーカーが言語化して伝える技法である。
■ 支持とは、クライエントを精神的に支えるための応答をすることである。
■ 言い換えは、クライエントの言ったことを援助者の言葉で返すことで、クライエントに自身の発言から気づきを促す場合に有効である。
■ 要約技法によって、援助者は、クライエントの発言や非言語的表現から、クライエン

ト自身が隠れた感情・思考を解釈するのを援助する。
- 言葉によるコミュニケーションを言語的コミュニケーション、表情・視線・態度・身だしなみなど言葉以外によるコミュニケーションを非言語的コミュニケーションという。

《国試にチャレンジ！》

1. 言い換えによって、話す内容の選択をクライエントに対して求めるのは相談援助の面接技法として適切である。【32回108改】 ☑☑ （正答…✕）
2. クライエントの言葉を言い換えてクライエントに返すのは、アイビイ（Ivey, A.）のマイクロ技法の「基本的かかわり技法」である。【31回108改】 ☑☑ （正答…◯）
3. 感情の反映とは、クライエントの感情や態度に関係なく、ワーカー自身の感情を伝えることである。【29回108】 ☑☑ （正答…✕）

② マイクロ技法（積極的技法）

- 積極的技法では、クライエントに指示を与える方法（指示）や、援助者の考えや感情を表明する方法（自己開示）などが用いられる。

■マイクロ技法（積極的技法）

積極的にかかわる技法	指示	クライエントがどのような行動をとるべきかを明示する
	論理的帰結	クライエントの行為から起こり得る結果を示唆する
	自己開示	クライエントに面接者の考えや感情を表明する
	フィードバック	面接者や第三者がクライエントをどう見ているか、明確な資料を与える
	解釈	クライエントに新しい視点を与える
	積極的要約	面接のなかで面接者が言ったこと、面接者が考えたことの要約をクライエントに伝える
	情報提供（インフォメーション）・助言（アドバイス）・教示（インストラクション）・意見（オピニオン）・示唆（サゼション）	クライエントに情報を提供したり、面接者の考えを知らせる
対決技法		クライエントの行動、思考、感情、意味における不一致、葛藤、矛盾、混乱を指摘する

- アイメッセージは、自分を主語にした主観的なメッセージで、クライエントに援助者の考えや感情を表明する自己開示を含む。
- タイムアウトは、クライエントが感情的になった場合など、面接が継続できないときに一時的に面接を中断することである。

ワンポイント タイムアウトは、あくまでも一時的な中断であり、時間を空けて再開することが前提である。

- **焦点化**とは、複雑化した情報をクライエントとともに整理することで、課題やニーズをお互いに確認することである。
- **直面化**とは、クライエントがこれまで直視してこなかった問題に向き合えるようにはたらきかけることである。
- **生活場面面接**とは、クライエントの日常生活の場と時間のなかで行われる面接である。
- 生活場面面接のうち、クライエントの居宅を訪問して行われる面接を居宅訪問面接という。

《国試にチャレンジ！》

1. 相談援助の面接では、アイメッセージによって、クライエントに対して客観的な情報を伝える。【32回108改】 ✓✓ （正答…✕）
2. 私はこう思いますと援助者を主語にした言い方をする技法を「アイメッセージ」という。【27回107】 ✓✓ （正答…〇）
3. ソーシャルワーカーの面接技法のうち、「焦点化」によって、クライエントは面接で触れたくないテーマを回避することが可能となる。【37回117】 ✓✓ （正答…✕）

③ 面接の特性

- **カデューシン**によれば、援助的面接は、<u>焦点化・意識化された目的</u>を有しているかどうかが会話との相違点になる。

■カデューシンの会話と援助的面接との相違

会話	援助的面接
意図的・意識的な計画、目的、目標がない	意図的に規定され、計画された目的、目標をもつ。課題志向的である
明確な区別、差異のある役割や責務がない	明確に規定された役割の差異がある：インタビュアーとインタビュイー
会話のパターンは私的で、くだけた文章やためらい、繰り返し、まわりくどさなどが特徴である	会話のパターンは公式的で構造化され、系統だっている
コミュニケーションの流れは、双方にバランスがとれていて、双方向的であり、相互的である	会話の流れのバランスはインタビュイーからインタビュアーへの一方通行である：焦点はインタビュイーの利益になるよう一方だけに当てられる

《国試にチャレンジ！》

1 カデューシン（Kadushin, A. & Kadushin, G.）が示した、「会話」と「ソーシャルワーク面接」の相違に関する記述では、「会話」と比べて、「ソーシャルワーク面接」ではスピーチのパターンが構造化されている。【32回109改】
(正答…○)

頻出度 B アウトリーチ

① アウトリーチの意義・目的

- アウトリーチとは、問題を抱えた人の生活空間に出向いて相談援助を行うことである。
- アウトリーチの起源は、慈善組織協会（COS）の友愛訪問活動である。
- 深刻な生活上の問題をもちながら、自ら援助を求めないインボランタリーなクライエントは、アウトリーチの対象となる。
- アウトリーチは、個人や家族だけでなく、ヴァルネラブル（傷つきやすい）集団や地域住民や地域社会なども対象にする。
- ケースワークのアウトリーチは、援助開始時だけではなく、援助開始後も有効である。

② アウトリーチの方法・留意点

- 接近困難なクライエントに対しては、一方的に意見を伝えるのではなく、クライエントの意見を聞き、具体的な要求に誠実に対応することが信頼関係の構築につながる。
- 拒否的な態度をとるクライエントに対しては、無理な介入はせず、ニーズの発掘、情報やサービス提供、ネットワークづくりなどを行っていく。
- アウトリーチのニーズの発掘は、援助者だけで行うのではなく、ほかの専門職との連携が必要となる。
- アウトリーチは、所属機関のバックアップなしでは成立しない。
- アウトリーチでは、サービスの対象となるかを選別するスクリーニングが重要である。

《国試にチャレンジ！》

1 アウトリーチは、相談援助過程の援助開始時だけではなく、援助が始まった後も有効である。【31回110改】
(正答…○)

2 地域包括支援センターの社会福祉士がアウトリーチ時に最初に行うこととして適切なのはスクリーニングである。【29回110改】
(正答…○)

Lesson 10 ソーシャルワークにおける社会資源

頻出度 A 社会資源の活用・調整・開発

① 社会資源の活用・調整

- 社会資源とは、「福祉ニーズの充足のために利用・動員される施設・設備、資金・物品、諸制度、技能、知識、人・集団などの有形、無形のハードウェアおよびソフトウェアを総称するもの」と定義づけられる。
- 社会資源活用の目的は、クライエントのニーズを充足させ、生活を支援することである。
- クライエントの問題解決のために、利用可能な社会資源を紹介することは、ソーシャルワーカーの役割である。
- 社会資源を活用する際は、ニーズに対応することを優先し、クライエントと家族のニーズの充足のために、フォーマルな資源とインフォーマルな資源を組み合わせる。

■ 社会資源の分類方法（フォーマルとインフォーマル）

フォーマルな資源	制度的に位置づけられた公的資源
インフォーマルな資源	家族、友人、近隣住民、ボランティアなど、制度化されていない資源 私的な人間関係のなかで提供される

- クライエントの問題解決能力を高めるために、積極的に社会資源を活用する。
- 社会資源の一般的分類として、人的資源（家族、友人、専門職、ボランティアなど）、物的資源（諸機関・施設、設備など）、制度的資源（各種制度など）がある。
- インフォーマルな社会資源は、フォーマルな社会資源と比べ、提供されるサービスの継続性や安定性は低いが、クライエントの個別的な状況に対する融通性がある。

② 社会資源の開発

- 社会資源の開発には、人の確立、組織の確立、実践の地域化、実践や改善・開発の社会化が不可欠である。
- 社会資源の開発において、ソーシャルワーカーの役割は、地域住民を側面から支援することである。
- 社会資源の開発には、住民が自ら問題解決能力を高めていくことを目的とした小地域開発モデルがある。
- 社会計画モデルは、公的な機関や専門職が地域の問題について情報を収集・分析し、合理的な取り組み方を決めて計画を立案する。
- ブラッドショー（Bradshaw, J.）は、ニードについて、①ノーマティブ・ニード（規範的ニード）、②フェルト・ニード（自覚ニード）、③エクスプレスト・ニード（表明ニード）、④コンパラティブ・ニード（比較ニード）という4つの類型を示した。

ニード論は、「社会福祉の原理と政策」で何度も出題されています。ブラッドショーのニード類型論についても「4原理」で確認しましょう

《国試にチャレンジ！》

1 インフォーマルな社会資源は、フォーマルな社会資源と比べ、提供されるサービスの継続性や安定性は高い。【30回111改】　　　　　　　　（正答…×）

頻出度A ソーシャルアクション

- **ソーシャルアクション**は、社会資源の開発方法の1つで、地域住民や専門家との連携や支援のもと、地域問題の解決や地域ニーズの充足を目指して取り組む活動である。
- ソーシャルアクションの対象には、個人や集団が含まれる。
- ソーシャルアクションの目的には、社会参加の促進が含まれる。
- 弁護、代弁、権利擁護を意味する**アドボカシー**（「10 基盤」参照）は、ソーシャルアクションと関連する。
- 欧米におけるソーシャルアクションの源流は、19世紀後半のアメリカの社会改良運動やセツルメント運動などである。
- わが国における戦前のソーシャルアクションの事例として、**方面委員**による救護法制定・実施の運動がある。

■ソーシャルアクションの展開過程

①	アクションの主導集団・運動体の形成
②	学習会や調査などによる問題と要求の明確化
③	解決すべき課題の特定と行動計画・対策案の策定
④	啓発・広報活動などを通しての住民理解の促進と世論形成、支持層の拡大
⑤	署名、陳情、請願、デモ、裁判闘争（訴訟等）などによる議会や行政機関に対する要求
⑥	活動の成果や残された課題についての反省、評価、新たな課題の提起

《国試にチャレンジ！》

1 LGBTを支援する団体と連携し、同じような経験をした人の意見交換の場をつくることは、ソーシャルアクションの実践として適切である。【33回117改】　　　　　　　　（正答…○）

Lesson 11 ネットワークの形成

B ネットワーキングの概要

① ネットワーキングの特性

■ ネットワーキングを提唱したリップナック・スタンプ夫妻(Lipnack, J. & Stamps, J.)は、「ネットワークとはわれわれを結びつけ、活動、希望、理想の分かち合いを可能にするリンクであり、ネットワーキングとは、他人とのつながりを形成するプロセスである」と述べている。

■ ネットワーキングとは、既存の組織や制度を超えて、地域の制約も受けず、個々の違いを認めながら多様化・多元化を促進するつながりづくりの過程を指す。

■ ネットワーキングは、流動的で能動的な概念であり、共通の目的や価値観で結びつき、水平的・分権的・複眼的・多頭的な組織原理をもつ。

■ ネットワーキングにおいて、援助者と地域住民との連携や、専門職同士の連携が重要となる。

② 重層的なレベルにおけるネットワーク

■ ネットワークは重層的なレベルで形成されており、それぞれの層を循環させることが重要である。

■ **重層的なネットワークのレベル**

レベルの分類	ネットワークの対象	ネットワークの形成
ミクロ・レベル （クライエント・レベル）	個人・家族	ケースマネジメント サポートネットワーキング
メゾ・レベル （プログラム・レベル）	地域社会、施設、機関、団体	当事者の組織化、住民の互助 ネットワークの形成
マクロ・レベル （ポリシー・レベル）	国、都道府県、市町村	ソーシャルアクション、政策 担当者の機関間ネットワーク

③ ソーシャルサポートネットワーク

■ ソーシャルサポートは、社会関係の中で行われる支援であり、フォーマルサポート（制度に基づく支援）とインフォーマルサポート（家族・友人・近隣・ボランティアなどによる支援）によるネットワーク（連携組織）を、ソーシャルサポートネットワークという。

■ ソーシャルサポートネットワーク形成の方法として、自然発生的ネットワーク内に関与する場合と、新しいネットワークをつくる場合があり、クライエント個人がもつ既存のソーシャルネットワークも活用する。

- ソーシャルサポートネットワークの第一義的な目的は、**クライエント**の問題の**解決**や問題の**予防**をすることである。
- ソーシャルサポートネットワークは、**情緒的**サポートや道具的（手段的）サポートなどに分けられる。

■ソーシャルサポートネットワークの分類

情緒的サポート	共感や愛情の提供
道具的（手段的）サポート	問題解決に必要な物やサービスの提供
情報的サポート	問題解決に必要な情報の提供
評価的サポート	行動や仕事などの適切な評価の提供

- カーン（Kahn, R. L.）とアントヌッチ（Antonucci, T. C.）は、フォーマル・インフォーマルの協働の重要性に加え、個人のライフコースの変化に対応した**コンボイモデル**を提唱した。

■コンボイモデル

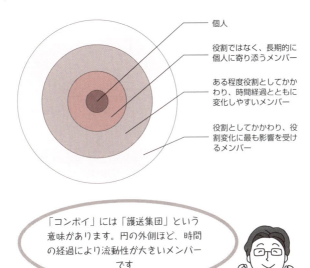

「コンボイ」には「護送集団」という意味があります。円の外側ほど、時間の経過により流動性が大きいメンバーです

《国試にチャレンジ！》

1. ネットワーキングは、既存の所属や地域の制約の中で展開する。【29回113改】　（正答…×）
2. ソーシャルサポートネットワークは、家族、友人、知人、近隣住民から提供される支援の総体と定義される。【35回110】　（正答…×）

Lesson 12 ソーシャルワークに関連する方法

頻出度B ソーシャルワークに関連する技法

① コーディネーション

■コーディネーションは、調整して組み合わせることで葛藤を解決することである。
■コーディネートもネットワークと同様に、地域の中で重層的に実践していく必要がある。

■コーディネーションの領域

ミクロ	専門職領域	個人や家族を支える
メゾ	協働の領域	地域ケア会議などで地域住民と協働する
マクロ	地域の領域	生活支援体制整備のため地域の基盤づくりを行う

② ネゴシエーション

■ネゴシエーションは、クライエントの問題解決のために利害関係者と交渉することである。

■ネゴシエーションのプロセス

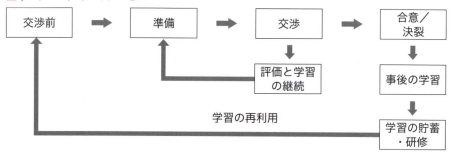

■交渉は、1対1の2者間の交渉に限らず、複数で行われる多者間交渉もある。
■交渉者間には利害の対立があり、交渉後の双方の関係の変化など多様な問題が介在する。

■交渉の種類

分配型交渉	限られた大きさの利益を当事者間で分配するために、交渉者間の利害が競合する交渉
統合型交渉	利益を獲得するために競争しつつも、共有する利益を最大化するために協力し、それを分配する交渉。「利益を創造する」「利益を獲得する」の2つのスキルが必要になる

> ソーシャルワーカーは、分配することを目標とする交渉よりも、双方が満足できる結果となる統合型交渉のスキルが重要となります

■ ネゴシエーションの構成要素

提案	説得	反論	条件
駆け引き	譲歩	合意	妥協

③ ファシリテーション

■ **ファシリテーション**は、集団の中で促進者となり、物事がより良く運ぶように導くことである。

■ ファシリテーターに求められるスキル

場のデザイン	対人関係	構造化	合意形成

④ プレゼンテーション

■ プレゼンテーションは、社会の中のさまざまな場面での表現方法であり、正確かつ論理的に、それぞれの聞き手に合わせ、理解しやすく相手に伝えることが求められる。

■ プレゼンテーションは、序論・本論・結論に分けられる。

■ プレゼンテーションの種類

紹介型	新しいサービスや品物を紹介し、納得してもらうプレゼンテーション
提案型	現状の問題点を踏まえて、聞き手に新しい行動やプランを提示するプレゼンテーション

■ ソーシャルワーカーは、必要な支援やサービスを獲得または開発するために、**提案型**のプレゼンテーション能力がより必要とされる。

■ 提案型では、問題を発見し提案していく場合は、ロジックを整理しておくことが必要である。

■ ロジックの整理

縦の論理	因果関係が理解できる→AならばB →「本当にそうなのか」という疑問に答えられる
横の論理	全体をカバーし、漏れやダブりがないと誰もが理解できる →「それだけなのか」という疑問に答えられる

Lesson 13 カンファレンス

C カンファレンスの意義と目的、留意点

① カンファレンス（会議）の目的と留意点
- カンファレンス（会議）とは、関係者が集まって相談をし、物事を決定するための集まりで、ミーティングともいう。
- カンファレンスは、ケースカンファレンス（個別の事例検討会）、地域ケア会議、多職種で構成されるカンファレンス、地域生活課題解決に向けての仕組みづくりにかかわるカンファレンスなど、ミクロ・メゾ・マクロの領域で行われる。
- カンファレンスの目的は、連絡調整、情報提供、共有、意思決定、問題解決などである。
- カンファレンスの成否を決めるのは、コミュニケーション能力、信頼関係に基づく人間関係を構築する能力、会議参加者の資質、各出席者の役割の明確化、会議運営の技術などである。

② カンファレンスの運営と展開

■カンファレンスの準備

目的の明確化	日時と場所	参加者と進行役	資料作成	開催通知

■進行役の役割とスキル

会議の進行	中立的立場	参加者の相互理解を促進	秩序の維持	時間の管理

- カンファレンスは、記録（議事録）の作成が欠かせない。
- カンファレンスでは、記録を含めて個人情報の取り扱いに配慮が必要である。

個人情報の取り扱いについては、「17 経営」で詳しく見ていきましょう

Lesson 14 事例分析

C 事例分析の意義、目的、方法、留意点

① 事例分析の意義・目的
- 事例分析で取り扱う事例には個人、家族、集団、組織、コミュニティなどにおいて発生する特定の出来事や状況などがある。
- 事例分析の目的は、事例を構成する要素を細分化し、それぞれの要素を詳細に調べること、要素間の関係性を見出したりすることで、全体像を把握することである。
- 事例分析は、事例検討や事例研究を行ううえで必要となる。

② 事例検討
- 事例検討とは、事例分析を通して事例についての理解を深め、支援の方向性や目標、目標達成のための取り組みの内容について検討することである。
- 事例検討会では、参加者による事例報告とそれに対する検討を行い、対象事例の援助方針や地域に必要な社会資源も確認する。
- 事例検討会を円滑に進めるために、必要に応じて、スーパーバイザーの参加を要請する場合もある。

③ 事例研究
- 事例研究は、何らかの課題を抱えるクライエントの事例を素材として、その課題の詳細を明らかにしたり、その原因や影響、対応を分析し、説明したりするための方法である。
- 説明（解釈）することを目的とした事例研究には、理論・概念主導型と仮説構築型（理論生成型）の2つのタイプがある。

■説明（解釈）を目的とした事例研究

理論・概念主導型	課題の発生や解決、人の言動などについて、既存の理論や概念を応用して説明することによって理解を深める
仮説構築型（理論生成型）	課題の発生や解決、人の言動などが起こるメカニズムや因果関係について仮説を立てて説明を試みる

■事例研究の意義

ソーシャルワーク教育・研修	学生にとって、ソーシャルワークの専門性がどのように具現化されるのかを総合的に学ぶ機会となる

理論

14 事例分析

援助効果の向上	事例研究は、理論や概念に基づいた説明を行い、実践に役立つ理論やアプローチの生成を目指すという点で、根拠に基づく実践に資するものである
アカウンタビリティ	事例研究はソーシャルワーカーの専門的な判断と行為を解き明かすものであり、説明責任を果たすうえで参考になる
社会制度・政策や環境の改善	事例研究が法制度や政策、一般の人々の認識や社会資源など、社会環境改善の取り組みのきっかけとなる

④ 事例研究の方法

■事例研究の手法として、固有事例研究と手段的事例研究、単一事例研究と複数事例研究、量的研究と質的研究がある。

■事例研究の手法

固有事例研究	事例そのものが興味深いため、詳しく調べたいときに行う
手段的事例研究	社会問題や現象に関心があり、事例を通して問題や現象を研究する
単一事例研究	1つの事例を深く研究する
複数事例研究	複数の事例を対象として研究する
量的研究	研究者側が設定した質問への回答をアンケートなどを通じて多数の対象者からデータを得て分析する
質的研究	観察、会話、文書などによって把握した対象者の言葉や状況を記述し、文脈やプロセスを理解する

⑤ 事例研究の留意点

■事例の検討に際して、クライエントの個人情報が特定化されないように匿名化する。
■個人情報を匿名化しても個人を特定できるような場合は、本人の同意が必要である。

■事例研究における倫理的配慮

① 研究協力に同意するか否かは本人の自由であることを説明し、保障する
② データ収集にあたって本人の心理状態や健康状態に留意する
③ プライバシーを尊重し、個人情報を保護するよう万全の策を講じる

《国試にチャレンジ！》

1 事例は匿名化すれば、本人からの了承は得ずに事例研究を行ってもよい。【27回117改】　　　　　　　　　　　　　　　　　　　　　(正答…✕)

2 事例検討会進行の際には、事例提供者の心理状態や気持ちにも配慮しながら進行する。【34回107】　　　　　　　　　　　　　　　　　(正答…〇)

12 社会福祉調査の基礎

Lesson 1 社会福祉調査の意義と目的

頻出度 B 社会福祉調査の意義と目的

- 社会福祉調査とは、社会調査の手法を基礎とし、社会的ニードの充足を図るために、客観的な方法を用いて社会福祉に関する事象のデータを収集、処理、記述および分析することにより、社会福祉に関するさまざまな社会事象を定量的または定性的に認識（既存の知識の検証と新しい知識の創出を含む）する一連の過程をいう。
- 社会福祉調査は、国（政府）、自治体、営利法人（民間企業）、非営利法人、研究機関などの団体のほか、研究者など個人が行うこともある。
- 社会福祉調査は社会福祉援助技術のうち間接援助技術に該当し、ソーシャルワークの実践から得られた調査データを記述・検証し、それをさらに社会福祉実践に活用していくことが重視される。

> **ワンポイント**
> 社会福祉調査は、利用者のニーズの把握や分析などの個別支援、地域ニーズの情報収集・把握などの地域支援など、ミクロ・メゾ・マクロの領域のソーシャルワークで活用される。

《国試にチャレンジ！》

1. 社会調査は、個人ではなく、組織や機関が実施するものである。【35回84】 ☑ （正答…✗）
2. 社会調査は、社会福祉援助技術として有効な方法ではない。【32回84】 ☑ （正答…✗）

頻出度 B 社会福祉調査と社会福祉の歴史的関係

- 紀元前にエジプトや中国で行われた人口調査が、社会調査の最も古い起源といわれる。
- 政治・行政上の目的をもった調査を今日ではセンサスといい、社会調査の歴史的系譜の中では最も古い歴史を有するものである。

> **ワンポイント**
> 古代ローマにおいて、市民の登録、財産、所得の評価、税金の査定などを行う職業をラテン語で Censere といい、これが転じて Census となったといわれている。

- 社会福祉調査は、社会調査の1つの領域で、社会や社会問題の実態把握をし、福祉ニーズの発掘や福祉施策の評価などにつなげる目的がある。

476

- 社会福祉における社会福祉調査の系譜として社会踏査(とうさ)があげられ、ブース(Booth, C.)のロンドン調査、ラウントリー(Rowntree, B. S.)のヨーク調査による貧困調査が代表的である(「4 原理」参照)。
- ブースのロンドン調査はロンドン市民を、ラウントリーのヨーク調査はヨーク市民を対象とした全数調査である。

ブースとラウントリーによる貧困調査は、イギリスにおける貧困の実態や認識を明らかにしたほか、その後の社会調査の方法論への寄与、貧困に関する社会政策や研究に多大な影響を与えた。

■ 社会調査の目的別の分類・系譜

センサス	・政治・行政上の目的をもった調査 ・一般的には、政府などの公的機関が行う大規模な全数調査の総称として用いられる(国勢調査、経済センサスなど)
社会踏査	・社会的な問題の解決を目的として行われる社会調査
世論調査	・主にマスメディアや内閣府などによって、何らかの事象や政策に対する世論を把握する目的で行われる数量的な調査
市場調査 (マーケティング・リサーチ)	・営利法人である企業の意思決定に役立てることを目的として、市場の客観的基礎資料を得るための社会調査 ・経営・販売戦略に活かすために、消費行動・嗜好の把握やサービス・広報の目的で、消費者に対して行われる調査もある
科学的/学術調査	・科学的な理論構成を目的として行われる調査
フィールドワーク	・研究者が現地に行き、対話や交流、観察を通して個人で行う調査(レッスン6参照)

調査
1 社会福祉調査の意義と目的

ソーシャルワークの実践においては、当事者とともに課題を解決するアクション・リサーチも重視されています

《国試にチャレンジ!》

1　新聞社が行う世論調査が、社会調査の最も古い起源である。
【29回84】　　　　　　　　　　　　　　　　　　　(正答…✕)

2　ブース(Booth, C.)のロンドン調査は、当時のロンドン市民の一部を調査対象とする標本調査だった。【37回79】　　　　　　　　(正答…✕)

3　市場調査とは、行政の意思決定に役立てることを目的として市場の客観的基礎資料を得るための社会調査である。【31回84】　　(正答…✕)

Lesson 2 統計法

頻出度 B 統計法の概要

① 統計法の目的と法改正

■ 統計法とは、公的統計の作成・提供に関する基本的事項を定めた法律である。その目的は、公的統計の体系的かつ効率的な整備およびその有用性の確保を図り、国民経済の健全な発展および国民生活の向上に寄与することとなっている（統計法第1条）。

> **word** 公的統計
>
> 国の行政機関や地方公共団体などが作成する統計を指す。統計調査によって作成される統計（調査統計）、業務データの集計によって作成される統計（業務統計）、ほかの統計を加工することによって作成される統計（加工統計）が該当する。

■ 統計法は、1947（昭和22）年に施行されたのち、2007（平成19）年5月に改正された（全面施行は2009（平成21）年4月）。

■ それまでの公的統計は「行政のための統計」といった性格が強かったが、改正により、「社会の情報基盤としての統計」として位置づけられた。

> **ワンポイント** 2007（平成19）年の統計法改正では、調査票情報の二次利用の促進（ただし統計の研究や名簿の作成などに限る）や守秘義務の強化、中立公正な第三者機関である統計委員会の設置なども規定されている。

■ 2018（平成30）年に「統計法及び独立行政法人統計センター法の一部を改正する法律」により統計法が改正され、調査の範囲等の拡大、調査票情報の提供対象の拡大（統計情報のインターネットでの公表など）、統計委員会の機能強化などが図られた。

② 統計法の具体的事項

■ 基幹統計とは、国勢統計、国民経済計算および行政機関が作成する統計のうち、総務大臣が指定する特に重要な統計を指す。

■ 国の行政機関が行う統計調査のうち、基幹統計の作成を目的として行われるものを基幹統計調査といい、基幹統計調査以外のものを一般統計調査という。

■ すでに調査して得られた一次統計を加工することで作成される統計を加工統計という。

■ 基幹統計の1つである国勢統計は、国内の人口・世帯の実態把握を目的として、日本に常住しているすべての人（外国人も含む）を対象に行われる国勢調査によって作成される。国勢調査は、全数調査（悉皆調査）（レッスン5参照）の代表例である。

国勢調査
第1回が1920(大正9)年に実施され、以後5年ごとに行われている。10年ごとの「大規模調査」と、その中間年の「簡易調査」に大別される。

■ 主な基幹統計調査

内閣府	国民経済計算
総務省	国勢統計、労働力統計、家計統計、人口推計
文部科学省	学校基本統計、学校保健統計、学校教員統計、社会教育統計
厚生労働省	人口動態統計、患者統計、国民生活基礎統計、社会保障費用統計

■ 基幹統計調査には報告(回答)義務があり、調査拒否や虚偽報告に対しては罰則が科せられる。

2007(平成19)年の改正前においても、基幹統計(改正前は指定統計)には申告(回答)義務が規定されていた。

■ 統計法に規定される調査票情報等の適正な管理義務や調査情報等の利用制限、守秘義務に違反した場合は、罰則が科せられる。
■ 行政機関の長または独立行政法人等は、統計の作成等を行う場合、統計調査その他の統計を作成するための調査にかかる名簿を作成する場合は、調査票情報を二次利用することができる。
■ 行政機関の長は、基幹統計を作成したときは、速やかにインターネットの利用その他の適切な方法により公表しなければならない。
■ 統計委員会が総務省に設置され、統計の基本計画や統計法に関する事項の調査、審議を行っている。
■ 行政機関の長または指定独立行政法人等は、匿名データを作成しようとするときは、あらかじめ、統計委員会の意見を聴かなければならない。

《国試にチャレンジ!》

1 2007年(平成19年)の統計法改正の目的は、公的統計の位置づけを「行政のための統計」から「社会の情報基盤としての統計」へと転換させることである。【32回85】 (正答…○)

2 基幹統計調査である国勢調査は、10年ごとに無作為抽出による調査が行われる。【30回84】 (正答…×)

3 基幹統計は、それ以前の指定統計と異なって、回答の義務を規定している。【32回85】 (正答…×)

Lesson 3 社会福祉調査における倫理と個人情報保護

頻出度 B 社会福祉調査における倫理指針・倫理規程

① 日本社会福祉士会による倫理規程

- 社会福祉士が守るべき専門職の倫理として、公益社団法人日本社会福祉士会が**社会福祉士の倫理綱領**および**社会福祉士の行動規範**を定めている。調査研究においても、研究機関や学会などがそれぞれ**倫理指針**や**倫理規程**といった遵守すべき倫理事項を設けている。
- 日本社会福祉士会による**社会福祉士の倫理綱領**の倫理基準には、「社会福祉士は、すべての調査・研究過程で利用者の人権を尊重し、倫理性を確保する」と明記されている。
- 日本社会福祉士会による**社会福祉士の行動規範**では、専門職としての倫理責任として「社会福祉士には、社会福祉に関する調査研究を行い、結果を公表する場合、その**目的を明らか**にし、利用者等の不利益にならないよう最大限の配慮をしなければならない」「社会福祉士には、事例研究にケースを提供する場合、**人物を特定できない**ように配慮し、その関係者に対し**事前に承認**を得なければならない」とされている。

② 社会調査協会による倫理規程

- 一般社団法人社会調査協会では、社会調査の過程において、調査者が遵守すべき倫理規程を定めている。

■ 社会調査協会倫理規程（抜粋）

- 社会調査は、常に科学的な手続きにのっとり、**客観的**に実施されなければならない
- 社会調査は、実施する国々の国内法規・国際的諸法規を**遵守**して実施されなければならない
- 調査対象者の協力は、法令が定める場合を除き、**自由意志**によるものでなければならない
- 調査対象者から求められた場合、調査データの**提供先**と**使用目的**を知らせなければならない
- 調査対象者の**プライバシー**の保護を最大限尊重し、調査対象者との信頼関係の構築・維持に努めなければならない
- 社会調査に協力したことによって調査対象者が苦痛や**不利益**を被ることがないよう、適切な予防策を講じなければならない
- 調査対象者をその性別・年齢・出自・人種・エスニシティ・障害の有無などによって**差別的**に取り扱ってはならない
- 調査対象者が満**15**歳以下である場合には、まず**保護者**もしくは学校長などの責任ある成人の**承諾**を得なければならない
- **記録機材**を用いる場合には、原則として調査対象者に調査の前または後に、調査の目的および記録機材を使用することを知らせなければならない
- 調査対象者から要請があった場合には、当該部分の記録を破棄または削除しなければならない
- 調査記録を**安全**に管理しなければならない

《国試にチャレンジ！》

1. 公益社団法人日本社会福祉士会が作成した社会福祉士の倫理綱領および行動規範には、調査や研究に関する専門職としての倫理責任についての項目はない。【29 回 85】 (正答…×)
2. 社会調査は公益性が高いため、調査で得られた個々の調査対象者の氏名、性別、年齢などの属性は、公表すべきである。【30 回 85】 (正答…×)

頻出度 B 社会福祉調査における個人情報保護

- 社会福祉調査を実施する場合は、社会福祉士の倫理綱領、社会調査協会の倫理規程のほか、**個人情報の保護に関する法律**（「17 経営」レッスン 3 参照）ならびに同法に基づき作成されたガイドラインを理解しておく必要がある。
- 調査対象者に関する情報は、共同研究者間であっても、個人が特定できないように**加工**して利用することが望ましい。
- 調査対象者にはあらかじめ、調査の目的、収集データの利用方法、結果の公表の方法を文書あるいは口頭で知らせ、**了解**を得たうえで実施する。
- 調査前に対象者の協力同意書があっても、調査の途中や調査後に調査対象者からのデータ削除要請があれば、**応じる**ことが求められる。
- 調査結果を論文や著作等で発表する場合、調査対象者の氏名、住所、生年月日、利用施設など個人が特定される可能性のある情報は、できるだけ**個人が特定されない**形にする。
- データ管理の最低限の遵守事項として、**分析**に**不要**な個人情報の**破棄**、鍵付きロッカーへの保管といったデータの**物理的**な**保護**、さらに電子データの場合は**暗号化**や**パスワードの設定**を施すことが必要である。
- 社会調査の標本抽出のために住民基本台帳や選挙人名簿が自由に閲覧できるわけではない。**公益性**が高いと認められるものに限り、閲覧が許可される。

> **ワンポイント** 事例研究などでは、本人の意向により調査対象者の情報を論文等に記載したり、公的性格の強い個人や団体であれば、実名で表記したりすることもある。ただし、こうした場合でも調査対象者に許可を得ておく。

《国試にチャレンジ！》

1. 調査前に対象者の協力同意書があっても、調査の途中又は調査後の対象者からのデータ削除要請に応じることが求められる。【36 回 85】 (正答…○)
2. 調査票の回答内容及び対象者に関する情報は、共同研究者間であっても、個別に特定できないように加工し、利用することが望ましい。【27 回 85】 (正答…○)

Lesson 4 社会福祉調査のデザイン

頻出度 C 社会福祉調査における考え方・論理

① 社会福祉調査における理論と調査の関係
- 社会福祉調査はソーシャルワーク・リサーチとして位置づけられ、「実践→リサーチ→理論」の循環や相互関係によって成り立っている。
- 実践の対象となる人やその環境（またはグループや地域）について情報を収集し、一定の枠組みでその情報を集約する過程をアセスメントという。
- ソーシャルワークの過程において、ソーシャルワーク・リサーチはアセスメントと評価を組織的に実施するための方法論となる。

■ ソーシャルワークの過程

アセスメント ⇨ 計画 ⇨ 介入・実施 ⇨ 評価

② 社会福祉調査の方向性
- 調査は論理的に進める必要があり、そのための方法として演繹法と帰納法がある。
- できごとや現象の原因と結果の関係を因果関係といい、ものごとが起きる過程を図式化したモデルを構築・検討するプロセスを因果関係の推論という。
- ソーシャルワーク・リサーチでは多くの場合、仮説を用い、演繹法または帰納法により因果関係を検証・推論していく。

■ 演繹法と帰納法

	内容	因果関係の検証・推論
演繹法	一般的な理論に基づき設定された仮説を調査や実験によって検証するトップダウン型のアプローチを行う	仮説を設定して単一事例実験計画法や質問紙法によって因果関係を検証する
帰納法	観察から得られた事象から共通パターンを探り、仮説を構築して一般化・理論化を模索するボトムアップ型のアプローチを行う	ヒアリングや参与観察のデータから仮説を生成しながらプロセスや構造を含めた因果関係を見出していく

③ 内的妥当性と外的妥当性
- 調査において、対象がどれだけ適切に測定されているかの程度を妥当性といい、ある調査から導出された結果や因果関係の検証の適切さの程度を示す内的妥当性と、その結果が他の事例やサンプルにも当てはまるかという一般化の可能性の程度を示す外的妥当性がある。

類出度 B # 社会福祉調査の目的と対象・方法

① 社会福祉調査の対象

■社会福祉調査の分析単位は、個人、家族、グループ、コミュニティ、社会関係、現象など、ミクロ・メゾ・マクロの領域が対象となる。

■主な社会調査と調査対象

調査	調査対象
国勢調査	国籍を問わず、3か月以上日本に住んでいるすべての人
国民生活基礎調査	無作為に抽出された全国の世帯および世帯員
労働力調査	無作為に抽出された全国の世帯員のうち15歳以上の者
家計調査	全国の世帯（ただし学生の単身世帯、外国人世帯など対象外がある）
社会保障生計調査	全国の被保護世帯

② 社会福祉調査の目的と調査方法

■調査テーマや調査領域に関する既存の知識の量に応じて、探索的調査、記述的調査、説明的調査がある。

■探索的調査、記述的調査、説明的調査

種類	既存知識の量	内容
探索的調査	少	調査者が関心のあるテーマや問題について最初に検討する段階や、先駆的なソーシャルワークの実践領域で調査を実施する場合に行われる
記述的調査	↓	調査対象を正確に把握するために、質的データや量的データを用いて対象の特徴や状況をできるだけ緻密に記述していく
説明的調査	多	調査対象やできごと・現象の因果関係を明らかにする目的で、量的調査では変数間の関係から仮説を検証したり、質的調査では多様なデータから仮説を構成したりするために行われる

■調査目的において仮説を設定できる場合は、仮説を検証する演繹的な調査、仮説がない場合は、帰納的に仮説を生成する調査となる。

■仮説検証を目的とした調査では、事象を概念化し、操作化して実施する必要がある。

調査

4 社会福祉調査のデザイン

483

■概念化・操作化

概念化	研究する概念を特定する
操作化	概念を測定できるように定義する（概念を具体的な操作項目に落とし込むなど）

③ 標本抽出とデータの収集

- 調査テーマに該当するすべての対象者を調査する全数調査に対し、対象全体から一部を抽出して調査することを**標本調査**（レッスン5参照）という。
- 尺度化された質問項目・回答選択肢により、数値化できるデータ（**量的データ**）を収集し、統計学的に把握する統計調査を**量的調査**（レッスン5参照）という。

> **word** 尺度化
> 尺度化の尺度とは、ある事象や概念を一定の基準に基づいて分類・測定するときの「ものさし」のようなものをいう。

- 対象者へのインタビューや観察などにより、言葉や文章でまとめた数値化できないデータ（**質的データ**）を収集し、記録をまとめる調査を**質的調査**（レッスン6参照）という。
- 特定の調査の問いに答えるために独自に集められたデータを**プライマリー・データ**といい、文献やほかの調査で集められたデータを**セカンダリー・データ**という。両者は目的に合わせて選択される。

■量的・質的データ別の収集方法

	プライマリー・データの収集法	セカンダリー・データの収集法
量的なデータの場合	質問紙法、実験計画法	国や地方自治体が実施している各種調査の結果
質的なデータの場合	面接法、観察法、フィールド調査など	調査対象となる人や地域に関する既存の文献

《国試にチャレンジ！》

1 社会調査の分析対象は、数量的データに限定されている。【35回84】 ☑

（正答…✗）

Lesson 5 量的調査の方法

頻出度A 量的調査の概要と全数調査・標本調査

① 量的調査の概要
- 量的調査は、調査対象の集団全体あるいはその一部から数値化したデータを収集して集団全体の傾向や特徴を可視化しようとする調査方法をいう。
- 量的調査では、個々のクライエントが抱える問題を認めながらも、全体性を把握することによって個の抱える問題をとらえ直そうとする多数把握が基本となる。
- ソーシャルワークにおいては、そのクライエントにしか起こらない個別性と多くの人々に共通して起こり得る共通性の２側面があり、量的調査で共通性が明らかになることによって個別性も確認しやすくなる。

② 全数調査と標本調査
- 調べたい対象のデータ全体（母集団）に対して調査することを全数調査（または悉皆調査）という。
- 母集団から一部の標本（サンプル）を選び出す標本抽出（サンプリング）により、調査を実施することを標本調査という。

■全数調査と標本調査

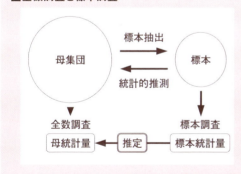

全数調査には、国勢調査、標本調査には、国民生活基礎調査などがあります

- 標本調査において「選ばれた対象者のまとまりである標本が元の母集団の特性をきちんと代表しているか」という程度を意味する表現を標本の代表性という。
- 無作為抽出によって標本抽出を行う際に生じる、母集団の統計量（母統計量）と標本統計量とのズレ（差）を標本誤差といい、標本調査では必ず生じる。
- 標本サイズ（調査対象者数）が小さいと標本誤差が大きくなりやすい。
- 非標本誤差は、質問の仕方に不備があるなど測定時に生じる測定誤差、データ入力ミスや集計ミス、無回答の項目、低い回収率などに起因する誤差をいう。

■全数調査と標本調査の違い

	利点	欠点
全数調査	・母集団全員への調査のため、正確で信頼性が高い ・標本誤差が生じない	・時間、労力、費用がかかる ・非標本誤差が大きくなりやすい
標本調査	・時間、労力、費用の削減ができる	・標本誤差や非標本誤差が生じる

《国試にチャレンジ！》

1. 全数調査の場合、母集団から一部を取り出し、取り出した全員を対象に調査する。【30回86】 ☑☑ （正答…✕）
2. 適切に抽出された標本調査であれば、標本誤差は生じない。【32回86】 ☑☑ （正答…✕）

頻出度 A 標本抽出の種類と方法

■標本抽出の方法には、大別して無作為抽出法（確率標本抽出）と有意抽出法（非確率標本抽出）の2つがある。

■無作為抽出法と有意抽出法の特徴

種類	方法	特徴
無作為抽出法 （確率標本抽出）	母集団から標本を無作為に抽出。確率理論に基づき、すべての対象者が同じ確率で選ばれる	確率理論に基づいているため、標本誤差の程度の把握や、標本統計量から母集団の性質について統計学的な根拠を用いた推測ができる
有意抽出法 （非確率標本抽出）	募集や紹介など有意な方法により抽出。調査者の恣意性・作為が含まれる	確率理論に基づいていないため、標本の代表性が保証されず、統計学的根拠に基づいた推測もできない

■有意抽出法は、さらに母集団との関係性を考慮せずに抽出する無計画抽出と、調査者の主観的判断で選定する計画抽出に分けられる。

■標本抽出の種類と方法

種類		方法
無作為抽出法	単純無作為抽出法	・母集団の全対象者に番号を振り、乱数表などを用いて無作為に対象者を抽出していく方法 ・時間も手間もかかるため、社会調査では、系統抽出法を用いることが多い
	系統無作為抽出法	・母集団の全対象者に番号を振り、乱数表で抽出の開始番号を決め、そこから一定の間隔で対象者を選んでいく方法 ・リストに規則性がある場合、抽出標本に偏りが生じる可能性がある

無作為抽出法		層化無作為抽出法	・母集団を何らかの**属性**によっていくつかの**層**（**グループ**）に分けたうえで、各層の人数の比率に合わせて対象者を無作為抽出する方法 ・精度が高いが、母集団に対する知識や情報が必要
		多段階無作為抽出法	・母集団をいくつかに区分して無作為に集団を抽出し、その集団から対象者を抽出する方法 ・作業コストは低いが単純無作為抽出法と比べ精度が**低く**なる
有意抽出法	無計画抽出	応募法	・募集に応じた自発的な協力者を調査対象とする方法
		機縁法	・友人、知人など調査者の縁故関係から調査のテーマに即した対象者を抽出する方法
		スノーボール法	・特定少数の調査対象者から、その人の友人・知人を紹介してもらい、雪だるま式に対象者を増やしていく方法
	計画抽出	調査者の**判断**による方法	・調査者の主観的な判断で母集団を代表すると思われる人を選ぶ方法
		割当法	・母集団の何らかの属性（性別や年代など）の**構成比率**を標本にも割り当てて抽出する方法 ・母集団の性別の比率が1：1であれば、抽出する標本も男女比1：1にする

《国試にチャレンジ！》

1. 無作為抽出による標本調査の場合、母集団の性質について統計的に推測できる。【30回86】　　　　　　　　　　　　　　　　　　　　　（正答…◯）
2. 調査対象者の多段抽出は、単純無作為抽出に比べて母集団の特性を推定する精度が高い。【32回86】　　　　　　　　　　　　　　　　　（正答…✕）

頻出度 B 横断調査と縦断調査

■ **横断調査**は、ある母集団に対して、ある時点での**1回**だけの調査により、さまざまな種類のデータをとる調査である。
■ 横断調査で得られるデータを**横断データ（クロスセクショナルデータ）**という。
■ **縦断調査**は、**同一**の母集団（または個体）に対して、時間間隔を空けて**複数回**データをとる調査をいう。トレンド調査、パネル調査、コーホート調査などがある。
■ 縦断調査で得られるデータを**時系列データ**という。

ワンポイント　横断調査では、ある時点における対象の特性、データの分布、相関関係は見出せるが、時間変化による対象（項目）の変化といった因果関係は見出しにくい。縦断調査は同一の対象母集団（または対象者）に時間を空けて何回も調査するため、横断調査よりもデータから因果関係を見出しやすい。

■縦断調査の種類と特徴

トレンド調査 （動向調査）	・ある母集団に対して繰り返し調査する ・調査対象の母集団を定義し、その定義に当てはまる対象者を調査ごとに標本抽出するため、調査対象者は毎回異なる ・集団や社会の時間による変化を明らかにできる
パネル調査	・同じ調査対象者を質問は同一のまま追跡的に調査していく ・調査2回目以降に、対象者の死亡や転居などによって調査不能となることで徐々に標本（パネル）が脱落・減少していくことをパネルの摩耗という ・対象者を固定するため、個人の時間による変化を明らかにできる
コーホート調査 （集団調査）	・「平成元年生まれ」というように、ある時期に生まれた同年代の集団から標本を抽出して調査を繰り返していく

《国試にチャレンジ！》

1　横断調査で得られたデータを、時系列データと呼ぶ。【33回87】　☑☑　　（正答…✕）

2　パネル調査では、調査の回数を重ねるにつれてサンプル数が増加する。【30回87】　☑☑　　（正答…✕）

測定

- ■ 測定とは、一定の規則や基準を用いて、調べたい対象の経験的な特性に数値や記号を与える手続きである。
- ■ 調べようとしている事象の特性のことを変数という。
- ■ 量的調査の分析は、変数間の相関関係や因果関係を探ることにある。このとき、現象や事象の原因・要因となる変数を独立変数という。そして独立変数によって影響を受ける変数（結果）を従属変数という。

> ワンポイント　仮に「学歴が高い人は年収も高くなる」という傾向があったとすると、学歴が独立変数、年収が従属変数となる。

① 変数の尺度水準

- ■ 変数がもつ情報量を基準に分類したものを変数の尺度水準といい、名義尺度、順序尺度、間隔尺度、比例尺度の4種類がある。
- ■ 名義尺度と順序尺度は質的変数（離散変数）、間隔尺度と比例尺度は量的変数（連続変数）と呼ばれる。
- ■ 名義尺度→順序尺度→間隔尺度→比例尺度の順に、もっている情報量が増えていく。

■ 変数の尺度水準

	尺度	特性と具体例	統計量（代表値）の算出		
			平均値	中央値	最頻値
質的変数	名義尺度	・カテゴリーや種類の区別に用いられる。変数値間の順序に意味はない 例：性別、居住地、職業	×	×	○
	順序尺度	・変数値間の大小関係（順序）に意味はあるが、差は意味をもたない 例：レースの着順、学歴（大卒、高卒、中卒）	×	○	○
量的変数	間隔尺度	・変数値の差が等間隔で、その差や順序に意味をもつが、比は意味をもたない ・値はマイナスになり得る。原点0（ゼロ）は便宜的に割り振られた数値で相対的な意味しかもたない 例：気温、年号、時刻	○	○	○
	比例尺度	・変数値の差が等間隔で、その差、順序、比に意味がある ・間隔尺度と異なり、原点0（ゼロ）に実質的な意味がある（0＝「何もない」） 例：身長、体重、所得　など	○	○	○

名義尺度では「男性」や「女性」には差も比も関係ないということですね。比例尺度では、例えば年収（変数）の250万円と500万円の「差」や「比」は意味をもつ情報ということですね

そうですね。また、比例尺度の0は「無収入」という意味をもちます

② 尺度の信頼性と妥当性
■ 尺度の信頼性とは、同じ調査をもう一度行ったときに同じ結果になる結果の安定性をいう。
■ 再検査法、平行検査法、折半法、内部一貫法などを用いて信頼性係数を求めることで、その調査（項目）の信頼性を測定することができる。
■ 尺度の妥当性とは、その質問項目が測定したい概念や特性をどれくらい的確に測定できているかという測定の適切性・正確性のことをいう。
■ 妥当性が高いかどうかを数値で確かめることは難しいため、調査前に質問文で用いる概念などを吟味しながら論理的につめていく。

■ 社会調査では、尺度の信頼性と妥当性をどちらも満たす（高める）ことが重要である（ただ、実際には両方を同じくらい高めるのは難しい）。

《国試にチャレンジ！》

1. 名義尺度、順序尺度、間隔尺度、比例尺度という四つの尺度水準のうち、大小関係を測定することができるのは、名義尺度である。【31回86】 ✓✓　　　　　　　　　（正答…×）

2. 比例尺度では、平均値を算出することができる。【36回88】 ✓✓　　　　　　　　　（正答…○）

3. 妥当性とは、同じ調査を再度行ったときに、どのくらい類似した結果を得ているかを意味する。【35回87】 ✓✓　　　　　　　　　（正答…×）

頻出度A 質問紙の回答の形式

■ 自由回答法は、回答者に自身の言葉で自由に記述してもらう形式である。職業など選択肢を設けることが難しい場合に活用される。

■ 選択肢法は、複数の選択肢を設けて回答者に選んでもらう形式である。選択肢は、相互に重なりがなく、予想される回答がすべて用意されることが前提だが、選択肢の数は多すぎず、かつ少なすぎないようにする。

■ 回答欄に記入がないときに、書き忘れなのか該当するものがなかったのかを判別できるよう、「その他」や「当てはまるものがない」といった選択肢を設けておく。

■ 質問紙調査では主として選択肢法を用い、自由回答法は必要な場合のみにとどめることが望ましい。

■ 選択肢法では、リッカート尺度やSD法（Semantic Differential）がよく用いられる。

■ リッカート尺度は、ある質問について、「そう思う」「どちらかといえばそう思う」「どちらともいえない」「どちらかといえばそう思わない」「そう思わない」など何段階かの選択肢を用意したものである。

■ SD法は、「明るい－暗い」など対照的な概念を両端に配置したうえで、その間に数値を用意し、最も近いものを選んでもらう回答方式である。

■ SD法は、感情的な反応やイメージを測定する心理計測の手法の1つである。

《国試にチャレンジ！》

1. 回答の形式として選択肢法を用いる場合、想定される選択肢を網羅するため、選択肢の数が多いほど望ましい。【28回86】 ✓✓　　　　　　　　　（正答…×）

2. リッカート尺度は、「当てはまる」「どちらともいえない」「当てはまらない」などというように多段階で程度を測定する選択肢で回答を求めるものである。【32回88】 ✓✓　　　　　　　　　（正答…○）

質問紙の作成と留意点

① 質問内容における留意点

- 個人的な考えや態度を尋ねるパーソナルな質問と、社会的・一般的な意見を尋ねるインパーソナルな質問を区別して用いる。

■パーソナルな質問とインパーソナルな質問の例

パーソナルな質問	あなたは地域の行事に積極的に参加したいと思いますか
インパーソナルな質問	住民や市民は地域の行事に積極的に参加したほうがよいと思いますか

- 前の質問(およびその回答)が、後の質問の回答に偏った影響を与えてしまうことをキャリーオーバー効果という。
- 調査票においてキャリーオーバー効果を完全に除去することは難しいため、質問内容のまとまりに支障が出ない程度に質問項目の順番や配列を工夫する。

■キャリーオーバー効果の例

Q1	ゴーヤなどによる「緑のカーテン」は、地球温暖化対策に高い効果があるといわれています。A市では、公共会館の緑のカーテン化を推進していますが、これを知っていますか → [知っていた／知らなかった]
Q2	A児童会館を全面的に「緑のカーテン」にすることをどう思いますか → [賛成／反対]

確かに、Q1の「高い効果がある」に影響を受けそうですね

② ワーディングの留意点

- 質問文や回答の選択肢で用いられる文章、語句、表現のことをワーディングという。
- ワーディングでは明瞭かつ簡潔な文章とし、わかりにくい語句・表現は避ける。

■質問文作成時の留意点

専門用語	ソーシャルワーカーなどの特定の職業や業界の間で使われる専門的な用語は、一般的に使われる用語や理解しやすい表現に換えて使用する 例)バーンアウト、レスパイトケア
略語	利用者や家族に理解しにくく、一般的に使われない略語は避ける 例)特養、社協

誘導質問（バイアス質問）	・「○○についての重要性が高まってきていますが、あなたは○○についてどう思いますか？」のように回答を誘導するような尋ね方は避ける ・権威のある著名人などの意見や主張が質問文で言及されていると、回答が誘導されやすくなる（威光暗示効果）
二重否定文	・「～をしたくないと思うことはないですか？」「～ではないと思いませんか」のように否定と否定が重なり誤解を招きやすい表現は避ける
ダブルバーレル質問	・1つの質問で2つ以上のポイント（論点）を尋ねるのは、混乱を招くため避ける 例）公的な育児支援制度・介護支援制度に満足していますか
イエス・テンデンシー（黙従傾向）	回答者はどのような質問にも「はい／Yes」と答えがちな傾向（イエス・テンデンシー）があるため、「○○に賛成ですか？」ではなく、「○○に賛成ですか？　それとも反対ですか？」といった質問文にするとよい
ステレオタイプ、通俗的な表現	特定の価値観や見方、固定化したイメージ、通俗的な表現は避ける 例）草の根の市民運動、天下り、オタク、ニート

《国試にチャレンジ！》

1　前の質問文の内容が次の質問文の回答に影響を与えないように、注意を払う必要がある。【33回88】　✓✓　　　　　　　　　　　（正答…○）

2　「糖尿病予防のために食事や運動に気を付けていますか」というように、複数の事柄は一つの質問文で尋ねる方が望ましい。【30回89】　✓✓　（正答…✕）

頻出度 A　調査の方法と回収方法

■ **自計式（自記式）調査**は、調査対象者（回答者）**本人**が回答を記入する形式をいう。
■ **他計式（他記式）調査**は、**調査者（員）**が調査対象者の回答を記入する形式をいう。

■自計式調査と他計式調査の特徴

	利点	欠点
自計式調査	・調査者が少数ですみ、調査コストが低い	・対象者が質問文を誤解したり、回答の誤記入や記入漏れが生じやすい ・本人以外による代理回答が生じやすい
他計式調査	・質問文の誤解や記入漏れが少ないため、正確な回答を得られやすい	・調査コストが高い（調査員の雇用など） ・質問内容によっては、正確な回答を得られにくいこともある

■調査票の配布・回収方法の特徴

自計式調査	郵送調査		調査票を対象者に郵送で配布し、回答したものを返送してもらう方法
		長所	・費用が安く、大規模調査に適している ・匿名性が確保され、回収の労力もかからない
		短所	・回収率が低くなることがあるため督促状を準備しておくことが望ましい。代理回答や誤記入のチェックが難しい
	留置調査		調査員が対象者のもとを訪問して調査票を配布し、一定期間後に訪問により回収する方法
		長所	・回収率がある程度確保できる
		短所	・個別訪問に伴う労力と費用がかかる ・代理回答を確認できない
	集合調査		対象者を特定の場所に集め、その場で調査票を配布して対象者に記入してもらう方法
		長所	・回収率が高く、本人回答も確実、調査コストが低く抑えられる
		短所	・全員に集まってもらうのが難しい ・集団効果によって回答が偏る可能性がある
	インターネット調査		メールやウェブサイトを介して調査依頼をし、回答してもらう方法
		長所	・労力や費用がかからず、入力ミスの対策をとれる ・調査後のデータ入力が不要で早期の集計ができる
		短所	・対象者がインターネット利用者に限定されるため、標本の代表性が偏る。匿名性が高く虚偽の回答の可能性がある
他計式調査	訪問面接調査		調査員が対象者を訪問面接し、回答記入を進めていく方法
		長所	・複雑な質問でも調査員が説明できる ・回収率が高く、代理回答、質問の誤解、誤記入が少ない
		短所	・個別訪問の労力と費用がかかる、プライバシーにかかわる質問がしにくい、回答者が社会的に望ましい内容に同調することがある
	電話調査		調査者が電話で質問して、その回答を調査票に書き取る方式。RDD法では、コンピュータで無作為に発生させた番号に電話をかけて調査を行う。CATIはコンピュータを併用した電話調査で、オペレーターが質問を読み上げ、回答をコンピュータに入力する
		長所	・調査スピードが速い ・RDD法は、電話帳非掲載者も対象にできる
		短所	・多くの標本を得るには労力が必要。調査拒否の可能性がある ・若年層の回答率が低い ・質問数が多い調査には向かない

ワンポイント 従来のRDD法は固定電話しか対象にしておらず、携帯電話しかもっていない若年層や単身層が母集団から抜け落ちてしまう問題を抱えていた。しかし近年では新たに携帯電話も対象にしたRDD法が導入されている。

《国試にチャレンジ！》

1. 他記式の方が自記式よりも、調査対象者以外の人が本人の代わりに回答する可能性が高い。【31回85】 ☑/☑　　（正答…✕）
2. 留置調査法は、他記式なので、記入漏れや記入ミスを抑制できる。【30回88】 ☑/☑　　（正答…✕）
3. 訪問面接調査は、自計式であるため、調査者の態度が調査対象者の回答に与える影響を抑制できる。【34回86】 ☑/☑　　（正答…✕）

頻出度A　データの整理

- 作成した質問紙を**調査前**に少数の人（調査メンバーなど）に回答してもらい、質問文や所要時間などを確認することを**プリテスト**という。
- 調査票**回収後**に、1票ずつ誤記入や記入漏れなどを確認し、コンピュータに入力する回答データを確定する点検作業を**エディティング**という。

ワンポイント　エディティングでは、複数の質問のなかでの回答の論理矛盾も確認する。「50歳以上の方にお尋ねします」という質問に、「30歳」の人が回答している場合などが該当する。

- 調査票に記入された回答をコンピュータに入力する際、回答に**数値・記号**を振り、データを整理することを**コーディング**という。
- **プリコーディング**とは、調査実施**前**にあらかじめ回答に数値・記号を振ってデータを整理しておくことをいう。
- **アフターコーディング**とは、調査実施**後**に「その他」欄の記述など自由回答をコーディングしていくことをいう。
- 回答していない場合などは、**欠損値**として数値を割り当て、入力漏れと明確に区別できるようにする。
- データ入力後に、入力ミスがないか点検する作業を**データクリーニング**という。
- 得られた測定値のなかで、他の値から著しくかけ離れた値を**外れ値**という。分析の際に必要に応じて除外する。

ワンポイント　外れ値のうち、測定ミスや入力ミスなど原因がわかっているものを異常値という。単なる入力ミスなら修正するが、そうでない場合は集計から除外する。

《国試にチャレンジ！》

1. 回収した調査票が正確かどうかを確認する作業のことをコーディングという。
【31回87】　　　（正答…✕）

2. 40歳以上65歳未満を対象とした調査で、40歳代のみを対象とした質問項目の場合、50歳以上の当該質問項目の回答は「非該当」として処理する。
【31回87】　　　（正答…◯）

頻出度 A 量的調査の単純集計

■ 単純集計とは、一つひとつの変数の回答データを集計することをいう。
■ 各階級・カテゴリーに属するデータの個数を度数といい、度数を集計して表されるデータの傾向を度数分布、それを数表で示したものを度数分布表という。

■ 度数分布表の例

身長の階級	度数 (人数)	相対度数 (%)	累積度数 (人数)	累積相対度数 (%)
155cm未満	2	22	2	22
155cm以上160cm未満	1	11	3	33
160cm以上165cm未満	5	56	8	89
165cm以上	1	11	9	100
総　数	9	100		

■ 相対度数とは、ある階級・カテゴリーに属する各度数の全体に占める割合を百分率（パーセント）で示したものであり、「階級の各度数」を「度数の合計」で割って算出する。
■ 身長、年齢、年収額などの連続的データでは、階級間に大小関係といった順序が成り立つため、その階級までの度数を足し合わせた累積度数も表示するとよい。各累積度数の全体に占める割合を百分率で示したものを累積相対度数という。

《国試にチャレンジ！》

1. 度数分布表は、一つの変数について、それぞれのカテゴリー（階級）に当てはまる度数をまとめた表である。【31回88】　　　（正答…◯）

2. 度数分布表における相対度数とは、度数を合計した値を各カテゴリーの値で割って算出したものである。【29回88】　　　（正答…✕）

頻出度 A 量的調査の記述統計（代表値と散布度）

- ■ データを要約する際、その特性を統計的に計算したものを記述統計量という。
- ■ 記述統計量には、データの中心傾向を示す代表値と、データの散らばり（ばらつき）の程度を示す散布度がある。

① 代表値

- ■ データの代表値を示すものに、平均値、中央値、最頻値などがある。

■ 主な代表値

平均値（標本平均）	・データの総和をケース数（データの個数）で割ったもの ・外れ値の影響を受けやすい
中央値	・データの数値を大小順に並べたときに中央に位置する値 ・ケース数が奇数の場合には中央の1つが中央値となる ・ケース数が偶数の場合には中央の2つの値の平均値が中央値となる
最頻値	・データの値のなかで最も度数が多い値 ・名義尺度変数において唯一算出することができる代表値 ・複数存在する場合がある
最大値	データのうち最も大きい値
最小値	データのうち最も小さい値
四分位数	・小さいものから順に並べたデータの全体を4等分したときの分かれ目となる値（第2四分位数＝中央値）
パーセンタイル（百分位数）	・データを小さいものから順に並べ、小さいほうから数えて何％目の値かを示す数値。50パーセンタイルが中央値（第2四分位数）となる

 年収300〜600万円が大半を占めるなかに年収1億円の人が少数いる場合、年収の平均値が押し上げられてしまう。このような場合には、中央値が適切な代表値として用いられる。

② 散布度

- ■ 散布度には、範囲、四分位範囲、分散、標本標準偏差などがあり、代表値ではうまく把握できないデータの分布を示すことができる。

■ 主な散布度

範囲	・最大値と最小値との間の差で、最大値から最小値を引いて算出する
四分位範囲	・データ全体のうち中央の半数のケースの値の範囲 ・第3四分位数から第1四分位数を引いて求められる

分散	・データの散らばり・ばらつき具合を示す統計量の1つである ・平均値と各データの差（これを偏差という）を2乗したものをすべて足し合わせ、最後にデータ数で割ることで求められる
標準偏差	調査データが全体としてどれぐらい平均値から離れて散らばっているかを示し、分散の平方根（√）で求める。分散は偏差を2乗しているため、直接データの散らばり具合をみるには不便であり、標準偏差が散布度として用いられることが多い
不偏標本分散	標本から母集団の分散を推定するときに用いる値。偏差の2乗の合計を、最後に（ケース数−1）で割って算出する
標本標準偏差	不偏標本分散の平方根をいう。標本から母集団の標準偏差を推定するときに用いる

■ 歪度は、分布の非対称性を示す指標である。左右対称の正規分布から、どの程度歪みがあるかを示す。

データが左に偏ると、歪度が大きくなる（正の値になる）
データが左右対称だと、歪度は0
データが右に偏ると歪度が小さくなる（負の値になる）

《国試にチャレンジ！》

1. データの分布を代表する値として平均値を用いておけば、中央値や最頻値は見なくてもよい。【32回89】　　（正答…×）
2. 標準偏差は、調査データが全体としてどれぐらい平均値から離れて散らばっているのかを表す指標の一つである。【32回89】　　（正答…○）
3. 分散と標準偏差は、どちらも平均値からの散布度を示すが、これら二つの指標には関係はない。【31回88】　　（正答…×）

分散では、偏差を2乗して計算するのはなぜですか？

例えば、テストの点数の平均点が60点とします。65点の人は偏差は+5、55点の人は−5で、そのまま足し算するとゼロとなってしまいます。二乗にすれば、正の数値となり、意味のある統計が取れるのです

調査　5 量的調査の方法

B データの視覚化

■ グラフは、得られたデータの特性を視覚的に表すために用いられる。

■ <u>ヒストグラム</u>とは、<u>階級</u>分けした数量的（連続的）データの度数（度数分布表）を<u>柱の面積</u>で表した図である。

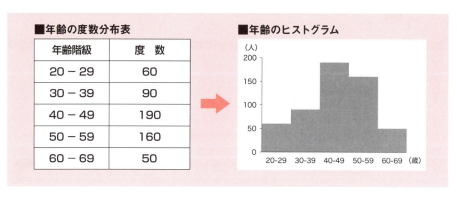

■ <u>箱ひげ図</u>とは、データの分布を1つの箱と上下に伸びたひげで表した図であり、データの<u>中心傾向</u>と<u>散らばり具合</u>を視覚的に把握することができる。
■ 複数の質的変数のカテゴリーごとに箱ひげ図をつくることで、カテゴリー別の量的変数のデータの分布を比較しやすくなる。

■箱ひげ図

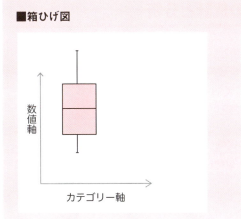

■カテゴリー別の箱ひげ図の例

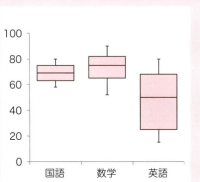

■ **バブルチャート** とは、2種類の質的変数の分布を示した図である。クロス集計表（後述）の各セルの度数をバブル（泡）の大きさで表現する。
■ **散布図** とは、1つのケースにおける2種類の量的変数の関係を示した図である。

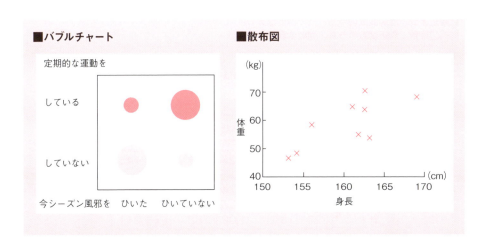

調査

5 量的調査の方法

《国試にチャレンジ！》

1 日中の水分摂取量（ml）と夜間の睡眠時間（分）の関係を見るときに用いる方法として、散布図は適切である。【37回83改】　　　　　　（正答…○）

2 時系列で測定を行った結果のデータを図示するには、ヒストグラムを用いるのがよい。【25回89】　　　　　　（正答…✕）

499

量的調査の2変数以上の集計と分析

類出度 A

■ 単純集計では、1つの変数について分析し、データ全体の特性を把握するが、2つ以上の変数の関連性を分析するときは、変数の種類（質的変数・量的変数）と関係（独立変数・従属変数）の組み合わせに応じて適切な分析法を選ぶ。

① クロス集計

■ クロス集計は、調査で得た2つ以上の質的変数に着目して集計・分析する集計法で、相対度数（％）により変数間の関係を明らかにする。その関連性をみるための表をクロス集計表という。

■ 主に質的変数同士の関連性をみるときに用いるが、量的変数の場合は、値を階級分け（カテゴリー化）してから表を作成する。

■クロス集計表の主な用語

表側項目：表の左側の項目部分（通常はこちらに独立変数を配置する）
表頭項目：表の上側の項目部分（通常はこちらに従属変数を配置する）
行：表の横のならび
列：表の縦のならび
周辺度数：表内の「計」の部分に表示されている各度数の合計
行周辺度数：周辺度数のうち、行の合計部分の度数
列周辺度数：周辺度数のうち、列の合計部分の度数

■クロス集計表の例（単位：人、かっこ内は相対度数）

■ 各マス（セルという）に表示されている、実際に観測されたデータの個数（実数）のことを観測度数という。

■ クロス集計表によって変数間の関係を観察するには、観測度数よりも、相対度数（百

分率）のほうがよい。

■ クロス集計表において、2つの変数の間に関連性がないことを統計的独立といい、表内のどの行でもセルの度数の比（または行パーセントの数値）が同じという状態である。

② オッズ比

■ オッズとは、「ある／ない」「賛成／反対」のように、回答が2値になる事象について、ある事象の発生率（起こる見込み）を示す指標である。

■ オッズは、ある事象が発生しない確率に対して、それが発生する確率が何倍あるかを計算式によって算出する。

■ ある事象のオッズを複数のグループ間（性別など）で比較したときの比をオッズ比といい、0から無限大の値をとる。

③ χ（カイ）2乗検定

■ χ（カイ）2乗検定は、クロス集計の結果が統計的に有意かどうかを検証する方法。

■ 2つのデータの割合の差をみて検証する。

■ χ（カイ）2乗値は、2つの変数が独立であるとした場合の期待度数と、実際の観測度数の間の全体的なズレを表すものである。

■ 分析対象者が多くなると、χ（カイ）2乗値は大きくなる。

④ t検定

■ t検定は、2つのグループの平均値の差が誤差の範囲かを検証する方法である。

■ 2つのデータの平均値の差をみて検証する。

⑤ 分散分析

■ 分散分析は、3つ以上のグループでの平均値の差について検証する場合に用いる。

■ 独立変数が1つの場合の分散分析を一元配置分散分析、独立変数が2つの場合の分散分析を二元配置分散分析という。

⑥ 多変量解析

■ 多変量解析は、複数の変数に関するデータについて、これらの変数間の相関関係を分析する手法の総称である。

■主な多変量解析

回帰分析		従属変数を独立変数から予測し、複数の変数間の因果関係を説明する
	単回帰分析	1つの従属変数を1つの独立変数から予測するものをいう
	重回帰分析	1つの従属変数を複数の独立変数から予測するものをいう
因子分析		多数の変数を、少数の変数（因子）に縮約する手法
クラスター分析		類似性の高い変数を同じグループ（クラスター）に分類し分析する手法

調査

5 量的調査の方法

⑦ ピアソンの積率相関係数

■ある2つの量的変数において、片方の変数値が増加するともう片方の変数値も増加するときを正の相関という。
■片方の値が増加するともう片方の値が減少するときを負の相関という。

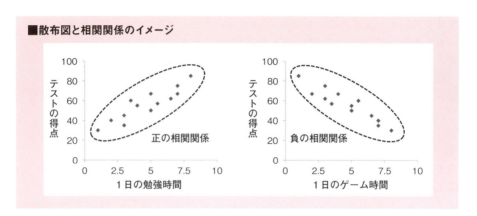

■量的変数の関連性の強弱を示す指標を相関係数という。
■ピアソンの積率相関係数は、2つの量的変数の関連度を示し、相関係数は+1から-1の間の値をとる。
■ピアソンの積率相関係数では、+1に近づくほど強い正の相関があることを示す（散布図で右上がりの直線を描くように点が集まっている状態）。
■ピアソンの積率相関係数では、-1に近づくほど強い負の相関があることを示す（散布図で右下がりの直線を描くように点が集まっている状態）。
■相関係数の値が0に近い場合では相関が認められないことを示す（散布図で点がバラバラに位置している状態）。

> **ワンポイント**　ピアソンの積率相関係数は、変数間の直線的関連性（線形関係）の強弱を示す指標であるため、相関係数が0の場合でも、U字型や逆U字型の関連（非線形関係）もあり、必ずしも2つの変数に関係がないとはいえない。

《国試にチャレンジ！》

1　クロス集計表により変数間の関係を観察するには、相対度数ではなく、観測度数を表示する。【31回88】　　（正答…✕）

2　オッズ比は、分布の左右対称性に関する指標である。【32回89】　　（正答…✕）

3　ピアソンの積率相関係数において、値は0から1の範囲の間で変動する。【28回87改】　　（正答…✕）

Lesson 6 質的調査の方法

B 質的調査におけるデータ収集の方法と留意点

- 質的調査とは、数値に還元できない、言語で記述された質的データの分析を通して、現象の記述や仮説・モデル生成を目的とした調査をいう。
- 質的調査では、対象者を環境から切り離さないよう留意し、できるだけ多様なデータを収集し、個人と環境、関係する他者との相互作用の詳細な理解を目指すことが求められる。
- 質的調査におけるデータ収集法の種類として、主に観察法と面接法がある。
- 質的調査における調査対象の選出には、有意抽出法による標本抽出（目的的サンプリングとも呼ばれる）が用いられることが多い。
- 調査対象としている領域・集団の特徴を代表していると思われる典型的な対象者を選出する方法を典型例サンプリング（典型法）という。

> ワンポイント　たとえば、難病患者の生活実態を調査する場合、病院や紹介などで出会った特定の患者を「典型例」として調査を実施することで、得られたデータや知見を支援につなげることが可能になる。

- 調査対象領域にいるさまざまな特徴をもつ対象者の中から最も異なる属性をもつ複数の人々を恣意的に選出する方法を最大変異サンプリングという。
- 収集対象となるデータは、手紙や日記などの私的文書（パーソナル・ドキュメント）も含まれ、テキストデータのほか、音声データ、映像記録、写真などの方法も分析対象となる。
- 質的調査を進めていくうえでは、調査対象者とのラポール（信頼関係）が重要な要素となる。

《国試にチャレンジ！》

1　質的調査の記録やデータの収集方法として、手紙や日記などの私的文書は除外する。【31回90】　☑☑　　　　　　　　　　　　　　（正答…✕）

2　調査対象者を抽出する方法として、主に無作為抽出法を用いる。【31回90】　☑☑　　　　　　　　　　　　　　（正答…✕）

A 観察法

- 観察法は、観察することに重点を置いて対象を把握して考察し、仮説を導く方法である。
- 観察法には、条件を設定し観察する内容がある程度決まっている統制的観察法と、あ

りのままの様子や現象を観察し記録していく非統制的観察法がある。
■非統制的観察法は、調査者が関与するか否かで参与観察法と非参与観察法に分けられる。
■参与観察法では、調査者が観察対象の集団や組織の活動に参加しながら比較的長期間の観察を行い、対象の内部からその様子を記録していく。
■参与観察法において、調査者は、次のような4つの立場を行き来しながら調査を進めることになる。

■4つの立場

完全な観察者	その場に参加しない（マジックミラーによる観察や旅先で人々を観察する場合）
参加者としての観察者	観察に重きを置く（単発のインタビューを行う場合など）
観察者としての参加者	参加に重きを置く（一般的な参与観察）
完全な参加者	参加する（潜入調査や職場の同僚を観察する場合）

■非参与観察法では、調査者が第三者として観察対象のありのままの様子を観察する。マジックミラー（ワンウェイミラー）やビデオカメラなどを使用することもある。

> word　マジックミラー（ワンウェイミラー）
> 片面が鏡のように映像を反射し、もう片面から見るとガラスのように向こう側が透けて見える鏡。観察者からは調査者が見えないため、自然な形で観察できる。

観察法は、量的データを収集する際にも用いることができます

《国試にチャレンジ！》

1　観察法における「完全な観察者」は、観察に徹して、その場の活動には参加しない。【33回90】　　（正答…○）

2　観察法の一つとしての参与観察法では、集団を観察対象としない。【33回90】　　（正答…×）

面接法

■面接法（インタビュー）とは、調査者と対象者との対面的な会話によって質問と回答を進めながらデータ収集と分析を行う研究方法をいう。
■個別インタビューは、研究上の問いから構成した質問項目に沿って、調査者と対象者

との相互作用によって生み出される口頭データを収集・分析する方法をいう。
■ 個別インタビューは、質問をどの程度構造化するかによって、構造化面接、半構造化面接、非構造化面接の3種類に分けられる。

■ **構造化の度合いによる個別インタビューの区分**

区分	特徴
構造化面接法	・あらかじめ質問項目とその順序も決めておき、どの対象者に対しても同じように質問をしていく ・質問紙を用いた訪問面接調査や電話調査が代表的な調査方法
半構造化面接法	・質問項目やその順序もある程度決めておくが、インタビュー開始後は対象者の自発的な語りを重視して、適宜質問や順序を変えながら進める ・質的調査では最も一般的な方法
非構造化面接法（自由面接法）	・事前に質問項目を決めず、対象者の自発的な語りを重視する（半構造化との明確な区分は難しい）

■ グループインタビューは、インタビュアー（調査者）と複数のメンバー（対象者）によって行われるインタビュー法の1つである。
■ グループインタビューでは、インタビュアーとメンバー間だけではなく、メンバー同士の相互作用から活発な語りが生み出されることで詳細なデータを得ることができる。
■ グループインタビューでは、ある程度の幅のある意見をできるだけ深く掘り下げながらインタビューとデータ収集を進めていく。
■ グループインタビューでは、中盤以降にメンバーの間で意見の一致や合意形成などが結果的に生じることがあるが、それを目的とはしていない。
■ マーケティングにおいて消費者の嗜好や購買行動を探る目的で行われるものは、フォーカス・グループインタビューとも呼ばれる。
■ 深層インタビューとは、個人の相談や治療を目的としたインタビュー法であり、臨床心理学などの領域で行われることが多いが、社会調査でも用いられる。
■ アクティブ・インタビューとは、対象者を単なるデータ収集の対象としてではなく、相互作用によって積極的に意味を生み出していく者ととらえる志向性・立場をいう。

調査　6　質的調査の方法

《国試にチャレンジ！》

1　非構造化面接では、予想される調査対象者の回答を「イエス」「ノー」で記入できるシートを作成する。【34回90】　　　　　　　　　　（正答…×）

2　グループインタビューでは、参加者間の相互作用が起こらないように、司会者が気をつける。【28回88改】　　　　　　　　　　　　　（正答…×）

頻出度 B 質的調査におけるデータの記録と留意点

- インタビューを行う際は、事前に抽象的な質問を具体的に置き換え、おおまかな「シナリオ」をまとめたインタビューガイドを作成しておく。
- 調査を依頼するときは依頼状を作成し、調査研究の趣旨・目的、倫理的配慮事項（個人情報保護の方針や記録機材の使用など）を記載しておく。
- 調査中は、対象者に不信感や警戒感を抱かせないよう配慮することを優先し、可能な範囲で記録やメモを取りながら進めていく。
- ICレコーダーやビデオカメラなどの記録機材を用いる場合は、事前に対象者に使用許可を得ておく。
- 現地調査（フィールドワーク）においては、観察能力、面接能力、記録技術の3つの基礎的スキルが求められる。
- 調査中にフィールドで見聞きしたものや印象を記した記録をフィールドノーツ（観察ノート）といい、その場では簡易的に記入しておき、フィールドを離れた段階で清書していくとよい。
- フィールドノーツを記す際は、見聞きした事実と自分が感じた印象などを分けて書き、できごとの時系列に沿って記入していくことが望ましい。
- インタビューを録音した場合は、調査後に文字起こし（逐語記録）を作成する。言い間違いや沈黙、さらに表情などの非言語情報も記しておくとよい。

《国試にチャレンジ！》

1. 観察ノートを整理する際は、調査者の感想を記さないように留意する。【35回89】 ✓ ✓ （正答…✕）
2. 観察を通して現地で得た聞き取りの録音データの文字起こし作業に当たっては、録音データの中から調査者が気になった部分や必要だと思う部分を抽出し、要約する作業を最初に行う。【35回89】 ✓ ✓ （正答…✕）

頻出度 A 質的調査におけるデータの整理と分析方法

① ナラティブ・アプローチとライフヒストリー

- ナラティブ・アプローチとは、できごとの語りやそれらを時間軸上につなぎ合わせた物語（ナラティブ）を対象者と調査者との対話から構築しながら現象や現実に接近していく方法をいう。
- ライフヒストリーとは、口述史（オーラルヒストリー）の対話で得られた逐語記録に日記、手紙、歴史的資料といった「書かれた資料」を加えた個人の一生の記録（またはそれに焦点をあてた研究）をいう。

② TEM(複線径路・等至性モデル)

- TEM(trajectory equifinality model)とは、時間の非可逆性を前提として、人がどのように生きてきたのかを把握する枠組みをいう。
- TEMのプロセスでは、1人または複数人のインタビューデータを切片化しラベルをつけていき、それらをできごとや経験ごとに時間軸に沿って配置して図解化していく。

③ エスノグラフィー

- エスノグラフィー(民族誌)とは、調査対象の人々の生活の場に入り、参与観察、インタビュー、質問調査などにより、その集団や社会の行動様式について記録・分析し、知見を生み出す調査方法である。

 エスノグラフィーは「ethno 民族の」「graphy 記録・記述」という意味であり、部族や民族の文化・社会構造を研究する人類学で参与観察がよく用いられてきたことに由来する。

④ アクション・リサーチ

- アクション・リサーチは実践と研究を一体的に展開していく調査研究であり、現場における課題を、現場の人々と研究者(調査者)が協働しながら解決を目指していく。
- アクション・リサーチでは計画、実践、観察、振り返りの基本プロセスを循環的に継続しながら問題を解決していく。

■参与観察とアクション・リサーチの違い

種類	調査者の立場	目的
参与観察	調査の過程で変化するものの、基本的には観察者の立場	研究知見の生産が主な目的
アクション・リサーチ	調査者と当事者が協働で調査・実践を進めるため、参加者の立場	課題解決などの目標達成(成果を得ることが重視される)

⑤ KJ法

- KJ法とは、川喜田二郎が考案したデータ分類・統合の手法をいう。アイデア収集や課題解決のヒントを探っていく発想法のメソッドとして、さまざまな場面で用いられている。

■KJ法のプロセス

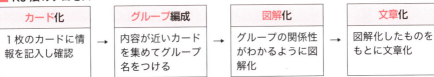

⑥ グラウンデッド・セオリー・アプローチ（GTA）

■ グラウンデッド・セオリー・アプローチ（GTA）とは、グレーザー（Glaser, B.）とストラウス（Strauss, A.）の2人の社会学者によって考案された、質的データから理論構築を目指す分析・研究方法をいう。

■ GTAは、データの収集と分析を繰り返しながら絶えざる比較を行っていく点が特徴（継続比較分析法と呼ばれる）。

■ GTAにおける分析の手順

段階	方法
データ収集、テキスト化	募集に応じた自発的な協力者を調査対象とする方法
切片化	データを細分化する
オープン・コーディング（初期）	・データに見出しをつける作業。データを短い単語や1文単位で切片化して、それぞれにラベル（コード）を付す ・似たラベルを集めながら、カテゴリーをつくる
軸足コーディング（中期）	・複数のカテゴリーを関連づけながら、それらをまとめるカテゴリーをつくる
選択的コーディング（後期）	・中心的なカテゴリー（コア・カテゴリー）を中心に軸足コーディングでつくられた各カテゴリーを関連づける
理論化	これ以上新しいカテゴリーや概念が出てこない状態（理論的飽和）まで、データ収集等とコーディングを繰り返していく

⑦ 事例研究法

■ 事例研究法とは、1つもしくは少数の事例（対象）について、さまざまな角度から複数の手法を用いて調査を実施し、その事例のおかれた社会的文脈や状況の理解を通して全体的な認識を得ようとする研究法をいう。

■ 事例研究法は、質的研究の1つと位置づけられるが、評価目的の研究では、1つの事例であっても量的に研究する方法がある。

■ 事例研究法では、手紙や日記などの私的文書も収集対象となる（本人の承諾が必要）。

⑧ その他の調査・研究手法

■ ワークショップとは、複数の対象者（メンバー）を集めて、特定のテーマに関する話し合いなどを行ってもらい、そこから何らかの解決策や合意形成を目指す手法をいう。

■ 会話分析とは、会話という人々の相互行為のなかで形づくられる秩序を明らかにすることを目的として、詳細な会話記録（トランスクリプト）をもとに、会話内容や形式・構造を分析していく手法をいう。

■ 内容分析とは、狭義にはマスメディアが新聞、雑誌、テレビなどを通して発信する情報・メッセージの特性を分析する手法をいう。

■ ドキュメント分析は、第三者によって記録され、保存された質的データであるドキュメント（文書）を分析するものである。

■ 対象となるドキュメントには、私的な記録（手紙、日記、家計簿など）、公的な記録（公

的機関の統計や文書、裁判記録など）、マスメディアの記録（新聞、雑誌など）が含まれる。
- **トライアンギュレーション**とは、インタビューや参与観察、また量的調査などの複数の手法を用いることをいい、対象を多角的にとらえることでより正確な認識・理解を目指そうとするものである。
- **混合研究法（ミックス法）** とは、量的調査と質的調査の両方のアプローチからデータ収集と分析を行いながら研究を進めていく方法をいう。

《国試にチャレンジ！》

1. KJ法では、提出したカードを並べた後、全体を眺めながら内容が類似しているものをグループとしてまとめる。【35回90】　　　（正答…○）
2. グラウンデッド・セオリー・アプローチでは、分析を進めた結果としてこれ以上新しい概念やカテゴリーが出てこなくなった状態を、理論的飽和と呼ぶ。【30回90】　　　（正答…○）
3. 質的データを収集するインタビューや観察などと、量的データを収集する質問紙調査などを組み合わせて行う調査の手法のことを、ミックス法という。【27回89】　　　（正答…○）

KJ法やグラウンデッド・セオリー・アプローチは手順を含めて正確に理解しておきましょう

調査　6　質的調査の方法

Lesson 7 ソーシャルワークにおける評価

頻出度 C ソーシャルワークにおける評価の意義・対象・方法

① ミクロ・メゾ・マクロレベルにおける実践の評価
- ミクロレベルにおける実践では、個人や家族、集団を対象として、クライエントのおかれた状況・環境に合わせて個別性を重視した多様な実践を展開する。
- メゾレベルにおける実践では、社会福祉の施設や機関、地域を対象として、これらの場所で行われる事業やサービス、計画や取り組みを評価する。
- マクロレベルにおける実践では、自治体単位で策定される地域福祉計画を対象として、メゾレベルの計画との連携や計画の進行管理について、各分野の担当者や実践者など多角的な視点から評価する。

② 根拠に基づく実践（EBP）とナラティブに基づく実践（NBP）
- 根拠に基づく実践（evidence based practice：EBP）は、ソーシャルワークにおいては「エビデンス・ベースド・ソーシャルワーク」（より良いソーシャルワーク実践を提供するための方針決定の行動様式）と呼ばれる。
- EBPのプロセスは、クライエント・システムの問題化、それに対するアプローチの根拠の探索（文献分析）、検討された支援方法に基づく実践の展開、ソーシャルワークの介入・実施の評価という4つのステージからなる。
- ナラティブに基づく実践（narrative based practice：NBP）は、クライエントの抱える問題やおかれた状況をナラティブ（語り／物語）によって理解し、実践につなげることを重視したアプローチをいう。

EBPは根拠に基づく医療（evidence based medicine：EBM）から、NBPはナラティブに基づく医療（narrative based medicine：NBM）から派生した概念である。

③ アカウンタビリティ
- ソーシャルワーカーのアカウンタビリティとは、クライエントをはじめその関係者、所属組織、地域といったステークホルダーに対する説明責任をいう。
- ソーシャルワークの評価を行うことで、アカウンタビリティを示すことができる。

④ ソーシャルワークの評価の対象
- ソーシャルワークの評価の対象は、実践、プログラム、政策、構造の4つに分けられる。

■ソーシャルワークの評価の対象による分類

実践の評価	ソーシャルワークによる介入の効果とサービス利用者のクオリティ・オブ・ライフ（quality of life：QOL）の変化の有無を確認する
プログラムの評価	特定のプログラムに対して全体の有効性を評価するものであり、改善・発展のための評価、説明責任のための評価、知識習得のための評価、価値判断および意思決定のための評価、広報のための評価の5つの目的のもと実施される
政策の評価	個々の実践やプログラムの根底にある組織、地方自治体、政府の社会福祉政策の公平性や効果を評価する
構造の評価	実践、プログラム、政策の背景にある特定の福祉的な課題やニーズの構造（程度、状況、背景）を探索しながら評価する

⑤ ソーシャルワークの段階別の評価の種類

■段階別の評価の種類

ニーズ評価	福祉的な課題やニーズの構造を評価
過程（プロセス）評価 （形成的評価）	個別の実践やプログラム・政策の計画、開発、実施を評価
結果（アウトカム）評価 （総括的評価）	実践、プログラム、政策の目標がどれくらい達成できたかを評価
影響（インパクト）評価	実施前後の効果の比較やほかの実践等との比較による評価
費用対効果評価	特定の人たちに対するサービス提供にかかる費用に関する評価

⑥ ソーシャルワークの評価方法

■ ソーシャルワークの評価方法の選択にあたっては、ニーズ評価や過程評価では面接や観察データを用いた質的な評価方法が用いられることが多い。

■ ニーズ調査や結果評価・影響評価では、質問紙調査法によるデータ収集・分析が用いられることが多い。

■ 実験計画法は結果評価（特に影響評価）において活用される方法で、調査対象者を無作為に2つ（以上）のグループに分け、介入を行うグループ（実験群）と介入を行わないグループ（統制群）との比較によって、その介入の効果を測定するランダム化比較試験が代表的な方法である。

■ シングル・システム・デザインは、1事例（1人）を対象として介入の効果を測定する方法で、介入前の期間と介入を行っている期間に、それぞれ複数回効果を測定することで実践の効果を検証する。

13

高齢者福祉

Lesson 1 高齢者の定義と特性

頻出度 C 高齢者の定義と特性

■ 高齢者の定義は、時代や社会により異なり、統一した基準はないが、WHO（世界保健機関）では65歳以上を高齢者と定義している。
■ 日本の高齢者福祉の施策では、おおむね65歳以上の人を対象としている。

■高齢者福祉の施策における対象など

介護保険法	・第1号被保険者：65歳以上 ・第2号被保険者：40歳以上65歳未満
老人福祉法	原則として65歳以上
高齢者の医療の確保に関する法律（高齢者医療確保法）	・前期高齢者：65歳以上75歳未満 ・後期高齢者：75歳以上
高齢者虐待の防止、高齢者の養護者に対する支援等に関する法律（高齢者虐待防止法）	65歳以上
高齢者、障害者等の移動等の円滑化の促進に関する法律（バリアフリー法）	高齢者または障害者で日常生活または社会生活に身体の機能上の制限を受ける者など ※年齢に対する区切りはない
高年齢者等の雇用の安定等に関する法律（高年齢者雇用安定法）	高年齢者を55歳以上とする
高齢者の居住の安定確保に関する法律（高齢者住まい法）	原則として60歳以上

■ 日本老年学会・日本老年医学会は、2017（平成29）年に65～74歳を「准高齢者」、75～89歳を「高齢者」、90歳以上を「超高齢者」として区分することを提言した。
■ 高齢になると、心身機能の低下、経済力の低下、地位や役割の喪失などが連鎖的に引き起こされる複合喪失が生じるが、趣味や地域での活動など新たな役割や機会を得ることで喪失を補うことができると考えられている。

何歳になっても前向きな人は素敵です

高齢になるほどに、「活動」や「参加」、そしてそれを可能とする健康の保持に目を向けることが大事ですね

Lesson 2 高齢者の生活実態とこれを取り巻く社会環境

高齢者の所得と就労の状況

① 高齢者の暮らし向き・所得 （内閣府「令和5年版高齢社会白書」などより）

■「家計にゆとりがあり、まったく心配なく暮らしている」「家計にあまりゆとりはないが、それほど心配なく暮らしている」と感じている高齢者の割合は約7割である。

■ 65歳以上の人の経済的な暮らし向き

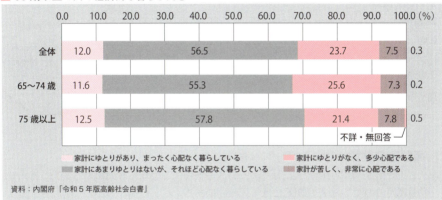

資料：内閣府「令和5年版高齢社会白書」

■ 世帯主の年齢階級別にみた1世帯当たり―世帯人員1人当たり平均所得金額

資料：厚生労働省「令和5年国民生活基礎調査」

■ 2022（令和4）年の1世帯当たりの平均所得金額は、全世帯が524万2000円、高齢者世帯は304万9000円である。
■ 高齢者世帯の所得の種類別割合をみると、公的年金・恩給が62.9%と最も高く、次いで稼働所得が26.1%となっている。
■ 公的年金・恩給を受給している高齢者世帯のなかで、「公的年金・恩給の総所得に占める割合が100%の世帯」は41.7%である。

■高齢者世帯の平均所得金額の構成割合（単位：万円）

高齢者の所得の種類	所得金額	構成割合
稼働所得	79.7万円	26.1%
公的年金・恩給	191.9万円	62.9%
財産所得	14.0万円	4.6%
年金以外の社会保障給付金	2.5万円	0.8%
仕送り・企業年金・個人年金・その他の所得	16.9万円	5.6%
総所得	304.9万円	100%

資料：厚生労働省「令和5年国民生活基礎調査」

公的年金の割合は高いのですが、稼働所得も約4分の1と意外と多いのですね！

② **高齢者の就労**（内閣府「令和6年版高齢社会白書」より）

■ 2023（令和5）年の労働力人口は6925万人である。このうち65歳以上は931万人で、労働者人口の13.4%と長期的には上昇傾向にある。
■ 高齢者の雇用形態をみると、男性の場合、非正規雇用者の比率は60歳を境に上昇し、60〜64歳で44.4%、65〜69歳では67.6%と約7割である。
■ 年齢階級別に就業率をみると、特に男性は65歳を過ぎても多くの人が働いている。

■年齢階級別の就業率

	55〜59歳	60〜64歳	65〜69歳	70〜74歳	75歳以上
男性	91.5%	84.4%	61.6%	42.6%	17.0%
女性	74.7%	63.8%	43.1%	26.4%	7.7%

■ 現在仕事をしている60歳以上の者のうち、収入を伴う就労の希望については、「働けるうちはいつまでも」働きたいと回答している者が36.7%で最も多く、「70歳くらいまで」（23.4%）、「75歳くらいまで」（19.3%）、「80歳くらいまで」（7.6%）と合わせると9割近くが高齢期の就労に対して高い意欲をもっている。

《国試にチャレンジ！》

1　2022年の高齢者世帯の所得を種類別にみると、平均年間所得金額に占める「稼働所得」の割合は、4割程度となっている。【29回126改】　　（正答…×）

頻出度 B 高齢者の健康と生活の状況

① 平均寿命と健康寿命 （厚生労働省「令和5年簡易生命表」、内閣府「令和6年版高齢社会白書」より）

- 日本の平均寿命は、2023（令和5）年には男性が 81.09 歳、女性が 87.14 歳と前年より上回っている。
- 日常生活に制限のない期間の平均（健康寿命）は、2019（令和元）年時点で男性が 72.68 年、女性が 75.38 年で、それぞれ2010（平成22）年と比べて延びている。

平均寿命と健康寿命の差を、不健康な期間とすると、男性は8.41年、女性は11.76年ですね

② 生活環境 （内閣府「令和6年版高齢社会白書」より）

- 親しくしている友人・仲間がいるかについて、「たくさんいる」または「普通にいる」と回答した割合は 46.8 ％で、2018（平成30）年度の前回調査の 72.2％よりも大きく低下している。
- 人と話をする頻度も、「毎日」と回答した割合は 72.5％で、前回調査の 90.2％よりも大きく低下し、ひとり暮らしの人では、「毎日」と回答した割合は、ひとり暮らし以外の人の半分以下となっている。
- 65歳以上の人の住まいは「持家（一戸建て）」が 76.2％、「持家（分譲マンション等の集合住宅）」が 8.3％で、持ち家が 8 割以上である。

《国試にチャレンジ！》

1　2019年（令和元年）時点での健康寿命は、2010年（平成22年）と比べて男女共に延びている。【34回126改】　　（正答…○）

2　65歳以上の者について、2023年度（令和5年度）における住宅所有の状況をみると、持家（一戸建て・分譲マンションなどの集合住宅）が5割程度となっている。【37回85】　　（正答…×）

頻出度 B 高齢者の介護需要

① 要介護等認定者数 （「令和4年度介護保険事業状況報告」より）
■ 要介護・要支援の認定を受けた要介護者等は、694万人で、第1号被保険者全体の19.0%を占めている。

② 介護の状況 （厚生労働省「令和4年国民生活基礎調査」より）
■ 要介護者等の介護が必要になった主な原因は「認知症」（16.6%）が最も多い。次いで「脳血管疾患」（16.1%）、「骨折・転倒」（13.9%）である。
■ 要介護者等のいる世帯は核家族世帯が最も多く（42.1%）、次いで単独世帯（30.7%）、その他の世帯（16.4%）である。
■ 要介護者等の主な介護者は、要介護者等と同居が45.9%で、同居する主な介護者の内訳をみると、配偶者が22.9%、子が16.2%、子の配偶者が5.4%となっている。
■ 要介護者等と同居している主な介護者の性別は、男性が31.1%、女性が68.9%で、年齢階級は、男性は60～69歳、女性は70～79歳が多い。
■ 要介護者等と同居している主な介護者の年齢の組み合せをみると、「60歳以上同士」が77.1%、「65歳以上同士」が63.5%、「75歳以上同士」が35.7%である。
■ 要介護者等と同居している主な介護者が1日のうち介護に要している時間は、要介護3以上では「ほとんど終日」が最も多くなっている。

③ 高齢化と現役世代の減少 （国立社会保障・人口問題研究所「日本の将来推計人口（令和5年）」より）
■ 日本の高齢化率は上昇を続け、2070（令和52）年には2.6人に1人が65歳以上、約4人に1人が75歳以上になると推計されている（「5 社会保障」参照）。
■ 15～64歳の現役世代（生産年齢人口）と65歳以上の人口比率でみると、2022（令和4）年には65歳以上1人に対し現役世代2.0人だが、2070（令和52）年には65歳以上1人に対し現役世代1.3人になると推計されている。

1950（昭和25）年には、65歳以上1人に対し、現役世代は12.1人だった。出産数の減少は、生産年齢人口の減少にも影響を及ぼしている。

《国試にチャレンジ！》

1 介護保険制度における要介護又は要支援の認定を受けた人は、第一号被保険者全体の3割を超えている。【35回126】 ✓✓ （正答…✕）
2 要介護者等からみた主な介護者の続柄で最も多いのは、「子の配偶者」となっている。【33回126】 ✓✓ （正答…✕）

頻出度 B 高齢者を取り巻く社会環境

① 高齢者の世帯の状況と将来推計 （厚生労働省「令和5年国民生活基礎調査」などより）
- 65歳以上の者のいる世帯は、2023（令和5）年現在、全世帯の49.5%を占める。
- 65歳以上の者のいる世帯では、夫婦のみの世帯が32.0%と最も多く、次いで単独世帯が31.7%とそれぞれ約3割を占めている。
- 国立社会保障・人口問題研究所「日本の世帯数の将来推計（2024（令和6）年推計）」によると、65歳以上人口に占める一人暮らしの者の割合は上昇を続け、2050（令和32）年には男性26.1%、女性29.3%になると予測されている。
- 同推計によると、世帯主が65歳以上である世帯のうち、2020（令和2）年と2050（令和32）年を比較して最も増加率が高いのは、単独世帯、次いでひとり親と子から成る世帯である。

② 高齢者を取り巻く社会的課題
- 近年では、社会構造の変化、晩婚化、出産年齢の高齢化などを背景に、介護や仕事などをめぐる新たな社会的課題が増えている。
- ダブルケアは、育児と介護を同時に行うことで、女性の負担が大きくなりやすい。
- ヤングケアラーとは、子ども・若者育成支援推進法の定義によると、「家族の介護その他の日常生活上の世話を過度に行っていると認められる子ども・若者」をいい、学力低下、社会的な孤立などにつながりやすい。
- 8050問題は、一般的には、80代の親が50代の無職やひきこもり状態の独身の子と同居し、社会的孤立や経済的困窮などの生活課題を抱えている状況を指す。
- 8050問題では、経済的困窮や介護する子の社会経験の乏しさなどから介護サービスの利用拒否、不適切な介護や虐待などにつながるケースがある。
- 介護離職は、家族の介護をするために、働き盛りの者が仕事を辞めてしまうことで、本人の経済的・精神的負担が大きくなるほか、社会的損失にもつながる。

《国試にチャレンジ！》

1 65歳以上人口に占める一人暮らしの者の割合は増加傾向にあり、その傾向は、少なくとも2050年（令和32年）までは継続すると見込まれている。【37回85】 （正答…○）

2 8050問題とは、一般的には、80代の高齢の親と、50代の無職やひきこもり状態などにある独身の子が同居し、貧困や社会的孤立などの生活課題を抱えている状況を指す。【34回27】 （正答…○）

Lesson 3 — 高齢者福祉の歴史

類出度 B 高齢者福祉の理念と高齢者観の変遷

① 高齢者福祉の理念

■ 1963（昭和38）年に制定された老人福祉法では、その基本的理念において、高齢者への敬老や生活保障、高齢者自身による健康維持と社会参加への努力および高齢者への社会参加の機会の保障が示されている。

■ 1991（平成3）年に国連総会で採択された「高齢者のための国連原則」では、各国の高齢者対策の取り組みの中に盛り込むべき理念として、自立、参加、ケア、自己実現、尊厳を示した。

■ 1995（平成7）年に成立した高齢社会対策基本法では、公正で活力ある社会、自立と連帯の精神に立脚して形成される社会、健やかで充実した生活を営むことができる豊かな社会の構築が基本理念として示されている。

■ 1997（平成9）年に制定された介護保険法では、目的規定や要介護者等への保険給付の規定において、尊厳の保持、自立した日常生活の支援（自立支援）などの理念が示されている。

② 高齢者観の変化と高齢者観のさまざまな概念

■ 高齢であるということのみで偏見や固定観念を抱き、差別的な言動をとることをエイジズムという。老年学者のロバート・バトラー（Butler, R.N.）が提唱した。

■ 1960〜1970年代以降、最も幸せな歳の取り方についての論争が活発に行われ、さまざまな概念が提唱された。

■主な高齢者観の概念

サクセスフル・エイジング（幸福な老い）	身体的・精神的に健康で、社会的機能が保持されていること、パーソナル・コントロール（計画立てて実行できるなど）が保持されていること、主観的幸福感が高いことなどを条件とする
プロダクティブ・エイジング	高齢者も自立して、生産的な活動にかかわるべきとする考え方。有償労働に限らず、家事や育児、ボランティア活動などの無償労働も含む
アクティブ・エイジング	2002（平成14）年の国際連合の高齢者問題世界会議で掲げられた理念。「歳を重ねても生活の質が向上するように、健康、参加、安全の機会を最適化していく過程」と定義づけられ、社会的、経済的、文化的、精神的な活動への継続的な参加を含む

《国試にチャレンジ！》

1 老人福祉法の基本的理念として、要援護老人の自立支援の重要性が規定されている。【35回134】　　　　　　　　　　　　　　　　　　　　　（正答…✕）

頻出度 A　高齢者の保健福祉施策の発展

- 1950年代に地域の自主的な組織である**老人クラブ**が自然発生し、1962（昭和37）年に全国組織として**全国老人クラブ連合会**が結成された。
- 1963（昭和38）年制定の**老人福祉法**により、入所型施設の再編が行われ、**養護老人ホーム、特別養護老人ホーム、軽費老人ホーム**が法定化された。**有料老人ホーム**に関する規定も設けられた。養護老人ホームと特別養護老人ホームは、居住地の**市町村**による**措置制度**の対象で、軽費老人ホームと有料老人ホームは、施設と入所者の**契約**により入居する施設とされた。

■老人保健法成立までの主な高齢者保健福祉施策の変遷

年	内容
1929（昭和4）	救護法→貧困救済政策
1950（昭和25）	**生活保護法**の制定 →生活困窮者への援助
1958（昭和33）	国民健康保険法の制定 ┐ **国民皆保険・皆年金**体制の確立
1959（昭和34）	国民年金法の制定　　┘
1963（昭和38）	**老人福祉法**の制定 →入所型施設の法定化 →養護委託、老人家庭奉仕員派遣制度（ホームヘルプサービス）の法定化 →65歳以上を対象に健康診査の事業が措置として法定化
1970（昭和45）	高齢者人口の比率が**7%**を超え、**高齢化社会**に突入
1973（昭和48）	**老人福祉法**の改正 **老人医療費支給制度**を実施 →**70**歳以上の**老人医療費無料化**を**公費**（国・地方自治体）負担で行う
1982（昭和57）	**老人保健法**の制定 →老人医療費無料化が廃止となり、高齢者の**一部自己負担**を導入 →医療以外の保健事業として、**40**歳以上を対象に健康教育、健康診査、訪問指導など疾病の予防策を実施

- 1982（昭和57）年の老人保健法の成立により、高齢者の保健医療施策が老人福祉法から独立した。基本理念の1つは、国民が老人医療に要する費用を公平に負担することである。
- 70歳以上の医療費は、高齢者の自己負担額と公費のほか、医療保険者の拠出金で賄われることになった。

《国試にチャレンジ！》

1. 老人福祉法制定前の施策として、生活保護法に基づく特別養護老人ホームでの保護が実施されていた。【31回126】　　　　　　　　　　　　　（正答…✕）
2. 老人保健法（1982年（昭和57年））により、市町村による40歳以上の者に対する医療以外の保健事業（健康教育、健康診査、訪問指導など）の実施が規定された。【32回128】　　　　　　　　　　　　　（正答…◯）

頻出度A 介護基盤の全国的整備から地域包括ケアシステムの構築

- ゴールドプランを円滑に実施するため、1990（平成2）年に老人福祉法等が改正され、老人福祉法および老人保健法において、市町村および都道府県に老人保健福祉計画の策定が義務づけられた。
- 将来の日本の高齢化に対応していくため、1995（平成7）年に高齢社会対策基本法が成立、公布された。

ワンポイント　高齢社会対策基本法では、「公正で活力ある社会」「地域社会が自立と連帯の精神に立脚して形成される社会」「豊かな社会」が構築されることを基本理念とする。

- 2000（平成12）年に介護保険法が施行され、高齢者への福祉サービスは、市町村の措置による利用から、事業者・施設との契約による利用が基本となった。
- 介護サービス需要の増加・多様化や今後の現役世代の減少などを見据え、持続可能な社会保障の構築や安定財源の確保が課題となっている。
- 2011（平成23）年以降の介護保険制度の改正では、要介護者等への包括的支援を行う地域包括ケアシステムの構築が進められ、地域共生社会の実現を目標に掲げている。

■高齢者の介護基盤の整備など主な高齢者保健福祉施策の変遷

年	内容
1989（平成元）	高齢者保健福祉推進十か年戦略（ゴールドプラン）の策定 →施設福祉（特別養護老人ホーム、老人保健施設、ケアハウスなど）、在宅福祉（ホームヘルパー、ショートステイ、デイサービスなど）の10年間の整備目標が示された。「寝たきり老人ゼロ作戦」を展開

1990（平成2）	**老人福祉法等の改正**
	→施設サービスから在宅サービス（自立支援）中心への転換 →デイサービス、ショートステイなどが法定化される →市町村・都道府県に老人保健福祉計画の策定義務づけ →老人福祉施設等の入所事務の措置権が、都道府県から町村に移譲 （それまで町村には入所型施設の措置権がなかった。この改正により入所・施設の措置はすべて市町村が一元的に行うことになった）
1991（平成3）	**老人保健法の改正**
	在宅ケアの充実を図る施策の1つとして、老人訪問看護制度を創設
1994（平成6）	**新・高齢者保健福祉推進十か年戦略（新ゴールドプラン）の策定**
	→ゴールドプランの後半5年分を見直し、整備目標の引き上げ →介護保険法の成立に向け、新たな公的介護システムの創設を視野に入れた基本理念や施策目標を明らかにした →①利用者本位・自立支援、②普遍主義、③総合的なサービスの提供、④地域主義などを掲げる
	「新たな高齢者介護システムの構築を目指して」
	→自立支援を基本理念に、社会保険制度による新しい制度の導入を提言
1995（平成7）	**高齢社会対策基本法の制定**
	→高齢社会対策にかかる基本理念が示された →政府は高齢社会対策大綱（5年ごと見直し）を定める
1997（平成9）	**介護保険法の制定**
	→老人福祉と老人医療に分かれていた高齢者介護に対する2つの制度を再編し、社会保険方式による新たな制度として創設
1999（平成11）	**今後5か年間の高齢者保健福祉施策の方向（ゴールドプラン21）の策定**
	→介護保険制度の施行に向けて策定 →基本的な目標として①活力ある高齢者像の構築、②高齢者の尊厳の確保と自立支援、③支え合う地域社会の形成、④利用者から信頼される介護サービスの確立を掲げた
2000（平成12）	**介護保険法の施行**
2003（平成15）	**「2015年の高齢者介護～高齢者の尊厳を支えるケアの確立に向けて～」（厚生労働省）**
	→団塊の世代が65歳以上になる2015年を念頭に置き、「高齢者の尊厳を支えるケアの確立」を目指したさまざまな検討が行われた
2006（平成18）	**高齢者の医療の確保に関する法律の制定**
	→ 2008（平成20）年施行、後期高齢者医療制度が始まる
2011（平成23）	**サービス付き高齢者向け住宅の登録制度の創設**
	→ 2001（平成13）年に成立した「高齢者の居住の安定確保に関する法律」の改正による
	介護サービスの基盤強化のための介護保険法等の一部を改正する法律
	地域包括ケアシステムの推進を重点課題に

高齢

3　高齢者福祉の歴史

年	内容
2012（平成24）	認知症施策推進5か年計画（オレンジプラン）策定 2013（平成25）～2017（平成29）年度までの計画として策定。認知症ケアパスの作成・普及、認知症初期集中支援チームの設置、認知症地域支援推進員や認知症サポーターの増員、認知症カフェの普及、若年性認知症施策の強化などを盛り込む
2013（平成25）	認知症施策推進総合戦略（新オレンジプラン）策定 「オレンジプラン」を改定し、2015（平成27）～2025（令和7）年度の計画として、関係省庁が共同で策定
2016（平成28）	ニッポン一億総活躍プラン →介護の受け皿の整備加速、介護人材の処遇改善や多様な人材の確保・育成
2018（平成30）	高齢社会対策大綱の策定 →高齢化に伴う社会的課題に対応し、すべての世代が満ち足りた人生を送ることのできる環境をつくる。 →AI（人工知能）などICT（情報通信技術）の技術革新（介護ロボットの開発など）に期待
2019（令和元）	認知症施策推進大綱 新オレンジプランの基本的な考え方を引き継ぎ、2019（令和元）～2025（令和7）年度までの計画として策定。共生と予防を車の両輪として、5つの柱に沿った施策を推進
2020（令和2）	地域共生社会の実現のための社会福祉法等の一部を改正する法律 地域住民の複合化・複雑化した支援ニーズに対応する重層的支援体制整備事業を創設
2023（令和5）	共生社会の実現を推進するための認知症基本法（認知症基本法）制定 基本理念、国・地方公共団体の責務等、認知症施策の方向性を示す
2024（令和6）	高齢社会対策大綱の改定 ①年齢にかかわりなく希望に応じて活躍し続けられる経済社会の構築、②一人暮らしの高齢者の増加等の環境変化に適切に対応し、多世代が共に安心して暮らせる社会の構築、③加齢に伴う身体機能・認知機能の変化に対応したきめ細かな施策展開・社会システムの構築を基本的考え方とする
	認知症施策推進基本計画が閣議決定 認知症基本法に基づく初の計画。12項目の基本的施策を設定

《国試にチャレンジ！》

1 高齢者介護・自立支援システム研究会「新たな高齢者介護システムの構築を目指して」（1994年（平成6年））において、措置制度による新たな介護システムの創設が提言された。【34回127】　　　　　　　　　　　（正答…×）

2 介護保険法の全面施行（2000年（平成12年））に合わせて、老人福祉施設等の入所事務が都道府県から町村に権限移譲された。【29回127】　　　　（正答…×）

頻出度 B 認知症に関する施策と認知症基本法

① 認知症施策推進総合戦略（新オレンジプラン）
- 認知症施策推進5か年計画（オレンジプラン）を改定し、団塊の世代が75歳以上となる2025（令和7）年度を見据えた計画として、2015（平成27）年に策定。
- 新しい項目の追加や目標値の引き上げを行い、7つの柱に沿った施策を示した。

② 認知症施策推進大綱
- 新オレンジプランの基本的な考え方を引き継ぎ、2019（令和元）年に2025（令和7）年度までの計画として策定。認知症の発症を遅らせ、認知症になっても希望をもって日常生活を過ごせる社会を目指し、認知症の人や家族の視点を重視しながら、共生と予防を車の両輪とした取り組みを実施する。
- 取り組みの5つの柱として、①普及啓発・本人発信支援、②予防、③医療・ケア・介護サービス・介護者への支援、④認知症バリアフリーの推進・若年性認知症の人への支援・社会参加支援、⑤研究開発・産業促進・国際展開が示された。

③ 認知症基本法
- 2023（令和5）年6月に、「共生社会の実現を推進するための認知症基本法」（認知症基本法）が成立した。
- 認知症の人が尊厳を保持しつつ希望をもって暮らすことができるよう、認知症施策を総合的かつ計画的に推進し、認知症の人を含めた国民一人一人がその個性と能力を十分に発揮し、相互に人格と個性を尊重しつつ支え合いながら共生する活力ある社会（共生社会）の実現を推進する。
- 認知症基本法の基本理念には、認知症の人の意思の尊重、国民が認知症に関する正しい理解や知識を深めること、障壁の除去、認知症の人の意見を表明する機会や社会のあらゆる分野における活動に参画する機会の確保、認知症の人の意向の尊重などが盛り込まれている。
- 国は、認知症施策推進基本計画を策定しなければならない（義務）。策定にあたっては、認知症の人やその家族等を含む関係者会議の意見を聴く。
- 都道府県・市町村は、都道府県認知症施策推進計画、市町村認知症施策推進計画をそれぞれ策定するよう努めなければならない（努力義務）。
- 2024（令和6）年12月に、2029（令和11）年度までを対象期間とした「認知症施策推進基本計画」が閣議決定された。
- 12の基本的施策には、認知症の人の生活におけるバリアフリー化、社会参加の機会の確保、意思決定の支援や権利擁護などが盛り込まれている。
- 重点的に取り組むべき目標として、新しい認知症観の理解、認知症の人・家族等の地域での安心な暮らし、認知症の人の意思の尊重、新たな知見や技術の活用が設定されている。

高齢

3 高齢者福祉の歴史

④ 認知症施策の内容

■ **認知症ケアパス**とは、状態に応じた適切なサービスの流れを示すもので、地域資源マップと併せての活用が勧められる。

■ **認知症初期集中支援チーム**は、地域支援事業の**認知症総合支援事業**において設置が規定され、地域包括支援センターなどに配置されている。

■ 認知症初期集中支援チーム

チームの構成	①**医療**と**介護**の**専門職**　2人以上 　保健師、看護師、作業療法士、社会福祉士、介護福祉士等 ②認知症サポート医である**医師**　1人以上
対象	認知症が疑われる人や認知症の人、その家族 → 40歳以上で、在宅で生活している、医療サービス、介護サービスを受けていない人、または中断している人など
内容	複数の専門職（初回訪問は、原則として**医療系職員**と**介護系職員**の1人ずつ）が対象者を訪問し、アセスメント、家族支援などの**包括的・集中的な支援**をおおむね最長で**6**か月を目安に行い、自立生活のサポートを行う

■ **認知症地域支援推進員**は、医療機関や介護サービス・地域の支援機関の間の連携を図るための支援や、認知症の人やその家族を支援する相談業務などを行う。

■ **認知症カフェ**とは、認知症の人やその家族を支援するため、家族、地域住民、専門職等の誰もが参加できる集いの場をいう。

■ **若年性認知症支援コーディネーター**は、若年性認知症の人の自立支援にかかわる関係者のネットワークの調整役を担う。都道府県ごとに相談窓口に配置される。

■ **認知症疾患医療センター**は、地域の認知症に関する医療提供体制の中核として、かかりつけ医や地域包括支援センター等の関係機関と連携し、医療・ケア体制の整備等を行う。

■ **チームオレンジ**は、**認知症サポーター**が中心となって支援チームをつくり、認知症の人やその家族の支援ニーズに合った具体的な支援（外出支援、見守り、声かけ、話し相手など）につなげる仕組みである。

■ **チームオレンジコーディネーター**は、チームオレンジの立ち上げや運営支援を担い、地域包括支援センターなどに配置される。

■ **認知症サポーター**は、認知症に関する正しい**知識**と**理解**をもち、地域や職域で認知症の人やその家族を支援する人をいう。

■ 認知症サポーターになるには、特別な資格は必要ないが、**認知症サポーター養成講座**を受講する必要がある。

《国試にチャレンジ！》

1 認知症総合支援事業に基づく認知症初期集中支援チームは、包括的、集中的な支援をおおむね2年とする。【31回129】　　　（正答…✕）

Lesson 4 介護保険制度の概要

A 介護保険制度の概要

- 介護保険制度は、市町村および東京23区である特別区（以下、市町村）を保険者とし、40歳以上の市町村内に住む住民を被保険者とする。
- 広域連合や一部事務組合も小規模な市町村の運営の安定化・効率化の観点から、保険者となることができる。
- 被保険者が要介護状態・要支援状態にあると市町村に認定された場合に、必要な保健医療・福祉サービスが保険給付される。
- 認定を受けた要介護者または要支援者は、ケアプランを作成し、事業者・施設との契約によりサービスを利用する。
- 市町村は、保険給付とは別に地域支援事業を行う。

■介護保険制度の概要

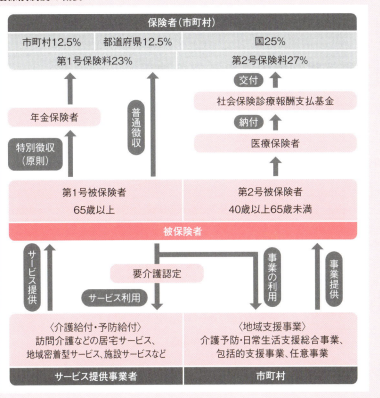

B 介護保険制度の目的と理念

■ 介護保険制度の目的や理念は、介護保険法第1条および第2条に規定されている。

■ 介護保険法の目的（第1条）

この法律は、
　　加齢に伴って生ずる心身の変化に起因する疾病などにより要介護状態となり、入浴、排泄、食事等の介護、機能訓練並びに看護及び療養上の管理その他の医療を要する者等について、これらの者が尊厳を保持し、その有する能力に応じ自立した日常生活を営むことができるよう、必要な保健医療サービスおよび福祉サービスにかかる給付を行うため、国民の共同連帯の理念に基づき介護保険制度を設け、その行う保険給付等に関して必要な事項を定め、もって国民の保健医療の向上および福祉の増進を図ることを目的とする

■ 介護保険制度の保険給付（第2条）

・要介護状態等（要介護状態・要支援状態）の軽減または悪化の防止
・医療との連携
・被保険者の選択に基づき、多様な事業者や施設から適切なサービスを総合的・効率的に提供
・被保険者が要介護状態となっても、可能な限り居宅において、その有する能力に応じ自立した日常生活を営むことができるように保険給付の内容および水準を設定

B 介護保険制度のこれまでの改正

■ 介護保険制度は、2000（平成12）年4月に施行され、その後も、制度の実施状況を踏まえて定期的に改正が行われてきた。

■ 介護保険制度のこれまでの改正

改正年	主な改正の内容
2005（平成17）	・新予防給付、地域支援事業の創設、地域包括支援センターの設置 ・居住費・食費を保険給付の対象外とするとともに、低所得者には補足給付を創設 ・地域密着型サービスの創設 ・介護サービス情報の公表、事業者の指定の更新制、介護支援専門員の資格の更新制の導入　など
2008（平成20）	・介護事業運営適正化のため、すべての介護サービス事業者に業務管理体制の整備が義務づけられた
2011（平成23）	〈地域包括ケアシステムの推進〉 　→定期巡回・随時対応型訪問介護看護、複合型サービス（看護小規模多機能型居宅介護）の創設、介護予防・日常生活支援総合事業の創設 ・介護福祉士、介護職員等による喀痰吸引等の実施が可能に（老人福祉法の改正）

2014（平成26）	・介護予防訪問介護、介護予防通所介護を地域支援事業の介護予防・日常生活支援総合事業に移行、包括的支援事業に新規事業を追加 ・特別養護老人ホームの入所要件を原則要介護3以上に ・一定以上所得のある第1号被保険者の利用者負担を2割に ・市町村に地域ケア会議の設置努力義務の法定化
2017（平成29）	〈高齢者の自立支援・重度化防止と地域共生社会の実現と制度の持続可能性の確保〉 ・新たな介護保険施設として、介護医療院を創設 ・介護保険法、障害者総合支援法、児童福祉法に共生型サービスを位置づけ ・2割負担者のうち、特に所得の高い者を3割負担に ・被用者保険間において、介護納付金の総報酬割の導入　など
2020（令和2）	・市町村の包括的な支援体制の構築の支援 ・認知症施策の総合的な推進 ・医療・介護のデータ基盤の整備の推進 ・介護人材確保および業務効率化の取り組みの強化
2023（令和5）	・生産性の向上への取り組み促進 ・指定居宅介護支援事業者を指定介護予防支援事業者の指定対象に ・収益や費用などの介護サービス事業者経営情報について、都道府県への定期的な報告を介護サービス事業者に義務づけ ・介護情報の収集・提供等にかかる事業の創設

《国試にチャレンジ！》

1　2018年度（平成30年度）に、地域包括支援センターが創設されることになった。【32回48改】　　　　　　　　　　　　　　　　　　（正答…✕）

B 被保険者

■一定の要件に該当した人は、必ず介護保険の被保険者となる（強制加入）。

■被保険者と受給要件

	第1号被保険者	第2号被保険者
対象者	市町村の区域内に住所を有する65歳以上の者	市町村の区域内に住所を有する40歳以上65歳未満の医療保険に加入している者
受給権者	要介護状態または要支援状態と認定を受けた要介護者・要支援者	特定疾病が原因で要介護状態または要支援状態と認定を受けた要介護者・要支援者

国籍は問われないため、外国人でも要件を満たせば被保険者となる。また、日本人でも日本に住所がなければ被保険者とならない。

■ 被保険者が、介護保険の給付を受けるためには、市町村に要介護状態または要支援状態と認定される必要がある。
■ 第2号被保険者の受給要件として、16の「特定疾病」が定められている。

■ 特定疾病

①がん（がん末期）	②関節リウマチ	③筋萎縮性側索硬化症
④後縦靱帯骨化症	⑤骨折を伴う骨粗鬆症	⑥初老期における認知症
⑦進行性核上性麻痺、大脳皮質基底核変性症およびパーキンソン病			
⑧脊髄小脳変性症	⑨脊柱管狭窄症	⑩早老症
⑪多系統萎縮症	⑫糖尿病性神経障害、糖尿病性腎症および糖尿病性網膜症	
⑬脳血管疾患	⑭閉塞性動脈硬化症	⑮慢性閉塞性肺疾患
⑯両側の膝関節または股関節に著しい変形を伴う変形性関節症		

■ 介護保険では、住所地の市町村の被保険者となるのが原則だが、被保険者が、住所地特例対象施設（介護保険施設、特定施設、養護老人ホーム）に入所するために、ほかの市町村に住所を移した場合には、住所移転前の市町村が保険者となる（住所地特例）。
■ 被保険者の資格要件を満たしていても、一定の適用除外施設に入所・入院している者は、介護保険の適用除外となり、被保険者とならない。

■ 主な適用除外施設

・指定障害者支援施設（障害者総合支援法上の生活介護および施設入所支援を受けて入所している障害者）
・医療型障害児入所施設（児童福祉法）
・独立行政法人国立重度知的障害者総合施設のぞみの園法によりのぞみの園が設置する施設
・生活保護法に規定する救護施設　　など

■ 市町村は、第1号被保険者と第2号被保険者のうち要介護認定等を申請した者または被保険者証の交付を求めた者に被保険者証を交付しなければならない。
■ 被保険者は、市町村に対し、被保険者証の交付を求めることができる。
■ 第1号被保険者は、被保険者の資格や喪失に関する事項などを市町村に届け出なければならない。

《国試にチャレンジ！》

1 介護保険制度の被保険者は、都道府県に対して、当該被保険者に係る被保険者証の交付を求めることができる。【31回130改】　☑☑　　　（正答…✗）

財源と財政支援

- 市町村は、介護保険の収入および支出について、政令で定めるところにより**特別会計**を設けて管理する（市町村の定率負担分は、一般会計から特別会計に繰り入れる）。
- 第1号被保険者と第2号被保険者の保険料の負担割合は、それぞれの人口比に応じ、**3年ごとに政令で改定**される。
- **介護給付費**（保険給付の費用）の財源は、利用者負担分を除き、**公費50％**と**保険料50％**で賄われる。

■介護給付費・地域支援事業の費用負担割合（2024（令和6）年度〜2026（令和8）年度）

		介護給付費		地域支援事業	
		居宅給付費	施設等給付費	総合事業	総合事業以外
公費	国	25％	20％	25％	38.5％
	都道府県	12.5％	17.5％	12.5％	19.25％
	市町村	12.5％	12.5％	12.5％	19.25％
保険料	第1号保険料	23％	23％	23％	23％
	第2号保険料	27％	27％	27％	なし

- 国の負担分は、市町村に一律に交付される**定率**負担金と、市町村の財政力の格差に応じて交付される**調整交付金**（総額で保険給付費の平均5％）から構成される。
- 地域支援事業の**介護予防・日常生活支援総合事業以外**の財源には第2号被保険者の保険料負担がなく、その分を**公費**で賄う。
- 市町村の介護保険財政の安定化を図るため、**都道府県**に**財政安定化基金**が設置され、市町村に財政不足が生じた場合に**貸付**や**交付**を行う。
- 財政安定化基金の財源は国、都道府県、市町村（第1号保険料を財源）が**3分の1**ずつ負担する。

《国試にチャレンジ！》

1. 介護保険の財源として、国は各保険者に対し介護給付及び予防給付に要する費用の25％を一律に負担する。【29回43】 ✓✓ （正答…✕）
2. 市町村は、政令で定めるところにより一般会計において、介護給付及び予防給付に要する費用の額の100分の25に相当する額を負担する。【31回130】 ✓✓ （正答…✕）

保険料の算定と徴収

■第1号被保険者の保険料率は、各市町村が政令で定める基準に従い、3年ごとに条例で定める。

■保険料の算定と徴収

	第1号被保険者	第2号被保険者
保険料の算定	市町村が算定する所得段階別定額保険料（原則9段階） →所得に応じて原則9段階だが、市町村がさらに細分化したり、各段階の保険料率を変更したりすることも可能	医療保険者が算定する 健保：標準報酬月額・標準賞与額×介護保険料率（事業主負担あり） 国保：所得割、均等割等に按分（国庫・地方負担あり）
保険料の徴収	特別徴収（原則） 年金保険者が年金から天引き	普通徴収 無年金者・低年金者等は市町村が直接徴収（コンビニエンスストアなどに委託可）	医療保険者が医療保険料と一緒に徴収→社会保険診療報酬支払基金（支払基金）に一括納付（介護給付費・地域支援事業支援納付金）→支払基金が保険者に交付（介護給付費交付金・地域支援事業支援交付金）

■第1号被保険者の特別徴収の対象は、年額18万円以上の老齢年金・退職年金・遺族年金、障害年金の給付を受ける者である。
■普通徴収では、第1号被保険者の配偶者および世帯主は連帯納付義務を負う。
■生活保護を受給している第1号被保険者の保険料は、保護の目的を達成するために必要があるときは、生活保護を実施する福祉事務所が保護費から天引きし、市町村に支払うことができる。

> **ワンポイント**　40歳以上65歳未満の生活保護受給者は、国民健康保険に加入できないため、被保険者とならないことが多い（ほかの健康保険に加入していれば第2号被保険者となる）が、65歳以上になれば第1号被保険者となる。

《国試にチャレンジ！》

1　介護保険法における国民健康保険団体連合会は、第一号被保険者の保険料を、政令で定める基準に従い条例で定めるところにより算定された保険料率で算定する。【30回133改】　（正答…✕）

2　第一号被保険者の保険料の徴収を特別徴収の方法によって行うことができる。【30回127】　（正答…◯）

要介護認定

① 申請と認定調査、主治医意見書の依頼

■介護保険の給付を希望する利用者は、市町村の窓口に要介護認定または要支援認定の申請をする。

■要介護認定の流れ

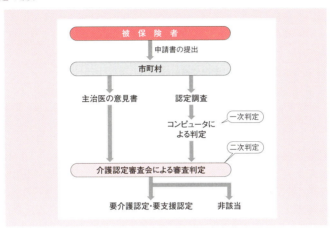

■利用者は、家族や親族、成年後見人のほか、次の者に申請の代行を依頼することができる。

■申請代行が可能な者

- 地域包括支援センター
- 指定居宅介護支援事業者、地域密着型介護老人福祉施設、介護保険施設
- 社会保険労務士法に基づく社会保険労務士、民生委員　など

■被保険者から要介護認定の申請を受けた市町村は、申請した被保険者の自宅を訪問して面接し、心身の状況等を調査する認定調査を行う。
■新規の認定調査は原則として市町村職員が行うが、例外的に指定市町村事務受託法人に委託することができる。
■更新認定および区分変更認定の認定調査では、次の者に委託が可能である。

■認定調査の委託が可能な者

- 指定市町村事務受託法人
- 地域包括支援センター
- 指定居宅介護支援事業者、地域密着型介護老人福祉施設、介護保険施設、介護支援専門員

■ 市町村は、被保険者が申請書に記載した主治医に対し、主治医意見書への記載を求める。

② 一次判定

■ 市町村は、認定調査の基本調査の項目をコンピュータに入力し、介助等にかかわる5分野の行為を合算した要介護認定等基準時間を算出して一次判定を行う。

■一次判定における基本調査の項目

第1群	身体機能・起居動作に関連する項目
第2群	生活機能に関連する項目
第3群	認知機能に関連する項目
第4群	精神・行動障害に関連する項目
第5群	社会生活への適応に関連する項目
その他	特別な医療に関連する項目（過去14日間に受けた特別な医療） 日常生活自立度に関連する項目（障害高齢者の日常生活自立度、認知症高齢者の日常生活自立度）

③ 介護認定審査会による審査判定（二次判定）

■ 介護認定審査会（市町村の附属機関）は、一次判定、認定調査票の特記事項、主治医意見書の内容に基づき、全国一律の認定基準に照らして二次判定を行う。

■ 介護認定審査会は、審査・判定にあたり必要と認めるときは、被保険者、家族、主治医などの関係者から意見を聴くことができる。

■ 介護認定審査会は、審査・判定結果を市町村に通知する際に、被保険者の要介護（要支援）状態の軽減または悪化の防止のために必要な療養に関する事項などの意見を述べることができる。

■介護認定審査会

委　員	保健・医療・福祉の学識経験者で、市町村長が任命
定　数	必要数の合議体を設置できる員数を、市町村が条例で定める
任　期	2年（または市町村の条例に定める2年を超え3年以下の期間）で、再任できる
身　分	非常勤の特別職地方公務員となり、法律上の守秘義務を負う

④ 市町村による認定と有効期間

■ 市町村は、介護認定審査会の審査・判定結果に基づき、認定または要介護認定に該当しない旨（非該当）の決定を行う（原則として申請日から30日以内）。

■ 市町村は、認定結果を被保険者に通知する。被保険者証には、該当する要介護状態区分と、介護認定審査会の意見が付されている場合はその意見を記載する。

■ 認定の効力は、新規認定では申請日にさかのぼる。

■ 認定の効力は、厚生労働省で定める期間（有効期間）に限り、その効力を有するが、

市町村が特に必要と認める場合は有効期間の延長や短縮ができる。

■認定の有効期間（要介護認定・要支援認定共通）

	原則の有効期間	認定可能範囲
新規認定	6か月	3～12か月
変更認定	6か月	3～12か月
更新認定	12か月	3～36か月※

※要介護度等に変更がない場合は48か月

2021年度から、更新認定は最大48か月までの延長が可能になりました

⑤ 区分変更認定と更新認定

■ 認定の有効期間中に、要介護状態区分等に変化がある場合は、被保険者の申請または職権により、有効期間満了日を待たずに、要介護状態区分等の変更の認定が行われる。
■ 引き続き要介護状態等が見込まれる被保険者は、有効期間満了日の60日前から満了日までの間に、更新認定の申請を行うことができる。
■ 認定を受けている被保険者が他の市町村に移転して保険者が変わる場合は、被保険者が転入日から14日以内に、移転前の市町村から交付を受けた受給資格証明書を添えて、移転先の市町村に申請をすれば、あらためて審査・判定を受けることなく、移転前の市町村での認定を引き継ぐことができる。

⑥ 要介護認定・要支援認定の広域的実施

■ 要介護認定は、地方自治法に基づく介護認定審査会の共同設置、審査・判定事務の委託、広域連合・一部事務組合の活用による広域的な実施が可能となっている。
■ 市町村が共同で介護認定審査会を設置した場合、都道府県は市町村間の調整や助言など、必要な援助を行う。

⑦ 介護保険審査会

■ 被保険者は、要介護認定など保険給付に関する処分または保険料等に関する処分に不服がある場合は、都道府県に設置されている介護保険審査会に審査請求をすることができる。
■ 介護保険審査会は、①被保険者を代表する委員、②市町村を代表する委員、③公益を代表する委員で組織される。

《国試にチャレンジ！》

1. 認定調査に使用する認定調査票の「基本調査」の調査項目は、身体機能・起居動作、生活機能、認知機能、精神・行動障害の4群から構成されている。
【27回127】　☑☑　　　　　　　　　　　　　　　　（正答…✕）

2. 介護認定審査会は、被保険者の要介護状態の軽減又は悪化の防止のために必要な療養に関する事項などの意見を市町村に述べることができる。
【35回133】　☑☑　　　　　　　　　　　　　　　　（正答…○）

3. 要介護認定は、その申請のあった日にさかのぼってその効力を生ずる。
【31回130】　☑☑　　　　　　　　　　　　　　　　（正答…○）

類出度 B 介護報酬と利用者負担

- 介護報酬は、介護サービスの費用であり、事業者・施設が利用者に各種サービスを提供した場合に、その対価として事業者等に支払われる。
- 介護報酬は厚生労働大臣（国）が社会保障審議会（介護給付費分科会）の意見を聴いて定め、3年に1度改定される。
- 1単位の単価は原則10円だが、事業所の所在地やサービスの種類などにより、一定の割増しがされる。
- 介護保険制度では、現物給付が基本となる。
- 現物給付による代理受領では、事業者・施設は初めに利用者からサービス費用の自己負担分を徴収し、国民健康保険団体連合会（国保連）を通して市町村に保険給付分の請求をして支払いを受ける。
- 利用者は、サービス費用の定率1割（または2割か3割）を負担し、9割（または8割か7割）が保険給付される。
- 支給限度基準額（保険給付の上限額）が一部のサービスを除き設定され、超えた分は全額利用者負担となる。

■介護報酬支払いの流れ

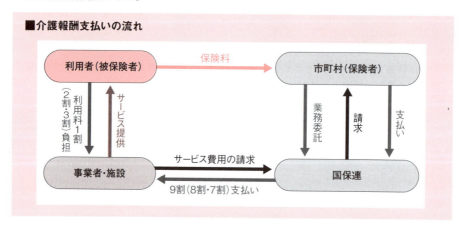

- 国保連は都道府県ごとに設置され、介護保険事業に関する業務を行う。
- 国保連は、市町村の委託を受けて介護給付費（介護報酬）や介護予防・日常生活支援総合事業に要する費用の審査・支払い業務を行う。
- 国保連には、介護給付費等の費用請求の審査を行うため、介護給付費等審査委員会が設置される。

■ 国保連の介護保険事業に関する業務

- 市町村の委託を受けて行う介護給付費等の審査・支払い業務を行う
- 苦情の受付、事業者・施設への調査、助言、指導などの苦情処理業務を行う（強制権限を伴う立ち入り検査、命令や是正勧告を行うことはできない）
- 市町村の委託を受けて第三者行為求償事務を行う
- 介護保険サービス事業（指定居宅サービス事業など）や介護保険施設の運営を行う
- その他、介護保険事業の円滑な運営に資する事業（市町村事務の共同電算処理など）

- 食費、居住費（滞在費）は保険給付の対象外で全額が利用者の負担となる。

ワンポイント　低所得者など一定の条件に該当する者については、入所中の食費と居住費の負担軽減を図るための補足給付（特定入所者介護サービス費等）が設定されている（レッスン5参照）。

- 住宅改修、特定福祉用具販売の利用や認定申請日前のサービス利用など市町村が特例的に給付を認めた場合は、利用者がサービス利用時に介護サービス費用の全額を事業者・施設に支払い、あとで市町村から保険給付分の払い戻しを受ける償還払いとなる。

《国試にチャレンジ！》

1. 介護報酬の1単位当たりの単価は10円を基本とした上で、事業所・施設の所在地及びサービスの種類に応じて減額が行われている。【33回131】　　（正答…✕）

2. 介護報酬の額の基準を厚生労働大臣が定めるときには、あらかじめ介護保険審査会の意見を聴かなければならない。【37回87】　　（正答…✕）

Lesson 5 介護保険で利用できるサービス・事業

頻出度 B 保険給付の種類

■ 介護保険の保険給付には、法律で実施が規定されている**介護給付・予防給付**と、市町村が独自のサービスを**条例**で定め、保険給付の対象とする**市町村特別給付**がある。

■ 介護給付・予防給付・市町村特別給付の比較

	介護給付	予防給付	市町村特別給付
対象	要介護者	要支援者	要介護者・要支援者
提供サービス	居宅サービス 地域密着型サービス 居宅介護支援 施設サービス 居宅介護住宅改修	介護予防サービス 地域密着型介護予防サービス 介護予防支援 介護予防住宅改修	市町村独自に実施するサービス 例）配食サービス、寝具乾燥サービス
財源	介護給付費（保険料・公費）		第1号保険料

■ 介護給付・予防給付のサービスは、**都道府県知事**または**市町村長**の指定を受けた事業者・施設が提供する。

■ **居宅サービス、介護予防サービス、施設サービス**は**都道府県知事**、**地域密着型サービス、地域密着型介護予防サービス、居宅介護支援、介護予防支援**は**市町村長**が指定および指導監督をするサービスである。

《国試にチャレンジ！》

1 市町村は、第一号被保険者及び第二号被保険者の保険料を財源として、特別給付を行うことができる。【28回42】　　　　　　　　　　　（正答…×）

頻出度 A 介護給付

① 居宅サービス

■ 居宅サービスは 12 種類あり、**都道府県知事**から指定を受けた**指定居宅サービス事業者**がサービスを行う。

■ 居宅サービスの内容は、訪問サービス、通所サービス、短期入所サービス、入居サービス、福祉用具に大きく分類される。

■居宅サービスの内容

訪問介護	介護福祉士や介護職員が要介護者の居宅を訪問して、入浴、排泄、食事などの介護、調理、洗濯、掃除などの家事、生活などに関する相談・助言その他必要な日常生活上の世話を行う
訪問入浴介護	要介護者の居宅を訪問し、浴槽を提供して入浴の介護を行う（1回の訪問につき看護職員1人・介護職員2人で行う）
訪問看護	看護職員、理学療法士等が要介護者の居宅を訪問して、療養上の世話または必要な診療の補助を行う
訪問リハビリテーション	病院、診療所、介護老人保健施設、介護医療院の理学療法士、作業療法士、言語聴覚士が要介護者の居宅を訪問して、理学療法、作業療法その他必要なリハビリテーションを行う
居宅療養管理指導	医師、歯科医師、薬剤師、歯科衛生士等、管理栄養士が要介護者の居宅を訪問して、療養上の管理と指導を行う
通所介護	要介護者を特別養護老人ホームなどの施設や老人デイサービスセンターなどに通わせ、入浴、排泄、食事などの介護、生活などに関する相談・助言、健康状態の確認、その他必要な日常生活上の世話や機能訓練を行う（利用定員が19人以上であるものに限る）
通所リハビリテーション	要介護者を介護老人保健施設、介護医療院、病院、診療所に通わせ、理学療法、作業療法その他必要なリハビリテーションを行う
短期入所生活介護	要介護者を老人短期入所施設や特別養護老人ホームなどに短期間入所させ、入浴、排泄、食事などの介護その他の日常生活上の世話および機能訓練を行う
短期入所療養介護	要介護者を介護老人保健施設、介護医療院、療養病床を有する病院・診療所等に短期間入所させ、看護、医学的管理下における介護や機能訓練、その他必要な医療や日常生活上の世話を行う
特定施設入居者生活介護	特定施設（有料老人ホーム、養護老人ホーム、軽費老人ホーム）に入居している要介護者に、特定施設サービス計画に基づき、入浴、排泄、食事などの介護、洗濯、掃除などの家事、生活に関する相談・助言その他必要な日常生活上の世話、機能訓練および療養上の世話を行う
福祉用具貸与	居宅の要介護者に対し、日常生活上の便宜を図り、機能訓練や自立を支援するための次の福祉用具を貸与する ・車いすおよび車いすの付属品 ・特殊寝台および特殊寝台付属品 ・床ずれ防止用具 ・体位変換器 ・手すり（取付工事を伴わないもの） ・スロープ（取付工事を伴わないもの） ・歩行器（自動制御機能が付加された電動歩行器も対象） ・歩行補助つえ ・認知症老人徘徊感知機器 ・移動用リフト（つり具の部分を除く） ・自動排泄処理装置（本体部分）

高齢

5 介護保険で利用できるサービス・事業

特定福祉用具販売	居宅の要介護者に対し、日常生活上の便宜を図り、自立を支援する目的の入浴、排泄などに使用する次の特定福祉用具を販売する ・腰掛便座（水洗式ポータブルトイレも対象） ・入浴補助用具 ・簡易浴槽 ・移動用リフトのつり具の部分 ・自動排泄処理装置の交換可能部品 ・排泄予測支援機器 ・スロープ ・歩行器 ・歩行補助つえ

■福祉用具貸与に基準単価は定められないが、適正な貸与価格を確保するため貸与価格に一定の上限が設けられている。

■複数の福祉用具を貸与する場合は、あらかじめ都道府県に届け出ることにより、通常の貸与価格から減額して貸与することが可能となっている。

■2024（令和6）年4月から、固定用スロープ、歩行器（歩行車を除く）、単点杖（松葉づえを除く）、多点杖は貸与または販売の選択が可能となった。

■特定福祉用具販売は、貸与になじまない特定福祉用具を販売するもので、福祉用具購入費として単独で支給限度基準額（同一年度で10万円）が設定されている。その範囲内で、実際の購入額の9割または8割か7割が償還払いで給付される。

② 地域密着型サービス

■地域密着型サービスは、高齢者が中重度の要介護状態となっても、可能な限り住み慣れた自宅や地域で生活を継続できるようにするため、身近な市町村で提供される。

■原則としてその市町村の被保険者である住民のみが利用できる。

■地域密着型サービスは9種類あり、市町村長から指定を受けた指定地域密着型サービス事業者がサービスを行う。

■地域密着型サービスの内容

定期巡回・随時対応型訪問介護看護	①定期的な巡回訪問により、または随時通報を受け、要介護者の居宅において介護福祉士や介護職員が入浴、排泄、食事などの介護その他の日常生活上の世話を行うとともに、看護師等が療養上の世話または必要な診療の補助を行うもの ②定期的な巡回訪問により、または随時通報を受け、訪問看護事業所と連携しつつ、要介護者の居宅において介護福祉士や介護職員が入浴、排泄、食事などの介護その他の日常生活上の世話を行うもの（①②のいずれか）
夜間対応型訪問介護	夜間の定期的な巡回訪問または随時通報により、介護福祉士や介護職員が要介護者の居宅を訪問して、入浴、排泄、食事などの介護その他の日常生活上の世話を行う（定期巡回・随時対応型訪問介護看護に該当するサービスを除く）

地域密着型通所介護	要介護者を特別養護老人ホームなどの施設や老人デイサービスセンターに通わせ、入浴、排泄、食事などの介護、その他の日常生活上の世話や機能訓練などを行う（利用定員が 18 人以下であるものに限り、認知症対応型通所介護に該当するものを除く）
認知症対応型通所介護	認知症のある要介護者を特別養護老人ホームなどの施設や老人デイサービスセンターに通わせ、入浴、排泄、食事などの介護、その他の日常生活上の世話や機能訓練などを行う
小規模多機能型居宅介護	要介護者の居宅において、または一定のサービス拠点に通所または短期間宿泊させ、入浴、排泄、食事などの介護、調理、洗濯、掃除などの家事、生活などに関する相談・助言や健康状態の確認その他の日常生活上の世話、機能訓練を行う
認知症対応型共同生活介護	認知症のある要介護者に対し、入居定員 5 ～ 9 人の共同生活住居で、入浴、排泄、食事などの介護その他の日常生活上の世話や機能訓練を行う
地域密着型特定施設入居者生活介護	入居定員が 29 人以下である介護専用型特定施設（地域密着型特定施設という）に入居している要介護者に、地域密着型特定施設サービス計画に基づき、入浴、排泄、食事などの介護、家事、生活などに関する相談・助言その他の日常生活上の世話、機能訓練や療養上の世話を行う
地域密着型介護老人福祉施設入所者生活介護	入所定員が 29 人以下の特別養護老人ホームである地域密着型介護老人福祉施設に入所している要介護者（原則として要介護 3 以上）に対し、地域密着型施設サービス計画に基づき、入浴、排泄、食事などの介護その他の日常生活上の世話、機能訓練、健康管理および療養上の世話を行う
複合型サービス（看護小規模多機能型居宅介護）	複合型サービスは、①看護小規模多機能型居宅介護、②一体的に提供されることが特に効果的・効率的なサービスの組み合わせにより提供されるサービスとして厚生労働省令で定めるものをいう。看護小規模多機能型居宅介護は、要介護者の居宅において、またはサービスの拠点に通わせ、もしくは短期間宿泊させ、日常生活上の世話や機能訓練、療養上の世話または必要な診療の補助を行う

■地域密着型サービスの事業者には、運営推進会議（定期巡回・随時対応型訪問介護看護では、「介護・医療連携推進会議」）の設置が義務づけられている（夜間対応型訪問介護を除く）。

③ 居宅介護支援の内容

■居宅介護支援は、居宅の要介護者の置かれている環境、本人や家族の希望などを勘案し、利用する居宅サービス等の種類、内容、担当者などを定めた居宅サービス計画を作成し、その計画に基づいた適切なサービス提供が確保されるよう、事業者等との連絡調整を行い、必要に応じて介護保険施設の紹介などを行うサービスである。

■10 割が保険給付され、利用者の自己負担はない。

■市町村長から指定を受けた指定居宅介護支援事業者がサービスを行い、事業所の介護

支援専門員が居宅介護支援の業務を担当する。

④ 施設サービスの内容

■ 介護老人福祉施設、介護老人保健施設、介護医療院（これらを介護保険施設という）で提供されるサービスを施設サービスといい、いずれも施設サービス計画に基づいて提供される。

■ 介護保険施設の設置主体とサービスの内容

種類	設置者	施設サービスの内容
介護老人福祉施設	老人福祉法上の設置認可を得た特別養護老人ホーム（入所定員 30 人以上）が都道府県知事の指定を受ける	入所定員が 30 人以上の特別養護老人ホームに入所する要介護者（原則として要介護 3 以上）に、施設サービス計画に基づき、入浴、排泄、食事などの介護その他の日常生活上の世話、機能訓練、健康管理および療養上の世話を行う
介護老人保健施設	介護保険法上の都道府県知事の開設許可を得た地方公共団体（市町村、都道府県）、医療法人、社会福祉法人などの非営利法人等	心身の機能の維持回復を図り、居宅での生活を営むことができるようにするための支援が必要な要介護者に対し、施設サービス計画に基づき、看護、医学的管理下における介護、機能訓練その他必要な医療、日常生活上の世話を行う
介護医療院		長期にわたり療養が必要な要介護者を対象に、施設サービス計画に基づき、療養上の管理、看護、医学的管理下における介護、機能訓練その他必要な医療、日常生活上の世話を行う

■ 介護老人保健施設・介護医療院の開設者は、都道府県知事の承認を受けた医師に施設を管理させなければならない（都道府県知事の承認を受けることで、医師以外の者に管理させることも可能）。

⑤ 住宅改修の内容

■ 居住する住宅について 20 万円の支給限度基準額が設定され、その範囲内で実際の改修額の 9 割（または 8 割か 7 割）が償還払いで給付される。

■ 住宅改修の給付対象

・手すりの取りつけ　・段差の解消
・滑りの防止および移動の円滑化等のための床または通路面の材料の変更
・引き戸等への扉の取替え
・洋式便器等への便器の取替え　・その他これらの住宅改修に付帯して必要となる住宅改修

■ 転居した場合は再度給付が受けられ、同一住宅であっても、介護の必要の程度が著しく高くなった場合は、1 回に限り再度給付が受けられる。

《国試にチャレンジ！》

1. 介護保険法に定める福祉用具貸与には、認知症老人徘徊感知機器がある。【29回129改】　　（正答…○）
2. 複合型サービスとは、居宅要介護者に対して訪問介護と通所介護や短期入所生活介護など3種類以上組み合わせて提供されるサービスをいう。【27回131】　　（正答…×）
3. 介護老人福祉施設は、老人福祉法に規定する特別養護老人ホーム（定員30名以上）のうち都道府県知事の指定を受けたものであって、入所する要介護者に対し日常生活上の世話などを行う。【27回131】　　（正答…○）

頻出度 B　予防給付

① 予防給付の特徴・種類

- 要支援者を対象に、介護予防を目的としてサービスが提供される。
- 介護予防サービスは10種類、地域密着型介護予防サービスは3種類ある。
- 予防給付に施設サービスは含まれない。
- 介護予防地域密着型介護予防サービスには、運営推進会議の設置が義務づけられている。

■介護予防サービス・地域密着型介護予防サービスの種類

介護予防サービス	地域密着型介護予防サービス
① 介護予防訪問入浴介護 ② 介護予防訪問看護 ③ 介護予防訪問リハビリテーション ④ 介護予防居宅療養管理指導 ⑤ 介護予防通所リハビリテーション ⑥ 介護予防短期入所生活介護 ⑦ 介護予防短期入所療養介護 ⑧ 介護予防特定施設入居者生活介護 ⑨ 介護予防福祉用具貸与 ⑩ 特定介護予防福祉用具販売	① 介護予防認知症対応型通所介護 ② 介護予防小規模多機能型居宅介護 ③ 介護予防認知症対応型共同生活介護

ワンポイント　介護予防訪問介護と介護予防通所介護は、2014（平成26）年の制度改正により、介護予防・日常生活支援総合事業に移行している。

② 介護予防支援

- 介護予防支援は、市町村長の指定を得た地域包括支援センターまたは指定居宅介護支援事業者が実施する。
- 10割が保険給付され、利用者の自己負担はない。
- 居宅の要支援者のおかれている環境、本人や家族の希望などを勘案し、利用する介護予防サービス等の種類、内容、担当者などを定めた介護予防サービス計画を作成し、その

計画に基づいた適切なサービス提供が確保されるよう、事業者等との連絡調整を行う。
- 介護予防サービス計画は、事業所の担当職員が作成し、その原案の内容については、利用者またはその家族に対して説明し、文書により利用者の同意を得なければならない。
- 担当職員は、各事業者に対して、サービスの提供状況や利用者の状態などに関する報告を少なくとも1か月に1回は聴取する。

《国試にチャレンジ！》

1　介護保険法の一部改正（2014年（平成26年））により、「介護予防サービス」から「介護予防・日常生活支援総合事業」に移行したサービスは、介護予防訪問介護と介護予防通所介護である。【29回128改】　☑☑　　　（正答…〇）

類出度 B 利用者負担を軽減する保険給付

① 高額介護サービス費・高額介護予防サービス費

- 高額介護サービス費（要支援者では高額介護予防サービス費）は、利用者が1か月に支払った介護サービスの定率1割（2割または3割）の利用者負担額が、所得区分に応じた負担上限額を超えた場合、超えた部分について償還払いで支給する。
- 福祉用具購入費と住宅改修費の利用者負担分や、全額自己負担となる居住費（滞在費）、食費については対象外である。

② 特定入所者介護サービス費・特定入所者介護予防サービス費

- 特定入所者介護サービス費（要支援者では特定入所者介護予防サービス費）は、低所得者に対して、施設サービスや短期入所サービスの居住費（滞在費）、食費の負担限度額を超える費用について現物給付する。
- 対象となる低所得者は、生活保護受給者、市町村民税非課税世帯である。

《国試にチャレンジ！》

1　特定入所者介護サービス費は、介護保険施設入所者のうちの「低所得者」に対し、保険給付にかかる定率負担の軽減を図るものとなっている。【33回131】　☑☑　　　（正答…✕）

類出度 A 地域支援事業

- 地域支援事業は、すべての市町村が実施する。
- 市町村が利用料を定め、被保険者に利用料を請求することができる。
- 必須事業（必ず実施）の介護予防・日常生活支援総合事業と包括的支援事業、任意で行う任意事業から構成される。

① 介護予防・日常生活支援総合事業

■ 介護予防・日常生活支援総合事業は、地域の実情にあわせ、民間企業、住民、ボランティアなどの多様な事業主体により柔軟なサービス提供が行われる。

■ サービス・活動事業（第1号事業）は、要支援者および基本チェックリストに該当した第1号被保険者、一部の要介護者（継続利用要介護者）が対象となる。

■ 一般介護予防事業の対象者は、すべての第1号被保険者とその支援のための活動にかかわる人である。

■ サービス・活動事業の内容

訪問型サービス（第1号訪問事業）	従前相当サービス	改正前の介護予防訪問介護に相当、訪問介護員等による身体介護・生活援助
	訪問型サービス・活動 A	多様な主体によるサービス・活動（主に雇用労働者による生活援助等）
	訪問型サービス・活動 B	住民主体によるサービス・活動（ボランティア主体の自主活動による生活援助等）
	訪問型サービス・活動 C	短期集中予防サービス（市町村の保健・医療の専門職等による居宅での相談・指導）
	訪問型サービス・活動 D	移動支援や移送前後の生活支援
通所型サービス（第1号通所事業）	従前相当サービス	改正前の介護予防通所介護に相当、事業所の従事者等による介護等の日常生活上の支援・機能訓練
	通所型サービス・活動 A	多様な主体によるサービス・活動（主に雇用労働者とボランティアによるミニデイサービスなど）
	通所型サービス・活動 B	住民主体によるサービス・活動（ボランティア主体の体操、運動、自主的な通いの場づくり）
	通所型サービス・活動 C	短期集中予防サービス（市町村の保健・医療の専門職等による生活行為改善の介護予防プログラム）
その他生活支援サービス（第1号生活支援事業）	栄養改善を目的とした配食など	
	住民ボランティア等が行う訪問による見守り	
	訪問型サービス・通所型サービスに準じる自立支援に資する生活支援	
介護予防ケアマネジメント（第1号介護予防支援事業）	ケアマネジメント A（原則的な介護予防ケアマネジメント）	
	ケアマネジメント B（簡略化した介護予防ケアマネジメント）	
	ケアマネジメント C（初回のみの介護予防ケアマネジメント）	

高齢

5 介護保険で利用できるサービス・事業

■一般介護予防事業の内容

介護予防把握事業	地域の実情に応じて収集した情報等の活用により、閉じこもり等の何らかの支援を要する者を把握し、介護予防活動につなげる
介護予防普及啓発事業	介護予防活動の普及・啓発を行う
地域介護予防活動支援事業	介護予防に関するボランティア等の人材を育成する研修など、地域における住民主体の介護予防活動の育成・支援を行う
一般介護予防事業評価事業	介護保険事業計画に定める目標値の達成状況などを検証し、一般介護予防事業の評価を行う
地域リハビリテーション活動支援事業	通所、訪問、地域ケア会議、サービス担当者会議、住民運営の通いの場等へのリハビリテーション専門職等の関与を促進する

② 包括的支援事業と地域包括支援センター

- 包括的支援事業は、被保険者（第1号被保険者・第2号被保険者）を対象とする。
- 地域包括支援センターは、市町村の委託を受けて介護予防・日常生活支援総合事業の第1号介護予防支援事業、包括的支援事業などを実施する。
- 市町村による地域包括支援センターへの包括的支援事業の委託は、一括して行わなければならない。ただし、在宅医療・介護連携推進事業、生活支援体制整備事業、認知症総合支援事業は、地域包括支援センター以外の者に委託が可能である。
- 2024（令和6）年4月から、地域包括支援センターの設置者は、指定居宅介護支援事業者その他の厚生労働省令で定める者に対し、総合相談支援事業の一部を委託することができることになった。

■包括的支援事業の内容

第1号介護予防支援事業	要支援者以外の介護予防ケアマネジメント。総合事業の介護予防ケアマネジメントと一体的に実施
総合相談支援事業	地域における関係者とのネットワークを構築するとともに、高齢者の心身の状況や生活の実態、必要な支援等を幅広く把握し、高齢者・家族への相談を受け、関連施策の情報提供や他機関との連絡調整など地域の適切なサービス、機関、制度の利用につなげるなどの支援を行う
権利擁護事業	高齢者の権利を守るため、成年後見制度の活用促進、高齢者虐待への対応、老人福祉施設等への措置の支援、消費者被害の防止などを行う
包括的・継続的ケアマネジメント支援事業	地域における連携・協働の体制づくりや介護支援専門員に対する支援等を行う。地域における介護支援専門員のネットワークの活用、介護支援専門員への日常的個別指導・相談、支援困難事例への指導・助言など
在宅医療・介護連携推進事業	医療と介護の両方を必要とする状態の高齢者に在宅医療と介護を一体的に提供するために、医療機関と介護事業所等の関係者の連携を推進する。地域の医療関係者・介護関係者による会議の開催、医療・介護関係者の研修、地域住民への普及啓発など

生活支援体制整備事業	生活支援コーディネーター（「7 地域」参照）、就労的活動支援コーディネーターの配置、協議体（「7 地域」参照）の設置等を行い、地域住民、ボランティアなど、多様な主体を活用した重層的な生活支援体制の構築の推進を図る
認知症総合支援事業	認知症施策を推進するため、複数の専門職からなる認知症初期集中支援チームや認知症地域支援推進員、チームオレンジコーディネーターを配置する（レッスン3参照）

就労的活動支援コーディネーター
就労的活動の取り組みを実施したい事業者等と就労的活動の場を提供できる民間企業等をマッチングし、役割がある形での高齢者の社会参加等を促進する。

③ 任意事業

■ 任意事業は、市町村が地域の実情に応じて実施することのできる事業である。

■任意事業の内容

介護給付等費用適正化事業	認定調査状況チェック、ケアプランの点検など介護給付・予防給付の費用の適正化を図る事業
家族介護支援事業	介護方法の指導など要介護被保険者を現に介護する者の支援のため必要な事業。介護教室の開催、認知症高齢者見守り事業など
その他の事業	成年後見制度利用支援事業、福祉用具・住宅改修支援事業、認知症サポーター等養成事業、地域自立生活支援事業（介護サービス相談員派遣等事業など）

《国試にチャレンジ！》

1. 地域支援事業における第一号通所事業では、保健・医療専門職による短期間で行われるサービスが実施可能となっている。【32回133改】 （正答…○）

2. 変形性膝関節症で歩行が不自由な要支援2のLさんは、転倒の心配もあり、歌舞伎鑑賞の見守り支援を希望している。相談を受けたソーシャルワーカーがLさんへの支援のために検討すべきこととして、「Lさんの歩行機能の改善を図るため、地域介護予防活動支援事業の利用を勧める」は適切である。【36回132改】 （正答…×）

3. 包括的・継続的ケアマネジメント支援事業では、地域内の要介護者などやその家族に対し、日常的な介護予防に関する個別指導や相談などが実施される。【29回131改】 （正答…×）

A 地域包括支援センター

① 地域包括支援センターの設置

- 地域包括支援センターは、**市町村**または市町村の**委託**を受けた**法人**（老人介護支援センターの設置者、一部事務組合または広域連合、社会福祉法人、医療法人、公益法人、NPO法人など）が設置することができる。
- 地域の高齢者の**心身**の健康の保持、**生活**の安定のために必要な援助を行うことにより、保健・医療の向上、福祉の増進を包括的に支援することを目的とする。
- 市町村は、地域包括支援センターの適切、公正かつ中立な運営を確保するため、**地域包括支援センター運営協議会**を設置する。

② 地域包括支援センターの役割・業務と職員

- 地域包括支援センターは、高齢者の**総合相談支援**、**権利擁護**、**介護予防ケアマネジメント**、**地域ケア会議**等を通じた**ケアマネジメント支援**などの包括的支援事業を行い、地域包括ケアシステム構築に向けた取り組みを推進する中核的な機関である。
- 地域包括支援センターは、**市町村**の委託を受けて**第1号介護予防支援事業**を実施するほか、指定介護予防支援事業者として、保険給付の介護予防支援を行う。

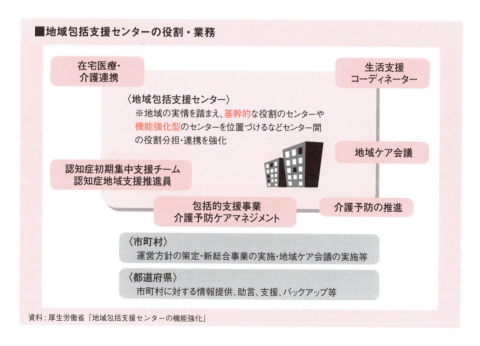

- 原則として、常勤専従の**保健師**、**社会福祉士**、**主任介護支援専門員**（これらに準じる者を含む）が各1人配置される。

③ 地域包括支援センターの義務規定など

- 地域包括支援センターの設置者は、包括的支援事業に関して、市町村が条例で定める基準を遵守しなければならない。
- 地域包括支援センターの設置者は、自ら実施する事業の質の評価を行うことその他必要な措置を行うことにより、その事業の質の向上を図らなければならない。
- 市町村は、定期的に地域包括支援センターの事業の実施状況について評価を行わなければならない。
- 地域包括支援センターの設置者、役職員などには、業務で知り得た秘密についての守秘義務が課せられる。

《国試にチャレンジ！》

1. 都道府県は、定期的に、地域包括支援センターにおける事業の実施状況について、評価を行わなければならない。【31回133】　　（正答…×）
2. 地域包括支援センターの設置者は、包括的支援事業に関して、都道府県が条例で定める基準を遵守しなければならない。【31回133】　　（正答…×）

頻出度 B 地域ケア会議

- 包括的・継続的ケアマネジメント支援事業の効果的な実施のために、市町村は地域ケア会議をおくように努めなければならない（努力義務）。
- 地域ケア会議は市町村または地域包括支援センターで主催する。

■地域ケア会議の構成員と会議の内容

構成員	介護支援専門員、保健医療および福祉に関する専門的知識を有する者、民生委員その他の関係者など
内容	支援困難事例など個別ケースの支援内容について地域の専門家が多職種で検討し、その検討を通じて蓄積された地域課題をさらに地域の社会資源の開発や介護保険事業計画への反映など必要な政策形成に反映していく

- 指定居宅介護支援事業者や指定介護予防支援事業者は、地域ケア会議から、資料または情報の提供、意見の開陳その他必要な協力の求めがあった場合には、これに協力するよう努めなければならない。

《国試にチャレンジ！》

1. 市町村は、地域包括支援センターを設置しなければならない。【31回133】　　（正答…×）

Lesson 6 老人福祉法

A 老人福祉制度の概要

① 老人福祉法の目的・理念・責務など

■ 1963（昭和38）年に制定された老人福祉法の目的は、「老人の福祉に関する原理を明らかにするとともに、老人に対し、その心身の健康の保持及び生活の安定のために必要な措置を講じ、もつて老人の福祉を図ること」（第1条）である。

■ 老人福祉法の基本理念は、次のように規定されている。

■**老人福祉法の基本理念**
- 老人は、多年にわたり社会の進展に寄与してきた者として、かつ、豊富な知識と経験を有する者として敬愛されるとともに、生きがいをもてる健全で安らかな生活を保障されるものとする
- 老人は、老齢に伴って生ずる心身の変化を自覚して、常に心身の健康を保持し、または、その知識と経験を活用して、社会的活動に参加するように努めるものとする
- 老人は、その希望と能力とに応じ、適当な仕事に従事する機会、その他社会的活動に参加する機会を与えられるものとする

■ 老人福祉法では、老人の日を9月15日、老人週間を9月15日から21日までと規定している。

現在は、国民の祝日として9月の第3月曜日を敬老の日としている。

■ 国および地方公共団体は、老人の福祉を増進する責務を有する。
■ 地方公共団体は、老人の心身の健康の保持に資するための教養講座、レクリエーションその他広く老人が自主的かつ積極的に参加することができる事業（老人健康保持事業）を実施するように努めなければならない。
■ 地方公共団体は、老人の福祉を増進することを目的とする事業の振興を図るとともに、老人クラブその他事業を行う者に対して、適当な援助をするように努めなければならない。

 老人クラブ
地域に住む高齢者が自主的・積極的に参加できるよう、教養講座やレクリエーション活動などを実施している。また、地方公共団体などと連携し、地域福祉活動も行っている。1962（昭和37）年に全国老人クラブ連合会が結成され、全国的な組織となった。

550

- 保健所は、老人の福祉に関し、老人福祉施設等に対し、栄養の改善その他衛生に関する事項について必要な協力を行う。
- 民生委員は、老人福祉法の施行について、市町村長、福祉事務所長、社会福祉主事の事務の執行に協力する。

② 福祉の措置

- 福祉の措置の実施者は、対象者の居住地の市町村である（居住地が明らかでない場合は現在地）。
- 市町村は、福祉の措置の実施者として老人の福祉に関し、必要な実情の把握に努めるとともに、老人の福祉に関し、必要な情報の提供を行い、相談に応じ、必要な調査・指導ならびにこれらに付随する業務を行う。
- 都道府県は、福祉の措置の実施に関し、市町村相互間の連絡調整、市町村に対する情報の提供その他必要な援助やこれらに付随する業務を行う。

介護保険制度の導入により、要介護高齢者への福祉サービスは、基本的に契約に基づくサービス利用となった。ただし、養護老人ホームへの入所および虐待などのやむを得ない理由がある場合の特別養護老人ホームへの入所や在宅福祉サービスの利用は市町村の措置により行われる。

《国試にチャレンジ！》

1. 民生委員は、老人福祉法の施行について、市町村長、福祉事務所長又は社会福祉主事の指示に従わなければならない。【31回134】　（正答…×）
2. 介護老人保健施設は、老人福祉法に基づいて市町村が採る「福祉の措置」の対象となり得る。【29回134改】　（正答…×）

老人福祉施設

- 老人福祉法上の老人福祉施設とは、老人デイサービスセンター、老人短期入所施設、養護老人ホーム、特別養護老人ホーム、軽費老人ホーム、老人福祉センター、老人介護支援センター（在宅介護支援センター）の7つである。
- 都道府県は、老人福祉施設を設置することができる。
- 市町村、地方独立行政法人は、あらかじめ都道府県知事に届け出て、社会福祉法人は都道府県知事の認可を受けて、養護老人ホームまたは特別養護老人ホームを設置することができる。
- 国および都道府県以外の者は、老人福祉法の定めるところにより、軽費老人ホームまたは老人福祉センターを設置することができる。

■老人福祉施設の種類と内容

施設	区分	内容
老人デイサービスセンター	通所	原則 65 歳以上で、措置または介護保険法の通所介護などのサービスを利用する者などを通わせ、入浴、排泄、食事などの介護、機能訓練、介護方法の指導その他の便宜を提供する施設
老人短期入所施設	入所	原則 65 歳以上で、養護者の疾病その他の理由により、居宅で介護を受けることが一時的に困難になった者を短期間入所させる施設
養護老人ホーム	入所	原則 65 歳以上で、環境上の理由および経済的理由により、居宅において養護を受けることが困難な者を措置により入所させる施設。介護保険法上の特定施設である
特別養護老人ホーム	入所	常時介護が必要で、居宅での生活が困難である老人福祉法上の措置にかかる者（原則 65 歳以上）または介護保険法の規定による地域密着型介護老人福祉施設、介護老人福祉施設の入所者（40 歳以上）を養護することを目的とする施設
軽費老人ホーム	入所	原則 60 歳以上の者が対象。無料または低額な料金で老人を入所させ、食事の提供その他日常生活上の必要な便宜の提供を目的とする施設。介護保険法上の特定施設である
老人福祉センター	利用	無料または低額な料金で、老人の各種の相談に応じるとともに、健康の増進、教養の向上およびレクリエーションのための便宜を総合的に供与する
老人介護支援センター	利用	地域の老人やその家族などからの相談に応じ、必要な助言を行うとともに、ニーズに対応した各種のサービス（介護保険を含む）が総合的に受けられるように、市町村や各行政機関やサービス実施機関、居宅介護支援事業所などとの連絡調整等を行う

① 特別養護老人ホームと養護老人ホームの基準・援助内容

■2002（平成 14）年度から、全室個室、ユニットケアのユニット型特別養護老人ホームの運用が開始されている。

■ユニット型は全室個室で、おおむね 10 人以下で、15 人を超えない人数のユニット（生活単位）を構成し、共用スペースが設けられている。

■養護老人ホームは、入所者の処遇に関する計画に基づき、社会復帰の促進および自立のために必要な指導や訓練その他の援助を行い、入所者の能力に応じ自立した日常生活を営むことを目指す。

■養護老人ホームは措置による入所施設であり、利用者と施設との入所契約は行われない。

■養護老人ホームの入所措置基準

経済的事情	①生活保護を受けていること、②前年度の所得による市町村民税の所得割の額がないこと、③災害その他の事情によって世帯の状態が困窮していること、のいずれかに該当する
環境上の事情	入院加療を要する病態でなく、家族や住居の状況など、現在置かれている環境の下では在宅において生活することが困難であると認められること

② 有料老人ホーム

- 有料老人ホームは、老人を入居させ、入浴・排泄・食事などの介護、食事の提供、その他日常生活上必要な便宜を提供する。介護保険法上の特定施設である。
- 有料老人ホームを設置しようとする者は、あらかじめ、その施設を設置しようとする地の都道府県知事に、所定の事項を届け出なければならない。
- 有料老人ホームの設置者は、家賃、敷金および介護等その他の日常生活上必要な便宜の供与の対価として受領する費用を除くほか、権利金その他の金品を受領してはならない。
- 有料老人ホームの設置者は、終身にわたり受領すべき家賃などを前払金として受領する場合は、算定の基礎を書面で明示し、返還債務を負うこととなる場合に備えて必要な保全措置を講じなければならない。

③ その他老人福祉関連施設

- 有料老人ホーム以外で、老人福祉法に規定される施設には、次のものがある。

■老人福祉関連施設

老人憩の家	利用	地域の高齢者に対して、無料または低額な料金で教養の向上、レクリエーション等のための場を提供するもので、老人クラブ活動の拠点などとしても活用されている
老人休養ホーム	利用	景勝地、温泉地などで高齢者の保健休養、安らぎと憩いの場として設置された宿泊施設
生活支援ハウス	利用	高齢者に対して介護支援機能、居住機能、交流機能を提供する。2001（平成13）年の運営事業実施要綱の改正により、高齢者生活福祉センターから生活支援ハウスに名称変更がされた

《国試にチャレンジ！》

1 養護老人ホームでは、入所者の心身の状況等に応じて、社会復帰の促進及び自立のために必要な指導や訓練、その他の援助を行うこととされている。【27回135】　　　　　　　　　　　　　　　　　　　　　　　　　　　　（正答…○）

2 有料老人ホームの設置者は、あらかじめその施設を設置しようとする地域の市町村長に法定の事項を届け出なければならない。【31回134】（正答…×）

Lesson 7 高齢者の医療の確保に関する法律

頻出度 C 高齢者の医療の確保に関する法律の概要

- 2006（平成18）年に老人保健法を改正して成立した高齢者の医療の確保に関する法律（高齢者医療確保法）により、2008（平成20）年に後期高齢者医療制度が創設された。
- 現役世代の医療保険制度から切り離した、独立した制度である。
- 運営主体は、都道府県区域内のすべての市町村が加入して設立する後期高齢者医療広域連合である。
- 被保険者は、①75歳以上の者、②65歳以上75歳未満で後期高齢者医療広域連合の障害認定を受けた者である。
- 生活保護受給者は被保険者とならない。
- 利用者負担は、一般所得者は1割、一定以上所得者（現役並み所得者以外）は2割、現役並み所得者は3割で、保険料率は、各後期高齢者医療広域連合が条例で定める。

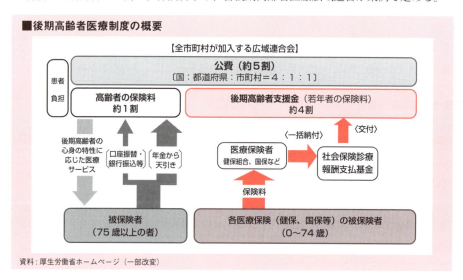

■後期高齢者医療制度の概要

資料：厚生労働省ホームページ（一部改変）

《国試にチャレンジ！》

1. 後期高齢者医療制度の保険者は都道府県である。【35回74】
（正答…✕）

2. 各医療保険者から拠出される後期高齢者支援金が財源の一部となっている。【35回74】
（正答…〇）

Lesson 8 高齢者虐待防止法

頻出度 B 高齢者虐待防止法の概要

- 2006(平成 18)年 4 月に施行された「高齢者虐待の防止、高齢者の養護者に対する支援等に関する法律」(高齢者虐待防止法)は、**高齢者虐待の防止**とともに、**養護者**を**支援**し、その負担の軽減を図ることを目的としている。
- 高齢者とは、65 歳以上の者をいう。
- **養護者**とは、高齢者を現に養護する者で、養介護施設従事者等以外の者をいう。
- **養介護施設従事者等**とは、**養介護施設**の業務に従事する者、または**養介護事業**の業務に従事する者をいう。

> **word 養介護施設・養介護事業**
> 養介護施設とは、老人福祉法上の老人福祉施設、有料老人ホーム、介護保険法上の介護保険施設、地域密着型介護老人福祉施設、地域包括支援センターであり、養介護事業とは、老人福祉法上の老人居宅生活支援事業、介護保険法上の居宅サービス事業、地域密着型サービス事業、居宅介護支援事業、介護予防サービス事業、地域密着型介護予防サービス事業、介護予防支援事業である。

- 高齢者虐待とは、養護者および養介護施設従事者等により行われる、**身体的虐待**、**ネグレクト**(介護・世話の放棄、放任)、**心理的虐待**、**性的虐待**、**経済的虐待**のいずれかに該当する行為をいう。

■高齢者虐待防止法の内容

市町村への通報
・**養護者**により虐待を受けたと思われる高齢者を発見した者は、高齢者の**生命**または**身体**に重大な**危険**が生じている場合は、速やかに市町村に通報しなければならない(**義務**)
・**養介護施設従事者等**が、同じ施設の養介護施設従事者等により虐待を受けたと思われる高齢者を発見した場合は、速やかに市町村に通報しなければならない(**義務**)
・上記以外で高齢者虐待を発見した者は、市町村に通報するよう努める(**努力義務**)

市町村の**対応**	
事実確認等	・事実確認の措置を行い、高齢者虐待対応協力者(市町村と連携協力する者で老人介護支援センター、地域包括支援センターなど)と**対応を協議**する
保護のための措置	・高齢者を**老人短期入所施設**などに入所させるなど、適切な老人福祉法上の措置をとり、または適切な**後見開始等の審判の請求**をする ・必要な**居室**を確保するための措置をとる ・高齢者虐待を行った養護者について高齢者との**面会**を**制限**することができる

立入調査・警察署長への援助要請	・養護者の虐待により高齢者の生命または身体に重大な危険が生じている場合は、地域包括支援センターの職員等に、立入調査をさせることができる ・立入調査を行うにあたり必要な場合は、警察署長に援助を要請することができる
事務の委託	・高齢者虐待対応協力者のうち、適当と認められるものに相談、指導、助言、通報または届出の受理、養護者に対する支援策などの事務を委託することができる
都道府県への報告	・市町村は、養介護施設従事者等による虐待についての通報または届出を受けたときは、高齢者虐待に関する事項を、都道府県に報告しなければならない
都道府県知事による公表	・都道府県知事は、毎年度、養介護施設従事者等による高齢者虐待の状況、高齢者虐待があった場合にとった措置などを公表する

《国試にチャレンジ！》

1 市町村長は、毎年度、養介護施設従事者等による高齢者虐待の状況や養介護施設従事者等による高齢者虐待があった場合に採った措置などについて公表しなければならない。【24回128】　　　　　　　　　　　　　　（正答…×）

頻出度 B 高齢者虐待の傾向と身体的拘束の規定

① **高齢者虐待の現状**（厚生労働省「令和5年度高齢者虐待の防止、高齢者の養護者に対する支援等に関する法律」に基づく対応状況等に関する調査結果」より）

■ 虐待の「相談、通報件数」は、養介護施設従事者等によるもの、養護者によるもの、いずれも前年度より増加した。「虐待判断件数」も、養介護施設従事者等によるもの、養護者によるもの、いずれも増加した。

■ 高齢者虐待の実態

	養介護施設従事者等による虐待	養護者による虐待
通報者	当該施設職員（28.7%）が最も多く、次いで当該施設管理者等（16.7%）	警察（34.3%）が最も多く、次いで介護支援専門員（24.8%）
発生要因	「職員の虐待や権利擁護、身体拘束に関する知識・意識の不足」（77.2%）が最も多く、次いで「職員のストレス・感情コントロール」（67.9%）、「職員の倫理観・理念の欠如」（66.8%）	被虐待者の「認知症の症状」（56.4%）、虐待者の「介護疲れ・介護ストレス」（54.8%）、「理解力の不足や低下」（47.7%）
虐待の種別	身体的虐待（51.3%）が最も多く、次いで心理的虐待（24.3%）、介護等放棄（22.3%）	身体的虐待（65.1%）が最も多く、次いで心理的虐待（38.3%）、介護等放棄（19.4%）、経済的虐待（15.9%）

虐待者	・介護職（82.8%）が最も多い ・性別では男性（54.5%）が多く、年齢では、40〜49歳（15.2%）、60歳以上（15.2%）、50〜59歳（15.1%）が多い	・息子（38.7%）が最も多く、次いで夫（22.8%）、娘（18.9%）である ・同居（86.0%）が多い ・年齢では、50〜59歳（27.2%）が最も多く、次いで70〜79歳（16.4%）、60〜69歳（16.2%）である
被虐待者	女性が71.6%を占め、年齢では90〜94歳（21.9%）、85〜89歳（21.3%）が多い 認知症日常生活自立度Ⅱ以上の者が73.0%で7割超	女性が75.6%を占め、年齢では80〜84歳（25.7%）、85〜89歳（21.7%）が多い 認知症日常生活自立度Ⅱ以上の者は73.6%で7割以上

資料：令和5年度「高齢者虐待の防止、高齢者の養護者に対する支援等に関する法律」に基づく対応状況等に関する調査結果（厚生労働省）

■ 養介護施設従事者等の虐待において、虐待の事実が認められた施設・事業所のうち、26.4%が過去何らかの指導等を受けていた。
■ 養介護施設従事者等の虐待において、施設・事業者の種別で最も多いのは、特別養護老人ホーム（介護老人福祉施設）で、次いで有料老人ホームである。

② 身体的拘束等の禁止

■ 介護保険施設や特定施設入居者生活介護、認知症対応型共同生活介護などでは、運営基準において身体的拘束等の禁止が規定されている。

■ 身体的拘束等の禁止

- 入所者またはほかの入所者等の生命または身体を保護するため緊急やむを得ない場合を除き、身体的拘束その他入所者の行動を制限する行為を行ってはならない
- 緊急やむを得ず行う場合は、その態様、時間、入所者の状況、緊急やむを得ない理由を記録する
- 身体的拘束等の適正化を図るため、身体的拘束等の適正化のための対策を検討する委員会（身体的拘束適正化検討委員会）を3か月に1回以上開催し、その結果を従業者に周知徹底する
- 身体的拘束等の適正化のための指針を整備し、従業者に身体的拘束等の適正化のための研修を定期的に実施する

外から部屋の鍵をかけることも身体的拘束等になりますか？

居室に閉じ込めることになりますので、身体的拘束等に該当します

《国試にチャレンジ！》

1 「令和5年度『高齢者虐待の防止、高齢者の養護者に対する支援等に関する法律』に基づく対応状況等に関する調査結果（厚生労働省）によると、養介護施設従事者等による高齢者虐待の発生要因として最も多いものは、「倫理観や理念の欠如」である。【32回135改】　　（正答…✕）

Lesson 9 バリアフリー法

頻出度 B　バリアフリー法の概要

- 2006（平成18）年にハートビル法と交通バリアフリー法を統合・拡充し、「高齢者、障害者等の移動等の円滑化の促進に関する法律」（**バリアフリー法**）が成立した。**高齢者、障害者**の**移動**や施設利用の際の**利便性**・**安全性**の向上の促進を図り、公共の福祉の増進に資することを目的としている。
- **2018**（平成30）年の**改正**で、理念規定を新設し、**社会的障壁の除去**と**共生社会の実現**に資することを明確にした。
- 2020（令和2）年にソフト面の対策を強化することを目的として改正がされ、「**心のバリアフリー**」の教育や啓発への国の支援などが盛り込まれた。
- 以下の施設の施設設置管理者等は、**移動等円滑化基準**について、新設の場合は適合させる**義務**、既存の場合は基準に適合させる**努力義務**がある。

■対象施設

- 公共交通機関の旅客施設や車両等（鉄道、バス、航空機、旅客船、福祉タクシーなど）
- 道路　・路外駐車場　・都市公園
- 特別特定建築物（百貨店、病院など不特定多数または主に**高齢者**や**障害者等**が利用する施設）

- 公共交通事業者等は、その職員に対して**移動円滑化**を図るために必要な教育訓練を行うよう努めなければならない。
- 市町村は、主務大臣が定める基本方針に基づき、重点整備地区（旅客施設を中心とする地区や高齢者等が利用する施設が集まった地区）について、**移動等円滑化基本構想**を作成するよう努めるものとする。
- 市町村は、移動等円滑化基本構想に位置づけられた事業の**実施状況**についておおむね**5**年ごとに調査・分析・評価を行うよう努め、必要に応じ基本構想を変更する。

《国試にチャレンジ！》

1　厚生労働大臣は、旅客施設を中心とする地区や高齢者等が利用する施設が集まった地区について、移動等円滑化基本構想を作成しなければならない。【34回135】　（正答…✕）

2　移動等円滑化基本構想に位置づけられた事業の実施状況等の調査・分析や評価は、おおむね10年ごとに行わなければならない。【34回135】　（正答…✕）

Lesson 10 — 高齢者住まい法・高年齢者雇用安定法・育児・介護休業法

B 高齢者住まい法

① 高齢者住まい法の概要

■ 2001（平成 13）年に「高齢者の居住の安定確保に関する法律」（高齢者住まい法）が施行され、高齢者円滑入居賃貸住宅の登録制度や、高齢者向け優良賃貸住宅の供給促進、終身建物賃貸借制度、民間賃貸住宅市場の整備などが規定された。

■ 終身建物賃貸借制度は、高齢者が死亡するまで終身にわたり居住することができ、死亡時に契約が終了する制度である。

■ 終身建物賃貸借制度の対象は、本人が 60 歳以上で、独居または同居者が配偶者もしくは 60 歳以上の親族である。

■ 2011（平成 23）年に高齢者住まい法が一部改正され、それまでの高齢者円滑入居賃貸住宅などの制度を廃止し、サービス付き高齢者向け住宅（サ高住）の登録制度が創設された。

■ 国土交通大臣および厚生労働大臣は、高齢者の居住の安定の確保に関する基本方針を定めなければならない。

■ 都道府県は、基本方針に基づき、その都道府県の区域内における都道府県高齢者居住安定確保計画を定めることができる。

■ 市町村は基本方針または都道府県高齢者居住安定確保計画に基づき、市町村高齢者居住安定確保計画を定めることができる。

② サービス付き高齢者向け住宅（サ高住）

■ サービス付き高齢者向け住宅事業とは、高齢者向けの賃貸住宅または有料老人ホームであって、高齢者を入居させ、状況把握サービス、生活相談サービスその他の高齢者が日常生活を営むのに必要な福祉サービスを提供する事業である。

■ サービス付き高齢者向け住宅事業を行う者は、事業にかかる賃貸住宅または有料老人ホームを構成する建築物ごとに都道府県知事の登録を受けることができる。

■ サービス付き高齢者向け住宅の登録基準等

設備・構造	・各居室の床面積は原則 25㎡以上 ・原則として各戸に台所、水洗便所、収納設備、洗面設備、浴室を設置 ・バリアフリー構造（段差解消、手すり、車いすでも利用しやすい廊下幅）
サービス	・状況把握（安否確認）サービス、生活相談サービスは必ず提供

■ 登録事業者は、入居しようとする者に対し、入居の契約締結前に書面を交付して必要な事項を説明しなければならない。

10 高齢者住まい法・高年齢者雇用安定法・育児・介護休業法

559

■ 都道府県知事は、サービス付き高齢者向け住宅の事業者に対し、業務に関し必要な報告を求め、または職員に事務所や登録住宅に立ち入り、その業務の状況や帳簿書類等の物件を検査させ、関係者に質問させることができる。
■ サービス付き高齢者向け住宅として登録された有料老人ホームは、特例として老人福祉法による有料老人ホームの事業内容の届出、事業内容の変更、廃止、休止の届出規定は適用されない。

> **ワンポイント**　シルバーハウジングは、高齢者向けのバリアフリー設備を施した公営住宅で、ライフサポートアドバイザーが配置され、必要に応じ、生活指導・相談、安否確認、一時的な家事援助、緊急時対応等のサービスを行う。

《国試にチャレンジ！》

1　サービス付き高齢者向け住宅は、入居者に対し、介護保険制度における居宅介護サービス若しくは地域密着型サービスの提供が義務付けられている。【33回135】　　　　　（正答…✕）

2　サービス付き高齢者向け住宅の事業者は、入居者に対し、契約前に書面を交付して必要な説明を行わなければならない。【28回135】　　（正答…〇）

頻出度B　高年齢者雇用安定法

■ 高年齢者等の雇用の安定等に関する法律（高年齢者雇用安定法）は、高年齢者の安定した雇用の確保の促進や再就職の促進、定年退職者等に対する就業の機会の確保等の措置（シルバー人材センターなど）を総合的に講じることを目的に掲げている。
■ 65歳未満の定年を定めている事業主に対し、下記のいずれか（高年齢者雇用確保措置）を講じるよう義務づけている。

■高年齢者雇用確保措置

①65歳までの定年の引き上げ
②希望者全員を対象とする65歳までの継続雇用制度の導入
③定年制の廃止

■ 2020（令和2）年の改正により、65歳以上70歳未満の定年を定めている事業主または継続雇用制度を導入している事業主に対し、次のいずれか（高年齢者就業確保措置）を講じることが努力義務となった。

■**高年齢者就業確保措置**

① 70 歳までの定年の引き上げ
② 70 歳までの継続雇用制度の導入
③定年制の廃止
④ 70 歳までの継続的業務委託契約制度の導入
⑤ 70 歳まで社会貢献事業に継続的に従事できる制度の導入

■ 高年齢者雇用安定法に基づき、都道府県知事の指定を受けた**シルバー人材センター**
（レッスン 11 参照）が、原則として市町村単位で置かれている。

類出度B 育児・介護休業法

■「育児休業、介護休業等育児又は家族介護を行う労働者の福祉に関する法律」（育児・
介護休業法）は、育児や介護を行う労働者の職業生活と家庭生活の両立を支援するた
めの法律である。

■ 一定の要件を満たし、父母ともに育児休業を取得した場合、育児休業の期間が原則 1
歳から 1 歳 2 か月にまで延長される（**パパ・ママ育休プラス**）。

■ **介護休業**は、負傷、疾病または身体上・精神上の障害により、**2** 週間以上の期間にわ
たり常時介護を必要とする**対象家族**を介護するための休業をいう。

■ 介護休業・介護休暇の対象となる対象家族とは、同居および扶養の有無を問わず、**配
偶者**（事実婚を含む）、**父母**、**子**、配偶者の父母、祖父母、兄弟姉妹、孫をいう。

■ パート、派遣、契約社員など**期間**を定めて雇用される者も、一定の要件を満たせば育
児・介護休業の取得が可能である。

■**育児・介護休業法の概要**

項目	育児休業	介護休業	子の看護等休暇	介護休暇
対象	現に監護している子、養子	要介護状態の対象家族	小学校就学始期に達するまでの子を看護する場合	対象家族を介護等する場合
期間	原則1歳まで、保育所に入所できないなど一定の場合は最大延長2歳まで	1人につき93日	1人につき1年で5労働日、2人以上の場合は10労働日	1人につき1年で5労働日、2人以上の場合は10労働日
回数	原則として子1人につき2回まで	1人につき3回まで（93日に達するまでの分割取得）	時間単位で取得が可能。その場合は、5労働日に達するまで	時間単位で取得が可能。その場合は、5労働日に達するまで
支給額	開始後180日は休業前賃金の67%、それ以降は50%	休業前賃金の67%	―	―

高齢

10 高齢者住まい法・高年齢者雇用安定法・育児・介護休業法

561

■育児・介護のためのその他措置

不利益取り扱いの禁止	育児休業、介護休業、子の看護等休暇、介護休暇、育児・介護のための所定外労働・時間外労働・深夜業の制限、所定労働時間の短縮のための措置について、その申し出や取得を理由として、労働者に解雇その他不利益な取り扱いをしてはならない
育児休業等に関するハラスメントの防止	育児休業、介護休業などを理由とする、就業環境を害する行為（ハラスメント）を防止するため、事業主は、労働者からの相談に応じ、適切に対応するために必要な体制の整備その他の雇用管理上必要な措置を講じなければならない
育児休業取得状況の公表の義務化	従業員数1000人（2025年4月より300人）を超える事業主に育児休業等の取得の状況を年1回公表することを義務づけ
雇用環境整備、個別の周知・意向確認の措置を義務化	育児休業を取得しやすい雇用環境の整備、妊娠・出産等（本人または配偶者）の申し出をした労働者に対する個別の周知・意向確認の措置を講じなければならない
その他の規定	事業主は、育児・介護を行う労働者に対し、所定外労働、時間外労働、深夜業の制限、所定労働時間短縮などの措置を講じなければならない

■ 2024（令和6）年に、育児・介護休業法が改正され、子の年齢に応じた柔軟な働き方を実現するための措置の拡充などがなされた。

■ 2024年の法改正の概要

柔軟な働き方を実現するための措置の拡充	・残業免除の対象を3歳以上小学校就学前の子を養育する労働者に拡大 ・子の看護休暇を看護等休暇とし、行事参加、学級閉鎖など取得要件を拡大 ・3歳未満の子を育てる労働者に対するテレワークの選択を企業の努力義務に ＊3歳以上小学校就学前の子を養育する労働者に関して、柔軟な働き方を実現するための措置を講じ、労働者が選択して利用できるようにすることを義務づけ
公表義務の拡大	・従業員数300人超の企業に公表義務を拡大 ・従業員数100人超の企業に育児休業取得等に関する状況把握・数値目標設定を義務化
介護支援の強化	・対象家族を介護する労働者へのテレワーク選択を企業の努力義務に ・介護離職防止のための個別周知・意向確認、雇用環境整備等の措置を実施

※ 2025（令和7）年4月1日施行、＊は公布の日（2024年5月31日）から1年6か月以内に施行

《国試にチャレンジ！》

1　介護休業は、2週間以上の常時介護を必要とする状態にある家族を介護するためのものである。【31回29】　　　　　　　　　　　（正答…◯）

2　支払能力のない事業者は、地域別最低賃金の減額適用を受けることができる。【31回31】　　　　　　　　　　　　　　　　　　（正答…×）

Lesson 11 高齢者と家族等の支援における関係機関の役割

頻出度 A 国・都道府県・市町村の役割

① 国（政府、厚生労働省）の役割

■ 政府は、**高齢社会対策基本法**を推進する機関として、内閣府に**高齢社会対策会議**を設置する。

■ 政府は、高齢社会対策の指針として、**高齢社会対策大綱**を定めなければならない。

高齢社会対策基本法は、介護保険法、老人福祉法、高齢者虐待防止法など高齢者関連の総合施策の指針となる法律です

■ 厚生労働省は、介護保険制度において制度運営に必要な**法令**や各種基準等の策定、保険給付・地域支援事業・都道府県財政安定化基金等に対する**財政**負担、財政調整のための**調整交付金**の交付などを行う。

② 都道府県の役割

■ 都道府県は、介護保険事業の運営が健全かつ円滑に行われるように、必要な助言および適切な援助を行う。その際に、介護サービスを提供する事業所・施設の業務の**効率化**、介護サービスの**質の向上**、その他の**生産性の向上**に資する取り組みが促進されるよう努めなければならない。

■ 都道府県は、介護保険制度において**介護保険審査会**の設置・運営、**介護サービス情報**の公表に関する事務、**介護支援専門員**の登録と更新等、財政安定化基金の設置・運営などを行う。

③ 市町村の役割

■ 市町村は、介護保険制度の保険者であり、**被保険者**の把握や資格管理、被保険者への**保険給付**、**保険料**の徴収や保険財政の管理、**地域支援事業**の実施などを行う。

《国試にチャレンジ！》

1 国は、市町村に対して介護保険の財政の調整を行うため、調整交付金を交付する。【32回132】　　　　　　　　　　　　　　　　　（正答…〇）

2 都道府県知事は、介護サービス事業者から介護サービス情報の報告を受けた後、その報告の内容を公表する。【34回131】　　　　　　（正答…〇）

頻出度 A 指定サービス事業者の役割

① 事業者・施設の指定など

■都道府県知事または市町村長は、事業者や施設が一定の基準を満たしていないなどの場合は、指定をしてはならない。

■指定をしない主な事由

法人格がない	都道府県または市町村の条例に定めるものでない（＝法人格を有さない）
基準が満たない	都道府県または市町村の条例に定める人員・設備・運営基準を満たしていない
申請者に妥当性・適格性がない	拘禁刑以上の刑や介護保険法の罰金刑を受けている、社会保険料の滞納を続けている、指定取消し処分から5年が経過していないなど

■都道府県知事または市町村長は、事業者や施設が人員・設備・運営基準を満たせない、不正請求をしたなどの一定の事由に該当した場合は、指定を取り消すか、期間を定めて指定の全部または一部の効力の停止をすることができる。

■指定を受けた事業者は、6年ごとに指定の更新を受けなければ、その期間の経過により指定の効力を失う。

② 公示・業務管理体制の整備に関する事項

■指定をした都道府県知事または市町村長は、①指定をしたとき、②事業の廃止の届出があったとき、③指定の取消しまたは効力停止を行ったときは、事業所の名称、事業所の所在地などを公示しなければならない。

■事業者・施設は、業務管理体制の整備に関する事項について、所在地の区域に応じ、厚生労働大臣、都道府県知事、指定都市の長、中核市の長または市町村長（以下、厚生労働大臣等）に届け出なければならない（義務）。

■適正な業務管理体制を整備していない事業者・施設に対しては、厚生労働大臣等が是正勧告や命令を行うことができる。

③ 事業者・施設の責務など

■自ら提供するサービスの質の評価を行い、常に利用者の立場に立ったサービスを提供するよう努める。

■被保険者証に記載された介護認定審査会の意見に配慮してサービスを提供するよう努める。

■事業を運営するにあたっては、地域との結びつきを重視し、市町村、居宅サービス事業者、その他の保健医療サービス・福祉サービスを提供する者との連携に努める。

④ 介護サービス情報の公表

- 介護サービスを提供する事業者・施設は、介護サービスの内容や利用料、事業者の運営に関する各種の取り組みなどの介護サービス情報を所在地の都道府県知事に報告しなければならない。
- 介護サービス情報の報告を受けた都道府県知事は、その報告の内容を公表し、必要と認める場合は、その介護サービス情報について調査をすることができる。

介護保険法では、介護サービス事業者に第三者評価を受ける義務は課されていない。

《国試にチャレンジ！》

1 介護保険法における指定居宅サービス事業者（地域密着型サービスを除く）の指定について、事業の取消しを受けた事業者は、その取消しの日から起算して3年を経過すれば指定を受けることができる。【30回132改】
（正答…✗）

C シルバー人材センターとハローワークの役割

- シルバー人材センターでは、雇用以外の臨時的かつ短期的な就業または軽易な業務にかかる就業を希望する高年齢退職者のため、次のことを行う。

■ シルバー人材センターの役割
- 就業の機会を確保し、組織的に提供すること
- 職業紹介事業を行うこと
- 必要な知識および技能の付与を目的とした講習を行うこと

- ハローワーク（公共職業安定所）では、福祉分野（介護、医療、保育等）の人材確保のため福祉人材コーナーを設けている。

Lesson 12 関連する専門職の役割

頻出度A 介護支援専門員の役割

- 介護支援専門員（ケアマネジャー）は、要介護者等やその家族からの相談に応じ、要介護者等がその心身の状況に応じて適切なサービスを利用できるように、市町村、サービス事業者などとの連絡調整等を行う者である。
- 一定の法定資格保有者等であって、その実務経験が5年以上あるものが都道府県知事の行う介護支援専門員実務研修受講試験に合格し、介護支援専門員実務研修課程を修了して、都道府県知事から登録と介護支援専門員証の交付を受けたものが介護支援専門員となる。
- 介護支援専門員証の有効期間は5年間で、更新する場合は、原則として都道府県知事またはその指定する機関が行う更新研修を受けなければならない。
- 指定居宅介護支援事業所の介護支援専門員は、課題分析、居宅サービス計画の作成など居宅介護支援（ケアマネジメント）の業務を行う。

■ケアマネジメント（居宅介護支援）の流れ

課題分析（アセスメント）	利用者が生活をするうえで解決すべき課題（生活ニーズ）を明らかにする。原則として、利用者の居宅を訪問し、利用者、家族への面接により行う。
居宅サービス計画原案の作成	居宅サービス計画原案は、利用者またはその家族に説明し、文書により利用者の同意を得なければならない。
サービス担当者会議の開催	居宅サービス計画の新規作成時、変更時、更新認定や区分変更認定時には原則として開催し、居宅サービス計画について専門的な見地からの意見を求める。
居宅サービス計画の確定・同意・交付	居宅サービス計画は利用者および担当者に交付する。担当者からは個別サービス計画の提出を求める。
モニタリング	原則として、少なくとも1か月に1回は利用者の居宅を訪問して利用者に面接し、少なくとも1か月に1回はモニタリングの結果を記録する。

- 指定介護予防支援事業者（地域包括支援センターまたは指定居宅介護支援事業者）が行う介護予防支援は、担当職員（保健師、介護支援専門員、社会福祉士、経験ある看護師など）または介護支援専門員が行う。
- 介護保険施設でのケアマネジメントの担当者は、施設の計画担当介護支援専門員である。

《国試にチャレンジ！》

1 指定居宅介護支援事業所の介護支援専門員は、居宅サービス計画原案の内容について、文書でサービス担当者から同意を得なければならない。【30回134】　（正答…✕）

2 介護支援専門員は、介護保険サービス以外のサービス等を含む居宅サービス計画を作成することができる。【31回131】　（正答…◯）

頻出度 B 介護福祉士・訪問介護員・介護職員の役割

- **介護福祉士**とは、介護福祉士の名称を用いて、専門的知識・技術をもって、身体上または精神上の障害があることにより日常生活を営むのに支障がある者について、心身の状況に応じた介護（喀痰吸引等を含む）を行い、またその者や介護者に対して介護に関する指導を行うことを業とする者をいう。
- **訪問介護員**として業務に従事することができるのは、介護福祉士、介護職員初任者研修修了者等である。
- 訪問介護事業者は、原則として事業所ごとに利用者の数が40人またはその端数を増すごとに1人以上のサービス提供責任者を配置しなければならない。
- **サービス提供責任者**は、利用者の訪問介護計画を作成し、訪問介護員等の指導・研修、居宅介護支援事業者への情報提供などを行う。
- 訪問介護事業者の経営主体で多いのは営利法人、次いで社会福祉法人である。
- 訪問介護以外の居宅サービス、地域密着型サービスおよび施設サービス等で利用者の介護にあたるケアワーカーは、介護職員と呼ばれている。
- 介護職員は、医師・看護師等の医療系スタッフと連携して介護業務を行う。

《国試にチャレンジ！》

1 介護福祉士の法律上の定義には、介護者に対して介護に関する指導を行うことを業とすることが含まれている。【36回133】　（正答…◯）

2 サービス提供責任者は、多様な事業者等から総合的に提供される介護サービスの内容などを記載した居宅サービス計画を作成する。【34回132】　（正答…✕）

福祉用具専門相談員・介護サービス相談員

① 福祉用具専門相談員
■ 福祉用具専門相談員は、介護が必要な高齢者に福祉用具を貸与・販売する際に、選び方や使い方についての助言をする専門職である。
■ 介護保険で福祉用具の貸与・販売を行う事業者には、常勤換算で2人以上の福祉用具専門相談員の配置が必要である。
■ 福祉用具専門相談員は、保健師、看護師、准看護師、理学療法士、作業療法士、社会福祉士、介護福祉士、義肢装具士、福祉用具専門相談員指定講習課程の修了者である。
■ 福祉用具専門相談員は、居宅サービス計画に沿って、福祉用具貸与計画、または特定福祉用具販売計画を作成しなければならない。

② 介護サービス相談員
■ 介護サービス相談員は、市町村が実施する介護サービス相談員派遣等事業に基づき市町村に登録された者で、保健・医療・福祉の実務経験は求められていない。
■ 介護サービス相談員は、介護サービス提供の場でサービス利用者等の話を聴いて不安などの相談に応じ、利用者の疑問・不満の解消やサービスの質の向上を図る。
■ 介護サービス相談員派遣等事業は、市町村が実施主体である地域支援事業の任意事業（地域自立生活支援事業）に位置づけられている。

《国試にチャレンジ！》

 1 介護サービス相談員の登録は、保健・医療・福祉分野の実務経験者であって、その資格を得るための試験に合格した者について行われる。
【31回132改】　☑☑　　　　　　　　　　　　　　　　　　　（正答…✕）

14 児童・家庭福祉

Lesson 1 — 児童・家庭の定義と児童の権利

頻出度 B 児童・保護者・家庭等の定義

① 児童等の定義

■ 児童福祉法における**児童**は、満18歳に満たない者で、乳児、幼児、少年の3つに分けられる。

■ **保護者**とは、児童福祉法では**親権**を行う者、未成年後見人その他の者で、児童（母子保健法では乳児または幼児）を現に**監護**する者をいう。血縁関係のある親や親権をもつ親に限定されず、実際に児童を育てている者を指し、民法における扶養義務者と同一ではない。

■児童福祉法における用語の定義

乳児	満1歳に満たない者
幼児	満1歳から小学校就学の始期に達するまでの者
少年	小学校就学の始期から満18歳に達するまでの者
妊産婦	妊娠中または出産後1年以内の女子
特定妊婦	出産後の養育について、出産前に支援を行うことが特に必要と認められる妊婦
要保護児童	保護者のない児童または保護者に監護させることが不適当であると認められる児童
要支援児童	乳児家庭全戸訪問事業等により把握された保護者の養育への支援が特に必要と認められる児童であって、要保護児童にあたらない児童。養育支援訪問事業の対象

■母子保健法における用語の定義

妊産婦	妊娠中または出産後1年以内の女子
新生児	出生後28日を経過しない乳児
乳児	1歳に満たない者
幼児	満1歳から小学校就学の始期に達するまでの者
未熟児	身体の発育が未熟のまま出生した乳児であって、正常児が出生時に有する諸機能を得るに至るまでのもの
低体重児	体重が2500g未満の乳児

■その他の法律における用語の定義

子ども	小学校就学の始期に達するまでの者（就学前の子どもに関する教育、保育等の総合的な提供の推進に関する法律（認定こども園法））
	心身の発達の過程にある者（こども基本法）

児童	20歳に満たない者（母子及び父子並びに寡婦福祉法）
	18歳に達する日以後の最初の3月31日までの間にある者、または20歳未満で、政令で定める程度の障害の状態にある者（児童扶養手当法）
少年	20歳に満たない者（少年法）※18・19歳は特定少年と定義（「9 司法」参照）
障害児	身体障害・知的障害・精神障害のある児童（発達障害児を含む）、治療方法が確立していない疾病等（難病等）のある児童（児童福祉法）
発達障害児	発達障害があるものであって、発達障害および社会的障壁により日常生活または社会生活に制限を受けるもので、18歳未満の者（発達障害者支援法）

《国試にチャレンジ！》

1. 「特定妊婦」とは、出産後の養育について、出産前において支援を行うことが特に必要と認められる妊婦をいう。【28回 138】 ☑☑　　　　　　　　（正答…〇）

2. こども基本法では「こども」について、18歳に満たない者と定義されている。【37回 95】 ☑☑　　　　　　　　（正答…✕）

② 家庭の定義

■ 家庭とは、夫婦や親子など家族を中心とした小さな集団であり、また、その生活する場所を指す。
■ 児童の権利条約でいう「家庭環境」は、どの社会・文化にも普遍的に観察できる、子どもを産み育てる機能を伴う親族集団（環境）を指していると解釈できる。
■ わが国における子ども家庭福祉の法律では、「親」ではなく、「保護者」が用いられている。

③ 児童と家庭の関係

■ 児童福祉において特に重要なことは、福祉の利用者あるいは対象者として、子どもだけではなく、その保護者、家庭が含まれることである。
■ 子ども家庭福祉とは、生存し、発達し、自立しようとする子どもおよびその養育の第一義的責任を有する保護者とその家庭に対し、人間における尊厳性の原則、無差別平等の原則、自己実現の原則を理念として、子ども家庭のウェルビーイング（well-being）の実現のために、国、地方公共団体、法人、事業体、私人などが行う児童および関係者を対象とする実践および法制度と考えられる。
■ かつては子育てを私的な出来事ととらえ、行政などによる介入や支援を控える考え方が主流であった。しかし、その結果が少子化や児童虐待などの社会問題化をもたらしたという反省から、子育ての社会的意義を協調し、政策のあり方が必要な社会的支援や介入を進める方向にシフトしつつある。

B 児童の権利と児童福祉の理念

① 子どもの権利の確立

- 1924（大正13）年に国際連盟で採択されたジュネーブ児童権利宣言において、「人類は、児童に対し、最善のものを与える義務を負う」とし、1959（昭和34）年の国連の児童の権利宣言につながる理念が明文化された。

- 1947（昭和22）年に戦後の困窮する子どもの保護や救済、子どもの健全な育成を図るため、児童福祉法が制定された。

- 児童福祉法制定後も続く児童の権利障害などの状況を受け、児童福祉法の基本理念を徹底させるため、1951（昭和26）年に児童憲章が定められた。

- 児童憲章は、日本初の子どもの権利に関する宣言である。前文と12条で構成され、児童福祉法が法的規範であるのに対し、児童憲章は国民の道義的規範とされている。

- 1959（昭和34）年の国連「児童の権利に関する宣言（児童権利宣言）」は、前文で基本的人権の尊重など国連憲章の精神を再確認し、世界人権宣言の人間の平等と自由な権利についても再強調している。

② 児童権利条約

- 1989（平成元）年の国連総会で「児童の権利に関する条約（児童権利条約）」が採択された。日本は、1994（平成6）年に児童権利条約に批准し、締約国となった。

- 児童権利条約では、18歳未満のすべての者を児童として定義し、児童の能力、年齢、成熟度などを考慮しつつ、児童自身が権利の実践主体として参加していくべきであることを示している。

- 主に児童の定義、児童の最善の利益、児童の生命に対する固有の権利、氏名をもつ権利、意見を表明する権利、表現・情報の自由、思想・良心・宗教の自由、結社・集会の自由など多くの権利が示されている。

- 児童の養育および発達に対する第一義的責任は親にあることを定めている。その親が養育責任を果たすための国の援助、家庭環境の重視と児童の最善の利益等を強調しているほか、監護を受けている間における虐待からの保護についても定めている。

- 児童は、親の保護や援助を受ける権利（受動的権利）と、人間として主張し行使する自由を得る権利（能動的権利）を有している。

③ こども基本法

- 2022（令和4）年6月に「こども基本法」が成立し、2023（令和5）年4月に施行された。日本国憲法および児童の権利に関する条約の精神にのっとり、すべてのこどもの権利の擁護を図り、将来にわたって幸福な生活を送ることができる社会の実現を目指して、こども施策を総合的に推進すること等を目的とする。

■ **こども施策とこども施策における基本理念（要旨）**

こども施策	・新生児期、乳幼児期、学童期、思春期の各段階を経て、おとなになるまでの心身の発達の過程を通じて切れ目なく行われるこどもの健やかな成長に対する支援 ・子育てに伴う喜びを実感できる社会の実現に資するため、就労、結婚、妊娠、出産、育児等の各段階に応じて行われる支援 ・家庭における養育環境その他のこどもの養育環境の整備
基本理念	すべてのこどもについて、 ・個人として尊重され、基本的人権が保障され、差別的な扱いを受けないこと ・福祉にかかる権利が等しく保障され、教育を受ける機会が等しく与えられること ・年齢および発達の程度に応じ、意見を表明する機会・多様な社会的活動に参画する機会が確保されること、意見が尊重され、その最善の利益が優先して考慮されること　など

■ 国および地方公共団体は、こども施策の策定・実施・評価にあたり、こども等の意見を反映させるために必要な措置を講じなければならない。

■ 2023（令和5）年12月、こども施策を総合的に推進するため、こども大綱が閣議決定された。大綱では、「こどもまんなか社会」の実現のため、6本の柱をこども施策の基本的な方針としている。

■ **こども施策に関する基本的な方針（要旨）**

①こども・若者を権利の主体とし、今とこれからの最善の利益を図ること
②こども・若者や子育て当事者とともに進めていくこと
③ライフステージに応じて切れ目なく十分に支援すること
④良好な成育環境を確保し、貧困と格差の解消を図ること
⑤若い世代の生活の基盤の安定を確保し、若い世代の視点に立って結婚・子育ての希望を実現すること
⑥施策の総合性を確保すること

④ こども家庭庁

■ 2023（令和5）年度から、こども家庭庁設置法に基づき、子どもや子育てにかかわるさまざまな政策の司令塔となるこども家庭庁が内閣府に設置された。

■ こども家庭庁にこども家庭審議会を置き、特別の機関として、こども政策推進会議を置く。

《国試にチャレンジ！》

1 「児童の権利に関する条約」は、「自由に自己の意見を表明する権利の確保」について規定している。【29回138】　　　　　　　　　　（正答…○）

2 「こども施策」には、子育てに伴う喜びを実感できる社会の実現に資するため、就労、結婚、妊娠、出産、育児等の各段階に応じて行われる支援が含まれている。【37回95】　　　　　　　　　　（正答…○）

Lesson 2 児童・家庭の生活実態とこれを取り巻く社会環境

頻出度 B 児童・家庭の生活実態

① 少子化の進行 （厚生労働省「令和5年人口動態統計（確定数）」より）

- 2023（令和5）年の出生数は 72万7288 人で、前年の 77万759 人より 4万3471 人減少し、調査開始以来最少となった。
- 合計特殊出生率は 1.20 で前年の 1.26 より低下し、過去最低となった。
- 出生数および合計特殊出生率の内訳ともに、母の年齢階級別で 30～34 歳が最多・最高となっている。

第1子出産平均年齢は 2011（平成23）年から 30 歳を超えており、晩産化が進んでいる。

② 子育て環境・子どもの生活変化

- 内閣府の「令和6年版男女共同参画白書」によると、共働き世帯の数は、専業主婦世帯の 3 倍となっている。
- こども家庭庁の「保育所等関連状況取りまとめ（令和6年4月1日）」によると、就学前児童の保育所等利用率は 54.1％で、3歳未満児は 46.0％、3歳以上児は 61.4％である。
- 同調査によると、保育所等待機児童数は 2567 人で、前年より 113 人減少している。
- 厚生労働省の「令和5年国民生活基礎調査」によると、児童のいる世帯は急激に減少しており、1986（昭和61）年には全世帯の半数近くを占めていたが、2023（令和5）年現在、全世帯の 18.1％である。

児童のいる世帯のうち、児童が「1人」いる世帯は 48.6％、「2人」いる世帯は 39.7％である。

- 内閣府の「令和5年度 青少年のインターネット利用環境実態調査」によると、0～9歳では 74.9％ がインターネットを利用しており、1日の平均利用時間は2時間5分で、利用内容の上位は、「動画を見る」（93.6％）、「ゲームをする」（64.7％）である。
- 小中高校生のインターネットの平均利用時間をみると、高校生は 6時間14 分、中学生は 4時間42 分、10歳以上の小学生は 3時間46 分である。

③ ひとり親世帯の実態 （厚生労働省「令和3年度全国ひとり親世帯等調査」「令和5年国民生活基礎調査」より）

- 厚生労働省の「令和5年国民生活基礎調査」によると、児童のいる世帯におけるひとり親と未婚の子のみの世帯の割合は、6.5％である。

- 厚生労働省「令和3年度全国ひとり親世帯等調査」によると、母子世帯では「正規の職員・従業員」の割合が低く、平均年収も、母子世帯と父子世帯では約 1.9 倍の差がある。
- 離婚が増加し、ひとり親家庭の経済的な深刻さも指摘されている。その背景には、子どもを抱えながら正規職員として働き続けることの困難さや、非正規労働の低賃金の問題がある。

■ひとり親世帯の状況

	母子世帯	父子世帯
世帯数	119 万 5128 世帯	14 万 8711 世帯
平均世帯員	3.20 人	3.42 人
ひとり親世帯になった理由	生別 93.5%、死別 5.3% 最も多いのは離婚 79.5%	生別 77.2%、死別 21.3% 最も多いのは離婚 69.7%
ひとり親世帯になった時の本人と末子の平均年齢	母 34.4 歳、末子は 4.6 歳で年齢階級では 0 ～ 2 歳が最も多い	父 40.1 歳、末子は 7.2 歳で年齢階級では 3 ～ 5 歳が最も多い
就業状況（多い順）	「正規の職員・従業員」48.8%、「パート・アルバイト」38.8%	「正規の職員・従業員」69.9%、「自営業」14.8 %
平均年間収入（令和2年）	272 万円	518 万円

出典：厚生労働省「令和3年度全国ひとり親世帯等調査」

頻出度 B 児童・家庭を取り巻く社会環境

① 子どもの貧困
- 厚生労働省「令和4年国民生活基礎調査」によると、2022（令和4）年の 子どもの貧困率は 11.5%である。
- 同調査によると、子どもがいる現役世帯の貧困率は 10.6%だが、そのうちひとり親世帯の貧困率は 44.5%と、高い水準となっている。

■子どもの貧困とは

子どもが経済的困難と社会生活に必要なものの欠乏状態におかれ、発達の諸段階における様々な機会が奪われた結果、人生全体に影響を与えるほどの多くの不利益を負ってしまうこと

② 子どものいじめ・不登校（文部科学省「令和5年度児童生徒の問題行動・不登校等生徒指導上の諸課題に関する調査結果について」より）
- 文部科学省の調査によると、2023（令和5）年度の小・中・高等学校および特別支援学校におけるいじめの認知件数は 73 万 2568 件と前年度より増加している。
- 同調査によると、発見のきっかけは、「アンケート調査など学校の取組により発見」が 50.3%と最も多く、次いで「本人からの訴え」（19.4%）、「当該児童生徒（本人）の保護者からの訴え」（12.8%）である。
- 小・中学校における 不登校児童生徒数は 34 万 6482 人（前年度 29 万 9048 人）で、

575

過去最多となった。在籍児童生徒に占める割合は3.7％である。
■文部科学省では、不登校児童生徒への支援の視点として、以下のような考えを示している。

■**不登校児童生徒への支援の視点** （令和元年10月25日付通知）
・不登校児童生徒への支援は、「学校に登校する」という結果のみを目標にするのではなく、児童生徒が自らの進路を主体的にとらえて、社会的に自立することを目指す必要がある
・不登校の時期が休養等の積極的な意味をもつことがある一方で、学業の遅れや進路選択上の不利益等が存在することに留意すること
・学校教育の役割は極めて大きく、学校教育の一層の充実を図るための取り組みが重要
・既存の学校教育になじめない児童生徒については、学校としてどのように受け入れていくかを検討し、なじめない要因の解消に努める必要がある

③ 子どもの非行・フリーター・ニート

■警察庁の統計によると、刑法犯少年の検挙人数および人口比は全体として減少傾向にあったが、2022（令和4）年から増加に転じ、2023（令和5）年は前年比で16.3％増加した。
■近年、就労の不安定化や親への依存の長期化などから、若者の社会的な自立の遅れが課題となっている。また、家庭内の不和と希薄なコミュニケーション、学校でのいじめなどを理由に、フリーター（フリーアルバイター）やニート（若年無業者）など、社会生活や日常生活を円滑に送ることができない若者も多い。

④ 児童虐待

■児童相談所における児童虐待の相談対応件数は、統計が公表され始めた1990（平成2）年度から右肩上がりで増加を続けている。
■厚生労働省の「令和4年度福祉行政報告例（児童福祉関係の一部）」によると、児童相談所における児童虐待の相談対応件数は21万4843件で、過去最多となっている。
■相談件数を虐待種別でみると、心理的虐待が最も多く（59.6％）、身体的虐待（23.0％）、ネグレクト（16.2％）、性的虐待（1.1％）と続く。ここ数年で心理的虐待が増加している。
■主な虐待者別構成割合をみると「実母」が48.0％と最も多く、次いで「実父」が42.6％となっている。
■警察庁の「令和5年中における少年の補導及び保護の概況」によると、検挙件数を虐待種別でみた場合、身体的虐待が79.8％で最も多く、次いで性的虐待（15.6％）である。被害児童数は2415人で増加傾向にあり、男女比に大きな差はない。加害者の割合は父親等が71.0％で、養・継父より実父が多い。

児童相談所への通告では心理的虐待が多いが、実際の検挙数では身体的虐待が圧倒的に多い。

- こども家庭庁の令和6年の「こども虐待による死亡事例等の検証結果等について（第20次報告）」によると、心中以外の虐待死事例における子どもの年齢は 0 歳が44.6％で最も多い。
- 子どもの死因となった主な虐待の類型は、心中以外の虐待死事例においては、ネグレクトが57.1％、身体的虐待が40.5％で、主たる加害者は実母が最も多い（41.1％）。

⑤ ヤングケアラー

- 「令和3年度ヤングケアラーの実態に関する調査研究」の小学校調査によると、ヤングケアラーに該当すると思われる子どもが「いる」と答えた学校は 34.1％だった。
- 子どもの状況（複数回答）では、「家族の代わりに、幼いきょうだいの世話をしている」が79.8％で最も高く、次いで「家族の通訳をしている(日本語や手話など)」が22.5％だった。
- 「令和3年度ヤングケアラーの実態に関する調査研究」の小学生調査によると、小学6年生で世話をしている家族が「いる」と答えたのは、6.5％で、家族の内訳は複数回答で「きょうだい」が71％と最も多く、次いで「母親」（19.8％）だった。
- 世話の頻度は「ほぼ毎日」が52.9％で最も多い。
- 世話の内容（複数回答）で最も多いのは、「見守り」（40.4％）で、次いで「家事（食事の準備や掃除、洗濯）」（35.2％）となっている。
- 世話をしている家族がいると回答した子どもは、世話をしている家族がいない子どもよりも、健康状態が「よくない・あまりよくない」と回答する割合が約1.5倍、遅刻や早退を「たまにする・よくする」と回答する割合が約2倍高い。

《国試にチャレンジ！》

1. 令和5年度のこども家庭庁の「児童相談所における児童虐待相談対応件数（速報値）」によると、児童相談所が対応した児童虐待相談件数は、20万件を超えている。【31回142改】　　　　　　　　　　　　　　　　（正答…〇）

2. 「こども虐待による死亡事例等の検証結果等について(第20次報告)」(2024年(令和6年)」によると、心中以外の虐待死における主たる加害者は実父が最も多い。【32回136改】　　　　　　　　　　　　　　　　（正答…×）

児童・家庭福祉の歴史

近世から昭和初期の児童・家庭福祉

- 明治期から昭和期初めまでの児童・家庭福祉は、近代的な国家責任による保障として行われるものではなかった。
- 孤児や棄児の保護、不良・犯罪少年の更生などは、民間の篤志家や宗教家が中心となって行っていた。

■ 児童・家庭に関する主な制度・施策（明治期〜戦前）

年	内容	
1874（明治7）	恤救規則	
	13歳以下の孤児を救済対象に（「8 障害」レッスン3参照）	
1900（明治33）	感化法	
	原則として8〜16歳未満の犯罪・非行・虞犯少年を感化院に収容	
1911（明治44）	工場法	
	12歳未満の者の就労禁止、女子および15歳未満の児童の深夜労働や危険作業の禁止、12時間以上の労働禁止などを規定	
1929（昭和4）	救護法	
	居宅救護ができない場合に、救護施設（孤児院、養老院等への収容を行う）	
1933（昭和8）	少年救護法	
	感化法を廃止し、懲戒ではなく教育的保護を行う	
	旧児童虐待防止法	
	日本初の児童虐待防止法にあたる法律。親または保護者による虐待をはじめとする禁止行為を規定	
1937（昭和12）	母子保護法	
	13歳以下の子をもつ貧困な寡婦に対して、児童と一体的に保護	
	旧保健所法	
	結核撲滅と母子保健の向上を目的	

■ 日本の児童・家庭福祉の発展に貢献した人物

バーナード （Barnardo, T.）	イギリスにおいて、1870年にバーナードホームを創設。里親制度や小寮舎制等の整備に取り組んだ。石井十次の岡山孤児院はバーナードホームを参考にしている
石井十次	1887（明治20）年に岡山孤児院を設立。キリスト教実践を背景とする日本の児童養護の先駆者

石井亮一	1891（明治24）年に孤女学院を創設。後に日本初の知的障害児施設である滝乃川学園を創設
留岡幸助	アメリカで感化事業を学び、1899（明治32）年に、非行のある少年のための施設（現在の巣鴨家庭学校）を創設。その後の感化院、教護院（現在の児童自立支援施設）のモデルとなった
野口幽香	1900（明治33）年に森島峰とともに、東京の貧民街に二葉幼稚園を開設。保育事業の先駆け
高木憲次	医師として1916（大正5）年から肢体不自由児の巡回療育相談事業を開始し、1942（昭和17）年に整肢療護園を創設。肢体不自由児の父
糸賀一雄	1946（昭和21）年に知的障害児施設である近江学園、1963（昭和38）年に重症心身障害児施設であるびわこ学園を創設。「この子らを世の光に」という言葉を通して人間尊重の福祉の取り組みを展開した。障害児福祉の父

《国試にチャレンジ！》

1　糸賀一雄は重度の障害児であっても、人間らしく生きていくことが重要であると考え、「この子らに世の光を」ではなく、「この子らを世の光に」という言葉を通して、人間尊重の福祉の取組を展開した。【30回137改】　☑☑

（正答…◯）

類出度C 戦後の児童・家庭福祉

■ 1947（昭和22）年にすべての子どもたちの福祉を実現することを目的として、児童福祉法が制定された。

児童福祉法は、初めて「福祉」という言葉が用いられた法律である。

■ 昭和30年代には高度経済成長期に入り、少年犯罪の増加、ひとり親家庭の増加などを背景に、母子保健や経済的支援を行うための社会手当などの制度が拡充されていった。

■児童・家庭に関する主な制度・施策（戦後～1980年代）

1947（昭和22）	児童福祉法
	児童虐待防止法と少年救護法を統合
1961（昭和36）	児童扶養手当法
	母子家庭を対象に経済的支援を行う
1964（昭和39）	母子福祉法
	母子福祉資金の内容の充実、母子福祉施策の前進

1965（昭和40）	母子保健法
	母性保護の尊重、乳幼児の健康の保持・増進などを目的とする
1971（昭和46）	児童手当法
	子育て家庭と子どもに対する福祉を拡充

頻出度 B 平成以降の児童・家庭福祉と少子化対策

■ 1990（平成2）年に合計特殊出生率が 1.57 となるなど、少子化対策が緊急の課題になる。
■ 1994（平成6）年にエンゼルプランが策定され、子育てを社会で応援する施策や政策が展開されていった。

■少子化対策・子ども・子育て支援に関する主な制度・政策の流れ

1994（平成6）	エンゼルプラン「今後の子育て支援のための施策の基本的方向について」
	→今後 10 年間に取り組むべき基本的方向と重点施策を定めた
1999（平成11）	少子化対策推進基本方針
	→仕事と子育ての両立、子育ての負担感を緩和・除去し、安心して子育てができるよう、さまざまな環境整備を進める
	新エンゼルプラン
	→少子化対策推進基本方針に基づき、保育サービスの整備、子育てに関する相談・支援体制の整備などを定める
2003（平成15）	次世代育成支援対策推進法の制定
	→基本理念、国の行動計画策定指針、地方公共団体・事業主による行動計画など
	少子化社会対策基本法の制定
	→少子化社会対策大綱の作成を規定
2004（平成16）	子ども・子育て応援プラン
	→少子化社会対策大綱に基づき、5 年間で達成すべき目標や施策を提示
2010（平成22）	子ども・子育てビジョン
	①子どもが主人公（チルドレン・ファースト）、②「少子化対策」から「子ども・子育て支援」へ、③生活と仕事と子育ての調和、という 3 つの基本理念が示された
2012（平成24）	子ども・子育て関連3法（子ども・子育て支援法、認定こども園法の改正法、関係法律の整備法）成立
	子ども・子育て支援制度の実施など→ 2015（平成 27）年 4 月施行
2017（平成29）	子育て安心プラン
	2018（平成 30）年から 2022（令和 4）年度末までに女性の就業率に対応できる保育の受け皿を整備、待機児童を解消

2020（令和2）	少子化社会対策大綱（第4次）
	新子育て安心プラン
	2021（令和3）年から2024（令和6）年度末までに保育の受け皿を整備、保育士の確保、地域の特性に応じた支援や子育て資源の活用
2022（令和4）	こども家庭庁設置法・こども基本法の制定→2023（令和5）年4月施行

① 次世代育成支援対策推進法

■ 2003（平成15）年に成立した次世代育成支援対策推進法は、次世代育成支援対策を迅速かつ重点的に推進し、もって次代の社会を担う子どもが健やかに生まれ、かつ、育成される社会の形成に資することを目的としている。

■ 基本理念には、父母その他保護者が子育ての第一義的責任を有すること、子育てに伴う喜びが実感されるよう配慮することが規定されている。

■ 同法に基づき、常時雇用の従業員が101人以上の一般事業主には、一般事業主行動計画の策定義務がある。市町村および都道府県は、国の定める行動計画策定指針に即して、5年ごとに次世代育成支援対策の実施に関する行動計画を策定することができる（「7 地域」レッスン7参照）。

■ 地方公共団体、事業主、住民など、次世代育成支援対策の推進のための活動を行う者は、次世代育成支援対策地域協議会を組織することができる。

次世代育成支援対策推進法は時限立法で、有効期限が2024（令和6）年度末まで延長されていたが、法改正でさらに2034（令和16）年度末まで延長された。

② 少子化社会対策基本法

■ 少子化社会対策基本法に基づき、政府は少子化社会対策大綱を定めなければならない。

■ 2020（令和2）年の少子化社会対策大綱（第4次）では、基本的な目標として希望出生率1.8の実現を掲げ、結婚支援、妊娠・出産への支援、仕事と子育ての両立、地域・社会による子育て支援、経済的支援に関する施策を実施する。

《国試にチャレンジ！》

1 次世代育成支援対策推進法に基づき、常時雇用する労働者が100人を超える一般事業主は、一般事業主行動計画を策定しなければならない。
【33回140】 （正答…○）

Lesson 4 — 児童福祉法

A 児童福祉法の概要

■ 子ども家庭福祉行政は、主として児童福祉六法に基づいて実施される。

■ 児童福祉六法

・児童福祉法	・母子保健法	・母子及び父子並びに寡婦福祉法
・児童手当法	・児童扶養手当法	・特別児童扶養手当等の支給に関する法律

■ 2016（平成28）年の児童福祉法改正により、「全て児童は、児童の権利に関する条約の精神にのっとり、適切に養育されること、その生活を保障されること、愛され、保護されること、その心身の健やかな成長及び発達並びにその自立が図られること、その他の福祉を等しく保障される権利を有する」ことが規定された。

■ 2016（平成28）年の児童福祉法改正において、国民・保護者・国および地方公共団体の育成責任について、次のように規定された。

・すべて国民は、児童が良好な環境において生まれ、かつ、社会のあらゆる分野において、児童の年齢および発達の程度に応じて、その意見が尊重され、その最善の利益が優先して考慮され、心身ともに健やかに育成されるよう努めなければならない
・児童の保護者は、児童を心身ともに健やかに育成することについて第一義的責任を負う
・国および地方公共団体は、児童の保護者とともに、児童を心身ともに健やかに育成する責任を負う

■ 児童福祉法第1条・第2条の規定は児童の福祉を保障するための原理であるとして、すべて児童に関する法令の施行にあたって常に尊重されなければならない。

■ 2019（令和元）年の児童福祉法の改正では、児童虐待防止のため児童の権利擁護にかかる措置のほか、児童相談所の体制強化などが図られている。

■ 2019（令和元）年の児童福祉法の改正

児童の権利擁護	・児童相談所長、児童福祉施設の長、小規模住居型児童養育事業（ファミリーホーム）における養育者および里親による体罰の禁止 ・都道府県（児童相談所）の業務に、児童の安全確保を明文化
児童相談所の体制強化・関係機関の連携強化等	・常時、弁護士による助言または指導の下で行うため、児童相談所への弁護士の配置またはこれに準じる措置 ・児童相談所への医師および保健師の配置を義務づけ ・児童心理司の配置基準の法定化（都道府県が定める） ・児童福祉司の任用要件を変更　など

■ 2022(令和4)年の児童福祉法の改正では、子育て世帯に対する包括的な支援のための体制強化等が行われた。

■ **2022(令和4)年の児童福祉法改正の主なポイント**
①すべての妊産婦・子育て世帯・子どもの包括的な支援等を行うこども家庭センターを設置
②訪問による家事支援、児童の居場所づくり、親子関係形成支援等を行う事業の新設
③児童発達支援の類型(福祉型・医療型)を一元化
④児童福祉施設に里親支援センターを位置づけ
⑤児童自立生活援助の年齢による一律の利用制限の弾力化
⑥児童相談所等による児童の意見聴取等の仕組みの整備
⑦児童福祉司の任用要件に虐待児童の専門的な対応に十分な知識・技術を有する者を追加
⑧児童相談所の一時保護開始時の判断に関する司法審査の導入
⑨児童を性暴力等から守る環境整備(性暴力等を行った保育士の資格の厳格化など)

■ 2024(令和6)年の児童福祉法の改正により、妊婦等包括相談支援事業、乳児等通園支援事業が創設された。乳児等通園支援事業は、2025(令和7)年度から子ども・子育て支援法の地域子ども・子育て支援事業に位置づけられ、「こども誰でも通園制度」として制度化され、2026(令和8)年度から給付化される(レッスン5参照)。

《国試にチャレンジ！》

1 児童福祉法において、全て国民は、児童の年齢及び発達の程度に応じて、その意見が尊重されるよう努めなければならないとしている。【36回137】

(正答…○)

子育て支援事業 〈頻出度A〉

■ 児童福祉法に基づく子育て支援事業には次のものがある。

■ **子育て支援事業**

名称	内容
地域子育て支援拠点事業	乳幼児や保護者が相互の交流を行う場所を開設し、子育てについての相談、情報の提供、助言その他の援助を行う
乳児家庭全戸訪問事業	生後4か月までの乳児のいるすべての家庭を訪問し、子育て支援に関する情報提供や養育環境等の把握を行う
養育支援訪問事業	・乳児家庭全戸訪問事業の実施結果から、養育支援が特に必要な家庭に対して、その居宅を訪問し、養育に関する指導・助言等を行うことにより、適切な養育の実施を確保する ・要保護児童対策地域協議会等による要保護児童等に対する支援の機能を強化する(子どもを守る地域ネットワーク機能強化事業)

子育て短期支援事業	保護者の疾病等の理由により家庭において養育を受けることが一時的に困難となった児童について、児童養護施設等に入所させ、または里親等に委託し、必要な保護その他の支援（必要な場合は保護者への支援を含む）を行う。短期入所生活援助事業（ショートステイ）と夜間養護等事業（トワイライトステイ）がある
子育て援助活動支援事業（ファミリー・サポート・センター事業）	乳幼児や小学生等の児童を有する子育て中の保護者を会員として、児童の預かり等の援助を受けることを希望する者と援助を行うことを希望する者との相互援助活動に関する連絡、調整を行う
一時預かり事業	家庭において保育を受けることが一時的に困難となった乳幼児または子育てにかかる保護者の負担を軽減するため、一時預かりが望ましい乳幼児について、主として昼間に、認定こども園・幼稚園・保育所、地域子育て支援拠点等において一時的に預かり、必要な保護を行う
病児保育事業	病児について、病院・保育所等に付設された専用スペース等において、看護師等が一時的に保育・看護をする
放課後児童健全育成事業（放課後児童クラブ）	保護者が労働等により昼間家庭にいない小学校に就学している児童に対し、授業の終了後に小学校の余裕教室、児童館等を利用して適切な遊びや生活の場を与えて、家庭・地域等との連携のもと、発達段階に応じて、その健全な育成を図る
子育て世帯訪問支援事業	要支援児童、要保護児童およびその保護者、特定妊婦等に対し、居宅を訪問し、子育てに関する情報の提供、家事・養育に関する援助などを行う（2024（令和6）年新設）
児童育成支援拠点事業	養育環境等の課題を抱える児童について、児童に生活の場を与えるための場所を開設し、情報の提供、相談および関係機関との連絡調整を行うとともに、必要に応じて児童の保護者に対して、情報の提供、相談・助言などの支援を行う（2024（令和6）年新設）
親子関係形成支援事業	親子間における適切な関係性の構築を目的として、児童およびその保護者に対して、児童の心身の発達の状況などに応じた情報の提供、相談・助言その他必要な支援を行う（2024（令和6）年新設）
妊婦等包括相談支援事業	妊婦等に対して、面談などにより心身の状況、その置かれている環境その他の状況の把握を行うほか、母子保健および子育てに関する情報の提供、相談その他の援助を行う（2025（令和7）年新設）

《国試にチャレンジ！》

1 子育て短期支援事業は、出産直後の子育て家庭を対象に、居宅を訪問して家事支援等を行う取組である。【34回137】

（正答…✕）

頻出度 A 児童福祉施設の種類

■ 児童福祉法に基づく児童福祉施設には次の13種類がある。

■ 児童福祉施設の種類

助産施設	概要	・経済的な理由により入院して助産を受けることができない妊産婦を入所させて助産を受けさせる ・利用は措置制度から選択利用制度に改められた
	配置職員	医療法に規定する医師、助産師
乳児院	概要	乳児（特に必要な場合は幼児を含む）を入院させて養育し、退院者には相談などの援助を行う
	配置職員	施設長、看護師、保育士、小児科の経験を有する医師または嘱託医、個別対応職員、家庭支援専門相談員、栄養士、里親支援専門相談員など
母子生活支援施設	概要	配偶者のない女子等およびその者が監護する児童を入所させて保護するとともに、自立の促進のためにその生活を支援し、退所者には相談などの援助を行う
	配置職員	施設長、母子支援員、少年指導員、嘱託医、調理員
保育所	概要	保育の必要な乳児または幼児を保育する
	配置職員	保育士、嘱託医、調理員
幼保連携型認定こども園	概要	満3歳以上の幼児および保育を必要とする乳幼児に教育と保育を一体的に行い、健やかな成長が図られるよう適当な環境を与え、心身の発達を助長する
	配置職員	園長、保育教諭、養護教諭、栄養教諭など
児童厚生施設	概要	主として屋外で遊びを提供する児童遊園（広場、遊具など）と、主として屋内で遊びを提供する児童館（集会室、遊戯室、図書室など）がある
	配置職員	児童の遊びを指導する者
児童養護施設	概要	保護者のない児童（原則として乳児を除く）、虐待されている児童などを入所させて養護し、退所者には相談などの援助を行う
	配置職員	施設長、児童指導員、嘱託医、保育士、個別対応職員、家庭支援専門相談員、里親支援専門相談員など
障害児入所施設	福祉型 概要	障害児を入所させ、保護、日常生活における基本的な動作および独立自活に必要な知識・技能の習得のための支援を行う
	福祉型 配置職員	嘱託医、児童指導員、保育士、児童発達支援管理責任者など
	医療型 概要	障害児（知的障害や肢体不自由のある児童または重症心身障害児に限る）を入所させ、日常生活における基本的な動作および独立自活に必要な知識・技能の習得のための支援とともに治療を行う
	医療型 配置職員	医療法上の病院として必要な職員、児童指導員、保育士、児童発達支援管理責任者、理学療法士または作業療法士など

児童

4 児童福祉法

585

児童発達支援センター	概要	地域の障害児の健全な発達において中核的な役割を担う機関として、障害児を保護者のもとから通わせ、高度の専門的な知識および技術を必要とする児童発達支援を提供し、あわせて障害児の家族、指定障害児通所支援事業者その他の関係者に対し、相談、専門的な助言その他の必要な援助を行う
	配置職員	嘱託医、児童指導員、保育士、児童発達支援管理責任者、理学療法士または作業療法士など
児童心理治療施設	概要	家庭環境、交友関係など環境上の理由で社会生活が困難となった児童を短期間入所させ、または保護者の下から通わせ、社会生活に適応するために必要な心理治療、生活指導などを行う
	配置職員	施設長、医師、心理療法担当職員、児童指導員、保育士、看護師、個別対応職員、家庭支援専門相談員、栄養士等
児童自立支援施設	概要	犯罪などの不良行為を行ったか、あるいはそのおそれがある児童および家庭環境等の理由により生活指導等を要する児童を入所させ、または保護者の下から通わせ、個々の児童の状況に応じて必要な指導を行い、その自立を支援する
	配置職員	施設長、児童自立支援専門員、児童生活支援員、嘱託医、精神科の経験を有する医師または嘱託医、個別対応職員、家庭支援専門相談員、栄養士、調理員等
児童家庭支援センター	概要	児童・家庭・地域住民などに対し、児童福祉に関する家庭等からの相談のうち、専門的な知識・技術を必要とするものへの必要な助言、市町村の求めに応じて技術的助言などを行う
	配置職員	児童福祉司の資格要件に該当する者
里親支援センター	概要	里親支援事業を行うほか、里親および里親に養育される児童や里親になろうとする者について相談その他の援助を行う
	配置職員	センター長、里親制度等普及促進担当者、里親等支援員、里親研修等担当者

《国試にチャレンジ！》

1 母子生活支援施設は、父子家庭も入所の対象とすることができる。
【30回139】　☑☑　　　　　　　　　　　　　　　　　　　　　（正答…✗）

2 福祉型障害児入所施設は、医療の提供が必要な障害児を対象としている。
【27回61】　☑☑　　　　　　　　　　　　　　　　　　　　　（正答…✗）

頻出度 C 障害児支援

① 障害児支援の流れ

■ 障害児支援は、都道府県が主体となり障害児福祉のサービス支給決定を主導する仕組みから、市町村等が主体となって自立支援給付の支給認定を主導する仕組みへ、サー

ビス供給体制の再編が行われた。

■障害児支援の流れ

年代	内容
2004（平成16）	児童福祉法改正により、市町村が第一義的な役割をもち、障害の早期発見や相談支援にあたることとなった
2010（平成22）	・児童福祉法改正により障害施設の支援体系が見直され、障害種別による区分から、障害児入所支援および障害児通所支援へと再編された ・障害児施設やサービスを適切に利用できるよう障害児相談支援事業を創設し、障害児相談支援を設けた
2011（平成23）	障害者基本法の改正に伴い児童福祉法が改正され、障害児の定義に難病である児童が追加された
2013（平成25）	障害者自立支援法は「障害者の日常生活及び社会生活を総合的に支援するための法律」（障害者総合支援法）へと改称され、市町村の責務として、障害児に対する必要な情報提供、相談、調査、指導が規定された

> word **難病**
> 難病とは、発病の機構が明らかでなく、かつ、治療方法が確立していない希少な疾病であって、当該疾病にかかることにより長期にわたり療養を必要とすることとなるものをいう。

② 障害児通所支援・障害児入所支援・障害児相談支援

■ **障害児通所支援**とは、児童発達支援、放課後等デイサービス、居宅訪問型児童発達支援、保育所等訪問支援を行う事業をいう。実施主体は市町村である。

■ **障害児入所支援**とは、障害児入所施設または指定発達支援医療機関に入所・入院する障害児に行われる保護、日常生活における基本的な動作および独立自活に必要な知識技能の習得のための支援および治療（知的障害児・肢体不自由児、重症心身障害児に限る）をいう。実施主体は都道府県である。

■ **障害児相談支援**とは、障害児支援利用援助および継続障害児支援利用援助を行うことをいう。実施主体は市町村である。

■障害児通所支援の概要

児童発達支援	地域で生活する障害児を児童発達支援センター等に通所させて、日常生活における基本的動作および知識技能の習得や集団生活への適応のための支援その他の便宜を供与し、またはこれに併せて児童発達支援センターにおいて治療（肢体不自由のある児童に限る）を行う
放課後等デイサービス	学校または専修学校等に就学中の障害児（専修学校等に修学している児童は市町村長が認めた者に限る）を対象に、放課後や休業日に児童発達支援センター等に通所させて、生活能力の向上のために必要な支援、社会との交流促進等を行う

保育所等訪問支援	保育所、小学校、特別支援学校などに通う障害児、乳児院、児童養護施設に入所している障害児などに対して、障害児施設で指導経験のある児童指導員や保育士が当該施設を訪問し、当該施設の障害児やスタッフに対して、障害児以外の児童との集団生活への適応のための専門的な支援などを行う
居宅訪問型児童発達支援	重度の障害等の状態にあり、児童発達支援または放課後等デイサービスなどを受けるために外出することが著しく困難な障害児の居宅を訪問し、日常生活における基本的な動作および知識技能の習得や生活能力の向上のために必要な訓練などを行う

■障害児相談支援の概要

障害児支援利用援助	障害児通所支援の利用申請手続きにおいて、障害児の心身の状況や環境、障害児または保護者の意向などをふまえて障害児支援利用計画案を作成する。利用決定後は、サービス事業者等との連絡調整、決定内容に基づく障害児支援利用計画を作成する
継続障害児支援利用援助	利用している障害児通所支援について、その内容が適切かどうか一定期間ごとにサービス等の利用状況の検証を行い、障害児支援利用計画の見直しを行う。その結果に基づき、計画の変更または給付決定の変更にかかる申請の勧奨を行う

《国試にチャレンジ！》

1 保育所等訪問支援は、保育所等に入所している健診未受診の乳幼児を対象に、保健師が保育所等を訪問する取組である。【34回137】

（正答…✕）

頻出度 B 社会的養護

① 社会的養護の考え方
- 社会的養護とは、保護者のない児童、保護者に監護させることが適当でない児童を、公的責任で社会的に養育し、保護するとともに、養育に大きな困難を抱える家庭への支援を行うことである。
- 社会的養護には、里親やファミリーホームへの委託、乳児院、児童養護施設、児童心理治療施設、児童自立支援施設、母子生活支援施設、自立援助ホームへの入所などがある。
- 社会的養護への委託や措置は、都道府県知事（指定都市、児童相談所設置市の長）が行うが、都道府県知事は、児童の措置権限を児童相談所長に委託できる。

② 里親制度
- 里親制度は、虐待や親の死亡など何らかの事情により家庭での養育が困難となった児童に、家庭環境の下での養育を提供することを目的とするものである。

- ■ 里親とは、要保護児童を養育することを希望するものであって、養育里親名簿・養子縁組里親名簿に登録された者などをいう。
- ■ 里親の種類は、養育里親、養子縁組里親、親族里親、専門里親（養育里親に含む）の4つがある。
- ■ 里親の認定は、都道府県知事（指定都市、児童相談所設置市の長）が都道府県児童福祉審議会の意見を聴いたうえで行わなければならない。

■ 里親の種類

養育里親	要保護児童の養育を担う。要保護児童を養育することを希望し、かつ、都道府県知事が行う養育里親研修を修了し、経済的に困窮していない者。養育里親名簿への登録が必要
専門里親（養育里親に含む）	虐待、非行、障害などの理由により、専門的な援助を必要とする児童を養育する。2年以内の期間を定めて、要保護児童のうち、児童虐待等の行為により心身に有害な影響を受けた児童、非行のある児童または障害児等を養育するものとして養育里親名簿に登録された者。なお、同時に委託できる被虐待児・非行児・障害児の人数は2人を超えることはできない
養子縁組里親	里子となる児童との養子縁組を前提とする。養子縁組によって養親となることを希望し、都道府県知事が行う研修を修了した者。養子縁組里親名簿への登録が必要
親族里親	児童の親族が養育を行う。要保護児童の扶養義務者およびその配偶者で、両親その他要保護児童を現に監護する者が死亡・行方不明・拘禁等の状態により、養育が期待できないと認める児童を養育する里親認定を受けた者

ワンポイント　家庭養育の推進により児童の養育環境を向上させるため、2024（令和6）年度から、里親支援センターが児童福祉施設として位置づけられた。

- ■ 里親委託を推進していくため、里親支援機関の設置、乳児院や児童養護施設における里親支援専門相談員の配置等が進められている。
- ■ 特別養子縁組あっせん法において、養子縁組あっせん事業を行う者について許可制度を導入し、その業務の適正な運営を確保するための規定が定められ、無許可で事業を行った者等については罰則規定が設けられた。
- ■ 養子には普通養子と特別養子がある。普通養子では、実親との親子関係はそのまま養親の嫡出子となる。特別養子では、実親との親子関係を解消することとなる。

③ 小規模住居型児童養育事業（ファミリーホーム）

- ■ 小規模住居型児童養育事業（ファミリーホーム）は、2008（平成20）年の児童福祉法改正により制度化された事業で、社会福祉法の第二種社会福祉事業にあたる。委託児童の定員は5人または6人とされる。

④ 児童自立生活援助事業

- ■ 児童自立生活援助事業は、1997（平成9）年の児童福祉法改正で「自立援助ホーム」

が法制化されたもので、義務教育終了後の児童養護施設等を退所した児童等の自立を図るため、共同生活を営む住居その他政令で定める場所において、相談や日常生活上の援助および生活指導、就業の支援を行う。

■ 対象者

- 義務教育を終了した満20歳に満たない者
- 高校や大学の生徒その他の政令で定めるやむを得ない事情により児童自立生活援助の実施が必要であると都道府県知事が認めたもの

ワンポイント　2024（令和6）年度から、政令で定める事情を踏まえるなど対象者の要件が緩和・拡大された。支援を受ける場所も、それまで入所していた場所で引き続き受けるなど柔軟な運用が可能となる。

■ 2022（令和4）年の児童福祉法の改正により、都道府県等が新たに以下の事業を行うことができるとされた。

■ 2024（令和6）年度から都道府県等が行うことのできる事業

親子再統合支援事業	親子関係の再構築等が必要と認められる児童とその保護者を対象に、児童虐待の防止に資する情報の提供、相談、助言その他の必要な支援を行う
社会的養護自立支援拠点事業	措置解除者等またはこれに類する者が相互の交流を行う場所を開設し、これらの者に情報の提供、相談・助言や支援に関する関係機関との連絡調整その他の必要な支援を行う
意見表明等支援事業	児童相談所の一時保護施設や里親家庭、児童養護施設等において、児童の福祉に関し知識または経験を有する者（意見表明等支援員）が、児童の意見・意向を適切な方法により聴取して把握するとともに、これらの意見を勘案して児童相談所・都道府県その他の関係機関との連絡調整など必要な支援を行う
妊産婦等生活援助事業	家庭生活に支障が生じている特定妊婦等とその子ども（親に頼ることができない、出産に備える居宅がないなど）を住居に入居させ、または事業所等に通わせ、食事の提供その他日常生活に必要な便宜の供与、相談・助言、母子生活支援施設など関係機関との連絡調整、特別養子縁組の情報提供など必要な支援を行う

《国試にチャレンジ！》

1　里親支援専門相談員は、里親支援を行う児童養護施設及び乳児院に配置される。【30回142】　　　　　　　　　　　　　　　　　　　　　　（正答…〇）

2　児童自立生活援助事業は、「自立援助ホーム」における相談その他の日常生活上の援助及び生活指導並びに就業の支援を行う取組である。
【34回137】　　　　　　　　　　　　　　　　　　　　　　　　　　　（正答…〇）

Lesson 5 子ども・子育て支援に関する法律・制度

頻出度A 子ども・子育て支援制度

- 子ども・子育て支援法など子ども・子育て関連3法に基づき、2015(平成27)年度から実施されている新制度体制を**子ども・子育て支援制度**という。
- 市町村は、5年間を計画期間とする**市町村子ども・子育て支援事業計画**を策定する。
- 子ども・子育て支援制度では、**市町村**を実施主体として**子ども・子育て支援給付**の支給、**地域子ども・子育て支援事業**を行う。
- 2016(平成28)年の子ども・子育て支援法の改正で、**仕事・子育て両立支援事業**が創設された。**国(政府)**が、**事業所内保育業務**を目的とする施設等の設置者に対し、助成および援助を行う。
- 2024(令和6)年にも子ども・子育て支援法が改正された。

■子ども・子育て支援法の改正のポイント

2025(令和7)年4月1日施行
・妊娠期からの切れ目ない支援を行う観点から、**妊婦のための支援給付**を創設し、児童福祉法で創設する妊婦等包括相談支援事業等の支援と効果的に組み合わせて実施 ・**母子保健法**に基づく**産後ケア事業**を地域子ども・子育て支援事業に新たに位置づけ、産後ケア事業の提供体制を整備 ・保育所等に通っていない子どもへの支援を強化する観点から、**こども誰でも通園制度**を地域子ども・子育て支援事業に位置づけ制度化

2026(令和8)年4月1日施行
・**乳児等のための支援給付**を実施し、こども誰でも通園制度を給付化

ワンポイント こども誰でも通園制度では、0歳6か月から満3歳未満の保育所等に通っていない子どもについて、親の就労要件を問わず、月の一定時間までの利用可能枠の中で、時間単位等で保育所等を利用できる。

① 子ども・子育て支援給付

- 子ども・子育て支援給付には、①子どものための**現金給付**、②妊婦のための支援給付、③子どものための**教育・保育給付**、④子育てのための**施設等利用給付**がある。
- 子どものための教育・保育給付は、**小学校就学前**の保護者に対して行う。

■子ども・子育て支援給付

給付の種類	対象
子どものための現金給付	児童手当法に基づく児童手当(レッスン8参照)

妊婦のための支援給付	妊婦支援給付金の支給（妊娠している子どもの数×5万円を支給）
子どものための教育・保育給付	施設型給付と地域型保育給付の2つがある ・施設型給付…認定こども園、保育所、幼稚園が対象 ・地域型保育給付…地域型保育事業（小規模保育事業、家庭的保育事業、居宅訪問型保育事業、事業所内保育事業）が対象 ※財政負担は国が2分の1、都道府県が4分の1、市町村が4分の1
子育てのための施設等利用給付	子どものための教育・保育給付の対象とならない子ども・子育て支援施設等が対象。施設等利用給付認定に基づいて施設等利用費が支給される

② 地域子ども・子育て支援事業

■ 市町村は、地域の実情に応じた子育て支援の充実を図るため、地域子ども・子育て支援事業（児童福祉法に規定する子育て支援事業（レッスン4参照）を含む）を実施する。

■ 費用負担割合は、国・都道府県・市町村で、それぞれ3分の1となっている。

■地域子ども・子育て支援事業

名称	内容	根拠法
利用者支援事業	妊婦やその配偶者、子どもやその保護者からの相談に応じ、地域の施設や子育て支援事業等の情報提供を行うとともに、関係機関との連絡調整等を実施する	子ども・子育て支援法
地域子育て支援拠点事業		児童福祉法
妊婦健康診査	妊婦の健康の保持・増進を図るため、健康診査として、健康状態の把握・検査計測・保健指導を実施し、妊娠期間中の適時に、必要に応じた医学的検査を実施する	母子保健法
乳児家庭全戸訪問事業		児童福祉法
養育支援訪問事業		児童福祉法
子育て短期支援事業		児童福祉法
子育て援助活動支援事業（ファミリー・サポート・センター事業）		児童福祉法
一時預かり事業		児童福祉法
延長保育事業	保育認定を受けた子どもについて、通常の利用日・利用時間以外の日・時間に、認定こども園や保育所等において保育をする	子ども・子育て支援法
病児保育事業		児童福祉法
放課後児童健全育成事業（放課後児童クラブ）		児童福祉法
産後ケア事業	出産後1年を経過しない女子および乳児を対象とし、短期入所、通所、訪問のいずれかの方法により、心身の状態に応じた保健指導、療養に伴う世話、育児に関する指導、相談を行う（レッスン7参照）	母子保健法

乳児等通園支援事業	保育所などの施設において、保育所等に入所していない乳児または満3歳未満の幼児に適切な遊びや生活の場を与え、乳児・幼児・保護者の心身の状況や養育環境を把握するための面談、子育てについての情報の提供、助言その他の援助を行う（2025（令和7）年新設）	児童福祉法
実費徴収にかかる補足給付を行う事業	保護者の世帯所得の状況等を勘案して、施設等に対して保護者が支払うべき日用品、文房具その他の必要な物品の購入に要する費用や行事への参加に要する費用等を助成する	子ども・子育て支援法
多様な主体が本制度に参入することを促進するための事業	民間事業者の参入の促進に関する調査研究その他多様な事業者の能力を活用した特定教育・保育施設等の設置または運営を促進するための事業	子ども・子育て支援法

■ 2014（平成26）年、文部科学省と厚生労働省が協力し、放課後子供教室と放課後児童健全育成事業との一体型の定義および数値目標を示し、その計画的な整備等を進めることを目的として、放課後子ども総合プランが策定された。
■ 2018（平成30）年、従来の放課後子ども総合プランに代わって、新・放課後子ども総合プランが策定された。

《国試にチャレンジ！》

1　地域子育て支援拠点事業では、妊娠期（胎児期）から子どもの社会的自立に至るまでの包括的・継続的な支援に努める。【31回139】　　（正答…✕）

2　子育て短期支援事業は、出産直後の子育て家庭を対象に、居宅を訪問して家事支援等を行う取組である。【34回137】　　（正答…✕）

頻出度 B 保育所等

① 保育事業の仕組み

■ 保育所による保育事業は、子ども・子育て関連3法等に基づき、2015（平成27）年から子ども・子育て支援制度の下で実施されている。

■ **保育の実施（児童福祉法第24条）**

> 市町村は、この法律及び子ども・子育て支援法の定めるところにより、保護者の労働又は疾病その他の事由により、その監護すべき乳児、幼児その他の児童について保育を必要とする場合において（中略）保育しなければならない

■ 給付対象となる保育所・幼稚園等に対して給付の仕組みが一本化され、市町村が実施主体として子ども・子育て支援給付を支給する仕組みとなった。
■ 子どものための教育・保育給付は、保護者が申請し、市町村による認定を受けること

で支給対象となる。

■子ども・子育て支援制度では、幼稚園は「3歳〜小学校就学前」を対象に小学校以降の教育の基礎をつくるための幼児期の教育を行う学校、また保育所は「0歳〜小学校就学前」を対象に就労等により家庭で保育できない保護者に代わって保育する施設と位置づけられている。

■無償化給付の仕組みと新給付の創設により 2019（令和元）年 10 月から、幼児教育・保育の無償化がスタートした。

■無償化給付の対象は3歳から小学校就学前までの子どもおよび住民税非課税世帯の0歳から2歳までの子どもである。施設型給付・地域型保育給付の支給対象者あるいは「保育の必要性」について市町村に認定された者に対して行われる。

■就学前の障害児の発達支援を利用する子どもについても、3 歳から 5 歳までの利用料が無償化される。

■国が定める教育・保育給付の認定区分は、1 号から 3 号に分けられる。

■ 教育・保育給付の認定区分

認定区分	対象児年齢等	利用可能施設
1号認定	満 3 歳以上の小学校就学前の子ども（2 号認定以外の者）	幼稚園・認定こども園
2号認定	満 3 歳以上の小学校就学前の子ども…「保育の必要な事由」に該当	保育所・認定こども園
3号認定	0〜2 歳児…「保育の必要な事由」に該当	保育所・認定こども園・小規模保育等

■2 号・3 号認定の場合に保育を受けることができ、さらに、保育短時間認定と保育標準時間認定という 2 つの区分により保育必要量が定められる。

■市町村が認定すると支給認定証が保護者に送付され、保護者が利用したい施設に直接申し込む。希望者が多い場合には市町村による利用調整（選考）が行われる。

② 保育所

■認可保育所の保育内容は保育所保育指針に基づいて実施される。新しい保育所保育指針は、2017（平成 29）年に出された。

> **word** 認可保育所
> 地方公共団体のほか、児童福祉法第 35 条に基づく都道府県知事による認可を受けた保育施設。この認可を受けていないものを認可外保育施設という。

■保育所は、社会福祉法における第二種社会福祉事業の児童福祉施設である。児童自身の福祉を図ることを目的としている。

■1997（平成 9）年の児童福祉法の改正により、入所の仕組みが措置から契約へと変わった。

■保育時間は、1日当たり8時間を原則とするが、保護者の就労実態等に応じて利用できるよう、保育短時間と保育標準時間の2区分が設定されている。

> **word** 保育短時間、保育標準時間
>
> 保育短時間とは、パートタイムの就労を想定した保育必要量（1日当たり8時間まで）をいう。保育標準時間とは、フルタイムの就労を想定した保育必要量（1日当たり11時間まで）をいう。

■保育の実施を受けるためには、従来は「保育に欠ける」という要件に合致しているかどうかが市町村によって審査されたが、子ども・子育て支援制度では「教育・保育の必要性」から市町村が利用者の教育・保育給付認定を行う。

■「保育の必要性」の認定にあたっては、保護者の就労などの「事由」と、保育必要量の「区分」について、国が基準を設定している。

③ 認定こども園

■認定こども園は、2006（平成18）年の「就学前の子どもに関する教育、保育等の総合的な提供の推進に関する法律」（認定こども園法）に基づいて設置される就学前児童に対する教育・保育サービスである。

■地域の実情や保護者のニーズに応じて選択が可能となるよう、認定こども園には4つのタイプが設けられている。なお、認定こども園の認定を受けても、幼稚園や保育所等の位置づけは失われない。

■**認定こども園の類型**

幼保連携型	幼稚園的機能と保育園的機能の両方が一体化された施設。認定こども園法に基づく単一の認可により実施される
幼稚園型	認可幼稚園が、保育が必要な子どものための保育時間を確保するなど、保育所的な機能を備える。幼稚園としての認可を要する
保育所型	認可保育所が、保育が必要な子ども以外も受け入れるなど、幼稚園的な機能を備える。保育所としての認可を要する
地方裁量型	幼稚園・保育所いずれの認可もない地域の教育・保育施設が認定こども園としての機能を果たす

■子ども・子育て支援制度の創設に伴い、幼保連携型認定こども園が法定化された。

■ 幼保連携型認定こども園

- 就学前児童に対する教育・保育サービスである。入園資格は「満3歳以上の子どもおよび満3歳未満の保育を必要とする子どもとする」とされている（認定こども園法第11条）
- 設置主体は、国、地方公共団体、学校法人、社会福祉法人が原則となる
- 国、地方公共団体以外の設置者は、都道府県知事により認可される
- 学校教育と保育を担う職員として、新たに保育教諭等がおかれる
- 利用には、子ども・子育て支援給付における施設型給付が給付される
- 認定こども園法によって、教育基本法に基づく学校であることが規定されている。幼保連携型認定こども園は、児童福祉施設の中で唯一、学校としても位置づけられており、また社会福祉法における第二種社会福祉事業である

 保育教諭
幼稚園教諭免許状と保育士資格をどちらも有していることを原則とする認定こども園職員の職名。2024（令和6）年度末までは片方の資格・免許のみでもよいという経過措置がとられている。

④ 地域型保育事業

■ 子ども・子育て支援制度では、地域型保育が新設された。短時間就労を行う保護者が利用可能な保育サービスの充実を図るための事業で、主に3歳未満の乳幼児を対象としている。

■ 地域型保育は少人数（原則20人以下）の単位で行われる市町村の認可事業である。

■ 地域型保育の4事業

- 家庭的保育（定員5人以下）
- 小規模保育（定員6～19人）
- 事業所内保育（事業所の保育施設など）
- 居宅訪問型保育（1対1が基本）

⑤ 保育所等の利用状況

■ こども家庭庁の「保育所等関連状況取りまとめ」によると、保育所等（保育所、認定こども園、地域型保育事業）の利用状況などは次のとおりである。

■ 保育所等の状況（2024（令和6）年4月1日時点）

利用児童数	・270万5058人（保育所が187万2703人、幼保連携型認定こども園が66万1188人、特定地域型保育事業が9万7245人、幼稚園型認定こども園等が7万3922人） ・全利用者数は前年と比べて1万2277人減少
保育所数	・3万9805か所（保育所が2万3561か所、幼保連携型認定こども園が7126か所、特定地域型保育事業が7516か所、幼稚園型認定こども園等が1602か所）
待機児童数	・全国で2567人、前年より113人減少

⑥ 保育関連事業

- 地域子ども・子育て支援事業の中で、**一時預かり事業**、**子育て援助活動支援事業**（**ファミリー・サポート・センター事業**）、**延長保育事業**、**病児保育事業**など６つの保育関連事業が展開されている。

⑦ 地域子育て支援

- **地域子育て支援**には、①主として幼稚園や保育所等を利用していない子育て家庭を対象とした子育て支援と、②地域の多様な資源による子育て支援体制の整備、という２つの意味がある。
- 地域子ども・子育て支援事業の中で、地域の子育て家庭を対象として具体的な支援を展開するものとして、**利用者支援事業**、**地域子育て支援拠点事業**、**乳児家庭全戸訪問事業**、**養育支援訪問事業**、**子育て世帯訪問支援事業**などがあげられる。

《国試にチャレンジ！》

1. 子どものための教育・保育給付は、小学校就学前の子どもの保護者に対して行うことが、子ども・子育て支援法に規定されている。【29回 136】　　　　　　　　　　　　　　　　　　　　　　　　　　　　（正答…○）
2. 幼保連携型認定こども園は、学校及び児童福祉施設として位置づけられている。【30回 136】　　　　　　　　　　　　　　　　　　　　　　　　　　　　（正答…○）

Lesson 6 児童虐待に関する法律・制度

児童虐待防止法

① 児童虐待防止法の概要

- 「児童虐待の防止等に関する法律」（児童虐待防止法）は、2000（平成12）年に成立した。

■児童虐待防止法における用語の定義

児童虐待	保護者がその監護する児童に対して行う、身体的虐待、心理的虐待、ネグレクト（育児放棄）、性的虐待にあたる行為
保護者	親権を行う者、未成年後見人その他の者で、児童を現に監護する者
児童	18歳に満たない者

- 2004（平成16）年の児童虐待防止法改正により、虐待が疑われる児童を発見した者に速やかに通告する義務が課された。
- 2004（平成16）年の児童虐待防止法改正により、児童が同居する家庭における配偶者（内縁関係を含む）に対する暴力（面前DV）も、子どもに心理的外傷を負わせるとして、心理的虐待に該当することとなった。
- 2007（平成19）年の児童虐待防止法改正により、第1条の目的に「児童の権利利益の擁護に資すること」と追記された。
- 児童虐待防止法は、児童虐待の定義を示したうえで、「何人も、児童に対し、虐待をしてはならない」と規定している。
- 児童の親権者は、児童のしつけに際して、児童の人格を尊重するとともに、その年齢や発達の程度に配慮しなければならず、体罰その他の児童の心身の健全な発達に有害な影響を及ぼす言動をしてはならない。

2019（令和元）年の改正で体罰の禁止が規定され、2022（令和4）年の改正で親の「懲戒権」は削除されました

② 児童虐待への対応

- 児童虐待を早期に発見しやすい立場にあることから、児童の福祉に職務上関係のある団体・者には、児童虐待の早期発見の努力義務が課せられている。
- 児童の福祉に職務上関係のある者とは、学校の教職員、児童福祉施設の職員、医師、

歯科医師、保健師、助産師、看護師、弁護士、警察官、女性相談支援員などをいう。
- 虐待を受けたと思われる児童を発見した者は、速やかに、市町村、都道府県の設置する福祉事務所もしくは児童相談所または児童委員を介して、市町村、都道府県の設置する福祉事務所もしくは児童相談所に通告しなければならない。
- 市町村または都道府県の設置する福祉事務所は、虐待を受けたと思われる児童を児童相談所に送致するなどの措置をとることができる。
- 児童のいる家屋内への強制的な立入調査が必要と判断される場合は、児童委員または児童相談所の職員等が児童の住所等に立ち入り、必要な調査・質問を行うことができる。

立入調査は、都道府県知事の権限で児童相談所職員等により実施される。なお、市町村等の職員が立ち入ることはできない。

- 保護者が立入調査を拒むなどの場合（再出頭に応じないことは要件としない）には、裁判官が発する許可状により、都道府県知事は児童相談所職員等に児童の住所・居所において臨検、解錠して立ち入らせること、また、児童を捜索させることができる。
- 通告等を受理した児童相談所は、関係者等から必要な情報を収集するとともに必要に応じて近隣住民、学校の教職員、児童福祉施設等の職員の協力を得ながら、面会等の方法によって速やかに子どもの安全確認を行い、緊急保護の要否判断等を行う。

児童相談所は通告受理から48時間以内に児童の安全確認を行うことが望ましいという時間ルールが児童相談所運営指針に設けられている。

- 児童相談所長は、子どもの安全確認や立入調査等に際して必要があると認めるとき、警察署長に援助を求めることができる。
- 児童相談所は、虐待の疑いがある児童について、社会診断、心理診断、医学診断、行動診断等を実施する。児童相談所に設置される一時保護所では、児童指導員や保育士などにより行動診断が行われる。
- 児童相談所長や都道府県知事は、必要に応じて速やかに一時保護の対応をとる。
- 児童福祉施設や医療機関、里親家庭など、適当な機関や個人に委託して一時保護を行う場合を委託一時保護という。
- 児童福祉施設等への入所措置は、保護者の同意により児童相談所（都道府県）が行う。保護者の同意が得られない場合は、家庭裁判所の承認を得て入所措置がとられる。

③ 保護者等
- 児童虐待を行った保護者が児童福祉法や児童虐待防止法に基づく指導を受けない場合、都道府県知事はその保護者に対し指導を受けるよう勧告することができる。
- 一時保護および施設入所中、子どもの保護の観点から、児童相談所長および児童福祉施設長は、子どもを虐待した保護者について、虐待を受けた子どもとの面会や通信を制限することができる。

- 一時保護および施設入所中、特に必要がある時は、都道府県知事は保護者に対して接近禁止命令を出すことができる。

> **word** 接近禁止命令
> 児童へのつきまといや児童の居場所付近での徘徊を禁止する命令のこと。6か月を超えない期間を定めて行われ、必要に応じて期間の更新も可能。違反した場合には罰則がある。

④ 要保護児童対策地域協議会
- 要保護児童対策地域協議会は、2004（平成16）年度の児童福祉法改正により、法的に位置づけられた。要保護児童の適切な保護または要支援児童、特定妊婦への適切な支援を図るため、関係者等が情報を交換し、支援内容を協議する場である。
- 地方公共団体は、要保護児童対策地域協議会を設置するよう努めなければならない。
- 協議会を設置した地方公共団体の長は、協議会を構成する関係機関等のうちから、1つに限り要保護児童対策調整機関を指定する。
- 市町村の設置した協議会にかかる要保護児童対策調整機関は、児童相談所など関係機関等との連絡調整を行う調整担当者を置かなければならない。調整担当者は、内閣総理大臣が定める基準に適合する研修を受けなければならない。

⑤ 児童虐待等への支援にかかわる法律
- 1999（平成11）年に制定された児童買春・児童ポルノ禁止法では、心身に有害な影響を受けた児童には、児童相談所による一時保護、施設入所等の保護を行うことなどが規定されている。
- 2024（令和6）年に、「学校設置者等及び民間教育保育等事業者による児童対象性暴力等の防止等のための措置に関する法律」（こども性暴力防止法）が成立した。
- 同法により、対象事業者が就労希望者の性犯罪歴をこども家庭庁を通して確認し、前科がある場合は、その者を教員等として業務に従事させないなどの仕組みが導入される（施行は交付の日（6月26日）から起算して2年6か月以内の政令で定める日）。

《国試にチャレンジ！》

1. 児童虐待を受けたと思われる児童を発見した者は、できる限り通告するよう努めなければならない。【35回138】 ☑ （正答…×）
2. Jさんは夫から毎日のように娘の前で罵倒され、娘もおびえ、限界を感じて配偶者暴力相談支援センターに相談に来た。この時点での相談員の対応として、「父親の行為は児童虐待の疑いがあるので、児童相談所に通告する」ことは適切である。【33回138改】 ☑ （正答…○）

Lesson 7 児童・女性・家庭支援に関する法律・制度

頻出度C いじめ防止対策推進法

■ **いじめ防止対策推進法**は、児童等の尊厳を保持するため、いじめの防止等のための対策に関して、基本理念を定め、国および地方公共団体等の責務を明らかにすることなどにより、いじめの防止等のための対策を総合的かつ効果的に推進することを目的として、2013（平成25）年に制定された。

■**いじめ防止対策推進法におけるいじめの定義**

> 児童等に対して、児童等が在籍する学校に在籍しているなど児童等と一定の人的関係にある他の児童等が行う心理的または物理的な影響を与える行為（インターネットを通じて行われるももも含む）であって、その行為の対象となった児童等が心身の苦痛を感じているもの

■ 文部科学大臣は、関係行政機関の長と連携協力して、**いじめ防止基本方針**を定める。
■ 地方公共団体は、いじめ防止基本方針を参酌し、その地域の実情に応じ、**地方いじめ防止基本方針**を定めるよう**努める**。
■ 学校は、いじめ防止基本方針または地方いじめ防止基本方針を参酌し、**学校**におけるいじめの防止等のための対策に関する基本的な方針を定める。
■ 地方公共団体は、いじめの防止などに関係する機関および団体の連携を図るため、学校、教育委員会、児童相談所、法務局、地方法務局、都道府県警察などの関係者により構成される**いじめ問題対策連絡協議会**を置くことができる。

頻出度B こどもの貧困の解消に向けた対策の推進に関する法律

■ 2013（平成25）年に「**子どもの貧困対策の推進に関する法律**」が制定され、2019（令和元）年6月の改正で目的と基本理念の充実が図られた。
■ 2024（令和6）年6月に、法律名に「こどもの貧困の解消」を明記して改称した「**こどもの貧困の解消に向けた対策の推進に関する法律**」が成立した（2024（令和6）年9月25日施行）。
■ 改正法では、目的や基本理念の充実化が図られ、大綱作成にあたり、関係者の**意見**を反映する規定の追加、民間団体への**財政支援**、貧困実態などの調査研究の充実や成果の活用推進などが新たに盛り込まれた。
■ 目的において、**貧困**により、こどもが適切な**養育**および**教育**や**医療**を受けられないこと、こどもが多様な**体験の機会**を得られないこと、こどもがその**権利利益**を害され、社会から**孤立**することのないようにするため、日本国憲法第25条その他の基本的人権

児童

7 児童・女性・家庭支援に関する法律・制度

に関する規定、児童の権利に関する条約、こども基本法の精神にのっとり、こどもの貧困の解消に向けた対策を総合的に推進することが規定されている。

■ **基本理念の要旨**

> こどもの貧困の解消に向けた対策は、次のような点を踏まえて推進される
> ・社会のあらゆる分野において、こどもの年齢・発達の程度に応じて、その意見が尊重され、その最善の利益が優先して考慮され、こどもが心身ともに健やかに育成されること
> ・こどもの現在の貧困を解消するとともに、こどもの将来の貧困を防ぐこと
> ・教育の支援、生活の安定に資するための支援、保護者に対する職業生活の安定と向上に資するための就労の支援、経済的支援等の施策を包括的かつ早期に推進する
> ・貧困の状況にある者の妊娠から出産まで、およびそのこどもがおとなになるまでの過程の各段階における支援が切れ目なく行われるようにする
> ・こどもの貧困はその家族の責任にかかる問題としてのみ捉えるべきものではなく、背景にさまざまな社会的要因があることを踏まえ、国民の理解を深めることを通じて、社会的な取り組みとして行う
> ・国および地方公共団体の関係機関相互の密接な連携の下に、関連分野における総合的な取り組みとして行う

■ こどもの貧困の解消に向けた対策にあたって、内閣府にこどもの貧困対策会議が設置される。

■ 政府は、こどもの貧困の解消に向けた対策を総合的に推進するため、こどもの貧困の解消に向けた対策に関する大綱(以下、大綱)を定めなければならない。

■ 政府は、大綱を定めるにあたり、民間団体その他の関係者の意見を反映させるために必要な措置を講ずるものとする。

■ 大綱を勘案して、都道府県は都道府県計画を、市町村は市町村計画を定めるよう努めるものとする。

■ 政府は、毎年、国会にこどもの貧困の状況およびこどもの貧困の解消に向けた対策の実施の状況に関する報告を提出し、これを公表しなければならない。

■ 国および地方公共団体は、貧困の状況にあるこどもの教育の支援のための施策、こどもおよび家族の生活の安定の支援のための施策、貧困の状況にある保護者に対する就労の支援に関する施策、こどもに対する経済的支援のために必要な施策、こどもの貧困に関する調査・研究その他の必要な施策を講ずるものとする。

■ 国および地方公共団体は、民間団体が行う貧困の状況にあるこどもとその家族に対する支援に関する活動を支援するため、財政上の措置その他の必要な施策を講ずるものとする。

《国試にチャレンジ！》

1 子どもの貧困の解消に向けた対策では、子どもの年齢及び発達の程度に応じて、その意見が尊重され、その最善の利益が優先して考慮されなければならない。【33回141改】 ✓✓　　　　　　　　　　　(正答…○)

2 政府は2年ごとに、子どもの貧困の状況と貧困の解消に向けた対策の実施状況を公表しなければならない。【33回141改】 ✓✓　　　　(正答…×)

頻出度 B 子ども・若者育成支援推進法

- **子ども・若者育成支援推進法**は、子ども・若者育成支援のための施策を総合的に推進するため、2009（平成21）年に制定された。
- 子ども・若者が健やかに成長し、自立した個人としての自己を確立し、他者とともに次代の社会を担えるようになることなどを基本理念としている。
- 2024（令和6）年6月に改正された子ども・若者育成支援推進法では、ヤングケアラーを「家族の介護その他の日常生活上の世話を過度に行っていると認められる子ども・若者」と初めて定義し、国や自治体が支援すべき対象として位置づけている。
- 国は、子ども・若者育成支援施策を策定し、実施する責務を有する。
- 政府は、毎年、国会に、わが国における子ども・若者の状況および政府が講じた子ども・若者育成支援施策の実施の状況に関する報告を提出するとともに、これを公表しなければならない。
- 政府は、子ども・若者育成支援施策の推進を図るための子ども・若者育成支援推進大綱を定める。子ども・若者育成支援推進大綱を勘案して、都道府県は都道府県子ども・若者計画を、市町村は市町村子ども・若者計画を定めるよう努める。
- 地方公共団体は、単独でまたは共同して、関係機関等により構成される子ども・若者支援地域協議会を置くよう努めるほか、子ども・若者育成支援に関する相談に応じ、関係機関の紹介その他の必要な情報の提供・助言を行う拠点となる子ども・若者総合相談センターを確保するよう努める。

《国試にチャレンジ！》

1 子ども・若者育成支援推進法（2009年（平成21年））は、子ども・若者が健やかに成長し、自立した個人としての自己を確立し他者とともに次代の社会を担えるようになることを基本理念の一つとしている。【27回30】

（正答…〇）

頻出度 B DV防止法

① DV防止法の概要

- 1993年、国連で「女性に対する暴力撤廃に関する宣言」が出され、その前文で、女性への暴力は「男女間の歴史的に不平等な力関係の現れ」であり、「女性を男性に比べて従属的な地位に強いる主要な社会的機構の1つ」という認識が示された。
- 2001（平成13）年に「配偶者からの暴力の防止及び被害者の保護等に関する法律」（DV防止法）が制定され、配偶者間の暴力（ドメスティック・バイオレンス：DV）について対策が講じられている。

■ DV 防止法における用語の定義

被害者	配偶者から暴力を受けた者
配偶者	事実婚にある者や元配偶者、生活の本拠をともにする交際相手も含まれる
配偶者からの暴力	配偶者からの身体に対する暴力、またはこれに準ずる心身に有害な影響を及ぼす言動

② DV 被害者の保護命令など

■ 裁判所は、被害者からの申立てに基づき、接近禁止命令等、退去等命令の保護命令を発令することができる。

■ 保護命令に違反した場合は、2 年以下の拘禁刑※または 200 万円以下の罰金が課される。

※ 2025（令和 7）年 6 月 1 日より

■ DV 防止法による保護命令

接近禁止命令 （1 年間）		被害者の住居その他の場所において被害者の身辺につきまとい、または被害者の住居、勤務先その他の通常所在する場所の付近を徘徊することを 1 年間禁止する。
場合接近禁止命令の要件を満たす	被害者への電話等禁止命令	被害者に対する面会の要求、行動監視の告知等、著しく粗野乱暴な言動、無言電話・緊急時以外の連続した電話・文書・FAX・メール・SNS 等送信、名誉を害する告知等・性的羞恥心を害する告知等、GPS による位置情報取得などの行為を禁止する命令
	被害者の子への接近禁止命令	被害者と同居する未成年の子の身辺につきまとい、子の住居、学校などの付近を徘徊することを禁止する命令 ※被害者の親族等への接近禁止命令も出すことができる
	被害者の子への電話禁止命令	被害者の子への接近禁止命令の一定の要件を満たす場合において発令
退去等命令		加害者に対し、2 か月間（住居の所有者または賃貸者が被害者のみである場合は申立てにより 6 か月）、被害者の住居からの退去を命じる。場合により再度の申立ても可能

■接近禁止命令の要件・退去等命令の要件

	接近禁止命令	退去等命令
申立てできる人	配偶者からの身体に対する暴力や生命・身体・自由・名誉・財産に対する加害の告知による脅迫を受けた者	配偶者からの身体に対する暴力、生命・身体に対する加害の告知による脅迫を受けた者
発令要件	さらなる身体に対する暴力または生命・身体・自由・名誉・財産に対する加害の告知による脅迫により、生命・心身に対する重大な危害を受けるおそれが大きいとき	さらなる身体に対する暴力を受け、生命・身体に対する重大な危害を受けるおそれが大きいとき

2023（令和5）年のDV防止法の改正により、保護命令制度の拡充・保護命令違反の厳罰化などがされた（施行は2024（令和6）年4月1日）。

- DVを発見した者の対応として、①配偶者からの暴力等を受けている者を発見した者による配偶者暴力相談支援センターまたは警察官への通報、②警察官による被害の防止のための暴力の制止、被害者の保護等必要な措置、③福祉事務所による被害者の自立支援のために必要な措置、の努力義務が規定されている。
- 配偶者暴力相談支援センターは、被害者および同伴者の緊急時における安全の確保、一時保護、自立支援、保護命令制度や保護施設の利用についての援助などを行う。

③ DVと虐待

- 「子ども虐待対応の手引き（平成25年8月改訂版）」では、特別な視点が必要な事例への対応として、配偶者からの暴力がある家庭への支援のあり方を挙げている。
- 家庭内でのDVを児童が目撃している事例では、児童への心理的虐待が緊急性を伴うと考えられ、発見後ただちに児童相談所へ通告することが求められる。
- DVと児童への心理的虐待があるとき、親子は危険な状況であり、まず児童相談所等に通告し、一時保護等を視野に入れた緊急対応の必要性を考慮することが適切である。
- DVのある家庭の事例では、子ども虐待の対応に加え、配偶者暴力相談支援センターや女性相談支援センターなどの専門機関との連携が求められる。
- 一時避難した後は、住居の設定や生活費の確保など生活再建に向けた支援が重要である。被害者が母親と子どもの場合には、母子生活支援施設を利用できる。

《国試にチャレンジ！》

1 母親の内縁の男性から暴力を受けているA子に対する児童相談所の援助方針として、「配偶者暴力相談支援センターを紹介する」というのは適切である。
【28回142改】　　　　　　　　　　　　　　　　　　　　　　　（正答…✕）

困難女性支援法　頻出度 B

- 2022（令和4）年5月に、「困難な問題を抱える女性への支援に関する法律」（困難女性支援法）が成立した（施行は2024（令和6）年4月1日）。
- 同法は、困難な問題を抱える女性の福祉の増進を図るため、支援のための施策を推進し、人権が尊重され、女性が安心して、自立して暮らせる社会の実現に寄与することを目的としている。

困難な問題を抱える女性
性的な被害、家庭の状況、地域社会との関係性その他さまざまな事情により、日常生活または社会生活を円滑に営むうえで困難な問題を抱える女性（そのおそれのある女性）。

困難な問題を抱える女性への支援を売春防止法から切り離し、新しい支援体制を確立するために制定されました

■売春防止法に基づく婦人相談所、婦人保護施設、婦人相談員は、同法の施行後は、名称をそれぞれ、女性相談支援センター、女性自立支援施設、女性相談支援員に変更し、同法に移った。

■女性相談支援センターによる支援など

女性相談支援センター	・都道府県に必置（最低1か所）。指定都市は任意設置 ・対象となる女性の立場に立った相談や相談機関の紹介、安全の確保および一時保護、心身の健康を図るための医学的・心理学的な援助、自立して生活するための関連制度に関する情報提供等、居住して保護を受けることができる施設の利用に関する情報提供などを行う。同伴児童の学習も支援
女性自立支援施設	・都道府県が任意で設置。第一種社会福祉事業 ・困難な問題を抱える女性の意向を踏まえながら、入所・保護、医学的・心理学的な援助、自立の促進のための生活支援を行い、あわせて退所した者についての相談等を行う。同伴児童の学習・生活も支援する
女性相談支援員	・困難な問題を抱える女性の早期発見に努め、その立場に立った相談に応じ、必要な支援などを行う ・都道府県と女性相談支援センターを設置する指定都市は必置。その他の市町村は努力義務

■同法の施行により、売春防止法における補導処分および保護更生の規定は削除され、婦人補導院は廃止となった。

《国試にチャレンジ！》

1 都道府県は、女性相談支援センターを設置しなければならない。
【37回96】　　　　　　　　　　　　　　　　　　　　　　　　　（正答…○）

2 夫と死別したMさんは、長男とアパートで生活している。Mさんは長男の高校進学を考え、パート勤務をしているが生活が苦しく、安定した生活を望んでいる。生活困窮者自立相談支援事業を実施している市役所のL相談支援員に相談したところ、女性自立支援施設への入所を勧められた。
【31回68改】　　　　　　　　　　　　　　　　　　　　　　　　（正答…×）

頻出度 A 母子保健法

① 母子保健とは

■ 母子保健は、子どもが健康に生まれ、育てられる基盤となる母性を尊重・保護し、子ども自身が本来もつ発育・発達する能力を援助すること、また、親や子ども一人ひとりの健康のみでなく、その集団の健康を維持増進させることを目標としている。

■ 第二次世界大戦後の約70年間に、妊産婦死亡率、乳児死亡率、1〜4歳児の死亡率は大幅に減少した。

② 母子保健法の概要

■ 母子保健法は、母性と乳幼児の健康の維持増進を図るものとして、1965（昭和40）年に制定された。

■ 母子保健法において、母子健康手帳、1歳6か月児健康診査、3歳児健康診査、未熟児養育医療などが規定されている。

---

word 母子健康手帳

母子健康手帳は、市町村へ妊娠の届出を行った者に交付される。妊娠・出産・育児に関する注意点がまとめられており、妊娠中から子どもが6歳になるまでの健康管理、健康記録に用いる。

■ 1994（平成6）年の母子保健法改正により、1997（平成9）年から母子保健施策の実施主体が市町村に一元化された。

③ 母子保健法における施策

■ 1歳6か月児健康診査および3歳児健康診査は、市町村が実施主体となり、保健センター、こども家庭センター、公民館などで行われている。

■ 妊産婦に対しては妊産婦健康診査や妊産婦訪問指導、乳幼児に対しては乳幼児健康診査、新生児訪問指導、未熟児には未熟児訪問指導が実施されている。

■ 母子保健法による新生児訪問指導は、市町村長が主に新生児の発育、栄養、生活環境、疾病予防など育児上必要があると認める場合に、生後28日以内（里帰り出産の場合は60日以内）に医師や保健師、助産師などが訪問して行われる。

■ 未熟児養育医療は、医療的ケアを必要とする未熟児（出生時体重が2000g以下、体温が異常に低い、呼吸器系・消化器系に異常がある、異常に強い黄疸があるなどの状態）を対象として、病院に入院させて必要な医療を給付するか、必要な医療を受けるための費用を支弁する事業である。

■ 未熟児養育医療の給付は、市町村の業務である。

■ 2019（令和元）年の母子保健法の改正により、市町村による産後ケア事業の実施が市町村の努力義務として法定化された。

児童

7 児童・女性・家庭支援に関する法律・制度

- 産後ケア事業は、<u>出産後1年を経過しない女子および乳児</u>を対象とし、短期入所、通所、訪問のいずれかの方法により、心身の状態に応じた<u>保健指導</u>、<u>療養に伴う世話</u>、<u>育児に関する指導</u>、<u>相談</u>などを行う。
- <u>産後ケアセンター</u>は、病院、診療所、助産所などの施設で、短期入所、通所、訪問により産後ケア事業を行う。

> **ワンポイント**　産後ケア事業は、子ども・子育て支援法の改正により、2025（令和7）年4月から地域子ども・子育て支援事業にも位置づけられる（レッスン5参照）。

《国試にチャレンジ！》

1　保健所は、母子保健法に基づき母子健康手帳を交付する。【29回72】　☑☑
（正答…×）

2　母子保健法は、予防接種の実施について規定している。【28回140】　☑☑
（正答…×）

頻出度 C 医療的ケア児支援法

- 2021（令和3）年6月に「医療的ケア児及びその家族に対する支援に関する法律」（<u>医療的ケア児支援法</u>）が成立し、同年施行された。
- 医療技術の進歩に伴い、医療的ケア児が増加し、医療的ケア児の心身の状況等に応じた適切な支援を受けられるようにすることが重要な課題となっていることに鑑み、<u>医療的ケア児</u>の健やかな成長を図るとともに、その家族の<u>離職</u>を防止し、安心して子どもを生み育てることができる社会を目指すことを目的とする。
- 対象となる医療的ケア児とは、日常生活および社会生活を営むために恒常的に<u>医療的ケア</u>（<u>人工呼吸器</u>による呼吸管理、<u>喀痰吸引</u>その他の医療行為）を受けることが不可欠な<u>18歳未満</u>の児童および18歳以上で<u>高等学校</u>等に在籍する者である。
- <u>国・地方公共団体</u>は、法の基本理念にのっとり、医療的ケア児およびその家族に対する支援にかかる<u>施策</u>を実施する<u>責務</u>を有する。
- <u>保育所</u>の設置者等、<u>学校</u>の設置者等は、法の基本理念にのっとり、医療的ケア児に適切な支援を行う<u>責務</u>を有する。
- <u>医療的ケア児支援センター</u>は、都道府県知事が指定した社会福祉法人等または都道府県知事が設置・運営し、<u>医療的ケア児等コーディネーター</u>が配置される。
- 医療的ケア児等コーディネーターは、支援にかかわる関係機関との連携を図り、医療的ケア児等や家族に総合的かつ包括的な支援が提供できるよう調整する。

《国試にチャレンジ！》

1　先天性代謝異常の疾患により、呼吸器を装着し頻回の吸引が必要なMちゃん（生後8か月）に対する医療ソーシャルワーカーの退院支援において、「医療的ケア児等コーディネーターとの連携を検討する」のは適切である。
【32回76改】　　　　　　　　　　　　　　　　　　　　　　（正答…○）

母子及び父子並びに寡婦福祉法

① 母子及び父子並びに寡婦福祉法の概要

■ ひとり親家庭の福祉の基本となる法律として、まず1964（昭和39）年に母子福祉法が制定された。同法では、母子家庭等に対し生活の安定と向上のために必要な措置を講じるとされた。

■ひとり親家庭の基本となる法律の変遷

年代		内容
1964（昭和39）	母子福祉法制定	ひとり親家庭を対象とした日本初の法律
1981（昭和56）	母子及び寡婦福祉法へと改称	法の対象に寡婦を追加
2002（平成14）	母子及び寡婦福祉法改正	法の対象に父子家庭を追加
2014（平成26）	母子及び父子並びに寡婦福祉法へと改称	呼称の改称（母子・父子自立支援員、母子・父子福祉施設、母子・父子福祉団体など）

■母子及び父子並びに寡婦福祉法における用語の定義

寡婦	死別や離婚などにより配偶者のない女子であって、かつて配偶者のない女子として、これまでに20歳未満の児童を扶養していたことのある者（配偶者と死別した女子であっても、児童を扶養した経験がない人は、寡婦には含まれない）
児童	20歳に満たない者

 児童福祉法や児童虐待防止法、児童買春・児童ポルノ禁止法、また国際的な児童権利条約では、児童とは「18歳に満たない者」とされている。

■ 母子・父子自立支援員は、母子家庭等の福祉に関する相談員として、相談に応じ、その自立に必要な情報提供および指導、職業能力の向上および求職活動に関する支援などを行う。都道府県知事、市長および福祉事務所を管理する町村長などにより委嘱され、福祉事務所に配置される。

■ 地方公共団体は、母子家庭等が公営住宅法による公営の住宅に入居する際、家賃補助

など母子家庭等の福祉が増進されるよう特別の配慮をすることが規定されている。

② 母子・父子福祉施設

■ 母子・父子福祉施設は、第二種社会福祉事業である。

■母子・父子福祉施設の種類

母子・父子福祉センター	無料または低額な料金で、母子家庭等に対して、各種の相談に応ずるとともに、生活指導および生業の指導を行うなど母子家庭等の福祉のための便宜を総合的に供与する
母子・父子休養ホーム	無料または低額な料金で、母子家庭等に対して、レクリエーションその他休養のための便宜を供与する

③ 福祉資金の貸付制度

■ 母子福祉資金の貸付制度は、母子及び父子並びに寡婦福祉法に基づき、母子家庭の経済的自立を図るために必要な資金の貸付を行うものである。

■ 同様の制度として、父子福祉資金、寡婦福祉資金がある。

■母子福祉資金の貸付制度

対象	配偶者のいない女子で20歳未満の児童を扶養している者またはその扶養している児童
実施主体	都道府県・指定都市・中核市
種類	事業開始資金、事業継続資金、児童の修学資金、技能習得資金、修業資金、就職支度資金、医療介護資金、生活資金、住宅資金、転宅資金、就学支度資金、結婚資金の12種類
具体的な貸付内容	洋裁、軽飲食、文具販売、菓子小売業等を開始するのに必要な設備、什器、機械等の購入資金
措置期間	貸付の日から1年間で、償還期限は7年以内

④ 母子家庭等就業・自立支援センター事業

■ 母子家庭等就業・自立支援センター事業は、母子（父子）家庭の母（父）、寡婦に対し、一貫した就業支援サービスと養育費相談など生活支援サービスを提供することを目的とする。

■ 母子家庭等就業・自立支援センターは、母子家庭の母等に対する就業相談、就業支援講習会、就業情報の提供等、家庭の事情に応じた就業支援サービスを提供する。また、母子生活支援施設と連携して、母子家庭等の地域生活の支援や養育費の取決めを促進するなどの専門相談も行う。

⑤ 母子・父子自立支援プログラム策定事業

■ 母子・父子自立支援プログラム策定事業は児童扶養手当受給者等に対し、自立支援プ

ログラムを策定して自立・就労支援を行うものである。

■自立支援プログラムは、福祉事務所等に配置された<u>自立支援プログラム策定員</u>が、個別面接によって生活状況や就業意欲、資格取得への取り組みなどについて状況把握を行い、個々のケースに応じた支援メニューを組み合わせて策定する。

⑥ その他の施策

■母子家庭自立支援給付金事業・父子家庭自立支援給付金事業として、地方公共団体が指定する教育訓練講座を受講した母子家庭の母等に対し、講座修了後に受講料の一部を支給する<u>自立支援教育訓練給付金</u>事業などがある。

■ひとり親家庭等日常生活支援事業は、母子家庭等が、修学等の自立に必要な事由や疾病、災害、冠婚葬祭等の社会的に認められる事由により、一時的に介護・保育などの日常生活に支障が生じた場合に、<u>家庭生活支援員</u>を派遣する事業である。

《国試にチャレンジ！》

1. 母子及び父子並びに寡婦福祉法において、この法律にいう寡婦とは、配偶者と死別した女子であって、児童を扶養した経験のないものをいう。
【31回138改】　　　　　　　　　　　　　　　　　（正答…✕）

2. 母子・父子自立支援員は、家庭における児童養育の技術及び児童に係る家庭の人間関係に関する事項等に関する相談に応じる。【35回96】　（正答…✕）

Lesson 8 社会手当に関する法律・制度

類出度A 児童手当法

- 児童手当は、1971（昭和46）年に成立した児童手当法に基づいて支給される。
- 2024（令和6）年の児童手当法の改正により、児童手当の所得制限が撤廃され、高校生年代までに支給期間が延長されたほか、第3子以降の支給額を1万5000円から3万円に増額した。

■児童手当（2024（令和6）年10月支給分より）

目的	児童の養育者に支給することにより、家庭等における生活の安定に寄与するとともに、次代の社会を担う児童の健やかな成長に資する
対象となる児童	高校生年代までの児童・生徒
受給資格者	監護生計要件を満たす父母等。および児童等が入所している施設の設置者等
手当額（児童1人あたり）	・0～3歳未満は月額1万5000円、3歳～高校生年代までは月額1万円 ・第3子以降3万円 ・所得制限を設けない
財源	支援納付金、国、地方（都道府県、市町村）で負担。負担割合は被用者、非被用者、3歳未満、3歳以降事業などで異なる

《国試にチャレンジ！》

1 児童手当は、子どもの年齢が高い方が支給額は高くなる。
【35回140】 ✓✓ （正答…✗）

類出度B 児童扶養手当法・特別児童扶養手当法

① 児童扶養手当

- 児童扶養手当は、1961（昭和36）年に制定された児童扶養手当法に基づいて支給される（2010（平成22）年の法改正により父子家庭にも支給開始）。
- 公的年金等の受給者等は、年金等の額が児童扶養手当額より低い場合は、その差額分が受給できる。
- 児童扶養手当法の改正により、2021（令和3）年3月から、障害年金の受給者については、障害年金額が児童扶養手当の額を上回る場合でも、児童扶養手当の額と障害年金の子の加算部分の額との差額を児童扶養手当として受給できるようになった。
- 児童が乳児院や児童養護施設等の児童福祉施設に入所する場合や、里親委託される場

合には、児童扶養手当は支給されない。ただし、母子がともに生活する母子生活支援施設に入所する場合においては、その他の支給要件を満たす限り、支給される。
- 児童扶養手当が支給されても、離別した親は子どもに対する扶養義務を負っており、経済的に支援しなければならない。

■児童扶養手当

目的	父または母と生計を同じくしていない児童が育成される家庭（ひとり親家庭）の生活の安定と自立の促進に寄与し、児童の福祉の増進に寄与する
対象となる児童	18歳に達する日以後の最初の3月31日までの者。政令で定める程度の障害がある場合は20歳未満の者
受給資格者	支給要件（父母が婚姻を解消、父または母が死亡、障害、生死不明など）のいずれかに当てはまる児童を監護している父または母。および父母に代わって児童を養育している（その児童と同居してこれを監護し、かつその生計を維持する）養育者
手当額	・第1子は月額最大4万6690円（令和7年度）、第2子以降の加算がある ※所得に応じて限度額が設けられている。一部支給の手当額は所得に応じて定められている
財源	国が3分の1、都道府県・市・福祉事務所設置町村が3分の2を負担する
減額（一部支給停止）措置	支給開始から5年以上経つ場合、または離婚・死別等で手当の支給要件に該当してから7年経過している場合、原則として就業していない場合に、2分の1の減額となる

② 特別児童扶養手当

- 1964（昭和39）年に制定された特別児童扶養手当法（特別児童扶養手当等の支給に関する法律）に基づいて、特別児童扶養手当等が支給される。
- 特別児童扶養手当、児童手当、児童扶養手当は併給することができる。

■特別児童扶養手当等

特別児童扶養手当	精神または身体に障害を有する児童が対象。20歳未満の障害児を監護する父母または養育者に支給される
障害児福祉手当	精神または身体に重度の障害を有する児童が対象。重度の障害により日常生活において常時の介護を必要とする在宅の20歳未満の重度障害児に支給される
特別障害者手当	精神または身体に著しく重度の障害を有する者が対象。著しく重度の障害により日常生活に常時特別の介護を必要とする在宅の20歳以上の者に支給される

《国試にチャレンジ！》

1. 児童扶養手当を受給している者には児童手当は支給されない。
【35回140】　（正答…✕）
2. 児童扶養手当の支給額は、世帯の収入にかかわらず一定である。
【36回139】　（正答…✕）

Lesson 9 児童・家庭への支援における関係機関・専門職の役割

頻出度 B 国・都道府県・市町村の役割

① 国の役割

■ 国は、児童・家庭に関する福祉行政全般について、企画調整、監査指導、事業に要する費用の予算措置等、中枢的機能を担う。内閣府に設置されるこども家庭庁が、その主な担い手となっている。

■ こども家庭庁に設置されるこども政策推進会議は、こども大綱案を作成し、子ども施策の重要事項を審議するほか、こども施策の実施を推進し、関係行政機関相互の調整などを行う。

こども施策の策定にあたっては、子どもや子育て当事者、民間団体などの意見反映のための措置がとられます

■ 国は、政令の定めるところにより、児童福祉施設（助産施設、母子生活支援施設、保育所および幼保連携型認定こども園を除く）を設置する。

■ 国には社会保障審議会が設置されており、児童福祉を含む社会保障全体の主要事項について審議を行っている。

■ 2022（令和4）年の児童福祉法の改正により、国は、児童生徒性暴力等を行ったことにより保育士の登録を取り消された者、登録取り消し後に児童生徒性暴力等を行っていたことが判明した保育士についてのデータベースを整備するものとされた。

 保育士を任命し、または雇用する者は、上記の国のデータベースを活用するものとする。

② 都道府県の役割

■ 都道府県は、市町村を包括する広域の地方公共団体である。児童福祉関係では、都道府県内の児童福祉事業の企画や予算措置に関することのほか、児童福祉施設の認可・指導監督、児童相談所・福祉事務所・保健所の設置運営などを担う。

■福祉事務所・保健所

福祉事務所	社会福祉法第14条に規定されている第一線の社会福祉行政機関。都道府県および市（特別区含む）への設置が義務づけられており、町村は任意で設置する
保健所	療育医療給付、養育医療給付に伴う事務、身体に障害のある児童に対する療育指導などを行う。療育の対象には、疾病によって長期にわたり療養を必要とする児童を含む

■ 子ども・子育て支援制度において、都道府県は広域自治体として、制度の実施主体である市町村の業務に関する広域調整など、市町村が制度を円滑に運営できるよう必要な支援を行うこととされている。
■ 都道府県は、児童福祉関係の事務における市町村に対する必要な援助を行い、市町村と連携して、児童家庭相談のうち専門的な知識・技術を要するものへの対応などを行う。
■ 都道府県は、児童養護施設その他の施設への入所の措置、一時保護の措置等の実施および措置の実施中における処遇に対する児童の意見または意向に関し、都道府県児童福祉審議会その他の機関の調査審議および意見の具申が行われるようにすること、その他の児童の権利擁護にかかる環境の整備を行う。
■ 都道府県は、児童養護施設などの措置解除者等の実情を把握し、その自立のために必要な援助を行う。
■ 児童福祉施設のうち児童自立支援施設は、都道府県が設置する。その他の施設は、条例により設置される。
■ 都道府県・指定都市には児童福祉審議会が設置される。児童、妊産婦および知的障害者の福祉に関する事項を調査・審議し、それぞれが属する行政機関の諮問に答え、意見を述べることができる合議制の機関である。市町村には任意で設置される。

指定都市は、都道府県とほぼ同様の権限をもって児童福祉に関する事務を行う。また、中核市は権限がやや狭まるが、都道府県と同様の事務を種々行っている。

③ 市町村の役割

■ 子ども・子育て支援制度では、市町村は、実施主体として地域のニーズに基づく市町村子ども・子育て支援事業計画を策定するとともに、子どものための教育・保育給付と、地域子ども・子育て支援事業を実施する。
■ 児童福祉法において、子育て支援事業が市町村事務とされ、また児童に関する相談の第一義的な窓口として位置づけられるなど、市町村の役割が重視されている。
■ 市町村は、すべての妊産婦・子育て世帯・子どもの包括的な相談支援等を行うこども家庭センターの設置に努めなければならない。
■ 市町村は、地理的条件、人口、交通事情その他の社会的条件、子育てに関する施設の整備の状況等を総合的に勘案して定める区域ごとに、地域子育て相談機関の整備に努めなければならない。

《国試にチャレンジ！》

 1 市町村は、保健所を設置しなければならない。【30回45】 （正答…✕）

頻出度 B こども家庭センター・地域子育て相談機関の役割

① こども家庭センター

■ こども家庭センターは、すべての妊産婦、子育て世代、子どもへの包括的な支援を行うことを目的とする。

■ こども家庭センターの主な業務
- 児童および妊産婦の福祉や母子保健の相談等
- 児童および妊産婦に関し必要な実情の把握・情報の提供、必要な調査・指導など
- 支援を要する児童および妊産婦への支援の種類や内容などを記した支援計画（サポートプラン）の作成、サポートプランに基づく支援
- 児童および妊産婦の福祉に関する機関との連絡調整
- 健診等の母子保健事業（任意）
- 新たな担い手の発掘、既存の地域資源の把握など地域における体制づくり

■ こども家庭センターには、センター長、母子保健機能・児童福祉機能の双方に十分な知識と俯瞰した判断力を有する統括支援員が配置される。

 ワンポイント こども家庭センターは、2022（令和4）年の児童福祉法の改正により創設された。従前の子育て世代包括支援センターによる母子保健機能や市区町村子ども家庭総合支援拠点による児童福祉機能を統合し、一体的な運営を図る。

② 地域子育て相談機関

■ 地域子育て相談機関は、保育所等の子育て支援の施設や場所などで、すべての子育て世帯や子どもが身近に相談することができる相談機関として、こども家庭センターを補完する役割を担う。

■ 地域子育て相談機関は、住民からの子育ての相談に応じ、必要な助言を行うほか、こども家庭センターと連絡調整を行い、地域の住民に子育て支援に関する情報の提供を行うよう努めなければならない。

頻出度 A 児童相談所の役割

① 児童相談所の設置・機能

■ 児童相談所は、児童福祉法に基づく行政機関であり、都道府県と指定都市に設置が義務づけられている。中核市・特別区も設置できる。

■ 児童相談所の基本機能には、市町村援助、相談、一時保護、措置がある。

■ 児童相談所の主な業務

市町村援助	・市町村相互間の連絡調整、市町村に対する情報の提供、市町村職員の研修その他必要な援助
調査・判定など	・児童およびその家庭につき、必要な調査、医学的、心理学的、教育学的、社会学的および精神保健上の判定、判定に基づく必要な指導
相談	児童に関する家庭からの専門的な知識および技術を必要とする相談
一時保護	・児童の一時保護 ・一時保護の解除後の家庭その他の環境調整、児童の状況の把握などにより児童の安全を確保
里親	・里親に関する普及啓発、里親の相談・情報提供、助言、研修など ・里親と児童養護施設等に入所している児童との相互の交流の場の提供 ・里親の選定、里親と児童との間の調整、児童の養育に関する計画の作成
養子縁組	養子縁組に関する相談、必要な情報の提供、助言その他の援助
児童の権利擁護	・児童養護施設その他の施設への入所の措置や措置の実施中における処遇に対する児童の意見・意向に関し、都道府県児童福祉審議会その他の機関の調査審議および意見の具申が行われるようにすること ・その他の児童の権利の擁護に係る環境の整備を行うこと ・措置解除者等の実情を把握し、その自立のために必要な援助を行うこと

② 児童相談所の一時保護

■ 児童相談所長は、棄児・家出・虐待児童等の緊急保護、処遇決定のための行動観察、短期の集中的な心理療法・生活指導等を行う短期入所指導の目的で、付設の一時保護所において、または適当な者に委託して一時保護を行うことができる。

■ 児童相談所には、必要に応じ、児童を一時保護する、一時保護施設を設けなければならない。

■ 児童相談所長は、一時保護を行った児童について、親権者または未成年後見人がいない場合は、その間の親権を行う。

■ 子どもの安全確保のため必要と認められる場合には、子どもや保護者の同意を得なくても一時保護を行うことができる。

■ 児童相談所が行う児童の一時保護の期間は、原則として開始した日から2か月を超えてはならない。

ワンポイント　児童相談所長（及び都道府県知事）は、必要があると認めるときには2か月を超えて一時保護ができるが、親権者の意に反して一時保護を行った場合は、2か月ごとに家庭裁判所の承認を得なければならない。

- 一時保護中の子どもの外出、通学、通信、面会に関する制限は、子どもの安全の確保が図られ、かつ一時保護の目的が達成できる範囲で必要最小限とする。
- 2019（令和元）年の児童福祉法の改正により、児童相談所は、一時保護の解除後の環境の調整などにより、児童の安全確保をすることが義務づけられた。

③ 児童相談所の職員

- 児童相談所には、所長、児童福祉司、相談員、児童心理司、医師（精神科医、小児科医）、保健師、児童指導員、保育士、弁護士などが配置される。
- 児童相談所の所長となれる者は、精神保健に関して学識を有する医師、大学において心理学等の学科を修めた者、社会福祉士、精神保健福祉士、公認心理師、児童福祉司の資格を得た後2年以上所員として勤務した者などである。
- 都道府県は、児童相談所に児童福祉司を置かなければならない。
- 児童福祉司に任用されるのは、児童虐待を受けた児童の保護等の専門的な対応を要する事項について十分な知識・技術を有する者、養成校を卒業するか、講習会の課程修了者、大学で心理学・教育学・社会学を修めた者（内閣府令で定める施設において1年以上児童福祉に関する相談援助業務に従事）、医師、社会福祉士、精神保健福祉士、公認心理師、社会福祉主事として2年以上児童福祉に関する相談援助業務に従事した講習会修了者などである。
- 児童相談所には、ほかの児童福祉司が職務を行うため必要な専門的技術に関する指導・教育を行うスーパーバイザー（指導教育担当児童福祉司）を置かなければならない。
- 指導教育担当児童福祉司は、児童福祉司としておおむね5年以上の勤務に加え、内閣総理大臣が定める研修修了者である必要がある。
- 児童心理司は、心理に関する専門的な知識・技術を必要とする指導を行う職員で、精神保健に関して学識経験を有する医師、大学において心理学等の学科を修めた者、公認心理師等でなければならない。

《国試にチャレンジ！》

1　市町村は、児童相談所を設置しなければならない。【30回45】　（正答…×）

2　虐待の疑いのある児童について学校からの通告を受けたS市子ども家庭課の対応として、「一時保護などの可能性を考慮し、児童相談所長に通知する」というのは適切である。【30回140改】　（正答…○）

頻出度 B 家庭裁判所・児童委員の役割

① 家庭裁判所
■ 家庭裁判所は、特別養子縁組を成立させることができる。手続きは、養親となる者が居住地の家庭裁判所に申立てを行い、6か月以上の養育状況を踏まえ、審判により成立する。

② 児童委員（民生委員）
■ 児童委員は、市町村の区域において、児童家庭福祉のための民間の奉仕者として活動を行っている。民生委員法による民生委員が、児童委員を兼ねている。

■ 児童委員は、都道府県知事の推薦によって、3年の任期で厚生労働大臣が委嘱する。その職務に関しては、都道府県知事の指揮監督を受ける。

■児童委員・主任児童委員

- 児童委員の職務は「児童および妊産婦につき、その生活および取り巻く環境の状況を適切に把握しておくこと」のほか、サービスを適切に利用するために必要な情報提供、ほかの専門職との協力などが規定されている
- 主任児童委員は、児童委員の中から厚生労働大臣が指名する
- 主任児童委員は、児童相談所等の関係機関と児童委員との連絡調整、区域を担当する児童委員の活動に対する援助・協力を行う
- 1947（昭和22）年の制度創設時、民生委員と児童委員は相互に業務が関連することから、兼務することで業務の能率および効率に資することが期待された

《国試にチャレンジ！》

1 家庭裁判所は、民法の規定に基づいて、養親となる者の請求により特別養子縁組を成立させることができる。【31回140改】 （正答…○）

2 児童委員の職務として、児童及び妊産婦について、生活や取り巻く環境の状況を把握する。【30回141改】 （正答…○）

社会福祉士は、支援対象者と社会資源をつなぐ役割があり、国、都道府県、市町村の役割や対応窓口などを正確に知っておく必要があります

B 関連する専門職の役割

① 子ども家庭福祉にかかわる専門職

■児童福祉法における児童相談所、福祉事務所、保健所という3つの行政機関には、さまざまな子ども家庭福祉関連業務を担う職員が配置されている。

■児童福祉関係職員

機関名	職員
福祉事務所	所長、社会福祉主事、母子・父子自立支援員、家庭相談員など
保健所	所長、医師、保健師、栄養士、精神保健福祉相談員など

■社会福祉主事は、主に福祉六法に基づいて職務にあたる任用資格で、都道府県や市町村に設置される福祉事務所等の行政機関に配置されている。

■福祉事務所の社会福祉主事の業務は生活保護に関するものが中心であり、児童福祉関連業務では、保育所や母子生活支援施設等の入所手続き、児童扶養手当などの各手当の受給手続きの支援などを行っている。

■家庭相談員は、福祉事務所内にある家庭児童相談室において、子どもを育てるうえでさまざまな問題を抱える人に対して、助言や指導を行う。相談は、児童の不登校や学校での人間関係、家族関係、生活習慣の問題、非行など多岐にわたる。

② 児童福祉施設の職員

■児童指導員は、多様な児童福祉施設に配置されている。養育・介護・介助・療育等の子どものケア、自立支援計画の作成、内部の連絡調整、対外的交渉、家族支援などを担い、保育士と連携して職務を遂行している。

■保育士は、都道府県知事の登録を受け、保育士の名称を用いて、専門的知識および技術をもって、児童の保育および児童の保護者に対する保育に関する指導を行うことを業とする者をいう。

■母子支援員の資格要件は、養成機関等を卒業した者、保育士、社会福祉士、精神保健福祉士、高校等を卒業した者で児童福祉事業において2年以上の実務経験がある者などとされている。

■児童自立支援施設では、児童自立支援専門員（精神保健に関して学識経験を有する医師、社会福祉士等の任用資格）と、児童生活支援員（保育士、社会福祉士、3年以上児童自立支援事業に従事した者のいずれか）が中核的役割を果たす。

■児童自立支援専門員は、児童自立支援施設において、生活指導、職業指導、学科指導などを担当する。児童が生活する寮の運営、担当児童の自立支援計画を作成し、それに沿った支援や関係機関との連絡などの業務も行う。

■家庭支援専門相談員（ファミリーソーシャルワーカー）は、乳児院、児童養護施設、

児童心理治療施設、児童自立支援施設に配置されている。

■ **家庭支援専門相談員**
- 入所児童の早期の退所を促進し、親子関係の再構築等が図られることを目的として配置された専門職である
- 児童相談所等と連携をとりながら、子どもと保護者の関係調整、関係機関と連携しながら保護者支援を行っている
- 家庭復帰を支援し、家庭復帰後の地域での見守り体制の調整を行うほか、要支援児童・要保護児童を含み、地域における子育てに関する相談にも応じる
- 家庭復帰の難しい児童に対して里親委託や養子縁組を推進することも業務として位置づけられている
- 社会福祉士、精神保健福祉士、児童養護施設等において乳幼児の養育や児童の指導に5年以上従事した者、児童福祉司となる資格を有する者のいずれかに該当する者が、家庭支援専門相談員となる

■ 里親支援専門相談員は、児童相談所の里親担当職員、里親委託等推進員、里親会などと連携して、①入所児童の里親委託の推進、②退所児童のアフターケアとしての里親支援、③地域支援としての里親支援などを行う。

■ こども家庭ソーシャルワーカーは、2022（令和4）年の児童福祉法の改正により創設された認定資格で、児童相談所やこども家庭センター、児童福祉施設などに配置され、児童虐待を受けた児童の保護その他児童の福祉に関する専門的な対応を行う。

③ 多職種連携のネットワーキング

■ 子育て中の親や子育て経験者が自発的につくる子育てネットワーク、子育て支援者同士のつながりである子育て支援ネットワークなどが盛んになってきた。
■ ネットワークを活用して、個人、家族、集団、地域と多種多様なレベルで援助を展開する手法が法制化されたものとして要保護児童対策地域協議会がある。
■ 要保護児童対策地域協議会においては、一般に設置主体が条例を制定し、守秘義務が効果的連携を阻害しないよう配慮されている。一方で、連携を始めるにあたって守秘義務についての覚書を交わすなどルールを明確化しておくことが求められる。
■ 子ども家庭福祉における多職種連携のネットワークにおいて、保育・教育・ソーシャルワークが一体的に実践され始めている。
■ 教育分野においては、スクールソーシャルワークの制度化が図られている。家庭・地域など社会環境上の要因がいじめ等の背景にあり、福祉の専門化が求められている。

《国試にチャレンジ！》

1. 町村が福祉事務所を設置した場合には、社会福祉主事を置くこととされている。【28回44】　（正答…○）
2. 保育士は、子どもを対象とした直接的な援助が主な業務であり、保護者への保育に関する指導を行うことは業務外となっている。【33回142】　（正答…×）

15

貧困に対する支援

Lesson 1 貧困の概念と貧困状態にある人の生活実態

頻出度 B 貧困の概念

■ **ブース**（Booth, C.）と**ラウントリー**（Rowntree, B.S.）は、19 世紀末のイギリスで行われた貧困調査において、所得や肉体的能率などの指標を用いて、科学的・客観的に貧困をとらえようとした。これらは**絶対的貧困**アプローチとも呼ばれる（ブースとラウントリーは「4 原理」も参照）。

■ **ブースとラウントリーの貧困定義**

ブース （ロンドン調査）	貧困を階層の問題ととらえ、所得や職業的地位などで労働者を 8 つの階層に区分。4 番目と 5 番目の間に貧困線を位置づけ、それを下回る階層を貧困と区分した
ラウントリー （ヨーク市調査）	訪問調査で世帯の家計支出や生活習慣を分析。貧困線を栄養学の観点からとらえ、第一次貧困（肉体的能率の維持も困難）と第二次貧困（浪費がなければ肉体的能率が維持）に区分した。絶対的貧困という測定方法を確立

■ **タウンゼント**（Townsend, P.）は、所属する社会において**標準**とされる生活資源や生活様式を享受できていない状態を**相対的剥奪**とし、これを指標として相対的貧困アプローチを展開した。

■ **ギデンズ**（Giddens, A.）は、人々が社会への十分な関与から遮断されている状態を**社会的排除**とし、社会的排除をみるための経済的排除、政治的排除、社会的排除の 3 つの観点を示した。

■ **セン**（Sen, A.）は、資力を利用して成し遂げられる選択肢の集合である潜在能力（**ケイパビリティ**）が欠如している状態を貧困ととらえた。

■ ドイツの経済学者**エンゲル**（Engel, E.）は、食費の費用は貧富にかかわらず安定しているため、消費支出に占める食費の割合（**エンゲル係数**）が貧富の階層差に密接に関連するとした。

■ **その他貧困に関する研究者とその理論**

研究者	理論等	内容
スピッカー （Spicker, P.）	貧困の意味	貧困の多様な意味を、物質的状態、経済的境遇および社会的地位の 3 つの群に整理した
ピケティ （Piketty, T.）	21 世紀の資本	21 世紀における資本と労働の分配を分析し、世代間連鎖が格差の構造だと論じ、労働所得の格差と資本所有の格差は政策により資産への課税を強化しなければ縮小できないとした

ポーガム (Paugam, S.)	社会的降格	社会的降格という概念で現代の貧困の特徴を論じた。社会的降格は、①脆弱になる、②依存する、③社会的絆が断絶する、という過程で起こるとした
リスター (Lister, R.)	貧困とはなにか	貧困を、概念、定義、測定の3つのレベルに分解し、貧困を車輪になぞらえて、経済的貧困（車輪の軸）と関係的・象徴的側面（外輪：スティグマや無力感）の関係を論じた
ルイス (Lewis, O.)	貧困の文化	貧困者には共通の「貧困の文化（culture of poverty）」があり、絶対的困窮におかれた社会集団は、その階層的特質と状態を運命的に受け入れ、抜け出す努力をしなくなると主張した

《国試にチャレンジ！》

1 タウンゼント（Townsend, P.）は、栄養学の観点から科学的、客観的に貧困を定義する絶対的貧困の概念を主張した。【27回63】　　　　　（正答…✕）

頻出度 B 貧困状態にある人の生活実態とこれを取り巻く社会環境

① **貧困率**（厚生労働省「令和4年国民生活基礎調査」より）
■ 2021（令和3）年の日本の貧困線は127万円で、相対的貧困率は15.4％である。

> **word** 相対的貧困率
> 等価可処分所得（世帯の可処分所得を世帯人員の平方根で割って調整した所得）が、全国民の中央値の半分（貧困線）を下回る者の割合。

貧困の連鎖とはどういうことですか

貧困が親から子へと受け継がれてしまうことで、特に生活保護世帯で育った子どもが大人になって再び生活保護を受ける状況をいいます。貧困の連鎖は社会的な問題となっています

- 17歳以下の子どもの貧困率は11.5%で、約8.7人に1人が貧困の状態にある。
- 17歳以下の子どもがいる現役世帯の貧困率は10.6%である。
- 17歳以下の子どもがいる現役世帯のうち、大人が2人以上の世帯の貧困率は8.6%だが、大人が1人の世帯の貧困率は44.5%である。

資料：厚生労働省「令和4年国民生活基礎調査」

② **世帯所得**（厚生労働省「令和5年国民生活基礎調査」より）
- 1世帯当たりの平均所得金額は約524.2万円である。
- 平均所得金額以下の割合は、全世帯で62.2%である。
- 児童のいる世帯の平均所得金額は約812.6万円である。
- 高齢者世帯の平均所得金額は約304.9万円である。
- 高齢者世帯の収入のうち約6割が公的年金・恩給である。
- 高齢者世帯の収入のうち26.1%が稼働所得によるものである。

資料：厚生労働省「令和5年国民生活基礎調査」

③ **ひとり親世帯の状況**（厚生労働省「令和3年度全国ひとり親世帯等調査」等より）
- 母子世帯の平均年間収入は373万円で、父子世帯の平均年間収入は606万円である。

- 母子世帯の収入全体における母自身の就労収入の割合は約6割である。
- 母子世帯の母の86.3％が就業している。

④ 生活保護世帯の暮らし向きの状況 (厚生労働省「2019年家庭の生活実態及び生活意識に関する調査」より)

- 暮らし向きに関しては、生活保護世帯では「大変苦しい」「やや苦しい」が全体の約6割を占める。
- 生活保護世帯の住居は「持ち家」は6.7％で、「民間賃貸住宅」「都市再生機構・公社・公営住宅」に居住する世帯が多数を占める。
- 食料が買えない機会の有無をみると、一般世帯では「何度もあった」「ときどきあった」の総計は約1割だが、生活保護世帯では約2割とやや高い傾向がみられる。
- 生活保護世帯の仕事の内容は、「サービス職業従事者」が23.6％と最も多く、次いで「運搬・清掃・包装等従事者」（22.0％）、「販売従事者」（9.7％）と続く。
- 「子どもへのかかわり・教育」を一般世帯と比較すると、生活保護世帯では「有料のレジャー施設に遊びにほとんど連れていかない」「学習塾に通わせていない」「習いごとに通わせていない」割合が一般世帯と比べ顕著に高い。
- 生活保護世帯の高校生の子どもの進学について、約4割が「就職させるつもり」としている（一般世帯では約2割）。

⑤ ジニ係数と格差 (厚生労働省「令和3年所得再分配調査」より)

- 社会における所得分配の不平等を計る指標の1つがジニ係数である。
- ジニ係数は、0から1の数値で示され、1に近づくほど所得分配の不平等があることを示す。0.5を超えると政策による是正が必要とされる。
- 日本のジニ係数は、当初所得が0.5700で、年金等の社会保障や税による再分配後の再分配所得は0.3813である。

- 2005（平成17）年からの時系列でみると、当初所得のジニ係数は上昇傾向にある。
- 再分配所得のジニ係数はほぼ横ばいで、前回の2017（平成29）年に比べると0.0092ポイントとわずかに上昇している。

 社会保障を中心とした所得再分配機能によって、所得の格差が抑えられていることがわかる。

■所得格差の推移（ジニ係数）

資料：厚生労働省「令和3年所得再分配調査」

⑥ 所得格差と貧困の拡大

- 厚生労働省「国民生活基礎調査」によると、日本の貧困率は1985（昭和60）年以降、ゆるやかな上昇傾向にある。
- 1990年代以降の日本経済の長期低迷により、非正規労働者が増加した。
- 人口構造の変化などにより、新卒一括採用、終身雇用、年功序列型を基本とする日本型雇用システムは揺らぎを見せ始めている。
- 2021（令和3）年の世界のジニ係数（再分配後）をみると、主要先進国ではアメリカが0.38以上と最も高く、続いてイギリス、日本、イタリア、ニュージーランド、ドイツ、オランダがジニ係数0.3以上と比較的高くなっている。

《国試にチャレンジ！》

1 一人当たり可処分所得を低い順に並べ、中央値の半分に満たない人の割合を相対的貧困率という。【27回63】　（正答…〇）

2 「令和3年所得再分配調査報告書」（厚生労働省）によると、2005年（平成17年）から2021年（令和3年）にかけて、所得再分配後のジニ係数は上昇傾向にある。【31回63改】　（正答…✕）

貧困の歴史

B 貧困に対する制度の変遷

■日本の貧困に対する制度の発展過程

年	制度	内容
1874（明治7）	恤救規則	親族扶養や地域の互助が原則。対象を「無告ノ窮民」に厳しく限定した。米代相当の現金給付
1929（昭和4）	救護法	生活困窮者を居宅保護により救護する。稼働能力を有している者については対象外とする制限扶助主義をとった。また、扶養義務者が扶養できる場合は、救護しない（急迫の場合を除く）
1945（昭和20）	生活困窮者緊急生活援護要綱	戦災者・引揚者・復員者だけでなく、失業者も対象として、宿泊・給食・医療・衣料等を現物給付
1946（昭和21）	SCAPIN775「社会救済に関する覚書」（連合国軍最高司令官総司令部指令）	GHQ（連合国軍最高司令官総司令部）が、無差別平等、国家責任、公私分離、必要充足（必要な救済費用に制限を加えない）という4つの原則を示した。旧生活保護法立案の基となった
1946（昭和21）	旧生活保護法	第1条で無差別平等を定め、国家責任による保護を明文化。怠惰者、素行不良の者は保護の対象外とする、という欠格条項があった
1949（昭和24）	社会保障制度審議会「生活保護制度の改善強化に関する件」	生活困窮者の保護請求権の明示や不服申立てを法的に保障することなどを求める
1950（昭和25）	新生活保護法（現行の生活保護法）の成立・施行 ＜主な特徴＞ ・生存権の理念を明文化 ・保護請求権と不服申立て制度の法制化 ・保護の対象は生活困窮者とし、欠格条項を廃止 ・社会福祉主事を補助機関、民生委員を協力機関、保護の実施機関を都道府県知事・市長・福祉事務所を設置する町村長とする ・教育扶助と住宅扶助を追加し7種類の扶助（2000（平成12）年の介護保険法施行時に介護扶助が追加され現在は8種類）	
2002（平成14）	ホームレスの自立の支援等に関する特別措置法	ホームレスの自立支援を目的に、国の責務などを規定。「ホームレスの自立の支援等に関する基本方針」に基づきホームレスの自立支援施策を推進 ※施行後10年間の時限立法だったが、2027（令和9）年まで延長

2003(平成15)	生活保護基準改定で保護基準を引き下げ(制度開始以来初)
2005(平成17)	生活保護制度に自立支援プログラムを導入
2013(平成25)	子どもの貧困対策の推進に関する法律(子どもの貧困対策推進法)	子どもの現在や将来が生まれ育った環境によって左右されることなく、心身ともに健やかに育成される環境を整備し、教育の機会均等を図る。「子どもの貧困対策に関する大綱」を作成
	生活困窮者自立支援法	生活保護に至る前の自立支援策の強化と生活困窮者の自立の促進
2024(令和6)	こどもの貧困の解消に向けた対策の推進に関する法律	子どもの貧困対策推進法から改称。目的や基本理念において解消すべきこどもの貧困を具体化し、大綱への関係者の意見反映、民間団体への経済支援などを新たに規定

 無告ノ窮民
親族扶養や地域の互助が期待できない、①単身の障害者、②70歳以上で働けない者、③単身の疾病者、④単身の13歳以下の年少者をいう。

■ 救護法による扶助の種類は、生活・医療・生業・助産の4種で、その他に、埋葬費も支給した。経費は原則、市町村の負担で、国が2分の1、道府県が4分の1を補助した。

 旧生活保護法では、保護の実施機関を市町村長とし、民生委員を補助機関とした。また、医療・助産・生活・生業・葬祭扶助の5つの扶助があり、国の負担割合は8割であった。なお、保護請求権や不服申立てに関する規定はなかった。

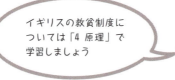

イギリスの救貧制度については「4原理」で学習しましょう

《国試にチャレンジ!》

1 救護法(1929年(昭和4年))は、救護を目的とする施設への収容を原則とした。【28回63】 ☑☑ (正答…✕)

2 旧生活保護法(1946年(昭和21年))は、勤労を怠る者は保護の対象としなかった。【28回63】 ☑☑ (正答…○)

Lesson 3 生活保護法

頻出度 A 生活保護法の目的と基本原理

- 生活保護法は、日本国憲法第25条の生存権の保障を具体的に実施するための法律で、1950（昭和25）年に制定された。
- 生活保護法の目的は、すべての国民に対する最低限度の生活の保障と自立助長である。

■ 生活保護の4原理

原理	内容
国家責任の原理（1条）	国の責任において、生活に困窮するすべての国民の最低限度の生活を保障し、その自立の助長を行う
無差別平等の原理（2条）	生活困窮に陥った経緯や原因等は保護の決定に影響しない
最低生活保障の原理（3条）	最低限度の生活は、健康で文化的な生活水準の維持を可能とするものでなければならない
保護の補足性の原理（4条）	・保護実施以前に利用可能な資産や能力、その他あらゆるものの活用を優先する ・民法に定める扶養義務者の扶養および他法他施策（生活保護法以外の法律や施策による給付やサービス）は、すべて生活保護法よりも優先して適用される

扶養義務者
生活保護法における扶養義務者とは、配偶者、直系血族、兄弟姉妹のほか、特別な事情がある三親等内の親族で、家庭裁判所へ調停または審判の申立てを行う蓋然性が高いと認められる者。

- 生活保護に優先して活用すべき資産等には以下のものなどが挙げられる。
  - 不動産（ただし、土地や家屋など処分するよりも保有しているほうが生活維持や自立の助長に実効性があると認められる場合は、処分しなくてもよい）
  - 自家用車、オートバイなど
  - 稼働能力
  - 扶養義務者による扶養（金銭的な支援、精神的な支援、物理的な支援等）

《国試にチャレンジ！》

1 生活保護法が規定する基本原理・原則において保障される最低限度の生活とは、肉体的に生存を続けることが可能な程度のものである。
【32回64改】 （正答…×）

2 補足性の原理により、素行不良な者は保護の受給資格を欠くとされている。
【30回65】 （正答…×）

頻出度 A 生活保護法の基本原則

■生活保護法には、生活保護を実施する際の4つの原則が規定されている。

■生活保護の4原則

原則	内容
申請保護の原則（7条）	保護は、申請に基づいて開始される
基準および程度の原則（8条）	保護は、厚生労働大臣の定める基準により、その者の金銭または物品では不足する分を補う程度行う
必要即応の原則（9条）	保護は、個人や世帯の実際の必要の相違を考慮して、有効かつ適切に行う
世帯単位の原則（10条）	保護は、世帯を単位とする。それによりがたい場合は個人を単位とすることもできる

① 申請保護の原則

■生活保護は、原則として生活に困窮する国民からの申請に基づき開始される。

■申請の権利をもつのは、生活に困窮する要保護者、その扶養義務者、扶養義務者以外の同居する親族である。

■要保護者が、急迫した状況にあるときは、保護の実施機関は申請がなくても必要な保護を行うことができる（急迫保護）。この場合、速やかに、職権をもって保護の種類、程度および方法を決定し、保護を開始しなければならない。

② 基準および程度の原則

■生活保護の支給額および支給内容は、厚生労働大臣が定める基準により決定する。

■基準は、要保護者の年齢、性別、世帯構成、居住する地域、その他必要な事情により決定される。

■保護の基準は、保護の要否を決める役割と保護費の支給額の内容を決定するための役割がある。

■要否を決める際には、基準と収入の額を対比させ、不足分を補う程度支給する。

■基準と対比させる収入には、祝い金や香典などその性質により算定を除外するものや、勤労に伴う必要経費や就労意欲を助長する基礎控除等がある。

③ 必要即応の原則

■生活保護は、原則として法律と運用基準に即して決定されるが、画一的な対応を取ることなく、要保護者の年齢、性別、健康状態などその個人または世帯の実際の必要の相違を考慮して、有効かつ適切に実施する。

④ 世帯単位の原則

■生活保護の要否および内容の決定は、世帯を単位として行われる。

- 世帯は、戸籍や住民票上の世帯とは関係なく、同一の住居で生活し、生計を一つにしている者の集まりを単位として考える。
- 入院中や出稼ぎに出ているなど、一時的に世帯を離れている者については、一つの世帯に帰属しているとみなすため同一世帯と考える。
- 大学等に在学中の世帯員や、事情により同一世帯として認めるべきでない者がいる場合、世帯分離の取扱いを行い、例外的に個人単位での保護を実施する。

《国試にチャレンジ！》

1. 保護は、生活困窮に陥った原因に基づいて決定される。
【36回63】　　　　　　　　　　　　　　　　　　　　　　（正答…✕）

2. 保護は、要保護者の年齢別、性別、健康状態等に関して、世帯の実際の相違を考慮することなく一定の必要の基準に当てはめて行う。
【34回63】　　　　　　　　　　　　　　　　　　　　　　（正答…✕）

頻出度 B 生活保護の利用手続き

- 保護の実施機関は、都道府県知事、市長、福祉事務所を設置する町村長である。
- 生活保護の決定・実施の事務は、通常、福祉事務所長に委任される。
- 申請者は保護を受ける理由、資産・収入の状況（扶養義務者による扶養の状況などを含む）などを記載した申請書を提出する（申請書等を作成できない特別な事情がある場合は、この限りでない）。
- 保護の実施機関は、資力調査（ミーンズ・テスト）等を行い、申請日から14日以内（特別な理由がある場合は30日まで延長可）に保護の要否、種類、程度および方法を決定し、書面で申請者へ通知する。
- 保護の開始または変更の申請は、福祉事務所を設置していない町村長を経由して行うことができる。町村長は、申請を受け取った5日以内に、保護の参考となるべき事項を記載した書面を添えて、保護の実施機関に送付しなければならない。
- 保護の実施機関は、被保護者が保護を必要としなくなったときは、速やかに、保護の停止または廃止を決定しなければならない。

《国試にチャレンジ！》

1. 保護申請は、福祉事務所指定の申請書でなければ受け付けられない。
【32回68改】　　　　　　　　　　　　　　　　　　　　　（正答…✕）

生活保護制度の原理・原則はほぼ毎年出題されます。難易度は高くないのでしっかり学習して得点源としましょう

生活保護による扶助の種類と概要

■生活保護法による扶助

扶助の種類	概要	給付方法	備考
生活扶助	衣類や食費など日常生活にかかる経費として算定される扶助	金銭給付	居宅、前払いが原則
教育扶助	義務教育を受けている世帯員が修学に必要とする経費に関する扶助	金銭給付	生活扶助と同時支給が原則
住宅扶助	家賃や更新料、住宅の修繕費など住宅の維持にかかる扶助	金銭給付	生活扶助と同時支給が原則
医療扶助	保険診療の範囲の医療費と通院交通費、治療材料費	現物給付	指定医療機関、医療保護施設の利用が原則
介護扶助	介護保険サービスとその自己負担分に相当する額に関する扶助	現物給付	指定介護機関の利用が原則
出産扶助	出産にかかる経費に関する扶助	金銭給付	児童福祉法の入院助産制度が優先
生業扶助	事業の経営や技能修得、就職支度にかかる経費に関する扶助および高等学校等就学費	金銭給付	高等学校等就学費は、2005（平成17）年度から支給
葬祭扶助	葬祭を行う者が困窮している場合に葬祭を行うための扶助	金銭給付	葬祭を行う者に支給

- 生活保護法第4条「保護の補足性の原理」に基づき、他の法律や制度により給付される費用は、生活保護の扶助の対象にはならない（他法他施策優先）。
  例）出産扶助は、助産制度が活用できる場合は支給されない。
- 介護保険の保険料は、生活扶助の介護保険料加算において支給される。

上記の8種類の扶助として給付される内容についても、それぞれ条件や上限が定められていることが多いため、詳細について受給者に対する説明が必要。また、生活保護法第7条「申請保護の原則」に基づき、それぞれの扶助を受ける際には、そのつど申請が必要となる。

《国試にチャレンジ！》

1 介護扶助には、介護保険の保険料は含まれない。【31回65】 ✓✓ （正答…○）
2 出産扶助は、原則として現物給付によって行われる。【36回65】 ✓✓
（正答…×）

頻出度 A 生活扶助

■ 生活扶助は、基準生活費、入院患者日用品費、介護施設入所者基本生活費、一時扶助、期末一時扶助、各種の加算から構成され、原則として金銭給付である。

① 生活扶助の基準生活費

■ 生活扶助の基準生活費は、第1類、第2類で構成されている。
■ 第1類は、食費・被服費などに関する個人単位で消費する日常生活費である。
■ 第2類は、光熱水費や家具什器など世帯全体に対して支給される生活費および地区別の冬季加算である。
■ 第1類は、各世帯員の年齢別、居住地別、第2類は、世帯人員（世帯員数）別、居住地別に定められている。

② 入院患者日用品費・介護施設入所者基本生活費

■ 入院患者日用品費、介護施設入所者基本生活費は、病院・診療所や介護施設に入院・入所している被保護者に対する基準生活費で、第1類、第2類に代わって支給される。

■病院や施設に入院・入所している者の基準生活費

入院患者日用品費	1か月を超えて病院・診療所に入院している被保護者の一般生活費
介護施設入所者基本生活費	介護保険法による介護施設に入所している被保護者の一般生活費

③ 一時扶助・期末一時扶助

■ 一時扶助は、基準生活費では賄いきれない生活上の一時的な特別の需要について、やむを得ないと認められた場合に支給される費用である。
■ 期末一時扶助は、年末年始における特別需要に対応する費用である。

■生活扶助の一時扶助

一時扶助	概要
被服費	保護開始時および長期入院後等に着用する手持ちの平常着、布団類が全くない場合などに支給。常時失禁者のおむつ代も含まれる
家具什器費	保護開始時および長期入院後等に最低限度の家具什器がない場合
移送費	求職活動や施設利用等のためにかかる交通費。転居費用など
入学準備金	小・中学校への入学準備のために必要とする費用。制服買替費用など
就労活動促進費	一定の要件を満たした求職活動を実施しており、早期の保護脱却が可能と実施機関が判断する者に対して支給
その他	家財保管料や家財処分料など、世帯の状況に応じて定められた項目の一時扶助。期末一時扶助は、越年経費として12月に支給

④ 各種の加算

■ 第1類、第2類の合計額を基準額とするが、障害者や妊産婦などは日常生活費により多額の経費を必要とするため、その特別な需要に対応するため8種類の加算制度が設けられている。

■ 加算制度

加算の名称	対象者
妊産婦加算	妊娠が判明した妊婦（翌月から認定）。産婦加算は出産月から6か月間認定（母乳の場合。それ以外は3か月間）
障害者加算	身体障害者障害程度等級表1〜3級の者、障害基礎年金1級または2級の者
介護施設入所者加算	介護施設に入所しており、かつ介護施設入所者基本生活費が算定されている者
在宅患者加算	在宅療養の結核もしくは3か月以上の治療を必要とする患者で、医師の診断により栄養補給が必要な者
放射線障害者加算	「原子爆弾被爆者に対する援護に関する法律」で認定を受けた者、または放射線を大量に浴びたため負傷した者
児童養育加算	高校3年生までの児童・生徒を養育する者
介護保険料加算	介護保険の第1号被保険者であり、普通徴収で介護保険料を納付する者（介護保険料に対応する費用を支給）
母子加算	父母の一方もしくは両方がいない児童・生徒（18歳に達する日以降の最初の3月31日までの間にある者または20歳未満の障害者）を養育する者

《国試にチャレンジ！》

1　生活扶助基準第二類は、世帯人員別に設定されている。【29回66】　（正答…○）

2　生活扶助には、小学生の子どもの校外活動参加のための費用が含まれる。【31回65】　　（正答…×）

頻出度A　教育扶助・住宅扶助・医療扶助

① 教育扶助

■ 教育扶助の対象は、小中学校の義務教育を受けるためにかかる経費で、原則として金銭給付である（高等学校など義務教育以外にかかる経費は生業扶助）。

■ 学校活動のためにすべての児童・生徒が支払う費用（生徒会費やPTA会費等）や購入する副読本やワークブック、楽器等の費用、学校給食費、通学のために必要な交通費および修学旅行を除く校外活動費が支給される。

■ 教育扶助の対象とならない修学旅行にかかる経費は、学校教育法に基づく就学援助制度の対象となっている。

就学援助
要保護者、要保護者に準ずる程度に困窮している者に対し、義務教育に伴い学校生活で必要となる費用の一部を支給する。教育扶助を受けている要保護者には、修学旅行にかかる費用が支給される。

- **学習支援費**は、学校で部活動を行うための費用を必要とする場合、年間上限額の範囲において、支給される。

ワンポイント　学習支援費は、地域のクラブ活動（少年野球やサッカークラブなど）の参加費用も対象とするが、営利のスポーツクラブや学習塾などの月謝等は対象としていない。

② 住宅扶助

- **住宅扶助**は、居住する家屋の**家賃**や間代、または所有する住居の**地代**を必要とする場合、住宅扶助として支給される。原則として**金銭給付**である。
- 居住する家屋の補修にかかる費用や建具、水道設備等の従属物の修理または維持のために経費を要する場合、**住宅維持費**として支給される。
- 転居の際に必要とする**敷金**等や、住居の賃貸借契約の更新に必要な**更新料**、**火災保険料**も住宅扶助の対象となる。

家賃は、級地区分や世帯員の数によって上限額が変わるから要注意！

③ 医療扶助

- **医療扶助**は、疾病や負傷のため**指定医療機関**、**医療保護施設**への通院もしくは入院によって治療を行う際に行われる**給付**である。
- 医療扶助は、原則として**現物給付**によって行われ、健康保険で給付される範囲の医療行為が対象となる。
- 医療扶助の内容は、入院、診療、投薬、手術などの医療行為のほか、通院や入退院の際にかかる交通費（移送費）や**義肢**、**装具**、**眼鏡**といった治療材料の給付も対象となっている。
- 指定医療機関は、その医療機関の開設者の申請により**厚生労働大臣**、**都道府県知事**が指定し、**6年ごとの指定の更新**が必要である。
- 医療扶助による医療の給付においては、特に医師等からの指示がなければ**後発医薬品**により行われることが原則である。

《国試にチャレンジ！》

1. 教育扶助には、小中学校への入学準備金が含まれる。【31回65】 ☑☑ （正答…✗）
2. 厚生労働大臣以外の者は、生活保護法に基づく医療機関を指定することができない。【29回63】 ☑☑ （正答…✗）

頻出度 A 介護扶助・出産扶助・生業扶助・葬祭扶助

① 介護扶助

- 介護扶助は、介護保険法に定める要介護状態または要支援状態にある被保護者に対し、指定介護機関への委託により、原則として現物給付にて行う。
- 介護扶助の内容は、居宅介護（居宅介護支援計画による）、福祉用具、住宅改修、施設介護、介護予防（介護予防支援計画による）、介護予防福祉用具、介護予防住宅改修、介護予防・日常生活支援（介護予防支援計画等による）、移送である。移送を除き介護保険の対象サービスと同一となっている。

ワンポイント 被保護者のうち介護保険の被保険者では、補足性の原理により介護保険が優先され、介護保険の1割の自己負担分が介護扶助から給付される。

② 出産扶助

- 出産扶助は、出産に必要な分娩の介助や分娩前後の処置、それに伴って必要となるガーゼ等の衛生材料費を支給するもので、原則として金銭給付である。
- 補足性の原理に基づき、児童福祉法に定められた助産制度を利用できる場合は、そちらを優先して活用することとなる。

③ 生業扶助

- 生業扶助には、生業費、技能修得費、就職支度費および高等学校等就学費の4種類の給付内容があり、原則として金銭給付である。
- 生業費は、小規模な事業を営むための資金や経費と、その生業に必要な器具や資料にかかる費用が対象となる。
- 技能修得費は、生業に就くために必要な技能や資格を修得するために必要な経費が対象となる。
- 就職支度費は、就職のために直接必要な洋服類、履物等の購入費用が対象となる。
- 高等学校等就学費は、公立学校の授業料相当額、教材費、受験料、入学金、通学交通費などが支給の対象となる。部活動など課外活動にかかる費用については、学習支援費として支給され、年間上限額が設定されている。

④ 葬祭扶助

- 葬祭扶助は、葬祭を行う者に対して行われるもので、原則として金銭給付である。
- 被保護者が死亡した場合の遺体の検案・運搬、火葬または埋葬、納骨その他葬祭のために必要な費用が対象となる。
- 死亡者の遺族または扶養義務者が生活困窮のために葬祭を行うことができない場合に、その遺族または扶養義務者に対して支給される。
- 生活保護受給中の者が死亡し、その葬儀を行うべき扶養義務者がおらず遺留金品が十分にない場合で、その死亡者の葬祭を行う第三者がある場合には、その第三者に対して給付される。

扶養義務者のいない被保護者が死亡した場合、申請を行うことにより第三者に対し、葬祭扶助が適用される。その際には、第三者の資力は勘案されず、生前の被保護者の財産を充当して足りない部分について給付がされる。

《国試にチャレンジ！》

| 1 | 生業扶助には、高等学校就学費が含まれる。【29回65】 | (正答…○) |
| 2 | 葬祭扶助には、遺体の検案のための費用は含まれない。【31回65】 | (正答…×) |

保護施設

- 保護施設は、居宅において生活を営むことが困難な要保護者を入所または利用させる生活保護法に基づく施設で、救護施設、更生施設、医療保護施設、授産施設、宿所提供施設の5種類がある。なお、施設数が最も多いのは、救護施設である。
- 社会福祉法で、第一種社会福祉事業とされている保護施設の設置主体は、都道府県、市町村、地方独立行政法人、社会福祉法人、日本赤十字社に限られる。

■保護施設の種類と目的（生活保護法第38条）

施設の種類	対象	扶助の種類	目的
救護施設	身体上または精神上の著しい障害のため、日常生活が困難な要保護者	生活扶助	入所・通所により生活指導・生活訓練等を行う。退所者に対して通所・訪問による生活指導等を行う
更生施設	身体上または精神上の理由から、養護および生活指導を必要とする要保護者	生活扶助	入所・通所により就労指導・職業訓練等を行う
医療保護施設	医療を必要とする要保護者	医療扶助	医療の給付（現物給付）を行う

授産施設	身体上もしくは精神上の理由または世帯の事情により就業能力の限られている要保護者	生業扶助	就労または技能修得の機会および便宜を与えて、自立を助長する
宿所提供施設	住居のない要保護者の世帯	住宅扶助	住宅扶助（現物給付）を行う

《国試にチャレンジ！》

1 保護施設は、救護施設、更生施設、宿所提供施設の3種類に分類される。
【34回66】　☑☑　　　　　　　　　　　　　　　　　　　　　　（正答…✕）

2 特定非営利活動法人は、保護施設を設置することができる。
【34回66】　☑☑　　　　　　　　　　　　　　　　　　　　　　（正答…✕）

頻出度A 被保護者の権利および義務

■生活保護法において、被保護者の権利と義務が、次のように規定されている。

■被保護者の権利

項目	内容
不利益変更の禁止（56条）	正当な理由がなければ、すでに決定された権利を不利益に変更されることはない
公課禁止（57条）	保護金品および進学・就職準備給付金を標準として、租税その他の公課を課せられることはない
差押禁止（58条）	すでに支給された保護金品および進学・就職準備給付金またはこれらを受ける権利を差し押さえられることはない

■被保護者の義務

項目	内容
譲渡禁止（59条）	保護または就労自立給付金、進学・就職準備給付金の支給を受ける権利は、譲り渡すことができない
生活上の義務（60条）	能力に応じた勤労に励むこと、健康の保持および増進に努めること、生計の状況を把握し節約を図ること、生活の維持向上に努めること
届出の義務（61条）	生計の状況についての変動があったとき、居住地もしくは世帯構成に異動があったときは、速やかに保護の実施機関または福祉事務所長に届け出なければならない
指示等に従う義務（62条）	保護の実施機関から必要な指導または指示を受けたときは、被保護者はこれに従わなければならない。被保護者がこれに従わなかったときは、保護の実施機関は弁明の機会を与えたうえで、保護の変更、停止または廃止を行うことができる

費用返還義務（63条）	資力がありながら保護を受けた場合、受給した保護金品の金額の範囲内で返還しなければならない

指示等において、保護の実施機関は被保護者の自由を尊重し、必要最小限にとどめなくてはならない（生活保護法第27条）。

《国試にチャレンジ！》

1. 被保護者は、既に給与を受けた保護金品を差し押さえられることがある。【34回65】（正答…✕）
2. 被保護者は、保護を受ける権利を相続させることができる。【28回68】（正答…✕）

不服申立てと訴訟

- 生活保護の実施機関が行った開始や廃止、変更などの決定（行政処分）に対して不服がある者は、処分があったことを知った日の翌日から3か月以内に都道府県知事に対して審査請求を行うことができる。
- 審査請求を受けた都道府県知事は、50日（第三者機関による諮問の場合は70日）以内に裁決を行う。
- 所定の期間内に裁決が行われない場合、審査請求人はその審査請求が棄却されたものとみなすことができる。
- 都道府県知事が行った裁決に不服がある者は、裁決があったことを知った日の翌日から1か月以内に厚生労働大臣に再審査請求を行うことができる。その場合、厚生労働大臣は70日以内に裁決を行わなければならない。
- 生活保護法に対する処分取消の行政訴訟は、その処分に対する審査請求に対する都道府県知事の裁決を経た後でなくては提起できない（審査請求前置主義）。

《国試にチャレンジ！》

1. 生活保護法に定める不服申立ての審査請求に対する裁決が50日以内に行われないときは、請求は認容されたものとみなされる。【33回66】（正答…✕）

生活保護の財源・予算

- 生活保護制度にかかる保護費（保護施設事務費、委託事務費、就労自立給付金費、進学・就職準備給付金費等を含む）は、全額が公費から負担される。
- 国は、その費用の4分の3を国費で負担しなければならない。

■ 国から法定受託事務を受けて生活保護を実施する地方公共団体は、費用の **4分の1** を負担しなければならない。

■ 費用負担区分

居住地区分		国	都道府県または指定都市・中核市	市町村
居住地の明らかな者	市または福祉事務所を設置している町村	3/4	—	1/4
	福祉事務所を設置していない町村	3/4	1/4	—
	指定都市・中核市	3/4	1/4	—
居住地がないか、または明らかでない者		3/4	1/4	—

《国試にチャレンジ！》

1 国は、市町村が支弁した生活保護費の4分の3を負担する。
【30回44改】　　　　　　　　　　　　　　　　　　　　（正答…○）

頻出度 B 生活保護基準の考え方

■ **生活保護基準** とは、生活保護法の趣旨である「健康で文化的な最低限度の生活」を守るための具体的な尺度であり、生活保護法第8条により **厚生労働大臣** が定める。

■ 生活保護基準は、国が保障すべき生活のレベル（**ナショナル・ミニマム**）を定める尺度としての役割ももっており、他の社会保障制度の給付額等の水準を決める基準としての役割をもっている。

■ 生活保護基準は、生活保護の **要否判定の基準** と **社会保障の水準を示す基準** の2つの役割を有している。

 生活保護基準は、就学援助や最低賃金、非課税世帯の条件など、他法他施策の水準を定める際の基準として用いられる。

■ 現在の **生活扶助基準** は、**水準均衡方式** によって設定されている。

■ 生活扶助基準の算定方法の変遷

算定方法	適用期間	提唱者	内容
標準生計費方式	1946（昭和21）年〜1947（昭和22）年	—	当時の経済安定本部が定めた世帯人員別の標準生計費を基に算出し、生活扶助基準とする方式

マーケット・バスケット方式	1948（昭和23）年～1960（昭和35）年	ラウントリー	生活に必要な食費や被服費、光熱水費など一つひとつを積み上げて算出する方式
エンゲル方式	1961（昭和36）年度～1964（昭和39）年度	エンゲル	標準的栄養所要量を満たす飲食物費を家計調査から割り出して総生活費を算出する方式
格差縮小方式	1965（昭和40）年度～1983（昭和58）年度	—	国民の消費水準の伸びを基礎として、格差縮小分を加味して算定する方式
水準均衡方式	1984（昭和59）年度～	—	当該年度の民間最終消費支出の伸び率を基礎とし、前年度までの一般国民の消費水準の実績と調整をする方式

《国試にチャレンジ！》

1 生活扶助基準は、マーケット・バスケット方式によって設定される。
【31回64】　　　　　　　　　　　　　　　　　　　　　　　　　　（正答…✕）

頻出度A 生活保護の動向

① 被保護人員の動向（「令和5年度被保護者調査」より）

■ 2023（令和5）年度1か月平均の被保護実人員は**202万**576人となり、前年度より4010人減少した。保護率（総人口のうち、実際に保護を受けている人員の割合）は**1.62**％で、前年度と同じだった。

■ 保護率は、1995（平成7）年度の**0.7**％を底に毎年増加していたが、2013（平成25）年度からは1.70％前後で横ばいとなり、2016（平成28）年度からはやや減少、2021（令和3）年度からは横ばいとなっている。

ワンポイント 保護率が過去最高となったのは終戦間もない1947（昭和22）年度で、3.77％を記録した。

■ 被保護人員は、1995（平成7）年度を底に**増加**を続け、**2011**（平成23）年度からは過去最高の人数を更新してきたが、**2015**（平成27）年度から減少に転じた。

■ 2023（令和5）年度の保護の種類別の扶助人員（月平均）をみると、**生活扶助**が175万5035人と最も多く、次いで**住宅扶助**が172万9929人、**医療扶助**が171万2181人となっている。なお、2006（平成18）年度から、医療扶助と住宅扶助の順位が逆転している。

② **被保護世帯の動向**(「令和5年度被保護者調査」より)
- 2023(令和5)年度1か月平均の被保護世帯数は、165万478世帯で、前年度に比べ7015世帯増加した。
- 被保護世帯数を世帯類型別にみると、高齢者世帯が90万8629世帯となっており、前年度より20世帯増加している。母子世帯は減少しているが、障害者・傷病者世帯、その他の世帯については、いずれも前年度より増加している。
- 被保護世帯数は、1997(平成9)年度以降、すべての類型で増加を続けていたが、2012(平成24)年度を境に、高齢者世帯以外は、微減または横ばいとなっている。

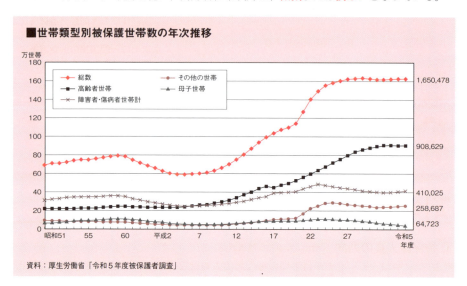

- 保護の種類別に扶助世帯数(月平均)をみると、2023(令和5)年度では医療扶助が145万4503世帯と最も多く、次いで生活扶助が142万7301世帯、住宅扶助が141万2549世帯となっている。

③ **保護開始・保護廃止の主な理由**
- 2023(令和5)年度中に保護を開始した世帯における主な保護開始理由をその構成割合でみると、「貯金等の減少・喪失」が47.3%と最も多く、次いで「傷病による」が17.8%、「働きによる収入の減少・喪失」が17.7%などとなっている。

■保護開始の主な理由別世帯数の構成割合

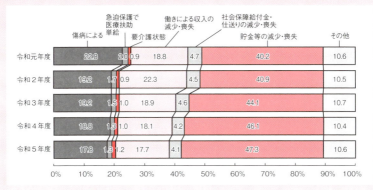

資料：厚生労働省「令和5年度被保護者調査」

■ 2023（令和5）年度中に保護を廃止した世帯における主な保護廃止理由をその構成割合でみると、「死亡」が48.7％と最も多く、「働きによる収入の増加・取得・働き手の転入」が15.3％などとなっている。

■保護廃止の主な理由別世帯数の構成割合

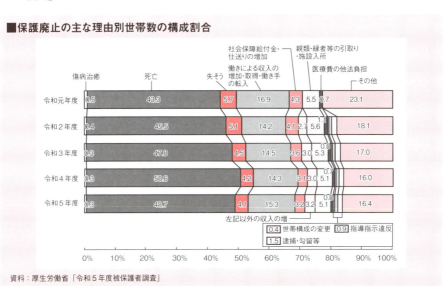

資料：厚生労働省「令和5年度被保護者調査」

《国試にチャレンジ！》

1 「令和5年度被保護者調査」（厚生労働省）で、保護の種類別に扶助人員をみると、「医療扶助」が最も多い。【35回63改】　　　　　　　　　　（正答…✕）

2 生活保護受給者の保護廃止の主な理由は、「働きによる収入の増加・取得・働き手の転入」の割合が最も多い。【33回63改】　　　　　　　　　（正答…✕）

Lesson 4 生活保護制度における自立・就労支援

頻出度 B 生活保護制度における自立支援プログラム

① 自立支援プログラムの意義・目的

- 自立支援プログラムは、生活保護制度について、経済的な給付に加え、組織的に被保護世帯の自立を支援する制度に転換することを目的として、2005（平成17）年に導入された。
- 自立支援プログラムは、被保護者を対象に、保護の実施機関が被保護世帯全体の状況や自立阻害要因について類型化を図り、その類型ごとに取り組むべき個別支援プログラムを策定し、これに基づき必要な支援を組織的に行うものである。
- 自立支援プログラムは、就労による経済的自立のほか、日常生活自立、社会生活自立を目指すプログラムを含むもので、被保護者の多様な課題に対応する。

■自立支援プログラムの種類

日常生活自立支援	身体や精神の健康を回復・維持し、自分で自分の健康・生活管理を行うなど日常生活において自立した生活を送ることを目指すプログラム
社会生活自立支援	社会的なつながりを回復・維持し、地域社会の一員として充実した生活を送ることを目指すプログラム
経済的自立支援	主に就労による経済的自立のためのプログラム

- 日常生活自立支援のプログラムには、精神障害者等の退院促進支援、多重債務者の債務整理等の支援などがある。
- 社会生活自立支援には、ボランティア活動への参加やひきこもりの利用者への支援などがある。
- 経済的自立支援には、就労意欲の低い者への動機づけや意欲喚起のための支援も含まれる。
- 経済的自立支援のプログラムには、生活保護受給者等就労自立促進事業、被保護者就労支援事業、被保護者就労準備支援事業のほか、年金受給支援、資格取得のためのプログラムなどがある。

② 自立支援プログラムの実際

- 個別支援プログラムの整備にあたっては、自立支援プログラムとして活用できる他法他施策、関係機関、その他の地域の社会資源を積極的に活用する。
- 個別支援プログラムの整備にあたっては、専門的知識を有する者の雇用、地域の適切な社会資源への外部委託等により、実施体制の充実を積極的に図る。

■自立支援プログラムは、生活保護法第27条の「指導及び指示」とは性格が異なっている。

自立支援プログラムは、生活保護法に規定する「相談及び助言」に基づく支援である。

■自立支援プログラムへの参加は、福祉事務所長による措置や強制によるものではなく、被保護者の同意に基づくものである。
■被保護者に対して意向を確認し、本人の意思と選択に基づくプログラムを選定する。
■自立支援プログラムは地域の実情に応じて設定する。

■自立支援プログラム策定の流れ

① 管内の被保護世帯全体の状況把握
　↓
② 被保護者の状況・自立阻害要因の類型化
　　　年齢別、世帯構成別、
　　　自立阻害要因別等に類型化
　↓
③ 類型ごとの支援の具体的内容・実施手順を定める
　　　次のような点を踏まえる
　　　・担当職員の経験
　　　・他の実施機関の取組み例
　　　・活用できる地域の社会資源
　↓
④ 個別支援プログラムの整備
　　　・他法他施策
　　　・関係機関　　　} の積極的活用
　　　・地域の社会資源
　　　・専門的知識を有する者の雇用
　　　・地域の社会資源へ外部委託
　　　・被保護者への説明と参加の指導（被保護者の同意が必要）
　↓
⑤ プログラムに基づく具体的支援
　↓
⑥ 取組み状況の評価

《国試にチャレンジ！》

1 生活保護の自立支援プログラムの「基本方針」では、組織的支援ではなく、現業員の個人の努力や経験により支援を行うことにしている。
【30回68】　　　　　　　　　　　　　　　　　　　　（正答…✕）

頻出度 B 生活保護制度における就労支援制度

① 生活保護受給者等就労自立促進事業

- 生活保護受給者等就労自立促進事業は、2013（平成25）年、「福祉から就労」支援事業が廃止され、新たに創設されたものである。
- 公共職業安定所（ハローワーク）と連携し、福祉事務所等にハローワークの常設窓口を設置することで、ワンストップ型の就労支援体制を整備する。
- 就労支援プログラムのメニューには、キャリアコンサルティングやトライアル雇用などが含まれる

> **word　トライアル雇用**
> 職業経験や技能・知識の不足などで就職が困難な求職者を原則3か月間試行雇用する制度。

■生活保護受給者等就労自立促進事業の体系

支援対象者	生活保護受給者、児童扶養手当受給者、住居確保給付金受給者、生活困窮者自立支援事業に基づく自立相談支援事業の支援を受けている者		
支援要件	支援対象者のうち以下のすべてを満たす者 ①稼働能力がある者 ②就労意欲が一定程度以上ある者 ③就労するにあたり著しい阻害要件がない者 ④事業参加への同意がある者		
実施体制	ハローワークと福祉事務所等が連携し、支援対象者ごとに就労支援チームを設置		
	ハローワーク	事業担当責任者	事業全体の管理・指導等を行う
		就職支援ナビゲーター	支援プランの策定、メニューの選定・実施、就労支援、就労後のフォローアップ等を担当する
	福祉事務所等	福祉部門担当コーディネーター	支援候補者の選定、準備としてのはたらきかけ、ナビゲーターに対する支援要請等を行う
支援実施	①就労支援チームによる支援候補者の選定 ②就労支援チームによる個別面談 ③就労支援プラン策定 ④職業準備プログラムメニューの選定 ⑤就労支援メニュー選定等の支援方針の決定 ⑥就労支援の実施		

② 被保護者就労支援事業

- 被保護者就労支援事業は、2015（平成27）年の生活保護法の改正により法定化された。
- 対象者は、生活保護実施機関が就労可能と判断した被保護者で、現に就労している者を含む。
- 被保護者就労支援事業では、相談・助言、求職活動支援などの就労支援のほか、稼働能力や適性のある職種などを検討する稼働能力判定会議などを開催する。

■被保護者就労支援事業における就労支援の内容

- 相談・助言…被保護者の就労に関する相談・助言
- 求職活動支援…履歴書の書き方、面接の受け方などに関する助言
- 求職活動への同行…求職活動や企業面接への同行
- 連絡調整…ハローワークなどの関係機関との連絡・調整
- 個別求人開拓…本人の希望を踏まえた個別の求人開拓
- 定着支援…就労後のフォローアップ

③ 被保護者就労準備支援事業

- 被保護者就労準備支援事業は、就労意欲や生活能力が低いなど、就労に向けた課題を抱える被保護者を対象としている。2009（平成21）年度から実施されていた就労意欲喚起等支援事業に代わって2015（平成27）年に創設された。
- 事業内容は、一般事業と居宅生活移行支援事業に分けられる。

■被保護者就労準備支援事業の内容

区分		内容
一般事業	日常生活自立に関する支援	規則正しい起床・就寝、バランスのとれた食事の摂取、適切な身だしなみなどに関する助言・指導
	社会生活自立に関する支援	基本的なコミュニケーション能力の形成に向けた支援、地域の事業所での職場見学、ボランティア活動などの実施
	就労自立に関する支援	就労体験の機会の提供、ビジネスマナー講習、キャリア・コンサルティング、模擬面接、履歴書の作成指導などの実施
居宅生活移行支援事業		無料低額宿泊所を利用する被保護者に対し、利用者ごとの支援計画を策定し、居宅生活などに向けた支援を行う

②と③の事業は、自立支援プログラムに位置づけて実施することになります

《国試にチャレンジ！》

1 3年前に乳がんと診断された会社員のAさんは、仕事と治療の両立が困難なため退職し、生活保護を受給している。現在はパートタイムの仕事ができるほどに回復し、検診の結果「軽労働」が可能と診断された。再就職を希望しているAさんへの生活保護現業員の支援として、「被保護者就労準備支援事業の利用を促す」は適切である。【33回67改】　　　　　　　　　（正答…✕）

頻出度 C 生活保護制度のその他の主な支援

① 就労自立給付金

- 2013（平成25）年の生活保護法の改正により創設された。
- 被保護者の就労のインセンティブを高めるため、保護受給中の就労収入の一定額を積み立て、安定就労の機会を得て保護廃止に至ったときに支給する。

② 進学・就職準備給付金

- 2018（平成30）年の生活保護法の改正により、生活保護世帯の子どもの貧困の連鎖を断ち切り、子どもの自立を助長するために進学準備給付金が創設された。
- 生活保護受給世帯の子どものうち、大学や専門学校等に進学するために生活保護受給世帯から脱却することとなる者を対象に、新生活立ち上げのための費用が給付される。
- 2024（令和6）年の生活保護法の改正により、生活保護受給世帯の子どもが高等学校等を卒業し、就職して自立する場合にも一時金を支給することとなった。これに伴い、進学準備給付金の名称は進学・就職準備給付金に改められた（2024（令和6）年1月1日に遡及して適用）。

③ 子どもの進路選択支援事業

- 2024（令和6）年の生活保護法の改正により、子どもの進路選択や就労、生活習慣などについて相談・助言などを行う子どもの進路選択支援事業が創設された。保護の実施機関が任意で実施する（2024（令和6）年10月1日施行）。

《国試にチャレンジ！》

1 病気により仕事をやめ、1年前から生活保護を受給しているJさんは、1か月前から病状が大分良くなり、医師から就労できる状態であると診断された。Jさんへの生活保護現業員の説明として、「就労した場合、保護が廃止されずに就労自立給付金を毎月受給できる」は適切である。【34回64改】

（正答…✕）

Lesson 5 生活困窮者自立支援法

生活困窮者自立支援法の概要

- 生活困窮者に対する自立の支援は、生活困窮者の**尊厳**の保持を図りつつ、生活困窮者の**就労**の状況、**心身**の状況、地域社会からの**孤立**の状況などに応じて、包括的かつ早期に行われる。
- 2015（平成27）年4月に施行された**生活困窮者自立支援法**は、生活保護に至る前の自立支援策の強化と、生活困窮者の**自立の促進**を図ることを目的としている。
- 生活困窮者自立支援法は、**生活困窮者**を「就労の状況、心身の状況、地域社会との関係性その他の事情により、現に経済的に困窮し、最低限度の生活を維持することができなくなるおそれのある者」と定義している。
- 実施主体は、**都道府県**、**市**、福祉事務所を設置する**町村**で、事業内容は**必須**事業と**任意**事業に分かれる。住居確保給付金の交付以外の事業は、**委託**することが可能である。

■生活困窮者自立支援法による事業

必須事業	生活困窮者**自立相談支援事業**	・生活困窮者からの**就労・居住**その他の自立に関する問題の相談に応じ、必要な情報の提供および助言 ・認定生活困窮者就労訓練事業の利用斡旋 ・**自立支援計画**の作成、自立支援のための援助
	生活困窮者**住居確保給付金**	離職や収入の著しい減少により住居を失った生活困窮者および住居を失うおそれがある生活困窮者に対し、転居費用や**家賃相当の給付金**を支給する
任意事業	努力義務 — 生活困窮者**就労準備支援事業**	雇用による就業が著しく困難な生活困窮者に、就労に必要な知識・能力の向上のために必要な訓練を実施する
	生活困窮者**家計改善支援事業**	・家計の状況を適切に把握する ・**家計の改善**の意欲を高めることの支援 ・生活に必要な資金の貸付けの斡旋
	生活困窮者**居住支援事業**※	・**住居のない生活困窮者**に対して一定期間、宿泊場所、衣食の提供を行う ・シェルター等の退所者や、地域社会から孤立している者に、訪問等による情報提供等を行う
	子どもの学習・生活支援事業	・生活保護受給世帯を含む生活困窮者である子どもに対し**学習の援助**を行う ・子どもおよび保護者に対し、**生活習慣**および**育成環境**に関する**助言**を行う ・進路選択や就労に関する相談、情報提供、連絡調整
	その他	その他生活困窮者の自立の促進を図るために必要な事業

※2025（令和7）年4月より生活困窮者一時生活支援事業から名称変更

- 自立相談支援事業と就労準備支援事業、家計改善支援事業との**一体的実施**が促進されている。
- **住居確保給付金**の支給期間は原則3か月、最長9か月である。
- 就労準備支援事業は原則1年を超えない期間での有期の訓練を提供する事業である。
- 認定就労訓練事業（生活困窮者認定就労訓練事業）は、一般就労と福祉的就労の間に位置する、いわゆる**中間的就労**として位置づけられ、都道府県から**認定**を受けた社会福祉法人、ＮＰＯ法人などが自主事業として実施する。
- **認定就労訓練事業**では、さまざまな事情から今すぐに一般就労で働くことが難しい者に働く場を提供し、一般就労に向けたトレーニングを行う。
- 就労訓練事業の利用者は、雇用契約を締結せず、訓練として就労を体験する形態（**非雇用型**）、雇用契約を締結したうえで支援付きの就労を行う形態（**雇用型**）のいずれかで就労する。
- 実施主体である都道府県等は、関係機関等により設置される**支援会議**を組織することができる。支援会議は、生活困窮者に対する自立の支援を図るために必要な情報等の交換を行う。
- 事業実施自治体の各部局において、生活困窮者を把握した場合には、自立相談支援事業等の**利用勧奨**を行うことが努力義務化された。
- 福祉事務所未設置町村は、生活困窮者およびその家族等からの相談に応じ、生活困窮者**自立相談支援事業の利用勧奨等を行う**事業を行うことができる。
- 自立相談支援事業の実施機関である**自立相談支援機関**には、主任相談支援員、相談支援員、就労支援員の３職種が配置される（レッスン７参照）。
- 2024（令和６）年に、安定的な居住の確保の支援等、生活困窮者等の自立のさらなる促進を図るため、生活困窮者自立支援法等が改正された。

■**生活困窮者自立支援法における主な改正点**

・自立相談支援事業で居住に関する**相談支援**等を行うことを明確化
・住居確保給付金の**支給対象者**の範囲を**拡大**し、家賃の低い住宅への転居費用も給付可能に
・一時生活支援事業を**居住支援事業**に名称変更し、実施を**努力義務化**
・生活困窮者への**見守り支援**の強化
・就労準備支援事業、家計改善支援事業、居住支援事業について、保護の実施機関が必要と認める場合は、**生活保護受給者**が利用可能に

《国試にチャレンジ！》

1　生活困窮者自立支援法の目的は、生活困窮者に対する自立の支援に関する措置を講ずることにより、生活困窮者の自立の促進を図ることである。
【35回28】　　　　　　　　　　　　　　　　　　　　　（正答…○）

2　家計改善支援事業は、生活困窮者の家計に関する問題につき生活困窮者からの相談に応じ、必要な資金の貸付けをする事業である。
【30回63改】　　　　　　　　　　　　　　　　（正答…×）

Lesson 6 低所得者対策とホームレス対策

生活福祉資金

- 生活福祉資金貸付制度では、低所得世帯、障害者世帯、高齢者世帯を対象に、資金の貸付けと民生委員による必要な相談支援を行うことにより、経済的自立と生活意欲の助長促進等を図り、安定した生活を営むことができるようにする。
- 生活福祉資金貸付制度の実施主体は、都道府県社会福祉協議会である。
- 借入れの相談や申請書類の受付などは、市町村社会福祉協議会が行う。
- 市町村社会福祉協議会は、借入申込者が要保護世帯であったときには、所管する福祉事務所長の意見を聞かなければならない。

■生活福祉資金の貸付対象

低所得世帯	必要な資金を他から借り受けることが困難な世帯
障害者世帯	身体障害者手帳、療育手帳、精神障害者保健福祉手帳の交付を受けた人の属する世帯、障害者総合支援法によるサービスを利用している等、障害者と同等と認められる人の属する世帯
高齢者世帯	65歳以上の高齢者の属する世帯

- 生活福祉資金は、総合支援資金、福祉資金、教育支援資金、不動産担保型生活資金を低利または無利子で貸付けるものである。
- 同一世帯で複数の資金の貸付けを重複して受けることが可能である。
- 貸付金を償還期限までに償還しなかった場合は、延滞利子を付して返済しなければならない（届出により猶予や免除が行われる場合がある）。

■資金の種類

	資金の種類		貸付限度額	貸付利子
総合支援資金	生活支援費	生活再建までの間に必要な生活費	2人以上…月20万円以内 単身…月15万円以内	連帯保証人 あり…無利子 なし…年1.5%
	住宅入居費	敷金等、住宅の賃貸借契約に必要な費用	40万円以内	
	一時生活再建費	生活を再建するために一時的に必要な費用	60万円以内	

福祉資金	福祉費	生業を営むための費用 技能習得に必要な費用 障害者用自動車の購入費用等	580万円以内	連帯保証人 あり…無利子 なし…年1.5%
	緊急小口資金	緊急かつ一時的に生計の維持が困難な場合の貸付け	10万円以内	
教育支援資金	教育支援費	低所得世帯に属するものが高等学校・大学または高等専門学校に修学するために必要な経費	高校…月3.5万円以内 高専・短大・大学…月6.5万円以内	無利子
	就学支度費	入学に必要な経費	50万円以内	
不動産担保型生活資金	一般世帯向け	低所得の高齢者世帯に対し、一定の住居用不動産を担保とし生活資金を貸付け	土地の評価額の70％程度	年3％または長期プライムレートのいずれか低いほう
	要保護世帯向け	要保護の高齢者世帯に対し、一定の住居用不動産を担保とし生活資金を貸付け		

《国試にチャレンジ！》

1 生活福祉資金貸付制度は、市町村社会福祉協議会を通じて借入れを申し込むことができる。【34回69】　　　　　　　　　　　　　　　　（正答…○）

2 総合支援資金は、連帯保証人を立てないと貸付けを受けることができない。【33回69】　　　　　　　　　　　　　　　　　　　　　　（正答…×）

頻出度 B 住まいに関する施策

① 公営住宅

- 公営住宅制度は、公営住宅法に基づき、住宅に困窮する低所得者に対して低廉な家賃で賃貸する制度である。
- 公営住宅の家賃は、近隣同種の住宅の家賃以下で毎年決定される。
- 公営住宅の入居者が死亡または退去した場合、同居していた者は事業主体の承認を受けて、引き続きその住宅に居住することができる。
- 病気など特別な事情がある場合には、敷金を減免することができる。
- 公営住宅のうち、特定目的住宅は、ひとり親世帯、高齢者世帯、障害者世帯など特に居住の安定を図る必要のある住宅困窮者に限定して入居できるものである。

② 無料低額宿泊所

- 無料低額宿泊所は、第二種社会福祉事業である。運営主体に制限はない。事業開始にあたっては、都道府県知事への届出が必要である。
- 無料低額宿泊所は、生計困難者のために、無料または低額な料金で簡易住宅の貸付けや宿泊所その他の施設を利用させる事業を行う施設である。

■ 宿泊所の提供のほか、食事の提供や生活支援、就労指導などを行うこともできる。

 無料低額宿泊所は、生活保護法の住宅扶助を利用することができる。

③ 日常生活支援住居施設

■ 日常生活支援住居施設は、無料低額宿泊所であって、国の定める最低基準を満たすものとして、都道府県知事の認定を受けたものである。
■ 福祉事務所は、単身で生活することが困難な生活保護受給者について、日常生活支援住居施設に必要な日常生活上の支援の実施を委託することができる。

 生活困窮者自立支援法に基づき、住居のない生活困窮者に一定期間、宿泊場所や食事の提供を行う生活困窮者一時生活支援事業も行われている(任意事業)。

《国試にチャレンジ！》

1 住宅を喪失した人への支援策として、無料低額宿泊所は全ての市町村が設置しなければならない。【32回69】　　　　　　　　　　　　　　(正答…✕)

2 生活困窮者一時生活支援事業は、生活保護の被保護者が利用する事業である。【32回69】　　　　　　　　　　　　　　　　　　　　　　(正答…✕)

頻出度 B 求職者支援・就学支援

① 求職者支援法

■ 「職業訓練の実施等による特定求職者の就職の支援に関する法律」(求職者支援法)は、職業訓練の実施、職業訓練を受けるための職業訓練受講給付金の支給などにより、特定求職者の就職を促進し、職業・生活の安定を目指すことを目的とする。
■ 求職者支援制度の対象者は、次のすべての要件を満たす必要がある。

■特定求職者の条件
・雇用保険の被保険者や雇用保険の受給者でないこと
・労働の意思・能力がある
・公共職業安定所(ハローワーク)に求職の申し込みをしている
・公共職業安定所長により、職業訓練など支援措置を行う必要があると認められた者

■ 申し込みは、公共職業安定所(ハローワーク)で行う。
■ 職業訓練を受講している期間は、1か月ごとに10万円の職業訓練受講給付金が支給される。
■ 訓練期間は2か月以上6か月以下の範囲内である。

② 就学援助制度

- 市町村は、経済的理由によって、就学困難と認められる学齢児童生徒（小・中学生）の保護者に対して就学援助を実施する。
- 対象者は、要保護者と準要保護者（要保護者に準ずる程度に困窮している者）である。
- 市町村が行う就学援助に対して、国は必要な経費の一部を補助している。
- 補助の対象は、学用品費、体育実技用具費、新入学児童生徒学用品費等、通学用品費、通学費、修学旅行費、校外活動費、医療費、学校給食費などである。

③ 高等学校等就学支援金制度

- 「高等学校等就学支援金の支給に関する法律」に基づき、国の負担により、授業料に充てるための高等学校等就学支援金が支給される制度である。
- 所得等要件を満たす世帯（年収約910万円未満の世帯など）の高等学校等の生徒が対象となる。
- 生徒の通う学校の種類は問わず、国公私立の高等学校のほか、特別支援学校高等部、高等専門学校（3年まで）、専修学校なども対象となる。
- 支給額は、公立、国立、私立、全日制、定時制などで区分され料金が異なっている。

④ 高等教育の修学支援新制度

- 2019（令和元）年に「大学等における修学の支援に関する法律」が制定され、2020（令和2）年度から高等教育の修学支援新制度が始まった。
- 住民税非課税世帯またはそれに準ずる世帯における、大学、短期大学、高等専門学校、専門学校に在籍する学生を対象に、授業料等減免と給付型奨学金の支給を行っている。

《国試にチャレンジ！》

1　国が定める高等学校等就学支援金及び大学等における修学の支援における授業料等減免には、受給に当たっての所得制限はない。【34回31】　（正答…✕）

2　国が定める高等学校等就学支援金による支給額は、生徒の通う学校の種類を問わず同額である。【34回31】　（正答…✕）

頻出度 B　ホームレス対策

- 「ホームレスの自立の支援等に関する特別措置法」（ホームレス自立支援法）は、ホームレスの自立支援とともに、国の責務などを明らかにしている。
- ホームレスとは、都市公園、河川、道路、駅舎その他の施設を故なく起居の場所とし、日常生活を営んでいる者と定義される。
- ホームレス自立支援法の定めにより、国は、地方公共団体の協力を得て、ホームレスの実態に関する全国調査を行わなければならない。

- **厚生労働大臣**および**国土交通大臣**は、全国調査を踏まえ、ホームレスの自立の支援等に関する**基本方針**を策定しなければならない。
- 都道府県または市町村は、必要があると認められるときは、基本方針に即し、**実施計画**を策定しなければならない。実施計画を策定するにあたっては、地域住民およびホームレスの自立支援等を行う**民間団体の意見**を聴くように努める。

■ホームレスに関する全国調査

ホームレス数*	2820人（男性が2575人、女性が172人、不明が73人）、2023年調査より245人減少
都道府県上位*	①大阪府　②東京都　③神奈川県
生活の場所上位*	①都市公園　②道路　③河川　④その他の施設　⑤駅舎
年齢層	平均63.6歳（2016年調査では61.5歳）　65歳以上が半数超
路上生活期間	①10年以上（40.0%）　②5～10年未満（19.1%）　③3～5年未満（9.2%）　④1～3年未満（11.4%）　⑤1年未満（20.3%）
仕事と収入	48.9%が仕事をしており、そのうち66.4%は廃品回収 月収：①1万円未満（6.0%）　②1～3万円未満（18.7%）　③3～5万円未満（27.5%）　④5万円以上（47.9%）
路上生活直前の雇用形態	正社員…45.8%　臨時・パートアルバイト…23.2%　日雇…20.7%
健康状態	不調の訴え…34.9%（このうち治療なし63.5%）
生活保護受給歴	32.7%
今後の生活	今のままでいい…40.9% アパートに住み、就職して自活したい…17.5%
求職活動状況	している…8.4%　していないし、予定なし…75.5%

*の項目は「ホームレスの実態に関する全国調査（概数調査）（2024（令和6）年）」、それ以外の項目は「ホームレスの実態に関する全国調査（生活実態調査）（2021（令和3）年）」による

- 2018（平成30）年策定の「**ホームレスの自立の支援等に関する基本方針**」の期間満了に伴い、2023（令和5）年7月に新たな基本方針が策定された。
- 新たな「ホームレスの自立の支援等に関する基本方針」では、ホームレスの**高齢化**や路上生活期間の**長期化**などを踏まえ、生活困窮者自立支援法等によるホームレス**自立支援施策**のさらなる推進等を行っていく。

《国試にチャレンジ！》

1. 「ホームレス自立支援法」による支援を受けている者は、生活保護法による保護を受けることはできない。【28回69】　　（正答…✕）
2. 生活実態調査によれば、「生活保護を利用したことがある」と回答した人は全体の約7割程度である。【36回69】　　（正答…✕）

Lesson 7 — 貧困に対する支援における関係機関と専門職の役割

頻出度 B 国・都道府県・市町村の役割

① 国の役割

■生活保護事務に関する国における所管は、厚生労働省社会・援護局である。

■厚生労働大臣は、告示により生活保護基準を定める。

■厚生労働大臣は、国の開設した医療機関について、指定医療機関の指定および指定取り消しの権限を有する。

■厚生労働大臣は、都道府県に対して一定の事由があるときは、その運営する保護施設の設備もしくは運営の改善、事業の停止または施設の廃止を命じることができる。

② 都道府県の役割

■都道府県は、生活保護の所管部局を設置し、次の事務を行う。

- ・福祉事務所の設置義務
- ・市町村に対する事務監査
- ・社会福祉法人・日本赤十字社の運営する保護施設の改善命令、事業の停止、認可取り消し
- ・国以外が開設した医療機関について、指定医療機関の指定、指定取り消し、立入検査
- ・指定介護機関の指定、立入検査
- ・審査請求の裁決　など

■都道府県は、福祉事務所を設置していない町村内の居住者、居住地の明らかでない者の保護費の4分の1を負担しなければならない。

③ 市町村の役割

■市（特別区を含む）は、福祉事務所を設置する義務がある。

■町村は、任意で福祉事務所を設置することができる。

■町村が福祉事務所を設置しない場合は、都道府県が設置する福祉事務所がその事務を行う。

■福祉事務所を設置していない町村の長は、以下の事項について義務を負う。

- ・要保護者の発見、被保護者の生活状態等の変動についての保護の実施機関または福祉事務所長への通報
- ・保護の開始または変更の申請を受理した場合の保護の実施機関への申請書の送付
- ・保護の実施機関または福祉事務所長から求めがあった場合の被保護者への保護金品の交付
- ・保護の実施機関または福祉事務所長から求めがあった場合の要保護者に関する調査の実施

- 生活保護事務は、国から都道府県を通して市への「法定受託事務」となっている。以前、国の強い影響のもとに行われていた「機関委任事務」に比べ、地方自治体の自主性や自立性を高めることとなった。

《国試にチャレンジ！》

1. 生活保護基準は、財務大臣と厚生労働大臣の連名で改定される。【31回64】 ☑ （正答…×）
2. 人口5万人未満の市は、福祉事務所を設置しなくてもよい。【29回63】 ☑ （正答…×）

福祉事務所の役割と組織

① 福祉事務所の役割

- 福祉事務所とは、社会福祉法第14条が規定する「福祉に関する事務所」をいう。
- 福祉六法（生活保護法、児童福祉法、母子及び父子並びに寡婦福祉法、老人福祉法、身体障害者福祉法および知的障害者福祉法）に定める援護、育成または更生の措置に関する事務を取り扱う行政機関である。
- 都道府県福祉事務所では、福祉三法（生活保護法、児童福祉法、母子及び父子並びに寡婦福祉法）に関する事務を行う。
- 市町村福祉事務所では、福祉六法に関する事務を行う。

② 福祉事務所の組織・活動

- 福祉事務所には、所長、査察指導員、現業員、事務員を置かなければならない。
- 査察指導員および現業員は、社会福祉主事でなければならない。
- 査察指導員は、所長が兼務することも可能であり、この場合は査察指導員を置く必要はない。

■ 福祉事務所の人員と役割

所長	都道府県知事または市町村長の指揮監督を受けて、所務を掌理する
査察指導員	所長の指揮監督を受けて、生活保護制度の現場にて指導監督を行う。スーパーバイザーの役割を担う
現業員（ケースワーカー）	・所長の指揮監督を受けて、要保護者の家庭訪問や面接、調査や保護の要否の判断を行うとともに、本人に対する生活指導を行う ・現業員の調査は、法の趣旨である、最低生活の保障と自立助長の2つの目的を果たす役割を担っている

- 現業員の定数については、社会福祉法に標準数が規定され、これをもとに都道府県および市町村が条例で定める。

■ 福祉事務所の現業員の定数

設置主体	現業員の標準定数
都道府県	被保護世帯数が390以下の場合6人(被保護世帯数が65を増すごとに1人を追加)
市	被保護世帯数が240以下の場合3人(被保護世帯数が80を増すごとに1人を追加)
町村	被保護世帯数が160以下の場合2人(被保護世帯数が80を増すごとに1人を追加)

■生活保護における現業は、最低生活の保障と自立助長を目指すものである。
■生活保護の相談におけるプロセスには、①要保護者の発見、②インテーク、③アセスメントおよびプランニング、④インターベンション、⑤モニタリングとエバリュエーション、⑥ターミネーションの段階がある。
■生活保護制度における文書には、保護台帳、保護決定調書、経過記録等がある。

《国試にチャレンジ！》

1 福祉事務所の長は、厚生労働大臣の指揮監督を受けて、所務を掌理する。【32回67】　　　　　　　　　　　　　　　　　　　　　　　（正答…✗）

2 福祉事務所の指導監督を行う所員及び現業を行う所員は、社会福祉主事でなくてもよい。【31回67】　　　　　　　　　　　　　　　（正答…✗）

福祉事務所は、生活保護制度では重要な機関ですね

試験でもよく問われる基本事項です。就労支援における現業員の役割などと連動して、その役割を押さえておくとよいでしょう

頻出度 B 自立相談支援機関の役割と組織

- 自立相談支援機関は、生活困窮者自立支援法における自立相談支援事業の実施機関であり、生活困窮者等からの相談に応じ、必要な情報の提供や助言、関係機関との連絡調整、認定就労訓練事業の利用のあっせん、プランの作成等の支援を包括的に行う。
- 福祉事務所を設置する自治体は、自立相談支援機関を設置することが義務づけられている。
- 自立相談支援機関の人員・設備等について、法令上の基準は設けられていないが、主任相談支援員、相談支援員、就労支援員の配置が必要（小規模自治体等においては兼務可）である。

■自立相談支援機関の業務

相談支援業務	アセスメントを実施し、自立支援計画を作成して、必要なサービスにつなげる。複合的な課題を抱える生活困窮者などでは、世帯全体に対する包括的な支援を行う
地域づくり関連業務	地域ネットワークの強化や社会資源の開発など、地域への働きかけを行う。具体的には、関係者が集まる協議の場の設定、NPO法人、民間企業、さまざまな支援組織、当事者グループ、地域住民など多様な立場の人々が担い手として支援に参加できる仕組みづくりをしていく

頻出度 C ハローワークと民生委員の役割

① ハローワークの役割

- ハローワーク（公共職業安定所）は、国が設置する機関であり、職業紹介、職業指導などを行う。
- ハローワークは、福祉事務所と連携して、生活保護受給者や児童扶養手当受給者のほか、住居確保給付金受給者など生活困窮者自立相談の対象者に対して、生活保護受給者等就労自立促進事業のなかで、就労支援事業を行う。
- ハローワークの事務所内に、対象者のための専用窓口を設置したり、福祉事務所の窓口にて出張相談を行ったりするなどアウトリーチを実施している。

② 民生委員の役割

- 民生委員は、民生委員法に定められた資格で、厚生労働大臣より委嘱を受けている。
- 民生委員は、生活保護の運営・実施に当たって、福祉事務所と連携し、生活保護事務の執行に協力することとされている。

C 関連する専門職の役割

① 社会福祉士の役割
- 社会福祉士は、生活困窮者自立支援法に基づく自立相談支援機関、福祉事務所などさまざまな機関に配属され、生活保護受給者や生活困窮者などへの相談援助を行っている。
- 社会福祉士の実践の規範となる「社会福祉士の倫理綱領」には、「差別、貧困、抑圧、排除、無関心、暴力、環境破壊などのない自由、平等、共生に基づく社会正義の実現」が明記され、貧困に対する支援は、社会福祉士の重要な役割である。

② その他関連する専門職の役割

■関連する専門職の役割・連携

精神保健福祉士	統合失調症や依存症など精神障害を抱え、貧困状態にある人に対する支援を実施。精神保健福祉士のほか、医師・看護師・保健師などの医療職、医療機関等と連携しながらの対応も必要となる
ケースワーカー（社会福祉主事任用資格）	社会福祉主事は、福祉事務所のケースワーカーとして任用され、社会福祉施設の施設長、通所介護施設等の生活相談員、社会福祉協議会の福祉活動専門員等として働いている
介護支援専門員	貧困状態にある高齢者を支援する際に連携が必要
相談支援専門員	貧困状態にある障害者を支援する際に連携が必要
退院後生活環境相談員	措置入院や医療保護入院者の退院に向けた生活環境の調整を行うが、貧困状態にある場合には福祉事務所などと連携した対応が必要
弁護士	貧困状態にある人の判断能力が低下した場合に成年後見人などになる場合がある
保育士	貧困状態にある子どもの虐待などの早期発見
就職支援ナビゲーター	解雇や失業により貧困状態になった人に対して、就労支援チームの一員として就労支援を実施

《国試にチャレンジ！》

1 〔事例〕
夫と死別したT市在住のMさん（39歳）は、長男（14歳）とアパートで生活している。Mさんは長男の高校進学を考え、パート勤務をしているが生活が苦しく、安定した生活を望んでいる。そこでMさんは、T市の生活困窮者自立相談支援事業を実施している市役所のL相談支援員に相談した。

L相談支援員（社会福祉士）は、公共職業安定所（ハローワーク）のキャリアコンサルティングに従事する職員と協働してMさんを支援することにした。
【31回68改】　　　　　　　　　　　　　　　　　　　　　　（正答…○）

16

保健医療と福祉

Lesson 1 保健医療の動向

頻出度 C 保健医療の動向

① 疾病構造の変化

- 疾病構造とは、ある特定の集団の疾病の種類とその構成割合のことである。
- 日本は、近代化に伴い多産多死型から、**少産少死型**へ変化した。この現象は**人口転換**理論によって説明される。
- **疫学転換**とは、人口転換における死亡率低下の過程を疾病構造の変化、死因の変化から説明した理論で、以下の3段階がある。

■疫学転換の3段階

疾病と飢饉の時代	感染症の流行、飢饉、戦乱などにより死亡率が高く人口の変動が大きい時代
パンデミック後退の時代	感染症の制御による、死亡率低下の時代
変性疾患と人為的な疾病の時代	脳血管疾患、心疾患などの循環器系疾患や悪性新生物（がん）による死亡率増加の時代

- わが国では、高齢化と疫学転換に伴い、脳血管疾患や心疾患、悪性新生物（がん）が死因の上位を占めるようになり、現在は悪性新生物が死因の第1位、次いで心疾患となっている（厚生労働省「令和5年（2023）人口動態統計」）。
- 脳血管疾患や心疾患、悪性新生物（がん）などは生活習慣が深く関与する生活習慣病である。

 ワンポイント 生活習慣病は、国際的には非感染性疾患といわれる。

② 医療施設から在宅医療へ

- **社会的入院**とは、治療よりも介護を必要とする患者が、社会的・経済的な理由で病院に長期入院することである。
- 1973（昭和48）年に**老人医療費無料化**が実施されて以降、高齢者の社会的入院が急増し、社会問題化した。
- 2006（平成18）年の**第5次医療法**の改正により、退院後の患者に継続的な医療・介護を提供するための仕組みや在宅医療を推進する改革が行われた。
- 2008（平成20）年に「高齢者の医療の確保に関する法律」（高齢者医療確保法）に基づいた**後期高齢者医療制度**が創設された。
- 2016（平成28）年より開催された全国在宅医療会議において、**在宅医療**は「患者の

療養場所に関する希望や、疾病の状態などに応じて、入院医療や外来医療と相互に補完しながら生活を支える医療」と定義された。
- 医療の提供体制は、1つの病院で回復まで時間をかける病院完結型医療から、地域全体の社会資源を活用し、療養を支える地域完結型医療への転換が図られている。
- 従来は、急性期病院を頂点として、かかりつけ医を底辺とする垂直連携が中心であったが、地域包括ケアシステムにおいては、かかりつけ医が中心となり、多職種や専門機関と連携する水平連携が求められている。

③ 保健医療における福祉的課題

- 保健医療における福祉的課題として、難病、終末期ケア（ターミナルケア）、依存症、認知症、自殺などがある。

■ 主な福祉的課題

難病	患者の生活支援、社会参加や共生の視点
終末期ケア	今後の治療やケアなどにおける意思決定支援
依存症(物質依存)	孤立など依存症に陥る背景の理解、周囲に対する支援、精神保健福祉センターなどの社会資源への理解
認知症	独居や高齢者世帯の増加、判断能力の低下などによる自分自身の世話の放棄や不衛生な環境を改善しない等の自己放任（セルフネグレクト）状態への対処、生活の質の維持
自殺企図	予防のための生活支援、防御因子（信頼できる支援者、社会資源など自殺を防ぐ因子）を高める

- 依存症とは、アルコールや薬物といった物質の使用の結果、渇望や離脱症状が生じる物質依存を指し、ギャンブル依存やゲーム依存も疾患として加えられている。
- DSM-5 では、ギャンブル障害が物質依存と共通のカテゴリーに入れられた。
- 2019（令和元）年に WHO で採択された ICD-11 では、「ゲーム症／ゲーム障害」が精神疾患として加わっている。

事例問題も想定して、ソーシャルワーカーの視点から、どのような支援が必要か考えてみましょう。依存症や認知症は「1 医学」、自殺については「4 原理」も参照してください。

Lesson 2 医療費の動向

頻出度A 国民医療費の概要

■ 国民医療費は、当該年度内の**保険診療**の対象となり得る**傷病の治療**に要した費用を推計したものである。

■国民医療費に含まれない費用

評価療養（先進医療等） 選定療養（特別の病室への入院、歯科の金属材料等） 不妊治療における生殖補助医療等　など	←	保険診療の対象とならないため含まれない
正常な妊娠・分娩に要する費用 **健康診断**・予防接種等に含まれる費用 身体障害者の義眼や義肢など	←	傷病の治療費に限っているため含まれない

■ 国民医療費は、**医療保険制度**等による給付、**後期高齢者医療制度**や**公費負担医療制度**による給付、これに伴う**患者等の一部負担**によって支払われた医療費を合算したものである。

《国試にチャレンジ！》

1. 国民医療費には、特定健康診査・特定保健指導の費用が含まれる。【28回71】 （正答…×）
2. 国民医療費は、患者が医療機関で直接支払う一部負担金を差し引いて推計したものである。【28回71】 （正答…×）

頻出度A 国民医療費全体の状況

■ 2022（令和4）年度の国民医療費は **46兆6967**億円で過去最高となり、前年度の45兆359億円に比べ3.7％の増加となっている。
■ 人口1人当たりの国民医療費は37万3700円である。
■ 国民医療費の国内総生産（GDP）に対する比率は8.24％となっている。
■ 2006（平成18）年度以降に国民医療費の総額が前年比で減少したのは、2016（平成28）年度、2020（令和2）年度であった。
■ 国民医療費は、2013（平成25）年度に40兆円を突破している。

■ 2022（令和4）年度の国民医療費の状況一覧

国民医療費	46兆6967億円	前年度比　3.7%増
人口1人当たりの国民医療費	37万3700円	前年度比　4.2%増
国内総生産(GDP)に対する比率	8.24%	前年度比　0.11%増

■ 都道府県（患者住所地）別に国民医療費をみると、東京都が4兆8224億円と最も高く、次いで大阪府（3兆6082億円）、神奈川県（3兆1244億円）となっている。最も低いのは鳥取県（2082億円）である。

■ 都道府県別の人口一人当たりの国民医療費をみると、高知県が47万8900円と最も高く、次いで鹿児島県（45万6500円）、徳島県（44万8400円）となっている。最も低いのは埼玉県（33万2000円）である。

《国試にチャレンジ！》

1. 2022（令和4）年度の国民医療費の国民所得に対する比率は3％に満たない。
【34回71改】　☑☑　　　　　　　　　　　　　　　　（正答…✕）

2. 2022（令和4）年度の人口一人当たりの国民医療費は、60万円を超えている。
【36回71改】　☑☑　　　　　　　　　　　　　　　　（正答…✕）

3. 2022（令和4）年度の国民医療費の総額は40兆円を超えている。
【36回71改】　☑☑　　　　　　　　　　　　　　　　（正答…◯）

頻出度A　制度区分別・財源別国民医療費の状況

① 制度区分別国民医療費（厚生労働省「令和4年度国民医療費の概況」より）

■ 国民医療費を制度区分別にみると、後期高齢者医療給付分が全体の3分の1以上となっている。

■ 医療保険等給付分45.2％のうち、被用者保険が25.3％、国民健康保険が19.3％である。

■ 制度区分別国民医療費

制度区分	2022（令和4）年度額	構成割合	前年度比
公費負担医療給付分	3兆4884億円	7.5%	5.3%増
医療保険等給付分	21兆1015億円	45.2%	2.6%増
後期高齢者医療給付分	16兆4544億円	35.2%	4.6%増
患者等負担分	5兆6524億円	12.1%	4.2%増

② 財源別国民医療費（厚生労働省「令和4年度国民医療費の概況」より）

■ 財源別国民医療費とは、制度区分別給付額等を各制度において財源負担するべき者に割り当てたものである。

■ 財源別国民医療費の内容

公費	公費負担医療制度、医療保険制度、後期高齢者医療制度等への国庫負担金および地方公共団体の負担金
保険料	医療保険制度、後期高齢者医療制度、労働者災害補償保険制度等の給付費のうち、事業主と被保険者が負担すべき額
その他	患者負担および原因者負担（公害健康被害の補償などに関する法律および健康被害救済制度による救済給付等）

■ 国民医療費の財源別構成割合をみると、大きい順に保険料が50.0％、公費が37.9％（国庫負担25.3％、地方公共団体12.6％）、その他が12.1％（うち患者負担が11.6％）である。

1955（昭和30）年度の財源別負担は公費15.9％、保険料45.5％、患者負担その他が38.7％であり、公費負担の増加が顕著である。

《国試にチャレンジ！》

1　「令和4年度国民医療費の概況」によると、公費負担医療給付の割合は、国民医療費の70％を超えている。【31回71改】　　（正答…✕）

2　「令和4年度国民医療費の概況」によると、国民医療費の財源の内訳は、保険料の割合よりも公費の割合の方が大きい。【34回71改】　　（正答…✕）

診療種類別国民医療費の状況

■ 2022（令和4）年度の国民医療費を診療種類別にみると、医科診療医療費（72.4％）が最も多く、次いで薬局調剤医療費（17.1％）、歯科診療医療費（6.9％）となっている。

■ 診療種類別国民医療費の内容

医科診療医療費	医科診療にかかわる診療費
歯科診療医療費	歯科診療にかかわる診療費
薬局調剤医療費	処方箋により保険薬局を通じて支給される薬剤などの額
入院時食事・生活医療費	入院時食事療養費、食事療養標準負担額、入院時生活療養費および生活療養標準負担額の合計額
訪問看護医療費	訪問看護療養費および基本利用料の合計額
療養費等	健康保険などの給付対象となる柔道整復師・はり師などによる治療費、移送費、補装具などの費用

■診療種類別国民医療費

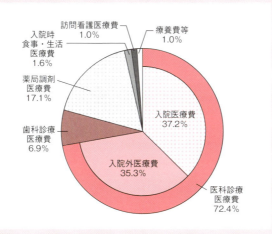

資料：厚生労働省「令和4年度国民医療費の概況」

《国試にチャレンジ！》

 1 「令和4年度国民医療費の概況」によると、入院と入院外を合わせた医科診療医療費の割合は、国民医療費の70%を超えている。【31回71改】

（正答…○）

年齢階級別国民医療費・傷病分類別医科診療医療費の状況

頻出度 A

① 年齢階級別国民医療費 （厚生労働省「令和4年度国民医療費の概況」より）

■ 2022（令和4）年度の国民医療費を年齢階級別にみると、65歳未満が39.8%に対し、**65歳以上は60.2**%である。**75歳以上では39.0**%で、全体の4割近い。

■ 人口1人当たりの国民医療費は37万3700円だが、65歳未満では**20**万9500円、65歳以上では**77**万5900円、75歳以上では94万900円となっている。

■年齢階級別国民医療費

年齢階級	2022（令和4）年度額	構成割合	人口1人当たり
0～14歳	2兆6359億円	5.6%	18万1700円
15～44歳	5兆7317億円	12.3%	14万4000円
45～64歳	10兆2140億円	21.9%	29万6800円
65歳未満	18兆5816億円	39.8%	20万9500円
65歳以上	28兆1151億円	60.2%	77万5900円
75歳以上	18兆2187億円	39.0%	94万900円

② **傷病分類別医科診療医療費**（厚生労働省「令和4年度国民医療費の概況」より）
■ 医科診療医療費を主傷病による傷病分類別にみると、循環器系の疾患が最も多く、次いで新生物＜腫瘍＞となっている。

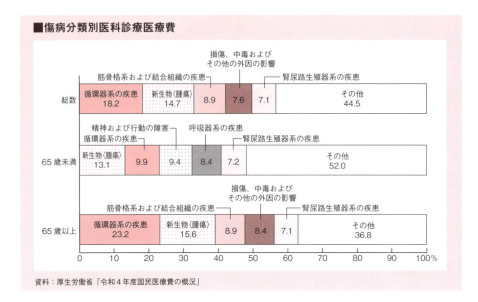

資料：厚生労働省「令和4年度国民医療費の概況」

《国試にチャレンジ！》

1. 2022（令和4）年度の人口一人当たり国民医療費は、75歳以上の人口一人当たり国民医療費よりも低い。【34回71改】　☑　（正答…○）
2. 2022（令和4）年度の医科診療医療費の傷病分類別の割合をみると、呼吸器系の疾患が最も高い。【29回70改】　☑　（正答…✕）

Lesson 3 ── 医療保険制度と診療報酬制度 ──

類出度 B 医療保険制度の概要

■ **75歳未満**が対象の医療保険制度は、**被用者保険**、**地域保険（国民健康保険）**に大別される。
■ 会社員や公務員が加入する制度を被用者保険といい、**職域保険**と称される。
■ 農業者や自営業者が加入する国民健康保険は**地域保険**と称される。
■ **75歳以上**の**後期高齢者**は、「高齢者の医療の確保に関する法律」に基づく**後期高齢者医療制度**の対象となる。

■ 医療保険の種類と対象者

種別	制度	保険者	被保険者
被用者保険（職域保険）	健康保険	全国健康保険協会（協会けんぽ）	組合健保を設立していない事業所の従業員
		健康保険組合（組合健保）	組合健保を設立している事業所の従業員
	船員保険	全国健康保険協会	大型船舶乗組員
	共済組合	各種共済組合・事業団	国家公務員、地方公務員、私立学校の教職員
地域保険	国民健康保険	市町村、都道府県	被用者保険と国民健康保険組合に該当しない国民、被用者保険の退職者
		国民健康保険組合	国民健康保険組合を設立している業種の自営業者
	後期高齢者医療制度	（運営主体）後期高齢者医療広域連合	75歳以上（一定の障害がある場合は65歳以上）の国民

■ 被用者保険の保険料は総報酬割で、①月々の保険料＝標準報酬月額×保険料率、②賞与の保険料＝標準賞与額×保険料率として決定する。
■ 国民健康保険の保険料は、応益割（世帯別平等割、被保険者均等割）と応能割（所得割、資産割）を合算して決定される。

■ 医療保険制度の年齢別自己負担率

75歳以上	➡	1割（所得により2割または3割）※
70歳以上75歳未満	➡	2割（現役並み所得者3割）
就学後～70歳未満	➡	3割
誕生～就学直前	➡	2割

※現役並み所得者は3割、それ以外で一定以上の収入がある者は2割

《国試にチャレンジ！》

1. 船員保険の保険者は、健康保険組合である。【33回70】 ☑☑ （正答…✕）
2. 70歳から74歳までの加入者の一部負担金は、加入者が現役並み所得者である場合には、療養の給付に要した費用の2割の額である。【28回70】 ☑☑ （正答…✕）

頻出度 B 医療保険の給付内容

① 医療給付

- 医療給付の給付方法には、現物給付と現金給付がある。
- 医療給付の内容を大別すると、療養の給付（現物給付）と療養費（療養の給付が受けることができない場合の給付）の2種類がある。
- 入院中の食事提供には入院時食事療養費として現物給付され、残りの費用については、その食事の費用の標準負担額を支払う。
- 医療保険制度では、保険診療と保険外診療（自由診療）を併用する混合診療は原則禁止され、行った場合はすべての医療費が全額自己負担となる。
- 例外的に、保険外診療のうち評価療養、選定療養、患者申出療養の3つについては、保険診療との併用が認められ、通常の治療と共通する部分（診療、投薬など）の費用は保険外併用療養費として給付される。共通しない特別な費用は自己負担となる。

■ 保険診療との併用が例外的に認められているもの（保険外併用療養費）

種類	主な内容
評価療養	先進医療、医薬品や医療機器の治験にかかる診療承認前保険収載前の医薬品の使用など、将来的に保険給付の対象とするか否かの評価を前提とする医療など
選定療養	特別の療養環境（差額ベッド）、歯科の金合金、金属床総義歯、時間外診療、予約診療、長期収載品の処方等または調剤、大病院の初診・再診、180日以上の入院など
患者申出療養	患者の申出によって、高度な医療技術を用いた治療（未承認薬の使用など）について実施。将来の保険給付につなげるため、科学的根拠を集積することを目的とする

ワンポイント　2024（令和6）年の診療報酬改定により2024（令和6）年10月から、後発医薬品のある先発医薬品（長期収載品）が選定療養の対象となった。医療上の必要性がある場合を除き、先発医薬品を希望する場合は、後発医薬品との薬価の差額の4分の1相当を患者が負担する。

② 医療以外の給付

- 医療以外の給付には休業中の所得補償給付と慶弔一時金があり、いずれも現金給付である。

- 所得補償給付のうち傷病手当金と出産手当金は、病気やけが、産前産後に就労ができない期間の生活を補償するものである。
- 出産育児一時金は1子につき、2023（令和5）年4月から50万円が給付されている（産科医療補償制度の加算対象でない場合は48.8万円）。被扶養者が出産した場合においても、家族出産育児一時金として同額が給付される。
- 被用者保険では、被保険者が死亡した場合は埋葬料または埋葬費として、被扶養者が死亡した場合は家族埋葬料として5万円が給付される。

ワンポイント　業務上の災害や通勤による病気やけがなどは医療保険の対象とならず、業務災害および通勤災害として労働者災害補償保険からの給付となる。

■医療保険の給付

区分		被用者保険の給付の種類		国民健康保険の給付の種類
		被保険者	被扶養者	
医療給付（病気やけがの治療に対する給付）	現物給付（患者は原則として患者負担金のみ医療機関の窓口で支払う）	・療養の給付 ・入院時食事療養費 ・入院時生活療養費 ・保険外併用療養費 ・訪問看護療養費	・家族療養費（入院時食事療養費、入院時生活療養費、保険外併用療養費を含む） ・家族訪問看護療養費	・療養の給付 ・入院時食事療養費 ・入院時生活療養費 ・保険外併用療養費 ・訪問看護療養費
	現金給付（患者が医療費金額をいったん支払い、後日保険者から現金が還付される）	・療養費 ・高額療養費 ・高額介護合算療養費	・家族療養費 ・高額療養費 ・高額介護合算療養費	・療養費 ・特別療養費 ・高額療養費 ・高額介護合算療養費
	治療のための患者移送	移送費	家族移送費	移送費
医療以外の給付（休業補償給付または慶弔に伴う給付）	傷病の治療のための休業	傷病手当金		傷病手当金（一部の保険者で実施）
	出産のための休業	出産手当金		
	出産費用の補てん	出産育児一時金	家族出産育児一時金	出産育児一時金（一部の保険者で実施）
	死亡	埋葬料（費）	家族埋葬料	葬祭費（一部の保険者で実施）
継続給付（退職後一定期間保証された給付）		・傷病手当金 ・出産手当金 ・出産育児一時金 ・埋葬料（費）		

健康保険・共済組合では、被保険者本人以外に、その被扶養者（家族）についての病気・けが・出産・死亡についても保険給付が行われる。

■主な保険給付の種類と概要（健康保険）

保険給付	概要	被扶養者
療養の給付	業務外の事由により、病気やけがをしたときに受ける医療 ①診察 ②薬剤または治療材料の支給 ③処置・手術その他の治療 ④在宅で療養するうえでの管理、療養のための世話、その他の看護 ⑤病院・診療所への入院、療養のための世話、その他の看護	家族療養費 （同一世帯でなくても可）
入院時食事療養費	入院時の食費から、1食当たりの標準負担額を除いた額が給付される。なお、標準負担額は、低所得者、難病患者等は減額される	家族療養費として給付
入院時生活療養費	療養病床に入院する65歳以上の者の生活療養費（食費、光熱水費）から、標準負担額を除いた額が給付される。なお、標準負担額は、低所得者、難病患者等は減額される	家族療養費として給付
保険外併用療養費	評価療養・選定療養・患者申出療養を受けたとき、通常の療養との共通部分の費用は保険外併用療養費として保険給付されるが、特別なサービスの部分は自己負担となる	家族療養費として給付
訪問看護療養費	居宅療養している人が、主治医の指示に基づいて訪問看護ステーションの訪問看護師から療養上の世話や必要な診療の補助を受けた場合、給付される	家族訪問看護療養費
療養費	やむを得ない事情で、自費で受診したときなどに、その費用について、自己負担を除いた部分が払い戻される（現金給付）	家族療養費として給付
高額療養費	1か月の医療費の自己負担額が高額となった場合、自己負担限度額を超えた部分について払い戻される（現金給付）	高額療養費
高額介護合算療養費	同一世帯内で1年間にかかった医療保険と介護保険の自己負担額の合算額が著しく高額になった場合は、自己負担限度額を超えた部分について払い戻される（現金給付）	高額介護合算療養費
移送費	被保険者が療養の給付を受けるため、病院・診療所に移送された場合、実費または保険者が認めた額が支給される	家族移送費
傷病手当金	・業務外での負傷や疾病の療養のために4日以上会社を休み、傷病手当金を超える給与の支払いがないときに、休業4日目から通して1年6か月の期間給付される ・支給額は、1日につき標準報酬月額の3分の2である ・退職しても、被保険者期間が1年以上あれば継続受給可 ※国民健康保険では任意給付である	

出産育児一時金	原則として1児につき50万円（産科医療補償制度の対象とならない出産の場合は48万8000円）が支給される ※国民健康保険では、条例等の定めるところにより給付	家族出産育児一時金
出産手当金	出産のために仕事を休み、出産手当金等を超える給付の支払いがないときは、産休中の間（原則として出産の日以前42日目から、出産の日の翌日以後56日目までの範囲内）に給付される ※国民健康保険では任意給付である	
埋葬料（費）	被保険者が亡くなったとき、埋葬を行う人に支給される ※国民健康保険では、条例等の定めるところにより給付	家族埋葬料

《国試にチャレンジ！》

1. 診療報酬には、選定療養の対象となる特別室の料金が設けられている。【35回72】　（正答…✕）
2. 傷病手当金は、被保険者が業務上のケガで労務不能となった場合に給付される。【31回70】　（正答…✕）
3. 入院時の食事提供の費用は、全額自己負担である。【36回70】　（正答…✕）

A 高額療養費制度の概要

① 高額療養費制度

■ 高額療養費制度は、長期入院や長引く治療などにより1か月の医療費の自己負担額が**高額**となった場合、**所得**や**年齢**に応じた世帯ごとの自己負担限度額を超えた分が払い戻される制度である。

■ 高額療養費自己負担について、**限度額適用認定証**の交付を受けて保険医療機関に提示すれば、外来・入院ともに窓口支払いは自己負担限度額にとどめられる（現物給付）。

■高額療養費の自己負担限度額

70歳未満　※国民健康保険、被用者保険	
所得区分	1か月の自己負担限度額（世帯ごと）
① 年収約1160万円〜	252,600円+（総医療費-842,000円）×1% （多数該当：140,100円）
② 年収約770万円〜約1160万円	167,400円+（総医療費-558,000円）×1% （多数該当：93,000円）
③ 年収約370万円〜約770万円	80,100円+（総医療費-267,000円）×1%

④	年収約370万円以下	57,600 円（多数該当：44,400 円）
⑤	低所得者(住民税非課税者)	35,400 円（多数該当：24,600 円）

70 歳以上　※国民健康保険、被用者保険		1 か月の自己負担限度額	
所得区分		外来（個人ごと）	外来・入院（世帯ごと）
現役並み	① 年収約 1160 万円～	252,600 円　＋（総医療費 − 842,000 円）×1%（多数該当：140,100 円）	
	② 年収約 770 万円～約 1160 万円	167,400 円　＋（総医療費 − 558,000 円）×1%（多数該当：93,000 円）	
	③ 年収約 370 万円～約 770 万円	80,100 円　＋（総医療費 − 267,000 円）×1%（多数該当：44,400 円）	
一般所得者 ④ 年収156万円～約370万円		18,000 円（年間上限 14.4 万円）	57,600 円（多数該当：44,400 円）
低所得者	⑤ 住民税非課税世帯	8,000 円	24,600 円
	⑥ 住民税非課税世帯（年金収入 80 万円以下等）		15,000 円

■ 高額療養費制度には、世帯合算の仕組みがある。

■高額療養費制度の世帯合算の仕組み

- 同一月に、同じ人が複数の医療機関にかかった場合は、合算する
- 同一月に同一世帯（同一住所でなくても可）で同一の医療保険に加入している 2 人以上の自己負担額を合算する
  - → 70 歳未満では、2 万 1000 円以上の自己負担額を合算
  - → 70 歳以上では、自己負担額の制限はない

■高額療養費制度のその他の仕組み

高額長期疾病（特定疾病）	長期間の治療や長期入院が必要で、著しく高額な医療費が必要となる疾病（慢性腎不全による人工透析、血友病、抗ウイルス剤投与の後天性免疫不全症候群）は自己負担限度額を月 1 万円（慢性腎不全のうち 70 歳未満で上位所得者は月 2 万円）とする
多数該当	直近の 1 年間に、3 回以上高額療養費を受給した場合は、4 回目以降は自己負担額が引き下げられる

② 高額介護合算療養費

■ 同一世帯で 1 年間の医療保険の自己負担額と介護保険の利用者負担額を合算した額が一定の金額を超えると、超えた分が高額介護合算療養費として支給される。

ワンポイント 高額療養費・高額介護合算療養費の支給対象には、入院時の食費、居住費、本人の希望による差額ベッド代、先進医療にかかる費用等の自己負担分は含まれない。

《国試にチャレンジ！》

1. 高額療養費の自己負担限度額は、患者の年齢や所得にかかわらず、一律に同額である。【31回70】 (正答…×)
2. 食費、居住費、差額ベッド代は高額療養費制度の支給の対象とはならない。【32回70】 (正答…○)

頻出度C 公費負担医療制度

■ **公費負担医療**は、医療費を公費（**税**財源）で負担する制度で、**公費優先**と**保険優先**の2つの仕組みがある。保険優先の公費負担医療では、医療保険の適用が優先され、利用者の自己負担分の全部または一部を公費が負担する。

■**主な保険優先の公費負担医療**

障害者総合支援法による自立支援医療
難病法による特定医療費
精神保健福祉法による措置入院
生活保護法による医療扶助

■ 2014（平成26）年に成立した「難病の患者に対する医療等に関する法律」（難病法）による特定医療費では、**指定難病**の患者で病状が一定の基準を満たす者等が対象となり、**医療保険**が適用されたあとの自己負担分に**特定医療費**が支給される。

■ 難病法では、難病を「発病の機構が明らかでなく、かつ、治療方法が確立していない希少な疾患であって、当該疾病にかかることにより長期にわたり療養を必要とすることとなるもの」と定義している。

ワンポイント 難病患者は障害者総合支援法の対象となるが、医療については自立支援医療ではなく難病法の特定医療費が適用される。

《国試にチャレンジ！》

1. 「難病法」の適用を受ける者は、いずれの医療保険の適用も受けない。【35回70】 (正答…×)

頻出度 B 診療報酬制度

① 診療報酬の概要

- 診療報酬は、保険医療機関等が行う保険適用医療における診療行為やサービスに対する価格で、「医科診療報酬」「歯科診療報酬」「調剤報酬」に分かれている。
- 診療報酬は全国一律で、「診療報酬点数表」において診療行為ごとに定められている。価格は、1点の単価10円を乗じて算定する。
- 薬価基準は保険診療で使用できる医薬品の銘柄と価格を掲載している。
- 医科診療報酬は、基本診療料（初・再診料、入院料など）、特掲診療料などに区分される。
- 入院基本料は、一般病棟、療養病棟、結核病棟、精神病棟、特定機能病院、専門病院、障害者施設等、有床診療所、有床診療所療養病床に区分される。
- 特定機能病院入院基本料は、一般病棟、結核病棟、精神病棟に区分される。

 有床診療所入院基本料で算定される有床診療所は、19人以下の患者を入院させるための施設である。

② 診療報酬の改定

- 診療報酬は2年に1回改定され、介護報酬の改定が3年に1回改定されるため、6年に1度は診療報酬と介護報酬が同時に改定される。
- 診療報酬の改定率は予算編成の過程を通して内閣が決定し、厚生労働大臣の諮問機関である社会保障審議会が診療報酬改定についての基本方針を決定する。
- 診療報酬の改定は、社会保障審議会で策定された基本方針に基づき、厚生労働大臣の諮問機関である中央社会保険医療協議会（中医協）で審議され文書にて答申される。

■診療報酬改定の動向

年度	診療報酬の改定に伴う変更点など
2014 （平成26）	・在宅療養後方支援病院（緊急時の後方病床の確保）、地域包括ケア病棟の創設 ・かかりつけ医機能を強化するため、地域包括診療料を創設
2018 （平成30）	・地域包括ケアシステムの構築と医療機能の分化・強化、連携の推進 ・紹介状なしで受診した患者から定額負担を徴収する責務のある大病院の範囲に特定機能病院および許可病床400床以上の地域医療支援病院が追加
2020 （令和2）	・医療従事者の負担軽減、医師等の働き方改革の推進 ・医療機能の分化・強化、連携と地域包括ケアシステムの推進 ・紹介状なしで受診した患者から定額負担を徴収する責務のある大病院の範囲が一般病床200床以上の病院に拡大 ・ICT（情報通信技術）を利用した医療の評価　など

2022 (令和4)	・新型コロナウイルス感染症等にも対応できる効率的・効果的で質の高い医療提供体制の構築 ・安心・安全で質の高い医療の実現のための医師等の働き方改革等の推進 ・患者・国民にとって身近であって、安心・安全で質の高い医療の実現
2024 (令和6)	・現下の雇用情勢も踏まえた人材確保・医師の**働き方改革**などの推進 ・地域包括ケアシステムの深化・推進、**医療DX**のさらなる推進 ・**物価高騰**への対応を踏まえつつ、安心・安全で質の高い医療の推進 ・後発医薬品やバイオ後続品の使用促進など医療保険制度の安定性・持続可能性の向上

③ 診療報酬の算定方式

■ 医療機関の医療費計算方法は、**出来高払い**方式と**包括評価払い**方式（DPC／PDPS）の2つの方式がある。包括評価払い方式は、**特定機能病院療養病棟**、**地域包括ケア病棟**などを中心に導入されている。
■ 外来診療報酬は出来高払い方式が中心である。

出来高払い方式・包括評価払い方式（DPC／PDPS）
出来高払い方式は、検査、手術など、実施した診療行為ごとに点数を積み上げて計算する。包括評価払い方式は、診断群分類ごとに設定された入院1日当たりの定額医療費（医療資源を最も投入した傷病により1つ選択）と、出来高払い方式を合わせて計算する。

《国試にチャレンジ！》

1　診療報酬点数表には、医科、歯科、高齢の点数表がある。
【36回72】　　　　　　　　　　　　　　　　　　（正答…✕）
2　診療報酬の点数は、通常2年に一度改定される。【31回73】　（正答…◯）

診療報酬の審査・支払い

■ 健康保険や共済組合の**レセプト**は**社会保険診療報酬支払基金**で審査・支払いされる。
■ 国民健康保険のレセプトは**国民健康保険団体連合会**で審査・支払いされる。
■ 審査支払い機関では、保険医療機関から提出されたレセプトが保険医療機関および**保険医療養担当規則**等に合致しているか、医学的に妥当かなどを審査する。
■ 審査支払い機関は、審査後に療養の給付に関する費用を保険者へ請求する。
■ 審査支払い機関は、審査後に療養の給付に関する費用を保険医療機関等へ支払いする。

レセプト
保険医療機関が審査支払い機関に提出する診療報酬明細書等。

■ 医療保険受給の方法は、患者が保険医療機関の窓口へ被保険者証を提出し、一部負担金を支払う現物給付として受給する。

■ 診療報酬の審査、支払いシステム

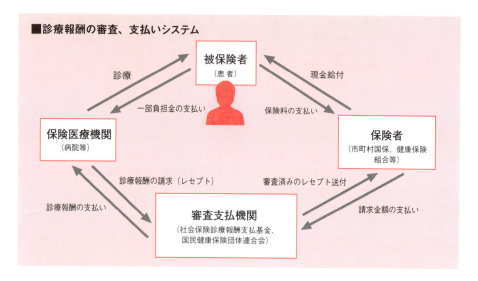

《国試にチャレンジ！》

1. 保険医療機関が受け取る診療報酬は、審査支払機関の立替金によって賄われる。【31回72】 ☑☑ （正答…✕）
2. 社会保険診療報酬支払基金は、保険診療の審査支払機能を担う保険者である。【31回72】 ☑☑ （正答…✕）

頻出度 B 診療報酬における在宅医療、終末期医療

■ 在宅医療の対象は「在宅で療養を行っている患者であって、疾病、傷病のために通院による療養が困難な者」である。
■ 往診とは、患者や家族など患者の看護・介護に当たる者が、電話等で保険医療機関に直接往診を求め、医師が往診の必要性を認めて可及的速やかに患者の居宅に赴き、診療することをいう。
■ 患者や現にその看護に当たっている者からの訴えにより、速やかに往診しなければならないと判断した場合で、急性心筋梗塞や脳血管障害、急性腹症等が予想される患者や医学的に終末期であると考えられる患者に対して往診した場合、往診料の緊急往診加算を算定できる。
■ 往診料の夜間・休日加算、深夜加算の算定要件である夜間（深夜を除く。）とは午後6時から午前8時までとし、深夜の取扱いについては、午後10時から午前6時までとする。ただし、これらの時間帯が標榜時間に含まれる場合、夜間・休日往診加算および

深夜往診加算は算定できない。
■ **訪問診療**とは、在宅での療養を行っている患者であって、疾病や傷病のために通院による療養が困難な者に対して定期的に訪問して行われる診療である。
■ 在宅時医学総合管理料・施設入居時等医学総合管理料の包括的支援加算は、**要介護2**以上に相当する患者、認知症高齢者の日常生活自立度で**ランクⅡb**以上の患者等の条件で加算として算定することができる。
■ **ターミナルケア**（終末期ケア）とは、終末期の患者に対して行うケアである。
■ **緩和ケア**とは、進行したがんや後天性免疫不全症候群（エイズ）などの患者に対して行う全人的医療のことで、痛みや苦しさなどを除去しQOLを向上させることを目的としている。
■ **緩和ケア診療加算**は、患者の同意に基づき、緩和ケアの研修を修了した医師を含む緩和ケアチームによる症状緩和が行われた場合に算定される。

在宅時医学総合管理料・施設入居時等医学総合管理料
在宅や施設で療養を行っている患者で、通院が困難な者に対して、個別の患者ごとに総合的な在宅療養計画を作成し、定期的に訪問して診療を行い総合的な医学管理を行うもの。

《国試にチャレンジ！》

1　在宅医療の往診では、患家の求めにかかわらず医師の判断に基づき行った場合であっても、往診料を請求できる。【28回72】　☑☑　　　（正答…✕）

高齢や病気になっても、できれば住み慣れた自宅で最期まで過ごしたいですね

Lesson 4 医療施設および保健医療対策

医療法による医療提供施設の機能・種類

■医療法上における、医療提供施設は、病院、診療所、介護老人保健施設、介護医療院、調剤薬局その他の医療を提供する施設である。

■医療提供施設

名称		主な視点
病院		医師または歯科医師が、公衆または特定多数人のために医業・歯科医業を行う場所であって、20人以上の患者を入院させるための施設を有するもの
	特定機能病院	高度の医療を必要とする患者に対応する病院として、厚生労働大臣の承認を受けたもの。400床以上の病床を有し、①高度医療の提供、②高度医療技術の開発および評価、③高度医療に関する研修などを行う
	地域医療支援病院	地域の病院・診療所を後方支援する役割などを担う病院として、都道府県知事の承認を受けたもの。200床以上の病床を有し、①紹介患者に対する医療の提供（かかりつけ医等への逆紹介も含む）、②医療機器の共同利用の実施、③救急医療の提供、④地域の医療従事者に対する研修などを行う
	在宅療養支援病院	在宅療養支援診療所のない地域において、24時間往診体制の確保など一定の要件を満たした病院
診療所		医師または歯科医師が、公衆または特定多数人のために医業・歯科医業を行う場所であって、患者を入院させるための施設を有しないもの、または、19人以下の患者を入院させるための施設を有するもの。病床を有する診療所を有床診療所と呼ぶ
	在宅療養支援診療所	24時間往診体制の確保など一定の要件を満たした診療所
介護老人保健施設 介護医療院		介護保険法上の介護保険施設であるが、医療法上で医療提供施設として法的に位置づけられている
調剤薬局		調剤を実施し、薬剤師が薬の説明、服用のしかたなどを対面で説明する。このうち保険指定を受けた薬局を保険薬局と呼び、健康保険が適用される

■病床の種類

病床の種類	定義
一般病床	精神病床、結核病床、感染症病床、療養病床以外の病床
療養病床	主として長期にわたり療養を必要とする患者を入院させるための病床
精神病床	精神疾患を有する者を入院させるための病床
感染症病床	感染症法に規定する1類感染症、結核を除く2類感染症および新型インフルエンザ等感染症、指定感染症、新感染症の患者を入院させるための病床
結核病床	結核の患者を入院させるための病床

- 病院、診療所または助産所の管理者は、医療事故が発生した場合には、医療事故調査・支援センターに報告しなければならない。
- 病院または診療所は、医療法に基づき入院診療計画書、退院療養計画書を作成する。また、診療報酬において、退院支援に向けて退院支援計画書を作成する。

> **word** 入院診療計画書・退院療養計画書
> 入院診療計画書には、氏名・性別・年齢、担当医師の基本情報のほか、傷病名と主要症状、治療計画、リハビリテーションの計画などを記載する。退院療養計画書には、退院後の療養に必要な保健医療または福祉サービスについてなどを記載する。

《国試にチャレンジ！》

1. 地域医療支援病院は、その所在地の市町村長の承認を得て救急医療を提供する病院である。【30回72】　　　　　　　　　　　　　　　　　（正答…×）
2. 診療所は、最大30人の患者を入院させる施設であることとされている。【35回73】　　　　　　　　　　　　　　　　　　　　　　　　（正答…×）
3. 療養病棟の利用は、急性期で医療的ケアが必要である者を対象としている。【32回71】　　　　　　　　　　　　　　　　　　　　　　（正答…×）

在宅療養支援診療所・在宅療養支援病院　【類出度A】

- 在宅療養支援診療所・在宅療養支援病院は、24時間体制で患者の往診や訪問看護を行う。
- 診療報酬が算定できる在宅医療の対象は、自宅の利用者だけではなく有料老人ホーム、軽費老人ホーム、サービス付き高齢者向け住宅などの入居者も含まれる。

■在宅療養支援診療所の主な要件

- 24時間連絡を受ける体制を確保している
- 24時間往診や訪問看護が可能である
- 緊急時に入院できる体制を確保している
- 連携する保険医療機関、訪問看護ステーションに適切に文書で患者の情報提供をしている
- 定期的に看取り数等を報告している
- ほかの保健医療サービス・福祉サービスとの連絡調整を担当する者（介護支援専門員など）と連携している

- 在宅療養支援病院は、在宅療養支援診療所の要件に加えて、許可病床数が200床未満であること、半径4km以内に診療所が存在しないことなどが要件となっている。

《国試にチャレンジ！》

1. 有料老人ホームは、公的医療保険における在宅医療の適用外となっている。【30回73】　　　　　　（正答…✕）
2. 在宅療養支援病院は、在宅での療養を行う患者が緊急時を除いて入院できる病床を確保する病院である。【30回72】　　　　　　（正答…✕）

頻出度 B 機能強化型の在宅療養支援診療所等・在宅療養後方支援病院

① 機能強化型の在宅療養支援診療所・在宅療養支援病院

- 2012（平成24）年の診療報酬改定で、**機能強化型**の在宅療養支援診療所・在宅療養支援病院が創設された。
- 機能強化型では、**緊急往診**と**看取り**の実績を有する医療機関が往診や在宅における医学管理等を行った場合に、診療報酬で高い評価が行われる。地域で複数の医療機関が連携して対応する**連携型**もある。

■機能強化型在宅療養支援診療所・病院の施設基準（単独型）

在宅医療を担当する常勤の医師3人以上	
過去1年間の緊急往診の実績が10件以上	
過去1年間の看取りの実績が4件以上	など

② 在宅療養後方支援病院

- **在宅療養後方支援病院**は、原則許可病床200床以上の病院であり、在宅医療を提供する医療機関と連携し、あらかじめ緊急時の入院先として希望を届け出ていた患者の**急変**時などに24時間体制で対応し、必要に応じ**入院**を受け入れる病院である。

《国試にチャレンジ！》

1. 在宅医療専門の診療所は、訪問診療に特化しているため、外来応需体制を有していなくてもよい。【30回73】　　　　　　（正答…✕）

頻出度 A その他の医療施設の機能・種類

- **助産所**は、助産師が公衆または特定多数人のため、その業務（病院または診療所において行うものを除く）を行う場所をいう。妊婦、産婦またはじょく婦10人以上の入所施設を有してはならない。
- 訪問看護ステーションは、在宅の療養者に**医師**の指示に基づき訪問看護を提供する事

業所で、**管理者**（**保健師**、**助産師**または**看護師**のいずれか）、**看護職員**（看護師、保健師、准看護師）、必要に応じ**理学療法士**、**作業療法士**、**言語聴覚士**が配置される。
- 要介護者・要支援者に対する訪問看護は、原則として介護保険から、それ以外の療養者に対する訪問看護は医療保険から給付される。
- 機能強化型訪問看護ステーションは常勤看護職員を手厚く配置し、24時間対応体制、重症度の高い利用者受け入れなどの機能がある。
- **地域包括ケア病棟**は、①**急性期**治療を経過した患者の受け入れ、②**在宅**で療養を行っている患者等の緊急時の受け入れ、③**在宅・生活復帰**支援という3つの役割がある。
- 地域包括ケア病棟は、特定機能病院**以外**の保険医療機関である。
- 令和6年度診療報酬改定により、高齢の救急搬送患者などに対して、一定の体制を整えたうえでリハビリテーション、栄養管理、入退院支援、在宅復帰などの包括的な支援を行う**地域包括医療病棟**が新設された。
- **回復期リハビリテーション病棟**は、**脳血管疾患**や**大腿骨頸部骨折**などで回復期リハビリテーションの必要性が高い患者が8割以上入院しており、ADLの向上による寝たきりの防止と家庭復帰を目的としたリハビリテーションを集中的かつ効果的に行う病棟である。
- **緩和ケア病棟**は、主として苦痛の緩和を必要とする悪性腫瘍（がん）や後天性免疫不全症候群の患者を入院させる病院で、外来や在宅療養への円滑な移行も支援する。緩和ケアを担当する常勤の医師1人以上の配置が必要である。
- **国立高度専門医療研究センター**は、がん、脳卒中、心臓病などの疾病に対する中核的機関として設置され、国立研究開発法人として運営されている。
- **災害拠点病院**は、災害時の医療を確保することを目的とする24時間対応可能な救急体制を確保している病院である。重篤救急患者の救命医療を行うための高度の診療機能を有するとともに、**災害派遣医療チーム**（DMAT）を保有し、医師が同乗するヘリコプターによる傷病者等の受入れや搬出を行う広域搬送への対応機能がある。
- **へき地医療拠点病院**は、都道府県単位で編成され、都道府県知事が「無医地区」「無医地区に準ずる地区」を対象として指定する。

《国試にチャレンジ！》

1. 回復期リハビリテーション病棟の利用は、高度急性期医療を受けた後、終末期と判断された者を対象としている。【32回71】 ☑ （正答…×）
2. 災害発生時、被災地外の災害拠点病院の医療従事者は、被災地に入らず待機することになっている。【34回72】 ☑ （正答…×）

頻出度 A 医療計画の概要

■ **医療計画**は、医療資源の効率的活用、医療施設間の機能連携の確保などを目的として、**都道府県**が策定するものである。

■医療計画の概要

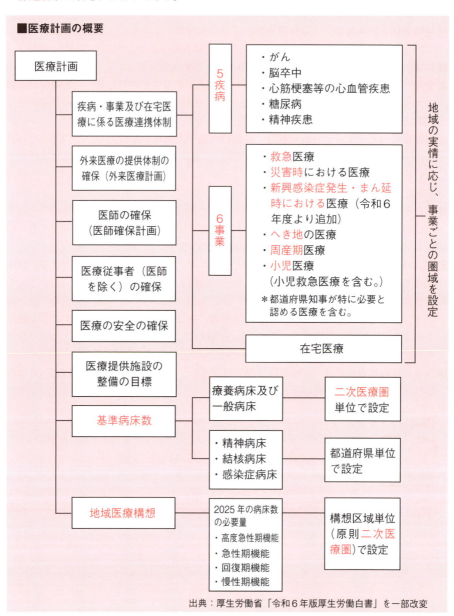

出典：厚生労働省「令和6年版厚生労働白書」を一部改変

■ 医療計画の趣旨

- 地域の実情に応じて、都道府県における医療提供体制の確保を図るために策定
- 医療提供の量（病床数）を管理するとともに、質（医療連携、医療安全）を評価
- 医療機能の分化・連携（医療連携）を推進することにより、急性期から回復期、在宅療養に至るまで、地域全体で切れ目なく必要な医療が提供される「地域完結型医療」を推進

■ 医療計画には、5疾病と6事業それぞれについての医療連携体制などを記載する。

■ 都道府県は、医療計画に地域的単位として二次医療圏と三次医療圏を定め、それぞれ病院・診療所の病床の基準病床数を定める。

■ 一次医療圏は医療法には規定されていないが、市町村を単位として、地域住民に密着した医療サービスを提供する。

■ 基準病床数は、医療計画においては、地域に病床をどの程度整備するべきかという目標的性格と、病床増加の抑制という規制的性格もある。病床過剰地域においては都道府県知事が病院を開設できないよう勧告することができる。

■ 医療圏の設定

二次医療圏（複数の市町村を単位）
特殊な医療を除く、入院治療を主体とした一般的な医療サービスを提供する医療圏で、地理的条件、社会的条件などを考慮して設定

一般の入院にかかる医療を提供

三次医療圏（都道府県を単位）
先進的、高度な技術を要する特殊な医療などを行う病院の整備を目的とした医療圏

特殊な医療を提供

《国試にチャレンジ！》

1　現行の医療計画では、精神医療についての記述は求められていない。【27回73】　（正答…×）

2　医療計画における医療圏は、一次医療圏と二次医療圏の2つから構成されている。【36回73】　（正答…×）

病床機能報告制度と地域医療構想　頻出度A

■ その地域にふさわしいバランスの取れた病床の機能分化・連携を進めるために、2014（平成26）年の医療法改正により、病床機能報告制度と地域医療構想の策定が制度化されている。

■ <u>病床機能報告制度</u>は、一般病床・療養病床を有する病院・診療所が、自ら担っている病床の医療機能を下記の4つの機能から選択し、その現状と今後の方向性を都道府県に毎年1回<u>報告</u>するものである。

■ 病床の医療機能と内容

高度急性期機能	急性期の患者に対し、状態の早期安定化に向けて、診療密度が特に高い医療を提供する機能
急性期機能	急性期の患者に対し、状態の早期安定化に向けて、医療を提供する機能
回復期機能	急性期を経過した脳血管疾患や大腿骨頸部骨折等の患者へ、在宅復帰に向けた医療やリハビリテーションを集中的に提供する機能
慢性期機能	長期にわたり療養が必要な患者、重度の障害者、難病患者等を入院させる機能

■ <u>地域医療構想</u>は、都道府県が、地域の医療需要の将来推計や報告された内容などをもとに、2025（令和7）年の<u>医療需要</u>と<u>病床の必要量</u>を、4つの医療機能ごとに推計して策定し、医療計画に盛り込むものである。

■ 医療法改正の推移

年	医療法	主な事項
1985（昭和60）	第1次	<u>医療圏</u>の設定、地域医療計画制度の導入、医療計画の策定
1992（平成4）	第2次	<u>特定機能病院</u>の創設、<u>療養型病床</u>群の制度化
1997（平成9）	第3次	<u>インフォームドコンセント</u>の規定、<u>地域医療支援病院</u>の設置
2000（平成12）	第4次	病床を一般病床と療養病床に区分
2006（平成18）	第5次	医療法人制度改革（社会医療法人の創設など）
2014（平成26）	第6次	<u>病床機能報告制度</u>と<u>地域医療構想</u>の策定
2015（平成27）	第7次	<u>地域医療連携推進法人</u>制度の見直し、医療法人制度の見直し
2017（平成29）	第8次	検体検査の精度の確保、<u>特定機能病院</u>の管理・運営体制の強化
2018（平成30）	第9次	医療少数区域に勤務する医師を評価する制度創設
2021（令和3）	第10次	医師の働き方改革のための措置、医療計画の記載事項に<u>新興感染症</u>への対応を追加、外来機能報告制度の創設

《国試にチャレンジ！》

1. 病床機能報告制度に規定された病床の機能は、急性期機能、回復期機能、慢性期機能の三つである。【30回74】　（正答…✗）
2. 地域医療支援病院は、第1次医療法の改正（1985年（昭和60年））に基づき設置された。【35回73】　（正答…✗）

保健所の役割 [頻出度 B]

- 保健所は、<u>地域保健法</u>に規定されており、疾病の予防、健康増進、環境衛生など、公衆衛生活動の中心を担う機関である。
- 保健所は、都道府県、指定都市、中核市その他の政令で定める市または特別区が設置する。
- 保健所の管轄地域は、医療法に規定する<u>二次医療圏</u>および介護保険法に規定する区域を考慮して、保健医療にかかる施策と社会福祉にかかる施策との有機的な連携を図ることを目的として設定される。
- 保健所の業務には、対人保健分野と対物保健分野がある。

■ 保健所の対人保健分野における主な役割

感染症等対策	健康診断、患者発生の報告等、予防接種、訪問指導、管理検診等
エイズ・難病対策	HIV・エイズに関する検査・相談、難病医療相談等
精神保健対策	精神保健に関する現状把握、精神保健福祉相談、精神保健訪問指導、医療・保護に関する事務等
健康増進等	地域の健康づくりに関する情報の収集・分析、栄養指導その他の保健指導のうち、特に専門的な知識および技術を要するものなど

- 市町村は、<u>市町村保健センター</u>を設置することができる。市町村保健センターは、住民に対して、健康相談、保健指導および健康診査その他地域保健に関し必要な事業を行うことを目的とする施設である。

《国試にチャレンジ！》

1. 保健所は、母子保健法に基づき母子健康手帳を交付する。【29回72】 (正答…✕)
2. 都道府県が設置する保健所の所管区域は、医療法に規定する三次医療圏と一致する。【29回72】 (正答…✕)

Lesson 5 保健医療にかかる倫理

頻出度 B 患者の自己決定の尊重

■ 患者の権利とは、患者は医師の従属的な関係ではなく、患者自らが主体的に意思決定をし、医療を受けることができることである。

■ 患者の権利をめぐる動き

1964（昭和39）年	世界医師会がヘルシンキ宣言を採択。被験者へ十分な説明を行ったうえで同意を得るインフォームドコンセントが医学研究には不可欠であるという原則を明示
1973（昭和48）年	アメリカ病院協会（AHA）が患者の権利章典を採択。被験者の権利は、患者の権利へと拡大
1981（昭和56）年	世界医師会が、患者の権利に関するWMAリスボン宣言を採択
1997（平成9）年	医療法の改正により、医療法に医療関係者が行うべき努力義務としてインフォームドコンセントを明記

■ インフォームドコンセントは、「説明に基づく同意」などと訳され、医療従事者から病状や治療方針、治療内容や治療に伴う危険性などについて説明を受けたあと、患者本人がその内容を理解し、同意することである。

■ インフォームドコンセントに関連する用語

インフォームドアセント	判断能力が十分でない15歳未満の子どもに対する説明と同意。治療の内容をぬいぐるみや絵本、紙芝居などを使用して説明するプリパレーションもインフォームドアセントの具体的な方法とされている
インフォームドチョイス	医師から説明を受けた複数の治療法の中から、どの治療法を用いるか患者が選択すること
セカンドオピニオン	主治医以外の医師の意見を聞くこと。患者が納得のうえ、治療を選択し受けることができる

《国試にチャレンジ！》

1 小児がん患者のCちゃん（11歳）の保護者は、インフォームドアセントとして、本人の意思を確認せずに終末期医療における延命医療の拒否を医師に伝えた。【34回74】 ✓✓ （正答…×）

2 終末期にあるBさん（52歳）の家族は、インフォームドチョイスとして、本人に気付かれないように主治医と治療方針を決定した。【34回74】 ✓✓ （正答…×）

意思決定支援 〔頻出度A〕

① 終末期ケアにおける意思確認

- 終末期ケアでは、死に至るプロセスに沿って本人の希望を尊重したゴール設定をし、アセスメントやモニタリングを実施のうえ、医療、保健、福祉、心理分野などの**多職種**が連携し、チームで支援を行う。
- 家族の介護負担を軽減し、家族が死別の準備ができるようにかかわるとともに、死別後には、悲嘆からの回復をサポートする**グリーフケア**を実施する。
- 終末期ケアにおいては、事前に本人の**意思**を確認し、その希望を尊重することが重要である。

■意思確認に関連する用語

リビングウィル	**生前の意思**という意味で使用される。アドバンス・ディレクティブの代表的な例である
アドバンス・ディレクティブ	**事前指示**と訳される。将来、判断力を失ってしまったとき、人生の最終段階に行われる医療行為について事前に書面などで意思表示すること。①リビングウィルと②代理決定者の委任の2つに大別される

 ワンポイント リビングウィルやアドバンス・ディレクティブは、延命措置をしないとする意思表示で用いられることが多い。

② 意思決定支援の4つのモデル

- 意思決定支援の4つのモデルとして、**パターナリズム**モデル、**インフォームド・コンセント**モデル（ICモデル）、**インフォームド・ディシジョン**モデル（IDモデル）、**シェアード・ディシジョン・メイキングモデル**（SDMモデル）がある。

■医療現場における4つの意思決定支援モデル

パターナリズムモデル	医師が患者の「最善の利益」を**判断**し、治療を決定するモデル。患者の自律性は問われず専門的な立場から患者のための判断がなされる
ICモデル	**インフォームドコンセント**を前提とした、患者の自己決定権を尊重したモデル
IDモデル	情報を得てサービスを選択し、決定できる**消費者**としての患者像を求めるモデル。医師の勧める「適切な医療」よりも、非西洋医学や代替医療など患者が求める医療やケアを認めようとする
SDMモデル	患者と医療者の間で選択されうる治療の決定過程を共有することを重視し、双方それぞれの意思決定と両者の**合意**形成が並行して行われる。アドバンス・ケア・プランニング（ACP）の概念に近いものである

③ アドバンス・ケア・プランニング（ACP）

■ **アドバンス・ケア・プランニング（ACP）** とは、人生の最終段階における医療・ケアについて、本人が家族等や医療・ケアチームと**繰り返し話し合い**、その**意思決定**を支援するプロセスをいう。厚生労働省では「人生会議」という愛称で普及を図っている。

■ 厚生労働省による「人生の最終段階における医療・ケアの決定プロセスに関するガイドライン」（2018（平成30）年）は、ACPの概念を踏まえて改訂された。

■「人生の最終段階における医療・ケアの決定プロセスに関するガイドライン」のポイント

- 医療・ケアチームは、本人のこれまでの人生観や価値観、どのような生き方を望むのかを可能な限り把握する
- 本人が自らの意思を伝えられない状態になる前に、本人の意思を推定する者について、家族等（**親しい友人**などを含み、複数人でも可）の信頼できる者を前もって**定めておく**こと
- 繰り返し話し合った内容をそのつど**文書**にまとめておき、本人、家族等と医療・ケアチームで**共有**すること
- 患者の意思が確認できない場合の意思決定では、家族等による患者の意思の**推定**を尊重して、患者にとって最善の治療方針をとる

※ 生命を短縮させる意図を持つ積極的安楽死は、本ガイドラインでは対象としない

■「人生の最終段階における医療・ケアの決定プロセスに関するガイドライン」方針決定の流れ

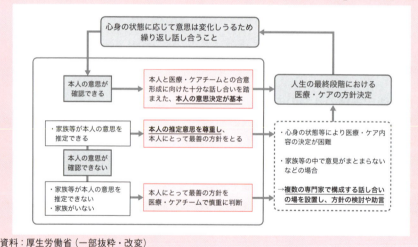

資料：厚生労働省（一部抜粋・改変）

《国試にチャレンジ！》

1 グリーフケアは、終末期を迎えた人に対して、積極的な延命治療を行わず、できる限り自然な死を迎えられるようにすることである。
【34回130】　　　　　　　　　　　　　　　　　　　　　　　（正答…✕）

2 アドバンス・ケア・プランニング（ACP）では、本人が医療・ケアチームと十分な話合いを行い、本人による意思決定を尊重する。【34回130】
　　　　　　　　　　　　　　　　　　　　　　　　　　　　　（正答…◯）

医療倫理の4原則

■ 医療倫理の原則の1つに、ビーチャム（Beauchamp, T. L.）とチルドレス（Childress, J. F.）が提唱した**医療倫理**の4原則がある。

■医療倫理の4原則

自律尊重原則	自分で考えて判断する自律性を尊重しなければならないという原則。自律性には自分で考えて決める自己決定の側面と、万人に当てはまる普遍的な考えを自らにも課す自己立法という側面がある
無危害原則	他人に危害となるようなことをすべきでないという原則。医療における危害とは、侵襲やリスクを指す
恩恵原則	他人に恩恵となることをすべきだという原則。医療においての恩恵は、治療や介入の効果を指す
正義原則	公平性と公正性の2つの概念から成り立ち、患者を公平（平等）に扱い、明確なルールに基づいて意思決定を行う公正性を持つべきといった考え方

 どのような治療や介入にも危害や恩恵が含まれるが、恩恵が危害を十分上回る場合にのみ、その行為が倫理的に妥当なものとなる。

 医療資源には限りがあるため、優先順位をつけざるを得ない場合もあります。その場合は正義原則に基づき、公平性の立場から明確なルールに基づき医療を行う必要があります

《国試にチャレンジ！》

 1 医療倫理の4つの原則に、「多様性の尊重」は含まれる。【37回106】

（正答…×）

頻出度 C | 倫理的課題

① 生殖医療と医療倫理

■ 近年わが国では、晩婚化に伴い不妊治療を受ける人が増加しているが、不妊治療を直接規定した法律はなく、専門家団体の倫理指針によって規制されているのが現状である。

■ 不妊治療では配偶子の提供や懐胎を第三者へ依頼することが可能であり、親子関係を複雑化させるものとなり得る。

■ 出生前診断は妊娠中に胚や胎児の状態を検査することをいい、非確定的検査（超音波検査、母体血清マーカー検査）と確定的検査（羊水検査、絨毛検査）がある。

② 移植医療と医療倫理

■ わが国では、1997（平成9）年に「臓器の移植に関する法律」（臓器移植法）が施行され、脳死下臓器移植が可能となった。

■ 2010（平成22）年の臓器移植法改正により、本人の臓器提供拒否意向がなければ、家族の同意で脳死下臓器提供が行えるようになった。

■ 臓器移植には提供される臓器が少なく、それに対して臓器移植を必要としている人が多いため、どのように優先順位をつけて配分するかという資源配分の課題がある。

③ 終末期医療と医療倫理

■ 1970年代には人工呼吸器や経管栄養などの普及によって、生命を維持することを目的とする生命維持治療が広く行われるようになった。

■ わが国に終末期医療を直接規定した法律はなく、「人生の最終段階における医療・ケアの決定プロセスに関するガイドライン」（2007（平成19）年厚生労働省）で倫理指針を定めている。

■ 尊厳死とは、治療が困難で末期に至った患者が、自らの意思に基づいて延命治療を拒否し、人間としての尊厳を保ちながら自然な死を迎えることである。

■ 安楽死は、治療法がなく死期の近い患者の苦痛を和らげるために、患者自身の意思をもとに医師が薬物投与等で意図的に死期を早めることであり、日本では違法である。

Lesson 6 保健医療領域における専門職の役割と連携

頻出度 B 医師の役割

- 医師は、医師法に規定される業務独占かつ名称独占の国家資格である。
- 医師、薬剤師、助産師またはこれらの職にあった者が、正当な理由なく業務上知り得た秘密を漏らす行為は、刑法により罰せられる。

■医師法に定められる業務等

医師の役割	医師は、医療および保健指導を掌ることによって公衆衛生の向上および増進に寄与し、もって国民の健康な生活を確保するものとする
免許	医師になろうとする者は、医師国家試験に合格し、厚生労働大臣の免許を受けなければならない
業務独占（17条）	医師でなければ、医業をなしてはならない
応召義務（19条）	診療に従事する医師は、診察治療の求めがあった場合には、正当な事由がなければ、これを拒んではならない
無診療治療の禁止（20条）	医師は、自ら診察しないで治療をし、もしくは診断書もしくは処方せんを交付し、自ら出産に立ち会わないで出生証明書もしくは死産証書を交付し、または自ら検案をしないで検案書を交付してはならない。ただし、診療中の患者が受診後24時間以内に死亡した場合に交付する死亡診断書については、この限りでない
処方箋の交付義務（22条）	医師は、患者に対し治療上薬剤を調剤して投与する必要があると認めた場合には、患者または現にその看護に当たっている者に対して処方せんを交付しなければならない。ただし、患者または現にその看護に当たっている者が処方せんの交付を必要としない旨を申し出た場合などにおいては、この限りでない
診療録の記載義務（24条）	医師は、診療をしたときは、遅滞なく診療に関する事項を診療録に記載しなければならない
診療録の保存義務（24条）	診療録であって、病院または診療所に勤務する医師のした診療に関するものは、その病院または診療所の管理者において、その他の診療に関するものは、その医師において、5年間これを保存しなければならない

2022（令和4）年の厚生労働省の調査では、医療施設に従事する医師が95.4%で、そのうち病院に勤務する医師が最も多く、次いで診療所です

《国試にチャレンジ！》

1. 時間外の診療治療の求めに対しては、診療を断る権利がある。
【30回75】 ✓✓ （正答…✗）
2. 診療録の記載は義務となるが、その保存は義務とはならない。
【30回75】 ✓✓ （正答…✗）
3. 医療施設に従事する医師数を施設種別にみると、診療所に従事する医師が最も多い。【33回74】 ✓✓ （正答…✗）

頻出度 B 保健師・助産師・看護師の役割

① 保健師
- 保健師は、名称独占の国家資格である。
- 保健師は、厚生労働大臣の免許を受けて、保健師の名称を用いて、保健指導に従事することを業とする者をいう。
- 保健師は、看護師の業務である療養上の世話または診療の補助を行うことができる。

ワンポイント　厚生労働省「令和4年衛生行政報告例（就業医療関係者）の概況によると、2022（令和4）年末現在、保健師の実人数の就業場所として最も多いのは、市町村（51.6％）で、次いで保健所（17.1％）である。

② 助産師
- 助産師は、業務独占・名称独占の国家資格である。
- 助産師は、厚生労働大臣の免許を受けて、助産または妊婦、じょく婦もしくは新生児の保健指導を行うことを業とする女子をいう。
- 助産師は看護師の業務である療養上の世話または診療の補助を行うことができる。

ワンポイント　保健師・助産師は、いずれも看護師国家試験に合格したうえで、保健師国家試験、助産師国家試験に合格する必要がある。

③ 看護師
- 看護師は、業務独占・名称独占の国家資格だが、准看護師は都道府県の認定資格である。
- 看護師は、厚生労働大臣の免許を受けて、傷病者もしくはじょく婦に対する療養上の世話または診療の補助を行うことを業とする者をいう。
- 准看護師になろうとする者は、准看護師試験に合格し、都道府県知事の免許を受けなければならない。
- 看護師でない者は、傷病者もしくはじょく婦に対する療養上の世話または診療の補助をしてはならない。ただし、臨時応急の手当てはこの限りではない。

《国試にチャレンジ！》

1　保健師に対して、療養上の世話又は診療の補助が行える旨の規定が設けられているが、助産師には設けられていない。【27回74】　（正答…✕）

A 理学療法士、作業療法士、言語聴覚士などの役割

① 理学療法士
- 理学療法士は、**名称独占**の国家資格である。
- **理学療法**とは、身体に障害のある者に対して、主としてその**基本的動作能力**の回復を図るため、**治療体操**その他の運動を行わせ、および電気刺激、マッサージ、温熱その他の物理的手段を加えることをいう。
- 理学療法士は、厚生労働大臣の免許を受けて、理学療法士の名称を用いて、**医師の指示**の下に、理学療法を行うことを業とする。

② 作業療法士
- 作業療法士は、**名称独占**の国家資格である。
- **作業療法**とは、身体または精神に障害のある者に対して、主としてその**応用的動作能力**または**社会的適応能力**の回復を図るため、**手芸**、**工作**その他の作業を行わせることをいう。
- 作業療法士は、厚生労働大臣の免許を受けて、作業療法士の名称を用いて、**医師の指示**の下に、作業療法を行うことを業とする。

③ 言語聴覚士
- 言語聴覚士は、**名称独占**の国家資格である。
- **言語聴覚士**とは、厚生労働大臣の免許を受けて、言語聴覚士の名称を用いて、音声機能、言語機能または聴覚に障害のある者についてその機能の維持向上を図るため、**言語訓練**その他の訓練、これに必要な検査および助言、指導その他の援助を行うことを業とする者をいう。
- 言語聴覚士は、保健師助産師看護師法第31条第1項および第32条の規定にかかわらず、診療の補助として、**医師または歯科医師の指示**の下に、**嚥下訓練**、**人工内耳の調整**その他厚生労働省令で定める行為を行うことができる。

ワンポイント　理学療法士、作業療法士、言語聴覚士は、保健師助産師看護師法の規定にかかわらず、診療の補助として理学療法、作業療法、嚥下訓練等を行うことができる。

④ その他
- 視能訓練士は名称独占の国家資格で、医師の指示の下に、両眼視機能に障害のある者に対するその両眼視機能の回復のための矯正訓練およびこれに必要な検査を行う者をいう。
- 臨床工学技士は名称独占の国家資格で、医師の指示の下に、生命維持管理装置の操作および保守点検を行うことを業とする者をいう。
- 義肢装具士は名称独占の国家資格で、医師の指示の下に、義肢・装具の装着部位の採型と義肢・装具の製作、身体への適合を行うことを業とする者をいう。

《国試にチャレンジ！》

1. 言語聴覚士の業務の範囲に、人工内耳の調整は含まれない。【31回75】 (正答…×)
2. 理学療法士は、在宅患者への訪問リハビリテーションについても、医師の指示の下に実施しなければならない。【29回73】 (正答…○)

保健医療領域における連携・協働

① 院内連携
- 医療機関の多くはプロジェクト型組織と機能型組織を融合させた、2つ以上の指示系統が組み合わさるマトリクス構造の組織を持っている。
- 多職種チームの連携方法には、マルチ型（マルチディシプリナリーモデル）、インター型（インターディシプリナリーモデル）、トランス型（トランスディシプリナリーモデル）の3つのモデルがある。

■ 多職種チームの分類

チームワークモデル	主な医療の場面	内容
マルチ型	急性期医療	医師を中心として各専門職が明確な役割分担に基づき個別に利用者にかかわり、治療やケアを行うチーム。多職種間による連携・協働は十分に行われない
インター型	リハビリ医療	専門職同士が意見を交換しながら共通の目標を立てて、緊密な連携・協働により治療やケアを行うチーム
トランス型	地域医療	多職種の協働・連携に加えて、専門職が分野を超えて意図的に役割の交代・解放をして治療やケアを行うチーム

連携や協働を意識したインター型では、人間関係や倫理的問題などによりチームコンフリクト（チームの葛藤、対立）が生じることがある。

- チームワークの機能モデルには、タスク機能とメンテナンス機能がある。
- **タスク機能**は、多職種の参加によって設定した目標の達成や問題解決の過程をたどり、活動を推進する機能のことである。
- **メンテナンス機能**は、集団としてチームを維持する機能であり、意図的なコミュニケーションのなかでお互いをサポートしあい、その雰囲気を保持できるようにする機能である。チームコンフリクトを調整、マネジメントする機能も含まれる。

② 地域連携クリティカルパス

- 外来診療や在宅診療を担う診療所と高度検査や手術を行う急性期病院、リハビリテーションを集中的に行うリハビリテーション病院などの**機能分化**が推進され、医療機関同士の連携が不可欠となっている。
- **地域連携クリティカルパス**とは、患者が**急性期**病院から**回復期**病院を経て早期に在宅復帰できるような診療計画を作成し、治療を受けるすべての医療機関で共有し、患者に示すものである。

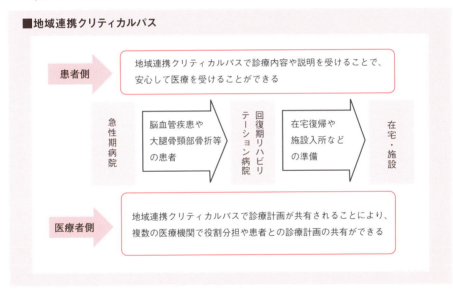

- 地域連携クリティカルパスで連携する機関には、病院や診療所だけでなく、薬局や訪問看護ステーション、居宅介護支援事業所、**地域包括支援センター**など患者の診療にかかわるさまざまな機関が含まれる。

《国試にチャレンジ！》

1. 地域連携クリティカルパスでは、連携する機関の間で診療計画や診療情報を共有する。【29回76】　　　　　　　　　　　　　　　　　（正答…○）
2. 地域連携クリティカルパスでは、連携する機関に地域包括支援センターは含まれない。【29回76】　　　　　　　　　　　　　　　　（正答…×）

Lesson 7 保健医療領域における支援の実際

頻出度 B 医療ソーシャルワーカーの定義と歴史的展開

- 医療ソーシャルワーカーは MSW（medical social worker）とも呼ばれ、病院、診療所等に勤務するソーシャルワーカーを指す。
- 医療ソーシャルワーカーの役割は、社会福祉の立場から、多職種と協働して、患者が治療や療養を適切に受けられるように支援することである。
- 日本では、1929（昭和 4）年に聖路加国際病院に着任した浅賀ふさが、最初の医療ソーシャルワーカーといわれる。

医療ソーシャルワーカーの歴史

イギリス	1895 年	ロンドンの COS（慈善組織協会）の総領事であったロック（Loch,C.）の提案により、王立施療病院にアーモナー（almoner）が配置された。アーモナーは王立施療病院の利用の適正化を図り予算を管理することを目的として配置されたが、アーモナーとして採用された COS のメアリー・スチュアート（Stewart,M.）は、患者に関心を向けるようになり、彼らのために援助を行う病院ソーシャルワークを展開していった
アメリカ	1905 年	アメリカの医師キャボット（Cabot,R.C.）が、マサチューセッツ総合病院に最初のソーシャルワーカーを採用した。キャボットは、イギリスのアーモナーやフランスの結核アフターケアなどを研究し、ソーシャル・ケースワークを病院に導入した。キャノン（Cannon,I.M.）は長年にわたってマサチューセッツ総合病院に勤務し、アメリカの病院のソーシャルワークの普及に努めた
日本	1919（大正 8）年	イギリスのアーモナーについて知見を得た三井財閥が泉橋慈善病院に病人相談所を置いて専門の相談員を配置した
	1926（大正 15）年	キャボットの実践を見聞した生江孝之が、済生会病院創立にあたって相談員を配置した
	1929（昭和4）年	アメリカで学んだ浅賀ふさが聖路加国際病院に着任。その後、医療ソーシャルワークが導入された
	1947（昭和 22）年	保健所法が全面改正され、GHQ（連合軍最高司令官総司令部）主導のもと、保健所に「医療社会事業員」を置いた
	1953（昭和 28）年	医療ソーシャルワーカーの職能団体である、日本医療社会事業家協会が設立された
	1958（昭和 33）年	保健所における医療社会事業の業務指針が策定され、医療社会事業員長期養成講習会が開催され人材育成が進められた

《国試にチャレンジ！》

1 第二次世界大戦前に、聖路加国際病院の前身病院の医療社会事業部に医療ソーシャルワーカーとして清水利子が採用された。【27回75】　（正答…✕）

A 医療ソーシャルワーカー業務指針の概要

■ **医療ソーシャルワーカー**は、病院、診療所、介護老人保健施設、精神障害者社会復帰施設、保健所、精神保健福祉センターなど、さまざまな保健医療機関に配置される。
■ 医療ソーシャルワーカーの**業務の範囲**や**業務の方法**等については、**医療ソーシャルワーカー業務指針**に定められている。
■ 医療ソーシャルワーカー業務指針は、1989（平成元）年に厚生労働省から通知され、2002（平成14）年に改訂されている。

■ 医療ソーシャルワーカー業務指針における業務の範囲と業務の方法等

業務の範囲	・療養中の心理的・社会的問題の解決、調整援助 ・退院援助　　・社会復帰援助 ・受診・受療援助　・経済的問題の解決、調整援助 ・地域活動
業務の方法等	・個別援助に係る業務の具体的展開 ・患者の主体性の尊重 ・プライバシーの保護 ・他の保健医療スタッフおよび地域の関係機関との連携 ・受診・受療援助と医師の指示 ・問題の予測と計画的対応 ・記録の作成等

ワンポイント　2002（平成14）年の改訂により、「退院援助」に含まれていた「社会復帰援助」が業務の範囲として設定された。また、業務の方法として、「他の保健医療スタッフとの連携」に「地域の関係機関との連携」が加わった。

《国試にチャレンジ！》

1 業務指針では、医療ソーシャルワーカーが配置される保健医療機関に、保健所、精神保健福祉センターは示されていない。【26回75】　（正答…✕）

2 医療ソーシャルワーカーの業務における連携の対象には、他の保健医療スタッフだけでなく地域の関係機関も含まれる。【26回75】　（正答…◯）

頻出度 B 治療と仕事の両立支援

■ 厚生労働省の「事業場における治療と仕事の両立支援のためのガイドライン（2024（令和6）年3月改訂版）は、治療が必要な疾病を抱える労働者の治療と職業生活の両立を支援し、適切な職場環境を整備するためのガイドラインである。
■ 本ガイドラインは、雇用形態にかかわらず、すべての労働者を対象とし、主に事業者、人事労務担当者、産業医や保健師など産業保健スタッフのほか、労働者本人や家族、支援にかかわる関係者が活用する。

対象とする疾病	がん、脳卒中、心疾患、糖尿病、肝炎、その他難病など反復・継続して治療が必要となる疾病で、短期で治癒する疾病は対象外
支援の進め方	支援が必要な労働者からの申し出により開始（本人が主治医等から必要な情報を収集し事業者に提出）→本人の同意を得て必要に応じ主治医等から情報収集→事業者が主治医と産業医等の意見を勘案し、就業継続の可否を判断→休業を要さない場合は両立支援プラン、休業を要する場合は職場復帰支援プランを策定し、プランに基づく取り組みを実施

■ 事業者が両立支援プランや職場復帰支援プランを作成する際には、産業医等や保健師、看護師等、主治医、必要に応じて主治医と連携する医療ソーシャルワーカーなどと連携する。

《国試にチャレンジ！》

1 「事業場における治療と仕事の両立支援のためのガイドライン（2024年（令和6年）3月改訂版）」（厚生労働省）では、短期で治癒する疾病を対象としている。【37回107】　　　　　　　　　　　　　　　　　　　　　　　　　　　　（正答…✕）

17

福祉サービスの組織と経営

Lesson 1 福祉サービスにかかる組織や団体の概要と役割

類出度A 社会福祉法人制度の概要

■ 社会福祉法人は、社会福祉事業を行うことを目的として、社会福祉法の定めるところにより設立された非営利法人である。

■社会福祉法の規定（社会福祉法人）

項目	内容
定義（22条）	社会福祉法人は社会福祉事業を行うことを目的として設立された法人
名称独占（23条）	社会福祉法人以外の者は、社会福祉法人または紛らわしい文字を使用できない
経営の原則等（24条）	・社会福祉事業の主たる担い手としてふさわしい事業を確実、効果的・適正に行うため、自主的に経営基盤の強化、サービスの質の向上、事業経営の透明性の確保を図る ・無料または低額な料金で福祉サービスを積極的に提供するよう努める
要件（25条）	社会福祉事業を行うのに必要な資産を備えなければならない
公益事業・収益事業（26条）	経営する社会福祉事業に支障がない限り、公益事業または収益事業を行うことができる
特別の利益供与の禁止（27条）	事業を行うにあたり、評議員、理事、監事、職員その他の政令で定める社会福祉法人の関係者に対し、特別の利益を与えてはならない
申請（31条）	社会福祉法人を設立しようとする者は、定款をもって所定の事項を定め、その定款について所轄庁の認可を受けなければならない
成立の時期（34条）	主たる事務所の所在地で設立の登記をすることによって成立する
機関の設置（36条、36条2項）	社会福祉法人は、評議員、評議員会、理事、理事会及び監事を置かなければならない。定款の定めによって、会計監査人を置くことができる
残余財産（31条、47条）	解散した社会福祉法人の残余財産は定款に定めた者（社会福祉法人その他社会福祉事業を行う者から選定）に帰属し、定款で処分されない財産は国庫に帰属する
合併（48条）	ほかの社会福祉法人と合併することができる

 1951（昭和26）年に、公的助成を受けられる特別な法人として創設された。

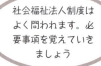
社会福祉法人制度はよく問われます。必要事項を覚えていきましょう

《国試にチャレンジ！》

1. 社会福祉法人は、社会福祉事業の主たる担い手としてふさわしい事業を行うため、自主的にその経営基盤の強化を図らなければならない。
【32回119】　　　　　　　　　　　　　　　　　　　　　　（正答…○）

2. 株主がいないため、事業経営の透明性の確保は求められない。
【30回119】　　　　　　　　　　　　　　　　　　　　　　（正答…×）

3. 社会福祉法人が解散した際の残余財産は、社会福祉法人その他の社会福祉事業を行う者又は国庫に帰属する。【28回119】　　　　　　（正答…○）

類出度A 社会福祉法人の行う事業

① 社会福祉事業の種類

■ 社会福祉事業には、第一種社会福祉事業と第二種社会福祉事業がある。

■社会福祉事業

	第一種社会福祉事業	第二種社会福祉事業
経営主体	原則として、国、地方公共団体、社会福祉法人	経営主体に制限はない
特徴	公共性が高く利用者への影響が大きいため、経営安定により利用者保護の必要性が高い事業	第一種社会福祉事業よりも、公的規制の必要性が低い事業
主な事業内容	救護施設、更生施設、乳児院、母子生活支援施設、児童養護施設、養護老人ホーム、特別養護老人ホーム、軽費老人ホーム、障害者支援施設、共同募金　など	保育所、老人デイサービス事業、障害福祉サービス事業、社会福祉住居施設（生計困難者のための無料低額宿泊所）、無料または低額な料金で診療を行う事業　など

② 社会福祉法人による公益事業と収益事業

■ 社会福祉法人は、社会福祉事業に支障がない限り、公益事業または収益事業を行うことができる。
■ 公益事業は、社会福祉に関係する公益を目的とする事業である。
■ 公益事業の収益は、社会福祉事業または公益事業に充てなければならない。
■ 収益事業は、その収益を社会福祉事業または一定の公益事業の経営に充てることを目的とする事業である。
■ 収益事業では、事業の種類に特別な制限はないが、社会福祉法人の社会的信用を傷つけるおそれのあるものまたは投機的なものは適当ではない。

社会福祉事業は利益を目的とする事業ではないため、利益の配当は認められない。

■公益事業と収益事業の例

| 公益事業……有料老人ホーム、介護老人保健施設の経営など |
| 収益事業……公共施設内の売店の経営、駐車場の経営など |

《国試にチャレンジ！》

1　第二種社会福祉事業の経営主体は、社会福祉法人に限られる。
　【29回119】　☑☑　　　　　　　　　　　　　　　　（正答…✕）

2　社会福祉法人は、社会福祉事業と公益事業以外を行ってはならない。
　【28回119】　☑☑　　　　　　　　　　　　　　　　（正答…✕）

類出度A　社会福祉法人の経営体制

① 所轄庁

■ 社会福祉法人は、所轄庁の認可を受けた後、設立の登記をする。
■ 社会福祉法人の認可をする所轄庁は、原則として、その主たる事務所の所在地の都道府県知事である。ただし、次の場合は都道府県知事以外となる。

・主たる事務所が市の区域内にあり、その行う事業が市の区域を越えないもの
　➡　市長（特別区の区長含む）
・主たる事務所が指定都市の区域内にあり、その行う事業が1の都道府県の区域内において2以上の市町村の区域にわたるものなど　➡　指定都市の長
・その行う事業が2以上の地方厚生局の管轄区域にわたるもの　➡　厚生労働大臣

② 社会福祉法人の評議員・役員など

■社会福祉法人の評議員・役員など

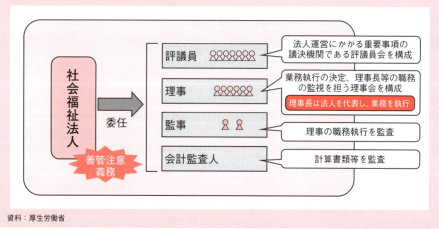

資料：厚生労働省

- 社会福祉法人には、**評議員**、**評議員会**、役員（**理事**、**監事**）、**理事会**を置く必要がある。また、定款の定めにより**会計監査人**を置くことができる。
- 役員（理事・監事）と会計監査人は、評議員会の**決議**によって選任する。

■ 評議員・役員の概要

評議員	・理事の員数を超える数が置かれ、**評議員会**はすべての評議員で組織される ・評議員は、**役員**または社会福祉法人の**職員**を兼ねることはできない ・評議員には、評議員や役員の**配偶者**、**三親等以内**の親族、**特殊の関係**がある者（親族等特殊関係者）が含まれてはならない
理事	・**6**人以上置かれる ・各理事には、親族等特殊関係者の**制限**にかかる規定がある
監事	・**2**人以上置かれ、理事の**職務執行**の監査、**計算書類**等の監査を行う ・各役員の親族等特殊関係者が含まれてはならない ・理事または社会福祉法人の職員を兼ねることができない
会計監査人	・公認会計士または監査法人でなければならない ・事業の規模が政令で定める基準を超える社会福祉法人は、会計監査人を置かなければならない

③ 社会福祉法人の税制優遇措置など

- 社会福祉法人は、**社会福祉事業**について税制上の**優遇措置**があり、**法人税**、**事業税**、**市町村・都道府県民税**は**非課税**、固定資産税、消費税も原則非課税である。
- 社会福祉法人に寄付を行った個人は、**所得控除**を受けることができる。

《国試にチャレンジ！》

1. 社会福祉法人は、主たる事務所の所在地において設立の登記をすることによって成立する。【36回119】 （正答…〇）
2. 社会福祉法人の評議員会の設置は任意である。【33回119】 （正答…×）

特定非営利活動法人（NPO法人）制度

① 特定非営利活動法人の活動

- **特定非営利活動法人（NPO法人）**は、**特定非営利活動促進法**に基づき設置される法人で、特定非営利活動を行うことを主たる目的とする。
- 活動は**20**分野に限定され、内閣府の統計によると、2023（令和5）年5月末時点の活動分野として最も多いのは、「**保健、医療または福祉の増進を図る活動**」である。
- 特定非営利活動に支障がない限り、**公益事業**や**収益事業**などを行うことができる。利益が生じた場合は、特定非営利活動にかかる事業のために使用しなければならない。
- 特定非営利活動法人の活動は、宗教の教義を広めること、政治上の主義を推進すること、特定の公職にある者（候補者を含む）または政党の推薦・支持・反対を目的としては

ならない。
■特定非営利活動法人には、社会福祉法人と同様の税制優遇措置はない。

② 設立と公的規制
■特定非営利活動法人を設立するためには、所轄庁である都道府県知事（1つの指定都市の区域内のみに事務所を置く場合は指定都市の長）に定款その他の書類を添付した申請書を提出し、設立の認証を得て登記をする必要がある。
■認証を受けるには、社員が10人以上である必要がある。
■特定非営利活動法人は、毎事業年度1回、事業報告書等を所轄庁に提出しなければならない。
■所轄庁は、事業報告書等、役員名簿または定款等について閲覧または謄写の請求があった場合には、これを閲覧させ、または謄写させなければならない。
■特定非営利活動法人が解散する場合、残余財産は定款に定めたほかの特定非営利活動法人などに帰属するが、定款の定めがない場合は、所轄庁の認証を得て、国または地方公共団体に譲渡することになる。

③ 組織
■①理事・理事会、②社員総会、③監事の3つの機関からなる。
■特定非営利活動法人の業務は、定款で理事その他の役員に委任したものを除き、すべて社員総会の決議によって行う。
■特定非営利活動法人における各社員の表決権は平等である。
■理事は、3人以上置かれ、法人の業務について代表権をもつ。法人の業務は、定款に特別の定めのないときは、理事の過半数をもって決する。
■監事は1人以上置かれ、理事の業務執行状況、法人の財産状況の監査を行う。
■役員（理事・監事）総数のうち、報酬を受ける役員の数が3分の1以下でなければならない。

④ 認定特定非営利活動法人
■特定非営利活動法人のうち、一定の基準を満たし、所轄庁の認定を受けた法人を認定特定非営利活動法人という。認定の有効期間は、認定日から5年である。
■認定特定非営利活動法人に個人や法人が寄付または贈与をした場合には所得税、法人税、相続税の課税について寄付金控除などの適用を受けられる。

■特定非営利活動法人と社会福祉法人の違い

	特定非営利活動法人	社会福祉法人
設立	所轄庁の認証	所轄庁の認可
所轄庁	都道府県知事・指定都市の長	都道府県知事・市長・指定都市の長・厚生労働大臣
設立時の資産要件	なし	あり。事業に必要なすべての物権に所有権または自治体から貸与
残余財産	定款で指定した者、国または地方公共団体	定款で指定した者、国庫
出資持分	不可	不可
収益事業	できる。課税対象	できる。課税対象
課税	税ごとに課税	原則非課税
業務の決定	社員総会	理事会

《国試にチャレンジ！》

1　内閣府の統計によると、特定非営利活動法人の活動分野として最も多いのは、「保健、医療又は福祉の増進を図る活動」である。【32回120改】　（正答…○）

2　特定非営利活動法人は、特定非営利活動に係る事業に支障がない限り、利益の配当をすることができる。【32回122】　（正答…×）

頻出度 B 医療法人

■ 医療法人は、病院、診療所、介護老人保健施設、介護医療院の開設を目的として設立される。
■ 医療法人は、非営利法人に該当するため、剰余金を配当することはできない。
■ 医療法人は、法人税法上の公益法人には該当せず、法人税課税法人である。
■ 医療法人は、原則、収益業務を行うことができない。
■ 特定医療法人は、租税特別措置法に基づく財団または社団の医療法人で、その事業が医療の普及・向上、社会福祉への貢献その他公益の増進に著しく寄与し、公的に運営されていることを国税庁長官が承認した法人である。
■ 特定医療法人は、税制上の優遇措置があり、法人税において軽減税率が適用される。
■ 社会医療法人は、同族経営を制限する、へき地医療や救急医療等を実施していること、解散時の残余財産を国等に帰属させることなど公益性の高い事業を担保する一定の要件を満たし、都道府県知事の認定を受けた医療法人である。
■ 社会医療法人債の発行、収益事業、一部の第一種社会福祉事業は社会医療法人のみが行うことができる。

第一種社会福祉事業のうち特別養護老人ホーム、養護老人ホームなどを経営することは認められていない。

- 社会医療法人は、税制上の優遇措置があり、**医療保健事業**について**法人税非課税**である。
- 特定医療法人、社会医療法人は、**出資持分**が認められていない。

 出資持分
法人に出資した人が、その法人の資産に対し出資額に応じて有する財産権。

- 2007(平成19)年4月以降、出資持分のある医療法人の新規設立が認められなくなり、基金拠出という形をとって出資持分のない**基金拠出型医療法人**が制度化された。

■一般医療法人と社会医療法人等の違い

	一般医療法人	特定医療法人	社会医療法人
根拠法	医療法	租税特別措置法	医療法
税金	課税される	優遇措置の対象となる	優遇措置の対象となる
出資持分	新規設立では認められていない	認められていない	認められていない
承認	都道府県知事	国税庁長官（厳格な要件）	都道府県知事（高い公益性）
収益事業	不可	不可	可能

《国試にチャレンジ！》

 1 医療法人は全て、本来業務である病院、診療所、介護老人保健施設のほか、収益業務も実施することができる。【33回120】　　　（正答…×）

その他の団体や組織

① 社会福祉連携推進法人

- 2020(令和2)年の社会福祉法の改正により、**社会福祉連携推進法人**制度が創設された(2022(令和4)年4月1日施行)。
- 社会福祉連携推進法人は、社会福祉事業に取り組む社会福祉法人や特定非営利活動法人(NPO法人)などを社員として、相互の業務連携を推進する非営利法人で、一定の要件を満たした一般社団法人を**所轄庁**が認定する。
- 主な業務に**地域共生社会**の実現に資する業務の実施に向けた種別を超えた連携支援、**災害**対応にかかる**連携体制**の整備、社会福祉事業の**経営**に関する**支援**、社員である社会福祉法人への**資金**の**貸付**、**福祉人材**の確保や人材育成、設備、物資の共同購入などがある。ただし、社会福祉連携推進法人自体が社会福祉事業を行うことはできない。

② 独立行政法人福祉医療機構（WAM）

■ 独立行政法人福祉医療機構（WAM）は、特殊法人等改革により、2003（平成15）年に福祉の増進と医療の普及向上を目的として設立された。社会福祉施設や医療施設の整備のための**貸付**事業、これらの施設の**経営診断・指導**事業、社会福祉事業に対する**助成**などを行っている。

③ その他福祉サービスの提供主体

■ 福祉サービスは、社会福祉法人等の非営利法人に限らず、さまざまな主体から提供される。

■福祉サービスの提供主体

非営利法人	社会福祉法人		
	特定非営利活動法人		
	医療法人		
	一般社団法人・**一般財団**法人	余剰金の分配を目的としない団体に、事業の制限なく与えられる法人格。所轄庁の認可・認証を必要と**しない**	
	公益社団法人・**公益財団**法人	一般社団法人・一般財団法人のうち、公益目的事業を行うことを主目的とし行政庁の**認定**を受けた法人。一定の優遇措置あり	
	協同組合	**農業協同組合**	農業者が出資金を出す
		生活協同組合	消費者が出資金を出す
営利法人	**株式**会社	株主から資金を調達して、株主から委任を受けた経営者が事業を行い、そこで得られた利益を株主に分配する	
	持株会社	**合名会社**、**合資会社**、**合同会社**がある。出資者と経営者が同一の組織。設立が容易で意思決定がしやすいなどの利点がある	

特別養護老人ホームなど第一種社会福祉事業は、原則として国、地方公共団体、社会福祉法人に限られることに注意する。また、介護老人保健施設や介護医療院の運営主体も非営利法人に限られる。

■ **営利法人**は、一般に**会社法**に基づく法人（会社）で、商法の適用される営利的行為の事業を行い、構成員に対する利益分配を目的として設立される。

■ **法人格**を有しない**市民団体**、ボランティア団体なども、福祉サービスの担い手としてさまざまな活動を行っている。

《国試にチャレンジ！》

1 株式会社は、都道府県知事への届出によって児童養護施設を設置することができる。【35回121】　　　　　　　　　　　　　　　（正答…✕）

2 福祉活動を行う市民団体は、法人格を取得しなければならない。【35回121】　　　　　　　　　　　　　　　　　　　　　　　（正答…✕）

C **福祉サービスの沿革と概況**

① 社会福祉基礎構造改革

■ 社会福祉の基礎構造は終戦直後の生活困窮者対策を前提としたもので、戦後50年の間、その枠組みは変更がなく、増大・多様化する福祉需要に対応しにくくなっていた。

■ 社会福祉の基礎構造にかかる、一連の制度の見直しと改革を社会福祉基礎構造改革という。

■ 1998（平成10）年に「社会福祉基礎構造改革（中間まとめ）」が発表され、基本的方向が示された。

■社会福祉基礎構造改革の基本的方向

①サービスの利用者と提供者の対等な関係の確立　②個人の多様な需要への地域での総合的な支援　③幅広い需要に応える多様な主体の参入促進　④信頼と納得が得られるサービスの質と効率性の向上　⑤情報公開等による事業運営の透明性の確保　⑥増大する費用の公平・公正な負担　⑦住民の積極的な参加による福祉の文化の創造

■ 社会福祉基礎構造改革により、福祉サービスの多くが措置制度（行政が行政処分によりサービスを決定）による利用から、事業者との契約による利用への移行が図られた。

■社会福祉基礎構造改革年表

年	内　容
1995（平成7）	社会保障制度審議会「95年勧告」、公的介護保険制度の必要性など提言
1997（平成9）	中央社会福祉審議会社会福祉構造改革分科会を設置、11月に「社会福祉の基礎構造について（主要な論点）」を公表
	児童福祉法改正、保育所入所制度を市町村の措置から市町村と保護者の契約へ
	介護保険法成立、福祉サービスは市町村の措置から契約による利用へ
1998（平成10）	社会福祉基礎構造改革（中間まとめ）公表
2000（平成12）	介護保険法施行、社会福祉事業法（社会福祉法に名称を改正）、身体障害者福祉法、知的障害者福祉法、児童福祉法など八法改正
2003（平成15）	障害者支援費制度成立　措置制度から利用者契約制度へ

② 公益法人制度改革

■ 2003（平成15）年の「公益法人制度の抜本的改革に関する基本方針」では、法人格の取得と公益性の判断を分離し、新たな非営利法人制度を創設すること、民間有識者からなる合議制機関の意見に基づき、一般的な非営利法人について目的、事業等の公益性を判断する仕組みを創設することが示された。

■ 2006（平成18）年に公益法人制度改革関連三法案が可決され、従来の公益法人は、「一般社団法人」「一般財団法人」と、公益性の認定された「公益社団法人」「公益財団

法人」に分離された。

③ 社会福祉法人制度改革

■ 社会福祉法人の公益性・非営利性を確保する観点から制度を見直し、国民に対する説明責任を果たし、地域社会に貢献する法人のあり方を徹底するため、2016（平成28）年に「社会福祉法等の一部を改正する法律」が可決・成立した。

■社会福祉法人制度改革の主な内容

経営組織のガバナンス強化	理事会を業務執行の意思決定機関として、評議員会を議決機関として必置に
事業運営の透明性の向上	役員報酬基準など閲覧対象書類を拡大し、閲覧請求者を利害関係人から国民一般に拡大
財務規律の強化	福祉サービスに再投下可能な財産額（社会福祉充実残額）を明確化
地域における公益的な取り組み	日常生活または社会生活上の支援を必要とする者に、無料または低額の料金で、福祉サービスを積極的に提供することを責務として規定
行政の関与のあり方見直し	都道府県が市による指導監督を支援。国が全国的なデータベースを整備

経営

1 福祉サービスにかかる組織や団体の概要と役割

Lesson 2 福祉サービスの組織と経営にかかる基礎理論

頻出度 B 組織の形態と組織学習論

- 組織上に位置づけられている**公式（フォーマル）**組織と、内部の人間関係である**非公式（インフォーマル）**組織がある。
- 人間関係論によれば、組織の生産性の観点からは、非公式組織を有効に活用することが望ましい。
- **ライン組織**とは、トップから下位までの指揮命令系統が明確な**ピラミッド**型の組織で、意思決定はトップダウンで行われる。
- **逆ピラミッド組織**は、サービス業にみられ、顧客重視を徹底するため現場の担当者が意思決定や行動をし、管理者がそれを支援する組織形態である。
- **事業部制組織**とは、製品別、地域別、市場別など、事業を単位として分けた組織で、各事業部が独立採算的な機能をもつ。
- **職能別組織**とは、製造、販売、人事などのように職能によって分類、配置された組織である。
- **プロジェクト組織**は、特定の課題遂行のために編成されたグループ組織である。
- **組織学習論**は、組織も個人と同様に、学習を通じ環境変化に適応しながら発展していくとするものである。
- **アージリス**（Argyris, C.）と**ショーン**（Schön, D.A.）は、**組織学習**とは、組織メンバーの個人を通じて行われる行動・価値観の修正や再構築のプロセスであるとして、**シングルループ学習**と**ダブルループ学習**の概念を示した。
- ヘドバーグ（Hedberg, B.）は、**アンラーニング**は望ましい組織学習のうえで欠かせないと考えた。
- ウェンガー（Wenger. E.）とレイヴ（Lave, J）は**実践共同体**（実践コミュニティ）という概念を提唱し、学習は実践共同体（community of practice）の参加の過程であり、組織学習にも適用できるとした。

■組織学習論の用語

用　語	意　味
シングルループ学習	既存の考え方や行動の枠組みに従って問題解決を図ること
ダブルループ学習	既存の枠組みとは異なる新しい可能性を探る学習形態
アンラーニング（学習棄却）	組織にとって時代遅れまたは有効性が失われた知識を棄却し、新たに学び直すこと
実践共同体	共通の専門知識と情熱によってインフォーマルに結びついた人々の集団で、知識が生まれ共有される場になる

営利組織でも非営利組織でも、組織学習の意義は重要です

《国試にチャレンジ！》

1. 事業部制組織は、職能別管理をすることによって、組織の統制が向上するメリットがある。【35回 122】 （正答…×）
2. ダブルループ学習とは、既存の枠組みとは異なる新しい可能性を探る組織学習の形態である。【26回 121】 （正答…○）

頻出度 A 動機づけ（モチベーション）の理論

■ 動機づけ（モチベーション）とは、人を行動にかり立てる心の動きであり、内容理論と過程理論が代表的である。

■内容理論と過程理論

理論	内容	代表論者
内容理論	何が人を動機づけるのかという、モチベーションを生み出すものに焦点を当てる	マズロー（Maslow,A.）、マグレガー（McGregor,D.）、ハーズバーグ（Herzberg,F.）、マクレランド（McClelland,D.）
過程理論	どのような過程で動機づけられるのか、その関連性や過程に焦点を当てる	ブルーム（Vroom,V.）

■ マズローの欲求5段階説では、人間の基本的欲求を5段階に分け、低次の欲求が満たされると高次の欲求へ移行するとした。
■ 最も高次の欲求である自己実現の欲求が達成されると、モチベーションは向上するとしている。

 ワンポイント　自己実現の欲求よりも低次の欲求は、充足されると重要性が低下する欠乏動機だが、自己実現の欲求は、充足されても欠乏しない成長動機であるとしている。

■ マグレガーはマズローの欲求5段階説の影響を受け、X理論とY理論で2つのモデルを示し、それぞれに合ったモチベーションの上げ方を示した。
■ X理論は、マズローの欲求段階で低次欲求（生理的欲求や安全・安定の欲求）を比較

- 的多くもつ人間の行動モデルである。
- Y理論は、マズローの欲求段階で高次欲求（自己実現の欲求や承認・尊厳の欲求）を比較的多くもつ人間の行動モデルである。

■ **マグレガーのX理論とY理論**

X理論（怠け者）	Y理論（働き者）
・人間は、生来怠け者で、強制されたり命令されなければ仕事をしないため、命令や強制、賞罰で管理するマネジメント手法 ・生活水準が向上した現代社会には適合しない	・人間は、自己実現のため自ら進んで仕事に取り組み、目標を設定し、達成しようとする ・管理者は、従業員の意欲を高める職場環境を整える必要がある

- ハーズバーグは、仕事への満足感につながる要因（動機づけ要因）と不満足につながる要因（衛生要因）は異なるとする二要因理論を提唱し、動機づけ要因を改善することで、職務に対する満足感を高められるとしている。

■ **ハーズバーグの二要因理論**

区分	内容
満足促進要因（動機づけ要因）	仕事の達成や承認、責任、昇進、職務内容など
不満足促進要因（衛生要因）	労働条件など環境要因（監督技術、作業条件、給与など）

- マクレランドの欲求理論では、動機づけにつながる欲求は4つあるとした。

■ **マクレランドの欲求理論**

達成動機（欲求）	成功の報酬よりも、自身がそれを成し遂げたいという欲求
権力動機（欲求）	他者に影響力を与え、コントロールしたいという欲求
親和動機（欲求）	友好的かつ密接な対人関係を結びたいという欲求
回避動機（欲求）	失敗や困難な状況を回避しようとする欲求

- 代表的な過程理論にブルームの期待理論があり、人間の行動の動機づけの強さは、期待（努力の結果、得られると信じている主観的なもの）と誘意性（努力した結果、得られる報酬の魅力）の積の総和で表されるとした。

「頑張ればこのプロジェクトを達成できる」という期待と、「プロジェクトを成功させれば昇進できる」という報酬の2つがあれば、モチベーションが高まるというわけですね

■ ロック（Lock,E.）の目標設定理論では、動機づけに及ぼす影響を自己効力感と目標達成の観点から提唱し、具体的かつ明確で高い目標設定を与えることで、高い意欲が生み出されるとした。

■ ロックの目標設定理論

困難な目標の効果	目標の困難度と個人のパフォーマンス水準は、比例する
明確な目標の効果	明確で具体性をもった目標は、曖昧な目標よりも高いモチベーション（動機づけ）効果をもつ
フィードバックの効果	目標設定にフィードバックが組み合わされた場合には、モチベーション効果はより高くなる

■ デシ（Deci,E.）の内発的動機づけ理論では、モチベーションの要因は、外発的な要因ではなく、内発的な要因によるとした。また、外発的報酬を高めることは、作業や仕事などそれ自体から得られる内発的動機づけを低下させる可能性があるとした。

■ 内発的要因と外発的要因

内容	動機づけ
仕事のやりがいや達成感など、自ら進んで取り組むこと	内発的要因
金銭的報酬や外部からの賞賛など	外発的要因

デシ（Deci,E.）の「パズル実験」では、金銭的報酬を与えたグループは、作業や仕事など、それ自体から得られる内発的動機づけを低下させる可能性があるという結果が得られた。

《国試にチャレンジ！》

1　マグレガー（McGregor,D.）のY理論では、従業員の働く意欲が低いのは、組織の管理者側に原因があるとされる。【28回121】　（正答…○）

2　ハーズバーグ（Herzberg,F.）は、仕事に積極的な満足を与える要因として、監督技術、作業条件、給与などの衛生要因を重視した。【29回125】
（正答…×）

3　ブルーム（Vroom,V.）によれば、上司が部下に対して大きな期待を抱くと、部下の動機づけが高まる。【33回122】　（正答…×）

頻出度 A 主な組織論

■ **ヴェーバー**（Weber, M.）は、（近代）**官僚制**の特徴は、権限範囲の明確化、組織の階層化、専門化、文書主義などにあるとして、組織を有効に機能させるうえで利点があるとした。

■ **テイラー**（Taylor, F. W.）は、科学的な根拠に基づく、正確で客観的な**課業管理**を中心とする**科学的管理法**を提唱した。

■ テイラーの科学的管理法（テイラーシステム）

3つの原理	内容	関連事項
課業管理	1日に作業完了な仕事量をノルマとして設定する	ノルマ達成者に割増賃金を支払う
作業の標準化	作業についての客観的な基準を作成	「時間研究」という手法を導入
作業管理のために最適な組織形態	計画と執行を分離	新たに計画管理の部署をつくり、職能別組織の原型を構築

■ **バーナード**（Barnard, C.）は、組織成立においては、**共通目的**、**貢献意欲**（協働意思）、**コミュニケーション**の要素が不可欠とした。

■ バーナードの組織成立の要件

要件	内容
共通目的	組織の目的を組織のメンバーで共有すること
貢献意欲（協働意思）	組織のメンバーに、組織に貢献しようとする意欲があること
コミュニケーション	組織のメンバー間で、意思を伝えたり、情報共有すること

■ **サイモン**（Simon, H. A.）は、一人の孤立した個人では、合理性の程度の高い行動をとることが不可能であるとした。

■ サイモンの意思決定についての4つの段階

情報活動（intelligence activity）	問題の発掘、発見の過程
設計活動（design activity）	実現可能な代替案の設計
選択活動（choice activity）	代替案の選択
検討活動（review activity）	選択案の結果を検討

- マーチ（March, J.）、オルセン（Olsen, J.）が提唱したゴミ箱モデルでは、意思決定の多くは合理的に行われるのではなく、選択機会、参加者、解、問題の4つの要素が偶然に結びついてなされるものであるとした。
- ゴミ箱モデルでは、結論を出すことに時間をかけるよりも、仮説と検証を繰り返していくことが大切であるとする。
- バーンズ（Burns, T.）とストーカー（Stalker, G.M.）はコンティンジェンシー理論の研究を行い、外部環境の不確実性が高い場合（複雑で不安定）は有機的組織、外部環境の不確実性が低い（安定している）場合は機械的組織が有効であるとした。

■有機的組織と機械的組織

有機的組織	職務は状況に応じて柔軟に対応し、水平方向のコミュニケーションが多くみられる
機械的組織	仕事内容が専門分化され、明確な階層構造があり、垂直方向のコミュニケーションが多くみられる

《国試にチャレンジ！》

1. 科学的管理法とは、人間関係に着目し、それを科学的に解明しようとしたものである。【34回120】　　　　　　　　　　　　　　　　　　　　　　（正答…×）
2. バーナード（Barnard, C.）によれば、公式組織の3要素とは、コミュニケーション、貢献意欲、共通目的である。【33回121】　　　　　　　　　　　　（正答…○）

頻出度 B 経営理念・経営目標と経営戦略に関する理論

- 経営理念は、組織が顧客や社会などに果たすべき役割や存在理由、使命（ミッション）を明確にするものである。
- 経営ビジョン・経営目標は、経営理念に沿って示されなければならない。
- 経営理念は長期的に変わらない信念だが、経営ビジョン・経営目標は環境の変化に応じて柔軟に見直す。
- 企業には、CSR（Corporate Social Responsibility：企業の社会的責任）やCSV（Creating Shared Value：共有価値の創造）の取り組みが求められる。

■CSRとCSV

CSR	企業には社会的責任があり、適切な雇用、消費者への適切な対応、地域社会への貢献、地球環境への配慮など社会全体に配慮した企業活動を行う
CSV	企業における経済的な価値創出と同時に、社会的課題を解決していくことにより、社会と共有の価値を創造していく

■ 経営戦略は、経営理念、経営ビジョン、経営目標を達成するためのもので、内部環境と外部環境に基づき、長期的な視点から決定される。

> **word** 内部環境・外部環境
> 内部環境とは、組織の人材、文化、技術など、外部環境とは、政策・制度、利用者のニーズ、競合状況など

■ 戦略論のうち、内部環境を重視する考え方を資源ベース型戦略、外部環境を重視する考え方をポジションベース型戦略という。

■ 資源ベース型戦略・ポジションベース型戦略

資源ベース型	エクセレント・カンパニー	人と行動に価値をおき、自由度の高い企業文化をもつ優良企業
	コア・コンピタンス	他社が真似のできない技術や能力をもつ企業
	ビジョナリー・カンパニー	業界で長期にわたり卓越した業績を残し、尊敬される企業
ポジションベース型	PPM	各企業の商品・サービスを相対市場シェアと市場成長率に従い、金のなる木、問題児、花形製品、負け犬に分類
	ポーター（Porter, M.E.）の競争戦略	コストリーダーシップ戦略、差別化戦略、集中戦略を基本
	コトラー（Kotler, P.）の戦略	業界のポジションにより、企業をリーダー、チャレンジャー、フォロワー、ニッチャーに分類し、それぞれに適した戦略をとる

■ チャンドラー（Chandler, A.D.）は、経営戦略とは、基本的な長期的目的を決定し、これらの諸目的を遂行するために必要な行動方式を採択し、諸資源を割り当てることであるとした。

■ アンゾフ（Ansoff, H.I.）は、経営の意思決定を、①戦略的意思決定、②管理的意思決定、③業務的意思決定の3つの階層に区分した。

■ アンゾフの意思決定の3つの階層

戦略的意思決定	新しい事業分野の進出など企業全体の戦略や方向性にかかわる決定。経営者が行う
管理的意思決定	組織の編成や経営資源の調達など、戦略を実際の戦術に落とし込む決定。中間管理職が行う
業務的意思決定	生産計画など日常の業務を効率的に行うための決定。現場の長が行う

- ユヌス（Yunus, M.）は、ビジネスの目的は利益の最大化だけではないとし、新たなビジネスモデルとして、ソーシャルビジネスを提唱した。

■ユヌスのソーシャルビジネス

ソーシャルビジネス	特定の社会的目標を追求するために行われ、その目標を達成する間に総費用の回収を目指す
ソーシャルビジネスの利益	一部がビジネスの拡大に再投資され、一部が不測の事態に備えて留保される

- ミンツバーク（Mintzberg, H.）は、戦略は実践を通じてできあがるとし、環境変化に対応しながら戦略を変化させていくことが重要とした。
- アンドルーズ（Andrews, K.）は、組織の内部環境がもつ強み、弱み、外部環境の機会、脅威を総合的に分析評価し、経営戦略を立てるSWOT分析をビジネス上の戦略策定プロセスとして明確にした。
- 経営戦略策定の手法に、ドメイン設定とバランス・スコアカードおよび戦略マップの作成がある。

■ドメイン設定とバランス・スコアカード

ドメイン設定	事業活動を行う領域で、顧客が誰か、ニーズやニーズへの対応をどうするか、独自の能力・技術は何かに基づき設定
バランス・スコアカード	①財務、②顧客、③業務プロセス、④社員・組織の学習と成長の4つ視点から数値目標を設定し、実績を評価。これらの評価尺度間の関係を整理したものを戦略マップという。

- 3C分析とは、市場・顧客（Customer）、競合（Competitor）、自社（Company）の状況から自社の成功要因を分析し、成功に導く手法である。

《国試にチャレンジ！》

1. 経営戦略とは、チャンドラー（Chandler, A.）によれば、長期的目的を決定し、これらの目的を遂行するための行動方式を採択し、諸資源を割り当てることである。【33回125】　（正答…○）
2. 3C分析は、内部環境の「強み」と「弱み」、外部環境の「機会」と「脅威」を総合的に分析するフレームワークである。【33回125】　（正答…×）

頻出度 B 集団力学に関する基礎理論

① 主な集団力学

■集団が形成されると、独自の行動特性がみられるようになり、これを集団力学（グループダイナミックス）という。

■レヴィン（Lewin, K.）らは、集団には、そこに所属したいと思わせる魅力や結束力（集団の凝集性）が発生することを明らかにした。

■集団の凝集性を高めるには、メンバー間の同質性を強化すること、ほかの集団との競争を促進させることなどが効果的である。

■集団の凝集性が高まると、メンバー間の親近感が強まるが、リスクに対する警戒感が強まる場合も弱まる場合もある。意思決定も、堅実なものになるとは限らない。

■集団の凝集性が高ければ業績が高くなり、集団の凝集性が低ければ業績が低くなるとは限らない。集団の凝集性が高くても、集団目標と組織目標の一致度が低い場合には、生産性が低下する。

■アッシュ（Asch, S.）は、個人では正しい判断ができても、集団内の多数派の意見に影響され、自分の考えを変えてしまう集団圧力という現象を明らかにした。

■ジャニス（Janis, I. L.）は、集団での討議により判断力が低下し、不合理または危険な決定がなされてしまう現象を集団思考（集団浅慮）とし、集団の凝集性が高くリーダーを中心にまとまりがよい集団では起きやすいとした。

■シェリフ（Sherif, M.）は、2つの集団間の対立の解消には、対立する集団が一致協力しなければ達成できないような上位目標の導入が有効であることを実験で明らかにした。

■メイヨー（Mayo, G. E.）とレスリスバーガー（Roethlisberger, F. J.）は、「ホーソン実験」で、各作業者の態度は作業条件のみでなく、人間関係などの心理学的側面にも影響を受け、従業員の人間関係の満足度が高ければ高いほど、生産性が高いという仮説を実証し、人間関係論を確立した。

■オルポート（Allport, F. H.）は、集団で作業をすると個人の作業が促進される「社会的促進」が発生する一方、集団の作業では個人の行動の劣化がみられる社会的抑制や、集団の共同作業の人数が増えるほど一人当たりの作業量が減るという社会的手抜きが発生するとした。

② コンフリクト、メンタルモデル

■組織を構成するグループ間の目標が一致しない場合や、あるグループがほかのグループに対して優位に立とうとするときに、グループ間にコンフリクト（葛藤、対立）が生じる可能性がある。

■組織内で集団業績に負の影響を与えるような過剰なコンフリクトや、ある当事者がほかの当事者の目標達成手段を妨害するコンフリクトは、組織にとって有害である。

■組織内のコンフリクトにより、新しいアイデアが生まれたり、生産性が向上したりすることもある。

- 組織内のコンフリクトに対処する最も優れた方法は、対話して相互理解することである。
- **メンタルモデル**は、人が環境と相互作用するために必要な知識の枠組みであり、チームでメンタルモデルが共有されていると、チームのパフォーマンスが向上する。

《国試にチャレンジ！》

1. 集団の凝集性を高めるには、メンバー間の異質性を強化して他の集団との競争を促進させる方策が重要である。【32回121】　　　　　　　　　（正答…✕）
2. コンフリクトは、集団に肯定的な影響を与えることはなく、組織運営に非生産的な結果をもたらすので回避する必要がある。【35回122】　（正答…✕）

類出度A　リーダーシップに関する基礎理論

① リーダーシップ理論の流れ

- リーダーシップについては、優れたリーダーの資質等に着目した特性理論から始まり、さまざまな研究が進められてきた。また、近年では、職場の全員が必要なリーダーシップを発揮し、ほかのメンバーに影響を与えるシェアード・リーダーシップなどの考え方も注目されている。

■リーダーシップ理論・考え方の流れ

	理論	内容・主な理論
1940年代頃まで	特性理論	有能なリーダーがどのような資質・能力を備えているかを見出す。ヴェーバー（Weber, M.）のカリスマ的支配等
1940年代以降	行動理論	リーダーの行動スタイルに着目してリーダーシップをとらえる。レヴィン（Lewin, K.）の分類、オハイオ大学の研究、三隅二不二のPM理論、マネジリアル・グリッドなど
1960年代	コンティンジェンシー理論（条件適合理論）	置かれている状況が異なれば、求められるリーダーシップのスタイルも変わるというもの。フィードラー（Fiedler, F. E.）の理論、SL理論、パス・ゴール理論、フォロワーシップ理論など
1970～1980年代	カリスマ的リーダーシップ理論 変革型リーダーシップ理論 サーバント・リーダーシップ	
2000年代	シェアード・リーダーシップ オーセンティック・リーダーシップ	

② リーダーシップ理論の内容

- **レヴィン**は、リーダーシップの類型を、**専制型**リーダーシップ、**放任型**リーダーシップ、**民主型**リーダーシップの3つに分類した。

■ レヴィンのリーダーシップ理論

専制型リーダーシップ	意思決定、指示など組織の運営にかかわるすべてをリーダーが行う
放任型リーダーシップ	組織の意思決定をメンバーに任せる
民主型リーダーシップ	リーダーが中心となり、メンバーの話し合いにより意思決定を行う。人間関係を友好的に保つための配慮と、集団目標の達成に向けてメンバーを競合する体制づくりを行う

■ オハイオ大学の研究では、リーダーシップの行動は、構造づくりと配慮から説明でき、この両方の行動の頻度が高いリーダーに、部下の業績と満足度が高まるとした。

■ 三隅二不二は、リーダーの行動には目標達成（Performance）と集団維持（Maintenance）の2つがあるとして、それぞれをリーダーシップの「P行動」と「M行動」の2次元で類型化したPM理論を示した。

■ 三隅二不二のPM理論

PM	pM	Pm	pm
P行動もM行動も強く、目標を明確に示し成果を上げ、集団をまとめる力もある	P行動は弱く、目標を達成する力は弱いがM行動は強く、集団をまとめる力はある	P行動が強く、目標に対し成果を上げるが、M行動は弱く、集団をまとめる力は弱い	P行動もM行動も弱く、成果を上げる力も集団をまとめる力も弱い

■ マネジリアル・グリッド論は、ブレイク（Blake, R.R.）とムートン（Mouton, J.S.）によって提唱された、リーダーの行動スタイル論である。

■ マネジリアル・グリッド論は、リーダーの行動スタイルを「人に対する関心」と「業績に対する関心」の2軸で類型化し、それぞれの関心の度合いを9段階に分けてできる81の格子（グリッド）を、マネジリアル・グリッドとした。

■ マネジリアル・グリッド論

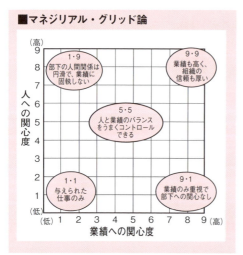

理想のリーダーは、人と業績への関心がどちらかに極端に偏っている人でも、そこそこバランスがよい中庸型の人でもありません。業績も高く、組織の信頼も厚い人なのです

724

- マネジリアル・グリッドでは 5 つの典型的なリーダーシップ類型に分類し、縦軸・横軸のスコアが最も高い「9・9 型」が最も理想的なリーダーシップのスタイルであるとした。
- 1・1 型は放任型リーダー、1・9 型は人情型リーダー、5・5 型は妥協型リーダー、9・1 型は権力型リーダーとされる。
- フィードラー（Fiedler, F.E.）は、リーダーシップ行動を「タスク志向型」と「人間関係志向型」に分け、どちらが業績を上げるかは、リーダーとメンバーの関係、仕事の内容、リーダーの権限の強さに左右されるとした。
- フィードラーは、リーダーとメンバーの関係が良好であるとき（高統制状況）と良好でないとき（低統制状況）では、「タスク志向型リーダー」がより有効で、どちらでもないとき（中統制状況）には、「人間関係志向型リーダー」がより有効であるとした。
- ハーシー（Hersey, P.）とブランチャード（Blanchard, K.）は、部下の成熟度によって有効なリーダーシップが異なるという SL 理論を提唱した。

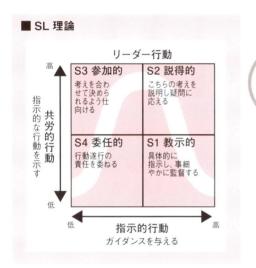

- ハウス（House, R.）は、パス・ゴール理論においてリーダーシップのスタイルを、指示型・支援型・参加型・達成志向型の 4 つに分類した。
- パス・ゴール理論では、メンバーに目標（ゴール）達成のための道筋（パス）を明示することが、リーダーシップの本質であるとしている。

■ パス・ゴール理論

分類	概要
指示型リーダーシップ	課題志向が高く、メンバーに何を期待しているかをはっきり指示し、仕事のスケジュールを設定、仕事の達成方法を具体的に指示する
支援型リーダーシップ	相互信頼をベースに、メンバーのアイディアを尊重、感情に配慮してニーズに気遣いを示す
参加型リーダーシップ	決定を下す前にメンバーに相談し、彼らの提案を活用する
達成志向型リーダーシップ	困難な目標を設定し、メンバーに全力を尽くすよう求める

■ ケリー（Kelley, R.）によるフォロワーシップ理論では、フォロワーの自律性を引き出すリーダーの役割を重視する。

■ フォロワーシップ理論では、フォロワーがリーダーを支えるフォロワーシップは、リーダーシップに大きな影響を与える。

■ 変革型リーダーシップは、組織にビジョンを示しながら他者を導き、動機づけ、組織改革を達成するための中核となるものである。

■ 変革型リーダーシップは、変動の時代に効力を発揮するといわれている。

■ カリスマ的リーダーシップまたはリーダーシップの特性理論では、特定の卓越した手腕を発揮する才能や能力をもつリーダーのリーダーシップ行動の普遍的有効性を重視する。

■ サーバント・リーダーシップは、リーダーがビジョンや目標の達成に向けて、メンバーを支援しながら導くことである。

■ シェアード・リーダーシップは、各メンバーがもつ情報、資源、スキル、能力などを必要な場面で効果的に用いることで、ほかのメンバーに影響を与えるとする考え方で、メンバー全員がリーダーシップをシェアすることを前提とする。

■ オーセンティック・リーダーシップは、リーダーの道義的責任を重視し、リーダー自身の価値観や信念に基づきリーダーシップを発揮する方法である。

《国試にチャレンジ！》

1. 三隅二不二は、リーダーシップの行動面に注目して、集団の「目標達成行動」と「集団維持機能」の2次元で類型化したSL理論を示した。【31回120】　（正答…×）

2. マネジリアル・グリッドでは、「人に対する関心」と「業績に対する関心」の2軸で類型化し、「1・1型」が最も理想的なリーダーシップのスタイルであるとしている。【31回120】　（正答…×）

3. シェアド・リーダーシップの考え方は、各メンバーが持つ情報・資源・スキルなどを必要な場面で効果的に用いて、一人一人がリーダーシップを発揮することの重要性を示した。【37回126】　（正答…○）

Lesson 3 福祉サービス提供組織の経営と実際

頻出度 B 福祉サービス提供組織のコンプライアンスとガバナンス

① コンプライアンスとガバナンス
- コンプライアンスは、企業活動における**法令遵守**を意味し、経営者層や従業員が法律や規則、企業倫理を守ることをいう。
- 福祉サービス提供組織においてもコンプライアンスの確立は求められている。
- コンプライアンスを達成するには、**ガバナンス**が重要であり、ガバナンスを徹底するには、コンプライアンスが必須である。
- ガバナンスは、意思決定や合意形成の仕組みで、組織を正しく管理すること（**企業統治**）である。
- 営利組織だけでなく、非営利組織にも、目標を達成するために、統制のとれた活動を行う必要があり、ガバナンスの確立が求められる。

② 監査
- **監査**とは、企業などの特定の行為、またはその行為を示す情報が適正か否かを、第三者等が検証して報告することである。
- 監査には、外部の第三者が行う**外部監査**と、監事・監査役が行う**監査役等監査**、内部の組織・担当者が行う**内部監査**がある。
- 利害関係者（ステークホルダー）に対する**説明責任**を**アカウンタビリティ**という。

ステークホルダー
株主、経営者、従業員、顧客、取引先などの利害関係者を指す。

- **ディスクロージャー**とは、**情報の開示**や**公開**のことであり、政府、地方自治体、企業などの組織体の現状、活動内容、活動成果などに関する情報を、利害関係者（ステークホルダー）に提示することである。

《国試にチャレンジ！》

1 コンプライアンスは、営利組織のためのものであるため、福祉という公益性の高いサービス提供組織においてその確立は求められていない。
【32回123】　　　　　　　　　　　　　　　　　　　　　　（正答…✕）

2 アカウンタビリティとは、ステークホルダーに対する説明責任を指す。
【36回123】　　　　　　　　　　　　　　　　　　　　　　（正答…○）

A サービスマネジメント

① 福祉サービスにおけるサービスマネジメント

■ 福祉サービスにおいても、サービスマネジメントのありようが求められている。

■ サービスマネジメントとは、顧客の満足度、従業員や組織の価値を高めるため、企業がサービスの提供方法や品質の管理を行うことをいう。

■ サービスマネジメントを展開するうえでは、マーケティング・ミックス（実行戦略）の構成要素である4つのPに、サービスの品質を規定する要素である3つのPを加えた7Pが重要である。

■ サービスマネジメントの4つのPと3つのP

マーケティング・ミックス（4つのP） ⇨マーケティングの構成要素		品質マネジメント（3つのP） ⇨顧客満足度に影響を与える要因	
Product	製品	People	サービス従事者
Place	立地・販売チャネル	Physical evidence	サービス提供場所や機器
Promotion	販売促進活動	Process	サービス提供過程
Price	価格		

■ サービス・プロフィット・チェーンは、従業員満足（ES = Employee Satisfaction）がサービス水準を高め、それが顧客満足（CS = Customer Satisfaction）を高め、それが企業利益を高めるという考え方である。

■ コトラー（Kotler, P.）は、売り手側の視点からなる「P」よりも、顧客側の視点である4つのCによるマーケティング・ミックスが重要であると指摘している。

■ 4つのC

Customer Value	顧客にとっての価値
Customer Cost	顧客が負担する費用
Convenience	顧客にとっての利便性
Communication	顧客とのコミュニケーション

② PDCAサイクル

■ PDCAサイクルは、Plan（計画）、Do（実行）、Check（確認・評価）、Act（改善）のプロセスを繰り返し、品質の維持・向上を図る管理手法である。

■ PDCAサイクルは、デミング（Deming, W. E.）らが製造業の品質管理の手法として開発したもので、デミングサイクルとも呼ばれる。

■ PDCAサイクルの考え方は、サービス業における業務改善にも適用される。

■ PDCA サイクル

P（Plan）	目標を設定し、実績や将来の予測などをもとにして業務計画を作成する
D（Do）	策定された計画に沿って業務を実行する
C（Check）	業務の実施が計画に沿っているかどうかを確認・評価する
A（Act）	実施が計画に沿っていない部分を調べて見直し・改善をする

③ SDCA サイクル

■ SDCA サイクルは、PDCA で解決された問題や課題を標準化（Standardization）して定着させ、品質の維持を図る手法である。

■ TQM（total quality management：総合的品質管理）において、PDCA サイクルは「方針管理」に、SDCA サイクルは「日常管理」に用いられる。

■ SDCA サイクル

S（Standardization）	標準
D（Do）	遵守
C（Check）	検証・異常への気づき
A（Act）	是正処置

④ 品質マネジメントシステム

■ ISO（国際標準化機構）はスイス・ジュネーヴに本部を置く非政府組織で、国際的な標準規格・基準を策定している。

■ ISO9001 は、品質マネジメントシステムの国際規格で、顧客の満足度を向上させるための仕組みの向上を目的としている。

《国試にチャレンジ！》

1　サービス・プロフィット・チェーンの考え方によれば、サービスへの利用者の満足度を高めるためには、従業員の仕事への満足度を高めることが重要である。【30 回 123】　　（正答…○）

2　福祉サービスの改善活動である PDCA には、現場職員が関わらないことが望ましい。【31 回 119】　　（正答…×）

頻出度 A 福祉サービスの評価

① 福祉サービス第三者評価事業

■ 社会福祉法第 78 条では、「社会福祉事業の経営者は、自らその提供する福祉サービスの質の評価を行うことその他の措置を講ずることにより、常に福祉サービスを受ける

- 者の立場に立って、良質かつ適切な福祉サービスを提供するように努めなければならない」とされている。
- ■福祉サービス第三者評価事業は、事業者および利用者以外の公正・中立な第三者評価機関が、福祉サービスの質の向上と利用者の適切なサービス選択のため、専門的・客観的な立場から評価するもので、都道府県が実施主体となる。
- ■第三者評価機関は法人格を有すること、都道府県推進組織が実施する評価調査者養成研修を受講し、修了した評価調査者を設置していることなどの要件を満たし、都道府県推進組織から認証を受ける必要がある。

 株式会社も含め、さまざまな法人が第三者評価機関となることができる。

- ■第三者評価の結果は、受審施設の同意のもと、都道府県推進組織などのホームページで公表される。
- ■社会的養護関係施設(児童養護施設、乳児院、児童心理治療施設、児童自立支援施設、母子生活支援施設)については、3年に1度以上の第三者評価の受審およびその結果の公表、毎年度の自己評価の実施が義務づけられている。

ワンポイント 社会的養護関係施設以外の福祉サービス事業所では、第三者評価の受審や結果の公表は任意である。

- ■第三者評価とは別に、介護保険制度では、地域密着型サービスの認知症対応型共同生活介護(グループホーム)において、外部評価(または運営推進会議による評価)の受審と結果の公表が義務づけられている。

② 福祉サービスの評価方法

- ■福祉サービス事業の評価方法の1つに、ストラクチャー評価(実施体制の評価)、プロセス評価(実施過程の評価)、アウトプット評価(実施量の評価)がある。

■福祉サービス事業の評価

評価の方法	評価の対象
ストラクチャー評価	・物的資源(施設、設備、資金など) ・人的資源(職員数、職員の資質など) ・組織的資源(スタッフ組織、相互検討の仕組みなど)
プロセス評価	・情報収集や問題分析、目標設定、事業の実施状況などの事業の過程 ・サービスの満足度や継続率
アウトプット評価	サービスの実施状況や業務量

> **ワンポイント** アウトプット評価に加え、福祉サービスの効果や成果を評価するアウトカム評価もある。

③ ドナベディアン・モデル

■ ドナベディアン（Donabedian, A.）が提唱したドナベディアン・モデルは、医療サービスの質を評価するための枠組みで、構造（Structure）、過程（Process）、結果（Outcome）によって評価される。

■ **ドナベディアン・モデル**

構造（Structure）	過程（Process）	結果（Outcome）
・物的資源（設備、備品等） ・人的資源（専門職者等） ・組織的特徴	実際の医療行為（診断、処方等）や看護、予防活動、リハビリテーション	改善状況や結果としての患者の状態

《国試にチャレンジ！》

1. 児童養護施設は、福祉サービス第三者評価を定期的に受審すること及び結果の公表が義務づけられている。【35回125】　（正答…○）
2. ドナベディアン（Donabedian,A.）によれば、専門職者などの人的資源は構造（ストラクチャー）の要素である。【31回123】　（正答…○）

頻出度 B 苦情解決体制・リスクマネジメント

① 苦情解決体制

■ 社会福祉法では、社会福祉事業の経営者は、提供する福祉サービスについての利用者等からの苦情の適切な解決に努めなければならないことが規定されている。

■ 苦情があった場合、まず苦情申し立て人と事業者との間で話し合いを行い、解決が困難な場合は第三者委員に委嘱する。利用者と事業者の間で解決困難な場合は、都道府県社会福祉協議会に設置される運営適正化委員会で対応する。

② リスクマネジメント

■ 福祉サービスにおける危機管理（リスクマネジメント）は、危機を予見し、リスクを管理し、組織に与えるリスクを最小限に抑えることである。

■ リスクマネジメントは、リスクコントロール（業務や作業の標準化、マニュアルやルール作成などの予防）とリスクファイナンス（損害賠償保険の活用など）に分けられる。

■ 厚生労働省は、2002（平成14）年に「福祉サービスにおける危機管理（リスクマネジメント）に関する取り組み指針」を示している。

■福祉サービスにおける危機管理（リスクマネジメント）に関する取り組み指針のポイント

- 「より質の高いサービスを提供することによって多くの事故が未然に回避できる」という考え方（クオリティーインプルーブメント）で取り組む
- 個別性が高いため、それぞれの施設において十分な検討と創意工夫が必要
- 経営者のリーダーシップと決意の重要性
- サービスの標準化
- ヒヤリ・ハット事例の収集・活用　など

word ヒヤリ・ハット事例
利用者に被害を及ぼすには至らなかったが、サービスの従事者がヒヤリとしたり、ハッとした事例。

《国試にチャレンジ！》

1 「福祉サービスにおける危機管理（リスクマネジメント）に関する取り組み指針～利用者の笑顔と満足を求めて～」（厚生労働省）では、利用者の状況や施設環境等の個別性が高いため、各施設において十分な検討と創意工夫が必要であるとしている。【31回122】　　　　　　　　　　　（正答…〇）

頻出度A　個人情報の保護に関する法律（個人情報保護法）の運用

■ 2003（平成15）年に成立した「個人情報の保護に関する法律」（個人情報保護法）は、個人情報の適切な取り扱いについて、基本理念や国・地方公共団体の責務等を明らかにし、個人情報を取り扱う事業者及び行政機関等の遵守すべき義務などを定めている。

■ 個人情報保護法は、個人情報の有用性に配慮しつつ、個人の権利利益を保護することを目的としている。

① 個人情報の定義など

■ 個人情報とは、生存する個人に関する情報であって、生年月日その他の記述等（文書、図画、電磁的記録に記載もしくは記録され、または音声、動作その他の方法を用いて表された一切の事項）により、特定の個人を識別することができるもの、または個人識別符号が含まれるものである。

■個人識別符号

生体情報を変換した符号	DNA、顔、虹彩、声紋、歩行の態様、手指の静脈、指紋、掌紋等
公的な番号	パスポート番号、基礎年金番号、運転免許証番号、住民票コード、マイナンバー、各種保険証等

- 人種・信条など不当な差別または偏見が生じる可能性のある個人情報は、**要配慮個人情報**といい、原則として取得の際は**本人の同意**を得ることが義務づけられ、本人の同意を得ない第三者提供の特例（オプトアウト）が禁止されている。
- **匿名加工情報**は、個人情報を特定の個人が識別することができないように加工し、その個人情報を復元することができないようにした個人に関する情報である。
- 匿名加工情報は、一定の条件のもと、**本人の同意**を得ることなく**第三者**に提供することができる。

 5000人以下の小規模事業者の法適用、要配慮個人情報、匿名加工情報については、2015（平成27）年の改正で追加された事項である。

- **仮名加工情報**は、2020（令和2）年の改正で導入された。ほかの情報と**照合**しない限り、特定の個人を識別することができないように加工した個人情報である。
- 仮名加工情報は、原則として**第三者**に提供することはできない。

仮名加工情報は、事業者内部での目的外利用が可能になりますが、匿名加工情報と違い復元の余地のあるデータのため、第三者への提供は制限されます

- **個人関連情報**とは、生存する個人に関する情報であって、個人情報、仮名加工情報、匿名加工情報のいずれにも該当しないものをいう。
- 個人情報保護法において、**国**は、個人情報の取扱いに関し、事業者と本人との間に生じた苦情の適切かつ迅速な処理を図るために必要な措置を講ずるものとされている。

② 個人情報取扱事業者

- **個人情報取扱事業者**とは、個人情報データベース等を事業の用に供している者をいう。ただし、国の機関や地方公共団体、独立行政法人等、地方独立行政法人は除外される。
- 個人情報の取扱件数が**5000**人以下の事業者も個人情報取扱事業者となる。

 行政機関、独立行政法人等、地方公共団体の個人情報保護の取扱いについては、別の法律や条例に規定されていたが、2021（令和3）年の法改正により一元的に運用することになり、現在は個人情報保護法において規定されている。

■個人情報保護法により、個人情報取扱事業者には、次のような義務が課されている。

■ **個人情報取扱事業者の義務（ポイント）**

利用目的の特定	個人情報取扱事業者は、個人情報を取り扱うにあたり、その利用目的をできる限り特定しなければならない
利用目的による制限	あらかじめ本人の同意を得ないで、利用目的の達成に必要な範囲を超えて、個人情報を取り扱ってはならない※
不適正な利用の禁止	違法または不当な行為を助長し、または誘発する恐れがある方法により個人情報を利用してはならない
適正な取得	偽りその他不正の手段により個人情報を取得してはならない
利用目的の通知	個人情報取得の際、利用目的を公表している場合を除き、速やかに、その利用目的を本人に通知、公表しなければならない
データ内容の正確性の確保等	利用目的の達成に必要な範囲内において、個人データを正確・最新の内容に保つとともに、利用する必要がなくなったときは、個人データを遅滞なく消去するように努めなければならない
安全管理装置	取り扱う個人データの漏えい、滅失またはき損の防止その他の個人データの安全管理のために必要かつ適切な措置を講じなければならない
漏えい等の報告等	個人データの漏えい、滅失などが発生して個人の権利利益を害するおそれが大きいとされる場合は、個人情報保護委員会への報告および本人への通知を行わなければならない
第三者提供への制限	あらかじめ本人の同意を得ないで、個人データを第三者に提供してはならない（外国の第三者への提供についても同様）※
開示請求	本人は、個人情報取扱事業者に対し、個人データの開示を請求することができる。請求を受けた個人情報取扱事業者は、遅滞なく、個人データを開示しなければならない

※「利用目的による制限」「第三者提供への制限」について、法令に基づく場合、人の生命、身体または財産の保護のために必要がある場合または公衆衛生の向上、児童の健全な育成の推進のために特に必要がある場合であって、本人の同意を得ることが困難である場合、学術研究機関等が学術研究目的で取り扱う必要がある場合などでは本人の同意を得る必要はない。

③ 個人情報保護委員会・認定個人情報保護団体

■ **個人情報保護委員会**は、内閣府におかれ、個人情報取扱事業者、仮名加工情報取扱事業者、匿名加工情報取扱事業者、個人関連情報取扱事業者に対し、監督、行政機関等の監視を行う。

■ **認定個人情報保護団体**は、個人情報保護委員会が認定する民間団体で、事業者の個人情報の取扱いに関する苦情の処理や個人情報保護指針の作成・公表などを行う。

④ ガイドライン

■ **個人情報の保護に関する法律についてのガイドライン**では、**生存しない個人**に関する情報でも、同時に、遺族等の**生存する個人**に関する情報にあたる場合には、生存する個人に関する情報として法の対象となるとしている。

《国試にチャレンジ！》

1. 個人情報の保護に関する法律において「個人情報」とは、生存する個人に関する情報である。【31回117】　　　　　　　　　　　　　　　　　　（正答…○）

2. 家族による高齢者虐待の疑いがあると市から情報の照会を受けた場合、利用者本人に情報提供の可否を常に確認しなければならない。【27回116】（正答…×）

C その他の情報管理

① 公益通報者保護法

■ 事業者による**法令違反行為**を労働者が通報した場合に、解雇などの不利益な扱いを受けないように保護し、事業者の法令を遵守した経営を強化するため、2004（平成16）年6月に公益通報者保護法が制定された。

公益通報とは、企業の不正を労働者が内部告発するというものですね

② 広報（パブリックリレーションズ）

■ **パブリックリレーションズ**（Public Relations：PR）とは、企業や組織が公衆（パブリック）に対してより良い関係（リレーションズ）を構築し、理解や信頼を獲得するための広報活動または宣伝活動のことである。

《国試にチャレンジ！》

1. 公益事業への苦情を通報した利用者を保護するために、公益通報者保護法を遵守しなければならない。【32回123】　　　　　　　　　　　　　　（正答…×）

B 福祉サービス財源と財務管理

■ 社会福祉法人の施設の整備にかかる財源には、**自主財源**、**寄付**（金銭、物品）、国や地方公共団体または助成団体からの**補助金**・**交付金**、金融機関からの**借入金**がある。

- 事業運営に伴う経常的な資金の流れにおける財源は、主に**公費**（措置費、介護報酬など）と**利用者**からの収入（利用者負担金、利用料）の２つである。
- 金融機関から融資を受けることを**間接金融**、金融機関を通さず、投資家などから資金を調達することを**直接金融**という。

> **ワンポイント** 社会福祉法人等の非営利法人は、金融機関からの借り入れ（間接金融）はできるが、株式発行などの直接金融で資金を調達することはできない。

- 社会福祉法人や医療法人は、**独立行政法人福祉医療機構**による貸付けを受けられる。
- 社会福祉法人は、**配当（利益処分）**が認められておらず、「**過去の利益の蓄積額**」は、赤字経営をしない限り増加する特性がある。
- 事業を実施するために寄付された財産は、社会福祉法人の所有となり、その寄付者に**出資持分**は認められていない。
- 必要な資金を会費、**寄付**、事業収入、**借入金**などを通じて調達することを**ファンドレイジング**という。
- 福祉サービスのファンドレイジングでは、情報手段を活用して広く寄付活動を行い、資金を調達する**クラウドファンディング**が注目されている。

《国試にチャレンジ！》

1. 金融機関からの借入れを直接金融という。【31回121】　（正答…×）
2. 社会福祉法人には、配当（利益処分）が認められておらず、「過去の利益の蓄積額」は、赤字経営をしない限り増加する特性がある。【27回119】　（正答…○）

頻出度A 福祉サービス提供組織の会計管理

- 企業の会計は、組織内部の経営者などに情報を提供するための**管理会計**と、外部の利害関係者（**ステークホルダー**）に開示するための**財務会計**に分けられる。
- 財務会計は、**計算書類**（財務諸表ともいう）により作成される。
- 計算書類には、**貸借対照表**、**事業活動計算書**、**資金収支計算書**がある。
- 社会福祉法人の貸借対照表とは、法人や施設の一定時点（通常は年度末）の財政状態を明らかにするものである。
- 会計用語上、「**収益**」はサービスの対価として得られた金額で、「**利益**」は収益から費用を差し引いたものである。
- 社会福祉法人は、定款、**報酬等の支給の基準**、**計算書類**等、財産目録等の一部などを**インターネットの利用**により、遅滞なく**公表**しなければならない。
- 社会福祉法に基づき、社会福祉法人は、**社会福祉充実残額**を保有する場合は、社会福祉充実計画を作成して、所轄庁の承認を受け、社会福祉充実事業を実施する必要がある。

社会福祉充実残額
毎会計年度における純資産の額から、事業継続に必要な最小限の財産額を控除した額。

■計算書類

貸借対照表	・借方（左側）は財産の運用形態、貸方（右側）は財産の調達源泉を示す ・借方と貸方の合計額は、必ず一致するというルールがある ・借方と貸方に含まれる項目それぞれに、金額を記載	

借方	貸方
資産	負債
流動資産 ・現金、商品など1年以内に現金化が可能な資産	流動負債（事業未払金など） 固定負債（設備資金借入金など）
固定資産 ・基本財産（土地、建物など） ・その他の固定資産	純資産 ・基本金（施設の創設などにあてる寄付金品） ・国庫補助金等特別積立金（施設整備等のための補助金） ・その他の積立金 ・次期繰越活動増減差額

事業活動計算書	当該会計年度における1年間の事業活動の結果の収益、費用および増減差額
資金収支計算書	当該会計年度における予算と決算、収入と支出の内容を明らかにする計算書

■ 減価償却費はコスト（経費）であるが、時間の経過とともに価値が減っていく資産（建物、附属設備、パソコンなど）を損金として経費処理する。
■ 減価償却とは、固定資産（土地と建設仮勘定を除く）の取得原価を、その耐用年数にわたって費用化する手続きである。
■ 土地や骨董品などは、時間が経っても価値が減少しない非減価償却資産であり、減価償却は行わない。
■ 建設仮勘定は、長期にわたる建設工事に関する支出を記入する仮勘定である。

《国試にチャレンジ！》

1 貸借対照表は、バランスシートと呼ばれるように、負債及び純資産の部合計と資産の部合計の金額は一致する。【32回125】　　　　（正答…〇）
2 純資産の具体的中身は、土地や建物等である。【31回121】　　　　（正答…×）

Lesson 4 福祉人材マネジメント

頻出度 B 福祉人材の育成

① 人材育成・職場研修

- 計画的な人事異動であるジョブ・ローテーションの目的は、人材育成であると同時に、同じ仕事に長く従事することによって生じるマンネリズムを防止することである。
- 職場研修には、OJT、OFF-JT、SDS（自己啓発援助制度）、エルダー制度がある。
- コーチングやメンタリングは、職場において導入・活用されている。
- 経験学習モデルは、能動的実験・具体的経験と内省的観察・抽象的概念化との間の循環によって能力が向上するとしている。

■人材育成に関する用語

用語	意味
OJT	On-the-Job Training：職場内上司などの直接の指導を受けながら業務遂行の過程で行う訓練
OFF-JT	Off-the-Job Training：職場を離れて行う職務教育訓練
SDS	個々の職員の自己啓発や自主的な研修活動について、研修にかかる費用を負担したり、研修に費やす時間に勤務を免除したりするほか、施設・設備・備品を貸出・提供するなどの支援
エルダー制度	先輩が後輩に指導するOJT
コーチング	特定の目的を達成するために、会話によって相手の能力を引き出しながら、自発的に行動することをサポートするコミュニケーション技術
メンタリング	メンティー（メンタリングの受け手）のキャリア形成の促進を目的とする。知識や経験の豊かなメンター（メンタリングの与え手）が定期的・継続的な有形・無形のサポートをする

② 暗黙知と形式知

- 野中郁次郎らは、暗黙知を形式知化し、組織内で共有するためのナレッジマネジメント（知識創造経営）の仕組みとして、SECIモデルを提唱した。
- SECIモデルは、暗黙知と形式知の共同化、表出化、連結化、内面化からなる循環的なプロセスである。

 暗黙知と形式知

暗黙知とは、個人の職務遂行上の勘や経験に基づくノウハウなど言語化されないものをいう。形式知は、マニュアルなど他者に分かるように言語化されたものをいう。

■ SECI モデルのプロセス

共同化	個人の経験を共有して暗黙知を伝える
表出化	暗黙知を形式知化する
連結化	形式知化されたものを組み合わせて新しい形式知を作成する
内面化	形式知を利用して個人で暗黙知化する

■ 熟練の職員が行う仕事の仕方を文章化しマニュアルをつくることは、個人が暗黙的に行ってきた仕事の仕方（暗黙知）を形式知化する方法に該当する。

③ キャリアパス

■ キャリアとは、同一組織内の経歴だけではなく、過去の職業や生涯の経歴を指す言葉である。専門性の向上や専門資格の取得など専門的技能を指す場合もある。
■ キャリアパスの成熟期に着目すると、その発達の度合いは人によって異なる。

■ キャリアに関する用語の整理

用語	意味
キャリアアイデンティティ	個人が、組織から離れた独自の価値観や信念を確立するプロセス
キャリアアンカー	キャリアを選択するうえで最も大切な価値観、欲求
キャリアパス	組織が個人にふさわしいキャリア展開を前もって計画すること
キャリアプラトー	組織内で昇進・昇格の可能性が行き詰まり、モチベーションの低下や職務・能力開発の機会の喪失に陥ること

《国試にチャレンジ！》

1　暗黙知と形式知の、共同化、表出化、連結化、内面化からなる循環的な変換過程は、組織の知識を創発するのに有効である。【30回125】　（正答…○）

2　キャリアアンカーとは、組織が個人にふさわしいキャリア展開を前もって計画することをいう。【29回125】　（正答…×）

頻出度 B　福祉人材マネジメント

① 福祉人材の確保

■ 2007（平成19）年に、旧指針を見直した「社会福祉事業に従事する者の確保を図るための措置に関する基本的な指針」（新人材確保指針）が示された。

> **ワンポイント**
> 新人材確保指針は、①労働環境の整備の推進等、②キャリアアップの仕組みの構築、③福祉・介護サービスの周知・理解、④潜在的有資格者等の参入の促進等、⑤多様な人材の参入・参画の促進などについて方向性を示している。

■厚生労働省が示す「介護に関する入門的研修」の目的は、介護に関心をもつ介護未経験者に対して、介護の業務に携わるうえでの不安を払拭するため、基本的な知識を研修することにより、介護分野への参入を促進することである。

② ダイバーシティ・マネジメント

■ダイバーシティ・マネジメントとは、個人や集団の間に存在する多様性（ダイバーシティ）を生かし、組織を変革していく考え方である。人材の多様性は、組織にさまざまな価値や利益をもたらすと考えられている。

③ 目標管理制度

■ドラッカー（Drucker, P.）が提唱した目標管理制度は、経営管理者、部門責任者、職員が参加して目標を設定し、自己評価を通して組織の業績向上と職員の自己実現を目指すものである。

■目標管理制度では、経営管理者が組織全体の目標・方針を設定し、部門責任者がそれを達成するための具体的な目標と方針を設定し、職員が自分の職務における目標を定める。

④ 人事考課

■人材を評価する場合の評価基準としては、個々の法人が求める人材像を基準とする。

■コンピテンシーとは、ある職務や役割において効果的もしくは優れた業績を発揮する人の行動特性で、企業の評価基準に使われている。

■360度評価とは、上司だけではなく、部下や同僚、他部署や他機関の職員、顧客や取引先など複数の視点で人事考課をしてもらう方法である。

■人事考課をする者は、考課者訓練を受けることが望ましい。

■人材を評価する場合、客観的な評価要素を求めて明確な定義づけを行っていても、考課者に一定の評価傾向が出てしまう場合がある。

■人事考課における考課者の判断は、客観的な評価要素を定めて明確な定義づけを行っていても、ハロー効果などの影響を受けることがあり得る。

■人材を評価する場合、評価者が陥りやすいエラーとして対比誤差があるが、これは評価者が自分の能力と被評価者とを対比してしまうエラーである。

■人事考課の目的は、昇給・賞与等給与管理のための評価、および教育訓練や能力開発である。

■人事考課などの評価の結果については、評価結果と内容を伝え、自己成長を促すためのフィードバック面接を行うべきである。

- 採用計画の立案にあたっては、社員の数という量だけでなく、資格や経験などの職業能力の質についても考慮する。
- インターンシップ（internship）制は、学生が就業前に、企業などで就業体験を積むことで、学生にとっては職業意識を形成し、適性に合った職業選択を可能にするなど多くの利点があるとされ、また採用する雇用側にも能力のある学生を確保するうえで有効である。

■人事考課で注意すべき評価傾向など

用語	意味
ハロー効果	目立ちやすい特徴に引きずられてほかの特徴についての評価が歪められる現象
寛大化傾向	評価が甘くなる心理的傾向
厳格化傾向	評価が基準以上に厳しくなる心理的傾向
中心化傾向	評価が「平均」や「普通」に集中し、優劣がはっきりしない傾向
対比誤差	評価者が自分の能力と対比させ、評価者自身と反対の特性をもつ者を過大または過小に評価すること
論理誤差	評価者の論理に影響されること
投射効果	自分のもっている特性を相手ももっているかのようにみなすこと

⑤ 報酬体系

- 通常の労働者と同視すべき短時間労働者については、教育訓練や福利厚生を通常の労働者と同じにする必要がある。
- 軽度かつ短時間の作業に当たる宿直業務についても、通常の勤務時間と同様の実労働時間に組み入れる必要がある。

■給与に関する用語

用語	意味
職能給	職務遂行能力によって給与を区分する
職務給	職務や職責など職種の価値によって給与を区分する
成果主義	成果に着目して、処遇や昇進などの評価に差をつけること
手当	家族手当、住宅手当、通勤手当、期末手当など
年齢給（年功給）	年齢、勤続年数、学歴等によって給与を区分する

《国試にチャレンジ！》

1. ダイバーシティ・マネジメントにおいては、人材の多様性は組織に様々な価値や利益をもたらすと考えられている。【31回125】 ☑ （正答…〇）
2. 目標管理制度で部下が目標を設定する際は、チームや組織の目標とは無関係に、部下の個人的な目標を設定するのが原則である。【31回125】 ☑ （正答…✕）
3. 人事考課においては、ある対象を評価する際に、部分的で際立った特性が、全体の評価に及んでしまうハロー効果が起こることがある。【35回124】 ☑ （正答…〇）
4. 職務給とは、組織内の職位と年齢に応じて、職員の給与に格差を設ける給与をいう。【31回125】 ☑ （正答…✕）

頻出度B 働きやすい労働環境の整備

① 労働法規の概要

■日本国憲法第28条では、団結権、団体交渉権、団体行動権（争議権）を労働者の権利として定めている。

■労働法規は、労働3法である労働基準法、労働組合法、労働関係調整法を基本として、次のような体系に区分される。

■労働法の体系

個別的労働関係の法規	労働基準法、最低賃金法、労働安全衛生法、労働者災害補償保険法、男女雇用機会均等法、育児・介護休業法など
集団的労使関係の法規	労働組合法、労働関係調整法など
労働市場の法規	労働施策総合推進法、職業安定法、雇用保険法、障害者雇用促進法、高年齢者雇用安定法、労働者派遣法など

② 労働基準法

■労働基準法は、賃金、労働時間など労働条件についての最低基準を定めたもので、同居の親族のみを使用する事業、家事使用人などを除き、事業または事業所に使用されて賃金を支払われるすべての労働者に適用される。

■労働基準法では、労働時間は、休憩時間を除き、1日8時間、週40時間を超えてはならないと規定される。時間外労働や休日勤務を命じる場合は、労使協定（36協定）を結び、労働基準監督署長に届け出ることが義務づけられている。

■労働基準法には、均等待遇（国籍や信条、社会的身分を理由とした労働条件についての差別的取扱いの禁止）、男女同一賃金の原則が規定されている。

③ 労使関係の規定

■ 労務管理における規定遵守の優先順位は、①法令、②労働協約、③就業規則、④労働契約の順である。

■労働協約・就業規則・労働契約

労働協約	使用者が労働条件について労働組合と合意し書面にしたもの
就業規則	使用者が、就業上の規律、職場秩序、労働条件の具体的内容を定めたもの
労働契約	使用者が個々の労働者と明示すべき労働条件等について契約したもの

④ 労働契約法

■ 労働契約法は、労働契約が合意により成立・変更されるという合意の原則、その他の労働契約に関する基本的事項を定めたものである。

■ 使用者は、有期労働契約について、やむを得ない事由がある場合でなければ、その契約期間が満了するまでの間において、労働者を解雇することができない。

■ 同一の使用者との間で、有期労働契約が反復更新されて通算5年を超えたときは、労働者の申し込みにより、無期労働契約に転換できる。

⑤ 育児・介護休業法

■ 「育児休業、介護休業等育児又は家族介護を行う労働者の福祉に関する法律」（育児・介護休業法）は、子の養育および家族の介護を容易にするため、所定労働時間等に関して事業主が講ずべき措置について定めている。

■ 育児休業は、契約期間のある非正規職員でも所定の要件を満たせば取得できる。

■育児・介護休業法の概略

区分	概要
育児休業	子が1歳（一定の場合は最長2歳）になるまで。分割取得2回まで
介護休業	年間対象家族1人につき通算93日まで。分割取得3回まで
看護等休暇	1年度に1人につき5労働日まで。時間単位で取得可
介護休暇	1年度に1人につき5労働日まで。時間単位で取得可

⑥ ハラスメント対策

■ ハラスメントとは、相手に不利益や損害を与えたり、個人の人権を侵害したりする行為をいい、主なものにセクシュアルハラスメント、パワーハラスメントがある。

■ **ハラスメントの定義（厚生労働省）**

項目	概要
職場における**セクシュアルハラスメント**	職場において行われる、労働者の意に反する性的な言動に対する労働者の対応によりその労働者が労働条件について不利益を受け、性的な言動により就業環境が害されること。職場におけるセクシュアルハラスメントには、異性だけでなく同性に対するものも含まれる
職場における**パワーハラスメント**	職場において行われる、①優越的な関係を背景とした言動であって、②業務上必要かつ相当な範囲を超えたものにより、③労働者の就業環境が害されるものであり、①から③までの要素をすべて満たすものをいう

職場とは、業務を遂行する場所で、通常就業している場所以外の場所であっても業務を遂行する場所であれば「職場」に含む。

■ 事業主がハラスメント防止対策を講じるべき対象は正規雇用者のほか、パートタイム社員、契約社員など非正規雇用社員も含む。
■ 「雇用の分野における男女の均等な機会及び待遇の確保等に関する法律」（男女雇用機会均等法）において、事業主に対し、女性の妊娠、出産等を理由とする解雇その他不利益な取扱い（マタニティハラスメント）やセクシュアルハラスメントの防止のための雇用管理上の措置が義務づけられている。

育児・介護休業法においても、妊娠・出産したことを含め育児休業や介護休業等を利用することに対しての不利益な取り扱いや、上司・同僚からの育児・介護休業等に関する言動によるハラスメント防止のための雇用管理上の措置が義務づけられている。

■ 労働施策総合推進法により、事業主にパワーハラスメント防止のための雇用管理上の措置が義務づけられている。

⑦ **メンタルヘルスケア**

■ 労働安全衛生法に基づき、事業者は常時使用する労働者に対して、ストレスチェックを行うことが義務づけられている（常時使用する労働者が50人未満の場合は努力義務）。
■ ストレスチェックの検査結果は、実施者から労働者に直接通知される。事業者が結果を入手するには、本人の同意が必要である。

労働安全衛生法
職場における労働者の安全と健康の確保や快適な職場環境の形成促進を目的とする。労働災害の防止措置や衛生委員会の設置、健康診断、メンタルヘルスケアの実施などを規定している。

- 常時50人以上の労働者を使用する事業者は、事業場ごとに衛生管理者、産業医を選任し、衛生委員会を設置しなければならない。
- 事業者は、時間外・休日労働が一定時間以上で、疲労の蓄積が認められる労働者が申し出た場合は、医師による面接指導を行わなくてはならない。
- 厚生労働省の「労働者の心の健康の保持増進のための指針」によると、メンタルヘルスケアは事業者が講ずる労働者（派遣労働者も含む）の心の健康の保持増進のためのケアで、次の4つのケアを継続的かつ計画的に行うことが重要としている。

①セルフケア
②管理監督者が行うラインによるケア
③事業場内産業保健スタッフ等によるケア
④事業場外資源によるケア

《国試にチャレンジ！》

1 日本国憲法第28条が保障する労働三権は、団結権、団体交渉権、勤労権である。【32回143】　（正答…✕）

2 パワーハラスメントの典型的な例には、優越的な関係を背景として行われた、身体的・精神的な攻撃、人間関係からの切り離し、過大・過小な要求などが含まれる。【34回125】　（正答…◯）

索 引

A～Z

ACP ···················· 692
ADA ···················· 148
ADHD ···················· 54
ADL ···················· 45
AGIL図式 ··············· 100
AIDS ···················· 47
ALS ···················· 41
ASD ···················· 54
BBS会 ··················· 387
BCP ···················· 309
BPSD ···················· 56
BPSモデル ·············· 430
COPD ···················· 43
COS ···················· 145
CSR ···················· 719
CSV ···················· 719
DCM ···················· 443
DPC／PDPS ············· 679
DSM-5 ··············· 50, 51
DV ···················· 603
DV防止法 ··············· 603
EBP ·············· 446, 510
GDP ···················· 183
GTA ···················· 508
ICD-10 ················· 23
ICF ···················· 24
ICIDH ···················· 24
ICT ···················· 448
iDeCo ·················· 206
IL運動 ·················· 318
ILO基準 ················· 195
IoT ···················· 191
ISO ···················· 729
ISO9001 ··············· 729
KJ法 ··················· 507
LD ···················· 54
LGBT ··················· 154
LGBT理解増進法 ········· 155
MCI ···················· 55
MDGs ···················· 114
MDS ···················· 443
MRSA ···················· 47

MSA ···················· 42
MSW ················ 59, 700
NBP ···················· 510
NHS ···················· 211
NPM ················ 152, 170
NPO法人 ················· 707
OECD基準 ··············· 195
OFF-JT ················· 738
OJT ···················· 738
OT ···················· 59
PDCAサイクル ······· 293, 728
P-Fスタディ ·············· 89
PIE ···················· 443
PM理論 ·············· 75, 724
PT ···················· 59
PTSD ················· 53, 85
SD法 ···················· 490
SDCAサイクル ············ 729
SDGs ···················· 114
SDS ···················· 738
SECIモデル ·············· 738
SIB ················ 170, 314
SL理論 ·················· 725
SNS ···················· 449
SOAP方式 ··············· 448
SOC ···················· 86
SST ···················· 93
ST ···················· 59
SWOT分析 ··············· 721
t検定 ·················· 501
TANF ···················· 148
TAT ···················· 89
TEM ···················· 507
WAM ···················· 711
WHO ···················· 20
X理論 ·················· 716
Y理論 ·················· 716
YMCA ···················· 406

あ

アージリス, C. ··········· 714
アーバニズム論 ··········· 111
愛着 ···················· 80

愛着行動 ················· 80
アイデンティティ ······ 16, 78
アイビイ, A. ········· 91, 462
アイメッセージ ··········· 463
アウトプット評価 ········· 730
アウトリーチ ············· 465
アカウンタビリティ
 ················· 402, 510
空き家問題 ··············· 266
アクション・リサーチ ····· 507
悪性腫瘍 ················· 37
悪性新生物 ············ 24, 37
アクティブ・インタビュー
 ···················· 505
アクティブ・エイジング ···· 520
アクティベーション ········ 127
浅賀ふさ ················· 413
アセスメント ············· 443
アセスメントシート ········ 448
アソシエーション ········· 105
アタッチメント ············ 80
アダムス, A.P.
 ············· 138, 267, 412
アダムス, J. ········ 270, 406
新しい人権 ··············· 220
アッシュ, S. ············· 722
アドバンス・ケア・プランニング
 ···················· 692
アドバンス・ディレクティブ
 ···················· 691
アドボカシー
 ············· 277, 278, 403
アドボケーター ··········· 459
アニサキス ··············· 47
アノミー ················· 109
アパシー ················· 84
アフォーダンス ············ 68
アフターケア ············· 446
アフターコーディング ····· 494
アプテカー, H. ··········· 412
アポクリン腺 ············· 36
「飴と鞭」政策 ··········· 144
アモーダル補完 ··········· 67
アルコール性肝炎 ········· 43

アルツハイマー型認知症 ···· 55
アルマ・アタ宣言 ·········· 20
暗順応 ··················· 66
安全基地 ················· 80
アンゾフ, H.I. ·········· 720
アンドルーズ, K. ········· 721
アンビバレンス ·········· 461
アンペイドワーク ········ 127
暗黙知 ·················· 738
アンラーニング ·········· 714

い

胃 ····················· 33
イエス・テンデンシー ····· 492
医学的リハビリテーション
 ······················ 59
医科診療報酬 ············ 678
育児休業 ················ 561
育児休業取得率 ·········· 185
育児休業等給付 ···· 207, 209
意見等聴取制度 ·········· 393
医師 ··················· 695
石井十次 ·········· 413, 578
石井亮一 ················ 579
意思決定支援 ············ 691
意思決定支援ガイドライン
 ······················ 239
意思決定支援責任者 ······ 361
意思決定支援を踏まえた後見事
 務のガイドライン ······· 240
意思疎通支援事業 ········ 337
意思能力 ················ 222
意思表示 ················ 223
意見表明等支援事業 ······ 590
医師法 ·················· 695
いじめ防止対策推進法 ···· 601
移送費 ·················· 674
遺族基礎年金 ············ 201
遺族厚生年金 ············ 205
遺族の範囲 ·············· 205
遺族補償給付 ············ 210
1型糖尿病 ··············· 39
一時預かり事業 ·········· 584
一時扶助 ················ 635
一次予防 ················· 20

一番ヶ瀬康子 ··········· 150
一部事務組合 ············ 279
一般介護予防事業
 ·················· 545, 546
一般教育訓練給付金 ····· 208
一般財団法人 ············ 711
一般システム理論 ········ 428
一般社団法人 ············ 711
一般遵守事項 ············ 378
一般適応症候群 ·········· 82
一般統計調査 ············ 478
一般病床 ················ 682
一般法 ·················· 217
溢流性尿失禁 ············· 45
遺伝障害 ················· 46
移動支援事業 ············ 337
糸賀一雄 ················ 579
意図的な感情表出 ········ 460
委任契約 ················ 225
イネーブラー ············ 459
違法性 ·················· 369
意味記憶 ················· 72
遺留分 ·················· 231
医療以外の給付 ···· 672, 673
医療観察制度 ············ 388
医療観察法 ·············· 388
医療給付 ·········· 672, 673
医療計画 ················ 686
医療ソーシャルワーカー
 ·················· 59, 700
医療ソーシャルワーカー業務指針
 ······················ 701
医療提供施設 ············ 682
医療的ケア児及びその家族に対
 する支援に関する法律 ··· 608
医療的ケア児支援法 ······ 608
医療的ケア児等コーディネーター
 ······················ 608
医療的ケア児等支援センター
 ······················ 608
医療扶助 ·········· 634, 637
医療法人 ················ 709
医療法改正の推移 ········ 688
医療保険制度 ············ 671
医療保険の給付内容 ······ 672
医療保護施設 ············ 639

医療保護入院 ············ 346
医療保護法 ·············· 139
医療倫理 ················ 693
院外救済禁止 ············ 144
因果応報 ················ 323
飲酒運転防止プログラム
 ······················ 380
インスリン ··············· 39
陰性症状 ················· 52
姻族 ··················· 227
インターグループワーク論
 ······················ 261
インターディシプリナリーモデル
 ······················ 698
インターネット調査 ······ 493
インターベンション ······ 444
インターライ方式 ········ 443
インターンシップ ········ 741
インテーク ·············· 442
インフォーマル・グループ
 ······················ 105
インフォーマルサポート ···· 468
インフォーマルセクター ···· 168
インフォーマルな資源 ····· 466
インフォームドアセント ···· 690
インフォームドコンセント
 ·················· 241, 690
インフォームドチョイス ···· 690
インフラストラクチャー ···· 162
インプリンティング現象 ···· 77
インフルエンザ ··········· 48
インボランタリーなクライエント
 ······················ 441

う

ヴァルネラビリティ ······· 158
ウイルス性肝炎 ··········· 43
ウィレンスキー, H. ········ 153
ヴィンター, R. ··········· 452
ヴェーバー, M.
 ······· 102, 104, 106, 718
ウェクスラー, D. ·········· 73
ウェクスラー知能検査 ······ 89
ウェッブ夫妻 ············ 145
ヴェブレン, T. ··········· 110

ウェルマン, B. ・・・・・・・111, 261
ヴォルフェンスベルガー, W.
　・・・・・・・・・・・・・・・・・・・・・404
右田紀久恵 ・・・・・・・・・・・・・260
内田クレペリン精神作業検査
　・・・・・・・・・・・・・・・・・・・・・・89
うつ病 ・・・・・・・・・・・・・52, 85
ウルフェンデン報告
　・・・・・・・・・・・・・・・・167, 269
運営適正化委員会 ・・・・・・・238
運動錯視 ・・・・・・・・・・・・・・・68
運動残効 ・・・・・・・・・・・・・・・68
運動性失語 ・・・・・・・・・・・・・41

え

エイジズム ・・・・・・・・・・・・・520
エイズ ・・・・・・・・・・・・・・・・・47
鋭敏化 ・・・・・・・・・・・・・・・・・70
エイブス報告 ・・・・・・・・・・・269
営利法人 ・・・・・・・・・・・・・・711
エーデル改革 ・・・・・・・・・・・148
疫学転換 ・・・・・・・・・・・・・・664
エクスプレスト・ニード ・・・161
エクスポージャー法 ・・・・・・・92
エクセプション・クエスチョン
　・・・・・・・・・・・・・・・・・・・・・437
エクソシステム ・・・・・・・・・430
エコマップ ・・・・・・・・・・・・・443
エコロジカル・アプローチ
　・・・・・・・・・・・・・・・・・・・・・439
エスニシティ ・・・・・・・・・・・109
エスノグラフィー ・・・・・・・・507
エスピン-アンデルセン, G.
　・・・・・・・・・・・・・・・・・・・・・116
エディティング ・・・・・・・・・494
エデュケーター ・・・・・・・・・459
エバリュエーション ・・・・・・445
エバリュエーションシート ・・448
エバリュエーター ・・・・・・・・459
エピソード記憶 ・・・・・・・・・・72
エビデンス・ベースド・ソーシャル
ワーク ・・・・・・・・・・・・・・510
エビデンス・ベースド・プラクティ
ス ・・・・・・・・・・・・・・・・・446
エビングハウス錯視 ・・・・・・・68

エプスタイン, L. ・・・・・・・・433
エプストン, D. ・・・・・・・・・438
エリクソン, E. ・・・・・・・・・78
エリクソンの発達段階説 ・・・78
エリザベス救貧法 ・・・・・・・144
エルダー制度 ・・・・・・・・・・738
エルバーフェルト制度 ・・・144
演繹法 ・・・・・・・・・・・・・・・482
円環対比 ・・・・・・・・・・・・・・68
エンゲージメント ・・・・・・・・442
演劇論的行為論 ・・・・・・・・103
エンゲル, E. ・・・・・・・・・・624
延長保育事業 ・・・・・・・・・・592
エンパワメントアプローチ
　・・・・・・・・・・・・・・・410, 436

お

応急入院 ・・・・・・・・・・・・・346
応急の救護 ・・・・・・・・・・・380
黄金の三角形 ・・・・・・・・・179
横断調査 ・・・・・・・・・・・・・487
応答的法 ・・・・・・・・・・・・・104
応募法 ・・・・・・・・・・・・・・・487
応用行動分析 ・・・・・・・・・・93
応用博愛事業学校 ・・・・・・406
オーガナイザー ・・・・・・・・・459
大きな社会 ・・・・・・・・・・・148
大きな政府 ・・・・・・・・・・・147
大河内一男 ・・・・・・・・・・・149
オーセンティック・リーダーシップ
　・・・・・・・・・・・・・・・・・・・・・726
オートポイエーシス理論 ・・・428
オルポート, F.H. ・・・・・・・722
オルポート, G.W. ・・・・・ 74, 118
岡村重夫
　・・・・・・150, 260, 413, 440
岡山博愛会 ・・・・・・・・138, 412
小河滋次郎 ・・・・・・・・138, 413
置き換え ・・・・・・・・・・・・・・81
奥田道大 ・・・・・・・・・・・・・260
奥行き知覚 ・・・・・・・・・・・・68
オタワ憲章 ・・・・・・・・・・・・20
オッズ ・・・・・・・・・・・・・・・501
オッズ比 ・・・・・・・・・・・・・501
オハイオ大学の研究 ・・・・・724

オペラント条件づけ ・・・・・・69
親子関係形成支援事業 ・・・584
親子再統合支援事業 ・・・590
親亡き後問題 ・・・・・・・・・322
オルセン, J. ・・・・・・・・・・719
オレンジプラン ・・・・・・・・・524
温室効果ガス ・・・・・・・・・114
恩赦 ・・・・・・・・・・・・・・・・382

か

解決志向アプローチ
　・・・・・・・・・・・・・・・94, 437
介護医療院 ・・・・・・・・・・・542
介護義務 ・・・・・・・・・・・・・229
介護休暇 ・・・・・・・・・・・・・561
介護休業 ・・・・・・・・・・・・・561
介護休業給付 ・・・・・・・・・209
介護給付（介護保険）・・・・538
介護給付費（障害者総合支援法）
　・・・・・・・・・・・・・・・・・・・・・332
外国人材の受け入れ・共生のため
の総合的対応策 ・・・・・・・174
外国人との共生社会の実現に向
けたロードマップ ・・・・・・174
介護サービス情報の公表 ・・565
介護サービス相談員 ・・・・・568
介護支援専門員 ・・・・・・・・566
介護施設入所者基本生活費
　・・・・・・・・・・・・・・・・・・・・・635
介護職員 ・・・・・・・・・・・・・567
介護認定審査会 ・・・・・・・・534
介護福祉士 ・・・・・・・・・・・567
介護扶助 ・・・・・・・・ 634, 638
介護報酬 ・・・・・・・・・・・・・536
介護保険事業計画 ・・・・・・296
介護保険審査会 ・・・・・・・・535
介護保険制度 ・・・・・・・・・527
介護補償給付 ・・・・・・・・・210
介護予防支援 ・・・・・・・・・543
介護予防・日常生活支援総合事
業 ・・・・・・・・・・・・・・・・・545
介護離職 ・・・・・・・・・・・・・519
介護老人福祉施設 ・・・・・・542
介護老人保健施設 ・・・・・・542
外集団 ・・・・・・・・・・・・・・・106

疥癬 …………………… 47	家族療法 ……………… 94	環境リスク …………… 113
回想法 ………………… 94	課題中心アプローチ …… 433	完結出生児数 ………… 123
改訂長谷川式簡易知能評価ス	片麻痺 ………………… 40	間欠性跛行 …………… 44
ケール ………………… 90	片山潜 ………………… 138	肝硬変 ………………… 43
外的妥当性 …………… 482	価値合理的行為 ……… 102	看護師 ………………… 696
χ（カイ）2乗検定 ……… 501	価値財 ………………… 165	看護小規模多機能型居宅介護
介入 …………………… 444	学校設置者等及び民間教育保育	…………………… 541
回復期リハビリテーション病棟	等事業者による児童対象性暴力	監査 …………………… 727
…………………… 685	等の防止等のための措置に関す	観察ノート …………… 506
外部不経済 …………… 154	る法律 ………………… 600	観察法 ………………… 503
下位文化理論 ………… 112	葛藤 …………………… 81	患者の権利 …………… 690
開放システム ………… 428	過程記録 ……………… 447	患者申出療養 ………… 672
買物弱者 ……………… 266	家庭裁判所 …………… 243	慣習法 ………………… 216
潰瘍性大腸炎 ………… 43	家庭支援専門相談員 …… 620	感情 …………………… 62
会話分析 ……………… 508	家庭相談員 …………… 620	感情的行為 …………… 102
カウガー, C.D. ……… 436	家庭等の定義 ………… 570	感情転移 ………… 92, 461
カウンセリング ……… 90	過程理論 ……………… 715	間接金融 ……………… 736
科学的管理法 ………… 718	カデューシン, A. …… 459	間接差別 ……………… 157
鏡に映った自己 ……… 130	ガバナンス …………… 727	関節リウマチ ………… 44
賀川豊彦 ……………… 267	株式会社 ……………… 711	完全失業率 …………… 128
角化型疥癬 …………… 47	貨幣的ニード ………… 161	感染症 ………………… 47
核家族 ………………… 122	仮名加工情報 ………… 733	感染症病床 …………… 682
核家族普遍説 ………… 123	仮面様顔貌 …………… 41	肝臓 …………………… 34
格差原理 ……………… 151	仮釈放 ………………… 377	観測度数 ……………… 500
格差社会 ……………… 116	仮釈放等 ……………… 376	寛大化傾向 …………… 741
拡散的思考 …………… 72	仮出場 ………………… 377	冠動脈 ………………… 29
学習 …………………… 69	カリスマ的支配 ……… 104	感得されたニード …… 161
学習性無力感 ………… 65	ガルブレイス, J.K. …… 110	間脳 …………………… 31
学習理論 ……………… 435	加齢黄斑変性症 ……… 49	カンファレンス ……… 472
学生納付特例制度 …… 200	過労死 ………………… 129	官僚制 …………… 106, 718
拡大家族 ……………… 122	過労疾病 ……………… 129	緩和ケア ……………… 681
拡張期血圧 …………… 30	河上肇 ………………… 267	緩和ケア病棟 ………… 685
確定給付企業年金 …… 206	感音難聴 ……………… 49	
確定拠出年金 ………… 206	感覚 …………………… 65	**き**
カクテルパーティー現象（効果）	感覚運動期 …………… 79	
…………………… 71	感覚器 ………………… 34	機縁法 ………………… 487
確率標本抽出 ………… 486	感覚記憶 ……………… 71	記憶 …………………… 71
仮現運動 …………… 67, 68	間隔尺度 ………… 488, 489	気管 …………………… 32
笠井信一 ……… 138, 267	感覚性失語 …………… 41	気管支 ………………… 32
過疎化 ………………… 112	感覚モダリティ ……… 65	基幹相談支援センター … 358
家族 …………………… 122	鰥寡孤独 ……………… 136	機関訴訟 ……………… 235
家族機能縮小論 ……… 123	鰥寡条 ………… 136, 323	基幹的社会福祉協議会 … 255
家族システムアプローチ … 439	感化法 ………………… 137	基幹統計 ……………… 478
家族システム論 ……… 440	環境閾値説 …………… 77	危機介入アプローチ …… 434
家族周期 ……………… 126	環境正義 ……………… 113	基金拠出型医療法人 …… 710
家族手当制度 ………… 193	環境優位説 …………… 77	気候変動 ……………… 114

疑似市場 ･･････････････ 164
義肢装具士 ･････････････ 698
記述的調査 ･････････････ 483
記述統計量 ･････････････ 496
基準および程度の原則 ････ 632
覊束行為 ･･････････････ 232
基礎集団 ･･････････････ 106
期待理論 ･･････････････ 716
木田徹郎 ･･････････････ 150
キツセ, J.I. ･････････････ 117
ギッターマン, A. ････ 431, 439
ギデンズ, A. ･･････ 153, 624
気道 ･････････････････ 32
機能性尿失禁 ･･･････････ 45
機能的アプローチ ････････ 432
帰納法 ･･･････････････ 482
規範的ニード ･･･････････ 161
規範に規制される行為 ･･･ 103
気分 ･････････････････ 62
気分障害 ･･････････････ 52
基本相談支援 ･･･････････ 335
基本的人権の尊重 ･･･････ 218
期末一時扶助 ･･･････････ 635
記銘 ･････････････････ 71
逆機能 ････････････････ 100
逆転移 ････････････････ 461
逆ピラミッド組織 ･･･････ 714
逆流性食道炎 ･･･････････ 43
キャッテル, R.B. ･･････ 73, 74
キャノン, W.B. ･･･････････ 428
キャプラン, G. ･････････ 434
キャリアアイデンティティ
　･････････････････ 739
キャリアアンカー ･･･････ 739
キャリアパス ･･･････････ 739
キャリアプラトー ･･･････ 739
キャリーオーバー効果 ･･･ 491
休業補償給付 ･･･････････ 210
救護施設 ･･････････････ 639
95年勧告 ･･････････････ 186
求職者給付 ･･･････ 207, 208
求職者支援法 ･･･････････ 655
急性期リハビリテーション
　･････････････････ 59
急性腎不全 ･････････････ 44
救貧的機能 ････････････ 192

給付・反対給付均等の原則
　･････････････････ 194
キューブラー - ロス, E. ･･･ 434
教育訓練給付 ･････ 207, 208
教育支援資金 ･･･････････ 654
教育扶助 ･･････････634, 636
共感覚 ･･･････････････ 66
共感的理解 ･････････････ 461
協議会 ････････････････ 358
協議体 ････････････････ 547
共済組合 ･･････････････ 671
共産主義 ･･････････････ 153
共助 ･････････････････ 187
狭心症 ････････････････ 38
行政機関が行う政策の評価に関
する法律 ･････････････ 166
行政機関の保有する情報の公開
に関する法律 ･･･････････ 242
行政行為 ･･････････････ 232
行政行為の取消し ･･･････ 232
行政事件訴訟 ･･･････････ 235
矯正施設 ･･････････････ 366
共生社会の実現を推進するため
の認知症基本法 ･･･････ 525
行政需要 ･･････････････ 161
行政審判制度 ･･･････････ 234
行政調査 ･･････････････ 233
行政手続法 ･････････････ 233
行政不服審査法 ･･･････････ 234
行政不服申立て制度 ･･･ 234
行政法 ････････････････ 232
業績主義 ･･････････････ 101
協同組合 ･･････････････ 711
共同生活援助 ･･･････････ 334
共同募金 ･･････････････ 275
京都議定書 ･････････････ 114
強迫 ･････････････････ 223
強迫性障害 ･････････････ 53
業務管理体制の整備 ･･････ 564
業務継続計画 ･･･････････ 309
共有地の悲劇 ･･･････････ 133
協力雇用主 ･････････････ 387
虚偽表示 ･･････････････ 223
虚血性心疾患 ･･････････ 38
居住支援法人 ･･･････････ 176
居宅介護 ･･････････････ 332

居宅介護支援 ･･･････････ 541
居宅サービス ･･･････････ 538
居宅サービス計画 ･･･････ 566
居宅訪問型児童発達支援
　･････････････････ 588
居宅療養管理指導 ･･･････ 539
寄与分 ････････････････ 231
キリスト教青年会 ･･･････ 406
起立性低血圧 ･･･････････ 45
ギルバート法 ･･･････････ 144
ギルフォード, J.P. ･･･73, 74
記録 ･････････････････ 447
筋萎縮性側索硬化症 ････ 41
緊急措置入院 ･･･････････ 346
緊急避難 ･･････････････ 369
キングスレー館 ･･･････ 138
近接 ･････････････････ 67
近代家族論 ･････････････ 123
近代官僚制 ･････････････ 106

く

空腸 ･････････････････ 33
クーリー, C.H. ･･･････････ 105
クーリングオフ ･･･････････ 226
苦情解決 ･･････････････ 238
具体的操作期 ･･････････ 79
グティエレス, L. ･･････････ 436
国等による障害者就労施設等か
らの物品等の調達の推進等に
関する法律 ･･･････････ 355
虞犯少年 ･･････････ 372, 373
くも膜下出血 ･･････････ 40
クラーク, G. ･･･････････ 20
クラウドファンディング
　･･･････････ 314, 736
グラウンデッド・セオリー・アプ
ローチ ･･････････････ 508
クラッセン, L. ･････････ 112
グラノヴェッター, M. ･････ 261
グリーフケア ･･･････････ 691
グリーンウッド, E.
　･･･････････ 409, 418
グリフィス報告 ･･･････････ 269
クリル, D. ･････････････ 435
グループインタビュー ･･･ 505

グループ規範 ・・・・・・・・・・・ 453
グループ凝集性 ・・・・・・・・ 453
グループダイナミックス
　・・・・・・・・・・・・・・ 453, 722
グループホーム ・・・・・・・・・ 334
グループワーク ・・・・・・・・・ 452
クレイム申立て ・・・・・・・ 117
クレッチマー, E. ・・・・・・・・ 73
クロイツフェルト・ヤコブ病
　・・・・・・・・・・・・・・・・・ 42
クロージングシート ・・・・・・ 448
グローバリゼーション ・・・・ 108
グローバルエイジング ・・・ 109
グローバル都市 ・・・・・・・・・ 111
グローバル・バリューチェーン
　・・・・・・・・・・・・・・・・・ 108
クロス集計 ・・・・・・・・・・ 500
クロスモーダル知覚 ・・・・・・・ 65
クロノシステム ・・・・・・・・・ 430
群化 ・・・・・・・・・・・・・・・・・ 67
軍事救護法 ・・・・・・・・・・ 138
群集 ・・・・・・・・・・・・・・・ 106
訓練等給付費 ・・・・・・・・・・・ 333

け

ケアマネジメント ・・・・・・・・ 450
ケアマネジャー ・・・・・・・・・ 566
ケアリングコミュニティ ・・・・ 266
経営戦略 ・・・・・・・・・・・・・ 720
経営目標 ・・・・・・・・・・・・・ 719
経営理念 ・・・・・・・・・・・・・ 719
計画相談支援 ・・・・・・・・・・・ 335
経済安定機能 ・・・・・・・・・ 188
経済市場 ・・・・・・・・・・・・・ 164
計算書類 ・・・・・・・ 736, 737
形式社会学 ・・・・・・・・・・・ 131
形式知 ・・・・・・・・・・・・・・ 738
形式的操作期 ・・・・・・・・・・・ 79
刑事事件 ・・・・・・・・・・・・・ 370
刑事施設 ・・・・・・・・・・・・・ 366
刑事司法 ・・・・・・・・・・・・・ 368
刑事手続き ・・・・・・・・・・・ 371
継続障害児支援利用援助
　・・・・・・・・・・・・・・・・・ 588
系統的脱感作法 ・・・・・・・・・ 93

系統無作為抽出法 ・・・・・・・・ 486
軽度認知機能障害 ・・・・・・・・・ 55
刑の一部執行猶予制度 ・・・・ 370
刑の執行猶予 ・・・・・・・・・・ 370
刑罰 ・・・・・・・・・・・・・・・ 369
ケイパビリティ ・・・・・・・・・ 151
軽費老人ホーム ・・・・・・・・・ 552
刑法 ・・・・・・・・・・・・・・・ 368
刑務所出所者等総合的就労支援
　対策 ・・・・・・・・・・・・・・ 365
契約 ・・・・・・・・・・・・・・・ 225
契約締結審査会 ・・・・・・・・・ 255
契約不適合責任 ・・・・・・・・・ 225
ケインズ, J. ・・・・・・・・・・・ 153
ケースマネジメント ・・・・・・・ 450
ケースワーカー ・・・・・・・・・ 659
ゲゼル, A. ・・・・・・・・・・・・・ 77
ゲゼルシャフト ・・・・・・・・・ 105
血圧 ・・・・・・・・・・・・・・・・ 30
血液 ・・・・・・・・・・・・・・・・ 28
血液疾患 ・・・・・・・・・・・・・・ 45
結核 ・・・・・・・・・・・・・・・・ 47
結核病床 ・・・・・・・・・・・・・ 682
血管性認知症 ・・・・・・・・・・・ 55
血球 ・・・・・・・・・・・・・・・・ 28
結晶性知能 ・・・・・・・・・・・・ 17
血小板 ・・・・・・・・・・・・・・・ 28
血族 ・・・・・・・・・・・・・・・ 227
欠損値 ・・・・・・・・・・・・・・ 494
結腸 ・・・・・・・・・・・・・・・・ 34
ゲマインシャフト ・・・・・・・・ 105
ケリー, R. ・・・・・・・・・・・・ 726
原因帰属 ・・・・・・・・・・・・・・ 65
限界集落 ・・・・・・・・・・・・・ 112
厳格化傾向 ・・・・・・・・・・・ 741
減価償却 ・・・・・・・・・・・・・ 737
現業員 ・・・・・・・・・ 284, 659
限局性学習症 ・・・・・・・・・・・ 54
限局性学習障害 ・・・・・・・・・・ 54
現金給付 ・・・・・・・・・・・・・ 170
健康寿命 ・・・・・・・・・ 21, 517
健康増進計画 ・・・・・・・・・・・ 302
健康増進法 ・・・・・・・・・・・・ 22
健康日本21 ・・・・・・・・・・・・ 22
健康の社会的決定要因 ・・・・ 21
健康保険 ・・・・・・・・・・・・・ 671

言語聴覚士 ・・・・・・・・・ 59, 697
言語的コミュニケーション
　・・・・・・・・・・・・・・・・・ 463
顕在的機能 ・・・・・・・・・・・ 100
原始反射 ・・・・・・・・・・・・・ 15
現象学的社会学 ・・・・・・・・・ 99
限定承認 ・・・・・・・・・・・・・ 230
ケンプ, S.P. ・・・・・・・・・・・ 429
現物給付 ・・・・・・・・・・・・・ 170
権利能力 ・・・・・・・・・・・・・ 222

こ

コイト, S. ・・・・・・・ 270, 407
コイル, G. ・・・・・・・ 411, 452
5因子モデル ・・・・・・・・・・・ 74
講 ・・・・・・・・・・・・・・・・ 136
広域障害者職業センター
　・・・・・・・・・・・・・・・・・ 359
広域連合 ・・・・・・・・・・・・・ 279
行為能力 ・・・・・・・・・・・・・ 222
公営住宅 ・・・・・・・・・・・・・ 654
公営住宅法 ・・・・・・・・・・・ 175
公営セツルメント ・・・・・・・・ 138
公益財団法人 ・・・・・・・・・・・ 711
公益事業 ・・・・・・・・・・・・・ 705
公益質屋法 ・・・・・・・・・・・ 139
公益社団法人 ・・・・・・・・・・・ 711
公益通報者保護法 ・・・・・・・・ 735
公益法人制度改革 ・・・・・・・・ 712
高額介護合算療養費 ・・・・・・・ 676
高額介護サービス費 ・・・・・・・ 544
高額障害福祉サービス等給付費
　・・・・・・・・・・・・・・・・・ 336
高額長期疾病 ・・・・・・・・・・・ 676
高額療養費 ・・・・・・・・・・・ 674
高額療養費制度 ・・・・・・・・・ 675
効果測定 ・・・・・・・・・・・・・ 445
交感神経 ・・・・・・・・・・・・・ 27
後期高齢者医療制度 ・・・・・・・ 671
公共財 ・・・・・・・・・・・・・・ 165
公共職業安定所
　・・・・・・・・・ 359, 648, 661
公共部門 ・・・・・・・・・・・・・ 168
合計特殊出生率 ・・・・・・・・・ 107
高血圧 ・・・・・・・・・・・・・・ 38

後見 ・・・・・・・・・・・・ 245, 248
膠原病 ・・・・・・・・・・・・・・・・ 46
抗告訴訟 ・・・・・・・・・・・・・・ 235
公私共働の多元供給論 ・・・・ 150
高次脳機能障害 ・・・・・・・・・・ 57
公私分離の原則 ・・・・・・・・ 218
公衆 ・・・・・・・・・・・・・・・・ 106
公衆衛生 ・・・・・・・・・・・・・・ 20
公助 ・・・・・・・・・・・・・・・・ 187
甲状腺機能亢進症 ・・・・・・・・ 39
甲状腺機能低下症 ・・・・・・・・ 39
工場法 ・・・・・・・・・・・・・・ 137
更生緊急保護 ・・・・・・・・・・ 381
更生施設 ・・・・・・・・・・・・・ 639
厚生年金保険 ・・・・・・・・・・ 202
厚生年金保険の被保険者
・・・・・・・・・・・・・・・・・・・・ 202
更生保護サポートセンター
・・・・・・・・・・・・・・・・・・・・ 383
更生保護施設 ・・・・・・・・・・ 385
更生保護女性会 ・・・・・・・・・・ 387
更生保護制度 ・・・・・・・・・・・ 375
更生保護法人 ・・・・・・・・・・ 385
厚生労働省 ・・・・・・・・・・・・ 281
構造化面接 ・・・・・・・・・・・・ 505
構造-機能主義 ・・・・・・・・・・・ 98
構築主義 ・・・・・・・・・・・・・ 117
公定力 ・・・・・・・・・・・・・・・ 232
公的統計 ・・・・・・・・・・・・・ 478
公的扶助 ・・・・・・・・・・・・・ 192
後天性免疫不全症候群 ・・・・・ 47
行動援護 ・・・・・・・・・・・・・ 332
高等学校等就学支援金制度
・・・・・・・・・・・・・・・・・・・・ 656
高等教育の修学支援新制度
・・・・・・・・・・・・・・・・・・・・ 656
行動・心理症状 ・・・・・・・・・・ 56
行動変容アプローチ ・・・・・・ 435
後頭葉 ・・・・・・・・・・・・・・・ 62
行動療法 ・・・・・・・・・・・・・・ 92
行動理論 ・・・・・・・・・・・・・ 723
高度プロフェッショナル制度
・・・・・・・・・・・・・・・・・・・・ 185
公認心理師 ・・・・・・・・・・・・・ 95
高年齢雇用継続給付 ・・・・・・ 209
高年齢者雇用安定法 ・・・・・・ 560

高年齢者雇用確保措置 ・・・ 560
高年齢者就業確保措置 ・・・ 560
高年齢者等の雇用の安定等に関
する法律 ・・・・・・・・・・・・・ 560
孝橋正一 ・・・・・・・・・・・・・ 149
公費負担医療制度 ・・・・・・・ 677
幸福追求権 ・・・・・・・・・・・・ 220
幸福度指標 ・・・・・・・・・・・・ 101
合法的支配 ・・・・・・・・・・・・ 104
項目記録 ・・・・・・・・・・・・・ 447
合理化 ・・・・・・・・・・・・・・・ 82
合理的配慮 ・・・・・・・ 317, 318
行旅病人及行旅死亡人取扱法
・・・・・・・・・・・・・・・・・・・・ 137
高齢化率 ・・・・・・・・・・・・・ 182
高齢者 ・・・・・・・・・・・・・・ 514
高齢者医療確保法 ・・・・・・・ 554
高齢社会対策基本法 ・・・・・ 522
高齢社会白書 ・・・・・・・・・・ 515
高齢者虐待の防止、高齢者の養
護者に対する支援等に関する法
律 ・・・・・・・・・・・・・・・・・・ 555
高齢者虐待防止法 ・・・・・・・ 555
高齢者居住安定確保計画
・・・・・・・・・・・・・・・・・・・・ 301
高齢者、障害者等の移動等の円
滑化の促進に関する法律
・・・・・・・・・・・・・・・・・・・・ 558
高齢者住まい法 ・・・・・ 175, 559
高齢者の医療の確保に関する法
律 ・・・・・・・・・・・・・・・・・・ 554
高齢者の居住の安定確保に関す
る法律 ・・・・・・・・・・・ 175, 559
高齢者のための国連条約
・・・・・・・・・・・・・・・・・・・・ 159
高齢者保健福祉推進十か年戦略
・・・・・・・・・・・・・・・・・・・・ 522
誤嚥性肺炎 ・・・・・・・・・・・・ 42
コーシャスシフト ・・・・・・・・ 75
コーチング ・・・・・・・・・・・ 738
コーディネーション ・・・・・・ 470
コーディング ・・・・・・・・・・ 494
コーピング ・・・・・・・・・・・・ 86
コーピング・クエスチョン
・・・・・・・・・・・・・・・・・・・・ 437
コーホート ・・・・・・・・・・・ 126

コーホート調査 ・・・・・・ 487, 488
ゴールドシュタイン, H.
・・・・・・・・・・・・・・・ 411, 439
ゴールドプラン ・・・・・・・・・ 522
ゴールドプラン21 ・・・・・・・ 523
呼吸 ・・・・・・・・・・・・・・・・ 32
呼吸器 ・・・・・・・・・・・・・・・ 32
呼吸器疾患 ・・・・・・・・・・・・ 42
五巨人悪 ・・・・・・・・・・・・・ 146
国際障害者年 ・・・・・・・・・・ 317
国際障害分類 ・・・・・・・・・・ 24
国際人権規約 ・・・・・・・・・・ 160
国際生活機能分類 ・・・・・・・・ 24
国勢調査 ・・・・・・・・・・・・・ 479
国内総生産 ・・・・・・・・・・・・ 183
国保連 ・・・・・・・・・・・・・・ 536
国民医療費 ・・・・・・・・・・・・ 666
国民皆保険・皆年金 ・・・・・・ 189
国民健康保険 ・・・・・・・・・・ 671
国民健康保険団体連合会
・・・・・・・・・・・・・・・・ 238, 536
国民健康保険法 ・・・・・・・・・ 139
国民年金 ・・・・・・・・・・・・・ 198
国民年金の申請免除 ・・・・・ 200
国民年金の被保険者 ・・・・・ 199
国民年金の法定免除 ・・・・・ 200
国民の義務 ・・・・・・・・・・・・ 220
国民負担率 ・・・・・・・・・・・・ 197
国民保健サービス ・・・・・・・ 211
国民保健サービス及びコミュニ
ティケア法 ・・・・・・・・・・・ 269
国民保険法 ・・・・・・・・・・・・ 146
国立高度専門医療研究センター
・・・・・・・・・・・・・・・・・・・・ 685
国連・障害者の十年 ・・・・・・ 317
互酬性の規範 ・・・・・・・・・・ 113
50年勧告 ・・・・・・・・・・・・・ 186
互酬の議論 ・・・・・・・・・・・・ 153
固縮 ・・・・・・・・・・・・・・・・ 41
50歳時未婚率 ・・・・・・・・・・ 124
個人関連情報 ・・・・・・・・・・ 733
個人情報 ・・・・・・・・・・・・・ 732
個人情報取扱事業者 ・・・・・・ 733
個人情報の保護に関する法律
・・・・・・・・・・・・・・・・・・・・ 732
個人情報保護委員会 ・・・・・・ 734

個人情報保護法 ········· 732
ゴスチャ, R. ············· 432
子育て援助活動支援事業
　············· 584
子育て支援事業 ········· 583
子育て世帯訪問支援事業
　············· 584
子育て短期支援事業 ····· 584
子育てのための施設等利用給付
　············· 592
国会 ··············· 221
骨格筋 ··············· 26
国家責任の原理 ········· 631
国家賠償法 ············· 237
国庫支出金 ············· 287
国庫負担金 ············· 287
国庫補助金 ············· 287
骨粗鬆症 ··············· 43
ゴッフマン, E. ······ 103, 119
古典的条件づけ ··········· 69
孤独 ··············· 156
孤独・孤立対策推進法 ···· 156
こども家庭センター ······· 616
こども家庭ソーシャルワーカー
　············· 621
こども家庭庁 ············· 573
こども基本法 ············· 572
こども計画 ············· 302
子ども・子育て関連3法 ··· 591
子ども・子育て支援給付 ··· 591
子ども・子育て支援事業計画
　············· 299
子ども・子育て支援制度 ··· 591
子ども・子育て支援法 ···· 591
こども性暴力防止法 ······ 600
こども大綱 ············· 573
子どものいじめ ········· 575
子どもの学習・生活支援事業
　············· 651
子どもの進路選択支援事業
　············· 650
子どものための教育・保育給付
　············· 592
子どものための現金給付
　············· 591
子どもの非行 ··········· 576

子どもの貧困 ··········· 575
こどもの貧困の解消に向けた対
　策の推進に関する法律
　············· 601
子どもの貧困率 ········· 626
子ども・若者育成支援推進法
　············· 603
子ども・若者計画 ········· 302
コトラー, P. ············· 728
子の看護等休暇 ········· 561
コノプカ, G. ············· 452
個別化 ··············· 460
ゴミ箱モデル ············· 719
コミュニケーション的行為
　············· 103
コミュニタリアニズム ····· 262
コミュニティ ············· 105
コミュニティ・オーガニゼーション
　············· 261
コミュニティ解放論 ········111
コミュニティソーシャルワーカー
　············· 265
コミュニティソーシャルワーク
　············· 265
コミュニティワーク ······ 455
コモンズの悲劇 ········· 133
雇用安定事業 ············· 207
雇用継続給付 ······ 207, 209
雇用調整助成金 ········· 179
雇用の分野における男女の均等
　な機会及び待遇の確保等に関
　する法律 ············· 744
雇用保険制度 ············· 207
雇用保険二事業 ········· 207
戸令 ··············· 136
混合研究法 ············· 509
混合性難聴 ··············· 49
今後5か年間の高齢者保健福祉
　施策の方向 ············· 523
コンサルテーション ······ 458
コンティンジェンシー理論
　············· 723
コント, A. ········· 98, 109
コントラクト ············· 444
困難女性支援法 ········· 605

困難な問題を抱える女性への支
　援に関する法律 ········· 605
コンパクト ············· 269
コンパクトシティ ········· 111
コンパラティブ・ニード ···· 161
コンピテンシー ········· 740
コンプライアンス ········· 727
コンフリクト ········· 81, 722
コンボイモデル ··········· 469

さ

サードプレイス ··········· 132
サーバント・リーダーシップ
　············· 726
サービス・活動事業 ······ 545
サービス管理責任者 ····· 361
サービス付き高齢者向け住宅
　············· 559
サービス・プロフィット・チェーン
　············· 728
サービスマネジメント ····· 728
再アセスメント ········· 445
災害救助法 ············· 308
災害拠点病院 ············· 685
災害対策基本法 ···· 121, 308
災害ボランティアセンター
　············· 310
罪刑法定主義 ············· 368
債権 ··············· 224
財源別国民医療費 ········· 667
サイコドラマ ··············· 94
財産管理権 ············· 228
財産権 ··············· 219
在職老齢年金 ············· 204
済世顧問制度 ············· 138
在宅介護支援センター ···· 551
在宅療養後方支援病院 ··· 684
在宅療養支援診療所
　············· 682, 683
在宅療養支援病院 ··· 682, 683
最低生活保障の原理 ····· 631
最低賃金法 ············· 178
サイバネティックス ······ 428
裁判員制度 ············· 221
裁判所 ··············· 221

再犯の防止等の推進に関する法
　　律 ･･････････････････････ 365
再犯防止推進法 ･･･････････ 365
最頻値 ･･････････････････ 496
再プランニング ･･･････････ 445
債務 ･･･････････････････ 224
債務不履行 ･･････････････ 224
サイモン, H. A. ･･････････ 718
裁量行為 ･･･････････････ 232
詐欺 ･･･････････････････ 223
作業記憶 ･･･････････････ 71
作業検査法 ･･････････････ 88
作業療法士 ･･･････････ 59, 697
錯誤 ･･････････････････ 223
錯視 ･･････････････････ 68
サクセスフル・エイジング
　　････････････････････････ 520
サザーランド, E. H. ･･････ 119
査察指導員 ･･････････ 284, 659
サッチャー, M. ･･････････147
作動記憶 ･･･････････････ 71
里親 ･･････････････････ 589
里親支援センター ･･････ 586
里親支援専門相談員 ･･････ 621
里親制度 ･･･････････････ 588
真田是 ･･････････････ 150, 260
サバイバーズ・ギルト ･･････ 120
サバイバル・クエスチョン
　　････････････････････････ 437
差別 ･･･････････････････ 119
サポーズ・クエスチョン ･･･ 437
サムナー, W. ･･･････････ 106
サリービー, D. ･･･････････ 431
サルコペニア ･･････････ 18
産業的業績達成モデル ･･･ 151
三権分立 ･･･････････････ 221
産後ケア事業 ･･････ 592, 607
産後ケアセンター ･･･････ 608
3C分析 ････････････････ 721
三次医療圏 ･･････････････ 687
30バーツ医療制度 ･･･････ 148
三次予防 ･･･････････････ 20
360度評価 ･･････････････ 740
散布図 ･････････････････ 499
散布度 ･････････････････ 496
三位一体の改革 ･･･････ 283

参与観察法 ･･････････････ 504
残余財産 ･･･････････････ 704
残余的福祉モデル ･･･････ 151

し

シーボーム報告 ･･･････ 269
死因の順位 ･･･････････ 24
シェアード・リーダーシップ
　　････････････････････････ 726
ジェネラリスト・ソーシャルワーク
　　････････････････････････ 425
ジェノグラム ･･･････････ 443
シェリフ, M. ･･･････････ 722
ジェンダー ･････････ 123, 154
ジェンダー・ギャップ指数
　　････････････････････････ 123
ジェンダー不平等指数 ･･･ 123
支援費制度 ･･････････････ 326
四箇院 ･････････････････ 136
視覚障害 ･･･････････････ 49
シカゴ学派 ･･････････････ 98
歯科診療報酬 ･･････････ 678
支給決定 ･･･････････････ 338
糸球体 ･････････････････ 36
事業部制組織 ･･････････ 714
自計式調査 ･･････････ 492, 493
刺激 ･･･････････････････ 65
資源 ･･･････････････････ 162
資源ベース型戦略 ･･････ 720
思考 ･･･････････････････ 72
試行錯誤 ･･･････････････ 72
自己決定 ･･･････････････ 460
自己決定権 ･･････････････ 220
自己効力感 ･･････････････ 65
自己組織化論 ･･････････ 428
事後評価 ･･･････････････ 445
自殺対策基本法 ･･･････ 156
支持運動器官 ･･････････ 26
思春期 ･･･････････････ 14, 16
自助 ･･･････････････････ 187
市場化テスト ･･････････ 169
市場調査 ･･･････････････ 477
自助グループ ･･････ 118, 454
システム理論 ･･････････ 428
姿勢反射障害 ･･････････ 41

次世代育成支援行動計画
　　････････････････････････ 299
次世代育成支援対策推進法
　　････････････････････････ 581
施設コンフリクト ･･･････ 322
施設サービス ･･････････ 542
施設長 ･････････････････ 421
施設入所支援 ･･････････ 333
自然環境主義 ･･････････ 113
慈善組織協会 ･･････ 145, 406
持続可能性 ･･････････････ 114
持続可能な開発目標 ･･･ 114
持続可能な社会 ･･･････ 174
肢体不自由 ･･････････････ 50
自治会 ･････････････････ 276
自治事務 ･･･････････････ 280
視聴覚障害者情報提供施設
　　････････････････････････ 343
市町村介護保険事業計画
　　････････････････････････ 296
市町村障害者虐待防止センター
　　････････････････････････ 349
市町村障害者計画 ･･･････ 297
市町村障害福祉計画 ･･･ 297
市町村地域福祉計画 ･･･ 294
市町村保健センター ･･･ 689
市町村老人福祉計画 ･･･ 295
悉皆調査 ･･･････････････ 485
失業等給付 ･･････････････ 207
失業扶助制度 ･･････････ 147
失語 ･･･････････････････ 41
失行 ･･･････････････････ 57
執行力 ･････････････････ 232
実践共同体 ･･････････････ 714
実存主義アプローチ ･･･ 435
質的調査 ･･･････････････ 503
質的データ ･･････････････ 484
質的変数 ･･･････････････ 488
失認 ･･･････････････････ 57
疾病構造 ･･･････････････ 664
疾病保険法 ･･････････････ 144
質問紙法 ･･･････････････ 88
指定障害者支援施設 ･･･ 357
指定障害福祉サービス事業者
　　････････････････････････ 357
シティズンシップ ･･･151, 171

指定都市 ・・・・・・・・・・・・・・・ 280
指定難病 ・・・・・・・・・・・・・・・ 677
私的年金 ・・・・・・・・・・・・・・・ 206
自伝的記憶 ・・・・・・・・・・・・・・ 72
児童委員 ・・・・・・・・・・・・・・・ 619
児童育成支援拠点事業 ・・・・ 584
児童家庭支援センター ・・・・ 586
指導監督 ・・・・・・・・・・・・・・・ 378
児童虐待 ・・・・・・・・・・・・・・・ 576
児童虐待の防止等に関する法律
　　・・・・・・・・・・・・・・・・・・・ 598
児童虐待防止法 ・・・・・・・・・ 598
児童憲章 ・・・・・・・・・・・・・・・ 572
児童権利条約 ・・・・・・・・・・・ 572
児童権利宣言 ・・・・・・・・・・・ 572
児童厚生施設 ・・・・・・・・・・・ 585
児童指導員 ・・・・・・・・・・・・・ 620
児童自立支援施設 ・・・・・・・ 586
児童自立支援専門員 ・・・・・・ 620
児童自立生活援助事業 ・・・・ 589
児童心理司 ・・・・・・・・・・・・・ 618
児童心理治療施設 ・・・・・・・・ 586
児童生活支援員 ・・・・・・・・・ 620
児童相談所 ・・・・・・・・・・・・・ 617
児童手当 ・・・・・・・・・・・・・・・ 612
児童手当法 ・・・・・・・・・・・・・ 612
児童等の定義 ・・・・・・・・・・・ 570
児童の権利に関する条約
　　・・・・・・・・・・・・・・・・・・・ 572
児童買春・児童ポルノ禁止法
　　・・・・・・・・・・・・・・・・・・・ 600
児童発達支援 ・・・・・・・・・・・ 587
児童発達支援センター ・・・・ 586
児童福祉司 ・・・・・・・・ 285, 618
児童福祉施設 ・・・・・・・・・・・ 585
児童福祉審議会 ・・・・・・・・・ 282
児童福祉法（障害児支援関係）
　　・・・・・・・・・・・・・・・・・・・ 340
児童福祉法 ・・・・・・・・・・・・・ 582
児童扶養手当法 ・・・・・・・・・ 612
児童養護施設 ・・・・・・・・・・・ 585
ジニ係数 ・・・・・・・・・・ 116, 627
視能訓練士 ・・・・・・・・・・・・・ 698
自発的活動支援事業 ・・・・・・ 336
渋沢栄一 ・・・・・・・・・・・・・・・ 267
四分位数 ・・・・・・・・・・・・・・・ 496

四分位範囲 ・・・・・・・・・・・・・ 496
自閉スペクトラム症 ・・・・・・・ 54
司法書士 ・・・・・・・・・・・・・・・ 244
市民後見人 ・・・・・・・・・・・・・ 278
ジャーメイン, C.
　　・・・・・・・・・・ 411, 431, 439
社会移動 ・・・・・・・・・・・・・・・ 101
社会医療法人 ・・・・・・・・・・・ 709
社会化 ・・・・・・・・・・・・・・・・・ 130
社会学 ・・・・・・・・・・・・・・・・・・ 98
社会関係資本 ・・・・・・・・・・・ 112
社会緊張理論 ・・・・・・・・・・・ 119
社会計画モデル ・・・・・ 261, 262
社会権 ・・・・・・・・・・・・・・・・・ 219
社会構成主義 ・・・・・・ 410, 438
社会構造 ・・・・・・・・・・・・・・・ 109
社会事業法 ・・・・・・・・・・・・・ 139
社会資源 ・・・・・・・・・・・・・・・ 466
社会支出 ・・・・・・・・・・・・・・・ 195
社会市場 ・・・・・・・・・・・・・・・ 164
社会システム論 ・・・・・・・・・ 100
社会指標 ・・・・・・・・・・・・・・・ 101
社会資本 ・・・・・・・・・・・・・・・ 162
社会集団 ・・・・・・・・・・・・・・・ 105
社会進化論 ・・・・・・・・・・・・・ 109
社会生活技能訓練 ・・・・・・・・ 93
社会秩序 ・・・・・・・・・・・・・・・ 103
社会調査 ・・・・・・・・・・・・・・・ 476
社会調査協会倫理規程 ・・・ 480
社会手当 ・・・・・・・・・・・・・・・ 192
社会的アイデンティティ ・・・・ 75
社会的階層化 ・・・・・・ 116, 117
社会的格差 ・・・・・・・・・・・・・ 116
社会的学習理論 ・・・・・・・・・ 435
社会的企業 ・・・・・・・・ 164, 314
社会的行為 ・・・・・・・・・・・・・ 102
社会的降格 ・・・・・・・・・・・・・ 625
社会的自我論 ・・・・・・・・・・・ 130
社会的ジレンマ ・・・・・・ 75, 132
社会的促進 ・・・・・・・・・・・・・・ 75
社会的手抜き ・・・・・・・ 75, 722
社会的排除 ・・・・・・・・ 120, 158
社会的包摂 ・・・・・・・・・・・・・ 155
社会的補償 ・・・・・・・・・・・・・・ 75
社会的役割 ・・・・・・・・・・・・・ 131
社会的養護 ・・・・・・・・・・・・・ 588

社会的養護自立支援拠点事業
　　・・・・・・・・・・・・・・・・・・・ 590
社会的抑制 ・・・・・・・・・・・・・・ 75
社会踏査 ・・・・・・・・・・・・・・・ 477
社会病理 ・・・・・・・・・・・・・・・ 118
社会福祉基礎構造改革 ・・・ 712
社会福祉協議会 ・・・・・・・・・ 272
社会福祉士 ・・・・・・・・・・・・・ 396
社会福祉士及び介護福祉士法
　　・・・・・・・・・・・・・・・・・・・ 396
社会福祉事業に従事する者の確
　　保を図るための措置に関する基
　　本的な指針 ・・・・・・・・・・・ 739
社会福祉士の倫理綱領 ・・・ 414
社会福祉充実残額 ・・・・・・・ 736
社会福祉主事 ・・・・・・ 420, 659
社会福祉政策 ・・・・・・・・・・・ 150
社会福祉調査 ・・・・・・・・・・・ 476
社会福祉法 ・・・・・・・・・・・・・ 172
社会福祉法人 ・・・・・・・・・・・ 704
社会福祉法人制度 ・・・・・・・ 704
社会福祉法人制度改革 ・・・ 713
社会福祉連携推進法人 ・・・ 710
社会扶助 ・・・・・・・・・・・・・・・ 192
社会復帰調整官 ・・・・・・・・・ 391
社会分化論 ・・・・・・・・・・・・・ 106
社会変動 ・・・・・・・・・・・・・・・ 109
社会保険 ・・・・・・・・・・・・・・・ 192
社会保険及び関連サービス
　　・・・・・・・・・・・・・・・・・・・ 146
社会保険方式 ・・・・・・・・・・・ 192
社会保障関係費 ・・・・・・・・・ 288
社会保障給付費 ・・・・・・・・・ 195
社会保障審議会 ・・・・・・・・・ 281
社会保障・税一体改革 ・・・・ 288
社会保障制度 ・・・・・・・・・・・ 187
社会保障制度改革推進法
　　・・・・・・・・・・・・・・・・・・・ 143
社会保障制度に関する勧告
　　・・・・・・・・・・・・・・・・・・・ 186
社会民主主義レジーム ・・・・ 117
社会モデル ・・・・・・・・・・・・・ 327
弱視 ・・・・・・・・・・・・・・・・・・・・ 49
尺度化 ・・・・・・・・・・・・・・・・・ 484
尺度の信頼性 ・・・・・・・・・・・ 489
尺度の妥当性 ・・・・・・・・・・・ 489

755

若年性認知症支援コーディネーター ・・・・・・・・・・・・・・ 526
ジャニス, I.L. ・・・・・・・・・・・ 722
主意主義的行為理論 ・・・・・・ 104
収益事業 ・・・・・・・・・・・・・ 705
自由回答法 ・・・・・・・・・・・・ 490
就学援助制度 ・・・・・・・・・・・ 656
就業規則 ・・・・・・・・・・・・・・ 743
終結 ・・・・・・・・・・・・・・・・・ 445
自由権 ・・・・・・・・・・・・・・・ 219
集合調査 ・・・・・・・・・・・・・・ 493
周産期障害 ・・・・・・・・・・・・・ 46
収支相等の原則 ・・・・・・・・・ 194
自由主義レジーム ・・・・・・・ 117
収縮期血圧 ・・・・・・・・・・・・・ 30
就職支援ナビゲーター ・・・・648
就職促進給付 ・・・・・・ 207, 208
就職氷河期世代 ・・・・・・・・・ 158
住所地特例 ・・・・・・・・・・・・ 530
終身建物賃貸借制度 ・・・・・・ 559
囚人のジレンマ ・・・・・・・・・・ 132
修正拡大家族 ・・・・・・・・・・・ 122
住生活基本法 ・・・・・・・・・・・ 176
重層的支援体制整備事業 ・・・・・・・・・・・・・ 306, 307
収束的思考 ・・・・・・・・・・・・・ 72
従属変数 ・・・・・・・・・・・・・・ 488
住宅改修 ・・・・・・・・・・・・・・ 542
住宅確保要配慮者居住支援協議会 ・・・・・・・・・・・・・ 176
住宅確保要配慮者に対する賃貸住宅の供給の促進に関する法律 ・・・・・・・・・・・・・ 176
住宅セーフティネット法 ・・・・ 176
住宅扶助 ・・・・・・・・・ 634, 637
集団 ・・・・・・・・・・・・・・・・・ 75
集団規範 ・・・・・・・・・・・・・・ 75
集団極性化 ・・・・・・・・・・・・・ 75
集団思考 ・・・・・・・・・・・・・・ 75
縦断調査 ・・・・・・・・・・・・・・ 487
集団の凝集性 ・・・・・・・ 75, 722
集団比較実験計画法 ・・・・・・ 446
集団力学 ・・・・・・・・・ 453, 722
重度障害者等包括支援 ・・・・ 333
重度訪問介護 ・・・・・・・・・・・ 332
十二指腸 ・・・・・・・・・・・・・・ 33

修復的司法 ・・・・・・・・・・・・ 366
終末期ケア ・・・・・・・・・・・・ 681
住民参加型在宅福祉サービス ・・・・・・・・・・・・・・・ 276
住民自治 ・・・・・・・・・・・・・・ 277
住民主体 ・・・・・・・・・・・・・・ 277
住民主体の原則 ・・・・・・・・・ 264
集落の消滅 ・・・・・・・・・・・・ 112
就労移行支援 ・・・・・・・・・・・ 333
就労継続支援 ・・・・・・・・・・・ 334
就労自立給付金 ・・・・・・・・・ 650
就労選択支援 ・・・・・・・・・・・ 333
就労定着支援 ・・・・・・・・・・・ 333
就労的活動支援コーディネーター ・・・・・・・・・・・・・・・ 547
主我と客我 ・・・・・・・・・・・・ 130
主観的輪郭 ・・・・・・・・・・・・・ 67
宿所提供施設 ・・・・・・・・・・・ 639
授産施設 ・・・・・・・・・・・・・・ 639
恤救規則 ・・・・・・・・・ 137, 323
出産育児一時金 ・・・・・・・・・ 675
出産手当金 ・・・・・・・・・・・・ 675
出産扶助 ・・・・・・・・ 634, 638
出資持分 ・・・・・・・・・・・・・・ 710
出生数 ・・・・・・・・・・・・・・・ 183
シュッツ, A. ・・・・・・・・・・・・・ 99
シュナイダー, B. ・・・・・・・・・ 451
主任相談支援員 ・・・・・・・・・ 312
首尾一貫感覚 ・・・・・・・・・・・ 86
シュプランガー, E. ・・・・・・・・ 74
需要 ・・・・・・・・・・・・・・・・・ 161
受容 ・・・・・・・・・・・・・・・・・ 460
手話奉仕員養成研修事業 ・・・・・・・・・・・・・・・ 337
シュワルツ, W. ・・・・・・・ 411, 452
準委任契約 ・・・・・・・・・・・・ 225
馴化 ・・・・・・・・・・・・・・・・・ 70
順機能 ・・・・・・・・・・・・・・・ 100
準拠集団 ・・・・・・・・・・・・・・ 106
准高齢者 ・・・・・・・・・・・・・・ 514
準市場 ・・・・・・・・・・・ 152, 164
順序尺度 ・・・・・・・・・ 488, 489
順応 ・・・・・・・・・・・・・・・・・ 66
昇華 ・・・・・・・・・・・・・・・・・ 81
障害基礎年金 ・・・・・・・・・・・ 201
障害厚生年金 ・・・・・・・・・・・ 204

障害支援区分 ・・・・・・・・・・・ 338
障害児支援 ・・・・・・・・・・・・ 586
障害児支援利用援助 ・・・・・・ 588
障害児相談支援 ・・・・・・・・・ 587
障害児通所支援 ・・・・・・・・・ 587
障害児入所支援 ・・・・・・・・・ 587
障害児入所施設 ・・・・・・・・・ 585
障害児福祉計画 ・・・・・・・・・ 298
障害児福祉手当 ・・・・・ 193, 613
障害者基本計画 ・・・・・ 297, 329
障害者基本法 ・・・・・・325, 328
障害者虐待の防止、障害者の養護者に対する支援等に関する法律 ・・・・・・・・・・・・・・・ 348
障害者虐待防止法 ・・・・・・・・ 348
障害者権利条約 ・・・・・・・・・ 317
障害者雇用促進法 ・・・・・・・・ 352
障害者雇用調整金 ・・・・・・・・ 354
障害者雇用納付金 ・・・・・・・・ 354
障害者雇用納付金制度 ・・・ 354
障害者雇用率制度 ・・・・・・・・ 352
障害者差別解消法 ・・・・・・・・ 350
障害者就業・生活支援センター ・・・・・・・・・・・・・・・ 359
障害者情報アクセシビリティ・コミュニケーション施策推進法 ・・・・・・・・・・・・・・・ 322
障害者職業センター ・・・・・・ 359
障害者職業総合センター ・・・・・・・・・・・・・・・ 359
障害者自立支援協議会 ・・・・ 314
障害者自立支援法 ・・・・・・・・ 326
障害者総合支援法 ・・・・・・・・ 330
障害者手帳所持者 ・・・・・・・・ 319
障害者に関する世界行動計画 ・・・・・・・・・・・・・・・317
障害者による情報の取得及び利用並びに意思疎通に係る施策の推進に関する法律 ・・・・ 322
障害者の権利宣言 ・・・・・・・・317
障害者の権利に関する条約 ・・・・・・・・・・・・・ 317, 327
障害者の雇用の促進等に関する法律 ・・・・・・・・・・・・・・・ 352
障害者の定義 ・・・・・・・・・・・ 316

障害者の日常生活及び社会生活を総合的に支援するための法律 ･･････････ 330
障害者優先調達推進法 ･･･ 355
障害手当金 ･･････････････ 204
障害福祉サービス ･･･････ 330
障害福祉サービス等の提供にかかる意思決定支援ガイドライン ･･････････････････ 239
障害補償年金 ･･･････････ 210
障害をもつアメリカ人法 ･･･ 148
障害を理由とする差別の解消の推進に関する法律 ･････ 350
消化器 ･･･････････････････ 33
小規模住居型児童養育事業 ･･････････････････ 589
小規模多機能型居宅介護 ･････････････････ 541
状況の中の人 ･･･････････ 432
少子化社会対策基本法 ･･･ 581
少子化社会対策大綱 ･････ 581
使用者責任 ･･･････････ 224
小地域開発モデル ･････････････ 261, 262
情緒 ･･･････････････････ 62
小腸 ･･･････････････････ 33
象徴的相互作用論 ･･････ 132
情動 ･･･････････････････ 62
承認をめぐる闘争 ･･････ 153
少年院 ･･･････････････ 373
少年院からの仮退院 ･････ 377
少年鑑別所 ･･･････････ 373
少年法 ･･･････････････ 372
小脳 ･･･････････････････ 31
消費社会 ･･･････････ 110
消費者契約法 ･･･････････ 226
消費生活協同組合 ･･････ 276
傷病手当金 ･･･････････ 674
傷病分類別医科診療医療費 ･･･････････････ 670
傷病補償年金 ･･･････････ 210
情報化 ･･･････････････ 110
情報公開法 ･･･････････ 242
情報資産 ･･･････････ 448
情報弱者 ･･･････････ 449
情報セキュリティ ･････ 449

情報通信技術 ･･･････････ 448
情報の非対称性 ･･･････ 171
情報リテラシー ･･･････ 448
静脈 ･･･････････････････ 29
消滅可能性都市 ･･･････ 112
ショーン, D.A. ･･･････ 714
職域保険 ･･･････････ 671
褥瘡 ･･･････････････････ 18
食中毒 ･･･････････････ 47
食道 ･･･････････････････ 32
職能別組織 ･･･････････ 714
職場適応援助者 ･･･････ 361
職場におけるパワーハラスメント ･････････ 178, 744
触法少年 ･･･････ 372, 373
助産師 ･･･････････ 696
助産施設 ･･･････････ 585
助産所 ･･･････････ 684
女子差別撤廃条約 ･･････ 160
叙述体 ･･･････････ 447
女性自立支援施設 ･････ 606
女性相談支援員 ･･･ 285, 606
女性相談支援センター ･･･ 606
所得の再分配機能 ･･･････ 188
所得比例年金 ･･･････････ 212
ジョブコーチ ･･･････････ 361
ジョブ・ローテーション ･･･ 738
所有権 ･･･････････ 224
書類等の預かりサービス ･･･････････････ 256
ジョンソン, L. ･･･････ 412
ジョンソン, N. ･･･････ 152
自立訓練 ･･･････････ 333
自律訓練法 ･･･････････ 94
自立更生促進センター ･･･ 386
自立支援 ･･･････････ 402
自立支援医療費 ･･･････ 335
自立支援給付 ･･･････ 330
自立支援教育訓練給付金事業 ･･･････････････ 611
自立支援プログラム ･････ 646
自立準備ホーム ･･･････ 387
自律神経系 ･･･････････ 27
自立生活運動 ･･･････････ 318
自立生活援助 ･･･････ 334
自立相談支援機関 ･･････ 661

自律的法 ･･･････････ 104
シルバー人材センター ･･･ 565
シルバーハウジング ･････ 560
事例研究法 ･･･････････ 508
事例分析 ･･･････････ 473
新オレンジプラン ･･･････ 525
人格検査 ･･･････････ 88
進学・就職準備給付金 ･･･ 650
新型コロナウイルス感染症 ･･･････････････ 48
新救貧法 ･･･････････ 144
心筋 ･･･････････････････ 27
心筋梗塞 ･･･････････ 38
シングルループ学習 ･･････ 714
神経系 ･･･････････ 31
神経症 ･･･････････ 53
神経性無食欲症 ･･･････ 52
神経性やせ症 ･･･････ 52, 53
親権 ･･･････････････ 228
人権尊重 ･･･････････ 402
賑給 ･･･････････････ 136
人口 ･･･････････････ 107
人口オーナス ･･･････ 108
進行性筋ジストロフィー ･･･ 46
人口性比 ･･･････････ 107
人口置換水準 ･･･････ 107
人口転換 ･･･････････ 107
人口ボーナス ･･･････ 108
新・高齢者保健福祉推進十か年戦略 ･･･････････ 523
新ゴールドプラン ･･･････ 523
審査請求 ･･･････････ 234
審査請求前置主義 ･･･････ 234
人事考課 ･･･････････ 740
心疾患 ･･･････････ 38
人種差別撤廃条約 ･･･････ 160
身上監護権 ･･･････････ 228
心情等伝達制度 ･･･････ 393
身上配慮義務 ･･･････ 247
心神耗弱 ･･･････････ 369
新人材確保指針 ･･･････ 739
心神喪失 ･･･････････ 369
心神喪失等の状態で重大な他害行為を行った者の医療及び観察等に関する法律 ･･････ 388
新生児訪問指導 ･･･････ 607

757

申請保護の原則 ·········· 632
振戦 ··················· 41
心臓 ··················· 29
腎臓 ··················· 36
深層インタビュー ········ 505
腎臓疾患 ················ 44
親族 ·················· 227
親族里親 ··············· 589
身体拘束が認められる3つの要
件 ················· 403
身体障害者更生相談所 ··· 343
身体障害者社会参加支援施設
·················· 343
身体障害者手帳所持者 ··· 319
身体障害者手帳制度 ······ 342
身体障害者福祉司 ········ 285
身体障害者福祉センター
·················· 343
身体障害者福祉法 ··· 140, 342
身体障害者補助犬法 ······ 355
身体的拘束等の禁止 ······ 557
人体部位 ················ 26
診断主義アプローチ ····· 431
心的外傷後ストレス障害
················· 53, 85
真皮 ··················· 36
心不全 ················· 38
新・放課後子ども総合プラン
·················· 593
シンボリック相互作用論 ··· 132
ジンメル, G. ···· 106, 131, 132
信頼関係 ··············· 461
心理劇 ················· 94
心理社会的アプローチ ···· 432
心理社会的ストレスモデル
·················· 83
診療種類別国民医療費 ··· 668
診療所 ················· 682
診療報酬制度 ··········· 678
診療報酬の審査・支払い
·················· 679
心裡留保 ··············· 223
心理療法 ··············· 92

す

膵液 ··················· 34
遂行機能障害 ············ 57
水準均衡方式 ··········· 643
水晶体 ················· 35
膵臓 ··················· 34
スーパーバイザー ········ 457
スーパービジョン ········ 457
スキナー, B. ············ 69
スキャモンの発育曲線 ···· 14
スクールソーシャルワーカー
·················· 420
スクールソーシャルワーカー活用
事業 ··············· 177
スケーリング・クエスチョン
·················· 437
スティグマ ········· 119, 120
ステークホルダー ········ 727
ステレオタイプ
············· 76, 118, 492
ストーカー, G.M. ········ 719
ストーカー規制法 ········ 394
ストーカー行為等の規則等に関す
る法律 ·············· 394
図と地の分化 ············ 67
ストラクチャー評価 ······ 730
ストリート・レベルの官僚制
·················· 107
ストレス ··············· 82
ストレスチェック ········ 744
ストレス反応 ············ 82
ストレッサー ············ 82
ストレングスアプローチ ··· 410
ストレングスモデル ······ 431
ストレンジ・シチュエーション法
·················· 80
スノーボール法 ·········· 487
スピーナムランド制 ······ 144
スピッカー, P. ·········· 624
スペクター, M.B. ········ 117
スペシャルオリンピックス
·················· 321
スペンサー, H. ·········· 109
スモーリー, R. ·········· 432
スリーパー効果 ·········· 76

せ

生活安定・向上機能 ····· 188
生活介護 ··············· 332
生活環境主義 ··········· 113
生活環境の調整 ········· 376
生活構造 ·············· 125
生活困窮者家計改善支援事業
·················· 651
生活困窮者居住支援事業
·················· 651
生活困窮者住居確保給付金
·················· 651
生活困窮者就労準備支援事業
·················· 651
生活困窮者自立支援法 ···· 651
生活困窮者自立相談支援事業
·················· 651
生活支援員 ············· 361
生活支援コーディネーター
·················· 547
生活支援ハウス ········· 553
生活習慣病 ············· 37
生活相談員 ············· 421
生活のしづらさなどに関する調査
·················· 320
生活場面面接 ··········· 464
生活不活発病 ············ 18
生活福祉資金 ··········· 653
生活扶助 ·········· 634, 635
生活扶助基準 ··········· 642
生活保護基準 ··········· 642
生活保護受給者等就労自立促進
事業 ··············· 648
生活保護の動向 ········· 643
生活保護法 ············· 631
生活モデル ············· 431
生活様式 ·············· 125
生業扶助 ·········· 634, 638
政教分離の原則 ········· 218
政策評価法 ············· 166
生産年齢人口 ··········· 108
成熟優位説 ············· 77
正常圧水頭症 ············ 56
生殖家族 ·············· 122
生殖器 ················· 36

758

精神障害者保健福祉手帳所持者 ………… 319
精神障害者保健福祉手帳制度 ………… 345
精神薄弱者福祉法 ……… 140
精神病床 ……………… 682
精神分析療法 ………… 92
精神保健及び精神障害者福祉に関する法律 ……… 345
精神保健福祉士 ……… 398
精神保健福祉士法 ……… 398
精神保健福祉センター …… 345
精神保健福祉相談員 …… 285
精神保健福祉法 ……… 345
精神保健福祉法による入院制度 ………… 346
精神療法 ……………… 92
生存権 ………………… 219
生存権・最低生活の保障機能 ………… 188
生態学理論 …………… 430
成長ホルモン ………… 16
性的指向及びジェンダーアイデンティティの多様性に関する国民の理解の増進に関する法律 ………… 155
正当行為 ……………… 369
正当防衛 ……………… 369
制度区分別国民医療費 …… 667
制度的再分配モデル …… 151
青年期 ………………… 16
成年後見制度 ………… 245
成年後見制度の利用の促進に関する法律 …………… 253
成年後見制度法人後見支援事業 …………… 337
成年後見制度利用支援事業 …………… 337
成年後見制度利用促進法 …………… 253
成年後見人の欠格事由 …… 247
性犯罪者処遇プログラム ………… 380
成分法 ………………… 216
生理的老化 …………… 16
セーフティネット ……… 187

世界幸福度報告書 ……… 101
世界人権宣言 ………… 159
世界保健機関 ………… 20
セカンダリー・グループ …… 105
セカンドオピニオン …… 690
脊髄 …………………… 26
脊髄小脳変性症 ……… 42
脊髄神経 ……………… 26
責任能力 ……… 222, 369
責任能力を欠く者 ……… 227
セクシュアルハラスメント ………… 743
世帯 …………………… 124
世代 …………………… 125
世帯単位の原則 ……… 632
接近禁止命令 ………… 604
赤血球 ………………… 28
絶対閾 ………………… 65
切迫性尿失禁 ………… 45
説明体 ………… 447, 448
説明的調査 …………… 483
セツルメント …… 267, 406
セツルメント運動 ……… 267
セルズニック, P. ……… 104
セルフネグレクト ……… 304
セルフヘルプグループ …… 454
セン, A. ……… 151, 624
船員保険 ……………… 671
善管注意義務 ………… 247
1959年法 …………… 404
全件送致主義 ………… 372
潜在需要 ……………… 161
潜在的機能 …………… 100
潜在能力 ……………… 151
センサス ……… 476, 477
全身性エリテマトーデス …… 46
漸進的筋弛緩法 ……… 94
全数調査 ……… 485, 486
全世代型社会保障改革 …… 191
前操作期 ……………… 79
選択肢法 ……………… 490
選択的注意 …………… 71
選定療養 ……………… 672
先天性疾患 …………… 46
前頭側頭型認知症 ……… 55
前頭葉 ………………… 62

全米慈善矯正会議 ……… 406
選別主義 ……………… 154
せん妄 ………………… 56
専門員 ………………… 313
専門里親 ……………… 589
専門実践教育訓練給付金 ………… 208
前立腺肥大症 ………… 45
戦略的行為 …………… 102

そ

躁うつ病 ……………… 52
層化無作為抽出法 ……… 487
想起 …………………… 71
双極性障害 …………… 52
総合支援資金 ………… 653
相互援助システム ……… 453
相互行為 ……………… 131
葬祭扶助 ……… 634, 639
相続 …………………… 230
相続財産 ……………… 230
相対的剥奪 …………… 624
相対的貧困率 …… 156, 625
相対度数 ……………… 495
相談支援給付費 ……… 334
相談支援事業 ………… 337
相談支援専門員 ……… 361
創発特性 ……………… 98
躁病エピソード ……… 52
双務契約 ……………… 225
相隣関係 ……………… 224
ソーシャルアクション …… 467
ソーシャルアクション・モデル ……… 261, 262
ソーシャル・インクルージョン ………… 155
ソーシャル・インパクト・ボンド ……… 170, 314
ソーシャル・エクスクルージョン ………… 158
ソーシャルガバナンス ……… 118
ソーシャルキャピタル ……… 112
ソーシャルサポートネットワーク ………… 468

759

ソーシャル・ネット・ワーキング・
サービス ・・・・・・・・・・・・ 449
ソーシャルワーカー ・・・・・・・ 95
ソーシャルワーク専門職のグロー
バル定義 ・・・・・・・・・・・・・ 399
ソーシャルワーク・リサーチ
・・・・・・・・・・・・・・・・・・・・・・ 482
遡及処罰の禁止 ・・・・・・・・・ 368
即時強制 ・・・・・・・・・・・・・・ 233
属性主義 ・・・・・・・・・・・・・・ 101
測定 ・・・・・・・・・・・・・・・・・・ 488
側頭葉 ・・・・・・・・・・・・・・・・ 62
ソシオグラム ・・・・・・・・・・・ 443
組織学習論 ・・・・・・・・・・・・ 714
措置制度 ・・・・・・・・・ 165, 521
措置入院 ・・・・・・・・・・・・・・ 346
ソロモン, B. ・・・・・・・・・・・・ 436
損害賠償責任 ・・・・・・・・・・ 227
尊厳の保持 ・・・・・・・・・・・・ 403

た

ターナー, F. ・・・・・・・・・・・・ 412
ターミナルケア ・・・・・・・・・ 681
ターミネーション ・・・・・・・・ 445
第一次集団 ・・・・・・・・・・・・ 105
第一種社会福祉事業 ・・・・・・ 705
退院療養計画書 ・・・・・・・・・ 683
体液 ・・・・・・・・・・・・・・・・・・ 28
退去等命令 ・・・・・・・・・・・・ 604
退行 ・・・・・・・・・・・・・・・・・・ 81
第三の道 ・・・・・・・・・・・・・・ 153
胎児障害 ・・・・・・・・・・・・・・ 46
代執行 ・・・・・・・・・・・・・・・・ 232
貸借対照表 ・・・・・・・・・・・・ 736
大衆 ・・・・・・・・・・・・・・・・・・ 106
体循環 ・・・・・・・・・・・・・・・・ 30
大数の法則 ・・・・・・・・・・・・ 194
大腸 ・・・・・・・・・・・・・・・・・・ 34
第二次集団 ・・・・・・・・・・・・ 105
第二種社会福祉事業 ・・・・・・ 705
第二の近代 ・・・・・・・・・・・・ 110
大脳 ・・・・・・・・・・・・・ 31, 62
ダイバーシティ ・・・・・・・・・ 318
ダイバーシティ・マネジメント
・・・・・・・・・・・・・・・・・・・・・・ 740

対比誤差 ・・・・・・・・・・・・・・ 741
代表値 ・・・・・・・・・・・・・・・・ 496
タイプA行動パターン ・・・・・・ 83
代弁者 ・・・・・・・・・・・ 278, 459
タイムアウト ・・・・・・・・・・・ 463
タウンゼント, P. ・・・・・・・・・ 624
唾液 ・・・・・・・・・・・・・・・・・・ 33
高木憲次 ・・・・・・・・・・・・・・ 579
高田保馬 ・・・・・・・・・・・・・・ 106
諾成契約 ・・・・・・・・・・・・・・ 225
他計式調査 ・・・・・・・・ 492, 493
多系統萎縮症 ・・・・・・・・・・・ 42
竹内愛二 ・・・・・・・・・ 149, 413
多元的診断 ・・・・・・・・・・・・ 50
多数該当 ・・・・・・・・・・・・・・ 676
タスク機能 ・・・・・・・・・・・・ 699
多段階無作為抽出法 ・・・・・・ 487
脱家族化 ・・・・・・・・・・・・・・ 117
脱工業化社会 ・・・・・・・・・・ 110
脱施設化 ・・・・・・・・・ 264, 265
脱商品化 ・・・・・・・・・ 116, 117
脱水 ・・・・・・・・・・・・・・・・・・ 18
達成動機 ・・・・・・・・・・・・・・ 64
タフト, J. ・・・・・・・・・・・・・・ 432
ダブルカウント ・・・・・・・・・ 353
ダブルケア ・・・・・・・・・・・・ 519
ダブル・コンティンジェンシー
・・・・・・・・・・・・・・・・・・・・・・ 132
ダブルバーレル質問 ・・・・・・ 492
ダブルループ学習 ・・・・・・・・ 714
多文化共生 ・・・・・・・ 108, 173
多文化共生アドバイザー制度
・・・・・・・・・・・・・・・・・・・・・・ 174
多変量解析 ・・・・・・・・・・・・ 501
多様性 ・・・・・・・・・・・・・・・・ 318
単一事例実験計画法 ・・・・・・ 446
短期記憶 ・・・・・・・・・・・・・・ 71
短期入所 ・・・・・・・・・・・・・・ 333
短期入所生活介護 ・・・・・・・・ 539
短期入所療養介護 ・・・・・・・・ 539
短期療法 ・・・・・・・・・・・・・・ 94
探索的調査 ・・・・・・・・・・・・ 483
単純集計 ・・・・・・・・・・・・・・ 495
単純承認 ・・・・・・・・・・・・・・ 230
単純接触効果 ・・・・・・・・・・・ 76
単純無作為抽出法 ・・・・・・・・ 486

男女共同参画社会基本法
・・・・・・・・・・・・・・・・・・・・・・ 127
男女雇用機会均等法
・・・・・・・・・・・・ 127, 185, 744

ち

地域アセスメント ・・・・・・・・ 456
地域移行支援 ・・・・・・ 264, 265
地域医療構想 ・・・・・・・・・・ 687
地域医療支援病院 ・・・・・・・・ 682
地域型保育事業 ・・・・・・・・・ 596
地域活動支援センター機能強化
事業 ・・・・・・・・・・・・・・・・ 337
地域共生社会 ・・・・・・・・・・ 306
地域ケア会議 ・・・・・・・・・・ 549
地域子育て支援 ・・・・・・・・・ 597
地域子育て支援拠点事業
・・・・・・・・・・・・・・・・・・・・・・ 583
地域子育て相談機関 ・・・・・・ 616
地域子ども・子育て支援事業
・・・・・・・・・・・・・・・・・・・・・・ 592
地域支援事業 ・・・・・・・・・・ 544
地域社会 ・・・・・・・・・・・・・・ 111
地域障害者職業センター
・・・・・・・・・・・・・・・・・・・・・・ 359
地域生活支援拠点等 ・・・・・・ 337
地域生活支援事業 ・・・・・・・・ 336
地域生活定着支援センター
・・・・・・・・・・・・・・・・・・・・・・ 386
地域生活定着促進事業 ・・・ 364
地域相談支援 ・・・・・ 334, 335
地域組織化活動 ・・・・・・・・・ 261
地域における多文化共生推進プラ
ン ・・・・・・・・・・・・・・・・・・ 173
地域福祉活動コーディネーター
・・・・・・・・・・・・・・・・・・・・・・ 313
地域福祉ガバナンス ・・・・・・ 311
地域福祉計画 ・・・・・・・・・・ 294
地域福祉の推進主体 ・・・・・・ 271
地域包括医療病棟 ・・・・・・・・ 685
地域包括ケアシステム
・・・・・・・・・・・・・・・ 172, 305
地域包括ケア病棟 ・・・・・・・・ 685
地域包括支援センター
・・・・・・・・・・・・・・・・ 546, 548

地域保険 ・・・・・・・・・・・・・・ 671
地域密着型介護老人福祉施設入
　所者生活介護 ・・・・・・・・・ 541
地域密着型サービス ・・・・・・ 540
地域密着型通所介護 ・・・・・ 541
地域密着型特定施設入居者生活
　介護 ・・・・・・・・・・・・・・・・ 541
地域連携クリティカルパス
　・・・・・・・・・・・・・・・・・・・・ 699
小さな政府 ・・・・・・・・・・・・ 147
チームオレンジ ・・・・・・・・・ 526
チームオレンジコーディネーター
　・・・・・・・・・・・・・・・・・・・・ 526
知覚 ・・・・・・・・・・・・・・・・・ 66
知覚的補完 ・・・・・・・・・・・・ 67
知覚の恒常性 ・・・・・・・・・・ 68
知覚の体制化 ・・・・・・・・・・ 67
地球サミット ・・・・・・・・・・・ 114
逐語記録 ・・・・・・・・・・・・・ 447
知性化 ・・・・・・・・・・・・・・・ 82
知的障害 ・・・・・・・・・・・・・ 54
知的障害者更生相談所 ・・・ 344
知的障害者の権利宣言 ・・・ 317
知的障害者福祉司 ・・・・・・ 285
知的障害者福祉法 ・・・・・・ 344
知能 ・・・・・・・・・・・・・・・・・ 73
知能検査 ・・・・・・・・・・・・・ 89
地方公共団体 ・・・・・・・・・・ 279
地方更生保護委員会 ・・・・・ 376
地方自治体 ・・・・・・・・・・・ 279
地方社会福祉協議会 ・・・・・ 282
地方精神保健福祉審議会
　・・・・・・・・・・・・・・・・・・・・ 282
地方分権一括法 ・・・・・・・・ 283
チャルマーズ，T ・・・・・・・・ 268
チャンドラー，A.D. ・・・・・・・ 720
注意欠如・多動症 ・・・・・・・ 54
注意・情報処理障害 ・・・・・・ 57
中央慈善協会 ・・・・・・ 137, 267
中央社会保険医療協議会（中医
　協）・・・・・・・・・・・・・・・・ 678
中央値 ・・・・・・・・・・・・・・・ 496
中核市 ・・・・・・・・・・・・・・・ 280
中核症状 ・・・・・・・・・・・・・ 56
中心化傾向 ・・・・・・・・・・・ 741
中脳 ・・・・・・・・・・・・・・・・・ 31

中範囲の理論 ・・・・・・・・・・ 99
聴覚障害 ・・・・・・・・・・・・・ 49
腸管出血性大腸炎 ・・・・・・・ 47
長期記憶 ・・・・・・・・・・・・・ 72
超高齢者 ・・・・・・・・・・・・・ 514
調剤報酬 ・・・・・・・・・・・・・ 678
調剤薬局 ・・・・・・・・・・・・・ 682
町内会 ・・・・・・・・・・・・・・・ 276
直接金融 ・・・・・・・・・・・・・ 736
直腸 ・・・・・・・・・・・・・・・・・ 34
直面化 ・・・・・・・・・・・・・・・ 464
直系家族制 ・・・・・・・・・・・ 122
治療モデル ・・・・・・・・・・・・ 431

つ

通級による指導 ・・・・・・・・ 360
通所介護 ・・・・・・・・・・・・・ 539
通所リハビリテーション ・・・ 539

て

定位家族 ・・・・・・・・・・・・・ 122
ディーセント・ワーク ・・・・・・ 127
低栄養 ・・・・・・・・・・・・・・・ 18
定期巡回・随時対応型訪問介護
　看護 ・・・・・・・・・・・・・・・ 540
ディスクロージャー ・・・・・・・ 727
ティトマス，R. ・・・・・・ 150, 261
テイラー，F.W. ・・・・・・・・・ 718
適応 ・・・・・・・・・・・・・・・・・ 81
適応規制 ・・・・・・・・・・・・・ 81
適応障害 ・・・・・・・・・・・・・ 85
適刺激 ・・・・・・・・・・・・・・・ 65
適性検査 ・・・・・・・・・・・・・ 90
出来高払い方式 ・・・・・・・・ 679
テクノポリス ・・・・・・・・・・・ 111
デシ，E. ・・・・・・・・・・・・・・ 717
デジタル・デバイド ・・・・・・・ 449
手続き記憶 ・・・・・・・・・・・ 72
デフリンピック ・・・・・・・・・・ 321
デミング，W.E. ・・・・・・・・・ 728
デュシェンヌ型進行性筋ジストロ
　フィー ・・・・・・・・・・・・・・ 46
デュルケム，É.・・・・・・・ 98, 109
転移 ・・・・・・・・・・・・・・・・ 461

伝音難聴 ・・・・・・・・・・・・・ 49
デング熱 ・・・・・・・・・・・・・ 48
典型契約 ・・・・・・・・・・・・・ 225
伝統的行為 ・・・・・・・・・・・ 102
伝統的支配 ・・・・・・・・・・・ 104
テンニース，F. ・・・・・・ 105, 261
展望的記憶 ・・・・・・・・・・・ 72
電話調査 ・・・・・・・・・・・・・ 493

と

トインビーホール ・・・ 268, 407
同一化 ・・・・・・・・・・・・・・・ 82
同一労働同一賃金の原則
　・・・・・・・・・・・・・・・・・・・・ 159
投影 ・・・・・・・・・・・・・・・・・ 82
等価可処分所得 ・・・・・・・・ 156
動機づけ ・・・・・・・・・・・・・ 64
動機づけの理論 ・・・・・・・・ 715
動機づけ面接 ・・・・・・・・・・ 91
統計法 ・・・・・・・・・・・・・・・ 478
同行援護 ・・・・・・・・・・・・・ 332
統合失調症 ・・・・・・・・・・・ 52
洞察 ・・・・・・・・・・・・・・・・・ 72
動作療法 ・・・・・・・・・・・・・ 94
当事者参加 ・・・・・・・・・・・ 277
当事者主義 ・・・・・・・・・・・ 368
当事者訴訟 ・・・・・・・・・・・ 235
投射 ・・・・・・・・・・・・・・・・・ 82
投射効果 ・・・・・・・・・・・・・ 741
同心円地帯理論 ・・・・・・・・ 112
統制された情緒的関与 ・・・・ 460
統制的観察法 ・・・・・・・・・・ 503
統制理論 ・・・・・・・・・・・・・ 119
東大式エゴグラム ・・・・・・・ 88
同調 ・・・・・・・・・・・・・・・・・ 75
頭頂葉 ・・・・・・・・・・・・・・・ 62
糖尿病 ・・・・・・・・・・・・・・・ 39
糖尿病性神経障害 ・・・・・・ 39
糖尿病性腎症 ・・・・・・・・・ 39
糖尿病性網膜症 ・・・・・・・ 39
逃避 ・・・・・・・・・・・・・・・・・ 82
動脈 ・・・・・・・・・・・・・・・・・ 29
トール，C. ・・・・・・・・ 412, 431
ドキュメント分析 ・・・・・・・・ 508
トクヴィル，A. ・・・・・・・・・・ 261

761

特性理論 ·················· 723
特性論 ···················· 74
特定一般教育訓練給付金
　·························· 208
特定医療法人 ············ 709
特定機能病院 ············ 682
特定健康診査 ············· 22
特定健康診査等実施計画
　·························· 302
特定施設入居者生活介護
　·························· 539
特定疾病 ················· 530
特定少年 ················· 373
特定入所者介護サービス費
　·························· 544
特定非営利活動法人 ······ 707
特定福祉用具販売 ········ 540
特定保健指導 ············· 22
特別支援学級 ············ 360
特別支援学校 ············ 360
特別支援教育コーディネーター
　·························· 360
特別支給の老齢厚生年金
　·························· 203
特別児童 ················· 141
特別児童扶養手当 ··· 193, 613
特別児童扶養手当法 ······ 613
特別遵守事項 ············ 378
特別障害者手当 ····· 193, 613
特別養護老人ホーム ······ 552
特別養子 ················· 589
特別養子縁組あっせん法
　·························· 589
匿名加工情報 ············ 733
独立行政法人福祉医療機構
　·························· 711
独立変数 ················· 488
特例子会社制度 ·········· 354
特例調整金 ··············· 354
特例報奨金 ··············· 354
都市化 ··················· 111
都市の発展段階論 ········ 112
度数 ····················· 495
度数分布表 ··············· 495
都道府県介護保険事業支援計画
　·························· 296

都道府県障害者計画 ····· 297
都道府県障害者権利擁護セン
　ター ··················· 349
都道府県障害福祉計画 ··· 297
都道府県地域福祉支援計画
　·························· 294
都道府県老人福祉計画 ··· 295
ドナベディアン, A. ········ 731
ドナベディアン・モデル ··· 731
トフラー, A. ·············· 110
ドミナント・ストーリー ··· 438
ドメイン設定 ············· 721
留岡幸助 ··········· 413, 579
ドメスティック・バイオレンス
　·························· 603
トライアル雇用 ··········· 648
トライアンギュレーション · 509
ドラッカー, P. ············ 740
トランスディシプリナリーモデル
　·························· 698
取消訴訟 ················· 235
ドリフト論 ··············· 119
トレッカー, H.B. ·········· 452
トレンド調査 ········ 487, 488

な

内閣 ····················· 221
内集団 ··················· 106
内集団バイアス ··········· 75
内臓脂肪症候群 ··········· 22
内的妥当性 ··············· 482
内発的動機づけ理論 ······ 717
内部障害 ·················· 50
内分泌系 ·················· 27
内分泌疾患 ··············· 39
内容分析 ················· 508
内容理論 ················· 715
永井三郎 ················· 413
永田幹夫 ················· 260
仲村優一 ··········· 150, 413
ナショナル・ミニマム ······ 145
ナラティブ・アプローチ
　·············· 410, 438, 506
ナラティヴに基づく実践 ··· 510
難聴 ····················· 49

難病 ····················· 41
難病の患者に対する医療等に関
　する法律 ·········· 42, 677
難病法 ·············· 42, 677

に

ニーズ ··················· 161
ニート ·············· 180, 304
ニード ··················· 161
ニィリエ, B ··············· 404
2型糖尿病 ··············· 39
二機能説 ················· 123
2語文 ···················· 15
二次医療圏 ··············· 687
二次性高血圧 ············· 38
二重否定文 ··············· 492
二次予防 ·················· 20
2025年問題 ·············· 265
2040年問題 ·············· 266
日常生活圏域 ············· 263
日常生活支援住居施設 ··· 655
日常生活自立支援事業 ··· 255
日常生活用具給付等事業
　·························· 337
日常的金銭管理サービス
　·························· 256
ニッポン一億総活躍プラン
　·························· 190
日本司法支援センター ··· 387
日本赤十字社 ············ 276
日本版MMPI-3 ··········· 88
日本版CMI ··············· 88
入院患者日用品費 ········ 635
入院時食事療養費 ········ 674
入院時生活療養費 ········ 674
入院診療計画書 ·········· 683
乳歯 ····················· 15
乳児院 ··················· 585
乳児家庭全戸訪問事業 ··· 583
乳児等通園支援事業 ······ 593
ニューステッター, W.
　·················· 261, 452
ニュー・パブリック・マネジメント
　·················· 152, 170
乳幼児期 ············· 14, 15

尿 ・・・・・・・・・・・・・・ 36
二要因理論 ・・・・・・・・・・ 716
尿失禁 ・・・・・・・・・・・・ 44
尿路感染症 ・・・・・・・・・・ 45
任意後見制度 ・・・・・・・・ 250
任意事業 ・・・・・・・・・・・ 547
任意入院 ・・・・・・・・・・・ 346
人間開発報告書 ・・・・・・・ 116
人間環境宣言 ・・・・・・・・ 114
妊産婦生活援助事業 ・・・・ 590
認知 ・・・・・・・・・・・・・・ 70
認知行動療法 ・・・・・・・・・ 93
認知症 ・・・・・・・・・・・・・ 55
認知症カフェ ・・・・・・・・ 526
認知症基本法 ・・・・・・・・ 525
認知症ケア専門士 ・・・・・・ 312
認知症ケアパス ・・・・・・・ 526
認知症ケアマッピング ・・・・ 443
認知症サポーター ・・・・・・ 526
認知症施策推進5か年計画
・・・・・・・・・・・・・・・ 524
認知症施策推進総合戦略
・・・・・・・・・・・・・ 524, 525
認知症施策推進大綱
・・・・・・・・・・・・・ 524, 525
認知症疾患医療センター
・・・・・・・・・・・・・・・ 526
認知症初期集中支援チーム
・・・・・・・・・・・・・・・ 526
認知症対応型共同生活介護
・・・・・・・・・・・・・・・ 541
認知症対応型通所介護 ・・・ 541
認知症地域支援推進員
・・・・・・・・・・・・・ 312, 526
認知症の人の意思決定支援のた
めのガイドライン ・・・・・・ 240
認知バイアス ・・・・・・・・・ 71
認知発達理論 ・・・・・・・・・ 79
認知療法 ・・・・・・・・・・・・ 93
認定個人情報保護団体 ・・・ 734
認定こども園 ・・・・・・・・ 595
認定社会福祉士 ・・・・・・・ 397
認定就労訓練事業 ・・・・・・ 652
認定上級社会福祉士 ・・・・・ 397
認定特定非営利活動法人
・・・・・・・・・・・・・・・ 708

ニンビー ・・・・・・・・・・・ 114
妊婦健康診査 ・・・・・・・・ 592
妊婦等包括相談支援事業
・・・・・・・・・・・・・・・ 584
妊婦のための支援給付 ・・・ 592

ね

ネイバーフッド・ギルド ・・・ 407
ネゴシエーション ・・・・・・ 470
ネゴシエーター ・・・・・・・ 459
ネットワーキング ・・・・・・ 468
年金保険制度 ・・・・・・・・ 198
年少人口 ・・・・・・・・・・・ 108
年齢階級別国民医療費 ・・・ 669

の

脳 ・・・・・・・・・・・・・・・ 31
脳幹 ・・・・・・・・・・・・・・ 31
脳血管疾患 ・・・・・・・・・・ 40
脳血管性認知症 ・・・・・・・・ 55
脳血栓 ・・・・・・・・・・・・・ 40
脳梗塞 ・・・・・・・・・・・・・ 40
脳出血 ・・・・・・・・・・・・・ 40
脳性麻痺 ・・・・・・・・・・・・ 50
脳塞栓 ・・・・・・・・・・・・・ 40
脳内出血 ・・・・・・・・・・・・ 40
農福連携 ・・・・・・・・・・・ 314
納付猶予制度 ・・・・・・・・ 200
能力開発事業 ・・・・・・・・ 207
ノーマティブ・ニード ・・・・ 161
ノーマライゼーション ・・・・ 404
野口幽香 ・・・・・・・・・・・ 579
ノネ, P. ・・・・・・・・・・・ 104
ノロウイルス ・・・・・・・・・ 47

は

パーキンソン病 ・・・・・・・・ 41
バークレイ報告 ・・・・・・・ 269
ハーシー, P. ・・・・・・・・・ 725
バージェス, E. ・・・・・・・・ 112
ハーズバーグ, F. ・・・・・・ 716
パーセンタイル ・・・・・・・ 496
パーソナリティ ・・・・・・・・ 73

パーソンズ, T.
・・・ 98, 100, 104, 123, 132
パーソンセンタード・カウンセリン
グ ・・・・・・・・・・・・・・ 91
ハーディネス ・・・・・・・・・ 83
パートタイム・有期雇用労働法
・・・・・・・・・・・・・・・ 185
パートナーシップ ・・・・・・ 460
ハートマン, A. ・・・・ 436, 439
パートレット, H. ・・・・・・ 411
バーナード, C. ・・・・・・・ 718
バーナード, T. ・・・・・・・ 578
バーナム効果 ・・・・・・・・・ 76
ハーバーマス, J.
・・・・・・・・・ 102, 117, 132
ハーフカウント ・・・・・・・ 353
パールマン, H.
・・・・・・・ 409, 411, 433
バーンアウト ・・・・・・・・・ 84
バーンズ, T. ・・・・・・・・ 719
肺 ・・・・・・・・・・・・・・・ 32
ハイエク, F. ・・・・・・・・ 153
肺炎 ・・・・・・・・・・・・・・ 42
バイオ・サイコ・ソーシャルモデル
・・・・・・・・・・・・・・・ 430
倍加年数 ・・・・・・・・・・・ 182
配偶者からの暴力の防止及び被
害者の保護に関する法律
・・・・・・・・・・・・・・・ 603
配偶者居住権 ・・・・・・・・ 230
配偶者暴力相談支援センター
・・・・・・・・・・・・・・・ 605
肺循環 ・・・・・・・・・・・・・ 30
売春防止法 ・・・・・・・・・ 606
バイステック, F.P. ・・・・・・ 459
バイステックの7原則 ・・・・ 460
廃用症候群 ・・・・・・・・・・ 18
ハウス, R. ・・・・・・・・・・ 725
バウチャー ・・・・・・・・・ 165
バウムテスト ・・・・・・・・・ 89
白内障 ・・・・・・・・・・・・・ 49
暴露療法 ・・・・・・・・・・・ 92
箱ひげ図 ・・・・・・・・・・・ 498
パス・ゴール理論 ・・・・・・ 725
外れ値 ・・・・・・・・・・・・ 494

763

派生集団 ・・・・・・・・・・・・・・・ 106
パターナリズム ・・・・・・・・・・・ 154
働き方改革関連法 ・・・・・・・・ 184
働き方改革を推進するための関
　係法律の整備に関する法律
　・・・・・・・・・・・・・・・・・・・・・・・・・ 184
波長合わせ ・・・・・・・・ 452, 453
白血球 ・・・・・・・・・・・・・・・・・・ 28
発達検査 ・・・・・・・・・・・・・・・・ 90
発達障害 ・・・・・・・・・・・・・・・・ 54
発達障害者支援センター
　・・・・・・・・・・・・・・・・・・・・・・・・・ 347
発達障害者支援法 ・・・・・・・・ 347
パットナム, R. ・・・・・・・ 113, 261
パニック障害 ・・・・・・・・・・・・・ 53
パネル調査 ・・・・・・・・ 487, 488
パパ・ママ育休プラス ・・・・ 561
ハビトゥス ・・・・・・・・・・・・・・ 103
パブリックリレーションズ
　・・・・・・・・・・・・・・・・・・・・・・・・・ 735
バブルチャート ・・・・・・・・・・・ 499
パブロフ, I. P. ・・・・・・・・・・・ 69
パブロフの犬 ・・・・・・・・・・・・・ 69
ハミルトン, G. ・・・・・・ 411, 431
林市蔵 ・・・・・・・・・・・・ 138, 268
ハラスメント ・・・・・・・・・・・・ 743
パラリンピック ・・・・・・・・・・・ 321
パラレルプロセス ・・・・・・・・・ 457
バランス・スコアカード ・・・・ 721
バリアフリー ・・・・・・・・・・・・ 322
バリアフリー法 ・・・・・・・・・・・ 558
パリ協定 ・・・・・・・・・・・・・・・ 114
ハル・ハウス ・・・・・・ 270, 406
パレート効率性 ・・・・・・・・・・・ 154
ハロー効果 ・・・・・ 76, 740, 741
ハローワーク
　・・・・・・・・・ 359, 648, 661
パワーエリート論 ・・・・・・・・・ 118
パワーハラスメント
　・・・・・・・・・・・・・・・・・ 178, 743
範囲 ・・・・・・・・・・・・・・・・・・・ 496
バンク−ミケルセン, N. ・・・・・ 404
半構造化面接 ・・・・・・・・・・・ 505
犯罪少年 ・・・・・・・・・・ 372, 373
犯罪の成立要件 ・・・・・・・・・・ 368
犯罪被害者相談窓口 ・・・・・・ 394

犯罪被害者等基本法
　・・・・・・・・・・・・・・・・・ 392, 393
犯罪予防活動 ・・・・・・・・・・・ 366
反射性尿失禁 ・・・・・・・・・・・・ 45
伴性劣性遺伝病 ・・・・・・・・・・ 46
半側空間無視 ・・・・・・・・・・・・ 57
判断能力 ・・・・・・・・・・・・・・・ 222
反動形成 ・・・・・・・・・・・・・・・・ 81
反動形成論 ・・・・・・・・・・・・・ 119
判例 ・・・・・・・・・・・・・・・・・・・ 217
判例法 ・・・・・・・・・・・・・・・・・ 216

ひ

ピアカウンセリング ・・・・・・・ 91
ピアサポーター ・・・・・・・・・・・ 362
ピアジェ, J. ・・・・・・・・・・・・・ 79
ピアジェの発達段階説 ・・・・ 79
ピアソンの積率相関係数
　・・・・・・・・・・・・・・・・・・・・・・・・・ 502
被害者支援員制度 ・・・・・・・・ 394
被害者支援センター ・・・・・・ 394
被害者等通知制度 ・・・・・・・・ 393
被害者ホットライン ・・・・・・ 394
比較ニード ・・・・・・・・・・・・・ 161
非確率標本抽出 ・・・・・・・・・・ 486
皮下組織 ・・・・・・・・・・・・・・・・ 36
非貨幣的ニード ・・・・・・・・・・ 161
ひきこもり ・・・・・・・・・・・・・・ 304
ピグマリオン効果 ・・・・・・・・・ 76
ピケティ, T. ・・・・・・・・・・・・・ 624
非言語的コミュニケーション
　・・・・・・・・・・・・・・・・・・・・・・・・・ 463
非構造化面接 ・・・・・・・・・・・ 505
非参与観察法 ・・・・・・・・・・・ 504
非審判的態度 ・・・・・・・・・・・ 460
ヒストグラム ・・・・・・・・・・・・ 498
ビスマルク, O. ・・・・・・・・・・・ 144
ピック病 ・・・・・・・・・・・・・・・・ 55
ビッグファイブ ・・・・・・・・・・・ 74
必要原則 ・・・・・・・・・・・・・・・ 161
必要即応の原則 ・・・・・・・・・ 632
非典型契約 ・・・・・・・・・・・・・ 225
非統制的観察法 ・・・・・・・・・ 504
避難行動要支援者 ・・・・・・・・ 121
避難支援等関係者 ・・・・・・・・ 308

泌尿器 ・・・・・・・・・・・・・・・・・・ 36
泌尿器系疾患 ・・・・・・・・・・・・ 44
ビネー式知能検査 ・・・・・・・・ 89
皮膚 ・・・・・・・・・・・・・・・・・・・・ 36
被保険者（介護保険） ・・・・ 529
被保護者就労支援事業 ・・・・ 649
被保護者就労準備支援事業
　・・・・・・・・・・・・・・・・・・・・・・・・・ 649
被保護者の義務 ・・・・・・・・・ 640
被保護者の権利 ・・・・・・・・・ 640
秘密保持 ・・・・・・・・・・・・・・・ 460
百分位数 ・・・・・・・・・・・・・・・ 496
ヒヤリ・ハット事例 ・・・・・・ 732
病院 ・・・・・・・・・・・・・・・・・・・ 682
評価 ・・・・・・・・・・・・・・・・・・・ 445
評価療養 ・・・・・・・・・・・・・・・ 672
病原性大腸菌O157 ・・・・・・ 47
病児保育事業 ・・・・・・・・・・・ 584
被用者保険 ・・・・・・・・・・・・・ 671
標準偏差 ・・・・・・・・・・・・・・・ 497
病床機能報告制度 ・・・・・・・・ 687
病的老化 ・・・・・・・・・・・・・・・・ 16
表皮 ・・・・・・・・・・・・・・・・・・・・ 36
標本誤差 ・・・・・・・・・・・・・・・ 485
標本抽出 ・・・・・・・・・・・・・・・ 485
標本調査 ・・・・・・・・・・ 485, 486
標本の代表性 ・・・・・・・・・・・ 485
標本標準偏差 ・・・・・・・・・・・ 497
表明されたニード ・・・・・・・・ 161
漂流論 ・・・・・・・・・・・・・・・・・119
開かれた質問 ・・・・・・・・・・・・ 91
比例尺度 ・・・・・・・・ 488, 489
ピンカー, R. ・・・・・・・・・・・・・ 152
ピンカス, A. ・・・・・・・・・・・・・ 429
貧血 ・・・・・・・・・・・・・・・・・・・・ 45
貧困家庭一時扶助 ・・・・・・・・ 148
貧困線 ・・・・・・・・・・・ 145, 624
貧困調査 ・・・・・・・・・・・・・・・ 145
貧困の歴史 ・・・・・・・・・・・・・ 629
貧困率 ・・・・・・・・・・・・・・・・・ 625
品質マネジメントシステム
　・・・・・・・・・・・・・・・・・・・・・・・・・ 729
頻脈 ・・・・・・・・・・・・・・・・・・・・ 30

764

ふ

ファシリテーション ······· 471
ファシリテーター ········ 459
ファミリー・サポート・センター事業 ················· 584
ファミリーソーシャルワーカー ················· 620
ファミリーホーム ········ 589
ファミリーマップ ········· 443
ファンドレイジング ······· 736
フィードバック面接 ········ 740
フィードラー, F.E. ········· 725
フィールドノーツ ········· 506
フィールドワーク ···· 477, 506
フィッシャー, C. ········· 112
フィランソラピー ········· 314
ブース, C. ········· 145, 624
フード・スタンプ制度 ······ 147
夫婦家族制 ············· 122
ブーメラン効果 ·········· 76
フェイスシート ·········· 448
フェミニストアプローチ ················· 410, 435
フェルト・ニード ········· 161
フォーマル・グループ ····· 105
フォーマルサポート ······· 468
フォーマルな資源 ········· 466
フォローアップ ·········· 446
フォロワーシップ理論 ····· 726
不可抗力 ··············· 232
付加年金 ··············· 202
不可変更力 ············· 232
腹圧性尿失禁 ············ 45
複合家族制 ············· 122
複合型サービス ········· 541
副交感神経 ············· 27
複婚家族 ··············· 122
福祉活動専門員 ····· 313, 421
福祉関係八法 ······· 141, 142
福祉元年 ········· 141, 189
福祉教育 ··············· 278
福祉計画の種類 ········· 291
福祉国家収斂説 ········· 153
福祉サービス第三者評価事業 ················· 729

福祉サービスの利用援助 ················· 256
福祉財政の動向 ········· 288
福祉三角形 ············· 261
福祉資金 ··············· 654
福祉事務所 ········ 284, 659
福祉人材マネジメント ····· 739
福祉多元主義 ······· 152, 167
福祉の措置 ············· 551
福祉避難所 ············· 309
福祉ホーム ············· 337
福祉ミックス論 ·········· 152
福祉用具専門相談員 ····· 568
福祉用具貸与 ··········· 539
福祉レジーム論 ·········· 116
輻輳説 ················· 77
不作為 ················· 237
普通地方公共団体 ······· 279
普通養子 ··············· 589
物権 ··················· 224
不適応 ················· 81
不適刺激 ··············· 65
不登校 ················· 575
不動産担保型生活資金 ··· 654
ブトゥリム, Z. ········· 440
不文法 ················· 216
普遍主義 ··············· 154
不偏標本分散 ··········· 497
不法行為責任 ··········· 227
扶養 ··················· 229
扶養義務者 ············· 631
プライバシー権 ·········· 220
プライマリー・グループ ···· 105
プライマリ・ヘルスケア ····· 20
フラストレーション ········· 81
フラッシュバック ·········· 53
ブラッドショー, J. ···· 161, 466
プラットフォーム ········· 312
フランクフルト学派 ······· 99
ブランチャード, K. ······· 725
プランニング ············ 444
プランニングシート ······· 448
フリーター ········· 180, 576
フリードマン, M. ········· 83
ブリーフセラピー ·········· 94
フリーライダー ·········· 133

プリコーディング ········· 494
プリテスト ··············· 494
不良措置 ··············· 380
ブルーマー, H.G ········· 132
ブルーム, V. ············· 716
古川孝順 ··············· 150
ブルデュー, P. ······· 103, 153
ふれあいのまちづくり事業 ················· 277
ブレイク, R.R. ·········· 724
プレイセラピー ··········· 93
フレイル ················· 18
フレキシキュリティ ········ 127
プレゼンテーション ······· 471
フレックスナー, A. ················· 407, 418
プレミアム年金 ·········· 212
フロイト, S. ········· 92, 431
ブローカー ·············· 459
プログラム評価 ····· 166, 293
プロジェクト組織 ········· 714
プロセスシート ·········· 448
プロセス評価 ··········· 730
プロダクティブ・エイジング ················· 520
ブロンフェンブレンナー, U. ················· 430
文化学習理論 ··········· 118
文化資本 ··············· 153
分化的接触理論 ········· 119
分散 ··················· 497
分散分析 ··············· 501
文章完成法テスト ········ 89

へ

平均寿命 ··············· 517
平均値 ················· 496
閉合 ··················· 67
平衡機能障害 ··········· 50
ヘイトスピーチ ······ 120, 157
ヘイトスピーチ解消法 ····· 157
ベヴァリッジ, W. ········· 146
ベヴァリッジ報告 ··· 146, 269
ベーシック・インカム ················· 127, 170

765

ベーチェット病 ・・・・・・・・・・・ 49	訪問介護員 ・・・・・・・・・・・ 567	母子保健 ・・・・・・・・・・・・・ 607
ベーム, W. ・・・・・・・・・・・・ 411	訪問看護 ・・・・・・・・・・・・・ 539	母子保健法 ・・・・・・・・・・・ 607
へき地医療拠点病院 ・・・・・ 685	訪問看護療養費 ・・・・・・・・ 674	補充現象 ・・・・・・・・・・・・・ 49
ペストフ, V. ・・・・・・・・・・・ 261	訪問診療 ・・・・・・・・・・・・・ 681	保守主義レジーム ・・・・・・ 117
ベッカー, H. S. ・・・・・・・・・ 119	訪問入浴介護 ・・・・・・・・・・ 539	補助 ・・・・・・・・・・・ 245, 249
ベック, U. ・・・・・・・・・・・・ 110	訪問面接調査 ・・・・・・・・・・ 493	補償 ・・・・・・・・・・・・・・・・ 82
ヘッド・スタート計画 ・・・・・ 147	訪問リハビリテーション ・・・ 539	保証年金 ・・・・・・・・・・・・・ 212
ベル, D. ・・・・・・・・・・・・・ 109	法律行為 ・・・・・・・・・・・・・ 223	補助機関 ・・・・・・・・・・・・・ 139
ヘルスプロモーション ・・・・・ 20	暴力防止プログラム ・・・・・・ 380	ポストモダン ・・・・・・・・・・・ 410
ベルタランフィ, L.von. ・・・・ 428	ポーガム, S. ・・・・・・・・・・・ 625	補装具製作施設 ・・・・・・・・ 343
ヘルパー・セラピー原則 ・・・ 454	ホーソン効果 ・・・・・・・・・・・ 76	補装具費 ・・・・・・・・・・・・・ 336
変革型リーダーシップ ・・・・ 726	ホーソン実験 ・・・・・・・・・・ 722	ホッブズ問題 ・・・・・・・・・・ 104
変形性関節症 ・・・・・・・・・・ 44	ボードリヤール, J. ・・・・・・・ 110	補導援護 ・・・・・・・・・・・・・ 378
変形性脊椎症 ・・・・・・・・・・ 44	ホームレス自立支援法 ・・・・ 656	ホネット, A. ・・・・・・・・・・・ 153
弁護士 ・・・・・・・・・・・・・・ 244	ホームレスの自立の支援等に関す	ホメオスタシス ・・・・・ 28, 428
変数 ・・・・・・・・・・・・・・・・ 488	る特別措置法 ・・・・・・・・・ 656	ボランタリーなクライエント
変数の尺度水準 ・・・・・・・・ 488	補完 ・・・・・・・・・・・・・・・・ 67	・・・・・・・・・・・・・・・・・・・ 441
弁別閾 ・・・・・・・・・・・・・・ 65	保険外併用療養費 ・・・ 672, 674	ボランタリー部門 ・・・・・・・ 168
片務契約 ・・・・・・・・・・・・・ 225	保健師 ・・・・・・・・・・・・・・ 696	ボランティアコーディネーター
	保健所 ・・・・・・・・・・・・・・ 689	・・・・・・・・・・・・・・・・・・・ 313
ほ	保護観察 ・・・・・・・・・・・・・ 377	ポランニー, K. ・・・・・・・・・ 153
	保護観察官 ・・・・・・・・・・・・ 382	ホリス, F. ・・・・・・・・ 411, 432
保育関連事業 ・・・・・・・・・・ 597	保護観察所 ・・・・・・・ 383, 391	ホルモン ・・・・・・・・・・・・・・ 27
保育士 ・・・・・・・・・・・・・・ 620	保護司 ・・・・・・・・・・・・・・ 383	ホワイト, M. ・・・・・・・・・・・ 438
保育事業 ・・・・・・・・・・・・・ 593	保護司会 ・・・・・・・・・・・・・ 384	ポンゾ錯視 ・・・・・・・・・・・・ 68
保育所 ・・・・・・ 585, 593, 594	保護施設 ・・・・・・・・・・・・・ 639	本態性高血圧 ・・・・・・・・・・ 38
保育所等訪問支援 ・・・・・・・ 588	保護者 ・・・・・・・・・・・・・・ 570	本人の意思尊重義務 ・・・・・ 247
防衛機制 ・・・・・・・・・・・・・ 81	保護の補足性の原理 ・・・・・・ 631	本邦外出身者に対する不当な差
放課後児童クラブ ・・・・・・・ 584	保護率 ・・・・・・・・・・・・・・ 643	別的言動の解消に向けた取組
放課後児童健全育成事業	保佐 ・・・・・・・・・・・ 245, 249	の推進に関する法律 ・・・・ 157
・・・・・・・・・・・・・・・・・・・ 584	母子及び父子並びに寡婦福祉法	
放課後等デイサービス ・・・・ 587	・・・・・・・・・・・・・・・・・・・ 609	**ま**
包括的支援事業 ・・・・・・・・・ 546	母子家庭等就業・自立支援セン	
包括評価払い方式 ・・・・・・・ 679	ター事業 ・・・・・・・・・・・・ 610	マーケット・バスケット方式
傍観者効果 ・・・・・・・・・・・・ 75	母子健康手帳 ・・・・・・・・・・ 607	・・・・・・・・・・・・・・・・・・・ 643
防災基本計画 ・・・・・・ 121, 308	母子支援員 ・・・・・・・・・・・・ 620	マーシャル, T. H. ・・・・・・・ 151
報奨金 ・・・・・・・・・・・・・・ 354	ポジションベース型戦略 ・・・ 720	マーチ, J. ・・・・・・・・・・・・ 719
法定後見制度 ・・・・・・・・・・ 245	母子生活支援施設 ・・・・・・・ 585	マードック, G. ・・・・・・・・・ 122
法定雇用率 ・・・・・・・ 352, 353	ポジティブ・ウェルフェア	マートン, R. K.
法定受託事務 ・・・・・・・・・・ 280	・・・・・・・・・・・・・・・・・・・ 153	・・・ 100, 106, 107, 117, 119
法定相続人 ・・・・・・・・・・・・ 230	母子福祉資金 ・・・・・・・・・・ 610	マイクロカウンセリング
法テラス ・・・・・・・・・・・・・ 387	母子福祉法 ・・・・・・・ 140, 141	・・・・・・・・・・・・・・・ 91, 462
防貧的機能 ・・・・・・・・・・・・ 192	母子・父子自立支援員 ・・・ 609	マイクロ技法 ・・・・・・・・・・ 462
法務局 ・・・・・・・・・・・・・・ 243	母子・父子自立支援プログラム策	埋葬料 ・・・・・・・・・・・・・・ 675
方面委員制度 ・・・・・・・・・・ 138	定事業 ・・・・・・・・・・・・・ 610	マイノリティ ・・・・・・・・・・ 119
訪問介護 ・・・・・・・・・・・・・ 539	母子・父子福祉施設 ・・・・・・ 610	マイルズ, A . ・・・・・・・・・・ 409

766

マガーク効果 ・・・・・・・・・・・ 66
マグレガー, D.・・・・・・・・・・・ 715
マクレランド, D. ・・・・・・・・・ 716
マクロ経済スライド ・・・・・・ 198
マクロシステム ・・・・・・・・・・ 430
マクロレベルにおけるソーシャル
　ワーク ・・・・・・・・・・・・・・・・ 424
マジックミラー ・・・・・・・・・・ 504
マズロー, A. ・・・・・・・・・・・・ 63
マズローの欲求5段階説・・・ 715
マタニティハラスメント ・・・ 744
マッキーヴァー, R. ・・・ 105, 261
マッピング技法・・・・・・・・・・ 443
マネジリアル・グリッド論
　・・・・・・・・・・・・・・・・・・・・・ 724
マルクス, K.・・・・・・・・・・・・ 153
マルシオ, A.N. ・・・・・・・・・ 436
マルチディシプリナリーモデル
　・・・・・・・・・・・・・・・・・・・・・ 698
慢性腎不全 ・・・・・・・・・・・・・・ 44
慢性閉塞性肺疾患 ・・・・・・・・ 43

み

ミード, G. ・・・・・・・・・・・・・・ 130
三浦文夫 ・・・・・・・・・ 150, 260
ミクロシステム ・・・・・・・・・・ 430
ミクロレベルにおけるソーシャル
　ワーク ・・・・・・・・・・・・・・・・ 423
未熟児養育医療 ・・・・・・・・・ 607
三隅二不二 ・・・・・・・・・・・・・ 724
未成年後見 ・・・・・・・・・・・・・ 250
ミックス法 ・・・・・・・・・・・・・ 509
ミナハン, A. ・・・・・・・・・・・・ 429
耳 ・・・・・・・・・・・・・・・・・・・・・ 35
身元保証制度 ・・・・・・・・・・・ 366
脈拍 ・・・・・・・・・・・・・・・・・・・ 30
三好豊太郎 ・・・・・・・・・・・・・ 413
ミラクル・クエスチョン ・・・・ 437
ミルズ, C.W. ・・・・・・・・・・・・ 99
ミルフォード会議・・・・ 407, 409
ミレニアム開発目標 ・・・・・・ 114
民間保険 ・・・・・・・・・・・・・・・ 194
民衆訴訟 ・・・・・・・・・・・・・・・ 235
民生委員 ・・・・・・・・・ 273, 661
民生委員協議会 ・・・・・・・・・ 274

民生費 ・・・・・・・・・・・・・・・・・ 288
ミンツバーグ, H. ・・・・・・・・・ 721

む

ムートン, J. S.・・・・・・・・・・・ 724
無効需要 ・・・・・・・・・・・・・・・ 161
無罪推定法理 ・・・・・・・・・・・ 368
無作為抽出法 ・・・・・・・・・・・ 486
無差別平等の原理 ・・・・・・・・ 631
無償契約 ・・・・・・・・・・・・・・・ 225
6つのP ・・・・・・・・・・ 411, 433
無動 ・・・・・・・・・・・・・・・・・・・ 41
無名契約 ・・・・・・・・・・・・・・・ 225
無料低額宿泊所 ・・・・・・・・・ 654

め

名義尺度 ・・・・・・・・・ 488, 489
明順応 ・・・・・・・・・・・・・・・・・ 66
メイヨー, G. E.・・・・・・・・・・・ 722
メゾシステム ・・・・・・・・・・・・ 430
メゾレベルにおけるソーシャル
　ワーク ・・・・・・・・・・・・・・・・ 424
メタボリックシンドローム ・・・ 37
メチシリン耐性黄色ブドウ球菌
　・・・・・・・・・・・・・・・・・・・・・・ 47
メディエーター ・・・・・・・・・・ 459
メディケア ・・・・・・・・ 147, 212
メディケイド ・・・・・・・・ 147, 212
免疫 ・・・・・・・・・・・・・・・・・・・ 27
面接法 ・・・・・・・・・・・・・・・・・ 504
メンタリング ・・・・・・・・・・・・ 738
メンタルヘルスケア ・・・・・・・ 744
メンタルモデル ・・・・・・・・・・ 723
メンテナンス機能 ・・・・・・・・ 699

も

盲 ・・・・・・・・・・・・・・・・・・・・・ 49
毛細血管 ・・・・・・・・・・・・・・・ 29
盲腸 ・・・・・・・・・・・・・・・・・・・ 34
盲導犬訓練施設 ・・・・・・・・・ 343
網膜 ・・・・・・・・・・・・・・・・・・・ 35
燃え尽き症候群 ・・・・・・・・・ 84
目的合理的行為 ・・・・・・・・・ 102

目的論的行為 ・・・・・・・・・・・ 102
黙秘権 ・・・・・・・・・・・・・・・・・ 368
目標管理制度 ・・・・・・・・・・・ 740
目標設定理論 ・・・・・・・・・・・ 717
モダニズム ・・・・・・・・・・・・・ 410
持株会社 ・・・・・・・・・・・・・・・ 711
モチベーションの理論 ・・・・・ 715
モニタリング ・・・・・・・・・・・・ 444
モニタリングシート ・・・・・・・ 448
モラトリアム ・・・・・・・・・・・・ 78
モリス, R.・・・・・・・・・・・・・・・ 450
森田療法 ・・・・・・・・・・・・・・・ 94
問題解決アプローチ ・・・・・・ 433

や

夜間対応型訪問介護・・・・・・ 540
夜間頻尿 ・・・・・・・・・・・・・・・ 45
薬物再乱用防止プログラム
　・・・・・・・・・・・・・・・・・・・・・ 380
役割 ・・・・・・・・・・・・・・・・・・・ 131
役割演技 ・・・・・・・・・・・・・・・ 131
役割葛藤 ・・・・・・・・・・・・・・・ 131
役割期待 ・・・・・・・・・・・・・・・ 131
役割距離 ・・・・・・・・・・・・・・・ 131
役割形成 ・・・・・・・・・・・・・・・ 131
役割交換 ・・・・・・・・・・・・・・・ 131
役割取得 ・・・・・・・・・・・・・・・ 131
役割分化 ・・・・・・・・・・・・・・・ 131
矢田部ギルフォード性格検査
　・・・・・・・・・・・・・・・・・・・・・・ 88
ヤングケアラー ・・・・・・ 519, 577
ヤングハズバンド報告 ・・・・・ 269

ゆ

遺言 ・・・・・・・・・・・・・ 230, 231
友愛訪問 ・・・・・・・・・・・・・・・ 268
有意抽出法 ・・・・・・・・・・・・・ 486
遊戯療法 ・・・・・・・・・・・・・・・ 93
有効需要 ・・・・・・・・・・・・・・・ 161
有償契約 ・・・・・・・・・・・・・・・ 225
優生思想 ・・・・・・・・・・・・・・・ 323
郵送調査 ・・・・・・・・・・・・・・・ 493
誘導質問 ・・・・・・・・・・・・・・・ 492
有料老人ホーム ・・・・・・・・・ 553

767

ユニタリー・アプローチ	439
ユニバーサルデザイン	322
ユヌス, M.	721
ユング, C.	74, 92

よ

養育里親	589
養育支援訪問事業	583
養介護事業	555
養介護施設	555
要介護認定	533
養護老人ホーム	552
養子縁組	229
養子縁組里親	589
陽性症状	52
幼稚園	594
要配慮個人情報	733
要配慮者	121
腰部脊柱管狭窄症	44
要物契約	225
要保護児童対策地域協議会	314, 600
幼保連携型認定こども園	585, 595
要約技法	462
要約記録	447
要約体	447, 448
ヨーク調査	145
抑圧	81
抑圧的法	104
抑制	81
予言の自己成就	117
欲求	63
欲求階層説	63
欲求不満	81
欲求理論	716
4つのC	728
4つのP	411
4つのPと3つのP	728
予防給付（介護保険）	543
より良い暮らしイニシアチブ	101
世論調査	477
弱い紐帯の強み	261

ら

来談者中心療法	90
ライフイベント	126
ライフコース	126
ライフサイクル	126
ライフスタイル	126
ライフステージ	126
ライフヒストリー	506
ライン組織	714
ラウントリー, B. S.	145, 624
ラショニング	162
ラップ, C.	432
ラベリング効果	76
ラベリング理論	119
ラポール	461
ラロックプラン	146
ランゲルハンス島	34

り

リースマン, D.	110
リーダーシップ理論	723
リード, W. J.	411, 433
リーベル, H. R.	20
リオ宣言	114
理解社会学	102
理解促進研修・啓発事業	336
理学療法士	59, 697
離婚	228
リスキーシフト	75
リスク社会	110
リスクマネジメント	731
リスター, R.	625
リッカート尺度	490
リッチモンド, M. E.	411
リビドー	74
リビングウィル	691
リファレンス・グループ	106
留置調査	493
流動性知能	17
療育手帳所持者	319
療育手帳制度	344
良好措置	380

利用者支援事業	592
利用者本位	402
量的調査	485
量的データ	484
量的変数	488
療養介護	332
療養の給付	674
療養費	674
療養病床	682
療養補償給付	210
緑内障	49
臨界期	77
臨床工学技士	698
臨床心理士	95
臨床動作法	94
リンデマン, E.	434
リンパ球	28
隣保館	267
隣友運動	268
倫理的ジレンマ	416

る

類型論	73
ルイス, O.	625
累積相対度数	495
類同	67
ルーマン, N.	109
ルグラン, J.	152
ルビンの杯	67

れ

レイシズム	120
レイン報告	270, 408
レヴィ, C.	412
レヴィン, K.	722
レジリエンス	87
レスポンデント条件づけ	69
レスリスバーガー, F. J.	722
レセプト	679
レディネス	77
レビー小体型認知症	55
連邦社会保障法	146

ろ

労役場テスト法 ············ 144
労災保険 ················ 209
老人憩の家 ·············· 553
老人医療費の無料化 ······ 189
老人介護支援センター ····· 552
老人家庭奉仕員派遣制度
················· 521
老人休養ホーム ·········· 553
老人クラブ ·············· 550
老人短期入所施設 ········ 552
老人長期療養保険法 ······ 148
老人デイサービスセンター
················· 552
老人福祉計画 ············ 295
老人福祉施設 ············ 551
老人福祉指導主事 ········ 284
老人福祉センター ········ 552
老人福祉法 ·············· 550
労働安全衛生法 ·········· 744
労働基準法 ·············· 742
労働基本権 ·············· 219
労働協約 ················ 743
労働契約 ················ 743
労働契約法 ·············· 743
労働三法 ················ 141
労働施策総合推進法 ······ 178
労働施策の総合的な推進並びに
労働者の雇用の安定及び職業
生活の充実等に関する法律
················· 178
労働市場 ················ 179
労働者協同組合 ·········· 276
労働者災害補償保険 ······ 209
労働者の心の健康の保持増進の
ための指針 ············ 745
老年症候群 ·············· 17
老年人口 ················ 108
老齢基礎年金 ············ 201
老齢厚生年金 ············ 203
ローカル・ガバナンス
············ 263, 264
ローズ, R. ·············· 152
ローゼンマン, R. H. ········ 83
ロールシャッハテスト ········ 88

ロールズ, J. ·············· 151
62年答申 ················ 186
ロコモティブシンドローム ··· 22
ロジャーズ, C. R. ·········· 90
ロス, M. ················ 261
ロストウ, W. W. ·········· 110
ロスマン, J. ·············· 261
ロック, E. ··············· 717
ロビンソン, V. ······ 408, 432
ロンドン調査 ············ 145
論理誤差 ················ 741
論理療法 ················ 93

わ

ワーキング・プア ·········· 178
ワーキングメモリー ········ 71
ワークショップ ·········· 508
ワークハウステスト法 ······ 144
ワークフェア ············· 127
ワーク・ライフ・バランス ··· 126
ワース, L. ··············· 111
ワーディング ············ 491
歪度 ···················· 497
ワイマール憲法 ·········· 146
若者雇用促進法 ·········· 185
ワグナー報告 ············ 269
割当法 ·················· 487
割れ窓理論 ·············· 119

769

参考文献

- ●『最新・社会福祉士養成講座』中央法規出版
- ●『社会福祉士・精神保健福祉士国家試験受験ワークブック2025共通科目編』中央法規出版、2024
- ●『社会福祉士国家試験受験ワークブック2025専門科目編』中央法規出版、2024
- ●『2025社会福祉士国家試験過去問解説集』中央法規出版、2024
- ●『厚生労働白書〈令和6年版〉─こころの健康と向き合い、健やかに暮らすことのできる社会に─』日経印刷、2024
- ●『国民の福祉と介護の動向2024/2025』一般財団法人厚生労働統計協会、2024
- ●『高齢社会白書〈令和6年版〉』
- ●『少子化社会対策白書〈令和6年版〉』
- ●『地方財政白書〈令和6年版〉』

■ 本書に関する訂正情報等について
弊社ホームページ（下記URL）にて随時お知らせいたします。
https://www.chuohoki.co.jp/site/pages/foruser-social.aspx

■ 本書へのご質問について
下記のURLから「お問い合わせフォーム」にご入力ください。
https://www.chuohoki.co.jp/site/pages/contact.aspx

■ 読者アンケートのお願い
本書へのご感想やご意見、ご要望をぜひお聞かせください。

わかる！受かる！社会福祉士国家試験合格テキスト2026

2025年5月5日　発行

編　　集 ● 中央法規社会福祉士受験対策研究会
発　行　者 ● 荘村明彦
発　行　所 ● 中央法規出版株式会社
　　　　　　〒110-0016 東京都台東区台東3-29-1 中央法規ビル
　　　　　　TEL 03-6387-3196
　　　　　　https://www.chuohoki.co.jp/

印刷・製本 ● 株式会社ルナテック
本文キャラクター ● なかのまいこ
装幀デザイン ● 木村祐一、濱野実紀（株式会社ゼロメガ）
装幀キャラクター ● 坂木浩子
編　集　協　力 ● 株式会社東京コア

定価はカバーに表示してあります。
ISBN978-4-8243-0213-7

本書のコピー、スキャン、デジタル化等の無断複製は、著作権法上での例外を除き禁じられています。
また、本書を代行業者等の第三者に依頼してコピー、スキャン、デジタル化することは、たとえ個人や家庭内での利用であっても著作権法違反です。
落丁本・乱丁本はお取り替えいたします。

A213